宁夏财政年鉴

2018

《宁夏财政年鉴》编纂委员会 编

黄河出版传媒集团
宁夏人民出版社

图书在版编目(CIP)数据

宁夏财政年鉴. 2018 /《宁夏财政年鉴》编纂委员会编. —银川：宁夏人民出版社，2018.10
ISBN 978-7-227-06967-6

Ⅰ.①宁… Ⅱ.①宁… Ⅲ.①地方财政 —宁夏—2018—年鉴 Ⅳ.①F812.743-54

中国版本图书馆 CIP 数据核字（2018）第 244137 号

宁夏财政年鉴 2018　　　　　　《宁夏财政年鉴》编纂委员会　编

责任编辑	陈　浪
责任校对	管世献
封面设计	张　宁
责任印制	肖　艳

 出版发行

地　　址	宁夏银川市北京东路 139 号出版大厦（750001）
网　　址	http://www.yrpubm.com
网上书店	http://www.hh-book.com
电子信箱	nxrmcbs@126.com
邮购电话	0951-5052106　5052104
经　　销	全国新华书店
印刷装订	宁夏精捷彩色印务有限公司
印刷委托书号	（宁）0011351

开　　本	880 mm×1230 mm　1/16
印　　张	32.25　字　数　801 千字
版　　次	2018 年 10 月第 1 版
印　　次	2018 年 10 月第 1 次印刷
书　　号	ISBN 978-7-227-06967-6
定　　价	300.00 元

版权所有　侵权必究

《宁夏财政年鉴》编纂委员会

主　　任　陈春平
副 主 任　刘　志　张曙东　马建民　吴汉宝　马闽霞　李守银　商艳臣
　　　　　刘守保　杨冬梅　赵惠宁　何天文　许学禄

委　　员　（以姓氏笔画为序）

于　雷　马　顺　马亚群　马学龙　马学海　马春梅　王冬梅
王永贤　王成明　王学冕　尤学梅　方　强　田晓育　冯　玲
吕　文　伍建国　刘万平　刘国荣　刘学军　刘建洲　许学禄
孙海慧　买锐华　杜毓英　杨　超　杨金忠　杨树春　杨海林
李　伟　李　敏　李国强　李金凯　吴金兰　吴素娟　何　杨
张　杰　张文惠　张立泽　陆　芳　陈佳元　陈健全　罗志成
柳国仁　拜　萍　侯江华　党进平　徐志云　郭向阳　唐夕建
陶志刚　黄金燕　曹永进　盖忠彭　葛向东　董　毅　惠　珍
谢　伟　缑小平　窦丽英　谭　润　樊　斌

《宁夏财政年鉴》编辑部

主　　编　何天文
副 主 编　刘建洲　万　平
编　　辑　黄　娟　侯嘉丽　袁海龙　梁　强　樊银芳

《宁夏财政年鉴2018》特约通讯员

马国柱(自治区国家税务局)	李兰甫(宁夏财会函授学校)
李云杰(自治区地方税务局)	王少红(财政政务服务)
唐雅芳(财政部驻宁专员办)	曹国昌(银川市财政局)
吴焜玥(自治区农发办)	张新亚(兴庆区财政局)
李海宁(财政厅综合处)	王　峤(金凤区财政局)
杜荣丽(财政厅预算处)	白云霄(西夏区财政局)
高参参(财政厅国库处)	海　燕(银川开发区财政局)
马海涛(财政厅国库支付中心)	赵　梅(灵武市财政局)
张博文(财政厅行政政法处)	桂韶华(贺兰县财政局)
冯彦寅(财政厅科教文处)	姚继东(永宁县财政局)
王海源(财政厅经济建设处)	朱婷玉(宁东基地管委会财政审计局)
兰雪耻(财政厅农业处)	李献飞(石嘴山市财政局)
饶海涛(财政厅社会保障处)	张琳雅(大武口区财政局)
马国栋(财政厅金融处)	汪丽华(惠农区财政局)
梁　琪(财政厅会计处)	邱定源(平罗县财政局)
郭　洁(财政厅监督检查局)	马玉龙(吴忠市财政局)
王　航(财政厅非税收入管理局)	马晓东(利通区财政局)
马金虎(财政厅企业处)	马晓锐(青铜峡市财政局)
王　辉(财政厅政府外债办)	蒋　磊(盐池县财政局)
杨　欢(财政厅税政条法处)	马英清(同心县财政局)
吴国军(财政厅农村财政管理局)	腾国君(红寺堡区财政局)
张　化(财政厅人事与老干部处)	马红艳(太阳山开发区财政局)
张　颖(财政投资评审中心)	杨　静(固原市财政局)
韩　巍(财政厅资产管理处)	王　强(原州区财政局)
宋晓雨(财政厅政府采购管理处)	伏耀明(西吉县财政局)
韦　伟(财政厅机关党委)	王　艳(隆德县财政局)
杨治财(财政厅办公室)	马鹏杰(泾源县财政局)
陈　亮(财政厅纪检监察室)	惠　宇(彭阳县财政局)
刘　洋(财政厅信息中心)	何晓婷(中卫市财政局)
黄　娟(财政政策研究中心)	刘舒蓉(沙波头区财政局)
李　华(社保基金管理中心)	雅金斌(中宁县财政局)
李凤芸(注册会计师管理中心)	田凤宝(海原县财政局)

2017年11月12日,自治区财政厅党组书记、厅长陈春平赴银川市西夏区镇北堡镇华西村宣讲十九大精神

2017年3月14日,自治区财政厅副厅长李守银(左二)调研银川市儿童医院新址建设情况

2016年3月22日,自治区财政厅纪检组组长商艳臣(左二)带队到固原督导涉农资金

2017年10月27日,自治区财政厅副厅长刘守保(左一)深入大武口市骏马社区、九竹社区等"下基层"联系点开展基层党建活动

2017年9月10日，自治区财政厅总会计师杨冬梅（中）巡视全区会计考试工作

2017年11月20日，自治区财政厅副厅长赵惠宁（左一）赴平罗县金顺社区调研

2017年2月24日,自治区财政厅副巡视员何天文(前排左一)带队调研外省政府采购

2017年1月18日,自治区财政厅干部职工观看廉政警示教育专题片

2017年1月24日,自治区财政厅召开2016年度表彰大会暨2017年迎新春联欢会

2017年2月15日,自治区财政厅召开全区财政收支督导及加强预算管理工作视频会议

2017年3月30日,自治区财政厅举办道德讲堂活动

2017年3月31日,自治区财政厅参加植树造林活动

2017年5月4日,自治区财政厅举行2017年五四青年节座谈会暨"不忘初心跟党走"主题团日启动仪式

2017年5月5日,自治区财政厅召开"两学一做"学习教育常态化制度化工作推进会暨党组中心组学习(扩大)会议

2017年5月27日，自治区财政厅召开2017年第一次宁夏政府债券发行工作会

2017年6月8日，自治区财政厅举办政府和社会资本合作模式（PPP）专题讲座

2017年6月22日，自治区财政厅举办基金项目管理知识讲座

2017年7月1日，自治区财政厅召开全区地方政府债务管理工作会议

2017年7月1日，自治区财政厅举办喜迎十九大，庆祝建党96周年，实干兴宁、依法理财、做合格党员党日活动

2017年7月13日，自治区财政厅召开自治区第十二次党代会精神学习辅导讲座暨财政厅党组中心组学习（扩大）会

2017年7月14日,自治区财政厅召开青年干部职工座谈会

2017年7月18日,自治区财政厅召开全区加快财政收支工作视频会议

2017年9月15日,自治区财政厅党员干部赴白芨滩开展支部活动

2017年10月10日，自治区财政厅举行预防职务犯罪警示教育宣讲会

2017年10月25日，自治区财政厅组织离退休老干部欢度重阳节

2017年11月1日，自治区财政厅召开传达学习贯彻党的十九大精神大会

2017年12月20日，自治区财政厅举办健康教育专题讲座

2017年12月22日，自治区财政厅举办"不忘初心开启新征程，牢记使命续写新篇章"演讲比赛

2017年12月28日，自治区财政厅召开党风廉政建设责任制落实情况检查和领导班子领导干部考核大会

目 录

第一部分 重要财经文献

政府工作报告 …………………… 咸辉(2)
宁夏回族自治区2017年国民经济和社会发展
　统计公报 ……………………………（14）
让法治财政成为核心竞争力 …… 陈春平(25)
完善财政精准投入机制　助力打赢宁夏脱贫攻
　坚战役 …………………………… 张苏安(28)
抓财政法治就是抓发展 ………… 李守银(30)
发挥派驻监督探头作用　推动从严治党向纵深
　发展 ……………………………… 商艳臣(33)
振奋精神　砥砺前行　奋力开创财政经建工作
　新局面 …………………………… 刘守保(36)
大力发展管理会计　助推宁夏经济发展
　………………………………………… 杨冬梅(41)
加强机关党的建设要切实用好四个抓手
　………………………………………… 赵惠宁(43)
公务机票购买管理改革总体情况及下一步工
　作思路 …………………………… 何天文(47)
振奋精神　务实苦干　努力推动全区农发工作
　再上新台 ………………………… 许学禄(49)

第二部分 财政厅党组、厅务会议情况

2017年自治区财政厅党组会议情况
　………………………………………………（56）
2017年自治区财政厅厅务会议、厅长办公会
　议情况 ……………………………………（72）

第三部分 全区财税工作概况

全区财政工作综述 …………………（112）
国家税收 ……………………………（114）
地方税收 ……………………………（117）
财政部驻宁夏专员办 ………………（121）
农业综合开发 ………………………（124）
综合财政管理 ………………………（126）
财政预算管理 ………………………（128）
国库管理 ……………………………（130）
国库支付中心管理 …………………（132）
行政政法财政财务 …………………（133）
教科文财政财务 ……………………（135）
经济建设财政财务 …………………（136）
农业财政财务 ………………………（139）
社会保障财政财务 …………………（140）

金融财政财务 …………………… （142）	宁东基地管委会 ………………… （205）
会计管理 ………………………… （144）	石嘴山市 ………………………… （206）
财政监督检查 …………………… （146）	大武口区 ……………………… （208）
企业财政财务管理 ……………… （148）	惠农区 ………………………… （209）
财政外债管理 …………………… （150）	平罗县 ………………………… （211）
税政与法治财政建设 …………… （152）	吴忠市 …………………………… （213）
农村财政与财务管理 …………… （154）	利通区 ………………………… （215）
人事教育与老干部工作 ………… （159）	青铜峡市 ……………………… （217）
社保基金管理 …………………… （162）	盐池县 ………………………… （219）
财政预算评审 …………………… （164）	同心县 ………………………… （220）
资产管理 ………………………… （166）	红寺堡区 ……………………… （222）
政府采购管理 …………………… （168）	太阳山开发区 ………………… （225）
机关党的建设 …………………… （171）	中卫市 …………………………… （226）
机关事务管理 …………………… （172）	沙坡头区 ……………………… （227）
纪检监察工作 …………………… （174）	中宁县 ………………………… （229）
财政信息管理 …………………… （176）	海原县 ………………………… （231）
财政政策研究 …………………… （177）	固原市 …………………………… （233）
注册会计师管理 ………………… （179）	原州区 ………………………… （235）
财会函授学校 …………………… （181）	隆德县 ………………………… （238）
财政政务服务 …………………… （182）	西吉县 ………………………… （240）
非税收入管理 …………………… （184）	彭阳县 ………………………… （243）
	泾源县 ………………………… （247）

第四部分 市县财政工作概况

银川市 ……………………………… （188）
　　兴庆区 ………………………… （190）
　　金凤区 ………………………… （192）
　　西夏区 ………………………… （194）
　　银川经济技术开发区 ………… （196）
　　永宁县 ………………………… （198）
　　贺兰县 ………………………… （200）
灵武市 ……………………………… （202）

第五部分 财税法规选编

自治区财政厅关于印发《宁夏回族自治区财政厅防范遏制重特大事故全面加强安全生产源头管控和安全准入工作实施方案》的通知 ……………………………… （250）

自治区财政厅关于印发《宁夏回族自治区财政厅法律顾问工作制度（试行）》的通知 ……………………………………… （253）

关于印发《宁夏区本级财政年终对账结算管理办法》的通知……（255）

自治区财政厅关于印发《宁夏回族自治区市县财政库款考核办法（试行）》的通知……（258）

自治区财政厅 自治区公安厅交通警察总队关于印发《宁夏回族自治区公安交通安全管理专项资金管理办法（试行）》的通知……（260）

自治区财政厅 自治区科技厅 自治区人才办关于印发《关于完善自治区财政科研项目资金管理等政策的实施意见》的通知……（262）

自治区财政厅 环境保护厅 发展改革委 水利厅 林业厅 农牧厅印发《关于建立流域上下游横向生态保护补偿机制的实施方案》的通知……（267）

自治区财政厅关于印发《宁夏回族自治区公共资源交易平台专项资金管理暂行办法》的通知……（269）

自治区财政厅 扶贫办 发改委 民委 林业厅关于印发《宁夏回族自治区财政专项扶贫资金管理办法》的通知……（271）

自治区财政厅关于印发《自治区"双创"示范项目资金管理办法》的通知……（275）

自治区财政厅 自治区人力资源和社会保障厅关于印发《宁夏回族自治区跨省异地就医预付金管理办法（试行）》的通知……（277）

自治区财政厅 自治区民政厅 自治区人力资源和社会保障厅 自治区国税局 自治区地税局关于延续执行支持和促进创业就业有关税收政策的通知……（279）

自治区财政厅关于印发《自治区本级基本支出预算管理暂行办法》的通知……（281）

自治区财政厅关于印发《宁夏回族自治区财政收支考核暂行办法》的通知……（284）

自治区财政厅关于做好政府采购信息公开工作的通知……（286）

自治区财政厅关于印发《宁夏回族自治区本级行政事业单位国有资产进场交易实施细则》（试行）的通知……（290）

自治区财政厅 自治区编办关于印发《宁夏回族自治区事业单位政府购买服务改革工作实施方案》的通知……（292）

自治区财政厅 教育厅 民政厅 文化厅 体育局 残疾人联合会关于印发《2017—2020年中央专项彩票公益金支持宁夏社会公益事业项目资金管理办法》的通知………（296）

第六部分 财经文选

围绕五项要求全方位推进财政预算管理工作
…… 宁夏财政厅预算（绩效管理）处（302）

法国大巴黎地区地下综合管廊建设管理对宁夏地下管廊建设的启示
………… 宁夏财政厅经济建设处（305）

关于宁夏库款管理的思考与对策
……………… 宁夏财政厅国库处（308）

宁夏财政支持科技创新的调查与研究
………………… 陆 芳 冯彦寅（312）

完善后补助政策 助推企业创新发展
………………………… 马学霞（315）

经济体制和财政体制改革若干历史结点的考察与总结 ……………… 缑小平（318）

推行政府和社会资本合作(PPP)模式的思考
　　………………………… 黄金燕(325)
充分发挥财政职能　坚决打赢"脱贫富民"战役
　　………………… 李国强　田进国(328)
《国际金融组织和外国政府贷款赠款管理办
　　法》新旧部令对比解读
　　………………… 冯　玲　虎玉宝(330)
宁夏全面推开营改增试点改革运行情况分析
　　报告 ………………… 吕　文　杨　欢(332)
在探索中推进　在推进中深化
　　………………………… 王建东(335)
绩效导向　依法评价　科学规范　深入推进城镇
　　保障性安居工程建设 ……… 丁洪俊(337)
加强预算会计工作　提升财政管理水平
　　………………………… 许进贤(340)
社会保险基金预算编制中存在的问题及对策
　　………………………… 武　涛(343)
宁夏非税收入影响因素分析
　　………………… 马　刚　马　瑾(345)
宁夏注册会计师和资产评估行业党委行业党
　　建经费管理情况调研报告
　　………………… 王梦慧　李　珊(349)
宁夏财税大数据创新应用
　　………………… 郭向阳　石　晶(352)
机关党建要用"六抓六务实"激发活力
　　………………………… 韦　伟(355)
完善纳税信用管理体系　助推信用宁夏建设的
　　思考 ………………… 崔玉兵　路　风(358)
银川市财政专项资金绩效评价工作实践与探索
　　………………… 贺　斌　蔡少华(361)
对县级财政专户规范化管理的建议
　　………………………… 赵雪云(365)
关于扩展吴忠市财源建设格局的思考和建议
　　………………………… 赖学荣(368)
西吉县财政收支现状、存在问题及对策建议
　　………………………… 张振刚(371)
关于石嘴山国家级开发区财政体制若干问题
　　的调研及思考 ……………… 马淑梅(377)
国有企业及国有控股企业财务管理中存在问
　　题及其解决对策 …………… 李崇科(382)
扶持村集体经济发展存在的问题及建议
　　………………… 张明海　王佳晶(387)
学习贯彻《支出经济分类科目改革试行方案》
　　夯实预算管理制度基础 …… 马学梅(390)
青铜峡市财政库款管理中存在的问题及建议
　　………………………… 张青云(393)
践行十九大精神　加快建立现代财政制度
　　………………………… 王成明(396)

第七部分　财税机构人员

全国财政系统职工统计综合表 ……… (400)
宁夏回族自治区财政厅机构设置、职工人数表
　　………………………………… (401)
宁夏回族自治区财政厅副处级以上干部名单
　　………………………………… (402)
各市、县(区)财政局局长名单 ……… (404)
宁夏国家税务局2017年机构设置、人员构成和
　　副处级以上干部名单 ……… (405)
宁夏回族自治区地方税务局副处级以上领导
　　干部名单 …………………… (409)
各市、县(区)地方税务局班子成员名单
　　………………………………… (411)
中央驻宁单位财务负责人名单 ……… (412)

第八部分 获奖名录

2016-2017年全区财税系统获得国家级及（省）部级表彰奖励的集体及个人名录 …………（416）

第九部分 财经统计资料

2017年度宁夏回族自治区政府性收支总表 …………（420）

2017年度宁夏回族自治区一般公共预算收支决算总表 …………（421）

2017年度宁夏回族自治区一般公共预算收支决算总表 …………（422）

2017年度宁夏回族自治区政府性基金收支决算总表 …………（423）

2017年度宁夏回族自治区国有资本经营收支决算总表 …………（424）

2017年度宁夏回族自治区社会保险基金收支情况表 …………（424）

2017年宁夏回族自治区财政专户管理资金收支总表 …………（425）

2017年度银川市一般公共预算收支决算总表 …………（426）

2017年度永宁县一般公共预算收支决算总表 …………（428）

2017年度贺兰县一般公共预算收支决算总表 …………（430）

2017年度灵武市一般公共预算收支决算总表 …………（432）

2017年度石嘴山市一般公共预算收支决算总表 …………（434）

2017年度平罗县一般公共预算收支决算总表 …………（436）

2017年度吴忠市一般公共预算收支决算总表 …………（438）

2017年度青铜峡市一般公共预算收支决算总表 …………（440）

2017年度盐池县一般公共预算收支决算总表 …………（442）

2017年度同心县一般公共预算收支决算总表 …………（444）

2017年度中卫市一般公共预算收支决算总表 …………（446）

2017年度中宁县一般公共预算收支决算总表 …………（448）

2017年度海原县一般公共预算收支决算总表 …………（450）

2017年度固原市一般公共预算收支决算总表 …………（452）

2017年度西吉县一般公共预算收支决算总表 …………（454）

2017年度隆德县一般公共预算收支决算总表 …………（456）

2017年度泾源县一般公共预算收支决算总表 …………（458）

2017年度彭阳县一般公共预算收支决算总表 …………（460）

2016年宁夏国有及国有控股企业主要财务指标表 …………（462）

第十部分 财政大事记

2017年大事记 …………（492）

第一部分

重要财经文献

政府工作报告

——2018年1月26日在宁夏回族自治区
第十二届人民代表大会第一次会议上

宁夏回族自治区主席　咸　辉

各位代表：

现在，我代表自治区人民政府，向大会报告政府工作，请予审议，并请各位政协委员和其他列席人员提出意见。

一、2017年和过去五年工作回顾

2017年，是具有重大历史意义的一年。举世瞩目的党的十九大胜利召开，确立了习近平新时代中国特色社会主义思想的指导地位，发出了我们党进入新时代、踏上新征程、开创新伟业的动员令，为决胜全面建成小康社会、夺取新时代中国特色社会主义伟大胜利、实现中华民族伟大复兴中国梦提供了根本遵循和强大动力。自治区第十二次党代会深入贯彻习近平总书记视察宁夏重要讲话精神，做出了实施"三大战略""五个扎实推进"的重大部署，号召全区上下振奋精神、实干兴宁，为实现经济繁荣、民族团结、环境优美、人民富裕，与全国同步建成全面小康社会而努力奋斗。

一年来，在党中央、国务院的亲切关怀下，在自治区党委的坚强领导下，全区上下深入学习贯彻习近平新时代中国特色社会主义思想、党的十九大和习近平总书记视察宁夏重要讲话精神，按照"五位一体"总体布局和"四个全面"战略布局，认真落实自治区第十二次党代会部署要求，全力抓好稳增长、促改革、调结构、惠民生、防风险各项工作，经济社会发展取得新成绩。全年完成地区生产总值3453.9亿元，增长7.8%；地方一般公共预算收入达417.5亿元，同口径增长10.1%；城镇和农村居民人均可支配收入分别为29472元、10738元，增长8.5%、9%，比上年分别提高0.7和1个百分点；社会消费品零售总额达930.4亿元，增长9.5%。

主要工作是：

（一）狠抓转型升级，经济发展稳中向好

推进供给侧结构性改革，落实"三去一降一补"任务，经济发展稳中有进、进中向好。加强经济运行分析研判、定向施策，出台"创新驱动30条""降成本30条"、促进服务业发展等政策，累计降低实体经济成本85亿元，规上工业增加值增长8.6%、利润增长22.3%，质量效益进一步提高。开展项目推进年活动，吴忠至中卫城际铁路、银西和中兰高铁、京藏高速宁夏段改扩建等加快建设，煤制油、高端锂电池、差别化氨纶、宁浙特高压输电等投产运行，宁东基地工业产值突破1000亿元。实施100个重点技改项目，化解煤炭产能593万吨，取缔"地条钢"45.7万吨，商品房待售面积同比下降16.9%。推进产业结构优化升级，现代煤化工、装备制造、新能源等支柱产业增势强劲，工业更新改造投资增长15.1%，高新技术产业投资增长22.6%，清洁能源发电量占比达17.3%。粮食生产"十四连丰"、产量达368万吨，草畜、瓜菜、枸杞、酿酒葡萄等特色农业品牌效应显现。全域旅游示范区建设稳步推进，全年接待游客和旅游收入分别增长

21.7%和20.4%，电子商务、健康养老、文化创意等新业态蓬勃发展。

（二）聚焦精准扶贫，脱贫攻坚成效明显

坚持精准扶贫、精准脱贫，年度脱贫攻坚任务如期完成，盐池县具备脱贫摘帽条件，又有19.3万人脱贫，贫困发生率下降到6%。精准识别贫困人口，新补录建档立卡3万人。出台"脱贫富民36条"，制定产业、金融、教育、健康、就业等配套政策，投入扶贫资金56亿元，发放扶贫小额贷款58亿元，统筹整合涉农资金70亿元，实现建档立卡贫困人口"扶贫保"全覆盖。新建回购移民住房1.06万套，搬迁安置4万人。培训贫困劳动力10.5万人，贫困地区农民人均可支配收入达8347元，增幅高于全区农民2.2个百分点。

（三）深化改革开放，发展活力不断增强

坚决落实中央全面深化改革决策和自治区党委部署，大力推进69项重点改革任务。建成全区政务大数据平台，"不见面，马上办"政务服务事项达62.7%，取消各类证照81项。加快"多证合一"等商事制度改革，全区新登记各类市场主体3.3万户。新引进组建金融机构29家，嘉泽新能源在上交所上市，实现14年来主板上市"零突破"。深化国资国企改革，混合所有制改革试点深入推进，区属国有企业"三供一业"分离移交基本完成。农村土地制度、自然资源统一确权登记、集体产权制度改革和国有林场、供销社、农垦体制改革不断深化。制定《内陆开放型经济试验区建设实施意见》，成功举办第三届中阿博览会、全国工商联常委会暨民营经济助推宁夏发展大会、网上丝绸之路大会等重大活动，全年招商引资到位资金2245亿元，增长12.2%。开行银川至德黑兰货运班列，新增国际国内航线13条，航空旅客突破800万人次。全年进出口总额341亿元，增长58.9%，增幅居全国前列。

（四）突出环境治理，城乡建设协调推进

高标准完成空间规划（多规合一）试点任务，探索了一批可复制可推广的经验做法，受到中央深改组充分肯定。出台"生态立区28条"，加强生态环境保护，加大污染防治，水、空气质量和总量目标完成国家下达任务。从严从实抓好中央环保督察组反馈问题整改，大力推进贺兰山等自然保护区环境整治和生态修复，全面打响蓝天保卫战，拆除改造燃煤锅炉1640个，淘汰黄标车、老旧车4.7万辆，空气质量优良天数279天，比上年增加4天。建立五级河（湖）长制，集中整治入黄排水沟、重点湖泊水质污染，全面取缔企业入河湖直排口，黄河流域水质优良比例达73.3%。开展大规模植树造林和防沙治沙、湿地保护，完成营造林107.6万亩。启动银川都市圈建设，石嘴山成功创建全国文明城市，吴忠智慧城市、固原海绵城市、中卫交通物流枢纽城市建设步伐加快。改造老旧小区580万平方米，提标改造城镇污水处理厂36个，城市绿地率达36.7%。实施"百村示范、千村整治"工程，改造建设美丽小城镇26个、美丽村庄126个，完成农村生活污水处理及改厕3.2万户、阳光沐浴工程20万户，5个镇入选全国特色小镇。

（五）持续改善民生，社会事业加快发展

将70%以上财力用于民生事业，年初确定的民生实事全部完成。实施居民收入增长计划，城镇新增就业8.3万人，城镇登记失业率3.9%。新改建农村幼儿园220所，改造义务教育薄弱学校584所，宁夏大学化学工程与技术学科入选国家一流学科建设名单。推动优质医疗资源下沉，公立医院全部取消药品加成，乡镇远程会诊、村级标准化卫生室实现全覆盖。推进社会保障提标扩面，调增城乡居民基础养老金、机关事业单位和企业退休人员养老金；调整大病保险筹资和起付标准，实现工伤保险制度全覆盖；20万人次困难和重度残疾人享受生活或护理补贴。高标准建成一批乡镇综合文化站，实现贫困村综合文化服务中心全覆盖。广泛开展全民健身活动，第十三届全国运动会奖牌总数明显增长。启动"七五"普法。完善立体化治安防控体系,严打各类违法犯罪,社会治安总体稳定。强化食品药品监管,狠抓安全生产专项整治,国家安全生产考核取得优秀。积极支持驻宁部队改革,深入开展全民国防教育,国防动员建设水平不断提高。红十字、慈善等事业健康发展。人民防空、地震气象监测预警和应急救援工作不断加强。扎实开展民族团结进步教育和创建活动,全面治理民族宗教领域存在的突出问题,依法管理宗教事务,打击境外宗教渗透活动,保持了民族团结、宗教和顺、社会稳定的良好局面。

(六)改进优化作风,政府效能得到提升

坚持把学懂弄通做实党的十九大精神作为政府工作的首要任务,在政府系统广泛开展宣传宣讲活动,努力把十九大确定的重大理论观点、重大方针政策、重大战略部署落实到各级政府具体工作中。加强政府党组建设,建立重大事项向党委请示报告制度,提请自治区人大常委会审议通过地方性法规17件,制定、修改、废止政府规章41件,办复人大代表建议223件、政协提案488件。扎实推进"两学一做"学习教育常态化制度化,严格执行中央八项规定精神和自治区党委若干意见,坚持不懈整治"四风","三公"经费下降29.8%。坚决落实党风廉政建设责任制,加强行政监察和审计监督,加大督查督办力度,严肃查处各类违纪违法案件,政府公信力、执行力、落实力得到增强,群众满意度不断提升。

各位代表,2017年,我们完成了主要目标和任务。回顾过去五年,走过的路程很不平凡。五年来,全区上下主动适应经济发展新常态,积极应对各种风险挑战,稳中求进,砥砺奋进,"十二五"规划顺利完成,"十三五"规划扎实推进,经济社会发展取得重大成就。

我们坚定不移坚持党对一切工作的领导,坚决维护习近平总书记的核心地位,坚决服从党中央权威和集中统一领导,政治执行力得到新加强。紧密团结在以习近平同志为核心的党中央周围,强化"四个意识",坚定"四个自信",坚决贯彻落实党中央、国务院的一系列方针政策,坚决按照自治区党委的安排部署,创造性地抓好各项工作,确保了经济社会沿着正确方向发展。

我们坚定不移贯彻稳中求进工作总基调,落实新发展理念,抓好发展第一要务,综合实力实现新跨越。地区生产总值由2012年的2353亿元增加到3453.9亿元,年均增长8.3%;地方一般公共预算收入由264亿元增加到417.5亿元,年均增长9.6%;累计完成全社会固定资产投资1.7万亿元,是前五年的2.3倍,经济实力上了一个大台阶。

我们坚定不移推进供给侧结构性改革,加快培育发展新动能,经济转型升级迈出新步伐。三次产业比重由8.0∶49.7∶42.3调整为7.6∶45.8∶46.6,三产对经济增长的贡献率达53.1%。特色优势农业产值占比由84.3%提高到87%。高新技术和战略性新兴产业加快成长,大数据、电子商务等新业态快速崛起。科技进步贡献率突破50%。

我们坚定不移加快新型城镇化建设,推进区域协调发展,城乡面貌发生新变化。银川河东国际机场三期、中南部城乡饮水、百万亩盐碱地改良等一批惠民生、利长远的重大基础设施建成投用,所有市、县(区)通上高速公路,城镇化率由50.7%提高到58%,森林覆盖率由11.9%提高到14%,生态环境持续改善。

我们坚定不移践行以人民为中心的发展思想,扎实办好民生实事,人民生活得到新改善。累计城镇新增就业39万人,城镇和农村居民人均可支配收入分别由19507元、6776元增加到29472元、10738元,年均分别增长8.6%和9.6%。完成生态移民39.8万人,累计减贫71.9万人,贫困发生率五年下降了16.9个百分点。逐年提高城乡低保、企业退休人员养老金、医保报销等标准,实现公立医院综合改革、基本医疗保险、大病保险、疾病应急、医疗救助等制度全覆盖,近20万被征地农民通过政府补贴参加养老保险,220万群众居住条件得到改善,人民群众获得感幸福感安全感明显增强。

各位代表,五年的辉煌成就,为与全国同步建成全面小康社会奠定了坚实基础。这是习近平新时代中国特色社会主义思想科学指引的结果,是党中央、国务院亲切关怀,自治区党委正确领导的结果,是自治区人大依法监督、自治区政协民主监督,全区干部群众共同努力的结果。在此,我代表自治区人民政府,向全区各族人民,向大力支持政府工作的人大代表、政协委员、各民主党派、工商联、无党派人士和各人民团体,向中央驻宁单位、驻宁部队和武警官兵表示衷心感谢!向大力支持宁夏发展的中央和国家部委、兄弟省(区、市)、港澳台同胞、海外侨胞和国际友人致以崇高敬意!

在回顾成绩的同时,更要正视面临的挑战。我们清醒地看到,我区发展还存在不少困难和问题。人民日益增长的美好生活需要与发展的不平衡不充分之间的矛盾表现在多个方面,基础设施建设滞后,产业层次不高,资源环境约束趋紧,创新发展、转型发展任务繁重;基本公共服务均等化水平较低,脱贫攻坚任务艰巨,城乡居民增收压力较大,群众在就业、教育、医疗、社保、养老等方面还有不少难题;制约发展的体制机制障碍依然较多,融入"一带一路"、扩大内陆开放步伐还不快;政府自身建设还存在薄弱环节,职能转变和干部作风需要进一步加强。我们一定要高度重视,深入研究,精准施策,切实加以解决。

二、决战决胜全面建成小康社会

今后五年,是全面建成小康社会的决胜期,也是"两个一百年"奋斗目标的交汇期。中国特色社会主义进入新时代,社会主要矛盾发生新转化,社会主义现代化国家建设开启新征程。我们一定要把习近平新时代中国特色社会主义思想作为根本遵循贯穿始终,一定要把创新协调绿色开放共享作为基本理念贯穿始终,一定要把高质量发展作为根本要求贯穿始终,一定要把打好"三大攻坚战"作为底线任务贯穿始终,一定要把实施"三大战略"作为重要工作抓手贯穿始终,一定要把在发展中保障和改善民生作为为政追求贯穿始终。

今后五年,政府工作的总体要求是:紧密团结在以习近平同志为核心的党中央周围,高举中国特色社会主义伟大旗帜,深入学习贯彻习近平新时代中国特色社会主义思想和党的十九大精神,增强"四个意识",坚定"四个自信",坚持和加强党的全面领导,坚持以人民为中心的发展思想,坚持稳中求进工作总基调,坚持新发展理念,紧扣我国社会主要矛盾变化,统筹推进"五位一体"总体布局,协调推进"四个全面"战略布局,坚决打好"三大攻坚战",全面落实自治区第十二次党代会安排部署,突出抓重点、补短板、强弱项,深入实施"三大战略",认真落实"五个扎实推进",不忘初心、牢记使命,振奋精神、实干兴宁,实现经济繁荣、民族团结、环境优美、人民富裕,与全国同步建成全面小康社会,为开启全面建设社会主义现代化国家新征程努力奋斗。

今后五年的主要任务是:

(一)打造西部地区转型发展先行区,加快构建创新引领的现代化经济体系

发展是解决一切问题的基础和关键,是党执政兴国的第一要务。要坚决贯彻以新发展理念为主要内容的习近平新时代中国特色社会主义经济思想,大力实施创新驱动战略,加快发展实体经济,加大科技创新、管理创新、模式创新,着力推动质量变革、效率变革、动力变革,努力实现更高质量、更有效率、更加公平、更可持续的发展。地区生产总值和地方一般公共预算收入增速高于全国平均水平。持续深化供给侧结构性改革,大力推进质量强区,实施好传统产业提升、新兴产业提速、特色产业品牌、现代服务业提档"四大工程",加快新旧动能转换,构建特色鲜明、优势突出、效益较高的现代产业体系。谋划实施一系列交通、水利、信息化等重大项

目，夯实高质量发展基础。全面推进银川都市圈、沿黄生态经济带建设，着力推动中南部地区绿色发展，大力实施乡村振兴战略，城镇化率达到62%。

（二）打造全国脱贫攻坚示范区，不断提高各族群众的收入水平和生活质量

发展成就由人民创造，应该由人民共享。要坚决贯彻以人民为中心的发展思想，大力实施脱贫富民战略，在发展中保障和改善民生，让改革发展成果更多更公平惠及全区各族人民。坚决打赢脱贫攻坚战，瞄准"两不愁、三保障"标准，聚焦"五县一片"深度贫困地区，落实"五个一批"措施，激发贫困人口脱贫致富内生动力，确保到2020年现行标准下农村贫困人口实现脱贫、贫困县全部摘帽。实施富民工程，发展富民产业，深化大众创业、万众创新，推动工资性收入、财产性收入稳步增长，城乡居民收入增长与经济增长基本同步。坚守底线、突出重点、完善制度、引导预期，统筹发展教育、医疗、文体、社保等事业，加快推进基本公共服务均等化，一件事情接着一件事情办，一年接着一年干，不断满足人民日益增长的美好生活需要。

（三）打造西部地区生态文明建设先行区，努力建设天蓝地绿水美的美丽宁夏

建设生态文明是中华民族永续发展的千年大计。要坚决贯彻习近平总书记"绿水青山就是金山银山"的重要指示，大力实施生态立区战略，走生产发展、生活富裕、生态良好的文明发展之路。严格落实空间规划，制定实施监督考核办法，完成生态环境保护红线勘界立标，出台"三区三线"管控细则，优化开发格局，控制开发强度，科学布局生产、生活、生态空间。加快调整经济结构，大力发展绿色经济、循环经济、低碳经济，重点抓好工业、交通、建筑、供暖等领域节能降耗，合理控制能源消费总量，有效解决大气、水、土壤等突出污染问题，空气质量优良天数比例达到80%以上。着力优化生态系统，统筹抓好"护山、治水、造林、养田、蓄湖、育草、固沙"工作，建设北部平原绿洲、中部干旱带防风固沙、南部山区绿岛三大生态系统，城市绿地率达到40%，森林覆盖率达到16%，构筑祖国西部生态安全屏障。建立健全市场化、多元化的生态补偿机制，切实加强环保监管考核，依法严惩破坏生态环境行为，推动形成人与自然和谐发展的现代化建设新格局。

（四）打造内陆开放型经济试验区，切实营造更具活力更有效率的发展环境

改革开放是当代中国发展进步的必由之路，也是我区实现追赶发展的必由之路。坚持以改革促开放，以开放促发展，统筹用好国际国内两个市场、两种资源，全面激发社会创造力和发展活力。推进重点领域和关键环节改革，坚持使市场在资源配置中起决定性作用，更好发挥政府作用，深化放管服、要素配置等改革，充分激发各类市场主体的活力。弘扬和保护企业家精神，大力支持民营经济健康发展，构建亲清新型政商关系。主动融入"一带一路"建设，最大限度用好内陆开放型经济试验区先行先试政策，营造国际化、法治化、便利化营商环境；发挥中阿博览会平台作用，推进陆上、空中、网上开放通道建设，打造丝绸之路经济带战略支点，构建多层次、宽领域、全方位开放发展新格局。

（五）打造全国民族团结进步示范区，推动形成共建共治共享的社会治理格局

民族团结是发展进步的基石，是各族人民的生命线。坚决贯彻习近平总书记新时代民族工作思想，各民族共同团结奋斗、共同繁荣发展，同心同德建设美好家园。全面推进民族团结进步事业，牢固树立"三个离不开""五个认同"思想，促进各族群众手足相亲、守望相助，交往交流交融、共居共学共事共乐，使中华民族共同体意识更加深入人心。创新社会治理体制机制，有效预防和化解各类矛盾纠纷，加快公共安全、治安防控、社区治理等体系建设，提高社会治理的社会化、法治化、智能化、专业化水平。全面贯彻党的宗教工作基本方针，坚决依法制止利用

宗教干预社会生活、公共事务，引导宗教与社会主义社会相适应。

各位代表，新时代开启新征程，新使命呼唤新作为。我们要以永不懈怠的精神状态和一往无前的奋斗姿态，踏踏实实工作，一步一个脚印，把美好蓝图变为现实！

三、扎实做好开局之年的各项工作

2018年，是贯彻党的十九大精神的开局之年，是改革开放40周年，是决胜全面建成小康社会、实施"十三五"规划承上启下的关键一年，也是自治区成立60周年，做好今年的工作，意义特别重大。我们要以习近平新时代中国特色社会主义思想为指引，深入学习贯彻党的十九大精神，全面贯彻党中央、国务院决策部署，全面落实自治区第十二次党代会安排要求，开拓进取、奋发有为，确保各项工作开好局、起好步。

今年全区经济社会发展主要预期目标是：地区生产总值增长7.5%左右，全社会固定资产投资增长7%以上，地方一般公共预算收入同口径增长8%左右，社会消费品零售总额增长8%，城镇和农村居民人均可支配收入分别增长7.5%和8%，居民消费价格总水平涨幅控制在3%以内，城镇登记失业率控制在4%以内，节能减排降碳和环境质量改善完成国家下达任务。

重点抓好以下工作：

一是坚持稳中求进工作总基调，切实打好防范化解重大风险攻坚战。抓住主要矛盾，盯紧薄弱环节，标本兼治，综合施策，切实防范好、化解好各类风险隐患。

有效防控金融领域风险。培育多层次资本市场，丰富金融产品和业态，提高金融服务实体经济的能力。严格市场准入，建立地方金融监管制度，规范交易场所日常管理。完善金融风险预警监测平台功能，对苗头性、倾向性问题早发现、早整治。密切关注、及时处置重点行业债务关联问题，推动困难企业风险化解。加强互联网金融风险排查整治，严厉打击非法集资、吸存、传销等金融领域犯罪，一定守住不发生区域性、系统性金融风险的底线。

有效防控政府债务风险。坚持谁举债、谁负责、谁偿还，严格落实属地责任和主体责任。从严控制债务规模，通过地方预算安排、盘活各类资金和资产等方式，加快化解存量债务。积极争取国家部委对我区地方专项债券发行规模的支持，保障合理融资需求。严格规范政府投资基金、政府和社会资本合作以及购买服务等行为，积极稳妥处置隐性债务。完善地方债务风险应急处置、统计监测机制，强化责任追究，确保政府债务控制在合理区间。

有效防控房地产领域风险。建立多主体供应、多渠道保障、租购并举的住房制度。注重从供需两端发力，坚持分类调控、因城因地施策，严把商品房用地供应，加大棚户区改造货币化安置，鼓励有条件的农民进城购房，继续化解房地产库存。分类调控房地产信贷，支持刚性和改善性住房需求。开展房地产企业信用等级评定和履行社会责任评价，建立风险防控和矛盾化解机制。

二是大力实施脱贫富民战略，切实打好精准扶贫攻坚战。围绕"两不愁、三保障"，聚焦再聚焦、精准再精准，落地落实脱贫攻坚各项政策措施，确保隆德、泾源、彭阳3个县脱贫摘帽，140个贫困村脱贫出列，10万贫困人口实现脱贫。

聚焦深度贫困地区重点攻坚。瞄准"五县一片"特殊贫困地区，以解决突出瓶颈问题为重点，靶向实施"十大工程"，培育一批产业扶贫示范村、龙头企业、合作社和致富带头人；搬迁安置建档立卡贫困人口2.5万人，完成"十三五"易地扶贫搬迁任务；改造危窑危房2.2万户，补上基础设施和公共服务短板。提升西海固脱贫引水能力，建成中部干旱带7座水库，完成盐环定、红寺堡扬水工程更新改造，农村自来水普及率达到84%以上。

综合精准施策协同攻坚。深入贯彻习近平总书记东西部扶贫协作座谈会重要讲话精神，认真落实闽宁对口扶贫协作规划，广泛动员社会力量参与帮扶。统筹用好产业、金融、教育、健康、就业等组合政策，整合各类涉农资金，完善绩效考核评价体系，做到精准稳定可持续。因村因户施策，大力发展扶贫产业，扶贫小额贷款覆盖70%以上的建档立卡贫困户。继续抓好整村推进，进一步改善贫困地区的发展条件和环境。坚持培训与就业挂钩，完成精准脱贫能力培训8万人，安排特殊困难人口专项公益性岗位3500个，让贫困群众脱贫有技能、致富有路子。

强化责任落实奋力攻坚。深入开展脱贫攻坚作风建设年活动，专项治理扶贫领域作风问题。严格贫困退出机制，防止早退错退，防止"数字脱贫""被脱贫"。对已脱贫人口继续帮扶，攻坚期内脱贫不脱帮扶、脱贫不脱政策、脱贫不脱项目，巩固提升脱贫成果。坚持扶贫与扶志、扶智相结合，加强宣传教育，倡导脱贫光荣，不吊高胃口，也不养懒汉，让贫困群众长志气、增动力。要在学习、思想、工作、生活上，加强对基层扶贫干部的关心关爱。

三是大力实施生态立区战略，切实打好污染防治攻坚战。强化绿色发展指数导向，认真落实"生态立区28条"，把污染治理好，把环境保护好，把生态建设好。

实施蓝天、碧水、净土行动。全民共治、源头防治、综合治理。强化"四尘共治"，全部淘汰城市建成区20蒸吨以下燃煤锅炉，加快重点行业脱硫脱硝、除尘提标改造，加强工地、矿区等扬尘治理，推进秸秆综合利用，提高空气质量优良天数。落实河（湖）长制，开展河湖岸线划界确权，推进"四大节水"行动，加强饮用水源地和湿地管护，抓好黄河、艾依河、沙湖、星海湖和固原"五河"治理。提升城镇和工业园区污水处理能力，强化设施运行监管，稳定实现一级A排放。有效整治城市黑臭水体，彻底消除黄河流域劣五类水质，黄河干流宁夏段三类良好水质比例保持100%。完成土壤污染状况详查，推行城乡生活垃圾分类处理。划定农用地土壤环境质量类别，降低化肥、农药使用量，推进残膜、粪污资源化利用，切实减少面源污染。

加强生态系统建设。开展大规模国土绿化行动，巩固天然林保护、禁牧封育、防沙治沙等成果，实施三北防护林、平原绿网提升、400毫米降雨量以上区域造林绿化等生态工程，完成营造林145万亩，治理荒漠化50万亩，水土流失800平方公里以上。以六盘山、贺兰山、罗山自然保护区为重点，推进规范化建设、监管和生态修复，完成中央环保督察反馈问题年度整改任务，确保核心区、缓冲区违法建设项目清零。

严格落实生态环保责任。完成环保执法机构垂直管理改革，实施环保督察制度。制定完善总量减排、排污权有偿使用交易等政策，严格执行生态环境损害赔偿制度。落实生态文明建设评价考核办法，坚决杜绝重大生态破坏事件发生。推行重点行业企业"网眼监控"，加强联合执法、移动执法，对一切环境违法行为"零容忍"。

四是大力实施创新驱动战略，进一步深化供给侧结构性改革。坚决把"创新驱动30条"落到实处，大力发展实体经济，推动结构优化、动力转换、方式转变，走高质量发展新路。

加速工业转型升级。全面实施《中国制造2025宁夏行动纲要》，开展创新发展、节能降耗、降本增效等专项行动，在高端铸造、仪器仪表等领域培育一批领军企业，打造智能制造示范引领区，带动新材料、装备制造、节能环保等新兴产业做强做大。开展新一轮行业对标升级计划，推进重点用能企业"百千万行动"，推广新技术、新工艺、新模式，引导企业、社会和金融资本加大技改投入，带动电力、冶金、化工等传统产业迈向高端化、智能化、绿色化。整合优化开发区布局，推进园区低成本化改造，改进考核办法，每县（市、区）集中发展1个重点园区，带动产业集聚、集群、集约发展。严格执行国家产业政策和能耗、环保、质量、安全等标准，深入推进"三去一降一补"，继续破除无效供给，全面落实减税降费政策，多措并举降低企业运营成本，妥善处置"僵尸企业"，让广大职工转岗不下岗、转业不失业、生活有保障。

推进服务业供给创新。加快发展全域旅游，提高景区景点和服务设施质量，推动旅游与文化、生态的深度融合，建成一批特色旅游乡镇、生态农庄和农家乐，打造精品旅游线路，丰富旅游产品供给，延伸旅游产业链条，提高旅游性价比，实现旅游收入300亿元以上。做大电子商务，加强与大型电商平台合作，推进快递下乡，带动网络交易额增长15%以上。发展大数据、云计算等信息服务业，推进"互联网+"与三次产业融合发展。培育共享经济等新业态新模式和健康养老、休闲娱乐等消费热点，提高服务业对经济增长的贡献率。

扩大精准有效投资。坚持投量、投向、投效并重，突出抓好90个重大项目，力争完成投资900亿元。大力实施焦炭制烯烃、石墨烯储能材料等优势产业项目，银西高铁、银川集中供热等基础设施项目，老年大学、"全面改薄"等民生事业项目，带动全社会完成投资4000亿元以上。出台加快民间投资的意见，放宽民间投资准入，优化投资发展环境，促进民间投资稳步增长。突出精准招商、产业招商、园区招商、以商招商，招商引资到位资金保持在2000亿元以上，为高质量发展增添后劲。

提升科技创新能力。落实"科技支宁"计划，加快沿黄科技创新改革试验区建设。推进产学研合作和协同创新，聚焦装备制造、现代煤化工、新材料、特色农业等领域，实施重点科技项目100个，培育国家高新技术企业10家、科技型中小企业100家。健全科技成果转移转化服务体系，支持高校、科研院所技术中心、工程实验室面向社会提供服务。坚持不求所有、但求所用，完善人才评价、激励和服务保障体系，积极引进高端人才、急需紧缺人才，培养用好本土人才、实用技术人才。发挥科技后补助资金、科技投资基金作用，引导企业加大科技投入，研发与试验投入强度达到1.3%左右。

五是认真实施乡村振兴战略，加快推进农业农村现代化。按照中央"产业兴旺、生态宜居、乡风文明、治理有效、生活富裕"的总要求，推动农业全面升级、农村全面进步、农民全面发展。

提升农业效益。坚持质量兴农、绿色兴农，加快农业由增产导向转向提质导向，推进绿色化、优质化、特色化、品牌化发展。实施藏粮于地、藏粮于技战略，严守耕地红线，确保粮食安全。着力提升草畜、瓜菜、枸杞、酿酒葡萄等附加值和综合效益，集中打造贺兰山东麓葡萄酒、宁夏大米、中宁枸杞、盐池滩羊、灵武长枣等一批区域公用品牌，进一步提高特色优势农产品的市场占有率。完善利益联结机制，培育家庭农场、农民合作社、新型职业农民等经营主体，支持农业产业化龙头企业加快发展。大搞农田水利基本建设，加强农业技术推广服务，夯实现代农业发展基础。

改善农村环境。以农村垃圾、污水治理和村容村貌提升为主攻方向，实施农村人居环境整治和乡村绿化行动，全力抓好12个国家和自治区级特色小镇建设，建成美丽村庄100个、美丽小城镇20个。配套完善供水、供气、电网、信息等农村基础设施，开展农村无害化卫生厕所建设，改造水冲式厕所3万户，安装太阳能热水器12万台，实现阳光沐浴工程全覆盖；推进"四好农村路"建设，新改建农村公路900公里。强化新建农房规划管控，促进教育、医疗、文化等资源向农村倾斜，加快建立城乡一体的基本公共服务体系。

增强农村活力。深化农村改革，完善"三权分置"，做好第二轮土地承包到期后再延长30年政策衔接。扩大农村产权登记颁证范围，抓好农村集体资产股份权能改革试点，完成清产核资，推动资源变资产、资金变股金、农民变股东，壮大村集体经济，着力解决"空壳村"问题。完善村民自治制度，健全村规民约，推动移风易俗，树立文明乡风。加强农村基层组织建设，打造一支懂农业、爱农村、爱农民的"三农"工作队伍。

六是严格执行空间规划，加快推进区域协

调发展。牢固树立全区"一盘棋"思想,促进城乡统筹、山川共济、协调发展。

发挥银川都市圈龙头作用。围绕基础设施互联互通、产业发展集群集聚、生态环境共保共治、公共服务共建共享、体制机制改革创新的要求,落实好《银川都市圈建设实施方案》。设立都市圈建设投资基金,抓好100项重点推进任务。加快银昆高速机场段改线、银川国际航空港综合交通枢纽、石嘴山至平罗高速公路等建设,完善高效便捷的一体化综合交通运输网络。实施城市网络提升和宽带乡村工程,打造统一的智慧城市公共应用平台。完成黄河宁夏段二期防洪工程,启动银川都市圈西线供水工程,推进黄河水资源共享共治。坚持错位发展、差异化发展,加强行业整合和企业联合,形成同城效应和整体优势,以银川都市圈辐射带动沿黄生态经济带发展。

推进中南部城镇协同发展。以生态优先、富民为本、绿色发展为引领,提升固原、中卫城市聚集力和承载力,完善县城综合服务功能,引导特色小镇健康发展,形成资源禀赋、生态环境、人口规模相适应的集约型城镇格局。全面展开中兰高铁建设,加快建设海原至同心、宁东至甜水堡等高速公路,打通连接周边的省际通道。强化生态补偿、利益分配、转移支付等制度安排,加大生态建设、基础设施、公共服务等投入,推动中南部地区绿色协调发展。

提升城镇建设管理质量水平。统筹新老城区、地上地下建设,实施一批地下综合管廊、海绵城市等基础设施项目,改造棚户区2.9万套,城市绿地率提高0.6个百分点。加强城市综合交通规划建设和组织管理,改造重点拥堵节点,优先发展公共交通,倡导绿色出行。深化城市管理执法体制改革,促进城市管理法治化、智能化、精细化。推行居住证制度,有序引导农业转移人口市民化。

七是持续深化重点领域改革,进一步释放发展活力。问题导向,聚焦重点,用改革的办法破解难题、激发动力。

深化放管服改革。按照国家统一部署,做好新一轮政府机构改革工作。编制区市县三级政务服务事项和行政审批中介服务、政府定价收费、职业资格等目录清单,建设全区统一的权责清单管理信息系统。开展减证便民行动,推进相对集中行政许可权改革试点。加快"证照分离"改革,有效破解"准入不准营"问题。全面实施统一社会信用代码制度,健全守信联合激励和失信跨部门惩戒制度。深化"互联网+政务"应用,建成全区电子证照库,80%以上事项能够"不见面、马上办",营造公开、透明、便捷的政务服务环境。

加快市场化改革。完善国有资产管理体制,推动国资监管职能转变。深化混合所有制改革和员工持股试点,健全企业法人治理结构,加强国有企业经营管理考核,提高国有资本经营收益。推进价格改革和电力交易改革试点。着力解决民营企业反映的突出问题,全面落实支持中小微企业发展的政策措施,努力营造公平竞争的发展环境。

有序推进财税体制改革。完善预算管理,健全规范透明、标准科学、约束有力的预算制度,增强财政预算的严肃性和有效性。推进财政事权和支出责任划分改革,理顺区市县政府间财政关系。全面实施绩效管理,提高财政资金使用效益。调整优化财政支出结构,集中财力保重点、保民生。深化税收制度改革,实施环保、资源费转税改革,持续提高税收在财政收入中的比重。

八是深度融入"一带一路"建设,进一步提升开放发展水平。用好内陆开放型经济试验区先行先试政策,打造丝绸之路经济带战略支点,构建对内对外开放新格局。

开展政策创新。落实内陆开放型经济试验区实施意见,加快体制机制创新,全面推进贸易投资便利化,实施"准入前国民待遇+负面清单"为重点的投资管理制度,加强外商投资备案管理,在银川综合保税区全面推行"先进区、后报关"等监管制度创新。

推进通道建设。完善我区航空港口岸功能,加快肉类、水果、种苗、整车进口指定口岸建设,推动国内航空公司在宁设立运营基地和分公司,争取在银川河东国际机场设立免税店。启动国际班列始发(到达)站场建设,常态化运行银川至德黑兰国际货运班列,争取开通直达沿海港口的特需班列。提升中卫西部云基地和银川大数据中心国际通信网络性能,进一步搭建便捷畅通的网上通道。

加强对外经济合作。以综合保税区和各类开发区为载体,发展保税加工等外向型经济。加快跨境电子商务公共服务平台建设,支持对外贸易等健康发展。推进国际产能合作园区建设,支持我区企业对外投资,推动产品、项目、技术、服务全方位走出去,广泛拓展发展空间。

九是着力弘扬社会主义核心价值观,进一步推动文化事业繁荣兴盛。坚定文化自信,增强文化自觉,弘扬主旋律,传递正能量,构筑共有精神家园。

培育和践行社会主义核心价值观。把学习宣传贯彻习近平新时代中国特色社会主义思想和党的十九大精神引向深入。开展社会主义核心价值观"六进"活动,把社会主义核心价值观纳入国民教育、经济发展和社会治理全过程。推进精神文明"五大创建"活动,弘扬良好的社会公德、职业道德、家庭美德、个人品德。深化未成年人思想道德建设和大学生思想政治工作,积极开展志愿服务、道德模范评选活动,努力营造崇德向善的良好社会风尚。

健全公共文化服务体系。加强基层公共文化服务标准化建设,新改建一批乡镇文化站,改造提升一批行政村综合文化服务中心,扶持农民文化大院、民间文艺团队,推动公共文化体育设施免费开放全覆盖。实施自治区60大庆文艺创作工程,推出一批反映宁夏改革开放和时代风貌的文化精品。持续推进西夏陵、丝绸之路宁夏段申遗,做好非物质文化遗产保护传承和开发利用。办好自治区第十五届运动会等赛事,广泛开展送戏下乡、公益放映、全民阅读、全民健身等活动,不断丰富人民群众精神文化生活。

促进文化产业发展壮大。加快文化、旅游、科技融合发展,培育动漫创作、游戏开发、创意设计等文化新业态,推动银川IBI育成中心等文创产业园区建设,扶持镇北堡等特色文化小镇发展,培育一批竞争力强的骨干文化企业,开发一批具有宁夏特色的文化产品,构建统一开放、竞争有序的现代文化市场。

十是尽力而为、量力而行,努力在发展中保障和改善民生。按照保基本、普惠性、兜底线的原则,继续在幼有所育、学有所教、劳有所得、病有所医、老有所养、住有所居、弱有所扶等方面办好民生实事,让群众少些烦心事,多些顺心事、暖心事。

抓好就业创业增收。全面落实就业创业政策,着力化解结构性就业矛盾。抓好高校毕业生、就业困难人员等重点人群就业创业,购买政府公益性岗位7000个,培训城乡劳动力6万人,农村劳动力转移就业70万人以上,城镇新增就业7.5万人。按照国家统一部署,调整机关事业单位基本工资标准,实施地区附加津贴制度,推动企业建立以一线职工特别是技术职工为重点的工资增长机制,确保居民收入增长与经济增长同步。

坚持教育优先发展。推动城乡义务教育一体化进程,新建改造义务教育薄弱学校校舍16万平方米,改造运动场地40万平方米。加强学前教育监管。推动高中阶段教育普及,着力提高办学质量。大力发展素质教育,切实解决中小学生课外负担重、"择校热""大班额"等问题,促进优质教育资源均衡配置。尽快实现省部合建宁夏大学,推动高等教育内涵式发展。深化产教融合、校企合作,建成现代纺织公共实训中心,改善9个贫困县区职业学校办学条件。支持特殊教育和民办教育发展,促进教育公平。加强师德师风建设,培训乡村教师2.5万人,提升教师队伍整体素质。

推进健康宁夏建设。深化综合医改,建设多种形式的医疗联合体,健全家庭医生签约服务制度,开展千名医师下基层活动,建设群众满意的基层医疗卫生机构300所。高效运用乡镇卫生院远程会诊网络,规范收费标准,提高服务质量。开展医保复合型支付方式改革,完善"一免一降四提高一兜底"医疗保障体系,对城乡"两癌"贫困妇女给予资金救助,减轻群众大病医疗费用负担。加强全科、儿科、产科和中医等紧缺专业人才培养。鼓励社会资本办医,提供多样化、多种类的医疗卫生服务。

提高社会保障水平。健全城乡居民基本养老保险制度,继续提高退休人员基本养老金和城乡居民基础养老金水平,加强健康养老服务体系建设。完善医保补助政策,拓展"社保卡"综合应用,扩大异地就医结算范围。加强社会救助,落实失业、工伤保险政策,提高城乡低保和孤儿养育津贴标准,为残疾儿童和贫困残疾人提供医疗救助。

加强社会治理创新。深化农村和社区网格化服务管理,推动社会治理重心向基层下移。健全矛盾纠纷预防调处化解机制,开展"大调解"专项行动,发挥人民调解员的作用,提高信访工作的专业化、法治化、信息化水平。深入推进"七五"普法。严厉打击各类违法犯罪,着力解决网上诈骗、倒卖个人信息等突出问题,维护社会大局和谐稳定。充分发挥工会、共青团、妇联等人民团体作用,增强凝聚力,画好同心圆。做好气象地震、消防安全、防灾减灾救灾工作,提升突发事件应急响应、处置和保障能力。深入开展安全生产专项治理,坚决遏制重特大事故发生。实现食品药品快速检测服务全覆盖,确保"舌尖上的安全"。全面准确贯彻党的民族政策,巩固发展平等团结互助和谐的社会主义民族关系。严格执行新修订的清真食品管理条例,加强对清真标识使用的管理。坚持宗教中国化方向,坚持

用中华优秀文化浸润各宗教,坚决治理民族宗教领域存在的突出问题,坚决打击境外宗教势力渗透活动。加强国防动员和后备力量建设,实施军民融合发展战略,支持驻宁部队建设和改革。扎实做好哲学社会科学、新闻出版、广播电视、外事侨务、文史参事、统计档案等工作,在新时代实现新发展、书写新篇章。

四、建设人民满意的服务型政府

各位代表,习近平总书记指出:"时代是出卷人,我们是答卷人,人民是阅卷人。"各级政府一定要把人民利益摆在至高无上的位置,把人民的信任和支持作为最大动力,以时不我待、只争朝夕的精神全身心投入工作,努力建设人民满意的服务型政府。

必须保持绝对忠诚。把政治建设放在首位,自觉用习近平新时代中国特色社会主义思想武装头脑、指导实践、推动工作。开展"不忘初心,牢记使命"主题教育,增强"四个意识",坚定"四个自信",坚决维护以习近平同志为核心的党中央权威和集中统一领导,在政治立场、政治方向、政治原则、政治道路上同党中央保持高度一致。坚持把党领导一切贯穿于政府工作全过程、各方面,坚决执行党的理论路线方针政策,坚决贯彻党中央、国务院决策部署,全面落实自治区党委工作安排,严格执行民主集中制,切实做到信念过硬、政治过硬、责任过硬、能力过硬、作风过硬。

必须坚持依法行政。落实法治政府建设实施纲要,深入推进科学立法、严格执法、公正司法、全民守法。切实增强宪法观念,尊崇宪法、学习宪法、遵守宪法,依照宪法法律行使职权、履行职责、开展工作。严格执行重大决策公众参与、专家论证、风险评估等法定程序,实现重大事项合法性审查全覆盖。推进综合执法改革,推行行政执法公示、执法全过程记录、重大执法决定法制审核。健全政务公开制度,建立政府规章、规范性文件动态清理制度。坚持政府重大决策出台前按有关规定向同级人大报告制度,自

觉接受人大法律监督、工作监督和政协民主监督，主动接受社会公众监督和舆论监督。畅通政府和公众互动渠道，做好新媒体环境下舆情引导和回应工作，全面提高政府公信力。

必须做到担当实干。完成新时代任务，一定要加强学习，开拓视野，增强本领，不断提高推动改革稳定发展的能力。要发扬振奋精神、实干兴宁的作风，以钉钉子精神担当尽责，集中精力抓落实，确保自治区党委、政府确定的目标任务落地落实落细落到位。优化绩效考核和督查问责，落实正向激励和容错纠错机制，坚决纠正懒政、庸政、怠政行为。大兴调查研究之风，围绕改革稳定发展问题，围绕人民群众生产生活问题，察实情、出实招、办实事、求实效。各级政府要以造福人民为最大政绩，把百姓的安危冷暖时刻放在心上，想群众之所想，急群众之所急，让人民群众生活幸福美满！

必须恪守廉洁底线。严格落实中央八项规定和实施细则精神及自治区党委若干意见，驰而不息纠正"四风"。严格落实党风廉政建设"一岗双责"，始终把纪律和规矩挺在前面，强化不敢腐的震慑，扎牢不能腐的笼子，增强不想腐的自觉。认真落实国家监察体制改革部署，健全廉政风险防控机制，加强公共资金、国资国企、政府投融资等重点领域监管。强化过"紧日子"意识，严控"三公"经费，压缩一般性支出。广大公职人员要切实增强政治定力、纪律定力、道德定力、拒腐定力，筑牢思想防线，守住为政底线，不越制度红线，始终做到公正用权、谨慎用权、依法用权、廉洁用权，以实际行动树立政府的良好形象。

各位代表，今年是自治区成立60周年。60年来，在党中央、国务院的正确领导和亲切关怀下，全区各族人民守望相助、团结奋斗，共同经历了波澜壮阔的发展历程，共同创造了举世瞩目的发展成就，共同谱写了民族团结进步的光辉篇章。我们一定要全面总结自治区成立60年来，特别是党的十八大以来，在以习近平同志为核心的党中央领导下的生动实践和宝贵经验，组织开展好自治区60大庆活动，充分展示党的民族政策的巨大优越性，充分展示民族区域自治制度的强大生命力，充分展示宁夏各族儿女艰苦创业、奋发有为的精神风貌，进一步激发全区各族人民在党的领导下创造幸福美好生活的发展豪情和奋斗精神。我们一定要深入贯彻落实习近平总书记新时代民族工作思想，始终高举民族团结进步旗帜，唱响中国共产党好、社会主义好、改革开放好、伟大祖国好、民族团结好的时代主旋律，各民族共同团结奋斗，共同繁荣发展，在决胜全面建成小康社会的征程中阔步前进！

各位代表，幸福都是奋斗出来的。让我们紧密团结在以习近平同志为核心的党中央周围，在习近平新时代中国特色社会主义思想的指引下，在自治区党委的坚强领导下，不忘初心，牢记使命，振奋精神，实干兴宁，奋力走好新时代的长征路，为实现经济繁荣、民族团结、环境优美、人民富裕，确保与全国同步建成全面小康社会而努力奋斗！

宁夏回族自治区2017年国民经济和社会发展统计公报[1]

宁夏统计局　国家统计局宁夏调查总队

2017年,自治区党委、政府带领全区上下认真学习贯彻党的十九大精神,以习近平新时代中国特色社会主义思想为指导,全面落实习近平总书记视察宁夏重要讲话精神,按照自治区第十二次党代会的部署要求,坚持稳中求进工作总基调,牢固树立新发展理念,统筹推进"五位一体"总体布局、协调推进"四个全面"战略布局,不断深化供给侧结构性改革,稳增长、促改革、调结构、惠民生、防风险各项工作稳步推进,创新驱动、脱贫富民、生态立区"三大战略"取得积极进展,经济发展呈现"总体平稳、稳中有进、稳中向好"的运行态势,较好地完成了全年预期目标。

一、综合

初步核算,全年全区实现生产总值[2] 3453.93亿元,按可比价格计算,比上年增长7.8%。其中,第一产业增加值261.07亿元,增长4.3%;第二产业增加值1580.53亿元,增长7.0%;第三产业增加值1612.33亿元,增长9.2%。第一产业增加值占地区生产总值的比重为7.6%,第二产业增加值比重为45.8%,第三产业增加值比重为46.6%,比上年提高1.2个百分点。按常住人口计算,全区人均生产总值50917元,增长6.7%。

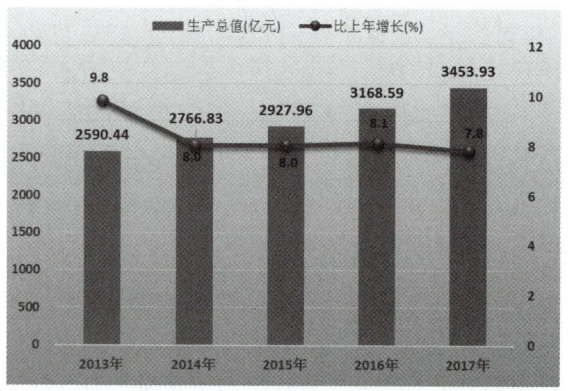

图1　2013—2017年全区生产总值及其增长速度

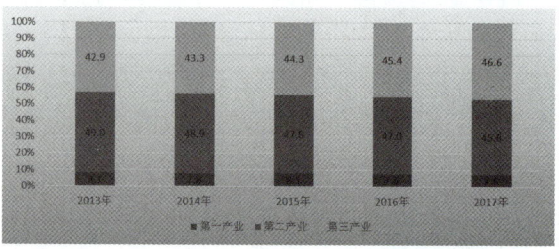

图2　2013—2017年全区三次产业增加值占地区生产总值比重

表1　2017年全区生产总值及其增长速度

指标	绝对值(亿元)	比上年增长(%)
全区生产总值	3453.93	7.8
农林牧渔业	276.64	4.3
工业	1096.30	8.4
建筑业	484.36	3.7
批发和零售业	160.92	8.7
交通运输、仓储和邮政业	199.31	-0.9

续表

指标	绝对值(亿元)	比上年增长(%)
住宿和餐饮业	58.66	6.5
金融业	314.69	6.8
房地产业	120.84	3.6
其他服务业	742.21	15.2
第一产业	261.07	4.3
第二产业	1580.53	7.0
第三产业	1612.33	9.2

年末全区常住人口681.79万人，比上年末增加6.89万人。其中，城镇常住人口395.33万人，占常住人口比重（常住人口城镇化率）为57.98%，比上年末提高1.69个百分点。全年全区出生人口9.12万人，出生率为13.44‰；死亡人口3.22万人，死亡率为4.75‰；自然增长率为8.69‰。

表2 2017年年末全区人口数及其构成

指标	年末数(万人)	比重(%)
年末总人口	681.79	100.00
其中:城镇	395.33	57.98
乡村	286.46	42.02
其中:回族	247.57	36.31
其中:男性	344.08	50.47
女性	337.71	49.53
其中:0—15周岁(含不满16周岁)[3]	148.02	21.71
16—59周岁(含不满60周岁)	444.18	65.15
60周岁及以上	89.59	13.14
其中:65周岁及以上	58.03	8.51

全年全区城镇新增就业8.25万人，农村劳动力转移就业75.53万人。年末全区城镇登记失业率为3.87%。全年全区农民工[4]总量为96.9万人，比上年增加5.5万人，增长6.0%。其中，外出农民工75.1万人，比上年增加3.2万人，增长4.5%；本地农民工21.8万人，增加2.3万人，增长11.8%。

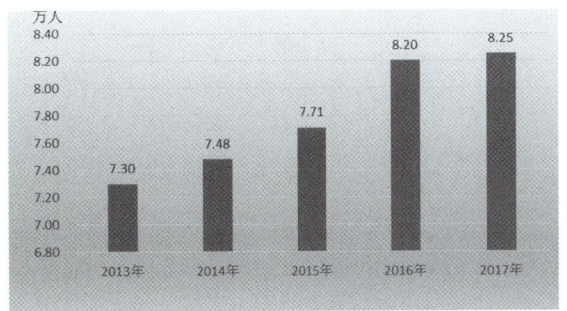

图3 2013—2017年全区城镇新增就业人数

全年全区居民消费价格比上年上涨1.6%；工业生产者出厂价格上涨12.1%；工业生产者购进价格上涨12.9%；固定资产投资价格上涨5.9%；农产品生产者价格[5]下降0.7%。

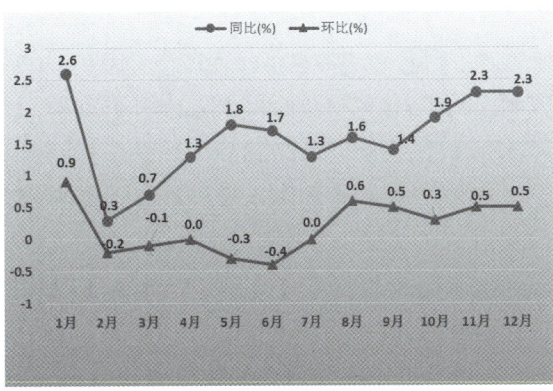

图4 2017年全区居民消费价格月度涨跌幅度

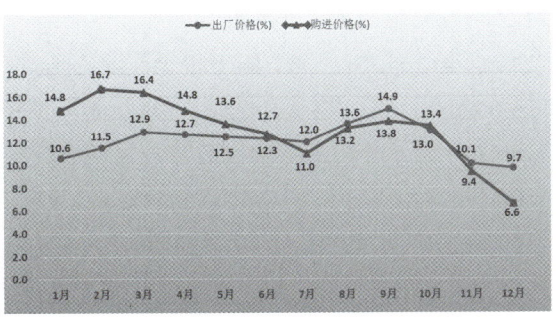

图5 2017年全区工业生产者出厂价格和购进价格同比涨跌幅度

表3 2017年12月份全区居民消费价格指数

指标	环比	同比	1—12月累计比
居民消费价格总指数	100.5	102.3	101.6
其中:食品烟酒	101.4	100.6	99.5
衣着	100.4	104.8	101.2

续表

指标	环比	同比	1-12月累计比
居住	100.0	102.1	102.3
生活用品及服务	100.2	102.4	101.9
交通和通信	100.3	102.4	102.7
教育文化和娱乐	100.1	102.7	102.3
医疗保健	100.3	104.3	104.8
其他用品和服务	99.4	102.2	102.4

供给侧结构性改革扎实推进。全年全区规模以上工业企业每百元主营业务收入中的成本为83.82元，比上年下降0.03元；每百元主营业务收入中的3项费用为9.65元，比上年下降0.78元。年末，全区商品房待售面积1036.68万平方米，下降16.9%，比上年末减少210.61万平方米。其中，住宅待售面积482.25万平方米，下降32.6%，比上年末减少233.32万平方米。全年全区农林牧渔业投资增长39.0%，信息传输、软件和信息技术服务业投资增长16.3%，科学研究和技术服务业投资增长64.7%，水利、环境和公共设施管理业投资增长35.7%。

新动能新产业新业态加快成长。全年全区规模以上工业高技术产业[6]增加值比上年增长24.3%，占规模以上工业增加值的比重为4.2%。全年水电、风电、太阳能等清洁能源发电量236.6亿千瓦时，增长24.0%；滚动轴承产量2280.7万套，增长1.16倍；数控金属切削机床1709台，增长35.7%。全年全区高技术产业投资[7]219.63亿元，增长22.6%，占固定资产投资（不含农户）的比重为5.9%；工业技术改造投资[8]433.23亿元，增长15.1%，占固定资产投资（不含农户）的比重为11.6%。全年全区网上零售额[9]按卖家所在地分实现零售45.2亿元，比上年增长1.48倍，其中，实物商品零售额20.1亿元，增长42.5%；按买家所在地分，实现零售额236.7亿元，增长56.2%。

发展质量效益不断改善。全年全区一般公共预算总收入715.65亿元，同口径增长10.5%。其中，地方一般公共预算收入417.46亿元，同口径增长10.1%。在地方一般公共预算收入中，税收收入270.29亿元，同口径增长15.3%，占地方一般公共预算收入的比重从上年的63.6%提高到64.7%。全年全区规模以上工业企业实现利润152.10亿元，比上年增长22.3%。分经济类型看，国有控股企业实现利润20.66亿元，下降55.2%；股份制企业95.66亿元，增长2.8%，外商及港澳台商投资企业45.61亿元，增长72.9%。分门类看，采矿业实现利润42.83亿元，增长7.1倍；制造业79.79亿元，增长7.2%；电力、热力、燃气及水生产和供应业29.48亿元，下降34.0%。

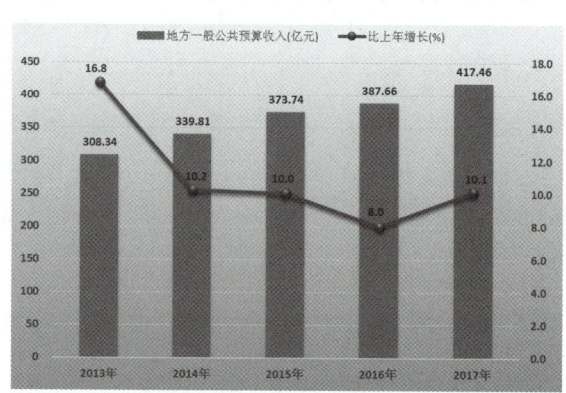

图6　2013—2017年地方一般公共预算收入及增长速度

注：图中2016—2017年地方一般公共预算收入增长速度为同口径增幅，2013—2015年为同比增幅。

二、农业

全年全区粮食种植面积1163.3万亩，比上年减少4.1万亩。其中，小麦种植面积198.8万亩，增加9.5万亩；水稻种植面积112.9万亩，增加0.3万亩；玉米种植面积435.5万亩，减少9.8万亩；薯类种植面积242.8万亩，减少10.4万亩。油料种植面积96.4万亩，减少6.2万亩。蔬菜种植面积201.3万亩，增长2.6万亩。瓜果种植面积125.5万亩，减少5.1万亩。园林水果种植面积192.9万亩，减少11.6万亩。

全年全区粮食总产量368.2万吨，比上年减产2.4万吨，减少0.7%，实现连续十四年丰收。其中，夏粮产量42.4万吨，增产0.1%；秋粮产量325.8万吨，减产0.8%。全年全区小麦产量40.9

万吨,与上年持平;水稻产量63.9万吨,增产1.5%;玉米产量214.9万吨,减产3.0%;马铃薯产量(折粮)36.6万吨,增产3.5%。

全年全区蔬菜产量610.8万吨,比上年增产3.0%;红枣产量10.4万吨,增产25.3%;枸杞产量11.7万吨,增产12.4%;葡萄产量19.0万吨,减产2.7%;油料产量13.4万吨,减产8.6%。

全年全区肉类总产量32.2万吨,比上年增长4.3%。其中,猪肉产量7.8万吨,增长4.0%;牛肉产量10.9万吨,增长4.7%;羊肉产量11.0万吨,增长4.7%;禽肉产量2.1万吨,增长0.1%。禽蛋产量10.6万吨,增长9.7%。牛奶产量153.3万吨,增长9.9%。水产品产量18.1万吨,增长3.6%。年末全区生猪存栏70.7万头,增长2.5%;生猪出栏99.2万头,增长3.2%;肉牛存栏79.9万头,增长4.6%;肉牛出栏71.0万头,增长4.1%;肉羊存栏554.7万只,减少4.5%;肉羊出栏622.7万只,增长4.1%;奶牛存栏38.4万头,增长5.1%;活禽存栏1150.7万只,增长8.1%;活禽出栏1104.5万只,增长1.5%。

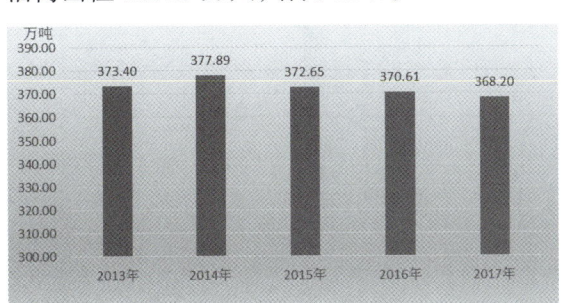

图7 2013—2017年全区粮食产量

表4 2017年全区主要农林牧渔业产品产量及其增长速度

三、工业和建筑业

全年全区全部工业增加值1096.30亿元,比上年增长8.4%。规模以上工业增加值增长8.6%。在规模以上工业中,分轻重工业看,轻工业增长1.8%,重工业增长9.9%。分经济类型看,国有控股企业增长8.7%;股份制企业增长9.7%,国有企业增长8.0%,外商及港澳台商投资企业下降2.8%;私营企业增长4.0%;非公有制工业增长6.6%。分门类看,采矿业增长2.0%,制造业增长8.4%,电力、燃气和水的生产和供应业增长12.6%。

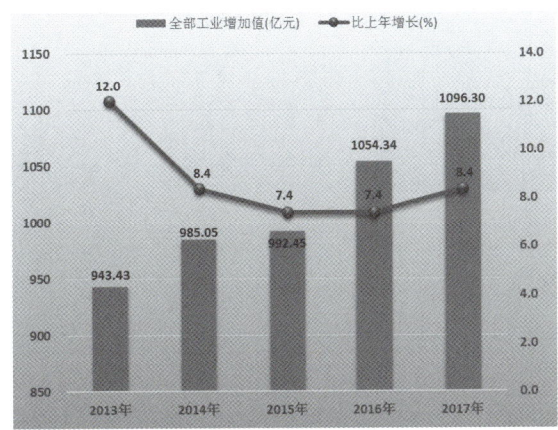

图8 2013—2017年全部工业增加值及其增长速度

全年全区规模以上工业中,煤炭行业增加值比上年增长2.8%、电力行业增长12.2%、化工行业增长13.6%、冶金行业增长9.7%、有色增长6.7%、轻纺增长0.4%、机械增长7.3%、建材下降0.1%、医药增长9.0%、其他行业增长8.0%。工业产品销售率为97.0%。

年末全区发电装机容量4187.6万千瓦时,比上年末增长14.0%。其中,火电装机容量2583.2万千瓦时,增长19.3%;水电装机容量42.6万千瓦时,与上年持平;风电装机容量941.6万千瓦时,与上年持平;太阳能发电装机容量620.2万千瓦时,增长17.9%。

表5 2017年全区主要工业产品产量及其增长速度

指标	单位	产量	比上年增长(%)
原煤	万吨	7643.6	8.1
发电量	亿千瓦时	1380.9	20.7

续表

指标	单位	产量	比上年增长(%)
焦炭	万吨	754.7	-1.8
原铝(电解铝)	万吨	115.0	9.4
农用化肥(折纯)	万吨	46.1	-15.7
精甲醇	万吨	644.2	19.4
电石(碳化钙)	万吨	344.6	9.7
水泥	万吨	2177.7	11.8
铁合金	万吨	322.2	-5.5
乳制品	万吨	95.9	4.2
葡萄酒	万千升	3.4	9.7
金属切削机床	台	2094.0	35.5

全区具有资质的总承包和专业承包建筑业企业761家，全年完成建筑业总产值549.21亿元，比上年增长7.4%。建筑业企业房屋建筑施工面积2569.40万平方米，下降7.3%；房屋竣工面积791.75万平方米，下降22.2%；竣工产值338.67亿元，下降10.4%。按建筑业总产值计算的劳动生产率24.30万元/人，下降9.2%。

四、固定资产投资

全年全区全社会固定资产投资3813.38亿元，比上年增长4.2%[10]。其中，固定资产投资(不含农户)3725.12亿元，增长4.2%。

在固定资产投资(不含农户)中，第一产业投资214.59亿元，比上年增长60.7%；第二产业投资1372.49亿元，下降8.3%；第三产业投资2138.03亿元，增长10.0%。工业投资1356.97亿元，下降9.3%，占固定资产投资(不含农户)的比重为36.4%。基础设施投资[11]897.99亿元，增长26.1%，占固定资产投资(不含农户)的比重为24.1%。民间固定资产投资[12]2038.08亿元，增长5.5%，占固定资产投资(不含农户)的比重为54.7%。

表6　2017年全区分行业全社会固定资产投资及其增长速度

指标	投资额(亿元)	比上年增长(%)
全社会固定资产投资	3813.38	4.2
农、林、牧、渔业	260.67	39.0
采矿业	149.03	1.6倍
制造业	815.81	-2.1
电力、热力、燃气及水的生产和供应业	392.53	-35.4
建筑业	15.52	26.9倍
批发和零售业	42.04	-8.6
交通运输、仓储和邮政业	415.08	6.9
住宿和餐饮业	16.60	-19.1
信息传输、软件和信息技术服务业	72.57	16.3
金融业	2.95	2.1倍
房地产业[13]	816.43	-6.6
租赁和商务服务业	27.49	39.6
科学研究和技术服务业	28.36	64.7
水利、环境和公共设施管理业	467.18	35.7
居民服务和其他服务业	7.60	-62.3
教育	68.10	20.0
卫生和社会工作	86.41	89.3
文化、体育和娱乐业	55.73	26.5
公共管理和社会组织	73.26	1.2倍

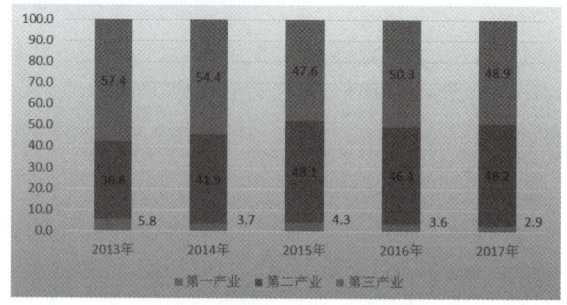

图9　2013—2017年三次产业投资占固定资产投资（不含农户）比重

全年全区房地产开发投资652.84亿元，比上年下降10.3%。其中，住宅投资387.75亿元，下降10.9%；办公楼投资37.01亿元，下降28.6%；商业营业用房投资152.42亿元，与上年持平。

表7　2017年全区房地产开发和销售主要指标完成情况及其增长速度

指标	单位	绝对数	比上年增长(%)
房地产开发投资	亿元	652.84	-10.3
房屋施工面积	万平方米	6836.71	-3.8
其中:住宅	万平方米	4346.91	-4.6
其中:本年新开工面积	万平方米	1187.61	-14.6
房屋竣工面积	万平方米	1328.62	2.6
其中:住宅	万平方米	883.54	-5.1
商品房销售面积	万平方米	1021.36	5.7
其中:住宅	万平方米	870.28	4.8
商品房待售面积	万平方米	1036.68	-16.9
其中:住宅	万平方米	482.25	-32.6
商品房销售额	亿元	464.13	13.3
其中:住宅	亿元	369.30	13.3
本年实际到位资金	亿元	678.50	0.0
其中:国内贷款	亿元	70.10	-27.6
自筹资金	亿元	241.57	-7.1
其他资金来源	亿元	366.83	14.0

五、国内贸易

全年全区实现社会消费品零售总额930.45亿元,比上年增长9.5%。按经营地统计,城镇消费品零售额854.26亿元,增长9.3%;乡村消费品零售额76.19亿元,增长11.7%。按消费类型统计,商品零售额769.49亿元,增长8.7%;餐饮收入额160.96亿元,增长13.0%。

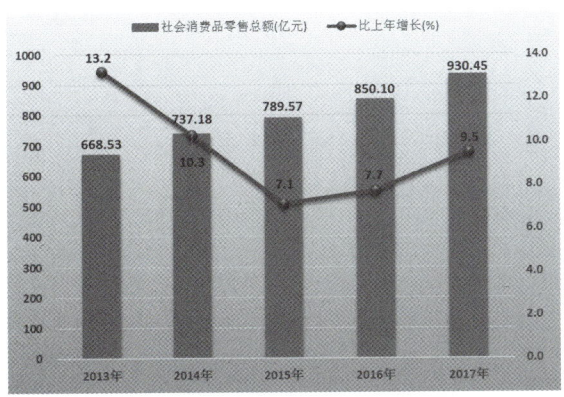

图10　2013—2017年社会消费品零售总额及其增长速度

在限额以上企业商品零售额中,粮油、食品类零售额比上年增长16.8%,饮料类增长22.6%,烟酒类增长7.9%,服装、鞋帽、针纺织品类增长0.5%,化妆品类增长17.9%,金银珠宝类下降1.1%,日用品类增长2.0%,家用电器和音像器材类增长3.2%,中西药品类增长7.8%,文化办公用品类下降9.6%,通讯器材类下降12.0%,石油及制品类增长19.2%,汽车类下降0.1%。

六、对外经济[14]

据银川海关统计,全年全区货物进出口总额341.29亿元,比上年增长58.9%。其中,出口247.71亿元,增长50.5%;进口93.58亿元,增长86.7%。货物进出口差额(出口减进口)154.12亿元。对"一带一路"沿线国家进出口总额82.66亿元,增长14.4%。其中,出口66.54亿元,增长21.7%;进口16.12亿元,下降8.3%。

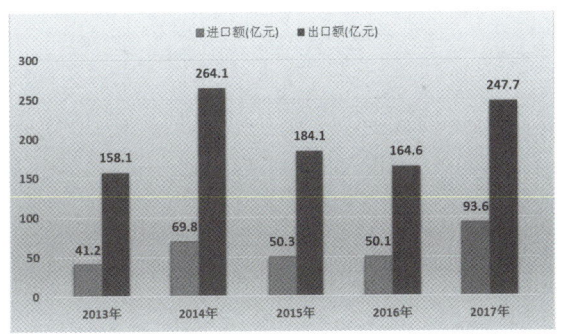

图11　2013—2017年货物进出口总额

全年全区实际使用外商直接投资3.11亿美元,比上年增长22.8%。全区新批准外商直接投资项目24个,合同外资金额25.40亿美元,增长3.5倍。其中,租赁和商务服务业签订利用外商直接投资项目5个,合同额2.18亿美元,增长33.9%。

表8　2017年全区主要商品出口金额及其增长速度

商品名称	出口值(亿元)	比上年增长(%)
金首饰及零件	19.12	513.5
维生素C及其衍生物	3.70	330.1

续表

商品名称	出口值(亿元)	比上年增长(%)
新的充气橡胶轮胎	6.74	181.6
焦炭及半焦炭	1.68	96.5
果蔬汁	1.49	70.7
铁合金	4.32	88.1
赖氨酸酯及盐	3.98	58.2
机床及铸件	4.86	47.5

七、交通和邮电

全年全区货物运输总量3.93亿吨,比上年下降11.5%。货物运输周转量811.41亿吨公里,下降7.1%。全年旅客运输总量0.76亿人次,下降14.4%;旅客运输周转量158.11亿人公里,增长3.3%。

表9　2017年全区各种运输方式完成运输量及其增长速度

运输方式	货物				旅客			
	运输总量		运输周转量		运输总量		运输周转量	
	绝对数(万吨)	比上年增长(%)	绝对数(亿吨公里)	比上年增长(%)	绝对数(万人次)	比上年增长(%)	绝对数(亿人公里)	比上年增长(%)
总计	39289.44	-11.45	811.41	-7.13	7599.90	-14.44	158.11	3.31
铁路	6528.29	11.81	253.55	4.61	650.37	-1.25	43.26	-4.29
公路	31659.00	-15.40	500.18	-13.40	6518.00	-17.60	55.84	-13.32
航空	1.89	26.54	0.29	21.01	431.53	37.67	59.01	35.92
管道	1100.26	-0.94	57.40	7.21	—	—	—	—

年末全区民用汽车保有量132.16万辆,比上年末增长12.1%。其中,私人汽车保有量119.9万辆,增长13.2%。民用轿车保有量63.73万辆,增长13.1%,其中,私人轿车60.9万辆,增长13.5%。

全年全区完成邮政业务总量[15]15.32亿元,比上年增长0.8%。邮政业全年完成邮政函件业务365.7万件,包裹业务10.6万件,快递业务量3721.5万件;快递业务收入6.8亿元。全年全区完成电信业务总量[16]204.7亿元,增长1.17倍。

年末全区电话用户总数854.2万户,其中移动电话用户792万户。互联网宽带接入用户159.2万户,比上年增加47.3万户。移动互联网用户682.5万户,比上年增加80.4万户;移动互联网接入流量20825.8万G,增长1.92倍。

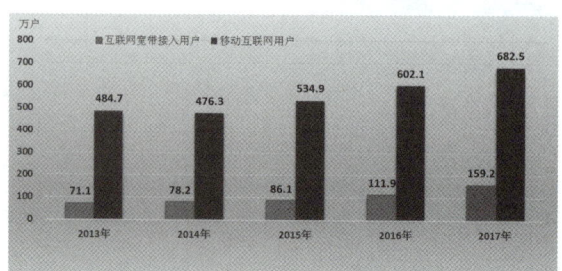

图12　2013—2017年年末全区互联网宽带接入用户数和移动互联网用户数

八、金融

年末全区全部金融机构本外币各项存款余额5867.22亿元,比年初增加406.58亿元。其中,人民币各项存款余额5848.45亿元,增加406.91亿元。全部金融机构本外币各项贷款余额6461.48亿元,比年初增加765.52亿元。其中,人民币各项贷款余额6332.61亿元,增加664.72亿元。

表10　2017年年末全区金融机构存贷款余额及其增长速度

指标	年末数(亿元)	当年新增(亿元)	比上年末增长(%)
各项存款余额	5867.22	406.58	7.5
人民币存款余额	5848.45	406.91	7.5
其中:住户存款	2791.49	241.29	9.5
非金融企业存款	1591.31	103.58	7.0
广义政府存款	1342.82	31.26	2.4
各项贷款余额	6461.48	765.52	13.4
人民币贷款余额	6332.61	664.72	11.7
其中:短期贷款	2048.41	207.24	10.8
中长期贷款	3867.49	439.83	13.1
票据融资	412.96	20.96	5.4

年末全区上市公司13家,总股本103.00亿股,总市值916.64亿元,比上年下降13.3%。其

中,流通市值572.81亿元,下降22.2%。全年证券交易额5939.75亿元,增长15.2%。全年全区在全国中小企业转让系统[17]挂牌公司66家,较年初增长17.9%,总市值219.16亿元。

年末全区省级营业性保险分公司20家,全年实现保费收入165.21亿元,比上年增长23.4%。其中,财产险收入56.04亿元,增长21.6%;寿险收入81.24亿元,增长19.1%;健康险收入23.53亿元,增长46.5%;意外伤害险收入4.40亿元,增长24.9%。支付各类赔款和给付49.56亿元,增长15.7%。其中,财产险赔款26.96亿元,增长8.7%;寿险业务给付15.17亿元,增长20.2%;健康险给付6.19亿元,增长44.9%;意外伤害险赔款1.24亿元,增长9.4%。

九、居民收入消费和社会保障

全年全区全体居民人均可支配收入[18] 20562元,比上年增长9.2%。全区全体居民人均可支配收入中位数[19] 14781元,增长11.4%。按常住地分,城镇居民人均可支配收入29472元,增长8.5%。城镇居民人均可支配收入中位数23727元,增长6.9%。农村居民人均可支配收入10738元,增长9.0%。农村居民人均可支配收入中位数10293元,增长10.0%。按全区居民五等份收入分组[20],低收入组人均可支配收入5083元,中等偏下收入组人均可支配收入11009元,中等收入组人均可支配收入17807元,中等偏上收入组人均可支配收入29486元,高收入组人均可支配收入56122元。

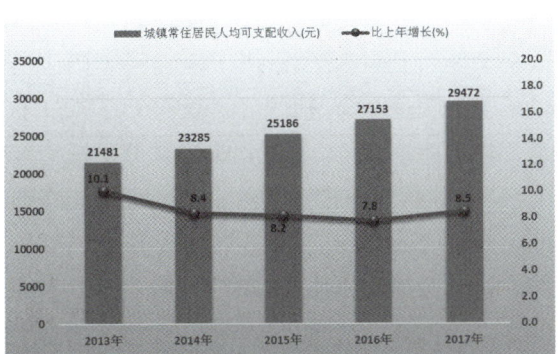

图13　2013—2017年城镇居民人均可支配收入及其增长速度

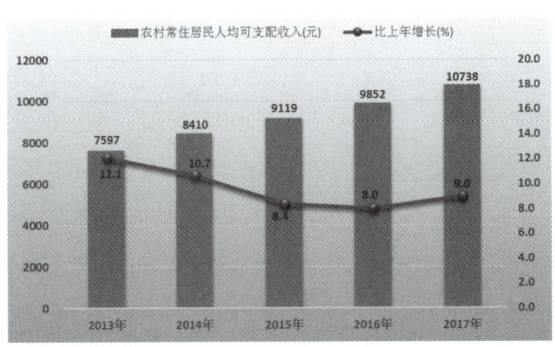

图14　2013—2017年农村居民人均可支配收入及其增长速度

全年全区居民人均消费支出15350元,比上年增长2.6%,扣除价格因素,实际增长1.0%。按常住地分,城镇居民人均消费支出20219元,下降0.7%,扣除价格因素,实际下降2.4%;农村居民人均消费支出9982元,增长9.2%,扣除价格因素,实际增长7.8%。

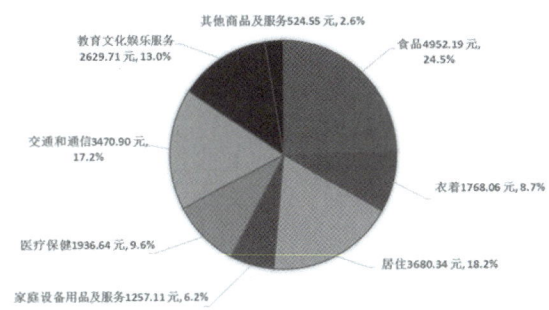

图15　2017年全区城镇居民人均消费支出及其构成

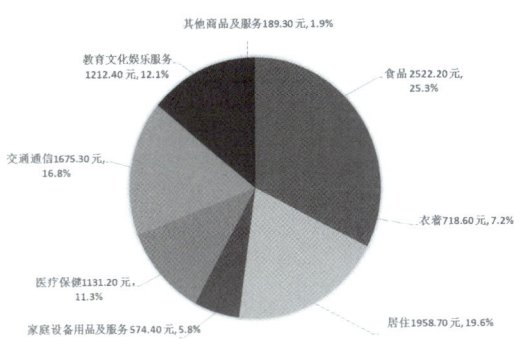

图16　2017年全区农村居民人均消费支出及其构成

按照每人每年2300元(2010年不变价)的农村贫困标准计算,2017年末,全区农村贫困人口23.9万人,比上年末减少19.3万人;贫困发生率6.0%,比上年下降5.1个百分点。

年末全区参加城镇职工基本养老保险人数

205.91万人，比上年末增加9.81万人。参加城乡居民基本养老保险人数185.48万人，比上年末减少0.72万人。参加基本医疗保险人数618.22万人，增加24.17万人，其中，参加城镇职工基本医疗保险123.46万人，增加5.99万人；参加城乡居民基本医疗保险494.76万人，增加18.18万人。参加失业保险人数88.55万人，增加2.85万人。参加工伤保险人数90.35万人，增加6.81万人。参加生育保险人数81.73万人，增加5.19万人。年末全区共有10.84万人享受城市居民最低生活保障，38.11万人享受农村居民最低生活保障，0.99万人享受农村特困人员[21]救助供养。

十、教育、科学技术和文化体育

年末全区各级各类学校3406所（含小学教学点552所），教职工104220人。全年全区学前教育毛入园率81.46%，小学学龄人口入学率99.93%，初中阶段毛入学率107.04%，高中阶段毛入学率90.33%，高等教育毛入学率45.95%，小学六年巩固率为96.02%，初中三年巩固率为95.02%。

表11　2017年全区各级教育招生、在校、毕业生人数

类别	校数（所）	招生数（人）	在校学生数（人）	毕业学生数（人）
普通高等学校	19	39422	126392	33133
研究生	3	2278	5341	1570
成人高等学校	1	11233	26398	10158
中等职业教育学校	28	25067	74742	24660
普通中学	310	145751	428017	142484
高中（含完全中学）	63	49189	148837	53632
初中（含完全中学）	247	97652	279180	88852
普通小学	1353	96628	581350	99430
幼儿园	1130	114298	230515	97294
特殊教育学校	13	1009	5319	555

全年全区登记自治区级科技成果267项，比上年下降14.1%。其中，基础理论成果71项，应用技术成果176项，软科学成果20项。全年申请专利量8574件，增长39.5%，其中，发明专利2561件，增长2.0%。专利授权量4243件，增长58.5%，其中，发明专利授权量657件，增长17.3%。全年共签订技术合同984项，技术合同成交金额7.2亿元。年末全区拥有国家级工程技术研究中心3个，自治区级工程技术研究中心43个；国家重点实验室3个，自治区级重点实验室28个；国家级企业（集团）技术中心（含分中心）14个，自治区级企业（集团）技术中心62个；自治区级产业技术协同创新中心4个，临床医学研究中心6个，自治区技术创新中心174个。

年末全区文化系统共有艺术表演团体15个，博物馆75个。全区共有公共图书馆26个，文化馆26个，档案馆28个。有线广播电视实际用户68万户，其中，有线数字电视实际用户62万户。全区广播节目综合人口覆盖率为97.59%；电视节目综合人口覆盖率为99.37%。全区出版各类报纸19种，出版期刊37种，出版图书3909种。2016年，全区文化及相关产业增加值74.36亿元，比上年增长14.5%；占地区生产总值的比重为2.35%，比上年提高0.12个百分点。

全年我区运动员参加国际国内比赛共取得金牌59枚、银牌68枚、铜牌53枚。全年有159人达国家一级运动员等级标准，487人达国家二级运动员等级标准，26人获得国家一级裁判员等级称号。

十一、卫生和社会服务

年末全区共有医疗卫生机构4272个，其中医院209个；基层医疗卫生机构3966个，其中乡镇卫生院220个，社区卫生服务中心（站）166个，村卫生室2301个；专业公共卫生机构87个，其中疾病预防控制中心25个，卫生监督所（中心）25个。年末全区卫生技术人员49714人，其中执业医师和执业助理医师18187人，注册护士21568人。全区医疗卫生机构实有床位39820张，其中医院34822张，乡镇卫生院3354张。全年全区总诊疗人次[22]4026.85万人次，出院

人数[23]115.73万人次。

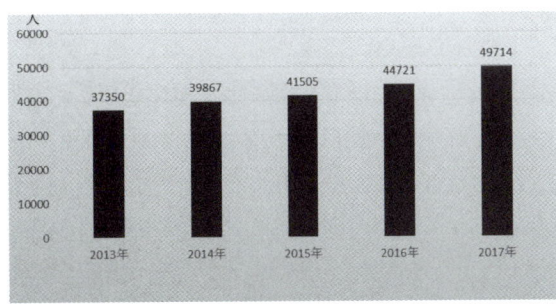

图17　2013—2017年年末全区卫生技术人员人数

年末全区共有各类提供住宿的社会服务机构122个，其中养老服务机构94个，儿童收养救助服务机构10个。社会服务床位[24]17575张（不包括社区床位数），其中养老床位14905张（不包括社会日间照料床位3538张、社会留宿床位2891张），儿童服务床位1022张。年末全区共有社区服务机构和设施2658个，其中社区服务中心68个，社区服务站2081个。

十二、资源、环境和安全生产[25]

全年全区水资源总量10.77亿立方米。全年全区平均降水量332毫米，比上年增长10.3%。全年全区总用水量66.06亿立方米，增长1.8%。其中，生活用水3.00亿立方米，增长7.8%；工业用水4.52亿立方米，增长2.9%；农业用水56.37亿立方米，增长0.8%。万元地区生产总值用水量[26]194立方米，下降4.9%；万元工业增加值用水量39立方米，下降4.9%。人均用水量974立方米，增长0.7%。

全年全区完成营造林面积107.6万亩，其中人工营造林面积54.0万亩。森林抚育面积35.82万亩。截至年底，全区自然保护区14个，其中国家级自然保护区9个，自治区级自然保护区5个。新增水土流失治理面积83.30千公顷。

预计[27]全年全区城市污水处理率93.0%，比上年提高0.8个百分点；燃气普及率85.0%，比上年提高0.61个百分点；城市建成区绿地率36.50%，比上年提高0.36个百分点；人均公园绿地面积17.80平方米，比上年增加0.06平方米。

全年全区5个地级城市平均空气质量优良天数为279天，优良天数比例为76.4%。细微颗粒（PM2.5）平均浓度为42微克/米^3，比上年下降8.7%。

全年全区累计发生生产经营性事故256起，比上年下降21.7%；死亡196人，下降14.8%。亿元GDP生产安全事故死亡人数为0.057；道路交通万车死亡率为2.05，下降6.8%；煤矿百万吨死亡人数为0.026，下降91.6%。

注释：

[1]本公报中数据均为初步统计数，正式数据以《宁夏统计年鉴2018》为准。部分数据因四舍五入的原因，存在着与分项合计不等的情况。

[2]地区生产总值、各产业增加值和人均地区生产总值绝对数按现价计算，增长速度按不变价格计算。

[3]2017年年末，0—14岁（含不满15周岁）人口为138.74万人，15—59岁（含不满60周岁）人口为453.46万人。

[4]年度农民工数量包括年内在本乡镇以外从业6个月及以上的外出农民工和在本乡镇内从事非农产业6个月及以上的本地农民工两部分。

[5]农产品生产者价格是指农产品生产者直接出售其产品时的价格。

[6]高技术产业包括医药制造业，航空、航天器及设备制造业，电子及通信设备制造业，计算机及办公设备制造业，医疗仪器设备及仪器仪表制造业，信息化学品制造业。

[7]高技术产业投资包括医药制造、航空航天器及设备制造等六大类高技术制造业投资和信息服务、电子商务服务等九大类高技术服务业投资。

[8]工业技术改造投资是指工业企业利用新技术、新工艺、新设备、新材料对现有设施、工艺条件及生产服务等进行改造提升，实现内涵式发展的投资活动。

[9]网上零售额是指通过公共网络交易平台（主要从事实物商品交易的网上平台，包括自建网站和第三方平台）实现的商品和服务零售额。其中，网上零售额包括的服务，以及少部分用于生产经营用或被转卖的商品不统计在社会消费品零售总额中。

[10]根据第三次农业普查结果对全区2016年固定资产投资基数进行修订，2017年增速按可比口径计算。

[11]基础设施投资是指建造或购置为社会生产和生

活提供基础性、大众性服务的工程和设施的支出。公报中的基础设施投资包括交通运输、邮政业、电信、广播电视和卫星传输服务业，互联网和相关服务业，水利、环境和公共设施管理业投资。

[12]民间固定资产投资是指具有集体、私营、个人性质的内资企事业单位以及由其控股（包括绝对控股和相对控股）的企业单位建造或购置固定资产的投资。

[13]房地产业投资除房地产开发投资外，还包括建设单位自建房屋以及物业管理、中介服务和其他房地产投资。

[14]货物进出口采用人民币计价。实际使用外商直接投资由于技术原因仍主要沿用美元计价。

[15]邮政行业业务总量按2010年价格计算。

[16]电信业务总量按2015年价格计算。

[17]全国中小企业股份转让系统又称"新三板"，是2012年经国务院批准设立的全国性证券交易场所。

[18]全区居民收入名义增速快于分城乡居民收入增速的原因是：在城镇化过程中，一部分在农村收入较高的人口进入城镇地区，但在城镇属于较低收入人群，他们的迁移对城乡居民收入均有拉低作用。但无论在城镇还是农村，其收入增长效应都会体现在全体居民收入增长中。

[19]人均收入中位数是指将所有调查户按人均收入水平从低到高（或从高到低）顺序排列，处于最中间位置调查户的人均收入。

[20]全区居民五等份收入分组是指将所有调查户按人均收入水平从高到低顺序排列，平均分为五个等份，处于最高20%的收入群体为高收入组，依此类推依次为中等偏上收入组、中等收入组、中等偏下收入组、低收入组。

[21]农村特困人员是指无劳动能力，无生活来源，无法定赡养、抚养、扶养义务人或者其法定义务人无履行义务能力的农村老年人、残疾人以及未满16周岁的未成年人。

[22]总诊疗人次指所有诊疗工作的总人次数，包括门诊、急诊、出诊、预约诊疗、单项健康检查、健康咨询指导（不含健康讲座）人次。

[23]出院人数指报告期内所有住院后出院的人数，包括医嘱离院、医嘱转其他医疗机构、非医嘱离院、死亡及其他人数，不含家庭病床撤床人数。

[24]社会服务床位数除收养性机构外，还包括救助类机构、社区类机构以及军休所、军供站等机构的床位。

[25]由于国家统计口径变化，2017年仅统计生产经营性事故情况，且亿元GDP生产安全事故死亡人数计算公式进行了调整，该指标不与上年进行对比。

[26]万元地区生产总值用水量、万元工业增加值用水量和万元地区生产总值能耗按2015年价格计算。

[27]此数据为住建部门预计数，具体数据5月底前公布；城市指标为五个地级市和两个县级市数据。

资料来源：

本公报中城镇新增就业、登记失业率、社会保障数据来自自治区人力资源社会保障厅；财政数据来自自治区财政厅；水资源数据来自自治区水利厅；林业数据来自自治区林业厅；发电装机容量数据来自国网宁夏电力公司；铁路运输数据来自中国铁路兰州局集团有限公司；公路运输数据来自自治区交通运输厅；民航数据来自西部机场集团宁夏机场有限公司；电信业务总量、电话用户、宽带用户、移动互联网接入流量、互联网普及率等数据来自宁夏通信管理局；建成区绿地面积、污水处理率、燃气普及率等数据来自自治区住房城乡建设厅；货物进出口数据来自银川海关；外商直接投资等数据来自自治区商务厅；民用汽车数据来自自治区公安厅；管道数据来自中石油管道长庆输油气分公司和中石油东部管道有限公司银川管理处；邮政业务数据来自宁夏邮政管理局；货币金融数据来自人民银行银川中心支行；上市公司数据来自宁夏证监局；保险业数据来自宁夏保监局；城乡低保、农村特困人员救助供养、社会服务来自自治区民政厅；教育数据来自自治区教育厅；国家工程研究中心、国家工程实验室、企业技术中心等数据来自自治区科技厅；专利数据来自自治区知识产权局；艺术表演团体、博物馆、公共图书馆、文化馆数据来自自治区文化厅；广播电视、电影、报纸、期刊、图书数据来自自治区新闻出版广电局；体育数据来自自治区体育局；卫生数据来自自治区卫生计生委；环境监测数据来自自治区环境保护厅；安全生产数据来自自治区安监局；其他数据均来自自治区统计局和国家统计局宁夏调查总队。

让法治财政成为核心竞争力

宁夏财政厅党组副书记、厅长　陈春平

党的十八大以来,习近平总书记围绕全面依法治国做出了一系列重要论述,为全面推进依法治国提供了根本遵循和战略指引。

党的十八届三中全会《决定》指出:"财政是国家治理的基础和重要支柱,科学的财税体制是优化资源配置、维护市场统一、促进社会公平、实现国家长治久安的制度保障。"这是在国家治理现代化视域下对财政的一个全新定位。推进宁夏法治财政建设,对宁夏法治政府建设具有重要意义。全区财政系统尤其是广大财政干部,必须深入学习贯彻习近平总书记全面依法治国一系列重要论述精神,按照党中央、国务院的统一部署和自治区党委、政府的具体要求,大力加强法治财政建设,推动国家治理现代化,使法治财政成为宁夏核心竞争力。

一、推进依法行政,建设法治财政

"七五"普法期间,全区各级财政部门要紧紧围绕力争到2020年形成较为完备的财政法律制度规范体系、高效的财政法治实施体系、严密的财政法治监督体系、有力的财政法治保障体系的目标任务,依法全面履行财政职能、完善财政法律制度体系,不断深入推进财政重大决策科学化、民主化、法治化,在严格规范财政行政执法、强化对财政权力运行的制约和监督、依法有效化解社会矛盾纠纷等方面积极探索实践,取得明显成效。广大财政执法人员特别是党员领导干部在法治实践中得到历练,运用法治思维和法治方式深化改革、推动发展、化解矛盾、维护稳定的能力不断提升。

2017年,宁夏法治财政建设要按照自治区依法治区领导小组办公室"七五"普法规划、自治区法治政府建设方案和财政部"七五"普法工作要求,紧紧围绕建设法治国家的总目标和深化财税体制改革的总体要求,进一步健全财政法治宣传教育机制、增强财政法治宣传教育实效性、深化依法行政依法理财,为深化财税体制改革和推动财政事业可持续发展营造良好的法治环境。

一是认真贯彻落实法治政府建设实施方案。同步谋划经济社会发展和法治建设大计,全面推进法治政府、法治财政一体化建设,推动自治区确定的法治政府建设各项任务真正在财政系统落地见效,使法治财政成为宁夏核心竞争力的重要标志。

二是全面落实法治财政建设各项任务。2016年,我们结合当前宁夏法治财政建设实际,制订了《2016—2020年宁夏法治财政建设工作方案》。从七个方面,梳理了40项具体任务。深入推进财政行政审批改革,推行财政权力清单、责任清单制度,规范自治区和市县(区)政府间财政关系,完善财政宏观调控,优化财政资源配置,加强财政管理工作;加强重点领域财政立法,完善财政立法体制机制,提高财政立法公众参与度;加强规范性文件监督管理,建立财政规章和规范性文件清理长效机制，健全依法决策机制，增强公众参与实效，提高专家论证和风险评估质量，加强合法性审查；坚持集体讨论决定，严格决策责任追究，完善财政行政执法程序，创新财政行政执法方式，全面落实行政执法责任制，健全行政执法人员管理制度，健全财政权力运行制约和监督体系，自觉接受党内监督、人大监督、民主监督、司法监督、审计监督；加强财政厅内部控制，完善社会监督和舆论监督机制，全面推进财政政务公开，完善纠错问责机制，健全依法化解纠纷机制，加强财政行政复议工作，依法开展行政调解、行政裁决和仲裁，完善信访工作制度；树立重视法治素养和法治能力的用人导向，加强对财政干部的法治教育培训，完善财政干部法治能力考查测试制度，注重通过法治实践提高财政干部法治思维和依法行政能力；加强厅党组对法治财政建设的领导，落实第一责任人责任，强化考核评价和督促检查，加强理论研究、典型示范和宣传引导。

三是切实解决法治财政建设中的突出问题。重点解决好依法行政依法理财中职能越位、缺位、错位问题，有法不依、执法不严、违法不究的问题和依法行政能力和水平不足的问题，不断提高社会治理的法治化水平。

四是建立健全法治财政建设保障机制。全面落实法治财政建设责任制，加强载体建设，改进考核考评工作，加强法制机构自身建设，及时破解消除制约法治财政建设的体制机制障碍。

五是全面落实党中央、国务院和依法治区领导小组关于"七五"普法规划的各项工作任务。今年是"七五"普法的第二年，对于财政部门来讲，不仅要让广大百姓充分了解财政工作法规政策，更为关键的是财政干部自身要率先普法，在依法行政过程中，做到"打铁先要自身硬"，程序依规、办事依规、方法依规，不能随意行事，不能缺乏法度。努力做到处处讲法，事事依法。

二、带队伍促廉政，风气正谋做事

2017年初，在我们的财政队伍中，出现了个别财政干部严重违纪问题，严重损害了财政机关党员干部队伍的整体形象。自治区财政厅认真总结、深刻反思沉痛教训，对财政系统深入开展警示教育进行全面安排部署。

明确标准，树立正确用人导向。坚持打铁自身硬，牢固树立"理财不爱钱，服务不谋私"的理念。标准和导向就是风向标，严格按照中央提出的好干部"信念坚定，为民服务，勤政务实，敢于担当，清正廉洁"的"五条标准"来选贤任能。开展学习培训宣传，严格"忠诚、干净、担当"，"三严三实"，"讲诚信，守规矩，守纪律"尤其是政治纪律、政治规矩方面的要求，带头执行廉政准则、中央"八项规定"，始终绷紧党风廉政这根弦，扎紧干部政策法规这个"笼子"，严格落实党风廉政建设的主体责任和监督责任，促进财政部门安全、财政工作安全、财政队伍安全、财政事业安全。

完善机制，严把选人用人关口。充分发挥党组织、纪检部门的把关作用，制定干部选拔任用一揽子实施办法，发挥干部考核评价的指挥棒作用，真正把严格的监督措施嵌入推荐、考察、公示、决定等关键环节，对群众反映的干部政治素质、道德品质、廉洁自律、选人用人等方面的问题，做到同步监督、环环把关，让制度在阳光下规范运行，让干部在阳光下健康成长，为规范选人用人行为提供制度保障，给"带病提拔"设置"防火墙"。重实绩，重德行，通过干部选拔任用工作，把这个标准和尺度在每次选人用人的具体实践中全面清晰、不折不扣地体现出来。

从严管理，抓实干部管理监督。坚持党管干部原则，严明纪律，对违纪情况实行零容忍，坚决不放过，发现一起，查处一起。在干部使用上，对跑官要官的，一律不得提拔使用，并记录在案，视情节给予批评教育或组织处理；对拉票贿选的，一律排除出人选名单或取消候选人资格，已经提拔的要责令辞职或者免职、降职，贿选的还要依纪依法处理；对买官卖官的，一律先停职或免职，移送执纪执法机关处理；对违反规定做出的干部任用决定,一律宣布无效,按干部管理权限予以纠正。

三、决胜脱贫攻坚,同步全面小康

有财才有政,无财政不稳。这一性质决定了财政既要做大"蛋糕",又要分好"蛋糕",既要开门办预算,考虑当前,又要谋划长远,加强预决算闭环管理,着力解决决算和预算编制"两张皮"问题,为国家和人民理好财、服好务。

自治区党委书记石泰峰在固原市调研过程中强调,要以脱贫攻坚统领经济社会发展全局,坚持精准扶贫、精准脱贫,坚定信心,持续用力,攻坚克难,坚决打赢脱贫攻坚战,确保2020年贫困人口如期脱贫。

对宁夏来讲,实现所有贫困人口如期稳定脱贫,既是最大的政治责任,也是对全区人民的庄严承诺。

西海固地区是国家14个集中连片特困地区之一,也是我国脱贫攻坚的主战场。按照宁夏脱贫攻坚的具体目标,到2018年,实现现行标准下的58万农村贫困人口全部脱贫、800个贫困村全部销号、9个贫困县全部摘帽。其中,贫困地区农民人均可支配收入增幅高于全区平均水平,到2020年达到1万元,基本公共服务主要指标达到或接近全国平均水平,贫困人口稳定实现"三不愁,四保障",不让一个贫困地区、一个贫困群众掉队。

2016年,自治区深入贯彻习近平总书记扶贫开发新理念新思想新战略和"银川会议"精神,强化扶贫责任,完善政策体系,综合精准施策,脱贫攻坚首战告捷,实现19.3万贫困人口脱贫,249个贫困村销号,贫困地区农民人均可支配收入达到7505元。近年来,宁夏累计减少贫困人口290万人,推动扶贫开发由"输血式"向"造血式"转变,逐步走出了一条民族地区脱贫致富的新路子。在创新扶贫方式、拓展精准扶贫路径方面,初步形成"信用+产业+金融"的盐池模式和"产业引领+能人带动+金融帮扶"的蔡川模式以及全国东西扶贫协作的全国样板闽宁模式。

但是,当前经济下行压力依然较大,作为财政部门,越是此时越要把群众冷暖放在心头,通过创新方式方法,优先保障民生投入,织密织牢低收入群体的社会保障安全网。尤其是深入实施精准扶贫、精准脱贫基本方略,聚焦低收入人口脱贫、经济薄弱村发展和重点片区整体帮扶,强化落实各项精准扶贫、精准脱贫措施,着力提高资金使用精准度,创新扶贫开发新机制,加大扶贫资金整合使用力度,强化扶贫资金绩效考评,探索产业扶贫与金融扶贫有效结合的新路子,加强与金融部门协调,引导金融资金投向产业扶贫项目。脱贫攻坚是高水平全面建成小康社会的标志性任务,也是一场硬仗,全区财政系统和各地、各部门,要提高聚财用财能力和风险防范意识,进一步加大工作力度,务求帮扶对象实、工作举措实、监督管理实、脱贫成效实。切实落实脱贫攻坚责任制,强化扶贫资金和项目监管,严防"被脱贫"、数字脱贫,坚决杜绝"跑、冒、滴、漏"等违规违纪现象发生,真正让低收入群众得益受惠,确保扶贫成效让群众满意、经得起历史检验。

完善财政精准投入机制
助力打赢宁夏脱贫攻坚战役

宁夏财政厅党组书记　张苏安

宁夏作为西部欠发达的少数民族地区,是全国脱贫攻坚的主战场之一,脱贫主要集中在六盘山集中连片特困地区的山区九县,涉及800个贫困村、58.1万贫困人口,且贫困程度深,脱贫难度大。2016年,习近平总书记视察宁夏并主持召开东西部协作"银川会议",发表了一系列关于脱贫攻坚的重要指示,为宁夏乃至全国脱贫工作指明了新的方向。全区各级财政部门要坚决贯彻落实中央、自治区的决策部署,实施积极财政政策,自觉担负起脱贫攻坚的政治责任,树立精准导向,建立健全财政扶贫投入、使用和管理机制,提高资金使用效益,合力打赢脱贫攻坚战役,加快宁夏脱贫步伐。

一、多渠道引水,创造脱贫攻坚强大动力源

"兵马未动,粮草先行。"有效的财政投入决定扶贫的实际效果,也是打赢这场战役的基础。各级财政部门要进一步理清思路,明确方向,主动作为,努力做到多头"蓄水"保扶贫。一是发挥中央资金的"引擎"作用。宁夏各级财政自给率普遍较低,尤其是贫困县区平均自给率不足10%,因此,要积极主动向国家部委客观、真实、准确地提供扶贫资金分配的各种因素。同时,要科学论证、储备一批优质扶贫项目,大力争取中央增加对宁夏扶贫资金、项目和政策的支持。二是坚持地方财政扶贫投入"只增不减"。研究建立扶贫资金稳定增长机制,逐年加大扶贫投入额度,原则上用于贫困县的资金增幅不低于该项资金的平均增幅。不断优化支出结构,增列专项扶贫预算,优先确保扶贫领域资金需要。在风险可控的条件下,合理安排地方债资金用于扶贫。三是大力整合资金形成"拳头"效应。所有下达贫困县的扶贫资金、行业资金、涉农资金均采取打捆切块方式,由贫困县政府根据实际情况自主定项目、定地点、定资金,集中财力办大事、办实事。大力盘活和统筹使用存量扶贫资金,收回的资金重点用于急需的扶贫领域和其他困难地区。四是撬动社会资本参与扶贫"造血"。设立扶贫产业担保基金,支持建立覆盖全区的农业信贷担保体系,推广金融扶贫"盐池模式",有效破解贫困群众贷款难问题。对于能产生一定效益的扶贫项目可鼓励和支持社会资本以PPP或政府购买服务等方式来实现。

二、多方向发力,靶向施策推进精准扶贫精准脱贫

发挥政府投入在脱贫攻坚中的主体和主导作用。扶贫资金要瞄准贫困地区和贫困人口,在投入方向上重点向农村致富产业倾斜,向小型农村基础设施倾斜,切实做到精准扶贫脱贫。一要增强集中连片特困地区发展能力。各项惠民政策和项目要向贫困地区倾斜,支持解决好农村通路、通水、通电、通网络"四通"问题,继续推进贫困农户危房改造,采取自治区级统借统还方式争取金融机构贷款,大力实施"十三五"易地扶贫搬迁,改善贫困地区、贫困群众基本生产生活条件。二要重点关注建档立卡贫困人口。在精准识别贫困村、贫困户和建立科学合理的进入、退出机制的基础上，把建档立卡贫困人口规模作为安排地方转移支付资金的主要因素，提高扶贫资金分配的精准性。实行低保线与扶贫线"两线合一"，动态监测贫困人口收入变化，建立阻断返贫致贫长效机制。三要大力培育可持续发展产业。发挥财政资金的引导作用，支持扶贫对象根据当地条件和市场需要发展设施农业、特色种养等优势产业，总结推广光伏扶贫、苗木扶贫、枸杞扶贫等产业扶贫模式，为长期稳定脱贫奠定基础。把支持农村电商发展作为信息脱贫的主要手段，激发贫困群众自主脱贫内生动力。四要多举措增加困难群众收入。实行贫困地区"9+3"职业教育提质扩面，加大实用技能培训支持力度，提高扶贫对象就业能力。落实农业支持保护补贴政策，加大农机具购置、退耕还林还草等政策性补贴力度，借鉴"三变模式"推行资产收益扶贫，增加贫困群众转移性收入和财产性收入。五要做好财政兜底脱贫。统筹县级基本财力保障机制奖补资金等转移支付，支持困难县区财政运转和基本民生兜底。对无产业基础、丧失劳动能力、自身脱贫无望的农村弱势群体，采取救济、低保、保险、社会养老等方式保障其基本生活，共享脱贫攻坚成果。

三、多层次监管，切实增强扶贫资金效益

各级财政部门在高效提供扶贫资金保障的同时，还要主动担负起资金监督管理的重任，从源头上入手、在关键处着力，全程抓好管控，替政府把好关，为人民服好务，把有限资金用在刀刃上。基础是完善资金管理制度。研究出台自治区专项扶贫资金管理办法，体现资金精准使用要求，进一步完善分配方法，改进支出范围，明确管理责任，真正做到投入实、资金实、到位实。建立扶贫资金管理"负面清单"制度，鼓励贫困县在不触碰"红线""底线"的基础上大胆花、放心用。突出绩效导向，把支出进度、使用效益作为财政扶贫资金分配的重要因素，对管理规范、资金使用效益高的地方给予奖励和倾斜。关键是推动涉农资金高效整合。财政部门要负起牵头职责，积极建立有效的工作协调机制，推动项目主管部门统一思想，着眼大局，转变在扶贫项目、资金管理方面固化的观念约束，充分下放审批管理权限和加快预算执行进度，切实加大对贫困县脱贫工作的支持力度。建立涉农资金整合试点工作考核通报机制，坚决纠正以"专款专用"等为借口阻碍涉农资金整合的各种行为，以刀刃向内的改革精神全面推进贫困县涉农资金整合工作。重点是构建常态化监督机制。全面落实扶贫资金管理使用公开、公告、公示制，引导困难群众积极参与扶贫项目监督管理，提高资金分配、使用透明度。财政、扶贫、审计、监察等部门共同发力，加大对违规使用扶贫资金的查处力度，严肃整治基层扶贫资金使用管理"乱象"，确保每一分扶贫资金真正花在贫困群众身上。

抓财政法治就是抓发展

宁夏财政厅副厅长 李守银

一、法治宁夏离不开法治财政，抓法治财政就是抓发展

法治财政，是对财政行为法治化的高度概括，它要求财政部门必须在法律的规范下开展活动，按照法定的权限和程序行使权力、履行职责。无论是从国家还是自治区层面，在推进法治宁夏的进程中，建设法治财政具有十分重要的意义。

建设法治财政是贯彻依法治国基本方略、建设法治政府的必然要求。依法治理，对于国家是依法治国，对于政府是依法行政，对于财政就是依法理财。这是一以贯之的必然逻辑。贯彻依法治国基本方略，推进依法行政，建设法治政府，是新形势下我们党治国理政从理念到方式的重大转变，具有划时代的重要意义。从宁夏实际来看，自治区党委、政府也一直高度重视法治建设，许多工作走在了全国前列。法治环境是发展经济至关重要的竞争力，抓法治建设就是抓发展。财政是政府的重要职能部门，一定要积极主动，按照党中央、国务院和自治区党委、政府的要求，把建设法治财政作为建设法治政府和法治宁夏的重要方面，不断向前推进。

建设法治财政是推进财政改革和发展、完善公共财政体系的内在要求。市场经济是法治经济，公共财政也必然是法治财政。财政要着力调整财政支出结构，提高社会保障、教育、科技、卫生、公共安全、基础设施等公共支出的比重，为社会提供基本公共服务；同时要深化财政体制改革，完善预算管理制度，改革和完善税收制度，不断提高财政管理科学化、精细化水平。这些都要求我们加强法治建设，确保工作不断取得进展、真正见到实效，也只有将财政改革和发展的成果建立在法治的基础上，才能使其真正得到巩固。

建设法治财政是有效防止腐败、加强廉政建设的重要措施。推进法治建设，一方面，可以加强对行政权力的规范和约束，从制度上、源头上克服和防止行政机关及其工作人员不作为、乱作为和滥用职权；另一方面，可以让行政权力在阳光下运行，接受社会各界和人民群众的监督，从而更有效地防止腐败，建设廉洁、高效的政府机关。

二、财政法治离不开法治宣传，法治宣传要遵循"六个坚持"原则

财政法治宣传教育的对象是广大财政干部、财务会计人员、高等院校财经类专业学生及一切有接受教育能力的公民，重点是财政部门领导干部、财政行政执法人员。

主要目标是：财政法治宣传教育机制进一步健全，财政法治宣传教育实效性进一步增强，依法行政依法理财进一步深化，法治财政建设取得明显进展，全社会财政法治观念明显增强，广大财政干部的法治意识和依法行政能力逐步提高,财政系统形成办事依法、遇事找法、解决问题用法、化解矛盾靠法的良好法治环境,推动全社会形成守法光荣、违法可耻的法治氛围。

在财政法治宣传教育工作在应遵循"六个坚持"原则:坚持围绕中心,服务大局,紧紧围绕深化财税体制改革和财政中心工作,有针对性地开展财政法治宣传教育,加快推进依法行政依法理财,为全面实施全国财政"十三五"规划营造良好法治环境;坚持以人为本,服务为民,以满足群众不断增长的法治需求为出发点和落脚点,以群众喜闻乐见、易于接受的方式开展财政法治宣传教育,引导群众了解和掌握财税法律知识和财政制度政策,合理维护自身权益,分享公共财政建设成果;坚持学用结合,普治并举,坚持财政法治宣传教育与依法理财有机结合,将财政法治宣传教育贯穿财政管理全过程,引导广大财政干部在法治实践中提升法治素养,增强依法管理、依法办事能力;坚持分类指导,精准普法,根据不同地区、对象的实际和特点,分类实施财政法治宣传教育,突出重点对象、重点内容,做到按需施教、精准发力,切实增强财政普法的针对性、实效性;坚持问题导向,践法于行,立足工作实际,准确查找财政普法和依法理财工作中存在的突出问题,对症施策、着力解决,不断提升财政工作的法治化、规范化水平;坚持典型引路,创新发展,培育推广先进典型,充分发挥典型示范引领作用,加强新媒体新技术的运用,推进财政法治宣传教育工作理念、载体平台、方式方法创新,更好地适应财政改革发展和人民群众的法律诉求。

主要任务包括,深入学习宣传习近平总书记关于全面依法治国的重要论述,突出学习宣传宪法,深入学习宣传中国特色社会主义法律体系,深入学习宣传党内法规,重点学习宣传财税法律法规和财政制度政策,积极推进法治财政文化建设。

三、新理念新方法新载体新机制,财政法治宣传硕果累累

我是2016年底刚到财政厅任职的。但在我分管此项工作过程中,经过充分的了解,我认为自治区财政厅在普法宣传中,努力探索和创新新时期财政法治宣传教育的新理念、新方法、新载体、新机制,效果明显。

一是建章立制,明确责任。成立以厅党组书记、厅长任组长,分管副厅长任副组长,各市县(区)财政局长及厅机关各处室、事业单位负责人为成员的全区财政系统"七五"普法及依法行政依法理财领导小组,每遇人员变动都及时调整和充实普法工作领导小组。由厅机关税政与条法处具体负责全区财政系统及厅机关的普法宣传、依法行政依法理财工作,在全系统形成了领导集体共同抓,主要领导亲自抓,分管领导具体抓的良好工作格局。同时,将普法与依法行政依法理财工作纳入厅机关效能目标管理考核,足额落实普法经费,为宣传、学习和开展财政法治工作提供有力保障。

二是创新宣传方式、宣传平台,夯实宣传阵地,促"宣传周"品牌化。财政厅主动适应新媒体发展趋势,着力在宣传手段和载体上下功夫,银川、石嘴山、中卫、吴忠、固原五个地级市的财政部门同步联动,深入推进法律进机关、进乡村、进社区、进学校、进企业、进单位、进社会组织、进宗教场所的"法律八进"活动。2016年,财政厅组织拍摄制做了宁夏首部财政政策宣传系列微电影《法治财政惠民生》4集,通过体验式学习,将惠及民生的教育、医疗、社保、创业、税收、农业等财政政策轻松融入其中。部分市、县(区)财政局也积极探索新的宣传方式,以老百姓喜闻乐见的形式,编演财政法治舞台剧和文艺作品,受到广泛欢迎。拓展"互联网+"的宣传格局,开通宁夏财政厅财政法治宣传主题微信公众号"宁夏法治财政",积极宣传财政惠民政策,及时发布财政法治信息。全年在宁夏人民广播电台录制《财政法规知识窗》

专题节目，在宁夏经济广播 AM891、FM106.1 全年滚动播放，全年播放 144 次；在《宁夏法治报》上推出"财政法规政策宣传周特刊"，并在宁夏法治报微信公众号（nxfzxb）上，连续半年每天向公众宣传惠民政策。积极组织编印财政法规政策宣传册，制作宣传展板，编发宣传短信，开展财政法规知识有奖答题活动。举办"法律八进"和财政普法晚会等综合性活动130 场次，印发宣传材料 12 万份，发送普法信息 4 万条。据初步统计，普法受众达 260 万人次，财政法治影响力不断扩大。

发挥派驻监督探头作用推动从严治党向纵深发展

driving驻宁夏财政厅纪检监察组组长　商艳臣

《中国共产党党内监督条例》第二十八条总结党的十八大以来派驻机构改革实践经验,把派驻监督纳入党内监督的制度框架,明确了纪委派驻纪检组的工作关系、职责任务、派出领导方式,为强化党内监督、推进全面从严治党提供了制度保障。作为自治区纪委监委派驻财政厅纪检监察组,必须结合驻在部门实际,紧扣驻在部门工作特点,坚持问题导向,忠诚履责,推动全面从严治党向纵深发展。为此,驻厅纪检监察组将着力抓好以下几项重点工作。

一、加强党的政治建设,坚决维护党中央的权威和集中统一领导

习近平总书记在党的十九大报告中强调,新时代党的建设要"把党的政治建设摆在首位"。这一重要论述深刻揭示了党的政治建设的极端重要性,对于坚定不移全面从严治党、不断提高党的执政能力和领导水平具有重要意义。党的十八大以来,以习近平同志为核心的党中央与时俱进、继往开来,突出党的政治建设和全面从严治党,提出一系列重大思想,推出一系列重大举措,推进一系列重大工作,取得了举世瞩目的伟大成就和历史性变革,充分展示了我们党鲜明的政治导向,强大的政治定力,坚定的政治引领,进一步增强了党的创造力、凝聚力、战斗力,为党和国家事业发展提供了坚强政治保障。我们将继续督促厅党组筑牢"四个意识",坚决维护习近平总书记党中央的核心、全党的核心地位,坚决维护党中央权威和集中统一领导。我们将继续督促厅党组严格执行新形势下党内政治生活若干准则,时刻强调政治纪律和政治规矩,聚焦解决"七个有之"问题,弘扬忠诚老实、公道正派、实事求是、清正廉洁等价值观,建设正气充盈的政治文化,实现党内政治生态根本好转。

二、加强管党治党压力传导,推动全面从严治党主体责任落到实处

习近平总书记指出:"党风廉政建设责任能不能担当起来,关键在主体责任这个'牛鼻子'抓没抓住。"主体责任,是各级党组织和党员领导干部必须履行的责任担当。党的十八大以来,厅党组按照中央、自治区全面从严治党战略部署,做了大量工作,尤其是通过对自治区巡视指出问题的整改,党建和从严治党取得了很大成效。但我们也要清醒地看到存在的问题,特别是管党治党压力传导还很不到位,存在"上热、中温、下冷"层层递减的情况,有的支部书记把主体责任推给机关党委、纪检监察部门,"不愿抓";有的读读文件,走走过程,"不会抓";有的怕得罪人、丢选票,"不敢抓"。在反腐败斗争的号角越吹越响、螺丝越拧越紧的大形势下,各级党组织必须把主体责任记在心上、扛在肩上、抓在手上。党组织书记要带头抓,在统筹协调、组织推动、监督检查上做在先、走在前;要主动抓,下好先手棋、打好主动仗,找准突出问题,提出解决办法;要严格抓,把严的要求和措施落实到管党治党的全过程,不当"老好人"不怕得罪人,做到真管真严、敢管敢严、长管长严。要考责问责,要发挥考核的"指挥棒"作用,把履行主体责任情况作为考核的重要内容,推动落实主体责任由"软约束"真正变成"硬任务"。要用好问责这个利器,以强有力问责唤醒责任意识。对党的领导弱化、党的建设缺失、全面从严治党责任落实不到位,要严肃问责、通报曝光,持续释放失责必问、问责必严的政治信号。

三、深刻汲取腐败案件教训,进一步健全权力运行监督体系

去年以来,陈延、董锋、刘伟等人违纪违法案件,在全区财政系统产生了极其恶劣的影响,他们本人身陷囹圄,也给家人带来巨大的伤害,教训之深刻,发人深思,令人警醒。这些代价惨痛的悔悟,让我们清醒地认识到,离开监督,就是出问题的开始。财政部门作为财政资源配置、管理、监督的主管部门,在项目审批、资金分配、税收征管等方面拥有一定的自由裁量权,如果监管不到位,将存在着很大的廉政风险。如何加强监督,健全权力运行监督体系是党风廉政工作的重点。一要增强自觉接受监督意识。在管党治党从宽松软走向严紧硬的今天,每一名党员干部都要增强自觉接受监督的意识,必须要适应全方位从严监督这个常态,学会做一个"透明人",要从不适应、不自然、不舒服、不习惯的纠结中走出来。二要严格个人事项报告制度。每一名党员干部必须如实报告个人有关事项,不能让8小时之外成为监管盲区。近几年,组织部门每年都要按照不低于10%的比例抽查个人事项报告,其中对拟提拔人选,个人有关事项报告"凡提必核",大家切勿抱侥幸心理。三要形成内部监督合力。按照《党内监督条例》要求,党内监督分为党委(党组)全面监督、纪律检查机关专责监督、党的工作部门职能监督、基层组织日常监督、党员民主监督,因此,我们大家要破除监督只是纪检部门一家事的错误观念,每个部门单位和每一名党员都要结合各自工作实际,充分发挥各自业务优势,共同担负起监督责任,齐抓共管,形成合力,全面构建由党组统一指挥、各部门各负其责的监督体系。

四、锲而不舍落实中央八项规定精神,坚持不懈纠"四风"转作风

作风建设如逆水行舟,一篙松劲,前功尽弃。在中央纪委二次全会上,习近平总书记再一次重申,中央"八项规定"不是只管5年、10年,而是要长期坚持。赵乐际同志近期指出,形式主义、官僚主义是整治"四风"的短板,要在纠正表态多、调门高,行动少、落实差等突出问题上下更大功夫。自治区纪委二次全会要求,要把监督检查中央"八项规定"精神落实情况作为纪检监察机关的重点任务和经常性工作,持续释放越往后执纪越严的信号。加大对形式主义和官僚主义的整治力度,重点纠正一些领导干部爱惜羽毛、回避问题、慵懒无为,一些基层干部不作为、乱作为、冷硬横推问题。

这几年,财政系统在反对享乐主义、奢靡之风,清理办公用房、公务用车等方面成效显著,面上的"四风"问题得到了有力遏制,但违反中央"八项规定"精神的行为时有发生。元旦、春节前,驻厅纪检监察组按照区纪委的统一部署,对厅办公室、直属企事业单位开展专项检查,各单位在落实中央"八项规定"精神上或多或少、或轻或重都存在这样那样的问题,有的仍在违规发放津贴补贴,有的仍在多报销出差补助,有的仍在公款吃喝。对于这些问题,厅主要领导高度重视,做出了重要批示,要求出现问题的单位切实加强整改,加快建章立制,以制度防范问题发生。驻厅纪检监察组将紧盯重要时间节点,聚焦公款吃喝、公款旅游、公车私用、吃拿卡要、滥发奖金补贴等问题,抓住典型、坚决问责、形成震慑。对"四风"问题多发的单位,要严肃追究领导责任,决不能让"四风"卷土重来。

五、加强执纪审查,着力形成知止收手敬纪畏法的新震慑

反腐败工作永远在路上,全面从严治党依然任重道远。习近平总书记在十九大报告中指出:"当前,反腐败斗争形势依然严峻复杂,巩固压倒性态势、夺取压倒性胜利的决心必须坚如磐石。"这一论断深刻阐释了我们党五年来反腐败斗争波澜壮阔的历程,同时更表明了党中央反腐败猛药去疴、重典治乱的决心和刮骨疗毒、壮士断腕的勇气。纪律面前没有特权,制度约束没有例外,不管是谁,只要触碰了党规党纪这条高压线,都要受到应有的惩处。

石泰峰书记在自治区纪委二次全会上指出,反腐败斗争"既要夯实治本的基础,又要敢于用治标的利器,没有惩的威慑,治也难见成效"。按照石泰峰书记的要求,财政系统各级纪检监察部门要深化运用执纪监督"四种形态",不断提高发现违纪问题的能力。要继续保持执纪审查力度不减,节奏不变,尺度不松,始终聚焦"三类人员",紧盯关键环节,提高执纪审查、依法调查能力,对不正之风露头就打。在执纪审查调查过程中要坚持无禁区、全覆盖、零容忍,坚持重遏制、强高压、长震慑,有效减少腐败存量,遏制腐败增量,持续强化知止收手、敬纪畏法的氛围。

振奋精神 砥砺前行
奋力开创财政经建工作新局面

宁夏财政厅副厅长 刘守保

发展是党执政兴国的第一要务。认真贯彻党的十九大和自治区第十二次党代会精神，扎实履行公共财政经济调节、公共服务职能作用，全面落实"三大战略"是当前和今后一个时期财政经建工作的重中之重。各级财政经建干部要切实履行职责，围绕中心，服务大局，积极作为、主动担当，奋力开创财政经建工作新局面，力促"经济繁荣，民族团结，人民富裕，环境优美，与全国同步建成全面小康社会"目标任务的如期实现。

一、2017年财政经建工作取得的新成绩

2017年，全区财政经建工作在厅党组和市县党委、政府的坚强领导和带领下，全面贯彻落实党的十九大和自治区第十二次党代会精神，攻坚克难，负重拼搏，各项工作取得了好于预期、超过预想的良好局面，并体现了六个方面的特点：一是抓住了重点。自治区党委、政府提出实施"三大战略"后，财政系统迅速行动，在深入学习、全面领会精神的基础上，举全厅之力，深入研究，认真测算"三大战略"资金需求，与财政中期规划相衔接，统筹财力做好预算安排，2018—2020年自治区财政预计安排365亿元，用于支持"三大战略"实施，其中创新驱动101亿元，脱贫富民190亿元，生态立区74亿元。经建处切实履行"生态立区"战略落实牵头处室作用，及时安排部署、协调沟通，各个方面的工作紧张有序、推进扎实、卓有成效。2018年，自治区财政拟安排生态立区战略项目预算24.7亿元，比2017年增长15.1%。二是体现了高效。2017年，厅党组结合工作实际推进了一系列改革，明确要求解放思想、勇于创新、提档加速、提质增效。财政经建工作围绕上述要求，自加压力，深化研究，在较短时间内完成财政资金竞争性评审，建立流域上下游横向生态保护补偿工作机制，研究提出交通领域债务处理和融资方案、西海固脱贫饮水工程筹资方案，调整环保资金支持方向等重点工作，为党委、政府决策提供重要依据，同时，也干出了效率、体现了效能。三是注重了务实。在争取项目资金、推进重点工程实施中，各县（市、区）、各部门（单位）坚持资金管理"项目化、责任化"，项目管理"科学化、精细化"，既突出实际运行操作，又强调解决实际问题，作风扎实，措施得力，取得了实实在在的效果。2017年累计争取中央资金142.46亿元，同比增长43.2%。自治区60大庆重点工程顺利推进，银川至西安高铁、青银及京藏高速改扩建等重大项目建设有序实施。四是贯穿了改革创新。坚持向改革要活力、以改革添动力、用改革激发战斗力，扎实推进财政支持绿色发展机制、生态补偿机制、财政资金分配方式等改革。通过这些改革，财政管理的方式更加多元、灵活，支持改革促进发展的作用更加凸显。同时，各级财政经建干部积极参与、认真思考，进一步坚定了深化改革的信心。五是彰显了合力。主动加强与对口部

门、市县的沟通联系，交换意见，促进共识，共同完成党委、政府部署的各项工作。特别是在强化部门预算执行时，上门服务，耐心讲解，争取各方面工作支持。六是落实了"一岗双责"。在抓好各项工作的同时，全方位、高起点推进支部党建工作，基层服务型党支部创建卓有成效、精神文明深入推进、机关作风持续改善，经济建设处被评为2016年度安全生产工作先进单位，3名党员被机关党委评为优秀党务工作者和优秀共产党员，实现了业务和党建工作的"双赢"。

虽然财政经建工作取得了一定成绩，但存在的问题也不容忽视：一是上下左右沟通仍显不足，与部门、市县政策对接还需加强；二是工作科学化、精细化水平和落实方面还有待进一步提高；三是市县反映情况不主动、沟通不充分。这些问题在今后的工作中必须高度重视，切实加以解决。

二、正确认识和准确把握财政经建工作面临的新形势

党的十九大提出中国特色主义新时代进入了新时代这一重要政治论断，明确中国社会主要矛盾的重大变化，勾画了中华民族伟大复兴分"两步走"的宏伟蓝图。各级财政要切实提高政治站位，认真学习、深刻领会中国特色社会主义新时代主要内涵，牢牢把握"八个明确""十四个坚持"，全面落实"三大战略"和"五个扎实推进"，把思想和行动统一到十九大和自治区十二次党代会精神上来，各项工作向解决不平衡、不充分问题上集中发力，全部的精力朝"经济繁荣，民族团结，环境优美，人民富裕，与全国同步建成全面小康社会"目标用功，在促进发展中深化改革，在深化改革中加快发展，推进财政经建工作再上新台阶。

（一）准确把握发展大局对财政经建工作的新要求

自治区第十二次党代会明确指出，未来五年，我们要全面打赢脱贫攻坚战，全面建成小康社会，实现第一个百年奋斗目标。当前，宁夏面临着在创新发展大潮中与东部发达地区发展差距进一步拉大的严峻挑战，面临着发展不足与生态脆弱的双重压力，面临着扩大总量与提升质量的双重任务，面临着培育竞争优势与补齐发展短板的双重难题。作为全区经济建设的主战场、排头兵，要准确把握大局对财政经建工作提出的新要求，主动担当，积极作为，围绕自治区党委确立的发展战略调整思路、研究政策、破解难题，为如期实现党代会提出的目标任务提供坚实保障。

（二）准确把握重大战略举措对财政经建工作的新要求

实现新的奋斗目标，必须振奋精神。自治区第十二次党代会对今后财政经建工作指明了方向，即建设"两个先行区""两个示范区"，实施一系列重大工程。这些任务，绝大部分与财政经建工作相关。其中，"生态立区"战略还是由经建处牵头负责，使命光荣、责任重大。石泰峰书记指出，要紧紧围绕全区发展大局，贯彻新要求、研究新情况、解决新问题、展现新作为。各级财政部门必须盯住重点任务，调整结构、完善机制、创新方式，确保党委、政府工作实效。

（三）准确把握财税体制改革对财政经建工作的新要求

党的十八届三中全会对今后一个时期财税体制改革进行了总体部署，提出了"财政是国家治理的基础和重要支柱"，特别强调从完善立法、明确事权、改革税制、稳定税负、透明预算、提高效率几个方面着手，建立现代财政制度。党的十九大进一步指出建立全面规范透明、标准科学、约束有力的预算制度，全面实施绩效管理。当前，财政发展改革已成为破除体制机制弊端、释放发展活力、解决不平衡不充分的主要突破口。为此，厅党组加速推进以建立完善现代预算管理制度，建设有利于科学发展、社会公平、市场统一的地方税体系，理顺事权和支出责任为核心的财政管理方式改革；以加强行政事业单位国有资产管理，国有资本经营预算管理，国

有资源管理为核心的财政职能转变;以全面推开政府购买服务为核心的公共服务提供方式改革。财政经建工作要牢牢把握推进现代财政制度建设的总要求,以解决问题为导向,以加强管理为根本,坚持继承与创新相结合,为蹚出财政改革发展新路子摸索经验。

基于上述新形势、新要求,今后一个时期,财政经建工作的总体思路是深入贯彻党的十九大和自治区第十二次党代会精神,以推动改革为重点,深度介入政治经济治理的各个领域,充分发挥财政的基础和重要支柱作用,加速形成财政支撑宏观经济运行、结构调整、生态文明等方面的政策体系,力促"三大战略"目标任务的如期实现。根据上述思路,做好今后一个时期的财政经建工作,要重点把握好以下几个原则:

一是处理好政府与市场的关系,充分发挥市场决定性作用。发挥市场在资源配置中的决定性作用和更好发挥政府作用,这是推进经济体制改革的核心问题。财政经建系统应坚决落实上述要求,坚持按照市场化的理念和思路推进改革开展工作。在财政资金支持方向上,要厘清职能和作用边界,逐步从一些竞争性、且市场已经发育成熟的领域退出,企业、市场自身能做好的事,财政就不再插手。在资金支持方式上,要有进有退、有保有压,着力解决制度和资金碎片化问题,通过花钱买机制,推进财政职能转变。切实改进方式,污水、垃圾、水利、交通等公共服务领域要深度推广PPP、政府购买服务等新型模式。同时,也要落实财政部要求规范政府举债行为,规范操作,杜绝名股实债、承诺收益、承担损失,防止债务风险。在资金投入上既要做减法,也要做加法,进一步加大对生态环保等公共产品和服务的供给。

二是处理好自治区和市县的关系,充分发挥两个积极性。建立事权与支出责任相适应的制度是建立现代财政制度的关键环节。今年,自治区人民政府印发的《自治区与市县财政事权和支出责任划分改革实施方案》明确提出,"加强自治区在维护全区统一市场建设、体现社会公平正义、促进区域协调发展和全区重大战略实施等方面财政事权",同时"将地域信息性强、外部性较弱、直接面向基层、量大面广、与当地居民密切相关、由市县政府提供更方便有效的基本公共服务确定为市县政府的财政事权"。目前,经建领域的专项资金经过整合归并,已经体现了上述要求,如环境保护自治区承担了大量支出责任。对区域内基本公共服务等事务则主要属于地方事权,自治区财政只通过试点示范、以奖代补等方式予以引导,不再面面俱到。各级财政部门要切实履行主体责任,依法充分行使各自事权,统筹各项建设和改革,努力做到尽力而为、量力而行。

三是处理好理财与理政的关系,坚持法制化规范化管理。经建领域是当前深化改革的主战场,改革转型的任务繁重、压力巨大。同时经建系统对口的部门多,资金门类全、盘子大,需要规范管理。一方面,要全面贯彻落实依法理财的理念,通过完善制度办法、加强内控制度建设,从细节入手,全面提高各级经建财务管理的科学性、规范性,有效防范各类风险。今天会上,经建处印发了《财政经建专项资金管理办法汇编》,将现有各项专项资金管理办法进行了梳理,希望大家认真学习,更好地指导工作。另一方面,要发挥对经建领域相关改革的基础性保障作用,从改革和全局的角度研究问题,主动买单,突出实效。对那些不符合改革方向的项目,不管情况多么复杂,也要坚决清理,反映情况,提出建议,积极推动改革。通过清理整合经建领域政策资源,集中财力支持解决突出问题,真正发挥财政资金导向引领作用。

四是处理好公平与效率的关系,切实提高经建资金使用效益。经建系统管理的资金规模大、任务重,用好管好资金是永恒的主题。现有管理模式,既有据实结算的,也有按规划切块下达的,还有按项目支持的,分配使用方式形式多样各不相同。与教育、社保等全民基本公共服务领域不同,经建领域的资金引导性强,更多的是针对项目或区域示范奖励,强调效率优先,不宜搞人人有份,面面俱到。而从以往工作情况看,按普惠制分配资金效果并不好,由于资金分散、安排固化且没有绩效约束,市县干多干少一个样,干好干坏一个样。自治区投入不少,但市县并不重视,相关事业也难也得到根本性改观。近期,厅国库处对八项支出的统计中我看到,2017年下达美丽小城镇资金2亿元,特色小镇1.5亿元,截至11月底分别执行65.5%、14.7%,需结转明年使用的4389万元、9100万元,大量的财政资金趴在账上没有发挥效益,极大地影响了使用效益,造成相关支出不能如期完成支出要求。

三、切实担当起推进发展的新使命

政治路线确定后,干部就是决定因素。2018年的工作,任务非常重,要求非常高,压力非常大。随着发展形势的日益紧迫,发展任务的日益繁重,各级财政经建干部的干事能力将面临持久的严峻考验。全区财政经建系统必须把思想和行动统一到厅党组的决策上来,统一到既理财又"理政",集中精力干大事、出政策、谋发展的要求上来,着力强化干事创业的能力,确保党委、政府各项决策部署的全面落实。

一要切实提升统筹兼顾的能力。强调统筹兼顾的能力就是要善于从千头万绪、纷繁复杂的事务中抓住主要矛盾和矛盾的主要方面,既统揽全局、统筹规划,又在重点突破中推动工作协调发展。提升统筹兼顾能力,必须要处理好三个方面的关系。一是中心工作与其他工作的关系。努力完成十二次党代会部署的任务是我们当前各项工作的中心,我们一切工作都必须服从、服务于这个中心。把牵头实施好"生态立区"战略作为第一要务,在抓好其他工作的同时,投入更大的精力全力推进"三大战略"目标任务的落实。二是全局与局部的关系。当前,支持经济社会发展是全区上下的一盘总棋。政府投资、重点工程、生态建设、环境保护等各项工作都需要多管其下、齐力推进,都需要大家统筹协调、密切配合。希望全区财政部门都要以全局利益为重,服从全局、服务全局,全力以赴确保党委、政府各项决策部署全面落实。三是当前与长远的关系。春平厅长一贯强调,经建工作要有远见、善预见,把握大势、辨清走势、审时度势,增强工作的预见性、前瞻性和决策的科学性。为此,经建处开展了大量卓有成效的研究,也提出了一些很好的政策,在通过一定程序后陆续组织实施。大家要要高度重视、提前谋划,坚持不懈地推进实施。

二要切实提升运作项目的能力。我们常说,不抓项目就是不得要领、不争资金就是不在状态。投资拉动仍然是自治区经济发展的主要特征。为此,厅里专门将争取项目资金政策作为效能考核的重要内容,作为干部个人和处室创先争优、职务晋升的参考依据,而且每年的增幅达到10%,压力巨大。关于下一步资金争取工作,要突出做好以下三点:架好"天线"。对中央、自治区的精神及时了解、全面领会、准确把握,真正吃透精神、深挖宽劈,找准切入点集中突破。铺好"地线"。对本地、本部门具体实际情况深入调查、广泛研究、反复论证,真正摸清区情、把握需求,有的放矢。接通"连接线"。把中央和自治区精神与市县、部门的实际结合起来,拿出符合实际、具有新意、充分可能的项目方案,做实工作力求成功。

三要切实提升调查研究的能力。调查研究是财政干部的基本功、看家本领。算清账是基本要求、出政策是标准配置。近年来,随着社会主义市场经济体制的持续完善,宏观政策的不断调整,财政经建工作的范围、内容、服务领域逐年扩大、业务面不断拓展,对干部的知识水平和专业素养要求也越来越高。各级财政经建干部抓好地调查研究,要坚持做到"三去一降一补",即"沉下去",要深入基层、深入一线、深入群众,把握实情、了解民意,梳理需求,做到"深入、心入、情入";"融进去",切实改进作风,落实群众工作路线,学会说"百姓话、实在话、家常话",争取群众对我们工作的理解和支持;"走出去",财政干部在充分发挥地位超脱、视角独特优势坚持独立思考的同时,还要放下身段,善于学习,从善如流,"拜名师,取真经",研究部门工作,争取主动;"降调门",坚决反对"四风",严格监督执纪问责,杜绝表态调门高,行动少落实差现象的发生;"补短板",要把解决实际问题作为各项工作的出发点和切入点,发挥工作优势,推进民生工程实施,把好事办好、实事办实。

同时,要集中精力,重点抓好以下几项工作:

一要把政治建设作为首要任务,不断提升财政经建工作的科学发展水平。东西南北中,党政军民学,党是领导一切的。财政的基础和柱石作用,只有依靠党的领导才能充分发挥。我们要认真学习、全面落实十九大精神,以党的政治建设为根本,不断提高党员干部和基本组织的政治觉悟和政治能力,对党忠诚,为党分忧,永保共产党人政治本色。同时,牢牢把握思想建设这个基础,坚持理论武装,紧紧围绕财政改革发展目标要求,切实提高干部的理论知识和业务素养,建设学习型支部、做学习型党员。进一步强化政策研究,充分发挥财政经济建设部门熟悉经济情况的优势,积极为党委、政府建言献策,更好地发挥财政经建工作辅弼时政的职能作用,努力在全区财政经建系统内形成学习是一种责任、一种追求、一种境界的良好氛围,让学习成为全体党员干部的普遍共识和自觉行动。

二要把大力转变工作作风作为统揽工作的主线,切实担当起推进科学发展的新使命。各市、县(区)必须把狠抓落实和执行作为关键环节,做到思想上绷紧、时间上抓紧、落实上赶紧,从一个个项目、一项项工程、一件件实事抓起,确保厅党组决策执行到位。在这里我想着重强调这么几个字:一是"快",凡是定下来的事,一定要抢时间、争速度,雷厉风行,说干就干,干就干好,决不拖泥带水,贻误时机。二是"实",注重真抓实干,务求实效,对确定下来的目标任务如何完成,重点工作如何推进,都要认真研究,提出实实在在的举措;要咬定目标,一抓到底,扎扎实实地抓协调、抓衔接、抓服务、抓落实。三是"细",抓工作要细心细致,要把困难估计得多一些,把制约因素考虑得充分一些,把应对措施谋划得周密一些,尽量避免失误,少走弯路,牢牢掌握工作主动权。

三要把强化党风廉政建设作为长期性工作,不断打牢立党为公、执政为民的思想基础。深化财政管理制度改革,强化预算管理和监督,保证财政资金使用规范、安全、有效。进一步加强财政监督,推进建立健全覆盖所有政府性资金和项目运行全过程的监督机制,坚决查处挤占、挪用、截留资金等违纪违规行为。坚持依法行政,大力推行政务公开,积极主动地接受社会各界和人民群众的监督,自觉接受人大和审计监督,切实增强资金分配、使用和管理的透明度。进一步强化效能监察,按照提质、提速、提效的要求,强化政务服务和效能建设。认真贯彻落实中央八项规定,全面优化发展环境。建立健全廉政风险评估控制机制,改进财政专项资金管理方式,从制度上、源头上防止腐败现象的发生。继续抓好廉政风险点排查,进一步规范和完善权力运行流程。

大力发展管理会计 助推宁夏经济发展

宁夏财政厅总会计师 杨冬梅

为贯彻习近平新时代中国特色社会主义思想，落实十九大精神，切实发挥财政在国家治理体系中的基础和重要支柱作用，在宁夏全面宣起学习管理会计理论、标准、工具应用的热潮，推动管理会计的应用和实施，提升全社会会计管理能力，促进单位管理水平适应新的时代，谈几点意见。

一、充分认识管理会计的重要意义

十九大的召开标志着中国特色社会主义进入了一个新时代，开启了全面建设中国特色社会主义现代化国家的新征程。十九大明确了"两个一百年"的奋斗目标，提出了建立现代财政制度，深化国有企业改革，培育具有全球竞争力的世界一流企业的目标任务。管理会计在提升企业经营管理水平、防范企业风险、增加企业价值等方面，为各级决策者提供强有力的决策支持。随着量子信息、人工智能、大数据、云计算技术的迅猛发展，管理会计将成为新时代会计工作者的一个最基本的技能要求，会计工作将上升为管理层面中一个重要的技术支持。如果你没有这样的能力，你将会失去这个职业。我们常说转型升级，对我们会计来说就是要向管理会计转型、向会看数据、选数据、用数据转型，也就是说要延伸和创新会计报表以后的工作链，我们会计才能够在新的时代存活，工作链拉得越长越高，我们才能越有作为、越有价值，才能切实发挥会计在各个层面的管理作用，为新一轮的突破发展提供强有力的支撑。

二、提升自己，做新时代的合格会计

2014年，财政部印发《关于全面推进管理会计体系建设的指导意见》，明确了建立与我国社会主义市场经济体制相适应的管理会计体系的总目标，争取在3—5年内，在全国培养出一批管理会计人才；力争通过5—10年的努力，基本建成中国特色的管理会计体系，使我国管理会计迈入世界先进行列。2016年财政部印发《管理会计基本指引》，今年印发《管理会计应用指引第100号—战略管理》等22项管理会计应用指引，构建了一系列科学规范、相互衔接的管理会计制度体系。围绕该目标，管理会计下一阶段的主要任务是认真学习管理会计理论、指引和工具应用，把核算会计提升为管理会计，有能力去深度参与管理决策，保障企业效益和经济绩效提升，支撑政府部门资源利用效率和管理效能提高。大家都知道从国家到自治区都在实施创新驱动战略，为什么，就是因为人类产业革命到了今天，又凝聚出一个更大的、更复杂的亟待突破的新瓶颈，需要新技术、新理念、新思想的高度融合聚力才能突破，人类才能进入更高一层的发展。前阶段我们突破是"快"，是量上的集聚，而今我们要突破的是"效"，是"质"上的飞跃，人类质量的升华。管理会计在"效率"的突破上具有不可忽视的地位和作用，新时代就是一个突破的时代，这个时代的管理会计才是一名合格的会计。所以我们特别是年轻的会计，必须要赶紧学、加快学，抢占先机，才可能获得一席之地。

三、主动作为，勇于实践

管理会计体系建设的蓝图已经绘就，未来的任务无疑更为艰巨、更为复杂、更为繁重，需要各行各业的广大会计人员积极行动，主动作为。

一是财政部门要肩负起管理会计基础体系建设的责任。各级财政部门要切实认识到会计管理转型升级的重要性，围绕会计改革与"十三五"发展规划，积极发挥财政部门会计服务职能，着力加强管理会计制度体系、应用推广、监督落实、培养提升人才队伍等方面的工作，在全面推广普及中及时总结、梳理管理会计实践经验，建立管理会计案例库，为管理会计的推广应用提供示范，同时针对推进难点、突出问题集中攻关重点解决，引领全社会会计向管理会计转型升级工作。

二是各机关企事业单位要肩负起管理会计应用体系建设的责任。各部门单位作为管理会计的实践主体，在管理会计的应用上狠下功夫，学深悟透管理会计的思想理念和工具方法，并结合本单位实际，运用适合的管理会计工具，拓展管理会计应用范围。同时，各单位要学会利用信息技术和网络管理的新理念，加快实现会计管理信息化，推动业财融合，为其他单位提供可借鉴的管理会计应用案例，切实提升单位价值创造能力。

三是各广大会计人员要肩负起能力提升和知识传播的责任。管理会计，在企业管理乃至经济管理中具有基础支持、战略支撑作用。广大会计人员要积极参与到管理会计体系建设中来，不断学习管理会计新理论、新知识，在实务中进行创新应用，提升管理会计专业技术水平。同时，单位的财务总监、会计高端人才等更要着力提高素质，发挥引导带头作用，有计划、有目的地为本单位会计人员创造管理会计理论和实践的学习和锻炼机会，通过不断提升管理会计专业能力，为会计人员创造更远大的发展前景。

"历史只会眷顾坚定者、奋进者、搏击者，而不会等待犹豫者、懈怠者、畏难者。"让我们遵照习近平总书记的教导，锐意进取，埋头苦干，尽快融入新时代中国特色社会主义建设的大潮中，担当起服务国家建设、提升管理效率的重任，为实现中华民族伟大复兴的中国梦，努力奋斗，做出新的贡献。

加强机关党的建设要切实用好四个抓手

宁夏财政厅副厅长　赵惠宁

全面落实从严治党，必须加强机关党的建设。各级机关是党员和党的干部最集中的部门，是党的路线、方针、政策和具体任务组织落实的重要机构，也是以上律下、率先垂范服务基层的示范部门。在党的建设新的历史条件下，围绕全面从严治党的任务和要求，进一步加强机关党的建设就显得十分重要和紧迫。为此，加强机关党的建设要切实用好四个抓手。

一、要把抓思想教育作为根本和基础

坚持全面从严治党，是党的十八大以来我们党管党治党的一个鲜明特色。全面从严治党包括思想建设、组织建设、作风建设、制度建设和反腐倡廉建设。其中，思想政治建设是党的根本性建设。抓好党员思想教育这个根本和基础，关键是要坚定党员的理想信念宗旨，理想信念宗旨是共产党人的灵魂。重视思想建党是我们党的优良传统和政治优势，党的先进性，根本就在于指导思想先进，我们党有力量，也在于思想上有力量。抓好思想教育这个根本和基础，是始终保持党的先进性和纯洁性，不断增强党自我净化、自我完善、自我革新、自我提高，确保党始终成为中国特色社会主义事业坚强领导核心的根本保证。

抓机关党员思想教育要坚持把学习贯彻习近平总书记系列重要讲话精神作为首要政治任务。要坚持不懈地在党员中强化理论武装，不断提高全体党员的理论水平，习近平总书记系列重要讲话精神是马克思主义中国化的最新成果，是指导党和国家全部工作的坚实理论基础，是加强党员思想理论武装最根本、最关键的强大思想武器。通过深入学习习近平总书记系列重要讲话精神和以习近平总书记为核心的党中央治国理政新理念，来武装全体党员头脑、提升党员的党性修养、思想境界、道德水平，从而转化为指导实践、推动工作、完善工作思路、破解工作难题、提高工作水平、做好党的各项工作、推动党的事业全面发展的强大动力。

抓机关党员思想教育要把加强理想信念作为思想建设的战略任务常抓不懈。理想信念动摇是最危险的动摇，理想信念的滑坡是最危险的滑坡。共产主义的远大理想和中国特色社会主义的共同理想，是共产党人的精神支柱和政治灵魂。把加强党员理想信念教育作为抓机关党建的政治责任，引导党员干部筑牢信仰之基、补足精神之钙、把稳思想之舵，坚持不忘初心，继续前行，不断增强对中国特色社会主义的道路自信、理论自信、制度自信、文化自信，从而坚定广大党员的理想信念，使广大党员成为忠诚于党的事业、自觉践行共产主义的远大理想和中国特色社会主义共同理想的实践者并把这一信念作为毕生的追求。

抓机关党员思想教育要把道德教育作为重要内容，着力营造良好的政治生态。高尚的道德情操，是党员干部必须具备的基本素质。习近平

总书记在党的十八届六中全会上强调,要注重加强党内政治文化建设,倡导和弘扬忠诚老实、光明坦荡、公道正派、实事求是、艰苦奋斗、清正廉洁等价值观,旗帜鲜明地抵制和反对关系学、厚黑学、官场术、潜规则等庸俗腐朽的政治文化,不断培厚良好政治生态的土壤。推动党内政治文化建设,要以强有力的道德建设为引领,要立足于我们党治国理政的成功实践,从中华民族优秀传统文化、革命文化、社会主义先进文化中汲取营养,积极培养和践行社会主义核心价值观;注重家风建设,引导机关党员干部明大德、严公德、重品行、正操守,不断提升人文素养和精神境界,做到修身慎行、怀德自守,始终保持高尚的道德情操和健康的生活情趣,自觉做社会主义道德的示范者、诚信风尚的引领者、公平正义的维护者,永葆共产党人的应有本色。

二、要把抓作风纪律建设作为关键

推进全面从严治党,必须要把纪律挺在前面。习近平总书记在党的十八届六中全会上强调,坚定不移地推进全面从严治党,必须抓好严明纪律这个关键,推动管党治党从"宽松软"走向"严实硬"。

抓机关党建严明纪律是保证。我们党靠铁的纪律组织成为马克思主义政党,纪律严明也是中国共产党的光荣传统和独特优势。落实党要管党、从严治党,如果没有严明纪律做保证,全面从严治党将无从抓起,各项工作任务也就会落空。各级党的机关是党的政策组织落实的部门,一个时期以来,管党治党宽松软的问题比较突出,影响了党的建设的成效,出现了党的领导弱化、党的建设缺失、从严治党不力、党组织涣散、纪律松弛等问题,已经成为当前党面临的最大挑战,要从根源上找到解决问题的治本之策,只有加强纪律建设。只有把党规党纪牢牢刻印在党员的心上,唤醒各级党组织和党员、党员领导干部的责任担当意识,才能更好地实现用党规党纪治党、正风,才能全面推进从严治党制度化、长效化,才能确保全面从严治党各项任务落实到位,才能确保全党思想的统一、步调和行动的统一。

抓机关党建要把严明纪律作为重点任务常抓不懈。严明纪律,重点是严明政治纪律。严明政治纪律,最核心的是要教育党员牢固树立政治意识,坚持党的领导,始终在思想上、政治上、行动上同以习近平同志为核心的党中央保持高度一致,做到令行禁止,从而增强党员坚持"四个意识"的自觉性。通过不断深化教育和常抓不懈,把坚持党的领导、坚持党的基本理论、基本路线、基本纲领、基本经验、基本要求落在工作中、落在行动上,使党员在关键时刻不迷航、不转向。通过从严执纪,使党员干部知敬畏、存戒惧、守底线,始终自觉聚焦于和服务于统筹推进"五位一体"总体布局和协调推进"四个全面"战略布局的党的各项事业中。

抓机关党建要把严明纪律的责任扛在肩上。严明纪律,首先要明确责任主体,夯实责任内容,把责任扛在肩上,让有权必有责、有权要担当,失责必追责成为全面从严治党的常态。机关各级党组织和党员干部都承担有重要的职能,从严治党是党的建设的重要保障,机关各级党组织要把严明纪律作为全面从严治党的主体责任主动扛在肩上,不仅要教育党员干部深刻认识严明纪律的极端重要性,而且要切实履好职、尽好责,把"一岗双责"扛在肩上、落在实处。结合承担的工作职能,加强各项制度建设,以建立廉政风险点为抓手,以日常党的纪律教育为基础,使机关党员自觉维护党的形象、严守党的纪律,立足严明纪律抓早抓小,做到防微杜渐、警钟长鸣。

三、要把抓组织生活作为经常性手段

党的组织生活是党内政治生活的重要内容和载体,是加强机关党的建设、严肃党内政治生活、强化党性修养、提高党员干部执政能力和领导水平的重要途径,也是机关党组织对党员进行教育管理监督的重要形式。

抓机关党建,必须要落实组织生活制度,确

保组织生活的正常运转。用好组织生活这个经常性手段，就要坚持从党的组织生活的具体细节抓起，比如理论学习中心组学习、民主生活会、组织生活会、"三会一课"、"支部主题党日"等。引导机关党组织探索创新组织生活方式，发挥基层党支部作用，让党支部吹响"集合号"。落实党的组织生活要强化以问题为导向，着力解决党的组织生活中存在的不经常、不规范、不严肃和随意化、庸俗化、平淡化等问题，以业务学习代替政治学习等现象。要依托党的组织生活各项制度把"两学一做"学习教育融入其中，深入推进"两学一做"学习教育常态化、制度化，在"学"中筑牢根基、在"做"中彰显本色。形成机关党员和领导干部自觉遵守党的组织生活制度、执行党的组织生活制度，使党的组织生活真正严起来、实起来、规范起来。同时，严格党的组织生活，必须强化责任落实，要把党的组织生活纳入机关党建工作责任制，明确责任，强化经常性的监督检查，列入效能考核评价体系和责任追究。

抓机关党建，要营造党内批评与自我批评的良好风气。批评与自我批评是我们党强身健体的锐利思想武器，只有把批评与自我批评贯彻于党的组织生活的各个方面和全过程，才能使批评与自我批评真正成为党内政治生活的清洁剂，才能有利于培养机关党员，特别是党员领导干部高度的党性觉悟和担当精神，才能真正形成实事求是、以党的事业为重、坦诚相见、开诚布公的良好风气。敢于担当是共产党人的优良品格，勇于开展批评与自我批评，本身就是一种敢于担当的精神体现。严肃党内政治生活、营造良好的政治生态是每个党员义不容辞责任，每个党员都不是局外人，都要有担当精神。正如习近平同志所指出的："严肃党内政治生活是每个党员、干部的事，大家都要增强角色意识和政治担当，在党言党、在党忧党、在党为党。把爱党、忧党、兴党、护党落实到工作生活各个环节，敢于同形形色色违反党内政治生活原则和制度的现象作斗争。"因此，在开展经常性党内政治生活中要把批评与自我批评的武器拿起来、使用好，使党的组织生活在党的建设中发挥好强有力作用。

抓机关党建，要在组织生活的方式方法和活力增强上有创新。在新的形势和要求下，怎么用好组织生活这个加强党的建设的经常性手段，还要在内容、形式、载体、方法、手段等方面进行探索和创新，使这一有效手段更具活力。要突出时代性，用现代信息化手段，围绕组织生活主题，使活动更具吸引力和感染力。要增强党员主动参与意识，使活动贴近党员思想实际、贴近实际工作，更具有针对性。要体现管理要严、关心要暖，使广大党员把积极参加组织生活作为履行党员义务、加强思想建设的内在要求和自觉行为，让党员真正感到参加一次组织生活，就等于参加一次政治体验、经受一次党性锻炼。通过用好组织生活这个经常性手段，把广大党员凝聚和团结在党的周围，为党的伟大事业和建设做出努力和贡献。

四、要把抓制度落实和工作督查作为落地生根的保障

牢固树立抓党建是最大政绩的理念，推动全面从严治党各项任务落地生根。制度建设是党的建设的根本保证，经常性的监督检查是落实一切工作的重要手段，要把抓党建工作像抓业务工作那样，做到"踏石留印，抓铁有痕"，把抓党建作为推进党的各项事业发展的根本保障。

抓机关党建，要把党支部作为落实党建各项制度的基础。无规矩不成方圆，我们党在长期的建设中形成了一整套行之有效的管理制度，比如民主集中制、民主生活会、组织生活会、"三会一课"等等，在新的党建历史条件，党建各项制度也在不断完善，中央明确要求要把"两学一做"学习教育常态化制度化纳入党支部建设制度中，重新颁布了理论中心学习组规则，这些党内法规、制度必须要在党的基层把他贯彻和落

实好。党支部是党的最基本的组织,是党全部工作和战斗力的基础。各级机关的党支部承担着教育党员、团结群众、贯彻落实、组织完成党的任务、指导服务基层的重任,党的各项法规制度只有在党支部落地生根,才能产生应有作用。

抓机关党建,要让领导干部在落实党建各项法规制度中发挥率先垂范的作用。党的各级机关是党员领导干部最集中的地方,领导干部能否自觉执行和遵守党的各项法规制度,做到率先垂范,是党的各项法规制度落地生根的关键。领导干部要时刻牢记自己的第一身份是党员,无论职务高低都要以普通党员身份参加党的组织生活,带头贯彻执行党内各项制度。"人不率则不从,身不先则不信。"只有领导干部在遵守党的各项制度中真正发挥示范带动作用,党建各项制度才能落到实处。因此,只有充分发挥领导干部的率先垂范作用,切实做到一级做给一级看、一级带着一级干,才能形成层层示范、上下联动、整体推进抓党建的生动局面。

抓机关党建,要让日常监督检查成为抓党建制度落实的有效机制。全面从严治党永远在路上,只有常抓不懈,通过有力的监督检查,及时发现问题、解决问题,才能确保党建目标、任务落到实处,高质量地完成。在抓机关党建中要切实把"一岗双责"、群众评议党员、星级支部建设、"三会一课"、党支部建设、发展党员、党员学习教育等党建制度真正列入考核内容,让各级党的机关和党的干部牢固树立抓党建是最大政绩、抓好党建是本职、不抓党建是失职、抓不好党建是渎职的理念,把管党治党作为第一位的任务,与年初工作同安排同要求,在年底同检查同考核,与单位和个人评优树先相挂钩,切实发挥日常监督检查机制在抓党建任务落实中的有效推动作用,确保党的各项法规制度在党内落地生根。

公务机票购买管理改革总体情况及下一步工作思路

宁夏财政厅副巡视员　何天文

为贯彻落实中央"八项规定"、《党政机关厉行节约反对浪费条例》等一系列要求，2014年6月，财政部会同中国民用航空局开展公务机票购买管理改革。经过三年多努力，改革取得了较好成效，但在改革推进中，也存在一些问题。下面做一详述。

一、改革取得的成效

截至2017年6月，中央和各省（自治区、直辖市、计划单列市）均已实施改革，单位数量达33.5万家。其中，中央预算单位1.46万家，地方预算单位32.04万家。北京、广东、江苏等26个地区已实现省、市、县三级预算单位全覆盖；内蒙古改革推进到市级预算单位；海南、云南、天津、西藏、辽宁、新疆生产建设兵团、大连、深圳、青岛等10个地区省级（本级）预算单位实施了改革。公务机票累计销售1424.52万张，销售金额200.29亿元。其中，国内机票销售1382.68万张，销售金额163.28亿元；国际机票销售41.83万张，销售金额37.01亿元。国内、国际机票分别占销售总金额的81.5%和18.5%。公务机票销售以代理机构为主，政府采购机票管理网站（以下简称网站）和航空公司直销机构为辅，三个渠道销售量分别占总销售量的75.4%、12.9%和11.7%。

改革成效主要体现在三个方面：

一是降低了公务出行成本。改革后，公务机票实行"双折扣"优惠（航空公司对国内、国际机票按市场折扣票价给予九五折优惠，市场全价机票则给予八八折、八五折优惠），累计节约财政资金16.3亿元，资金节约率8%。

二是支持了国内航空公司发展。财政部、国家民航局早在1998年就出台了因公出国人员应乘坐中国民航班机的政策，但由于相关管理措施不配套，执行效果并不理想。改革后，通过规范购买渠道，严格单位内部购买国外航空公司机票审批程序，因公出国人员优先选择国内航空公司航班的政策得到较好落实。

三是从源头上遏制了违法违规行为。改革前，公务机票中"低价买票，高价报销"、虚开发票等违法违规行为时有发生。改革后，公务机票购买的价格折扣、报销凭证等都全程纳入信息系统管理，做到可查询、可追溯，从源头上遏制了有关违法违规现象。

二、改革推进中存在的问题

公务机票管理改革涉及环节多、牵涉面广，改革对以往购票模式带来一些改变，执行要求严格，推进过程中存在问题主要集中在以下三个方面：

（一）公务机票销售代理机构违规现象时有发生

大量单位和公务人员反映，一些公务机票销售代理机构违规加收手续费；有的强制捆绑销售航空意外险；有的不熟悉政策规定，未按规范流程出票或错误解释公务机票销售政策，出现公务人员拿到无验证码的电子客票行程单而无法报销等问题。

（二）政府采购机票管理网站功能尚不完善

一是网站销售机票尚未涵盖航空公司。国内航线，33家航空公司可通过网站购票的只有17家；国际航线，除国航、南航、东航及海航的部分国际机票外，其余航空公司的国际机票无法通过网站购买。二是因航空公司未对网站开放数据接口，尚无法通过网站直接办理机票退改签手续。

（三）航空公司服务保障能力不足

部分航空公司向网站推送的机票信息更新不及时，造成网站的航线、机票价格与航空公司的信息不一致；寄送机票行程单耗时较长、耽误公务人员报销。

（四）国内航空公司国际机票价格偏高

多家中央部门和地方预算单位反映，国内航空公司的国际机票价格普遍高于外航，有的甚至超过外航机票价格的2倍，造成机票费用超预算。

三、下一步拟采取的措施

总体来看，公务机票购买管理改革进展顺利，下一步，我们将坚持以问题为导向，着力从以下几个方面入手，稳步推进改革。

（一）加大代理机构培育力度

鼓励符合条件的代理机构加入公务机票代理销售体系；完善代理机构进入退出机制；对违规代理机构加大处罚和清理力度；结合代理机构在市县的发展状况、逐步推进市县级公务机票购买改革全覆盖。

（二）丰富完善政府采购机票管理网站各项功能

尽快完善网站退改签等各项功能，扩大网站航线覆盖范围，逐步增加国际机票航线数量，同步更新APP功能，实现购票、退改签、乘机等一站式高效快捷服务。

（三）督促航空公司提高服务水平

督促、协调各航空公司尽快与公务机票购买管理网站对接数据，改进和完善行程单递送等服务，提升直销机构、官方呼叫中心服务水平。

（四）开展国内航空公司国际机票售价的第三方评估

委托第三方机构，梳理国内外航空公司国际机票价格形成机制，是否存在差异，并分析差异情况和产生的原因，全面评估国内外航空公司国际机票价格，为下一步完善相关措施提供依据。

振奋精神 务实苦干
努力推动全区农发工作再上新台

宁夏财政厅农业综合开发办公室主任　许学禄

一、2016年全区农发工作回顾

2016年，全区农业综合开发工作在自治区党委、政府和财政厅党组的正确领导下，在国家农发办的大力支持下，在市县（区）党委、政府和自治区有关部门单位的支持配合下，紧紧围绕自治区党委、政府建设农业"三大示范区"、发展"1+4"特色优势产业等决策部署，坚持以增加农民收入为核心，以发展现代农业为着力点，积极推进土地治理、产业化经营、部门项目和科技示范推广项目建设，实施银北地区百万亩盐碱地骨干沟道治理工程，全区农业综合开发工作呈现出了财政投资逐年增长，各类项目有序推进，科技创新成果丰硕，资金管理日趋规范，项目建设效益明显的良好态势，多项工作得到自治区党委、政府和国家农发办的认可和赞扬，打造了一批市县农业农村工作的亮点和示范点，得到项目区群众的信任和支持。

（一）实施高标准农田建设，不断夯实农业生产基础

2016年，安排土地治理项目财政资金59449万元，实施高标准农田建设项目37个，建设面积23万亩；实施生态治理项目13个，建设面积9万亩。争取列入国家第一批农业综合开发高标准农田创新试点项目试点省区，择优选引黄灌区7个市县实施高标准农田产业融合创新项目，建设高标准农田4.95万亩，推动农村一二三产业融合发展。充分发挥示范引领作用，稳步推进宁夏农垦平吉堡和灵武崇兴现代农业园区试点项目，探索现代农业发展的新路子。利用亚洲开发银行贷款项目累计建设高标准农田17.45万亩，开挖疏浚沟渠及沟道治理1277.46公里，推广节水技术控制面积15.51万亩。利用以色列政府贷款高效节水项目，计划对贺兰山东麓8个市县13.8万亩种植基地和86个酒庄的喷滴灌等基础设施进行改造提升，促进水资源高效利用。

（二）发展特色优势产业，扶持产业化经营项目做大做强

围绕自治区确定"1+4"特色优势产业发展思路，组织编制《宁夏农业综合开发扶持农业优势特色产业规划（2016—2018年）》，找准县域特色优势产业发展的突出优势和薄弱环节，优先扶持与特色产业发展和种植结构调整联系紧密的产业化经营项目。2016年，安排产业化发展项目财政资金6874万元，扶持产业化经营财政补助项目75个。不断完善贷款贴息政策，放宽新型农业经营主体申报立项门槛，探索将"后选项后结算"的贴息方式调整为"先选项后结算"，安排中央财政贴息资金4150万元，落实产业化贷款贴息项目59个，撬动银行贷款15.2亿元。积极探索发起设立宁夏农业综合开发产业投资基金，利用投资、贷款、担保、贴息等多种金融手段，解决各类新型农村经营主体"贷款难，融资贵"的问题，放大财政资金的"倍数效应"。

(三)加强部门之间协同配合,积极推动农村改革发展

坚持把部门项目作为农业综合开发项目的有机组成部分,注重协调发挥部门的行业技术优势和项目的示范引领作用。2016年立项扶持部门项目31个,争取中央财政资金11400万元,地方财政配套资金4580万元,其中,农业部门项目6个,水利部门中型灌区节水配套改造项目2个,水土保持项目12个,林业部门项目7个,供销总社项目4个。从规范项目申报、专家评审、计划编报、批复下达、资金管理、项目实施、检查验收等关键环节入手,进一步调整和完善部门项目相关政策,明确部门间分工和职责,积极探索农发部门项目管理的新途径。主动与自治区气象局在防灾减灾方面加强合作,共同开展农业综合开发气象灾害预警服务。探索与自治区供销合作社合作开展新型农业社会化服务体系建设,构建以供销合作社为载体的新型农业社会化服务体系。合作开展"永宁粮食银行"建设,解决农民粮食储藏保管问题,有效改善农村人居环境,加快推进城乡一体化进程。

(四)加快农业科技创新,破解特色优势产业发展难题

坚持把科技创新驱动作为提升农业综合开发工作水平的重要抓手,大力推广新品种、新技术、新工艺,与中科院相关院所、宁夏大学、宁夏农林科学院等科研院所积极探索破解枸杞、牧草、葡萄、设施蔬菜等产业发展的技术难题,联合开展酿酒葡萄免埋新技术、优质牧草良种繁育推广、绿色生态高值设施农业技术、节水技术与盐碱地开发利用,马铃薯病毒速测技术示范推广等课题研究和技术推广项目,提高科技贡献率,全面提升农业综合效益。落实院区科教合作协议,依托中国科学院西北生物农业中心(宁夏)平台,协调中国科学院涉农科研院所科研人员常年驻宁夏从事科研课题研究和试验,不断深化院地合作和示范引领,倾力打造宁夏农发的"科技名片"。积极争取国家农发办信息化管理试点工作,设立宁夏农业大数据分析与应用院士工作站,加快推进宁夏农业综合开发3S信息系统开发应用,将管理信息系统完善升级为省级农发管理信息平台,有力地提升了农发工作科学化、信息化管理水平。

(五)承担自治区专项工程,实施银北百万亩盐碱地治理

认真贯彻落实习近平总书记来宁视察重要讲话精神,继续推进银北地区百万亩盐碱地治理工程进度,按照《宁夏引黄灌区盐碱地治理工程规划(2016—2020年)》要求,与水利、国土、农牧、林业等部门加强协调,承担西大沟上段、三二支沟下段、盐湖沟中段、五二支沟和五四支沟5条沟道的治理任务,整治沟道长度38.5公里。围绕自治区党委、政府引黄灌区盐碱地综合治理总体思路,认真抓好自治区主席咸辉拜会财政部领导对接事项措施落实工作,积极申请国家农发办将宁夏引黄灌区盐碱地治理工程项目列入农业综合开发扶持范围,在资金上给予重点支持,夯实农业农村基础条件。

(六)强化监督管理,确保各类项目资金安全运行

严格执行农业综合开发项目法人制、招投标制、工程监理制和项目资金公示制"四制",加强监督检查工作,借助财政部驻宁专员办和中介机构的力量,优化检查主体组合配置,注重综合检查和专项检查相结合,进一步提升监督检查质量。认真贯彻落实《国家农业综合开发资金和项目管理办法》(财政部84号令),按照"简政放权,放管结合,优化服务"的要求,合理划分自治区农发办与市县农发办的事权管理权限。严格按照有关规定做好预算执行工作,2016年12月提前下达2017年农业综合开发中央财政资金46530万元,其中,安排12932万元农发资金用于贫困县涉农资金整合试点工作。督促县级农发机构加快项目建设和资金报账进度,尽量减少结转结余资金规模,提高农发项目建设效益。

二、2017年工作重点

2017年，全区农业综合综合开发工作的总体要求是：紧紧围绕中央和自治区关于"三农"工作的各项决策部署，认真贯彻落实全国和自治区农业、农村、财政等工作会议和自治区第十二次党代会及全国省级农发办主任培训班精神，以推进农业现代化为目标，以促进农业可持续发展为主线，以提升农业综合生产能力、发展农业适度规模经营、深化农业供给侧结构性改革、助力打赢脱贫攻坚战为着力点，认真组织实施农业综合开发土地治理项目、产业化发展项目、部门项目、外资项目和引黄灌区盐碱地改良工程，进一步创新机制，完善政策，规范管理，切实加强党风廉政建设和干部队伍建设，不断提升农业综合开发水平和效益。

（一）夯实农业发展基础，加快推进高标准农田建设项目

一是积极落实高标准农田建设任务。计划在全区20个市、县（区）及农垦集团实施土地治理项目30个，建设面积28万亩（其中建设高标准农田25万亩）。完善现代农业园区扶持政策，示范引领现代农业发展，持续夯实现代农业发展基础。二是扎实开展高标准农田建设模式创新试点项目。续建农业综合开发高标准农田建设模式创新试点项目7个，建设高标准农田4.54万亩。从探索解决制约农业农村发展的核心问题入手，择优选择2~3个高标准农田建设模式创新试点项目进行示范引领，推进土地治理与产业化发展两类项目有机结合，探索总结可复制可推广的高标准农田建设创新模式，促进农村一二三产业融合发展。三是实施引黄灌区盐碱地改良工程。认真落实《银北地区百万亩盐碱地改良骨干排水沟道治理规划》和《银南地区盐碱地改良规划》，计划治理银北地区骨干沟道8条27.2公里，防塌治理20.1公里；治理银南地区骨干沟道3条26.5公里，防塌治理26.5公里；实施暗管排水6.9万亩，推进引黄灌区盐碱地改良工程，促进沿黄生态经济带建设。

（二）推动产业集群发展，集中力量扶持特色优势产业

一是落实自治区农业特色优势产业规划。围绕自治区党委、政府确定的"1+4"特色优势产业，坚持"市场主导，政府引导"的原则，突出产业扶持重点，优化产业发展布局，推动农业种植业、养殖业、农产品加工、储藏保鲜和流通服务业转型升级，拓展农业产业链和价值链。开展特色优势产业专题调研，联合中科院等相关院所和自治区相关部门对枸杞、清真牛羊肉产业发展进行专题调研，探索研究破解优势产业发展难题，为自治区党委、政府推进现代农业发展提供决策参考。二是多措并举扶持新型农业经营主体。扶持专业大户、家庭农场、农民合作社和涉农企业等新型农业经营主体，加大对新型农业经营主体申报实施高标准农田建设项目的扶持力度，放宽扶持范围，简化申报程序，完善高标准农田建设、使用和管护一体化的新机制。进一步加大对农业规模化服务项目的支持力度，构建"新型经营主体＋连片土地治理＋适度规模经营"的综合治理模式，推动农业适度规模经营。三是创新产业化发展项目扶持方式。计划安排农业产业化发展财政补助项目56个，安排贷款贴息项目39个，撬动金融机构贷款近10亿元。进一步发挥财政资金引导作用，通过贷款贴息、财政补助、参股投资等方式撬动社会资本投入，创新资金投入方式，探索实行"先建后补"管理模式，提高财政资金使用和项目建设成效。

（三）整合农发项目资金，努力拓宽农发资金投入渠道

一是服务大局推进实施脱贫富民工程。贯彻落实国家和自治区打赢脱贫攻坚战的决策部署，积极支持贫困县涉农财政资金整合试点工作，计划安排农发资金18105万元用于贫困县涉农财政资金整合试点工作，为贫困县"销号摘帽"注入新动能。切实增强责任感和使命感，对整合试点工作开展经常性调研和督导，确保整合试点资金到市县后能够接得住、用得好、见成

效。二是积极拓宽外资项目投入渠道。加快利用亚洲开发银行贷款农业综合开发项目、以色列政府贷款农田水利建设项目项目招标采购、主体工程建设和资金报账提款等工作进度，通过开展国际交流合作，引进国外先进项目管理理念，强化项目监督检查和绩效评价，确保按计划完成各项建设任务。认真做好国际农发基金农业综合开发项目前期准备工作，引入农业生产适应气候变化和可持续发展理念，关注贫困人口、弱势群体及妇女的参与和受益，为促进农业发展方式转变和发展现代农业提供借鉴和参考。三是统筹整合部门项目资金。围绕发展现代农业，充分发挥水利、农牧、林业、供销等部门的行业技术优势，为农业综合开发项目区提供示范引领、服务保障作用。调整优化部门项目结构，加大统筹整合力度，督促相关厅局和市县农发机构严格执行项目计划，加快预算执行进度，及时组织项目竣工验收，不断提高部门项目的影响力。

（四）加快农业科技创新，深化院地农发科技合作

一是积极探索解决制约农业特色优势产业发展的技术难题。重点解决枸杞新品种选育、机械化采摘、产品深加工和转化；优质葡萄新品种选育、栽培技术、病虫害防治、冬埋品种优化、酿酒过程操作；设施蔬菜连作、有机生产工艺管理、产品全过程监控等技术难题。充分运用市场化运作机制，推动农发科技成果转化和示范推广，提升科技成果转化率。二是开展先进适用技术示范推广。围绕自治区确定的"1+4"特色优势产业，开展与不同区域特色优势农业紧密相关的安全高效种养关键技术和模式等成熟技术成果的转化和推广示范应用。实施葡萄新品种引进、优质牧草良种繁殖技术与示范、绿色生态高值设施农业技术集成与示范、百合产业化开发技术示范推广、高效节水与水肥一体化技术示范、盐碱地农业开发利用示范推广、马铃薯旱作节水技术集成及病毒速测技术示范推广。三是推进科技创新平台建设。依托中国科学院西北生物农业中心（宁夏）和宁夏现代农业综合开发工程技术研究中心的科技创新平台，重点开展生物农业技术集成和应用示范等相关工作，为中国科学院涉农科研院所科研人员常年驻宁夏从事科研课题研究和试验提供保障服务。发挥产业发展联盟的合作平台作用，扎实推进科研单位、业务主管部门、龙头企业、新型农业经营主体等单位的协调合作，搭建集科技研发、示范推广、成果转化、交流培训为一体的合作平台。

（五）强化项目资金管理，确保农发资金安全运行

一是开展查处农业综合开发领域腐败及其他违规违纪问题专项行动。认真排查涉及农业综合开发领域的腐败问题、财政资金违规违纪行为，结合2015年以来自治区农发办年度综合性检查和专项检查中存在的一些突出问题，进一步健全完善农发各项制度规定和监管机制，从源头和过程监督中预防和遏制腐败及其他违规违纪问题的发生。二是合理划分各级农发机构事权责任。按照"简政放权，放管结合，优化服务"改革要求，适当下放项目评审权限，加快建立事权与支出责任相适应的制度，努力实现工作重心由事前评审立项向事中监督检查和事后开展绩效考核转变。三是加快构建农发制度体系。按照《国家农业综合开发资金和项目管理办法》（财政部令第84号），对农业综合开发管理制度进行全面梳理，推进配套制度建设。修订完善农业综合开发财务管理、贴息资金管理、"先建后补"管理、绩效管理与评价、项目评审、竣工项目验收等一系列配套的细则，加快构建"精简统一，分级管理，放管结合，务实高效"的制度体系。四是抓好预算执行工作。严格按照有关规定做好预算执行工作，足额落实地方财政资金。加快预算执行进度，督促县级农发机构加快项目建设和资金报账进度，减少结转结余资金规模。根据项目建设计划和工作需要，清理上缴财政存量资金，不断提高财政资金使用效益。五是加

强监督检查和绩效评价工作。严格执行财政资金县级报账制、招投标制、工程监理制、资金和项目公示制等管理制度,规范资金和项目管理。借助财政部驻宁夏专员办、财政厅监督检查局及第三方中介机构的力量,优化检查主体组合配置,综合检查和专项检查相结合,科学合理设置项目绩效目标,不断提升绩效管理水平。

(六)加强干部队伍管理,提升农发工作整体水平

一是开展思想作风纪律教育集中整顿活动。着力解决党建和党风廉政建设、制度建设、资金项目管理、工作流程、干部队伍建设等突出问题,使农发办干部职工在提高思想认识、增强廉洁自律、完善工作制度、提升工作效能等方面取得实效。二是开展"规范管理年"活动。重点加强制度建设、财务管理、档案管理等工作,严格把好资金项目分配关、申报关、评审关、建设关、验收关、绩效考核关,不断提升科学化、规范化管理水平。三是加强反腐倡廉教育。加强理论业务学习和反腐倡廉教育,从身边发生的违纪违法典型案例中吸取教训,严格遵守政治纪律、组织纪律、廉政纪律,主动适应干部作风建设的新常态,进一步改进工作作风,认真落实"七个一律不准",不断增强拒腐防变的能力。四是强化机构建设和干部管理。进一步明确自治区农发办主要职责、内设机构和人员编制规定,对内设机构职责和岗位设置进行优化配置,加大干部选拔培养和调整交流力度,对长期从事项目资金管理的工作人员进行轮岗交流,确保项目安全、资金安全和干部安全。

第二部分

财政厅党组、厅务会议情况

2017年自治区财政厅党组会议情况

2017年，在自治区党委、政府坚强领导下，在自治区人大、政协有力监督下，全区各级财政部门认真学习贯彻党的十九大精神，以习近平新时代中国特色社会主义思想为指引，紧紧围绕自治区"三大战略"和"五个扎实推进"工作要求，主动转观念、调思路、谋大事，深化财税体制改革，狠抓财政收支，调整优化支出结构，做出大量卓有成效的工作，为推动全区经济社会发展作出积极贡献。

一、基本情况

2017年，宁夏财政厅共召开党组会议26次，下发会议纪要19期，议题涉及党建和党风廉政建设、财税体制改革、预算安排执行、"两学一做"学习教育、巡视问题整改、机构设置及人事变动、厅领导职责分工、效能目标建设、内控管理等方面。

二、主要内容

（一）加强学习，树牢工作导向

及时传达学习中央和自治区精神，始终把思想和行动统一到中央和自治区统一部署要求上来，科学谋划和推进财政工作。一是研究制订厅机关学习宣传党的十九大精神工作方案，党组成员第一时间带头学习党的十九大精神，有序组织全体党员干部，采取集中学、交流研讨、演讲比赛、自学等多种形式，营造浓厚氛围，推动党的十九大精神入脑入心，切实以习近平新时代中国特色社会主义思想统一思想、统揽全区、统领发展。二是认真学习贯彻自治区第十二次党代会精神，结合财政工作实际，研究制定贯彻落实措施，紧紧围绕自治区"三大战略"和"五个扎实推进"开展财政工作，为全区重点工作提供有力保障。三是持续学习专业知识，准确把握中央和自治区相关政策，积极学习了解各领域基础知识和改革发展新进展，不断提高业务能力和综合素质。

（二）深化改革，服务改革发展

充分发挥厅党组领导核心作用，团结和带领全体干部职工，齐心协力，攻坚克难，不断改革创新，规范管理，提升科学理财水平。一是认真贯彻落实《预算法》，对预算编制执行情况全程跟踪、紧盯落实，对存在的问题集体研究、科学决策，确保重点项目、重点任务等顺利推进。二是加强督导检查，健全落实督导机制，定期深入市县了解情况，督促收入支出。三是健全完善制度机制，在转变管理理念、创新工作方式、增强服务意识上下功夫，力促更加彻底地"放"、更加高效地"管"、更加优质地"服"。

（三）坚持导向，加强队伍建设

厅党组始终以《党政领导干部选拔任用工作条例》为基本遵循，坚持德才兼备、以德为先和看德才选人、凭实绩用人导向，强化干部选用、引进、调配三大"抓手"，打造能力强、作风好和讲奉献、敢担当的干部队伍，每次机构调整、干部选拔和人员变动等，都经厅党组会研究决定。研究制订了干部动议系统方案，分析研判各处室（单位）职位空缺、人员需求、岗位特点和干部队伍结构等因素，形成科学系统、梯次衔接的干部队伍建设计划。制订综合比选方案，通过资历量化、组织考察、岗位适应性评价等环节，有序开展公务员转任工作，较好地激发干部干劲和工作热情。根据工作需要，加强轮岗交流，进一步配齐配强重点处室和重点岗位人员，锻炼提升干部多岗位工作能力。

（四）正风肃纪，提振工作作风

认真落实"两个责任"，狠抓党风廉政建设。

一是坚持将党风廉政工作列为每次厅党组会第一项议题,及时传达学习中央和自治区有关规定要求,研究部署党风廉政工作,持续用力,久久为功,不断加强和提升机关工作作风。二是认真落实"三转"要求,每次调整厅领导分工,确保驻厅纪检监察组长只负责纪检监察工作,规范驻厅纪检监察组工作职责,确保纪检监察组不参与业务工作,集中精力履行纪检监督职责。三是定期研究机关党建工作,将党建与业务工作同部署、同落实、同考核,为财政业务工作提供有力基础支撑。以"两学一做"学习教育为主线,分专题组织学习,开展交流研讨,撰写心得体会和理论文章,形成常态化、规范化学习教育机制,推动严的纪律、严的作风向支部拓展,向全体党员延伸。

(五)健全机制,规范内控管理

一是认真研究落实党的十九大精神,进一步补强制度建设的短板和漏项,健全管理机制,着力打造科学完备、衔接有序、务实管用的制度体系,扎牢扎紧制度"笼子"。二是对厅机关处室、单位职责进行进一步规范和明确,理顺工作机制,提高了机关工作效率。三是研究办公用房管理事宜,对厅机关和所属单位办公用房情况进行再次核实,对存在的问题按照有关规定及时整改,确保办公用房管理严格规范、符合规定。四是每次厅领导变动,都研究调整厅领导分工,根据厅领导班子成员情况和工作需要,科学确定处室、单位分管领导,建立AB岗工作机制,确保工作领导有力、衔接有序。

附件:

2017年自治区财政厅党组会议主要议题一览表

会议纪要	主要议题	决定事项
[2017]01号	一、研究党风廉政建设事宜	会议决定,同意驻厅纪检组关于加强党建工作的建议。一是配齐选强机关党委工作人员。二是对党费收缴进行一次专项检查。三是就党费收缴情况,由分管机关党委的厅领导抓好落实,进一步规范党费收缴管理工作。四是将原来由纪检组承担的组织签订党建和党风廉政建设责任书工作移交机关党委。处级干部廉政档案仍然由纪检组管理;科级干部廉政档案移交机关党委管理。五是成立驻厅纪检组党支部。 会议决定,原则同意驻厅纪检组对巡视反馈问题的整改建议。
	二、研究参公管理人员转任公务员事宜	会议决定,同意人事与老干部处提出的建议,按照综合比选成绩由高到低,确定5名同志为参公管理人员拟转任公务员对象,并进行公示。
	三、研究2017年公开招考人员计划	会议决定,原则同意人事与老干部处提出的2017年招考人员计划,按照会议要求,进一步修改完善后上报。
	四、研究公务员职务晋升和事业单位岗位聘任事宜	会议决定,同意1名公务员晋升为副主任科员。同意对事业单位9名工作人员进行岗位聘任(其中,1名聘任为专业技术六级,2名聘任为专业技术七级,2名聘任为专业技术十级,4名聘任为专业技术十二级)。
[2017]02号	一、通报陈春平厅长任职事宜	会议通报陈春平同志任自治区财政厅厅长事宜。
	二、研究党风廉政建设事宜	会议强调,党风廉政建设是一项长期工作,要持续用力,常抓常新。特别是要紧盯节假日等关键节点,加强宣传教育和引导,持之以恒,防微杜渐,不断营造风清气正的良好环境,为财政工作保驾护航。 会议决定,一是在清明节前下发通知,就节日期间廉政建设工作提出明确要求。二是收集整理中央和自治区近期下发的廉政建设有关文件,下次党组会学习传达。三是进一步加强驻厅纪检组干部队伍建设。

续表

会议纪要	主要议题	决定事项
	三、研究厅领导分工事宜	会议听取人事与老干部处关于厅领导分工的建议。 会议决定,原则同意人事与老干部处提出的厅领导分工建议。
[2017]03号	一、研究党风廉政建设事宜	会议研究驻厅纪检组提出的《关于加强党风廉政建设的实施意见》。 会议决定,原则同意驻厅纪检组提出的《关于加强党风廉政建设的实施意见》。 会议要求,驻厅纪检组根据工作需要,组织全厅人员开展一次警示教育活动,让干部职工从思想上、行动接受一次深刻教育和洗礼;分管厅领导要组织农发办尽快开展一次专题会议,进一步理顺工作程序、加强内控管理,确保各项工作顺利推进。
	二、研究进一步加强自治区农业综合开发办公室管理事宜	会议要求,自治区农业综合开发办公室要以问题为导向,认真细致查摆工作和管理中存在的问题和不足,扎实开展思想作风纪律教育集中整顿工作。(一)要加强党建和党风廉政建设。坚持把学习教育摆在首位,健全完善党员干部理论学习制度,切实将党内法规和纪律内化于心、外化于行。要教育干部职工从身边的典型案例中吸取教训,时刻紧绷廉洁从政之弦,做到警钟常鸣、警灯常亮、警笛常响。(二)要完善规章制度,加强内部管理。要成立制度建设领导小组,按照相关政策规定,针对制度建设的薄弱环节精准发力、靶向施策,健全完善规范有序、行之有效的制度体系,强化制度执行力和约束力,进一步扎进制度笼子。(三)要细化工作流程,促进规范管理。要将农发工作放在财政工作大局中统筹和推进,尤其对涉及"三重一大"工作要主动向财政厅党组和厅领导汇报请示,加强与相关处室协调沟通,加强监督制约。要认真贯彻落实民主集中制,规范集体决策行为,不断提高集体决策的质量和水平。(四)要明确岗位职责,加强队伍建设。
	三、研究"下基层"事宜	会议研究人事与老干部处关于《财政厅开展新一轮"下基层"活动实施方案》的建议。 会议决定,原则同意人事与老干部处提出的《财政厅开展新一轮"下基层"活动实施方案》。
	四、研究安全防患工作事宜	会议学习国务院安委会《2017年安全巡查工作实施方案》和《2017年安全生产巡查工作流程》,传达咸辉主席在国务院安委会安全生产巡查动员会议上的讲话精神。 会议要求,各党组成员要带头学习、传达国务院安委会《2017年安全巡查工作实施方案》《2017年安全生产巡查工作流程》和咸辉主席在国务院安委会安全生产巡查动员会议上的讲话精神,切实把思想统一到国务院和自治区安排部署上来。相关处室,特别是迎接国务院安委会第八巡查组安全生产巡查工作领导小组及工作机构相关处室,要高度负责、分工协作,对照巡查资料目录,认真细致做好备查资料的收集、梳理和归类,做到资料齐全、分类清晰。有关处室负责人要全面熟悉掌握备查资料和相关情况,做到底子清、数据明,准确无误向巡查组提供备阅资料,做好解释说明,全力配合好巡查工作。同时,要高度重视信访工作,按程序办理好信访事项;对维稳资金要及时拨付到位,落实好成员单位职责。
	一、研究党风廉政建设事宜	(一)会议听取驻厅纪检组关于加强党风廉政工作的建议。 会议强调,党风廉政建设是党加强自身建设、保持先进性和纯洁性的有力抓手,是做好各项工作的基础保障,时刻不能放松。党的十八大以来,中央和自治区党要将党建和党风廉政工作提高了一个新的高度,持续开展一系列活动,提出更高的标准和更严的要求,财政厅要认真学习,始终从严执行。各处室、单位要进一步健全制度,严格管理,全体干部职工要认真反思、引以为戒,切实从自身做起、从细节做起,秉持"高线"、筑牢"防线"、坚守"底线",始终把纪律和规矩挺在前面。 (二)会议听取办公室关于办公用房有关情况的汇报。 会议要求,办公室要对厅机关和所属单位办公用房情况进行再次核实,切实摸清底数,对存在的问题按照有关规定及时抓好整改。

续表

会议纪要	主要议题	决定事项
〔2017〕04号	二、研究党建、"两学一做"、中心组学习等事宜	会议听取机关党委关于机关党建工作开展情况和"两学一做"、党组中心组学习计划的汇报。 会议强调,党建是基础、是引领,要与中央和自治区党委、政府要求保持高度一致,从严要求,持续推进,确保各项规定动作扎实到位,自选动作突出特色。会议要求,一是对机关党委制订的党建和学习计划要抓好落实。二是要根据职务空缺情况,尽快加强机关党委人员配备。三是要抓好督导检查,不断提升党建工作成效。
	三、听取惠民公司工作汇报	会议听取宁夏惠民投融资有限公司和产业引导基金中心工作汇报。 会议指出,惠民公司成立以来,认真履行职责,在棚户区改造、帮助企业发展等方面发挥了较好作用,但也存在一些问题和不足,要进一步规范和完善。 会议要求,一是要进一步健全制度,加强惠民公司管理。二是要加强惠民公司党建和党风廉政建设工作。三是惠民公司业务工作要列厅务会议题详细研究,制定切实可行的措施,进一步提升规范化水平和工作实效,加强风险防控。四是对审计机关提出有风险问题的产业引导基金,要研究制定切实可行的办法,按照规定和程序及时收回,即确保财政资金安全,又保障相关工作正常开展。五是PPP工作事宜,要学习借鉴其他地区先进做法和经验,研究制订详细可行的实施方案,明确方向、路径和措施,经请示自治区政府同意后再落实。
	四、听取农发办工作汇报	会议听取自治区农业综合开发办公室关于聘用人员管理有关情况汇报。 会议要求,一是要进一步健全制度,加强和规范农发办管理。二是要加强农发办党建和党风廉政建设工作,教育引导干部从思想上牢固树立宗旨意识、自律意识和规矩意识。三是农发办要理清职责范围,做到只监管项目,不直接管理或实施项目,从源头上筑牢廉政"防火墙"。四是要规范工作流程,按规定及时向厅党组和分管领导汇报工作,与相关处室加强沟通,确保各项工作合法合规开展。五是要做好稳定工作,引导干部把取得成绩和个别人员存在的问题区分开来,充分调动积极性、主动性和创造性,确保各项工作有序开展。六是对农发办编外人员管理事宜,由农发办严格按照有关规定办理。
	五、听取干部教育中心工作汇报	会议听取干部教育中心关于沙湖培训基地工作开展情况汇报和对存在困难问题的处理建议。 会议指出,沙湖培训基地是财政部确定的全国培训基地之一,近年来在承办全国财政系统培训、提升地方财政干部素质及对外接待等方面发挥了很好的作用,得到财政部和各级领导、干部职工的一致好评。 会议要求,一是要督促协调抓紧解决草坪铺设和灌溉水源问题,同时对厅务会研究通过的电教设备和信息化会议系统建设等事项抓紧落实,为基地承办的各项会议、培训提供可靠保障。二是要进一步建立健全制度,加强基地管理,确保基地安全生产,合法合规运行。三是要坚持管办分离、政企分开的原则,严格履行机关监管职能,指导基地建设和市场化运作,做到到位不越位、监管不代管,提高基地管理规范化、科学化水平和工作效率。
	六、听取农村财政管理局有关事宜汇报	会议听取农村财政管理局关于宁夏农业信贷担保有限公司工作开展情况汇报和公司人员的建议。 会议强调,宁夏农业信贷担保有限公司是按照财政部要求,为更好地服务"三农"探索成立的信贷担保公司,对扶持发展特色产业、促进农民增收致富和现代农业健康发展具有重要意义。 会议要求,一是要开展充分的调查研究和论证,先明确公司的总体定位、目标规模、努力方向、业务内容、运作模式、实现路径及注册资本等事项,形成系统翔实的规划、方案,再进行实施。二是在管理上要政企分开,厅机关只负责目标方向的把握和监管,在具体操作上要实行市场化运作。三是要加强风险防控,确保财政资金安全。四是公司相关人选事宜要根据最终研究确定的运行机制、业务内容等情况另行研究决定。

续表

会议纪要	主要议题	决定事项
	七、研究厅机关法制机构建设事宜	会议听取人事与老干部处关于机关法制机构建设的建议。 会议决定，同意人事与老干部处提出的关于机关法制机构建设的建议。一是根据自治区法制建设工作领导小组和自治区督查组有关要求，向自治区编办申请争取成立法规处。二是若自治区编办不予批准，再采取另挂"法规与行政审批室"牌，将税政与法规职能、人员分开，分头管理、各司其职的办法，规范厅机关法制建设。
〔2017〕05号	一、研究党风廉政建设事宜	会议研究关于巡视"回头看"、涉农资金检查、廉政教育等工作事宜。 会议要求：一是要按照自治区纪委要求，高度重视，周密组织，认真筹备，积极配合好巡视"回头看"工作。二是由驻厅纪检组具体负责，对自治区纪委移交的几个问题抓紧办理。三是涉农资金检查是今年的一项重要工作，要拿出切实可行的方案，抓紧推进。要学习借鉴市、县(区)的先进做法和经验，把这项工作抓扎实，抓出成效。四是进一步加强廉政教育工作。要制订详细可行的方案和计划，明确警示教育频次、内容、开展方式等具体事项，确保有序推进。要采取邀请专家讲、内部先进典型讲等多种形式，提高警示教育的感染力和实效性。五是机关党委、机关纪委工作很重要，要进一步健全机制，强化措施，抓紧推进。
	二、研究巡视组移交问题整改事宜	会议听取纪检组关于巡视组移交问题的核查情况和处理建议。 会议强调，巡视组提出的问题和意见建议，对财政厅规范管理、加强干部队伍建设、完善和推进各项工作具有重要指导意义，各处室、单位一定要高度重视、积极配合，扎实抓好整改，确保整改成效。
〔2017〕06号	一、学习贯彻自治区第十二次党代会精神	会议学习传达自治区第十二次党代会精神，研究关于自治区第十二次党代会精神的贯彻落实意见。 会议强调，刚刚闭幕的自治区第十二次党代会在深入总结自治区第十一次党代会以来，宁夏在综合实力、改善民生、深化改革、生态建设、民主法治、党的建设等方面取得的成就，对未来五年工作进行全面部署，描绘了宁夏与全国同步建成小康社会宏伟蓝图，为我们进一步抓好工作明确了方向，学习、宣传和贯彻落实好自治区第十二次党代会精神是当前一项重要政治任务。 会议决定，原则同意机关党委提出的自治区第十二次党代会精神贯彻落实方案，要结合党组会议要求抓好贯彻落实。一是要结合财政业务工作，制订详细具体的工作方案，切实把党代会精神体现和落实到财政工作中，确保有目标、有抓手，有落实、有成效。二是每位厅领导班子成员都要结合工作，就学习贯彻自治区第十二次党代会精神做交流发言，深入谈心得体会和认识打算，带头抓好党代会精神贯彻落实。三是举办党务工作者培训班，要安排厅主要领导进行讲课和辅导，有针对性地安排专题讨论交流，切实提高干部职工抓党建的思想认识和行动自觉。
	二、研究党风廉政建设事宜	会议研究进一步抓好党风廉政建设工作事宜。 会议强调，自治区纪委书记许传智在自治区第十二次党代会上做了纪检工作报告，在肯定成绩的同时，就全区下一步抓好纪检工作提出了新的更高的要求，党风廉政建设工作要抓深抓细、不断加强，时刻不能放松和懈怠。 会议要求，全厅上下要认真学习许传智书记的讲话精神，切实提高思想自觉和行动自觉，结合工作实际，以更严的标准、更高的要求持之以恒抓好贯彻落实，不断巩固和提升党风廉政建设工作成效，为财政工作营造风清气正的良好氛围。
	三、研究党建、两学一做及机关党委纪检工作等事宜	会议听取机关党委关于党建工作的汇报和进一步加强机关纪委工作的思路。 会议要求，一是要结合学习贯彻自治区第十二次党代会精神等内容，进一步抓好"两学一做"常态化教育，切实从思想上提高认识，增强干部队伍的核心意识和凝聚力、战斗力。二是要按照自治区纪委和区直机关工委有关要求，进一步制定方案，明确具体措施，加强机关纪委工作。三是要尽快配齐配强机关党委、机关纪委班子和工作人员。

续表

会议纪要	主要议题	决定事项
	四、传达全区干部监督工作会议精神暨财政厅贯彻落实意见	会议传达全区干部监督工作会议精神,研究财政厅贯彻落实意见。 会议强调,中央和自治区高度重视干部管理监督工作,自治区党委组织部部长盛华荣多次就干部日常监督管理提出指示和要求,我们一定要把干部监督工作放在突出位置,认真彻落实全区干部监督工作会议精神和盛华荣部长指示精神,推动干部作风和精神面貌持续提升。 会议决定,原则同意人事与老干部处关于全区干部监督工作会议精神的贯彻落实意见,要结合党组会议要求进一步抓好落实。
	五、听取产业引导基金收回情况	会议听取宁夏惠民投融资有限公司关于产业引导基金收回情况的汇报。 会议要求,一是对尚未收回的产业引导基金要进行全面分析研判,加大力度依法依规收回,对暂时无法收回的要做好原因分析说明和运营情况、收益、风险等评估,确保财政资金安全。二是对审计提出的问题要切实高度重视,认真自查自纠,做到心中有数,形成自查报告,依据事实做好解释说明,争取审计部门认可。三是对达到移交条件的基金,要做好对接,按照相关规定和程序及时移交。
	六、听取办公用房管理有关情况	会议听取办公室关于厅机关和所属单位办公用房有关情况的汇报和改造建议。 会议决定,原则同意办公室关于办公用房改造方案的建议,要按照有关规定和程序抓紧落实,于一个月内全部完成改造,确保办公用房既符合规定要求,又兼顾经济实用。农发办严格按要求清理办公用房。
〔2017〕07号	一、研究党风廉政建设事宜	会议传达中纪委王岐山书记在扶贫领域执纪问责工作电视电话会议上的讲话精神。 会议强调,党风廉政建设是一项长期工作,要进一步严格和细化措施,经常抓、持续抓,不断强化提升机关和干部工作作风。实现到2020年全面脱贫是党中央做出的重大战略决策,是一项重要政治任务。自治区党委也高度重视,脱贫富民是自治区党代会提出的"三大战略"之一,财政系统要高度重视。一是要不断加大扶贫资金投入。坚决贯彻落实好中央和自治区党委指示精神,不折不扣执行政策、落实任务。二是要加强扶贫资金监督检查。贯彻落实好王岐山同志讲话精神,完善制度办法,加强资金监管,建立稳定增长机制。
	二、传达石泰峰书记对财政工作的指示精神	会议传达石泰峰书记对财政工作的指示精神。 会议强调,一是要提高认识,深刻学习领会泰峰书记重要指示精神。石泰峰书记对财政工作的指示精神为我们今后开展各项工作理清了思路、明确了方向,是我们财政的根本遵循和行动指南。财政系统要把学习自治区第十二次党代会精神和石泰峰书记对财政工作的指示作为当前一项重要政治任务,学深学透。二是要狠抓落实。各处室、单位和分管厅领导要各司其责,结合分管工作,研究提出具体措施方案,尽快出台。
	三、听取债务工作汇报	会议听取预算处(绩效管理处)关于债务有关情况的汇报。 会议指出,目前系统内债务在限额范围内,总体可控,但系统外隐性债务数额较大,存在一定风险。会议要求,一是要把债务管理作为重中之重,制定具体可行的办法,采取多种措施加强管理,坚决防止风险。二是要对系统外的隐性债务进一步核实排查,摸清来龙去脉,拿出办法及时处理。三是要加强沟通协调,依据事实,就财政部重复交叉统计的债务,及时向领导和有关方面汇报、沟通,争取理解和支持。
	四、听取财政借款、暂付款清理收回及西特办产业引导基金审计和2016年区本级预算执行审计对接情况	(一)会议听取预算处(绩效管理处)关于财政借款、暂付款清理收回情况的汇报。 会议指出,目前暂付款规模较大,大部分为以前年度形成,要加快处理和消化。会议要求,一是要严格暂付款管理,从现在开始,严格控制新增暂付款,所有财政支出要按照相关规定和程序办理。二是对历史形成的暂付款,要全面分析研判,进一步摸清实际情况,分类提出处理意见。相关事项已完成,达到核销条件的,要及时报账核销;有政策规定和相关决议依据的,要紧盯进度、抓好落实;需政府批示的,要做好梳理汇总,提出具体意见,报政府统一研究处理。 (二)会议听取预算处(绩效管理处)关于西特办产业引导基金审计和2016年区本级预算执行审计对接情况的汇报。

续表

会议纪要	主要议题	决定事项
		会议要求,要高度重视和支持审计工作,积极配合。对审计提出的问题,分管厅领导和相关处室要高度重视、认真分析研究,做好沟通协调,对出现的问题要认识到位,切实抓好整改。
	五、研究配强机关党委工作人员事宜	会议研究人事与老干部处关于配强机关党委工作人员的建议。 会议认为,机关党委工作非常重要,一定要加强机关党委力量,配强人员。会议决定,一是同意人事与老干部处关于配强机关党委工作人员的建议。二是机关党委要加强管理,充分调动和发挥干部优势特长,进一步加强机关党建工作。
	六、研究干部申请自治区政府特殊津贴事宜	会议研究人事与老干部处关于推荐自治区政府特殊津贴候选人的建议。 会议决定,同意推荐2名同志为自治区政府特殊津贴候选人。要严格按规定和程序,征求纪检部门意见后按程序上报。
[2017]08号	一、研究自治区巡视督查组反馈问题整改事宜	会议通报自治区巡视督查组反馈的问题,听取驻厅纪检组、人事与老干部处、机关党委就相关问题整改进度和下一步整改措施汇报。 会议指出,开展巡视工作,是推进全面从严治党、加强党内监督的重要举措,是一项重要政治任务。我们一定要积极配合巡视工作,对巡视提出的问题要高度重视,认真研究和制定措施,按照规定和要求积极抓好整改。会议决定,同意驻厅纪检组、人事与老干部处、机关党委就巡视督查组反馈问题的整改措施和建议,要按照巡视组要求和相关规定抓好落实。一是机关党委要进一步严格履行职责,指导协调各支部抓好党建工作,对需批复的事项要严格按规定和程序及时批复。二是对存在的问题,要进一步细化归类,进行分类处理。三是人事与老干部处要按照巡视组要求,有计划、分批次推进混岗人员消化工作,同时做好沟通协调和解释说明,争取巡视组理解和支持。四是要按照规定时限和要求,及时向巡视组报告问题整改情况。
	二、研究党风廉政建设事宜	会议听取驻厅纪检组关于进一步加强党风廉政工作的建议。 会议强调,党风廉政建设是一项长期工作,要进一步完善制度、硬化措施,构建常态化、制度化和长效化机制,把党风廉政建设工作抓常、抓细、抓长。会议要求,一是要高度重视扶贫工作,进一步健全完善制度,严格和规范扶贫资金管理。要制订方案,提前开展扶贫资金使用情况督查,指导市县加强扶贫资金管理,对存在的问题要及时发现、及时纠正,确保扶贫资金安全、合规使用。二是要按照自治区纪委通知要求,开展一次违规公款购买高档白酒自查工作,及时上报自查结果。三是厅机关干部职工要严格遵守纪律,从严落实中央"八项规定"精神和相关要求,切实从细节做起,不断强化约束,转变和提升作风。
	三、研究事业单位公开招聘工作人员面试、体检、考察工作方案	会议听取人事与老干部处关于《事业单位公开招聘工作人员面试、体检、考察工作方案》的汇报。 会议通过人事与老干部处制定的《事业单位公开招聘工作人员面试、体检、考察工作方案》。会议要求,人事与老干部处要进一步梳理厅机关和事业单位编制空缺情况,认真研究干部队伍结构,采取多种措施,加快引进年轻优秀干部,配强重点处室、单位工作力量,为全厅重点工作提供可靠人力和智力保障。
	一、听取基金收回情况	会议听取宁夏惠民投融资有限公司关于产业引导基金收回情况的汇报。 会议指出,产业引导基金中心成立以来做了大量工作,取得较好成效,但也出现一些问题,一些投资项目手续不够完善、管理不够规范、存在较大风险,要引起高度重视。会议要求,一是要通过多种措施、多种途径,依法依规加大基金收回力度,做到应收尽收,确保财政资金安全。二是要进一步研究政策、吃透政策,健全完善制度,严格和规范基金管理程序,确保基金管理规范、运行顺畅、风险可控。三是要以政策和制度为依据,就基金存在的合理风险做好沟通协调和解释说明,争取审计部门理解支持。四是要以问题为导向,举一反三,引以为戒,加强和规范各类基金管。

续表

会议纪要	主要议题	决定事项
[2017]09号	二、研究向惠民公司选派调查组事宜	会议听取人事与老干部处关于向惠民公司选派调查组的建议。 会议决定,由刘守保副厅长总体负责,监督检查局牵头,抽调驻厅纪检组、企业处、金融处相关人员,对惠民公司管理的产业引导基金进行调查。会议要求,一是各相关处室要高度重视、密切配合,以本次调查为契机,把惠民公司管理的产业引导基金规模及管理、运行、收回等情况搞清楚,为进一步抓好整改打牢基础。二是要对存在的问题提出针对性强、切实可行的整改措施和建议,指导惠民公司抓好落实,并就调查及整改落实情况形成正式报告。三是惠民公司要积极配合调查工作,邀请律师、法律顾问等专业人士加强指导,按照法规政策和调查组要求及时抓好问题整改。四是本次调查工作要于2017年8月20日前完成。
	三、听取考试录用公务员考察情况报告	会议听取人事与老干部处关于2017年考试录用公务员考察工作情况的报告。 会议决定,根据考试录用公务员有关规定和考试、考察、体检等情况,同意确定6名人员为公务员拟录用对象,要按照规定和程序办理录用手续。
	四、会议还研究了其他事项	会议要求,一是要进一步完善制度和措施办法,加强党风廉政建设工作,特别是要加强和规范厅属独立法人事业单位管理。二是要按照巡视组要求和巡视整改方案,持续抓好巡视问题整改,不断巩固和提升整改工作成效。三是机关党委要制定系统学习方案,有目标、有计划、有步骤抓好自治区第十二次党代会精神学习。四是要及时做好党的十九大精神传达学习前期准备工作。五是要进一步强化措施、创新方式,加强机关党建工作,加大宣传引导力度,强化党建引领。六是要进一步加强老干部工作,人事与老干部处要做好准备工作,向老干部汇报一次财政工作情况。七是要持之以恒抓好"两学一做"学习教育,进一步健全机制、硬化措施,结合自治区第十二次党代会精神学习,推动"两学一做"制度化、常态化。八是要持续抓好督促收入支出工作。
[2017]10号	一、研究调整厅领导分工事宜	会议听取人事与老干部处关于调整厅领导分工的建议。 会议决定,同意人事与老干部处关于调整厅领导分工的建议,下发文件正式执行。
	二、研究珠算协会相关事宜	会议研究珠算协会承办第二十四届海峡两岸珠算学术交流会和珠算协会换届相关事宜。 会议决定,一是同意珠算协会制定的承办第二十四届海峡两岸珠算学术交流会方案。二是要按照规定和程序及时向自治区党委、政府报告请示,向外办、台办等部门报备有关事项,做好接待事宜,以此次学术交流会为契机,加强对外宣传,扩大和提升宁夏知名度、影响力。三是分管厅领导和财政政策研究中心及相关处室要高度重视、密切配合,积极做好衔接协调和服务保障工作,确保学术交流会顺利举办、取得实效。四是要严格按照中央八项规定、外事工作纪律等有关制度规定开展工作。五是要按照行业协会换届有关规定,制订实施方案,组织珠算协会换届,同时要及时做好挂靠我厅管理的其他行业协会任期届满换届事宜,确保相关工作有序开展。
	三、听取公务员转任考察情况汇报	会议听取人事与老干部处对拟转任公务员人员的考察情况。 会议决定,按照干部转任有关规定,根据考察和公示情况,同意2名干部转任公务员,按照相关程序办理。
	四、研究干部职务晋升事宜	会议听取人事与老干部处关于干部职务晋升的请示。 会议决定,按照《关于自治区直属机关确定主任科员以下非领导职务有关问题的通知》有关规定,同意1名干部晋升为主任科员。
	五、研究干部岗位调整事宜	会议听取人事与老干部处关于调整干部岗位及职责分工的建议。 会议决定,同意人事与老干部处关于调整干部岗位及职责分工的建议。
	六、研究事业单位岗位聘任事宜	会议听取人事与老干部处关于事业单位岗位聘任的建议。 会议决定,根据事业单位岗位聘任有关规定和岗位空缺情况,同意为5名事业单位工作人员聘任职务,按照规定和程序办理。

续表

会议纪要	主要议题	决定事项
[2017]11号	一、研究党风廉政建设事宜	会议听取驻厅纪检组关于涉农领域资金检查和进一步加强党风廉政建设工作的建议。 会议强调,脱贫富民是重点工作,中央和自治区都高度重视,财政部门要切实提高认识,加强对涉农领域资金特别是扶贫资金的管理,着力保障脱贫富民工作推进。会议要求,驻厅纪检组、监督检查局、人事与老干部处要制定详细可行的方案,超前谋划、主动作为,组织相关处室、单位人员,集中1—2周时间,对涉农资金管理和使用情况开展一次检查。要调整思路,将检查重心放到制度建设、工作流程、政策执行和财经纪律执行等方面,及时纠正和处理存在的问题,确保涉农领域财政资金规范管理和使用,精准发挥作用。 会议要求,临近中秋、国庆等节假日,纪检部门要下发通知、发放廉政短信进一步严格纪律要求。各厅领导和处室、单位负责人要严格履行"一岗双责",教育引导干部从细节小事做起,严格遵守纪律,进一步加强党风廉政工作,巩固和提升作风建设成效。
	二、研究赴"白芨滩党员教育基地"开展学习实践事宜	会议研究机关党委《关于组织干部到"白芨滩党员教育基地"开展学习实践的方案》。 会议原则通过机关党委《关于组织干部到"白芨滩党员教育基地"开展学习实践的方案》,按照会议要求修改完善后抓好落实。会议就本次活动提出了三点要求。一是要突出政治要求。以本次学习实践活动为契机,丰富"两学一做"学习教育内容,教育引导干部牢固树立"生态立区"理念和"实干兴宁"精神,为落实自治区第十二次党代会精神凝聚共识和力量。二是要遵守廉洁纪律。要严格按照计划和相关规定开展活动,严格按标准控制费用,坚决杜绝铺张浪费和不必要开支。三是要做好安全保障。坚持安全第一,每批人员都要有厅领导带队,每辆车都要有组织人员,确保活动安全、有序开展,达到预期效果。
	三、听取产业引导基金投资运营情况调查报告	会议听取监督检查局关于对产业引导基金投资运营情况的调查报告。 会议认为,监督监察局做了大量工作,在较短时间内了解了产业引导基金运营管理基本情况,发现了一些存在的问题,进行了风险分析,提出了整改建议,较为完整和全面。会议要求,要按照党组会议意见,进一步加强问题查摆和调查报告修改完善工作。一是要依法依规。严格按照规定和程序开展调查工作,切实以政策规定和事实为依据,发现问题,分析原因,提出建议。二是要实事求是。本着认真负责的态度,扎实做好调查工作,既客观公正地总结成绩,又实事求是地提出问题,为进一步规范和加强产业引导基金管理提供依据。三是要突出重点。在总结成绩和发现问题的同时,要重点对政府关注和审计提出的重大问题进行更加深入细致的调查,从制度、程序、执行等层面进行深入分析,切实把问题搞清楚、讲到位。四是要科学建议。对存在的问题进行梳理归类,分类提出处理建议,特别是对政府资金能不能收回、怎么收回、暂时收不回的怎么办以及收不回的原因、困难等要逐一分析,形成针对性强、切实可行的意见建议。五是要加强资金收回力度。采取一切可行的办法,催收已投资的资金,力争尽快、全部收回,确保政府资金安全。六是要加强沟通协调。要加强同宁国投的协调沟通,相互配合做好基金管理和收回工作。要积极向审计部门解释说明,争取理解和认可,化解存在的问题。 会议要求,监督检查局要坚持问题导向,树牢责任意识,进一步调整思路、完善机制、强化措施,加强和提升监督检查工作,为财政工作保驾护航。
	四、研究新招考人员岗位分配及部分干部岗位调整事宜	会议听取人事与老干部处关于新招考人员分配及干部岗位调整的建议。 会议决定,同意人事与老干部处关于6名新录用参公人员岗位分配及部分干部岗位调整的建议。
	五、研究混岗人员调整事宜	会议听取人事与老干部处关于部分混岗人员调整的建议。 会议决定,同意人事与老干部处关于混岗人员调整的建议。

续表

会议纪要	主要议题	决定事项
	六、听取事业单位公开招聘人员考察情况汇报	会议听取人事与老干部处关于2017年事业单位公开招聘人员考察情况的汇报。 会议决定,根据事业单位招考工作人员有关规定和笔试、面试、体检、考察等情况,确定3名人员为事业单位拟录用对象。
〔2017〕12号	一、研究党风廉政建设事宜	会议听取驻厅纪检组关于进一步加强党风廉政建设工作的建议。 会议强调,党风廉政建设是一项长期工作,丝毫不能松懈,要从日常工作和细节小事抓起,持续用力,久久为功,未雨绸缪,防微杜渐。会议要求,一是临近中秋、国庆"双节",纪检部门要下发通知、发放廉政短信进一步严格纪律要求。厅领导和各处室、单位负责人要严格履行"一岗双责",加强党风廉政工作力度,切实把纪律和作风要求落实到每位干部、职工,确保清廉过节。二是要加强干部管理,特别是要抓好领导干部个人有关事项报告这个有力抓手,进一步加大核查和规范力度,按照有关规定,对不如实填报的人员严肃处理,切实提高思想认识和行动自觉,确保个人有关事项报告的真实性和完整性,为组织了解和识别干部提供可靠依据。
	二、研究十九大及"双节"期间维稳、安全工作事宜	会议听取办公室关于党的十九大及十一、中秋假期维稳安全工作的安排。 会议强调,安全维稳是做好各项工作的基础和保障,厅领导和各处室、单位要高度重视、密切配合,抓好安全维稳工作,特别是党的十九大召开期间和"双节"期间要进一步加强。会议要求,要成立领导小组,加强组织领导,有序做好党的十九大召开前及期间安全维稳工作。一是要切实落实稳控措施,决不出现进京非访。二是要加大排查化解力度,决不出现大规模群体事件。三是要加强舆论引导,努力营造良好的社会舆论氛围。四是要认真落实责任,扎实做好值班备勤和信息报告工作。五是要制定维稳和安全工作预案,有效预防和处置突发安全事件。
	三、研究干部转正定级事宜	会议听取人事与老干部处关于干部转正定级请示。 会议决定,根据《新录用公务员试用期管理办法(试行)》和《新录用公务员任职定级规定》,同意1名干部转正,任命为副主任科员。
〔2017〕13号	一、研究党风廉政建设事宜	会议听取驻厅纪检组关于进一步加强党风廉政建设工作的汇报。 会议强调,党风廉政建设工作要进一步加强。一是要加强制度建设,规范和完善工作程序,严格按照制度和规定抓好党风廉政建设工作,切实做到有部署、有落实,有痕迹、有成效。二要加强处级干部有关事项报告和科级干部廉政档案建设工作,加大教育、管理、宣传和问题查处力度,进一步提高干部思想认识和行动自觉,确保干部个人有关事项报告及时、真实、完整。三是要进一步明确处室职责,落实工作责任,确保党风廉政建设工作有序推进。
	二、研究十九大期间安全工作事宜	会议听取办公室关于做好十九大期间安全工作的汇报。 会议强调,自治区党委、政府对十九大期间安全工作高度重视,先后下发《自治区党委办公厅、人民政府办公厅关于做好党的十九大安保维稳工作的通知》和《自治区党委办公厅关于做好党的十九大期间紧急信息报送工作的通知》,10月9日,自治区党委常委会再次强调,"党的十九大期间安保维稳工作是当前的一项重要政治任务,各单位要扎实抓好"。全厅上下要切实提高思想认识,严格按照自治区党委、政府要求做好十九大期间安全工作。一要高度重视,夯实责任。充分认识做好党的十九大之前和召开期间安保维稳及安全生产工作的重要性,进一步加强组织领导,压实责任,传导压力,细化分工,各司其职,各负其责,全力做好保安全、护稳定工作。二是加强值班,及时报告。值班人员要认真履行职责,按时值班,保持手机24小时开机,对发现问题要及时报告、及时处置,如填写好值班、交接班记录。要按照"有事报情况,无事报平安"的要求,每日下班前将当日情况报办公室,由办公室统一向自治区安委会和维稳办报告。三是认真排查,消除隐患。要加大信息收集力度,认真排查不稳定因素,切实将问题化解在萌芽状态,解决在初始阶段。各处室、单位要开展安全自查,认真查找安全保密、电源设备、水暖设备、燃气设备等方面存在的隐患,发现问题及时与办公室联系维修。办公室要于10月16日前开展全厅安全检查,切实消除安全隐患,做好安全防范工作。

续表

会议纪要	主要议题	决定事项
	三、研究调整部分归口管理单位事宜	会议听取人事与老干部处关于调整部分归口管理单位的请示。 会议决定,为进一步规范和加强归口单位预算管理,建立权责清晰的预算管理体系,按照上下对口的原则,对部分归口管理单位进行调整。一是将预算(绩效管理)处归口管理的国家统计局宁夏调查总队、宁夏检验检疫局、武警宁夏总队、武警宁夏消防总队、武警宁夏边防总队、宁夏军区等6个单位调整到行政政法处归口管理。二是将预算(绩效管理)处归口管理的银川海关调整到税政与条法处归口管理。三是将行政政法处归口管理的自治区旅游发展委员会调整到教科文处归口管理。会议要求,各相关处室要积极配合,做好工作交接和衔接,确保归口管理单位调整期间各项工作有序开展。
	四、研究军转干部安置事宜	会议审议通过《2017年自治区财政厅接收军队转业干部实施方案》。会议决定,采取"功绩制考核+考试"的方式择优安置军队转业干部。其中,功绩制考核得分和考试得分各占50%。考试由笔试和面试两部分组成,笔试占60%,面试占40%,按照笔试成绩由高到低1:5的比例确定进入面试人员。最后,按照功绩制考核和考试综合得分由高到低1:1的比例,由厅党组会议研究确定接受安置对象及安置岗位。
	五、研究新录用人员岗位分配事宜	会议听取人事与老干部处关于2017年事业单位招聘人员分配的建议。 会议决定,同意人事与老干部处的建议。
	一、研究党风廉政建设事宜	会议听取驻厅纪检组关于加强党风廉政建设工作的建议。 会议强调,扶贫脱贫是当前和今后一段时期一项全国性重点工作,中央和自治区都高度重视,自治区纪委也把扶贫领域资金列为今年重点检查内容,财政部门要切实提高思想认识,提前行动,主动作为,加强和规范涉农领域资金管理使用。会议指出,今年以来,按照厅党组统一安排部署,对涉农、扶贫资金开展专项检查和核查,涉农领域财政资金管理总体较为规范,但其他部门(单位)管理的涉农、扶贫资金仍然存在一些问题,发现了一些问题线索,要引起高度重视,严格按照有关规定提出处理意见,及时抓好处理和整改。 会议要求,一是要高度重视扶贫、社保、债务等涉农领域资金的管理,特别是对发现的问题和线索,要严格按照规定和程序,该处理的处理,该上报的上报,切实以执纪问责强化正风肃纪,提高思想认识和行动自觉,确保财政资金安全。二是要严格工作程序,完善查处涉农领域资金问题的方式方法。三是要提高政治站位,增强政治敏锐性,对敏感问题要谨慎、妥善处理,切实做到讲政治、识大体、顾大局。四是要督促各党支部落实"两个责任",进一步加强党风廉政教育,引导干部职工始终绷紧思想之"弦",牢守廉政"底线",以身作则做好党风廉政建设工作。五是要用身边的人和事教育身边的人,进一步强化警示作用,提升机关党风廉政建设工作成效。六是要按照自治区统一部署和要求,提前筹备年底党风廉政建设总结和考核工作,确保相关工作有部署、有落实,有痕迹、有成效。
	二、研究领导干部个人有关事项核查情况	会议听取人事与老干部处关于拟提拔干部和领导干部个人有关事项报告抽查核实情况的汇报,研究了对核查中发现未如实报告个人有关事项干部的处理意见。 会议强调,个人有关事项报告是组织管理、了解、识别干部的重要举措和抓手,厅党组始终高度重视,先后多次提出明确要求,安排相关处室对填报内容、相关事项等进行讲解、宣传和指导,但仍有个别干部认识不到位,存在漏报、瞒报现象。会议要求,一是要进一步加强宣传教育,严肃问题处理,强化警示和震慑作用,教育引导干部提高思想认识,严格按照规定填报个人有关事项。二是参加厅党组会议的工作人员,要严格遵守纪律,做好党组会内容保密工作,特别是涉及干部人事事项的内容要严格保密,如有泄密现象,一经发现严肃处理。 会议决定,根据《领导干部个人有关事项报告核查结果处理办法》和有关规定,由驻厅纪检组牵头、人事与老干部处配合,对本次抽查中瞒报个人有关事项的干部给予诫勉谈话组织处理,同时取消相关资格。

续表

会议纪要	主要议题	决定事项
[2017]14号	三、研究2017年接收安置军队转业干部事宜	会议听取人事与老干部处关于2017年接收安置军队转业干部工作开展情况和拟接收安置对象的建议。 会议决定,同意人事与老干部处的建议,按照自治区军转办要求和《2017年自治区财政厅接受军队转业干部实施方案》规定的程序,根据笔试、面试、功绩制考核等综合成绩,确定6人为2017年财政厅接收安置军队转业干部对象,按照规定和程序办理相关手续。
	四、研究为厅级领导干部报请三等功事宜	会议听取人事与老干部处关于为厅级领导干部报请三等功的建议。 会议决定,按照《自治区党委组织部、人力资源和社会保障厅、财政厅关于对年度考核中连续三年获得优秀等次公务员给予奖励有关问题的通知》(宁组发〔2009〕59号)精神和近三年考核情况,同意为吴汉宝副厅长申请记三等功,按照规定,经公示后报自治区党委组织部审批。
	五、研究惠民公司招聘工作人员事宜	会议听取惠民公司招聘工作人员有关情况汇报。 会议指出,近年来,惠民公司在为民服务、改善民生上做了大量工作,取得了较好成效,下一步还要承担政府性基金管理和PPP管理等重要工作,加强人员力量很有必要。 会议要求,惠民公司要按照以下几个方面要求,加强队伍建设和管理。一是政府性基金管理和PPP工作对人员的能力素质、专业水平、工作经验要求较高,在入口上一定要严格把关,从社会各界引进高学历、高素质、专业化人才,打造高素质人才队伍,为今后各项工作提供可靠人力支撑。二是要科学管理,健全落实试用期、合同制等制度,加强对已录用人员的试用、了解和考核,建立优胜劣汰机制,在实践中检验和引进急需、紧缺型人才。三是要合理确定新进人员工资基数,留出空间,根据实际表现和工作业绩等情况,逐步逐级增长,加强正向激励,确保优秀人才引得进、留得住、用得好。四是要及时向驻厅纪检组、机关纪委等沟通学习,加强党风廉政建设,从严管理,杜绝违法违纪现象发生。五是要服从财政厅管理,按照规定,及时向分管厅领导汇报工作,加强同相关处室的沟通协调,确保各项工作有序推进。 会议原则通过惠民公司关于招聘工作人员的思路和拟招聘人员的建议,其中,考试录用9人,选聘1人。
	一、研究党风廉政建设事宜	会议传达全区纪检监察系统大会精神。 会议强调,财政厅是自治区政府重要组成部门,承担着重要工作职责,要始终高度重视党风廉政建设和反腐败工作,以良好的作风为各项工作保驾护航。一是要健全制度。要进一步扎牢制度"笼子",构建"全覆盖""无死角"的制度体系,推动党风廉政建设工作向基层延伸,向全体党员干部"扎根"。二是要加强教育。要把党风廉政建设内容纳入党的十九大精神学习中,大力开展宣传教育,提高思想认识,增强行动自觉。三是要做好谋划。要对今年的党风廉政建设工作开展情况进行全面梳理总结,同时,以党的十九大精神为指引,认真谋划明年工作,制订具体方案,明确责任分工,在主动作为、发现问题上下功夫,确保厅机关、单位党风廉政建设工作抓实、抓好、取得新成效。
	二、传达党的十九大、自治区党委十二届二次全体会议和自治区政府第八次全体(扩大)会议精神	会议传达党的十九大和自治区党委十二届二次全体会议和自治区政府第八次全体(扩大)会议精神。 会议强调,党的十九大是在全面建成小康社会决胜阶段、中国特色社会主义进入新时代的关键时期召开的一次十分重要的大会,做出一系列重大决策部署,取得丰硕成果,为我们今后各项工作绘就了总蓝图、明确了总方向。学习宣传贯彻党的十九大精神是当前和今后一个时期首要政治任务,中央和自治区党委、政府都高度重视,先后第一时间召开会议,进行安排部署。我们一定要高度重视、迅速行动,制订详细可行的学习计划和贯彻落实方案,按照自治区党委十二届二次全会和自治区政府第八次全体(扩大)会议要求,及时抓好党的十九大精神学习宣传贯彻工作,迅速在厅机关、单位掀起学习热潮,切实学深学透、把握精神实质,用党的十九大精神和习近平总书

续表

会议纪要	主要议题	决定事项
〔2017〕15号		记新时期中国特色社会主义思想指导和推进工作。 会议强调,预算是做好财政工作的基础和前提,自治区政府高度重视预算编制工作,咸辉主席在自治区政府第八次全体(扩大)会议上专门就预算编制提出了要求,我们要集中精力抓好明年预算编制工作。一是要广泛征求意见。在征求部门、单位意见的基础上,办公室要做好统筹协调,由陈春平厅长会同分管副厅长、预算处相关人员,分别向自治区各分管领导汇报一次预算编制工作,听取领导的思路和意见建议,进行认真分析研究,为进一步做好预算编制工作打牢基础。二是要突出工作重点。要将中央精神、自治区区情和民生需求有机结合,找准工作侧重点,做好全面统筹,在财政资金"盘子"总体有限的情况下,首先保障自治区第十二次党代会确定的重大战略实施,保障党委、政府重点工程,保障深化改革重点领域,提高财政资金使用效率。
	三、听取涉农资金检查情况汇报	会议听取农业处、驻厅纪检组关于涉农领域资金检查情况的汇报,研究了对问题线索的处理意见。 会议指出,按照自治区纪委《关于在全区深入开展查处涉农扶贫领域腐败问题专项行动的实施方案的通知》要求,财政厅党组高度重视,精心组织,对全区2015年至2016年涉农资金进行专项检查。通过检查发现,各市、县(区)资金使用部门存在资金闲置、支出手续不合规、个别项目未按规定履行招投标程序、未按规定用途使用资金等问题。 会议强调,脱贫攻坚是当前和今后一段时期一项重点工作,党委政府重视,社会各界聚焦,基层群众关切。财政部门要切实提高认识,按照事权责任,加强涉农领域,特别是扶贫资金的保障、拨付和监管,对发现的问题及时督促整改和处理,确保涉农领域财政资金安全规范、精准高效使用,有效助力脱贫攻坚工作。 会议决定,原则同意农业处和驻厅纪检组关于检查中所发现问题线索的处理建议,按照会议要求,进一步修改完善后抓好落实。一是要实事求是。把问题找准查实,进行科学准确的界定,按照相关规定,该整改的及时督促整改,该处理的严肃研究处理,该移交的按照程序移交。二是要分清责任。对发现的问题和线索,要认真研究分析,分清主体责任和监督责任、部门责任和市县责任,按照职责权限归口处理。三是要内外有别。要讲求工作方式方法,对内要严格要求,高度重视每一个问题线索,及时抓好整改、规范和消化;对该移交的问题线索,要突出重点,认真甄别,按照规定和程序移交处理。四是要表述精准。相关文字材料和对外宣传要表述精准,强化"谁使用谁负责"的财政资金管理理念。要进一步健全制度、明确职责,确保扶贫资金该拨付的及时拨付,该监管的抓好监管。五是要及时报告。要将我厅开展涉农领域资金检查、整改情况形成书面材料,向自治区纪委做一次专门汇报。
〔2017〕16号	一、研究党风廉政建设事宜	会议听取驻厅纪检组关于参加财政部党风廉政建设培训班有关情况的报告,并对下一步厅机关党风廉政建设工作提出要求。 会议强调,党风廉政建设是一项长期工作,要坚持严字当头,持续用力,久久为功。会议要求,要与学习宣传贯彻党的十九大精神紧密结合,加强党风廉政教育,进一步提高思想认识,增强各级干部落实党风廉政工作的责任感和紧迫感。要按照中央和自治区要求,严格落实"两个责任",扎实转职能、转方式、转作风,进一步明确职责、明晰边界,切实把该放的放下,该管的管好,巩固和提升作风成效。要及时做好今年工作总结和明年工作谋划,进一步提高站位、严格要求、强化措施,抓实、抓好党风廉政建设和反腐败工作,为财政工作撑腰鼓劲,保驾护航。
	二、研究学习宣传贯彻党的十九大精神实施方案	会议听取机关党委、人事与老干部处关于《学习宣传贯彻党的十九大精神实施方案》的汇报和举办十九大精神培训班的建议。 会议强调,党的十九大是在全面建成小康社会决胜阶段、中国特色社会主义进入新时代的关键时期,召开的一次十分重要的大会,做出一系列重大决策部署,取得丰硕成果,为我们今后各项工作绘就了总蓝图、明确了总方向。全体党员干部要把学习宣传贯彻党的十九大精神,作为当前和今后一个时期首要政治任务,扎实深入学习领会,

续表

会议纪要	主要议题	决定事项
		从严从实抓好落实,切实以十九大精神和习近平新时代中国特色社会主义思想武装头脑、指导实践、推动工作。 会议决定,原则同意机关党委提出的《自治区财政厅学习宣传贯彻党的十九大精神实施方案》和人事与老干部处关于举办党的十九大精神培训班的建议。要按照会议要求,抓好组织实施和各方面统筹协调,确保《方案》和培训班各项举措落到实处、取得实效。
〔2017〕17号	一、研究党风廉政建设事宜	会议听取驻厅纪检组关于加强党风廉政建设工作的建议。 会议强调,今年以来,自治区财政厅不断严格要求、细化措施,持之以恒推进党风廉政建设工作,取得很大成效,在今后的工作中要百尺竿头、更进一步,不断巩固和提升作风建设成效。会议要求,一是近期自治区纪委将对党风廉政工作进行考核,各相关处室要积极行动、紧密配合,扎实有序做好迎接考核检查各项筹备工作。二是临近元旦、春节,要进一步提高警惕、收紧标尺,强化督促检查,从细节小事抓起,加强党风廉政工作力度,为2017年各项工作总结验收和2018年谋篇开局提供作风保障。三是要把"不作为"纳入下一步党风廉政检查内容,加大查处力度,着力营造良好的干事创业氛围。
	二、研究遴选公务员考察方案	会议听取人事与老干部处关于《2017年公开遴选公务员考察方案》的汇报。 会议决定,原则同意人事与老干部处提出的《2017年公开遴选公务员考察方案》。会议要求,要严格按照规定程序和方案确定的环节步骤,公平公正开展考察工作,严把入口关,切实引进优秀紧缺人才。
	三、研究事业单位岗位设置方案	会议听取人事与老干部处关于厅属事业单位岗位设置方案的汇报。 会议决定,原则同意人事与老干部处提出的《自治区财政厅事业单位岗位设置方案》。
	四、研究军转干部分配事宜	会议听取人事与老干部处关于2017年军队转业干部岗位分配的建议。 会议决定,同意人事与老干部处关于军转干部岗位分配的建议。
	五、研究2017年度干部考核方案	会议听取人事与老干部处关于《2017年度考核实施方案》的请示。 会议决定,原则同意人事与老干部提出的《2017年度考核实施方案》,按照会议要求进一步修改完善后抓好落实。考核优秀名额,先按照参加考核人数的15%测算分配,最后根据各处室、单位效能考核、人员受处分等情况"挂钩"落实。
	一、学习新修订的《中国共产党章程》	会议由副厅长、党组成员赵惠宁领学新修订的《中国共产党章程》,重点学习总纲及习近平新时代中国特色社会主义思想等新增内容。 会议强调,《中国共产党章程》是全党的基本遵循和行动指南。党的十九大将习近平新时代中国特色社会主义思想、坚持全面从严治党等内容写入《党章》,是对马克思列宁主义、毛泽东思想、邓小平理论、"三个代表"重要思想和科学发展观的进一步发展和完善。机关党委要把《党章》纳入必学内容,持续加强学习,进一步掀起学习宣传贯彻党的十九大精神热潮,切实以中央要求统一思想、指导实践、推动工作。
	二、研究党风廉政建设事宜	会议听取驻厅纪检组关于加强党风廉政建设的建议。 会议强调,近期,中央就整改"四风"问题提出了新要求,自治区党委和纪委也结合年终考核,加强了党风廉政督导检查力度。各分管厅领导和各处室、单位负责人要严格落实"两个责任",在研究部署业务工作的同时,抓好党风廉政工作责任落实,及时把中央和自治区要求传导到位,进一步加强党风廉政工作,特别是要严防"四风"反弹回潮和变种变异,不断提升作风建设成效。
	三、审议《自治区财政厅效能目标考核暂行办法》	会议听取办公室关于《自治区财政厅效能目标考核暂行办法》起草情况的汇报。 会议决定,原则同意办公室制定的《自治区财政厅效能目标考核暂行办法》,按照会议要求修改完善后抓好落实。会议要求,明年年初就要着手研究制定效能考核办法,广泛征求意见建议,提前明确考核事项和扣分细则,强化执行落实,切实发挥考核的"指挥棒"作用,推动提升工作效能。

续表

会议纪要	主要议题	决定事项
[2017]18号	四、研究全区乡村两级2015—2016年涉农资金专项检查相关事宜	会议听取农村财政管理局关于全区乡村两级2015—2016年涉农资金专项检查情况的汇报和问题处理建议。 会议决定,原则同意农村财政管理局关于乡村两级2015—2016年涉农资金专项检查情况的汇报和所发行问题处理建议,要按照以下五个方面要求,进一步修改完善后抓好整改和处理:一是要表述精准。要严格按照规定程序,加强问题核实和取证,确保材料中反映的问题和有关事项表述规范、数字精准、有理有据。二是要明确责任。要加强分析研判,找准主要问题和造成问题的主要原因,明确责任,特别是要突出市县责任。三是要肯定成绩。要实事求是肯定乡村涉农资金管理方面好的做法和成效,客观反映问题即知即改情况。四要督促整改。要对检查发现的问题进一步梳理归类,按照事权责任抓好督促整改。
	五、研究涉农、扶贫资金检查情况及处罚处理事宜	(一)会议听取监督检查局关于涉农培训资金检查情况汇报和处理处罚建议。 会议强调,涉农培训资金检查是自治区纪委交办的一项工作任务,我们要高度重视,认真抓好落实。要加强同自治区纪委的沟通,聚焦纪委的关注点和具体要求开展工作,切实增强监督检查工作的针对性,提高工作效率。要注重方式,坚持集中精力保重点,抓住重点问题,通过查流程、看资料和实地调查等多种方式相结合,延伸检查深度,把问题查实查透,防止做成"夹生饭"。 会议要求,要按照自治区纪委要求,进一步明确方向、强化措施,切实查实找准问题,经厅务会研究通过后再报自治区纪委。 (二)会议听取监督检查局关于扶贫资金检查情况汇报和处理处罚建议。 会议强调,脱贫富民是中央和自治区当前和今后一个时期重点工作,扶贫资金管理是重中之重,党委政府重视,社会各界聚焦,基层群众关切,我们一定要提高思想认识,加强扶贫资金管理。一是要发挥监督检查局"利剑"作用,通过监督检查局发现并督促整改问题,推动扶贫资金规范化管理。二是要坚持目标导向和问题导向,兼顾全面,突出重点,集中精力把问题查准查实查透彻,防止面面俱到、到处开花,影响工作效率。三是要定性准确、处理得当,根据问题实事和有关规定,客观准确提出处理意见,按照事权责任督促整改和处理。四是要转变思路,加强统筹协调,整合各相关处室检查事项,形成合力,有序开展监督检查工作,确保每年查处几件重点案件,形成警示和震慑作用。五是要积极向财政部、专员办和其他省(区、市)学习经验做法,提高监督检查工作效率。 会议决定,原则同意监督检查局关于涉农资金检查发现问题的汇报和处理处罚建议。
	六、听取机关党委和机关纪委近期工作情况汇报	会议听取机关党委、机关纪委关于近期工作开展情况汇报和关于加强机关党建、纪检工作的建议。 会议指出,今年以来厅党组高度重视机关党建和纪检工作。机关党委采取了一系列措施,持续推进机关党建工作,抓得很紧、很实、富有成效,得到自治区直属机关工委的充分肯定和干部职工一致好评。会议强调,要继续保持和发扬好的做法,争取更大成绩,推动党建、业务"两促进"、"两提升"。要进一步明确任务、强化措施,抓好党的十九大精神学习宣传和贯彻落实,切实以十九大精神统一思想、统揽全局、统领发展。要按照规定和程序,及时筹备和开展机关纪委换届工作,确保机关纪检工作有序衔接和推进。
	七、研究推荐2018年区内挂职人员事宜	会议听取人事与老干部处关于2018年区内挂职人员报名情况汇报和拟推荐挂职人员的建议。 会议决定,同意推荐1名干部为2018年区内挂职人选,按照规定和程序报自治区党委组织部统一研究安排。
	八、研究确定2017年公务员遴选拟录用对象	会议听取人事与老干部处关于2017年公务员遴选考察情况汇报和拟录用人员建议。 会议决定,根据公务员遴选有关规定和考试、考察等综合得分情况,确定2名干部为厅机关内设机构秘书岗拟录用对象,2名干部为参公单位综合管理岗拟录用对象,按

续表

会议纪要	主要议题	决定事项
		照规定和程序报自治区人力资源和社会保障厅办理相关手续。
	九、听取2017年预算执行和2018年预算安排情况	会议听取预算处关于2017年预算执行和2018年预算安排情况的汇报。 会议强调,预算是财政工作的重中之重。要准确把握当前经济形势,深入研究中央和自治区政策规定,科学精准编制2018年预算,合理确定收入和支出任务,着力保障重点领域、重点项目和重点工作。要明确处室职责,强化预算执行,特别是要抓好组织收入工作,做好相关数据统计分析,同时加大对工作出现重大失误处室和人员的责任追究力度,强化约束和惩戒作用,确保各项目标任务完成。
〔2017〕19号	一、研究党风廉政建设事宜	会议听取驻厅纪检组关于加强党风廉政建设的建议。 会议强调,按照自治区纪委要求,为进一步加强党风廉政建设工作,确保清廉过节,驻厅纪检组印发了《关于元旦、春节期间遵守廉洁纪律加强监督执纪问责的通知》,并将成立检查组,对厅机关、事业单位落实八项规定精神情况进行专项检查。会议要求,各分管厅领导和各处室、单位要切实高度重视,认真落实"一岗双责",严格按照《通知》要求,加强学习,严格措施,抓好落实。驻厅纪检组要充分发挥执纪作用,联合相关处室,形成工作合力,加强执纪监督,进一步强化党风廉政工作落实,着力营造崇廉尚俭的节日氛围。
	二、传达自治区安全委员会2017年第5次全体(扩大)电视电话会议精神	会议传达自治区安全委员会2017年第5次全体(扩大)电视电话会议精神,并对元旦、春季期间安全维稳工作进行了研究部署。 会议强调,自治区党委、政府高度重视安全生产工作,咸辉主席在自治区安全委员会2017年第5次全体(扩大)电视电话会议上,就安全生产工作提出严格要求,强调"要始终坚守'发展决不能以牺牲安全为代价'这条不可逾越的红线"。各处室、单位要切实提高思想认识,认真学习贯彻自治区安全委员会2017年第5次全体(扩大)电视电话会议精神,结合实际抓好安全生产工作。各厅领导及相关处室要深入排查化解矛盾纠纷隐患,特别是对历史遗留的几个工程问题要高度重视,进一步研究分析,明确责任主体,提出切实可行的处理意见,经厅党组会议研究通过后,报自治区政府审批处理,防范群体性事件发生。办公室要制定方案,做好元旦、春季期间安全工作安排,制定突发事件应急预案,加强同相关部门沟通配合,妥善处理信访和突发事件;要于近期在厅机关开展一次安全检查,做好防水、防火等工作,切实消除安全隐患。各厅领导及相关处室要按照《自治区财政厅2018年元旦春节期间安全维稳工作预案》,认真履行职责,抓好"双节"期间安全维稳工作,确保各项工作有序开展。
	三、听取迎接自治区考核检查工作准备情况	会议听取人事与老干部处关于迎接自治区党风廉政建设责任制落实情况检查和领导班子领导干部考核工作准备情况。 会议强调,党风廉政建设责任制落实情况检查和领导班子领导干部考核是当前一项重要工作,我们要切实高度重视、周密组织,认真迎接考核检查。在家的厅领导和干部职工,要全部参加厅领导班子述职述责和领导干部述职述德述廉大会。各相关处室要按照考核检查要求,分工协作,紧密配合,扎实有序开展各项基础准备工作,做好工作汇报和解释说明,充分展示一年来我厅各项工作成效,在考核中争取好成绩。

2017年自治区财政厅
厅务会议、厅长办公会议情况

2017年,自治区财政厅厅务会议、厅长办公会议坚决执行党的理论路线方针政策,认真贯彻落实党的十九大精神,紧紧围绕自治区第十二次党代会确定的方向、目标和任务,按照自治区党委、政府的安排部署和各项要求,坚持依法决策、科学决策、民主决策,有效提升财政决策质量和行政能力,全力推进稳增长、促改革、调结构、惠民生、防风险各项工作,有力推动了全区经济社会持续健康发展。

2017年,财政厅机关共召开厅务会议27次、厅长办公会议13次,研究议题共计223项。

自治区财政各项重大决策均经由厅务会议、厅长办公会议研究决定,主要内容包括传达上级机关重要政策、指示、决定和会议精神,研究向上级机关请示、报告的重大事项,研究自治区财政中长期发展规划、财政宏观调控政策、预算调整方案及事项、研究财政管理和预算执行中的重大问题,起草的重要文件、工作报告和财政规范性文件,研究人事管理、政务管理、财务管理、事务管理等多个方面。办公室对厅务会议、厅长办公会议议定事项办理落实情况进行及时督办。

2017年自治区财政厅厅务会议研究议题一览表

会议纪要	议题	决定事项
2017年第1次	一、会议传达学习自治区两会精神,安排财政预算工作	会议决定,一是各处室、单位会后要及时组织本处室人员认真学习贯彻落实自治区两会精神。二是按照《预算法》规定各部门预算处应在2月3日前将2017年预算批复各部门。为了加快预算执行,各部门预算处务必于1月26日前将2017年预算批复各部门。同时,督促各部门在收到财政批复15日内要向所属单位批复预算。三是2017年区本级部门预算公开要按照财政部的有关规定要求。做细做实。各部门预算处督促各部门于收到财政预算批复20日内全面完成预算公开工作。
	二、会议传达学习《自治区纪委关于4名十八大后不收敛不收手的党员领导干部违纪案件的通报》	会议要求,党风廉政建设是全面从严治党的一个主要抓手,全体财政干部要高度重视,警钟长鸣,尤其是春节将至,要加强廉洁自律,严以律己,严禁收受土特产、礼品。
	三、会议听取办公室关于2016年度厅机关效能目标管理考核情况的汇报	会议指出,2016年度厅机关效能目标管理考核结果已经按规定进行了公示,根据公示时所提意见再次经领导小组各成员处室审核确认,最终考核结果:部门预算处,最高分为预算处122.43分,最低分为农发办94.19分。得分从高到低排序为:预算处、税政条法处、社保处、综合处、经建处、企业处、教科文处、农业处、农村财政管理局、行政政法处、金融处、农发办。非部门预算处,最高分为国库处102.99分,最低分为机关党委81.67分。从高到低排序为:国库处、办公室、信息中心、非税局、政府采购处、财政政策研究中心、会计处、外债办、人事处、资产处、函授学校、注管中心、监督检查局、国库支付中心、预算评审中心、机关党委。

续表

会议纪要	议题	决定事项
2017年第1次		会议决定,原则同意2016年度厅机关效能目标管理考核结果,会后以党组文件印发通报。
	四、会议听取预算处关于债务管理工作情况汇报	会议要求,要高度重视政府债务管理工作,紧盯债券资金支出进度和挪用等问题,加大问责力度。各部门预算处承担政府债券资金管理责任,切实加强管理,特别要跟踪督促永宁县挪用置换债归还问题,并向自治区党委、政府写专报,请求自治区党委、政府责令永宁县委、政府重视置换债归还工作。
	五、会议研究清理收回部门沉淀资金的相关事宜	会议听取预算处关于清理收回部门沉淀资金有关情况的汇报。 会议决定,一是原则同意清理收回76个部门单位截至2014年12月31日以前(两年以上)的结余指标资金0.86亿元。二是原则同意清理收回34个部门单位2015年财政预算项目指标执行率为"0"的项目指标资金0.41亿元。
	六、会议研究元旦和春节假日期间进行国库现金管理资金存放的相关事宜	会议听取国库处关于元旦和春节假日期间进行国库现金管理资金存放有关情况的汇报。 会议决定,原则同意国库处的意见。
	七、会议研究厅工会开展有关工作的相关事宜	会议听取机关党委关于厅工会开展有关工作情况的汇报。 会议决定,一是原则同意举办迎新春文体活动经费支出预算6.5万元(其中,联欢会经费预算5万元;体育活动经费预算1.5万元),从工会经费列支。二是原则同意春节慰问经费支出预算5.8万元(其中,向全体工会会员发放200元以内的实物,合计5.6万元;对会员马闽霞、史学礼进行慰问,每人慰问金1000元,合计0.2万元)。三是按照工会的相关规定,原则同意从2017年1月起,以处室为单位,依据当年1月份工资基数计算,一次性收取年会费上交厅工会。四是原则同意农发办成立下属基层工会。
2017年第2次	一、会议研究设立宁夏农业综合开发产业投资基金的相关事宜	会议听取农发办关于设立宁夏农业综合开发产业投资基金有关情况的汇报。 会议决定,一是原则同意设立宁夏农业综合开发产业投资基金,基金规模3亿元,分三年到位。首期规模不低于5000万元,其中申请利用国家农发办下达宁夏2017年农业综合开发中央财政资金指标4000万元,自治区财政筹集资金不低于1000万元,基金存续期不超过5年,其中投资期3年,退出期2年。二是会后由农发办尽快将此事宜上报国家农业综合开发办公室审批,积极争取试点。
	二、会议研究审定《参公管理人员转任公务员方案》	会议听取人事与老干部处关于《参公管理人员转任公务员方案》有关情况的汇报。 会议指出,为切实做好本次公务员转任工作,人事与老干部处依据相关政策规定,参考群众意见建议,结合财政厅干部队伍建设实际,制订了三套转任方案。 会议决定,人事与老干部处尽快统计各位厅领导和各处室、单位负责人的意见,报厅党组会议研究决定。同时,此次公务员转任工作驻厅纪检组要全程参与。
	三、会议研究调度库款的相关事宜	会议听取预算处关于调度库款有关情况的汇报。 会议决定,由于临近春节,青铜峡市一些重点项目建设资金需求量较大,国库存款较为紧张,支出压力大,为确保社会稳定,原则同意向青铜峡市财政调度资金1亿元。
	四、会议研究宁夏惠民投融资有限公司申请设立宁夏惠民基金管理公司的相关事宜	会议听取金融处关于宁夏惠民投融资有限公司申请设立宁夏惠民基金管理公司有关情况的汇报。 会议要求,一是要严格按照基金管理办法和程序运作。二是基金监管机构、监管制度办法要尽快建立。三是要明确基金使用目的,建立绩效评价机制。四是宁夏惠民基金管理公司的机构设立、资金管理使用、人员招聘必须向自治区财政厅及时报告。五是设立宁夏惠民基金管理公司的相关事宜由刘守保副厅长负责。 会议决定,原则同意宁夏惠民投融资有限公司设立子公司宁夏惠民基金管理公司。宁夏惠民投融资有限公司要按政府要求在2月底前收回前期投入产业引导基金,尽快将产业引导基金移交自治区经信委管理。

续表

会议纪要	议题	决定事项
2017年第2次	五、会议研究自治区党委办公厅、巡视办等5家单位申请调拨车辆的相关事宜	会议听取资产处关于自治区党委办公厅、巡视办等5家单位申请调拨车辆有关情况的汇报。 会议决定,原则同意将党委办公厅集中采购的7辆猎豹Q6密码通信车调拨给西吉县、同心县、彭阳县、隆德县、盐池县、海原县和泾源县;将自治区无线电管理委员会办公室1辆丰田普拉多无线电移动检测特种专业技术用车调拨给自治区无线电检测站;将自治区纪委宁A08633帕萨特轿车、宁A08635别克商务车和宁A56568雅阁轿车调拨给自治区巡视办;将自治区计划生育协会宁AA9870号车辆调拨给自治区卫生计生委;将自治区交警总队采购15辆道路考试工具用车调拨给五市交通警察支队。
	六、会议研究实行总会计账簿电子存档的相关事宜	会议听取国库处关于实行总会计账簿电子存档有关情况的汇报。 会议决定,按照《会计档案管理办法》(财政部第79号令)的相关规定,原则同意对2016年及以后年度的总会计账簿进行电子存档、软件备份,只打印纸质总账。两份电子档案由国库处保存,两份由厅档案室存档,同时纸质总账也由厅档案存档。信息中心刻录电子账簿光盘的同时备份总会计软件及数据库,档案室将电子档案与纸质总账一并保存。
	七、会议研究财政部驻宁专员办与自治区财政厅建立信息互通共享平台的相关事宜	会议听取信息中心关于财政部驻宁专员办与我厅建立信息互通共享平台有关工作情况的汇报。 会议决定,一是原则同意新增1条10M财政厅到财政部驻宁专员办的专线路租用费由财政厅在宁夏财政业务专网广域网线路扩容项目中支付。二是原则同意为财政部驻宁专员办授权用户开放一体化系统中央转移支付资金执行查询权限,并为授权用户办理指纹KEY。三是原则同意利用我厅现有腾讯通系统,为财政部驻宁专员办单独建立一个工作群,市县与财政厅及市、县(区)财政局所有工作人员的信息及时传递。四是厅办公室与财政部驻宁专员办签订安全保密协议。
2017年第3次	一、研究审定《自治区财政厅机关财务审批管理办法》	会议听取办公室关于《自治区财政厅机关财务审批管理办法》有关情况的汇报。 会议决定,一是办公室根据会议讨论的意见对《自治区财政厅机关财务审批管理办法》(以下简称《办法》)进行修改完善后印发执行。二是信息中心根据《办法》尽快修改"行政管理系统"审批程序。三是《财政厅机关财务审批管理规定》(宁财办发〔2014〕748号)作废;《财政厅机关直属事业单位及社团组织财务管理规定》(宁财办发〔2015〕313号)中明确的相关事项以此《办法》规定执行。
	二、研究审定《自治区财政厅关于2016年预算绩效管理工作情况的报告》	会议听取预算处关于《自治区本级中期财政规划2017—2019年草案》有关情况的汇报。 会议决定,原则同意《自治区本级中期财政规划2017—2019年草案》,会后报自治区人民政府审定。
	三、研究审定《自治区本级中期财政规划2017—2019年草案》	会议听取预算处关于《自治区本级中期财政规划2017—2019年草案》有关情况的汇报。 会议决定,原则同意《自治区本级中期财政规划2017—2019年草案》,会后报自治区人民政府审定。
	四、研究审定《自治区人民政府会议纪要(农牧厅农丰公司借款事宜)的答复意见》	会议听取资产处关于《自治区人民政府会议纪要(农牧厅农丰公司借款事宜)的答复意见》有关情况的汇报。 会议决定,原则同意《自治区人民政府会议纪要(农牧厅农丰公司借款事宜)的答复意见》。

续表

会议纪要	议题	决定事项
2017年第3次	五、研究审定《盐池县商务和经济合作局及宁夏亿能固体废弃物资源化开发有限公司会计监督检查处理意见》	会议听取监督检查局关于《盐池县商务和经济合作局及宁夏亿能固体废弃物资源化开发有限公司会计监督检查处理意见》有关情况的汇报。 会议决定,根据会议讨论的意见,对于盐池县商务和经济合作局存在的问题,责令该单位改正,不予罚款。对于宁夏亿能固体废弃物资源化开发有限公司"公款私存"的问题,移交检察院进一步核查处理。
	六、研究聘请会计师事务所开展区属文化企业及惠民公司2016年度财务报表审计工作的相关事宜	会议听取资产处关于聘请会计师事务所开展区属文化企业及惠民公司2016年度财务报表审计工作有关情况的汇报。 会议决定,原则同意聘请宁夏天华会计师事务所、希格玛会计师事务、宁夏瑞衡会计师事务所开展区属文化企业及惠民投融资有限公司2016年度财务报表审计。费用标准按照《财政厅内部聘用和委托社会中介机构开展财政检查管理暂行办法》(宁财监发〔2016〕1177号)相关规定执行。
	七、研究宁夏农林科学院616.96万元的资产报废处置的相关事宜	会议听取资产处关于宁夏农林科学院616.96万元的资产报废处置有关情况的汇报。 会议决定:一是原则同意资产处意见。二是今后资产处置相关事宜严格按照国家和自治区有关办法规定执行。
	八、研究收回中小企业直接融资发展基金相关事宜	会议听取企业处关于收回中小企业直接融资发展基金有关情况的汇报。 会议决定,将5000万元中小企业直接融资发展基金收回国库,统筹安排使用,冲减当年支出。
	九、研究启用宁夏财政微信公众平台的相关事宜	会议听取信息中心关于启用宁夏财政微信公众平台有关情况的汇报。 会议决定:一是同意宁夏财政微信公众平台上线试运行。二是厅办公室专人负责微信公众平台信息的审核与发布,信息中心做好技术支撑,各栏目对应的处室拟定发布内容后提交办公室,由办公室统一发布。
	十、研究审定《宁夏回族自治区市县财政库款考核办法》	会议听取国库处关于《宁夏回族自治区市县财政库款考核办法》有关情况的汇报。 会议决定,原则同意《宁夏回族自治区市县财政库款考核办法》,会后印发执行。
	十一、研究到期国库现金管理资金进行续存相关事宜	会议听取国库处关于到期国库现金管理资金进行续存有关情况的汇报。 会议决定,同意国库处提出的意见。
	十二、研究成立2017年两岸四地会计师行业交流研讨会接待工作小组的相关事宜	会议听取注册会计师和资产评估师管理中心关于成立2017年两岸四地会计师行业交流研讨会接待工作小组有关情况的汇报。 会议决定,原则同意注册会计师和资产评估师管理中心意见,各相关处室要高度重视,积极配合做好2017年两岸四地会计师行业交流研讨会接待工作。
	十三、研究成立宁夏政府采购协会的相关事宜	会议听取政府采购处关于成立宁夏政府采购协会有关情况的汇报。 会议决定,原则同意成立宁夏政府采购协会。

续表

会议纪要	议题	决定事项
2017年第3次	十四、研究审定财政政策研究中心2017—2018年度课题研究项目	会议听取财政政策研究中心关于财政政策研究中心2017—2018年度课题研究项目有关情况的汇报。 会议决定,原则同意财政政策研究中心2017—2018年度课题研究项目。
	十五、研究关于《宁夏财会》更名改版的相关事宜	会议听取财政政策研究中心关于《宁夏财会》更名改版有关情况的汇报。 会议决定,原则同意对《宁夏财会》进行更名改版。
	十六、研究综合处提请的相关事宜	会议听取综合处提请有关情况的汇报。 会议决定,原则同意综合处的意见,会后报自治区人民政府审定。
	十七、研究干部培训中心关于将基地培训列入财政厅培训计划的请示	会议听取财政干部教育中心关于将基地培训列入财政厅培训计划有关情况的汇报。 会议决定,原则同意将财政干部教育中心6期培训班补列入财政厅2016年干部培训计划,预计金额约400万元。
2017年第4次	一、研究审定《关于涉农资金检查的工作方案》	会议分别听取农业处和农村财政管理局关于《关于涉农资金检查的工作方案》有关情况的汇报。 会议决定,一是原则同意委托宁夏华恒信会计事务所对2015—2016年各级财政预算安排用于支农项目专项资金进行检查,所需费用按照《自治区财政厅关于印发〈财政厅内部聘用和委托社会中介机构开展财政检查管理暂行办法〉的通知》(宁财监发〔2016〕1177号)规定的标准执行。二是原则同意委托宁夏鸿兴会计事务所和宁夏瑞衡联合会计事务所对2015年以来自治区各市、县(区)所属乡(镇)、行政村的财务管理、资金使用、专项补贴等涉农资金管理情况进行检查,费用按照《自治区财政厅关于印发〈财政厅内部聘用和委托社会中介机构开展财政检查管理暂行办法〉的通知》(宁财监发〔2016〕1177号)规定的标准执行。
	二、研究审定《关于对自治区党委机关事务管理局悦海宾馆资产处置的意见》	会议听取资产处关于对自治区党委机关事务管理局悦海宾馆资产处置的意见有关情况的汇报。 会议决定,原则同意资产处的意见,会后按规定程序办理。
	三、研究区属文化企业、惠民公司及宁夏沙湖假日酒店主要负责人2015年年薪标准的相关事宜	会议听取资产处关于区属文化企业、惠民公司及宁夏沙湖假日酒店主要负责人2015年年薪标准有关情况的汇报。 会议决定,原则同意资产处的意见,会后报自治区人民政府审定。
	四、研究加快拨付社保资金的相关事宜	会议听取国库处关于加快拨付社保资金有关情况的汇报。 会议决定,每月28日前将社保资金当月实际入库数从国库账户拨付至社保专户,国库处、社保基金管理中心和信息中心要加强协作,分工负责。
	五、研究对到期国库现金管理资金进行续存的相关事宜	会议听取国库处关于对到期国库现金管理资金进行续存有关情况的汇报。 会议决定,原则同意国库处意见。
	六、研究西北证券有限责任公司破产清算组代兑付债券款移交自治区财政厅的相关事宜	会议听取国库处关于西北证券有限责任公司破产清算组代兑付债券款移交自治区财政厅有关情况的汇报。 会议决定,原则同意将代兑付债券款余额1059265.71元移交自治区财政厅,挂往来账。后续兑付事项由债券持有人到南京证券宁夏管理总部进行确认,核实无误后由自治区财政厅将兑付资金拨付南京证券宁夏管理总部,由南京证券宁夏管理总部将兑付资金支付给债券持有人。

续表

会议纪要	议题	决定事项
2017年第4次	七、研究厅机关干部职工健身房建设的相关事宜	会议听取办公室关于厅机关干部职工健身房建设有关情况的汇报。 会议决定,办公室根据会议讨论意见对厅机关干部职工健身房建设方案进行修改完善后,按照规定程序进行公开招标。
	八、研究厅机关办公楼安装净水器及热水器的相关事宜	会议听取办公室关于厅机关办公楼安装净水器及热水器有关情况的汇报。 会议决定,原则同意办公室的意见,采取零星采购方式进行采购。
2017年第5次	一、安排部署清明节期间廉政、安全工作	驻厅纪检组强调节日期间的廉洁纪律,办公室安排了节日期间值班工作。 会议要求,值班人员要坚守岗位,落实好交接班记录和汇报制度,保安人员要24小时值班。各处室、单位要督促所属人员及时关闭用电设备和电源,注意出行安全,同时,要严格执行廉洁自律相关规定。
	二、研究公务用车使用的相关事宜	会议听取资产处关于相关单位公务用车管理情况的汇报。 会议决定:一是原则同意将原实验区建设领导小组办公室名下宁AFV507、宁AHU812和宁AFV817号车辆更名到自治区发改委户下管理使用。二是原则同意将自治区人民检察院2016年统一采购的7辆金杯牌(SY5038XQCL–MISIBH)警用囚车调拨分配给银川市、石嘴山市、吴忠市、固原市和中卫市等基层检察院各1辆和银川铁路运输检察院2辆。
	三、研究利用节假日进行国库现金管理资金存放的相关事宜	会议听取国库处关于利用节假日进行国库现金管理资金存放有关情况的汇报。 会议决定,原则同意国库处的意见。
	四、研究政府综合财务报告制度改革的相关事宜	会议听取国库处关于政府综合财务报告制度改革有关情况的汇报。 会议决定:一是原则同意确定林业厅、文化厅及盐池县、平罗县为试点部门和市县。二是为保障与财政部系统对接,信息中心按照《关于开展政府财务报告管理系统建设应用的通知》(财信办〔2016〕25号)要求,使用财政部统一开发的系统。三是系统部署完毕后进行编制业务及系统操作的培训。
	五、研究购买全国会计专业技术初中级资格无纸化考试技术服务,高级资格考试网上评卷技术服务的相关事宜	会议听取会计处关于购买全国会计专业技术初中级资格无纸化考试技术服务,高级资格考试网上评卷技术服务有关情况的汇报。 会议决定,原则同意通过单一来源采购方式确定深圳市海云天科技股份有限公司为我区初、中级资格无纸化考试服务商和高级资格考试网上评卷技术服务工作,合同签订期限为3年。支付费用按报名人数不高于15元/科,网上评卷技术服务不高于1.50元/张(A3双面)确定。
	六、研究宁夏财政第三方安全审计(一期)项目建设相关事宜的相关事宜	会议听取信息中心关于宁夏财政第三方安全审计(一期)项目建设有关情况的汇报。 会议决定,原则同意建设第三方安全审计项目,第一期建设覆盖国库集中支付系统以及电子凭证库系统的业务审计系统;第二期建设统一的安全运维内控管理系统;第三期建设覆盖全区各级财政业务的业务审计系统。会后信息中心尽快制订预算方案,经预算评审中心评审后,提交厅务会议研究。
	一、研究审定《2017年干部教育培训计划》	会议听取人事与老干部处关于《2017年干部教育培训计划》有关情况的汇报。 会议决定,人事与老干部处根据会议讨论的意见对《2017年干部教育培训计划》修改完善后,印发执行。

续表

会议纪要	议题	决定事项
2017年第6次	二、几项工作要求	陈春平厅长提出几项工作要求： (一)加强内部管理。一是增强服务意识。各处室(单位)要进一步转变观念,主动对接,热情服务,积极帮助部门和市县出思路、出主意,对符合政策规定的事项要办早、办快、办好,对不符合政策规定的事项,要坚持原则,拿出充分理由,做好解释、说明工作。二是规范公文流转。严格落实中央和自治区精文减会要求,不该开的会不开,不该发的文件不发。办公室要认真梳理研究厅机关公文流转程序,进一步明确审签权限。公文运转要做到规范化、流程化、制度化、高效化。各分管厅领导、各处室(单位)负责同志要按照职责分工,各司其职,各负其责,严格把关,提高公文办理质量。三是加强沟通交流。处室与分管领导之间、处室之间要及时沟通,增进了解,尤其是重大事项要主动向分管厅领导请示汇报,加强分析,提出合理化意见,减少文来文往。 (二)加强预算管理。一是加强制度建设。进一步完善各项规章制度,用制度促进规范管理,实现管理工作科学化、制度化、精细化。二是加强收入管理。预算处、国库处、税政条法处要加强沟通协作,定期与国税局、地税局召开联席会议,深入分析研究税收存在的问题,查找原因,制定有效措施,确保年初制定的收入目标圆满完成。三是加快支出进度。预算处牵头,各部门预算处和国库处要各司其职,齐心协力,不仅要督促各部门的支出进度,也要紧盯各市县支出进度。建立支出进度通报、奖惩制度,从机制上将这项常态化工作抓实抓好。四是抓好预算编制。在项目安排上要分轻重缓急,按次序保障。自治区党委、政府确定的重大项目,重大决策部署要优先保障。各部门的事关行业发展的重大项目尽力保障,今年保障不了的明年再安排。同时,要强化项目库管理,确保预算的完整性、科学性、合理性。五是加强绩效管理。要以绩效为导向,倒逼预算编制的科学性,提高资金使用效率。六是优化支出结构。要学习财政部的做法,增加一般性转移支付,压缩专项转移支付,减小项、增大项,发挥资金整合优势,集中财力办大事。七是加强债务风险防范。预算处要对全区债务进行动态分析,积极主动帮助市县化解债务,坚决防范债务风险。 (三)加强政策研究。主动服务,主动研究政策,集中精力谋大事,集中财力办大事。一是由吴汉宝副厅长负责,预算处牵头,企业处、经建处、农业处等处室配合,对宁夏已经设立的产业基金进行一次全面梳理,集中财力,用好用活产业基金这一工具,支持产业转型,科技创新等领域。二是由刘守保副厅长负责,金融处牵头,相关处室配合,抓紧研究制定PPP规划,拿出切实措施和办法,发挥好政府资金的引导撬动作用,吸引更多社会资本支持经济社会发展。三是由刘守保副厅长负责,企业处牵头,相关处室配合,对现有产业政策进行梳理,抓住宁夏经济发展中的关键产业,积极整合政策资金予以重点支持。四是由李守银副厅长和许彦禄主任负责,农业处牵头,农开办等相关单位配合,研究脱贫富民财政支持政策。五是由杨冬梅总会计师负责,教科文处牵头,企业处等相关处室配合,研究提出支持创新驱动的财政政策。各处室(单位)尤其是部门预算处室,每年要至少研究出台1~2项具有前瞻性、引领性、见实效的财政政策措施,变被动买单为主动买单。
	三、研究审定《关于编制中期财政规划暨2018年部门预算的通知》和《2018—2020年中期财政规划暨2018年自治区本级部门预算编制工作方案》	会议听取预算处《关于编制中期财政规划暨2018年部门预算的通知》和《2018—2020年中期财政规划暨2018年自治区本级部门预算编制工作方案》有关情况的汇报。 会议决定,原则同意《关于编制中期财政规划暨2018年部门预算的通知》和《2018—2020年中期财政规划暨2018年自治区本级部门预算编制工作方案》,会后印发执行。

续表

会议纪要	议题	决定事项
2017年第6次	四、研究审定《自治区本级基本支出预算管理办法》和《自治区本级项目支出预算管理办法》	会议听取预算处关于《自治区本级基本支出预算管理办法》和《自治区本级项目支出预算管理办法》有关情况的汇报。 会议决定,原则同意《自治区本级基本支出预算管理办法》和《自治区本级项目支出预算管理办法》,会后印发执行。
	五、研究2016年财政总决算和对账及批复各部门预算处结余结转项目的相关事宜	会议听取预算处关于2016年财政总决算和对账及批复各部门预算处结余结转项目有关情况的汇报。 会议决定,原则同意预算处意见,会后预算处尽快将各部门预算处2016年一般公共预算、政府性基金和国有资本经营预算结转项目批复下达。各部门预算处加快上年结转资金拨付进度,及时跟踪督促部门形成实际支出。
	六、研究再次下达已收回财政存量资金的相关事宜	会议听取预算处关于再次下达已收回财政存量资金有关情况的汇报。 会议决定,原则同意预算处意见,预算处将应再次下达部门的合同质保金0.73亿元,按照每个项目合同到期支付金额下达各部门预算处,由各部门预算处监督和尽快拨付。
	七、研究宁夏财政第三方安全审计(一期)项目招标采购的相关事宜	会议听取信息中心关于宁夏财政第三方安全审计(一期)项目招标采购有关情况的汇报。 会议决定,原则同意通过公开招标的方式对宁夏财政第三方安全审计(一期)项目进行采购,项目资金控制在204.8万元以内(包含3年运行维护费),资金来源为财政信息化预算资金。
	八、研究4月份到期国库现金管理资金进行续存的相关事宜	会议听取国库处关于4月份到期国库现金管理资金进行续存及收回石嘴山银行到期国库现金管理资金2亿元等有关情况的汇报。 会议决定,原则同意国库处意见。
	九、研究推进自治区境外旅客离境退税工作的相关事宜	会议听取税政条法处关于推进自治区境外旅客离境退税工作有关情况的汇报。 会议决定,原则同意《宁夏回族自治区境外旅客购物离境退税政策实施方案》《宁夏回族自治区人民政府关于境外旅客购物离境退税政策实施方案的备案报告》《宁夏回族自治区境外旅客离境退税工作方案》,会后报自治区人民政府审定印发。
2017年第7次		对当前财政工作提出五点要求: 一、振奋精神,改革创新,扎实苦干。十二次党代会报告提出一系列新思路、新提法,各处室、单位要解放思想,紧紧围绕党中央国务院的有关精神和习近平总书记的治国理政的新理念新思想新战略,紧紧围绕党委、政府的重大决策部署,特别是十二次党代会的最新精神,解放思想,改革创新,务实苦干。 二、主动学习,吃透政策。各处室、单位要加强学习,既要认真学习中央、财政部,自治区党委、政府的相关文件精神,也要主动学习周边省市的经验做法。提高政治站位,跳出财政看财政,向长三角和珠三角地区等好的地区看齐,建设一流财政,打造财政升级版。各级财政干部既要懂政策,又要会算账。主动与部门沟通联系,多思考、多研究,吃透政策、吃透精神,主动谋划、主动服务、主动买单。 三、讲究工作方法。一是分清轻重缓急。既要兼顾全面,又要突出重点。二是学会处理重点事项和一般事项。重点事项集中精力攻关,集中财力突破。一般事项要通过制度化、流程化、信息化来解决。三是要会"师出有名"。充分发挥财政的作用,统筹资金

续表

会议纪要	议题	决定事项
2017年第7次	听取各部门预算处下半年重点工作汇报	办大事。做重点事,先确定一个站位高、有新意、有特色的项目名称,让人一下子记得住,留下深刻印象。四是先试点,后推广。做试点,抓典型,做出样板,做出效果,最后总结、复制、推广经验,把项目做大做强,取得实效。五是学会借力、借脑。要"走出去""请进来";牵头任务,要善于集合部门力量共同完成;还要会借助外部其他力量。六是各司其职,各负其责,勇于担当,尤其是处长要主动担当,严格把关。对处内人员要严格管理,高标准要求,充分调动大家积极性。 四、近期重点工作。各相关业务处室要梳理现有财政支持政策、资金,与全国和西部比较分析,摸清基本情况,找出存在问题,理清工作思路,于6月3日前完成以下8项重点工作:一是成立财政厅PPP工作领导小组,陈春平厅长任组长,吴汉宝副厅长和刘守保副厅长任副组长,金融处负责,涉及PPP项目的部门预算处室抽调精干力量积极参与,集中力量推进PPP工作。二是成立财政厅脱贫富民工作领导小组,陈春平厅长任组长,吴汉宝副厅长、李守银副厅长、许学禄主任任副组长,农业处负责,社保处、教科文处、农村财政管理局、农发办配合,梳理分析现有相关政策,研究存在的问题,制定具体的政策措施,切实推进脱贫富民工作。三是由刘守保副厅长负责,经建处牵头,相关处室配合,认真研究促进生态环保工作的措施。四是由刘守保副厅长负责,经建处牵头,研究通过PPP模式大力推进基础设施建设的措施。五是由杨冬梅总会计师负责,教科文处牵头,企业处配合,认真研究推动创新驱动战略的措施。六是由李守银副厅长负责,社保处牵头,教科文处配合,弄清当前基本公共服务水平,研究社保、医疗、教育、住房等保障措施。七是由杨冬梅总会计师负责,企业处牵头,相关处室配合,梳理支持产业转型的政策,研究提出下一步工作思路。八是由吴汉宝副厅长负责,预算处牵头,尽快研究建立现代财政制度的措施。 五、勇于担当,实干有为。一要强化大局意识。各处室(单位)要进一步统一思想,乘势而上,勇于奉献、敢于担当。自治区党委、政府重大决策部署,党委、政府领导重要批示要高度重视,按时办理,高质量完成,事事有回应,件件有结果。二要提高工作效率。当日事当日毕,不等不拖,对各部门反映的重要事项要主动沟通,能办的及时办理,不能办的要正面解释,争取理解。涉及重大事项、重大政策、重大财政支出,要讲政治,讲规矩,及时向分管领导和单位负责人报告。三要注重建章立制。建立健全完善的、管用的制度办法,做到用制度管人、管钱、管事。坚持任人唯贤,德才兼备,实行能者上、庸者下。新进干部逢进必考,引进、培养一批高素质的优秀财政人才。四要严格廉洁自律。端午节将至,全厅干部职工要自觉遵守廉洁自律各项要求,严禁公车私用,严禁收礼送礼,严禁出入私人会所等违反"八项规定"精神行为。
2017年第8次	一、会议听取贺兰山国家级自然保护区环境综合整治工作开展情况汇报	会议要求,一是农业处牵头,综合处、预算处、企业处、经建处、社保处配合,按照会议讨论的意见,尽快对《关于贺兰山国家级自然保护区环境综合整治财政补助有关事宜的通知》修改完善。二是预算处牵头,综合处、企业处、农业处、经建处、社保处配合,按照会议讨论的意见,尽快对《自治区财政厅关于贺兰山国家级自然保护区环境综合整治有关事项的请示》修改完善。
	二、会议研究审定《宁夏回族自治区财政收支考核暂行办法》	会议听取预算处关于《宁夏回族自治区财政收支考核暂行办法》有关情况的汇报。 会议决定,原则同意《宁夏回族自治区财政收支考核暂行办法》(以下简称《办法》),预算处根据会议讨论的意见对《办法》修改完善后,专报张超常务副主席审阅。待张超超常务副主席审定同意后印发执行。
	三、会议研究提前调度石嘴山市财政资金的相关事宜	会议听取预算处关于提前调度石嘴山市财政资金有关情况的汇报。 会议决定,根据主席常务办公会精神,原则同意给石嘴山市提前调度财政资金5000万元,专项用于启动贺兰山国家自然保护区环境整治工作,调度资金于2017年11月30日前通过上下级财政转移支付资金结算抵扣收回。
	四、会议听取国库处关于2017地方政府债券	会议要求,国库处会后将2017地方政府债券发行工作情况专报张超超常务副主席审示。

续表

会议纪要	议题	决定事项
	发行工作情况汇报	
2017年第9次	一、听取预算处关于全区财政预算执行有关情况的汇报	会议要求,各部门预算处要高度重视,加快区本级项目预算分配下达速度,重点督促资金规模5000万元以上的部门(单位)加快支出进度,及时下达新增地方政府债券资金;预算处要加强考核,确保时间过半任务过半。
	二、研究设置厅机关谈话室的相关事宜	会议听取办公室关于设置厅机关谈话室有关情况的汇报。 会议决定,原则同意根据区纪委要求,设置厅机关谈话室,经费预算5.89万元,以零星采购的方式进行采购。
	三、研究宁夏宝马化工集团有限公司行政处罚的相关事宜	会议听取监督检查局关于宁夏宝马化工集团有限公司行政处罚有关情况的汇报。 会议决定,监督检查局会同相关处室,对宁夏宝马化工集团有限公司处罚决定进行认真研究完善后,提交厅务会议研究审定。
	四、研究对宁夏早康枸杞股份有限公司处理处罚的相关事宜	会议听取监督检查局关于对宁夏早康枸杞股份有限公司处理处罚有关情况的汇报。 会议决定,监督检查局会同相关处室,对宁夏早康枸杞股份有限公司处罚的相关事宜进行认真研究完善后,提交厅务会议研究审定。
	五、研究审定《关于从事生产经营活动事业单位改革中国有资产管理的若干规定》	会议听取资产处关于从事生产经营活动事业单位改革中国有资产管理的若干规定有关情况的汇报。 会议决定,原则同意资产处拟稿的《关于从事生产经营活动事业单位改革中国有资产管理的若干规定》,会后以财政厅文件印发执行。
	六、研究宁安医院旧址土地及地上构筑物有偿转让相关事宜	会议听取资产处关于宁安医院旧址土地及地上构筑物有偿转让有关情况的汇报。 会议决定,一是由自治区卫计委负责房屋土地资产委托评估事业,评估费用从转让收入中扣除。二是自治区财政厅依据资产评估结果办理资产有偿转让手续。
	七、研究自治区水利厅惠农渠管理处第七管理所办公楼置换相关事宜	会议听取资产处关于自治区水利厅惠农渠管理处第七管理所办公楼置换有关情况的汇报。 会议要求,根据《宁夏回族自治区行政单位国有资产管理暂行办法》《宁夏回族自治区事业单位国有资产管理暂行办法》《宁夏回族自治区行政事业单位国有资产处置管理暂行办法》的相关规定,除重大资产的处置需提厅务研究审定外,其他日常资产处置事项按照规定程序,报分管资产处厅领导审批。 会议决定,一是原则同意惠农渠管理处第七管理所将原账面价值94.5万元的旧办公楼(始建于2002年,建筑面积894.54平方米)与惠农区财政局原账面价值83.7万元的办公楼(始建于2005年,建筑面积1086平方米)进行置换。二是相关单位按照行政事业单位财务会计制度及资产管理规章制度,做好相关账务处理及资产管理信息系统中固定资产卡片信息调整。
	八、研究供销社申请调整供销社综合改革专项资金用途的相关事宜	会议听取经建处关于供销社申请调整供销社综合改革专项资金用途有关情况的汇报。 会议决定,按照《自治区党委、人民政府关于深化供销合作社综合改革的意见》(宁党发〔2016〕3号)和《自治区人民政府办公厅转发自治区供销合作社关于开展"两个体系"建设试点方案的通知》(宁政办法〔2017〕65号)要求,原则同意自治区供销社对该项目实施内容调整的申请。根据《自治区财政厅关于进一步规范自治区财政预算资

续表

会议纪要	议题	决定事项
2017年第9次		金管理有关事项的通知》（宁财预发〔2016〕296号）有关规定，由自治区供销社将因政策调整导致的项目变更事项及内容（分别明确两个体系建设内容）报送自治区人民政府审定，财政厅根据政府批示核拨资金。
	九、研究中铝宁夏能源集团第一届第十八次董事会议案有关事宜的相关事宜	会议听取企业处关于中铝宁夏能源集团一届十八次董事会议案有关情况的汇报。会议决定，授权宁夏惠民投融资公司法人代表马瑞学，以股东代表身份对中铝宁夏能源集团第一届第十八次董事会议案有关事项进行表决，同意相关事项。
	十、研究2017年企业科技创新后补助项目研发费用委托审计的相关事宜	会议听取企业处关于供销社申请调整供销社综合改革专项资金用途有关情况的汇报。会议决定，一是原则同意企业处委托审计工作方案，会计师事务所择优从财政厅监督检查定点服务单位和注协2016年会计师事务所履行社会责任结果为优和良的范围内，根据报名情况择优选择。二是审计经费按财政厅与相关会计师事务所签订的委托协议价格列入企业科技创新后补助项目计划，从企业科技创新后补助预算专项资金中列支，审计经费资金下达财政厅，由财政厅办公室拨付至相关会计师事务所。
	十一、研究在行政事业单位推广实施财政厅行政管理系统机关内部事务管理模块的相关事宜	会议听取信息中心关于行政事业单位推广实施我厅财政行政管理系统机关内部事务管理模块有关情况的汇报。会议决定，一是原则同意将机关内部事务管理模块部署到自治区政务云平台上，分单位逐步推广实施。二是会计处牵头，部门预算处、国库处、国库支付中心、监督局、办公室配合推广，选择在内控管理方面做得比较好的单位进行试点，信息中心做好相应技术保障、实施和技术培训。
	十二、研究清理地方审批设立的行政事业性收费项目的相关事宜	会议听取综合处关于清理地方审批设立的行政事业性收费项目有关情况的汇报。会议决定，原则同意综合处《关于清理地方审批设立的行政事业性收费项目的意见》，会同自治区物价局联合下文，于2017年7月1日起执行。
2017年第10次	研究加快财政支出进度的有关事宜	会议指出，6月份全区财政支出任务艰巨，特别是吴忠市和青铜峡市财政库款支出压力较大，完成财政支出任务困难。近日，吴忠市和青铜峡市财政局分别申请提前调度财政国库资金，主要用于其本级6月份的民生等重点项目支出，缓解当前库款支出压力。会议要求，要强化财政收支考核通报机制，各部门预算处要积极督促主管部门，主动对接协调，加快项目预算分配下达；要加强对市县财政的指导工作，不断加大统筹资金力度，加快支出进度，尤其是要重点分析困难市县的问题，采取有效措施，确保完成关键时间节点财政支出任务，提高资金使用效益。会议决定，原则同意向吴忠市财政提前调度国库资金2亿元；向青铜峡市财政局提前调度国库资金1亿元，用于本月重点项目支出，并于2017年9月前通过自治区转移支付资金结算扣回。
2017年第11次	研究表彰奖励优秀共产党员、优秀党务工作者经费的有关事宜	会议听取机关党委关于表彰奖励优秀共产党员、优秀党务工作者经费有关情况的汇报。会议决定，按照自治区党委关于印发《宁夏回族自治区贯彻〈中国共产党党和国家机关基层组织工作条例〉实施办法》中"受部门（单位）党组织表彰的优秀共产党员和党务工作者，给予必要的奖励"的要求，原则同意表彰奖励优秀党员和优秀党务工作者，奖励标准参照自治区人力资源和社会保障厅关于奖励优秀公务员的标准执行（每人奖励1500元），从厅机关公用经费中列支，由办公室统一拨付。干教中心、农发办、惠民公司受表彰人员奖金由其所在单位负责发放。

续表

会议纪要	议题	决定事项
2017年第12次	一、传达财政部关于2017年1—5月地方财政收支考核情况的通报	会议要求,各部门预算处要切实负起责任,形成合力,加强对市县和部门的指导,将预算收支工作作为常态化工作抓紧抓实。
	二、研究建设宁夏地方预算综合管理系统的相关事宜	会议听取预算处关于建设宁夏地方预算综合管理系统有关情况的汇报。 会议决定,一是原则同意建设宁夏地方预算综合管理系统,预算处负责提出业务需求和流程设计,信息中心负责制订建设方案(含项目概算),预算评审中心负责对建设方案进行评审。二是待评审结束后,信息中心按照政府采购的规定程序进行招标采购。
	三、研究审定《关于完善自治区财政科研项目资金管理等政策的实施意见》(代拟稿)	会议听取教科文处起草《关于完善自治区财政科研项目资金管理等政策的实施意见》(代拟稿)有关情况的汇报。 会议决定,原则同意《关于完善自治区财政科研项目资金管理等政策的实施意见》(代拟稿),会后按程序报请以自治区党委办公厅、政府办公厅名义印发。
	四、研究对中国银行等四家银行安排国库现金管理资金续存相关事宜	会议听取国库处关于对中国银行等3家银行撤销社保户时安排国库现金管理资金到期拟建议续存以及对建设银行进行国库现金管理资金存放有关情况的汇报。 会议决定,一是坚持公开公正公平原则,统筹考虑现金管理,存款安排必须与银行对自治区综合贡献挂钩,坚决杜绝人情存款。二是原则同意对中国银行、交通银行、招商银行到期国库现金管理资金进行续存,续存款按各家银行到期资金一半存6个月,另一半存9个月。三是原则同意对华夏银行续存2亿元,光大银行续存1亿元,续存期限3个月。四是考虑到建设银行在政府地方债发行等方面突出贡献,原则同意在建设银行存放3亿元国库现金管理资金,存款期限7天,以资奖励。
	五、研究自治区本级预算单位使用部门决算网络版软件的相关事宜	会议听取国库处关于自治区本级预算单位使用部门决算网络版软件关情况的汇报。 会议决定,一是原则同意在自治区本级预算单位使用部门决算网络版软件,国库处负责提出业务需求和流程设计,信息中心负责制订建设方案(含项目概算),预算评审中心负责对建设方案进行评审。二是待评审结束后,信息中心按照政府采购规定程序进行招标采购。
	六、研究启用新版本"预算执行信息系统(3.0)"的相关事宜	会议听取国库处关于启用新版本"预算执行信息系统(3.0)"有关情况的汇报。 会议决定,一是原则同意启用新版本"预算执行信息系统(3.0)",国库处负责提出业务需求和流程设计,信息中心负责制定建设方案(含项目概算),预算评审中心负责对建设方案进行评审。二是待评审结束后,信息中心按照政府采购规定程序进行招标采购。
	七、研究历年养老金账务处理的相关事宜	会议听取社保基金管理中心关于历年养老金账务处理有关情况的汇报。 会议决定,原则同意社保基金管理中心意见,对相关养老金账务会计分录进行调整。
	八、研究社会保险基金管理信息系统建设的相关事宜	会议听取社保基金管理中心关于社会保险基金管理信息系统建设有关情况的汇报。 会议决定,社保基金管理中心会同信息中心尽快制订《社会保险基金管理信息系统建设方案》,经专家论证和预算评审后,提交厅会议研究。
2017年第13次		7月4日下午石泰峰书记听取了陈春平厅长关于财政工作情况的汇报,表示完全同意财政厅工作思路和观点,并对财政工作提出了明确要求:一是继续积极努力争取中央财政支持,建立收入增长激励机制,提高收入质量,壮大地方财力。二是依法理财、科学理财,用制度管钱管人。严格按政策规定的范围、标准、流程管理项目、安排资金。提升预算编制的规范化、科学化、精细化水平,从明年开始要细化预算编制,落实到项

续表

会议纪要	议题	决定事项
2017年第13次	一、传达石泰峰书记对财政工作的指示要求	目,提高预算执行率。要加大财政资金整合力度,解决资金碎片化、低效化问题,集中财力保障自治区"三大战略"等重点支出。要完善制度,从源头上堵住暂付款,同时积极消化存量暂付款。要撬动社会资本,做大做强投资基金,进行市场化运作。要加强绩效预算,倒逼部门提高资金使用效益。三是研究建立科技创新基金,引导带动企业加大科技资金投入力度。四是全力支持脱贫富民,建立全区统一的贫困户、贫困人口信息数据库,精准识别、精准支持。富民要强化产业导向,重点支持枸杞、肉牛养殖、葡萄等特色产业发展,争创宁夏品牌。要利用政策性保险、金融等多种手段,确保农民收入稳定增长。五是研究建立生态环保奖补和惩罚机制,大力支持五河流域生态治理。六是财政要有鲜明的政策导向。围绕自治区"三大战略",尽快制定财政政策体系。七是要加强财政自身建设,完善内部管理制度,优化干部队伍结构,提升干部能力素质。 会议要求,各处室、单位要认真贯彻落实十二次党代会精神和石泰峰书记的指示要求,深入研究制定政策,发挥参谋助手作用,以全新理财理念、全新的理财方式做好各项工作。
	二、研究讨论《财政厅贯彻落实十二次党代会精神意见》	会议听取办公室关于《财政厅贯彻落实十二次党代会精神意见》有关情况的汇报。 会议决定,办公室根据各位厅领导、各处室(单位)的意见尽快对《财政厅贯彻落实十二次党代会精神意见》进行修改完善,提交厅务会议研究通过后,提请党组会议审定。
2017年第14次	传达石泰峰书记讲话精神	对贯彻落实自治区第十二次党代会精神,做好当前财政工作提出要求: 会议指出,7月11日,石泰峰书记主持召开座谈会,听取自治区综合经济部门工作情况汇报。并对切实抓好经济发展的各项工作提出三点要求。一是要主动作为,推动自治区第十二次党代会精神落地落实。要聚焦到奋斗目标上,按照《自治区财政厅落实自治区第十二次党代会分工任务责任分解方案》确定的具体任务,认真研究谋划,梳理细化具体的目标、任务和措施,形成施工图、任务书和时间表,逐一落实到具体单位和责任人。要体现到具体政策上,围绕党代会提出的实施创新驱动战略、推进银川都市圈建设等战略、工程、计划、行动,搞好顶层设计,打好政策"组合拳"。要落实到重大项目上,持续用力抓投资规模,千方百计抓投资质量,紧跟国家投资重点和支持方向,谋划实施一批大项目、好项目,促进经济健康发展。二是要改革创新,营造高效便捷的政务环境。要更加彻底地"放",把简政放权推向纵深,切实为各类市场主体减负,进一步规范完善区市县三级政府和部门权力、责任清单,下决心解决当前企业和社会普遍关注的问题,用行政权力的减法换取市场活力的加法。要更加有效地"管",推进政府监管体制改革,落实"双随机一公开"监管,抓好跨部门跨领域综合执法和市辖区综合执法改革试点,从"被动监管"转向"主动监管"、从"严进宽管"转向"宽进严管"。要更加优质地"服",优化政府服务,着力提升政务服务便利化水平,加快推进"互联网+政务服务",深入开展"减证便民"行动,努力为企业和群众提供便捷高效、公平可及的服务。三是要从严从实,切实加强干部队伍能力和作风建设。要加强学习、提升能力,努力成为政策水平高、专业能力强、实践经验多、善于做经济工作的领导人才。要切实履行全面从严治党责任,旗帜鲜明讲政治,加强党风廉政建设,抓好干部经常性教育管理监督。要撸起袖子加油干,焕发干事创业激情,大力践行实干兴宁,推动经济发展迈上新台阶,为实现自治区第十二次党代会确定的奋斗目标做出新的更大贡献。 会议要求,一是各处室、单位要改变观念,加大财政政策研究,提出合理化的政策建议,体现鲜明的财政政策导向。二是要主动担当作为。认真学习研究部门的业务,不断拓宽视野。涉及财政的事项,财政厅一定要牵头,主动担当、主动出击。三是要认真梳理制度办法。对照新的政策、新的精神和巡视发现问题,提出整改方案和意见,所有制度跟现行政策不一致的,全部进行修改完善。四是加强干部队伍建设。干部选拔坚持德才兼备,能者上,庸者下,劣者汰。要加强干部素质培养提升,严格管理,严守廉政纪律,打造风清气正干事环境。五是要按照制度、流程办事,严格按程序报批,不能干违背政策的事。遇到大事要集中力量研究,处室之间要相互沟通交流,民主协商,民主

续表

会议纪要	议题	决定事项
		决策,共同研究。五是要围绕自治区第十二次党代会精神任务分工,结合各自的工作实际,抓好分解落实。各项工作由相关分管领导负责,各处室、单位进行任务分解细化,列出时间表、路线图。 会议决定,一是由吴汉宝副厅长负责,预算处制订基金整合方案,配套制定监督考核办法和产业投资指导目录。二是由吴汉宝副厅长负责,预算处牵头,部门预算处配合整合资金方案,压缩代编预算,落实到项目。选择资金量大,有竞争性的项目开展竞争性分配试点。三是由刘守保副厅长负责,经建处制定生态环保财政奖惩机制。四是由杨冬梅总会计师负责,教科文处牵头,企业处配合,制定财政支持科技创新政策措施。
2017年第15次	一、听取相关处室关于贯彻落实自治区第十二次党代会精神思路及措施的汇报	会议要求,一是抓好预算收支,加强与部门的沟通对接,严格落实通报制度。二是要学深研透自治区第十二次党代会精神,转变思路,站位要高,找准切入点、突破口。各部门预算处、国库处、非税收入管理局要研究确定2~3项创新工作,制定路线图、时间表,明确责任。要加大调查研究力度,争取在7月底拿出具体的方案。三是各处室、单位要在9月底之前将所有的制度、规定、办法进行认真梳理,查找存在的漏洞,及时修订完善。加强内部控制建设,定岗定责。充分发扬民主,群策群力。四是各处室、单位每周、每月都要制订工作计划,定期召开厅务会议,听取各处室工作计划落实情况的汇报,形成经常性的汇报机制。五是各处室、单位要各负其责,加强协调配合,抓好各项工作的落实。 会议决定,各部门预算处、国库处、非税收入管理局按照会议的要求认真梳理本处室、单位的重点工作思路措施,7月24日前报厅办公室。
	二、听取预算处关于全国人大推进地方人大预算联网监督工作座谈会有关情况的汇报	会议决定,原则同意预算处意见,按照规定积极稳妥推进。
	三、研究审议《宁夏农业综合开发产业投资基金运营方案》	会议听取农发办关于《宁夏农业综合开发产业投资基金运营方案》有关情况的汇报。 会议决定,农业综合开发产业投资基金暂缓设立,待政府投资基金整体方案出台后再研究。
	四、研究争取实施国际农发基金贷款包容性农业产业发展项目的相关事宜	会议听取农发办关于争取实施国际农发基金贷款包容性农业产业发展项目有关情况的汇报。 会议决定,一是原则同意实施国际农发基金贷款包容性农业产业发展项目,项目选地、方案、实施严格按照政策规定执行。二是农发办会后将相关情况报自治区人民政府审定。
	五、研究农发办聘请法律顾问的相关事宜	会议听取农发办关于聘请法律顾问有关情况的汇报。 会议决定,原则同意农发办聘请法律顾问,严格按照政府购买服务的相关规定和财务管理规定办理,确保公开、公平、公正、透明。
	六、研究宁夏早康枸杞股份有限公司处理处罚的相关事宜	会议听取监督检查局关于宁夏早康枸杞股份有限公司处理处罚有关情况的汇报。 会议决定,监督检查局会同税政条法处、非税收入管理局深入研究,积极稳妥做好处理处罚变更事宜,既要考虑支持地方经济发展,也要严守法律底线。
	七、研究宁夏宝马化工集团有限公司行政处	会议听取监督检查局关于宁夏宝马化工集团有限公司行政处罚有关情况的汇报。 会议要求,一是今后对外提供的法律文书必须要深入研究,严格履行相关审核程序。成立行政处罚研究机构,由相关分管厅领导、业务处室、税政条法处、会计处有关人员组成,充分讨论研究之后提交厅务会议研究。二是要依法依规办事,该提交会议研究

续表

会议纪要	议题	决定事项
2017年第15次	罚的相关事宜	的要提交会议研究。 会议决定,原则同意监督检查局的意见,税政条法处严格把关。
	八、研究审议《自治区行政事业单位待处置资产统一进场交易方案》	会议听取资产处关于自治区行政事业单位待处置资产统一进场交易方案有关情况的汇报。 会议决定,资产处根据会议讨论的意见对《自治区行政事业单位待处置资产统一进场交易方案》进行修改完善,广泛征求相关部门的意见后提交厅务会议研究。
	九、研究开征水土保持补偿费的相关事宜	会议听取综合处关于开征水土保持补偿费有关情况的汇报。 会议决定,原则同意综合处的意见,会同自治区物价局、水利厅行文报自治区人民政府审定。
	十、研究审议《宁夏回族自治区本级国库现金管理实施细则》	会议听取国库处关于《宁夏回族自治区本级国库现金管理实施细则》有关情况的汇报。 会议决定,国库处根据会议讨论的意见对《宁夏回族自治区本级国库现金管理实施细则》进行修改完善,报财政部审核后,会同人民银行宁夏分行报自治区人民政府审定。
	十一、研究招标采购宁夏政府财务报告管理系统项目的相关事宜	会议听取政府采购处关于招标采购宁夏政府财务报告管理系统项目有关情况的汇报。 会议决定,原则同意通过公开招标的方式采购宁夏政府财务报告管理系统项目,费用控制在271.16万元以内,从财政信息化预算资金中列支。分两个标段进行招标,第一标段项目实施,费用控制在264.4万元以内,含2019和2020年运行维护费;第二标段项目监理,费用控制在6.76万元以内。信息中心严格按照规定程序办理。
2017年第16次	听取相关处室关于下半年重点工作思路及措施的汇报	会议要求,一是聚焦重点。各处室、单位要紧紧围绕党代会任务,认真落实好党代会精神,紧盯热点、重点工作。需要财政政策推动的事项,要集中精力研究政策、创新政策、提出政策。二是学会"选题"。要善于"小题"大做,"大题"小做。三是抓好落实。要抓住党委、政府关注的重点工作,认真负责,细化分工,明确时限,建立台账,确保做出实效。四是讲究方法。要认真学习相关部门的业务,研究相关的财政政策,充分借鉴国内外发达省区的经验做法,提高站位,加强调研,创新思维,创新方法,研究财政政策组合拳,推动党委、政府决策部署有效落实。五是要形成相互协作的工作机制。各处室、单位之间要相互配合,沟通交流,拓展知识面,熟悉相关业务。要主动创新,抢占先机,把各项工作干在前头。六是要学会撰写政策建议和调研报告。各处室、单位要把重点工作研究透,把政策建议和调研报告写全面,写翔实,既要宏观也要具体,提出措施方案一定要科学可行。 会议决定,各部门预算处、国库处、非税收入管理局按照会议的要求对下半年的重点工作进行再完善,由办公室统一汇总后,随此次会议纪要一并印发,督导落实。
2017年第17次	一、研究财政支持科技创新驱动政策措施	会议听取教科文处关于财政支持科技创新驱动政策措施有关情况的汇报。 会议决定,一是要认真贯彻落实自治区第十二次党代会精神,根据会议讨论的意见研究起草财政支持创新驱动的调研报告和财政支持科技创新的若干意见。二是杨冬梅总会计师负责,教科文处牵头,企业处、预算处、税政条法处、行政政法处、经建处、农业处、金融处、办公室配合,抽调人员成立工作小组,分工协作,加快推进,于7月31日前完成。
	二、研究拨付贺兰山自然保护区生态环境综合整治补助资金的事宜	会议听取预算处关于拨付贺兰山自然保护区生态环境综合整治补助资金有关情况的汇报。 会议决定,按照自治区人民政府第95次常务会纪要关于安排贺兰山自然保护区生态环境综合整治补助资金的有关要求和政府专题会议决定,根据银川市和石嘴山市的整治进度需求,同意拨付银川市3000万元,拨付石嘴山市2.2亿元,加快推进贺兰山自然保护区生态环境综合整治工作进程。

续表

会议纪要	议题	决定事项
2017年第17次	三、研究向银川市调度资金的相关事宜	会议听取预算处关于向银川市调度资金有关情况的汇报。 会议决定,为缓解银川市财政支出资金紧张压力,有效增加支出,根据银川市的申请,同意给银川市财政调度5亿元,用于其本月重点项目和民生项目支出。自治区财政于2017年10月底前从对银川市财政转移支付结算资金中扣回。
	四、研究向永宁县财政拨付转移支付资金的相关事宜	会议听取预算处关于向永宁县财政拨付转移支付资金有关情况的汇报。 会议决定,为缓解永宁县财政支出压力,同意拨付永宁县专项转移支付资金1.7亿元。
2017年第18次	一、研究审议《政府和社会资本合作PPP工作推进方案》	会议听取金融处关于《政府和社会资本合作PPP工作推进方案》的汇报。 会议要求,既要对标最高标准,又要结合全国金融工作会议精神和财政部最新政策要求,积极稳妥规范开展PPP。要提高风险意识,严防PPP成为隐形债务的温床。制订的方案要具有可操作性,确保精准指导市县和部门申报、运行、管理PPP项目。 会议决定,金融处结合讨论情况继续修改完善,并提请相关法治部门审核把关。
	二、研究审议财政支持科技创新发展的政策措施	会议听取财政支持科技创新发展财政政策起草组关于《财政支持我区科技创新发展的调研报告》和《财政支持科技创新若干政策措施实施意见》的汇报。 会议要求,财政支持科技创新发展相关财政政策既要坚持问题导向,重点研究当前制约科技创新的瓶颈问题,又要坚持结果导向,聚焦自治区第十二次党代会精神,把助推科技创新发展作为推动经济发展的主动力。 会议决定,起草组结合会议讨论情况,全面梳理、整合相关部门政策,进一步修改完善调研报告和财政政策意见,分层次召开相关部门、企业、专家座谈会,充分征求社会各界的意见建议。
	三、研究审议政府投资基金有关事宜	会议听取预算处《关于设立政府投资基金的调研报告》和自治区整合基金思路的汇报。 会议要求,相关处室要高度重视基金管理工作,学习借鉴发达省区经验,完善制度机制,加大基金整合力度,科学规范管理,充分发挥财政资金"四两拨千斤"的撬动作用。 会议决定,预算处结合会议讨论情况对报告进行修改完善,并邀请相关专家指导把关,在征求相关部门、处室意见后提交厅务会议审定。
	四、研究审议关于加强政府性债务风险管理和规范举债融资行为事宜	会议分别听取预算处和预算评审中心关于《自治区人民政府关于加强政府性债务风险管理和规范举债融资行为的通知(代拟稿)》和《宁夏回族自治区政府性债务管理责任追究办法(代拟稿)》的起草说明。 会议强调,要深刻领会习近平总书记和李克强总理在全国金融工作会议上的讲话精神,高度重视政府性债务管理工作。建立风险预警和责任追究机制,完善债务信息管理系统,摸清政府性债务特别是隐性债务家底。要强化措施,积极消化存量债务,坚决遏制新增债务。 会议决定,原则同意《通知》和《办法》,修改完善并征求相关部门意见后报自治区政府审定。
	五、研究厅机关采购安装正版操作系统和办公软件事宜	会议听取信息中心关于厅机关正版操作系统和办公软件安装情况的汇报。 会议决定,根据自治区审计厅对我厅使用正版软件管理情况的审计结果和国务院、自治区关于推进使用正版软件相关要求,采购正版WIN7专业版300套、WPS office2016专业增强版300套、Microsoft office2016 32套,预算资金86万元左右,资金来源为2017年财政信息化预算资金,并同意按规定政策进行公开采购。
2017年第19次	一、研究加强部门财政拨款结余结转资金管理事宜	会议听取预算处关于部门财政拨款结余结转情况和进一步加强结余结转资金管理的措施办法的汇报。 会议认为,目前宁夏财政支出总体较慢,大量资金沉淀在各级部门单位,严重影响了财政资金使用效益。按照《预算法》和《国务院关于印发推进财政资金统筹使用方案的通知》(国发〔2015〕35号)精神,建立部门财政拨款结余结转资金"统一管理,动态收回,统筹挂钩"等长效管理机制,是加快支出进度,压缩结余结转资金的必要举措。

续表

会议纪要	议题	决定事项
2017年第19次		会议决定,原则同意《自治区财政厅关于进一步加强部门财政拨款结余结转资金管理的通知》。会后,预算处召集各部门预算处室、部分本级部门征求意见,进一步修改完善后报自治区政府会议审定。
	二、审议2017年自治区对市县均衡性转移支付和补助市县基本财力保障机制奖补资金分配办法,研究下达市县均衡性转移支付、县级基本财力及农业转移人口市民化资金事宜	会议听取预算处关于两个《办法》的起草说明和三项转移支付资金分配方案的汇报。会议决定,原则同意两个《办法》和资金分配方案,预算处结合讨论情况修改完善后报自治区政府审定。
	三、研究2017年财政支持城市公交和城乡客运一体化建设事宜	会议听取经建处关于财政支持城市公交和城乡客运一体化建设竞争性评审工作开展情况的汇报。 会议认为,经建处在城市公交和城乡客运一体化建设项目资金分配中,在全厅率先开展竞争性评选试点,为宁夏转变财政资金分配方式探索出了一条新的路子,值得肯定、学习。下一步要认真提炼,总结出可复制、可推广的工作经验,在坚持公开、公平、公正的基础上,积极稳妥地扩大试点范围。同时要加大宣传力度。 会议要求,各处室要认真学习领会自治区第十二次党代会精神,按照厅党组的工作要求,进一步解放思想,转变工作方式方法,真抓实干,开拓创新,推动财政工作上台阶、上水平。 会议决定,原则同意2017年自治区财政支持城市公交和城乡客运一体化建设项目竞争性评审结果、资金分配方案和下一步工作计划。
	四、研究全区主干道路大整治大绿化工程资金事宜	会议听取经建处关于2015—2016年全区主干道路大整治大绿化工程结余结转资金安排使用情况的汇报。 会议决定,经建处根据会议讨论情况修改完善,以请示件报自治区政府审定。
	五、研究银川市中院、兴庆区法院2016年及以前年度诉讼费退费事宜	会议听取行政政法处关于两个法院诉讼费退费情况的汇报。 会议决定,原则同意采取措施,要求银川市和兴庆区财政局按照厅发文件精神办理2016年及以前年度法院诉讼费退费。行政政法处做好具体督促协调工作。国库处从8月11日起,停止对银川市、兴庆区国库拨款,待其按要求完成退库后再恢复拨款。
	六、研究审议《宁夏回族自治区财政专项扶贫资金管理办法》(送审稿)	会议听取农业处关于《宁夏回族自治区财政专项扶贫资金管理办法》(送审稿)起草情况的汇报。 会议决定,原则同意《宁夏回族自治区财政专项扶贫资金管理办法》(送审稿),修改完善后报自治区政府审定。
	七、研究收回厅机关部分项目结余资金事宜	会议听取办公室关于2015—2017年部分项目结余结转资金有关情况的汇报。 会议决定,按照盘活存量资金要求,收回厅机关结余资金4805万元。
	八、研究厅机关部分办公用房改造相关事宜	会议听取办公室关于厅机关部分办公用房改造有关事宜的汇报。 会议决定,原则同意厅机关部分办公用房改造预算,不超过24.15万元;以零星采购方式采购

续表

会议纪要	议题	决定事项
2017年第20次	一、听取预算处关于2018年自治区本级部门"一上"预算编审工作推进情况的汇报	会议要求,一是各位厅领导,各部门预算处室要高度重视2018年预算编制工作,逐个单位、逐个项目认真审核把关。二是预算编制要依据充分,分清轻重缓急,对党中央、国务院政策明确要求和中央有关单位考核的事项要足额保障;对党委、政府的重大决策部署,要有详细的安排计划,集中财力重点保障;对党委、政府领导批示的重要事项,要统筹考虑;对各部门重点项目、重点工作认真梳理,尽力支持。三是预算编制要紧紧围绕贯彻自治区第十二次党代会精神,多与各部门单位沟通,了解和磋商,做好规划,要将支持和保障自治区"三大战略"的实施通过科学的预算编制得以体现。
	二、研究审议《自治区人民政府关于进一步加强政府性债务管理工作的通知(代拟稿)》	会议听取预算处关于《自治区人民政府关于进一步加强政府性债务管理工作的通知(代拟稿)》有关情况的汇报。 会议决定,预算处根据会议讨论的意见修改完善后,上报自治区人民政府审定。
	三、研究审议《宁夏回族自治区政府投资基金管理办法》及相关文件	会议听取预算处关于《宁夏回族自治区政府投资基金管理办法》及相关文件有关情况的汇报。 会议要求,要认真研究现有基金整合的相关事宜,提出具体措施办法,完善政府投资基金整合方案。 会议决定,由刘守保副厅长负责,企业处牵头,预算处、金融处配合,按照会议讨论的意见对《宁夏回族自治区政府投资基金管理办法》及相关文件进行修改完善后,于8月29日前上报自治区人民政府审定。
	四、研究审议《自治区对市县(区)专项转移支付管理办法》	会议听取预算处关于《自治区对市县(区)专项转移支付管理办法》有关情况的汇报。 会议决定,预算处根据会议讨论的意见对《自治区对市县(区)专项转移支付管理办法》进行修改完善后印发执行。
	五、研究给永宁县调度资金的相关事宜	会议听取预算处关于给永宁县调度资金有关情况的汇报。 会议要求,预算处要摸清永宁县债务管理存在的问题,制订切实可行的解决方案,严防出现财政风险。 会议决定,一是原则同意给永宁县调度3000万元。二是预算处将永宁县债务管理问题形成专题报告,上报自治区人民政府。
	六、研究审议《宁夏回族自治区高层次人才优待服务办法(试行)》的答复意见	会议听取行政政法处关于《宁夏回族自治区高层次人才优待服务办法(试行)》的答复意见有关情况的汇报。 会议要求,由刘守保副厅长负责,企业处牵头,尽快研究完善担保基金、风险补偿基金的管理机制。 会议决定,行政政法处根据会议讨论的意见(暂不单独设立创新人才引导基金,结合自治区创新驱动战略总体部署和自治区政府投资基金设立情况,统筹考虑),答复相关部门。
	七、研究更换厅办公楼电梯的相关事宜	会议听取办公室关于更换厅办公楼电梯有关情况的汇报。 会议决定,原则同意更换厅办公楼电梯,项目预算经费160万元。办公室按照规定程序进行公开招标,高标准、高质量完成厅办公楼电梯更换工作。
	八、研究审议《关于五大集团重组改革有关涉税问题的请示》	会议听取税政条法处《关于五大集团重组改革有关涉税问题的请示》有关情况的汇报。 会议决定,原则同意税政条法处意见,征求自治区国税局和地税局意见后,上报自治区人民政府审定。

续表

会议纪要	议题	决定事项
2017年第20次	九、研究印制《2017中阿博览会财税优惠政策指南》的相关事宜	会议听取税政条法处印制《2017中阿博览会财税优惠政策指南》有关情况的汇报。 会议决定,一是原则同意印制《2017中阿博览会财税优惠政策指南》,税政条法处根据会议讨论的意见对《2017中阿博览会财税优惠政策指南》版式进行修改完善,征求自治区外事办意见后,报送自治区党委宣传部审查。二是税政条法处将财政厅宣传2017中阿博览会财税优惠政策有关情况形成专报,报送党委、政府审示。三是企业处协助税政条法处将《2017中阿博览会财税优惠政策指南》报送中阿博览会组委会,在中阿博览会官方网站进行宣传。
	十、研究建设网上公共支付平台的相关事宜	会议听取信息中心关于建设网上公共支付平台有关情况的汇报。 会议决定,原则同意建设网上公共支付平台。信息中心按照"不见面、马上办"的要求加快推进,2017年12月31日前上线运行。
	十一、研究近期到期国库现金管理资金存放的相关事宜	会议听取国库处关于近期到期国库现金管理资金存放有关情况的汇报。 会议决定,原则同意国库处意见。
	十二、研究核拨代理银行2016年手续费和垫付资金利息的相关事宜	会议听取国库支付中心关于核拨代理银行2016年手续费和垫付资金利息有关情况的汇报。 会议决定,原则同意核拨8家代理银行代理2016年国库集中支付业务产生的手续费和垫付资金利息768.06万元。
2017年第21次	一、研究党风廉政工作事宜	会议通报关于董锋严重违纪的有关情况。 会议指出,全厅党员干部要从中汲取深刻教训,做到警钟长鸣,引以为戒。一是加强党性修养,始终保持高尚的道德情操,加强党性锻炼,提升党性修养。二是严以修身,坚定理想信念。要把坚定理想信念作为安身立命的主心骨,作为修身立业的压仓石。增强"四个意识",在思想上政治上行动上同党中央保持高度一致,坚决维护党中央权威。三是严格遵守党纪法规,对纪律心存敬畏,始终将权利置于监督之下。 会议要求,一是思想上要高度重视。树立正确的人生观、价值观,始终以党员的标准衡量自己,严格遵守党章党纪。二是行动上要高度自觉。认真学习十八大以来的各项规定要求,严格遵守中央"八项规定"要求,严于律己,谨言慎行,从小事做起,如实申报个人事项,明确底线和红线,做到不踩红线,不越底线。三是加强内控制度建设。各处室认真开展自查自纠,认真查找本处室在制度建设方面存在的问题,每名工作人员都要定编、定岗、定责,所有的专项资金管理制度要及时完善。各处室、单位于10月20日前提出各处室的整改方案,年底前完成所有的规章制度修订完善工作。四是加强财政资金监管。要严格财经纪律,切实加强财政资金尤其是扶贫资金的监管,确保资金安全高效使用。
	研究审议财政支持"三大战略"资金整合方案	会议听取预算处关于财政支持"三大战略"资金整合方案有关情况的汇报。 会议要求,紧扣自治区十二次党代会精神和"三大战略"实施意见,吃透政策,大力整合项目,详细测算项目资金安排,确保文字精准,数字精确。资金安排要考虑目标与现实、静态与动态、自治区与中央、市县的关系,要认真算账,既要算经济账也要算政治账,既要算小账也要算大账。各部门预算处室要高度负责,精确算账。预算处要全面统筹,控制总量,确保投入可持续。 会议决定,预算处根据会议讨论的意见对"三大战略"资金整合方案进行修改完善。
	三、研究加强政府债务管理的相关事宜	会议听取预算处关于加强政府债务管理有关情况的汇报。 会议要求,一是要高度重视政府债务管理工作,加强政府债务的监督检查,严格控制新增债务,积极帮助市县盘活存量债务,坚决防范出现债务风险。二是吴汉宝副厅长负责,预算处牵头,针对此次政府举债融资和政府购买服务检查发现的问题,督导各市县逐项进行整改。三是尽快召开全区财政系统债务管理工作视频会议,安排部署

续表

会议纪要	议题	决定事项
		加强政府债务管理工作相关事宜。 会议决定，一是原则同意《宁夏回族自治区关于举债融资行为清理整改情况的报告》，会后报自治区人民政府审定。二是原则同意《2017年下半年置换债发行计划》。
	四、研究下达2017年革命老区转移支付资金的相关事宜	会议听取预算处关于下达2017年革命老区转移支付资金有关情况的汇报。 会议决定，原则同意预算处的意见。
	五、听取农业处关于涉农扶贫资金整合情况的汇报	会议要求，各处室、单位要高度重视，严格按照中央考核要求，积极配合农业处将涉农扶贫资金整合工作做扎实、做到位。同时，要加强扶贫资金的监管，督促指导相关部门切实提高资金使用效益。
	六、研究财政管理一体化信息系统非税收入管理软件全面上线运行和自治区本级罚没收入收缴并入新版非税收入管理软件的相关事宜	六、研究财政管理一体化信息系统非税收入管理软件全面上线运行和自治区本级罚没收入收缴并入新版非税收入管理软件的相关事宜。
2017年第21次	七、研究设置综合管理岗位的相关事宜	会议听取人事与老干部处关于设置综合管理岗位有关情况的汇报。 会议决定，原则同意人事与老干部处意见。
	八、研究国庆、中秋"双节"向厅工会会员发放少量节日慰问品的相关事宜	会议听取机关党委关于国庆、中秋"双节"向厅工会会员发放少量节日慰问品有关情况的汇报。 会议决定，原则同意国庆、中秋"双节"向厅工会会员发放节日慰问品（标准为300元/人），机关党委严格按照相关规定办理。同时，大家要严格遵守中央八项规定等廉政要求，廉洁过节。
	九、研究开展2017年代理机构大检查的相关事宜	会议听取政府采购处关于开展2017年代理机构大检查有关情况的汇报。 会议决定，原则同意通过政府购买服务的形式委托宁夏政府采购协会开展2017年代理机构大检查，检查费用5万元。
	十、研究推行政府采购合同信用融资试点工作	会议听取政府采购处关于推行政府采购合同信用融资试点有关情况的汇报。 会议决定，原则同意开展宁夏回族自治区本级政府采购合同信用融资试点，会后将有关情况报自治区人民政府。
	十一、听取国库处关于全国地方预算执行和库款管理专题工作视频会议的精神汇报	会议要求，各处室、单位要高度重视，积极配合国库处开展宁夏财政支出数据质量自查工作。

续表

会议纪要	议题	决定事项
2017年第22次	一、研究部署做好党的十九大前及召开期间安保维稳和安全生产工作	会议听取办公室关于做好党的十九大前及召开期间安保维稳和安全生产工作有关情况的汇报。 会议要求，各处室、单位要高度重视党的十九大召开期间安保维稳和安全生产工作，厅领导要带头值班，出现情况要热情接待，稳妥处置，及时报告。要认真开展安全自查，认真查找安全保密、电源设备、水暖设备、燃气设备等方面存在的隐患，做好安全防范工作。同时，要严格遵守中央"八项规定"，确保十九大召开期间安全稳定。
	二、传达自治区人民政府专题会议精神	陈春平厅长传达10月13日张超超常务副主席主持召开的研究公路建设融资、宁夏战略新兴产业发展投资基金和中国港桥等社会资本增资入股宁夏银行事宜专题会议的有关精神。 会议要求，一是经建处牵头，严格落实国家有关政策规定，按照政府专题会议的有关精神积极稳妥支持推进公路融资工作。二是刘守保副厅长负责，企业处牵头，尽快与财政部沟通对接，研究吃透宁夏战略新兴产业投资发展基金相关政策，指导帮助宁国投制定合理可行的推进方案，严格控制风险。同时，要加强与银川市的协调沟通，帮助协调银川市加快推进三支基金落地相关工作，以推动银川市和自治区金融业发展。三是金融处牵头，按照政府专题会议的有关精神，积极研究宁夏银行增资扩股的相关事宜。四是预算处牵头，按照《预算法》规定和党委、政府的有关要求，10月30日前全面清理收回自治区本级财政暂付款，统筹保障当前全区经济社会发展重点支出需要。
	三、研究1—9月预算执行和第四季度收支预测事宜	会议听取预算处关于1—9月预算执行情况和第四季度收支预测的汇报。 会议要求，一是要紧盯全年目标任务，明确责任，认真分析收入形势，查找问题，采取措施及时解决。二是各位厅领导和各部门预算处要紧盯支出任务，严格按照《预算法》时限要求，尽快分配下达指标。加强与部门的沟通对接，督促部门单位加快支出，切实提高预算执行的及时性和均衡性。凡是2年以上的结余结转资金按政策规定一律收回，不足2年的结余结转资金及时调整使用，当年资金截至11月底未使用的原则上全部收回。三是要会同国税局和地税局建立协调工作机制，形成合力，定期分析全区财政经济形势，及时发现问题，解决问题。
	四、研究下达2018年部门预算编制项目支出"一下"控制数的相关事宜	会议听取预算处关于提请下达2018年部门预算编制项目支出"一下"控制数有关情况的汇报。 会议要求，各位厅领导和各部门预算处要认真抓好2018年部门预算编制工作，及时了解部门需求，加强与部门以及分管部门的自治区领导沟通汇报，调整优化支出结构，集中财力保障重点工作、重点需求，确保2018年部门预算精细科学，能进预算的原则上全部纳入预算，切实减少预算追加。 会议决定，一是预算处根据会议讨论的意见对2018年部门预算编制项目支出"一下"控制数进行修改完善后，于10月13日前下发到各部门预算处。二是各部门预算处要于10月16日前下发至各部门。三是预算处尽快起草2018年部门预算编制情况的汇报。
	五、研究"二上"预算审核的相关事宜	会议听取预算处关于"二上"预算审核有关情况的汇报。 会议决定，原则同意预算处的意见，各部门预算处于10月20日前将审核汇总的部门中期财政规划和"二上"预算报预算处。
	六、研究清理收回财政存量资金的相关事宜	会议听取预算处关于清理收回财政存量资金有关情况的汇报。 会议决定，原则同意预算处的意见，清理收回的资金统筹用于自治区急需安排保障的重点项目。
	七、研究审议《关于〈2016年度本级预算执行审计报告〉整改落实意见》	会议听取预算处《关于〈2016年度本级预算执行审计报告〉整改落实意见》有关情况的汇报。 会议要求，各处室、单位要高度重视审计整改工作，加强与自治区人大、审计部门、财政部驻宁专员办的沟通对接，及时掌握审计发现的问题，认真整改落实。 会议决定，原则同意《关于〈2016年度本级预算执行审计报告〉整改落实意见》，预算处牵头，相关处室、单位配合按照要求认真抓好落实。

续表

会议纪要	议题	决定事项
2017年第22次	八、研究2018年区本级重点项目预算绩效目标评审工作方案及经费预算的相关事宜	会议听取财政预算评审中心关于2018年区本级重点项目预算绩效目标评审工作方案及经费预算有关情况的汇报。 会议决定，一是原则同意《2018年区本级重点项目预算绩效目标评审工作方案》，其中组织专家集中评审的项目有34个，委托区内外第三方机构评审的项目有5个。二是原则同意评审中心按有关政策规定提出的评审经费预算标准定额，其中支付专家报酬19.8万元，第三方机构评审费9万元（实际委托评审费根据中标报价及合同条款执行）。三是因会议场所受限，原则同意在西桥巷如家酒店临时租用3间会议室开展评审工作，每间每天300元，合计1万元。
	九、研究确定增加厅机关公务用车社会化服务企业相关事宜	会议听取办公室关于增加厅机关公务用车社会化服务企业有关情况的汇报。 办公室报告，由于财政厅公务用车社会化服务企业（宁夏大众电召出租股份有限公司）股东调整，内部矛盾较为明显，影响了财政厅日常工作车辆保障。近期，办公室对《关于区直机关2016—2017年度购买公务用车社会服务有关事项的通知》（宁政机发〔2016〕11号）中明确的其他3家定点服务企业（庞大欧力士汽车租赁有限公司、宁夏广电物业有限公司及宁夏天豹汽车运输有限责任公司）进行了实地考察，宁夏天豹汽车运输有限责任公司报价较为合理，服务质量较好，大车保障得力，建议增加宁夏天豹汽车运输有限公司为厅机关公务用车社会化服务企业。 会议决定，原则同意增加宁夏天豹汽车运输有限公司为厅机关公务用车社会化服务企业。
	十、研究确定健康休养人员的相关事宜	会议听取人事与老干部处关于确定健康休养人员有关情况的汇报。 人事与老干部处报告，根据《关于组织区直机关优秀公务员和事业单位优秀工作人员健康休养的通知》（宁人社函〔2017〕566号），2017年分配财政厅3个赴海南健康休养人员名额，要求从近三年自治区级以上党委、政府表彰的先进模范或立功人员；近三年自治区党委组织部、人社厅与有关部门联合表彰的先进模范或立功人员，以及近三年年度考核连续3次优秀的人员中，推荐确定参加健康休养人员。财政厅符合条件共12人（省部级以上先进个人6人，近三年连续考核优秀6人），综合考虑，建议按照年龄大小顺序，从省部级以上先进个人中选派2人，从近三年考核连续优秀人员中选派1人参加休养。 会议决定，原则同意吴汉宝、吕文、何杨参加此次健康疗养，若以上3名同志因故无法参加，按照人事与老干部处所排顺序依次递补。
	十一、研究财政内部控制工作有关事宜	会议听取监督检查局关于财政内部控制工作有关情况的汇报。 会议要求，各处室、单位要从讲政治的高度认识内部控制工作的重要性，积极加快推进。一是要注重制度化。要按照中央、自治区的有关规定尽快完善厅机关内部管理相关制度和专项资金管理制度。二是要注重流程化，各项工作要分工负责，高效规范，相互制衡。三是要注重信息化。借助现代技术手段，将工作流程嵌入"财政行政管理系统"，实现步骤留痕，责任倒查。 会议决定，财政内部控制工作由李守银副厅长负责，监督检查局牵头，相关处室、单位配合，尽快制订方案，加快推进。
	十二、会议研究审议《宁夏回族自治区本级行政事业单位国有资产进场交易实施细则（试行）》	会议听取资产处关于《宁夏回族自治区本级行政事业单位国有资产进场交易实施细则（试行）》有关情况的汇报。 会议决定，原则同意《宁夏回族自治区本级行政事业单位国有资产进场交易实施细则（试行）》，会后印发执行。
		会议听取社保基金管理中心关于宁夏回族自治区社会保障资金信息管理系统项目招标采购有关情况的汇报。

续表

会议纪要	议题	决定事项
2017年第22次	十三、会议研究宁夏回族自治区社会保障资金信息管理系统项目招标采购的相关事宜	社保基金管理中心报告,宁夏被财政部确定为社会保障资金信息管理系统(一期)试点省区。按照工作计划,信息中心于2017年8月28日组织专家对《宁夏回族自治区社会保障资金信息系统建设方案》进行了可行性论证。2017年9月15日,预算评审中心就方案申报预算资金进行评审,并出具评审报告(宁财评审〔2017〕33号),审定项目概算金额969.02万元。 会议决定,一是原则同意宁夏回族自治区社会保障资金信息管理系统项目按照公开招标的方式进行采购,信息中心严格按照有关规定组织招标采购。二是项目预算控制在969.02万元以内,资金从财政信息化资金中列支。
	十四、会议研究信息系统招标采购的相关事宜	会议听取信息中心关于信息系统招标采购有关情况的汇报。 信息中心报告,统一公共支付平台项目、区本级部门决算网络版项目和预算执行信息系统3.0升级项目,于2017年9月28日和9月29日,经预算评审中心和相关专家进行了项目概算评审,出具了评审报告(宁财评审〔2017〕36号、宁财评审〔2017〕39号和宁财评审〔2017〕40号)。报告认定统一公共支付平台项目概算金额160万元,区本级决算网络版项目概算金额85.86万元,预算执行信息系统3.0升级项目概算金额32.8万元。 会议决定,一是原则同意统一公共支付平台项目、区本级部门决算网络版项目和预算执行信息系统3.0升级项目按照政府采购的公开招标方式进行采购,信息中心严格按照有关规定组织招标采购。二是区本级决算网络版项目预算控制在85.86万元以内;预算执行信息系统3.0升级项目预算控制在32.8万元以内;统一公共支付平台项目资金预算控制在160万元以内,资金来源为财政信息化预算资金。三是统一公共支付平台项目分两个标段进行招标,第一标段软件和项目实施,费用控制在156万元以内,含2019和2020年两年运行维护费;第二标段项目监理,费用控制在4万元以内。
2017年第23次	一、研究给予农发办杨斌开除公职处分的相关事宜	会议听取人事与老干部处关于给予农发办杨斌开除公职处分有关情况的汇报。人事处报告,宁夏农业综合开发办公室土地治理项目科科员杨斌因犯受贿罪,于2017年9月28日被灵武市人民法院一审判处有期徒刑1年2个月,缓刑2年,并处罚金10万元(2017宁0181刑初185号刑事判决书)。根据《事业单位工作人员处分暂行规定》(中华人民共和国人力资源和社会保障部、中华人民共和国监察部第18号令)第十八条、第二十二条之规定,拟建议给予杨斌开除公职处分。 会议要求,各级党员干部要高度重视党风廉政工作,认真汲取杨斌的深刻教训,牢固树立四个意识,严格遵守党风廉政各项规定,时刻强化自我约束,如实申报个人事项。会后,各处室、单位要及时召开处务会,传达会议精神,加强警示教育。 会议决定,原则同意给予宁夏农业综合开发办公室土地治理项目科科员杨斌开除公职处分。
	二、研究审议《自治区对市县资源枯竭城市转移支付办法》和下达资源枯竭城市转移支付资金的相关事宜	会议听取预算处关于《自治区对市县资源枯竭城市转移支付办法》和下达资源枯竭城市转移支付资金的汇报预算处汇报。2015年以前宁夏只有石嘴山市享受中央资源枯竭城市转移支付补助政策,2016年宁东被纳入独立工矿区补助范围,中央财政在下达资金时均已明确各市县资金额度,宁夏未单独出台转移支付办法。2017年中央财政开始对采煤沉陷区进行补助,需由省级财政根据本地实际进行分配。为此,按照《国务院关于促进资源型城市可持续发展的若干意见》(国发〔2007〕38号)及《中央对地方资源枯竭城市转移支付办法》(财预〔2017〕103号)等规定,研究制定了《自治区对市县资源枯竭城市转移支付办法》。2017年中央财政共下达我区资源枯竭城市转移支付资金2.9亿元,建议按照《自治区对市县资源枯竭城市转移支付办法》测算分配下达。 会议决定,一是原则同意《自治区对市县资源枯竭城市转移支付办法》,会后印发执行。二是原则同意按照《自治区对市县资源枯竭城市转移支付办法》测算分配下达2017年安排对市县资源枯竭城市转移支付资金2.9亿元,其中,石嘴山市资源枯竭城市补助资金2.25亿元;宁东独立工矿区补助资金0.29亿元;惠农区采煤沉陷区补助资金0.28亿元;彭阳县采煤沉陷区补助资金0.08亿元。

续表

会议纪要	议题	决定事项
2017年第23次	三、研究安排2017年自治区对市县重点生态功能区转移支付资金相关事宜	会议听取预算处关于安排2017年自治区对市县重点生态功能区转移支付资金有关情况的汇报。预算处汇报，根据《财政部关于印发〈中央对地方重点生态功能区转移支付办法〉的通知》(财预[2017]126号)有关要求，结合宁夏实际，重新修订《自治区对市县重点生态功能区转移支付办法》。建议按照新修订的《自治区对市县重点生态功能区转移支付办法》对2017年安排市县生态功能区转移支付资金15.51亿元进行了测算分配。 会议决定，一是原则同意《自治区对市县重点生态功能区转移支付办法》和2017年安排市县生态功能区转移支付资金的分配方案，会后报自治区人民政府审定。二是为加快财政支出进度，原则同意按照本次资金分配结果的90%提前预拨市县，待自治区政府研究确定后再进行清算。
	四、研究审议《宁夏回族自治区大气污染物和水污染物环境保护税具体适用税额的决定(草案)》	会议听取税政条法处关于《宁夏回族自治区大气污染物和水污染物环境保护税具体适用税额的决定(草案)》有关情况的汇报。税政条法处报告，根据《中华人民共和国环境保护法》有关规定，财政厅会同自治区地税局、国税局、环保厅、发改委、政府法制办深入市县、企业调研，代自治区人民政府起草了《宁夏回族自治区大气污染物和水污染物环境保护税具体适用税额的决定(草案)》。建议按照相关规定需由自治区政府报请同级人大常委会决定，并报全国人大常委会和国务院备案后，于2018年1月1日起颁布实施。 会议决定，一是原则同意《宁夏回族自治区大气污染物和水污染物环境保护税具体适用税额的决定(草案)》，会后征求各市县意见后，报自治区人民政府审定。二是税政条法处根据会议讨论的意见，对《宁夏回族自治区大气污染物和水污染物环境保护税具体适用税额的决定(草案)》起草说明进行修改完善。
	五、研究确定自治区本级国库现金管理第三方招标公司的相关事宜	会议听取国库处关于确定自治区本级国库现金管理第三方招标公司有关情况的汇报。国库处报告，根据《宁夏回族自治区本级国库现金管理实施细则》中关于"自治区本级国库现金管理采取公开招标方式""每期委托第三方(招标公司)进行招标"的要求，财政厅会同人民银行银川中心支行对六家资质及信誉良好的招标公司进行了综合评分，中天世纪国际招标有限公司、宁夏国际招标咨询集团有限公司和宁夏恒盛招标代理有限公司分列前三名。建议将此三家公司列为第三方招标公司。 会议决定，一是原则同意中天世纪国际招标有限公司、宁夏国际招标咨询集团有限公司、宁夏恒盛招标代理有限公司作为自治区本级国库现金管理招标第三方招标公司。会后国库处要加强对3家招标代理公司业务培训，并按规定程序签订代理协议。二是每次实施国库现金管理招标前从3家招标代理公司中随机抽取1家作为第三方招标公司。
	六、研究增加厅机关干部职工活动室部分设施的相关事宜	会议听取办公室关于增加厅机关干部职工活动室部分设施有关情况的汇报。办公室报告，厅机关干部职工活动室建设过程中发现现有场地还有部分空间能够利用，经广泛征求干部职工意见、市场调查及走访相关专业部门，为进一步改善环境，按照勤俭节约，满足基本需要的原则，建议新增部分物品(电视机1台、室内净化器1台、净水器1台)和设施(增设1个乒乓球场地，内设2处乒乓球台，采用单龙骨运动木地板)，同时，对活动室、食堂、阅览室及附楼楼道1650平方米墙面进行平整和粉刷；更换活动室、食堂、阅览室及部分办公室窗帘(均使用15年以上)，建设方案及项目经费概算已经财政预算评审中心评审。 会议决定，原则同意以上方案，项目预算控制在174800元以内，按照规定程序以零星采购的方式进行采购。
2017年第24次	一、听取农业处传达财政部2017年财政扶贫重点工作培训会议精神	会议指出，党中央将脱贫攻坚定位为决胜全面小康的三大攻坚战之一，自治区第十二党代会也把脱贫富民作为"三大战略"之一，充分体现了党中央、国务院和自治区党委、政府对脱贫攻坚工作的高度重视。各处室、单位要认真贯彻落实好党中央和自治区的政策精神，切实做好资金保障，加强资金监管，确保脱贫攻坚目标任务有效落实。

续表

会议纪要	议题	决定事项
2017年第24次	二、听取各处室、单位关于落实自治区党委、政府及厅党组会、厅务会、厅长办公会议部署重点工作任务落实情况的汇报	会议要求,最后1个月,各处室、单位要对党委、政府及厅党组会、厅务会、厅长办公会议部署重点工作任务进行逐项梳理,做好心中有数,实行任务清单化管理,责任到人,确保全年各项重点工作任务圆满完成。同时,要重点做好以下几项工作:一是继续抓好收支管理工作。各处室、单位要紧盯收支目标任务不放松,合理测算,常态化、制度化抓好收支工作,确保收入圆满增长7%的目标任务,力争达到10%;同时,八项支出增长15%的目标任务必须完成。二是扎实做好2018年预算编制工作。预算处要借鉴财政部和其他省份的先进经验做法,于"二下"前完成2018年预算编制的相关汇报材料。三是紧盯重点工作任务落实。各处室、单位要认真梳理本处重点工作任务,列出时间表,明确责任人,将工作计划表报办公室进行汇总。办公室要加大督查力度,各项重点工作任务必须严格按规定时限完成,对年度没有按时完成任务的处室、单位要进行追责。四是认真谋划2018年工作。各处室、单位要认真学习贯彻党的十九大和自治区第十二次党代会精神,提高政治站位,站在党委、政府的高度分析问题,制定措施;要开阔视野,不能就宁夏看宁夏,要树立系统思维,大处着眼,小处着手;要主动作为,主动研究政策,主动改革创新,加快转型和观念转变;要突出重点,确定2~3项重大工作任务,全力打造精品,切实干出成效。
2017年第25次	一、研究审议《宁夏回族自治区水资源税改革试点办法》	会议听取税政条法处关于《宁夏回族自治区水资源税改革试点办法》有关情况的汇报。 会议决定,税政条法处根据会议讨论的意见对《宁夏回族自治区水资源税改革试点办法》和《起草说明》进行修改完善后,报请自治区人民政府审定。
	二、研究审议《环保税、水资源税改革后收入划分方案》	会议听取预算处关于《环保税、水资源税改革后收入划分方案》有关情况的汇报。 会议决定,预算处根据会议讨论的意见对《环保税、水资源税改革后收入划分方案》进行修改完善后报请自治区人民政府审定。
	三、研究审议《自治区财政厅效能目标管理考核暂行办法》(修订稿)	会议听取办公室关于《自治区财政厅效能目标管理考核暂行办法》(修订稿)有关情况的汇报。 会议决定,办公室根据会议讨论的意见对《自治区财政厅效能目标管理考核暂行办法》(修订稿)进行修改完善后提请党组会研究。
	四、听取相关处室关于区直机关2017年度效能目标管理考核对接协调分工任务落实情况的汇报	会议要求,各处室、单位要告诉重视自治区效能目标管理考核工作,加强与考核打分单位的沟通对接,及时掌握考核情况,查漏补缺。同时,要认真梳理亮点工作加分事项,办公室加强督导,确保2017年度效能目标管理考核工作圆满完成。
	五、研究清理盘活财政存量资金的相关事宜	会议听取预算处关于清理盘活财政存量资金有关情况的汇报。 会议决定,预算处按照《预算法》、《国务院办公厅关于进一步做好盘活财政存量资金工作的通知》(国发办〔2014〕70号)、《国务院关于印发推进财政资金统筹使用方案的通知》(国发〔2015〕35号)、《财政部关于推进地方盘活财政存量资金有关事项的通知》(财预〔2015〕15号)有关规定,对区本级部门结余资金再次进行梳理核对,提出清理意见,报厅务会议研究。
	六、研究向市县调度资金的相关事宜	会议听取预算处关于向市县调度资金有关情况的汇报。 会议决定,为缓解银川市财政支出压力,确保重大项目顺利实施,原则同意向银川市财政调度财政资金10亿元(会后立即办理),重点用于教育、社保等重大民生支出,于2018年度预算执行期内通过上下级转移支付资金均衡扣回。

续表

会议纪要	议题	决定事项
2017年第25次	七、研究全区机关事业单位基本养老保险清算工作的相关事宜	会议听取社保基金管理中心关于全区机关事业单位基本养老保险清算工作有关情况的汇报。 社保基金管理中心报告,从2015年7月全区开始进行基本养老保险和职业年金个人部分的扣款。前9个月因考虑增资因素个人缴费部分未扣款,增资工作完成后在补发2014年10月至2015年6月共9个月的增资总额时,未按照实际增资额全部发放,而是在扣除个人应缴纳养老保险和职业年金后,将差额补发至个人。但扣除的个人应缴纳养老保险和职业年金未进行缴纳也未预留预算。经测算资金缺口4.36亿元(其中2014年10月至2015年6月共9个月因增资而扣除的个人应缴纳养老金和职业年金部分存在资金缺口2.82亿元、单位应缴费补缴拨款1.54亿元)。根据《国务院关于机关事业单位工作人员养老保险制度改革的决定》(国发〔2015〕2号)和《关于机关事业单位养老保险制度改革实施准备期预算管理和基本养老保险基金财务处理有关问题的通知》(财社〔2016〕161号)有关要求,建议:一是按现行政策规定进行账务调整处理,对单位缴费部分与实际发放退休费对冲,对冲后差额从"离退休支出"调入"对机关事业单位养老保险基金的补助支出"。二是2018年预算安排资金5亿元,用于全区机关事业单位基本养老保险清算工作。三是国库支付中心确认自治区社保局和区本级机关事业单位核定的相关数据,作为单位调账依据。 会议决定,原则同意社保基金管理中心意见,按现行政策和规定程序办理。
2017年第26次	一、传达学习《中共中央办公厅印发习近平总书记关于进一步纠正"四风"加强作风建设重要批示精神的通知》和自治区党委第24次常委会议精神	会议要求,各处室、单位会后要及时传达此次会议精神,按照全面从严治党和加强作风建设的有关要求,提高政治站位,自觉把思想和行动统一到党中央和自治区的部署上来。厅领导和各处长要带头垂范,加强管理,严格要求,切实把中央和自治区的要求贯彻到日常工作中,执行好,落实好。
	二、听取预算处关于"二上"预算有关情况的汇报	会议要求,2018年预算编制工作要认真贯彻党的十九大和自治区十二次党代会精神,符合国务院、财政部对预算编制工作的有关要求,充分体现自治区党委、政府的重大部署。提交自治区党委常委会、政府常务会的预算汇报材料站位要高,分类要更科学,测算要更精准,表述要更精确。 会议决定,一是预算处根据会议讨论的意见对2018年预算进行修改完善。二是预算处会同办公室于12月17日前完成向自治区党委常委会、政府常务会的汇报材料。
	三、研究加强自治区本级新增政府债券资金内部管理的相关事宜	会议听取预算处关于加强自治区本级新增政府债券资金内部管理有关情况的汇报。 预算处报告,为进一步规范新增债券资金管理,充分发挥资金使用效益,提出以下建议:一是实行全过程管理。参照部门预算资金管理模式,从新增政府债券项目申报审核、预算调整、债券发行、指标批复、资金下达、预算执行、绩效评价、结果应用等方面实施全过程管理,完整反映资金运行过程,从而进一步提高资金使用的安全性、规范性和有效性。二是明确责任分工。预算处负责新增政府债券相关管理制度、项目申报部署、项目终审汇总、预算调整方案、债券发行计划、指标批复、绩效评价结果应用等工作;国库处负责新增政府债券发行、信用评级等工作;部门预算处室负责新增债券项目申报、初审(包括政策依据、历年资金投入情况、资金缺口核实、项目收益与融资自求平衡专项债券实施方案等)、资金下达、按月进行预算执行进度考核、项目绩效评价等工作。 会议决定,原则同意预算处意见,根据会议讨论的意见对管理流程进一步完善,以正式文件印发,相关处室抓好落实。

续表

会议纪要	议题	决定事项
2017年第26次	四、研究审议《宁夏回族自治区预算绩效管理暂行办法》和《宁夏回族自治区本级预算绩效管理业务选聘第三方机构暂行办法》	会议听取预算评审中心关于《宁夏回族自治区预算绩效管理暂行办法》和《宁夏回族自治区本级预算绩效管理业务选聘第三方机构暂行办法》有关情况的汇报。 会议决定，预算评审中心根据会议讨论的意见对《宁夏回族自治区预算绩效管理暂行办法》和《宁夏回族自治区本级预算绩效管理业务选聘第三方机构暂行办法》进行修改完善，同时要尽快制定预算绩效管理评价体系、实施意见。
	五、研究审议《财政厅机关固定资产管理办法》	会议听取办公室关于《财政厅机关固定资产管理办法》有关情况的汇报。 会议决定，原则同意《财政厅机关固定资产管理办法》，办公室根据会议讨论的意见修改完善后印发执行。
	六、研究下达市县资源税转移支付资金和2017年财政自身建设资金的相关事宜	会议听取预算处关于下达市县资源税转移支付资金和2017年财政自身建设资金有关情况的汇报。 预算处报告，一是根据人民银行提供2017年1—11月资源税入库数据，按照《自治区财政厅关于明确资源税体制调整补助市县方案的通知》（宁财预发〔2016〕1080号）明确原则测算，2017年1—11月应补助市县资源税转移支付40443万元，2016年12月5日已提前下达19904万元，2017年8月8日已下达7622万元，建议于近期下达剩余12917万元。二是2017年自治区本级预算安排财政自身建设资金1000万元，按照地级市财政70万元、县级财政30万元、辖区财政20万元的分配原则，拟下达5个地级市财政共350万元，15个县级市财政共450万元，10个辖区财政共200万元，用于提高我区基层财政部门自身建设能力。 会议决定，原则同意预算处意见，会后按规定程序尽快下达。
	七、研究加强预算单位资金存放管理的相关事宜	会议听取国库处关于加强预算单位资金存放管理有关情况的汇报。 会议要求，国库处要做好政策衔接，通过完善制度进一步规范财政部门和预算单位资金存放管理，加大监督检查力度，确保财政资金存放管理公开、公平、公正。 会议决定，原则同意《自治区财政厅关于转发〈财政部关于进一步加强财政部门和预算党委资金存放管理的指导意见〉的通知》，会后印发执行。
	八、研究确定2017年高级会计师资格考试自治区合格标准的相关事宜	会议听取会计处关于确定2017年高级会计师资格考试自治区合格标准有关情况的汇报。 会计处报告，根据财政部、人社部、全国会计考办《关于2017年度高级会计师资格考试合格标准等有关问题的通知》（会考〔2017〕12号），《高级会计实务》科目考试全国合格标准为60分（试卷满分为100分），全区合格107人，占实考人数的51.94%，由全国会计考办核发考试成绩合格证，在全国范围3年内有效。同时，根据《关于2017年度高级会计师资格考试合格标准等有关问题的通知》（会考〔2017〕12号）关于"各地区当年评审有效的使用标准不得低于55分"的有关要求，为进一步调动会计人员的工作积极性，建议2017年自治区《高级会计实务》科目考试合格标准为55分（按55分计算，增加22人，合格率为10.68%），由自治区会计考办核发考试成绩合格证，在自治区2018年内有效，过期作废。 会议决定，原则同意会计处意见，将2017年自治区《高级会计实务》科目考试合格标准为55分，由自治区会计考办核发考试成绩合格证，在自治区2018年内有效，过期作废。
		会议听取经建处关于"粮安工程"危仓老库维修改造项目结余资金有关情况的汇报。 经建处报告，2015年财政部、国家粮食局开展"粮安工程"危仓老库维修改造项目，该项目原向中央申报投资额18442.3万元，中央财政一次性拨付我区2015年危仓老库

续表

会议纪要	议题	决定事项
2017年第26次	九、研究"粮安工程"危仓老库维修改造项目结余资金的相关事宜	维修改造中央财政资金5533万元（项目申报投资总额的30%），自治区按1∶1比例配套资金5533万元，共安排2015—2016年全区危仓老库维修改造项目资金11066万元。截至2017年11月24日，自治区粮食局会同我厅分别下达三批维修计划，实际执行投资计划13476.3万元，按规定财政应补助资金9695万元，已拨付89%（8665万元）。同时，拨付2014年危仓老库清算资金134万元。目前项目结余资金约2267万元，全部为中央资金。 近期，自治区粮食局向财政厅报送了《关于解决宁夏储备粮平罗储备库仓房扩建项目建设资金的函》（宁粮财函〔2017〕115号），对计划具备扩建条件的宁夏储备粮平罗储备库扩建2.3万吨高大平房仓，申请财政安排建设资金2507万元。 由于"粮安工程"危仓老库维修改造项目执行进度较慢，自治区粮食局不能按期提供资金清算资料，项目执行期已超过两年，资金也已结转两年。根据《关于进一步做好盘活财政存量资金工作的通知》（国办发〔2014〕70号）关于"下级政府可在不改变资金类级科目用途的基础上，调整用于同一类级科目下的其他项目，并报上级政府有关部门备案"的有关要求，为加快支出进度，建议将收回的结余资金用于平罗储备粮库扩建工程（此项目符合国办发〔2014〕70号文件政策规定），自治区粮食局按照基本建设规定，履行法定程序并提供建仓相关有效支持材料。财政厅将调整使用情况报财政部经济建设司备案。 会议决定，原则同意经建处意见，按规定程序办理。
	十、研究2018年企业科技创新后补助项目研发费用委托审计的相关事宜	会议听取企业处关于2018年企业科技创新后补助项目研发费用委托审计有关情况的汇报。 企业处报告，2018年科技后补助共申报项目266个，经专家评审，科技厅向我厅提交研发费用审计项目144个（不含国家科技项目2个）。根据《关于印发〈宁夏回族自治区企业科技创新后补助公示管理办法〉的通知》有关规定，由财政厅委托会计师事务所对项目进行审计。按照《财政厅内部聘用和委托社会中介机构开展财政检查管理暂行办法》（宁财监发〔2016〕1177号）规定，拟在财政厅招标确定的检查业务定点服务机构（且在注协2016年会计师事务所履行社会责任结果为优和良）范围中选择6家开展此项审计工作，预算总额142.32万元（固定费用112.32万元，奖励费用30万元），从2018年科技创新后补助预算中安排，批复到财政厅，由办公室拨付给事务所。 会议决定，一是原则同意企业处意见，按规定程序办理。二是企业处要加强与科技厅等部门沟通，创新资金管理方式，结合企业研发费用加计扣除政策，制定企业研发投入财政普惠性奖补政策，并于2019年正式实施。
	十一、研究委托第三方服务机构开展2017年城镇保障性安居工程项目财政资金绩效评价工作及经费的相关事宜	会议听取综合处关于委托第三方服务机构开展2017年城镇保障性安居工程项目财政资金绩效评价工作及经费有关情况的汇报。 综合处报告，按照《自治区财政厅关于开展2016年重点项目绩效评价的通知》等文件要求，综合处会同相关处室对符合报名条件的信永中和会计师事务所、天华会计师事务所、瑞衡联合会计师事务所等3家第三方机构进行综合打分，拟遴选确定综合得分最高的瑞衡联合会计师事务所作为2017年全区城镇保障性安居工程财政资金绩效评价工作的第三方委托服务机构，绩效评价工作经费报价51.88万元。资金来源于厅机关2018年度工作经费。 会议决定，原则同意综合处意见，按照规定程序办理。
	十二、研究自治区残联调整2016年宁夏残疾人劳动就业服务中心结余资金使用用途的相关事宜	会议听取社保处关于自治区残联调整2016年宁夏残疾人劳动就业服务中心结余资金使用用途有关情况的汇报。 社保处报告，一是由于2016年地税部门系统升级，保障金征收主体改变，劳服中心保障金征收系统软件对接配套设施购置项目无法实施。根据《宁夏回族自治区残疾人就业保障金征收使用管理实施办法》残疾人就业保障金可"补贴用人单位安排残疾人就业所需设施设备购置、改造和支持性服务费用"的规定，建议将该项目资金69万元用于中心无障碍设施改造。二是劳服中心承接着全国盲人医疗按摩人员考试和全区残

续表

会议纪要	议题	决定事项
2017年第26次		疾人职业技能培训、职业技能竞赛、就业服务登记、能力评估等重要任务,由于劳服中心一直没有专门培训场所,大部分培训工作无法开展。建议将2016年就业服务与培训结余资金31万元用于建设自治区级残疾人职业技能培训基地建设。 会议决定,原则同意社保处意见,按规定程序办理。
	十三、研究建立宁夏财政服务热线呼叫中心的相关事宜	会议听取信息中心关于建立宁夏财政服务热线呼叫中心有关情况的汇报。 信息中心报告,厅信息中心担负着全区各级财政部门、预算单位和银行共6000多家单位使用财政网络和40多套业务系统的日常运维服务,目前购买了11家运维公司的驻场服务,常驻财政厅服务人员60左右,存在办公地点分散、运维电话数量少等问题,服务对象反映电话难打、响应慢、不及时回复或忘回复等现象,影响了财政业务服务效率、质量。为了进一步规范业务服务流程和服务质量,拟采用宁夏电信的外包呼叫中心平台建立宁夏财政服务热线呼叫中心,统一对外服务窗口,提高运维工作效率,提升财政服务形象。每年支付8个坐席费用5万元左右,一次性费用1.08万元左右,建议按照政府采购规定的零星采购方式进行采购。 会议决定,原则同意信息中心意见,按规定程序办理。
	十四、研究招标采购厅七楼、八楼会议室和多功能厅音视频系统升级改造项目的相关事宜	会议听取信息中心关于招标采购财政厅七楼、八楼会议室和多功能厅音视频系统升级改造项目有关情况的汇报。 会议决定,信息中心会同办公室,根据会议讨论的意见,结合厅机关办公楼的实际统筹考虑,做好规划,尽快提出整体改造方案,提交厅务会议研究。
2017年第27次	一、传达中央和自治区关于加强政府债务管理有关精神	会议要求,一是各处室、单位要认真学习中央和自治区关于加强政府债务管理有关指示精神,把防风险摆在重要位置,思想上高度重视,按照要求扎实做好债务管理工作。二是预算处牵头,按照中央和自治区的要求,切实摸清各市县(区)的隐性债务底数和具体用途,按照实事求是的原则,不漏报,不多报,不少报。同时,要认真分析债务结构,找准风险点。三是要严肃纪律,加强风险源头管控,不得再新增隐性债务,坚决遏制增量,杜绝再发生违法违规举债,决不允许新增隐性债务上新项目。四是预算处要尽快研究制定政府债务责任追究办法,届时将依法对违法违规举债或融资担保问题严肃追责,发现一起,查处一起,问责一起,绝不姑息。
	二、传达学习2017年自治区安委会第五次全体(扩大)电视电话会议精神;研究审议《财政厅2018年元旦春节期间安全维稳工作预案》	会议传达2017年自治区安委会第五次全体(扩大)电视电话会议精神,听取办公室关于《财政厅2018年元旦春节期间安全维稳工作预案》有关情况的汇报。 会议要求,各处室、单位要认真贯彻落实自治区安委会第五次全体(扩大)电视电话会议精神,坚持问题导向,查找安全隐患,对出现的问题要积极妥善应对。要明确责任,落实到人到岗,出现问题严肃追责。 会议决定,原则同意《财政厅2018年元旦春节期间安全维稳工作预案》,会后印发执行。
	三、研究加强元旦节日期间党风廉政建设有关事宜	会议听取驻厅纪检组关于加强元旦节日期间党风廉政建设有关事宜的汇报。 会议要求,各处室、单位要高度重视,认真落实《关于元旦、春节期间遵守廉洁纪律加强监督执纪问责的通知》要求,认真贯彻中央八项规定,加强廉政教育,转变观念,克服惯性思维,严格按规定办事,守住"底线",不碰"红线"。
	四、研究审议《关于2017年预算执行情况和	会议听取预算处《关于2017年预算执行情况和2018年预算编制情况的汇报》。 会议决定,预算处按照党的十九大和自治区第十二次党代会精神,结合会议讨论的意见对《关于2017年预算执行情况和2018年预算编制情况的汇报》尽快进行修改完善。

续表

会议纪要	议题	决定事项
2017年第27次	2018年预算编制情况的汇报》	
	五、研究审议《2018年财政工作报告提纲》	会议听取办公室关于《2018年财政工作报告提纲》(以下简称《提纲》)有关情况的汇报。 会议决定,办公室会后根据会议讨论的意见对《提纲》进行修改完善,并于2018年1月10日前形成2018年财政工作报告初稿。
	六、研究审议《宁夏回族自治区财政水利发展资金使用管理实施细则》	会议听取农业处关于《宁夏回族自治区财政水利发展资金使用管理实施细则》有关情况的汇报。 农业处报告,为规范和加强中央、自治区财政水利发展资金管理,促进全区水利改革发展,依据《中华人民共和国预算法》《中央财政水利发展资金使用管理办法》《自治区对市县(区)专项转移支付管理办法(暂行)》等有关法律法规和制度规定,结合我区实际,会同水利厅制定了《宁夏回族自治区财政水利发展资金使用管理实施细则》(以下简称《细则》),拟于2018年1月起执行。 会议决定,农业处根据会议讨论的意见对《细则》进行修改完善后,联合水利厅印发执行。
	七、研究加强财政收支工作的措施	会议听取预算处关于加强财政收支工作措施有关情况的汇报。 会议决定,吴汉宝副厅长负责,预算处牵头落实全区重点项目总支出目标,各处室按照责任分工督促相关部门尽快落实新调整的变动预算,国库处及时跟踪督导各市县财政局承诺增长值落实情况,确保承诺增幅不虚高、不缩水、不打折,实事求是、全面真实反映,力促2017年全区财政重点项目支出目标圆满完成。

2017年自治区财政厅厅长办公会议研究议题一览表

会议纪要	议题	决定事项
2017年第1次	研究社会保障处与财政社会保险基金管理中心职责划分事宜	会议听取社会保障处关于社会保障处与社会保险基金管理中心有关工作交接的汇报和财政社会保险基金管理中心关于社保中心职责的说明。 会议认为,严格执行自治区人民政府办公厅《关于印发自治区财政厅主要职责内设机构和人员编制规定的通知》(宁政办发〔2014〕119号)、自治区编办《关于调整自治区财政厅部分所属事业单位机构编制事项的通知》(宁编发〔2016〕24号)等文件中明确的社会保障处和财政社会保险基金管理中心的职责。社会保障处与财政社会保险基金管理中心的工作联系密切,应主动对接,相互补充,站在促进全区社保事业发展的高度,履行好各自的职责,充分发挥主观能动性,调动工作积极性,把好关口,为社保事业做出贡献。社会保障处本着制定政策、办法、标准的原则,强化监管、协调作用;财政社会保险基金管理中心本着具体操作、抓好落实、核实每个单位和个人社保账的原则,做好社保工作。 会议决定,一是社保基金业务整体从社会保障处移交财政社会保险基金管理中心。二是社会保险重大政策研究、制定、执行、监督由社会保障处承担。三是争取中央资金由社会保障处牵头,财政社会保险基金管理中心负责做好基础工作。四是财政社会保险基金管理中心业务涉及行政职能事项发文时,与社会保障处会签,挂社会保障处文号。五是其他未尽事项,社会保障处与财政社会保险基金管理中心商议后,由分管副厅长决定。 会议要求,社会保障处工作重点突出行政职能的履行,突出社会保障、民政、卫生等方面政策法规的研究、制定、执行,突出社会保障资金(基金)财政监管,加强与财政社会保险基金管理中心的业务沟通与协调。财政社会保险基金管理中心突出实际操作、落实好政策;突出社保基金的收缴、支出、账户管理、归集、调剂、协管及合理使用社保基金,注重理财;要建立算账机制,尽快建立台账,将社保基金算准、算细,算到具体人头,切实掌握社保基金的情况,管好用好社保基金。

续表

会议纪要	议题	决定事项
2017年第2次	研究林业厅建设项目遗留问题资金的事宜	会议听取农业处关于林业厅建设项目遗留问题资金有关情况的汇报。 会议指出,2016年自治区人民政府第14次专题会议和自治区人民政府第66次常务会议要求"实物资产抵顶后剩余的欠款,由财政厅在2017年林业厅部门预算中安排资金一次性解决"。目前,房屋资产抵顶和土地招拍挂正在进行,自治区林业厅申请预借1000万元,解决遗留问题建设项目拖欠的农民工工资。 会议决定,因春节将至,为确保社会安全稳定,原则同意给自治区林业厅预借资金1000万元,用于解决遗留问题建设项目拖欠的农民工工资。
2017年第3次	研究落实国务院安委会第八巡查组安全生产巡查工作有关事宜	会议学习国务院安委会《2017年安全巡查工作实施方案》和《2017年安全生产巡查工作流程》,传达咸辉主席在国务院安委会安全生产巡查动员会议上的讲话精神。 会议强调,开展安全工作巡查工作,是贯彻落实党中央、国务院关于加强安全生产决策部署,督促检查全面落实安全生产法律法规、方针政策和监督责任,重点解决安全生产突出问题的重要举措,对推动宁夏依法治安,推进安全生产领域改革发展,不断提升整体安全水平,具有重要意义。各处室一定要站在讲政治、讲大局的高度,充分认识做好巡查工作的重要性和紧迫性,高度重视国务院安委会安全生产巡查工作,把巡查工作作为改进提高工作的契机,扎实做好迎接国务院安委会安全生产巡查各项准备工作,准确把握巡查工作要点、流程和要求等,全面开展自查自纠,抓紧查漏补缺、补齐短板。 会议要求,各处室要认真学习、传达国务院安委会《2017年安全巡查工作实施方案》《2017年安全生产巡查工作流程》和咸辉主席在国务院安委会安全生产巡查动员会议上的讲话精神,切实把思想统一到国务院和自治区安排部署上来。相关处室要对照巡查资料目录,认真细致做好备查资料的收集、梳理和归类,做到资料齐全、分类清晰。有关处室负责人要全面熟悉掌握备查资料和相关情况,做到底子清、数据明,准确无误地向巡查组提供查阅资料并做好解释说明,切忌答非所问、敷衍塞责。 会议决定,成立财政厅迎接国务院安委会第八巡查组安全生产巡查工作领导小组,财政厅党组书记张苏安任组长、副厅长刘守保任副组长,成员为办公室、预算处、经建处、企业处、国库处负责人。领导小组下设办公室,设在经建处。刘守保副厅长兼任办公室主任,侯江华、李伟兼任副主任。经建处牵头预算处、企业处、国库处配合,负责做好备查资料的收集、梳理和归类工作;预算处、企业处、国库处配合,办公室负责巡查联络工作,办公室主任侯江华为联络员。
2017年第4次	研究加快财政支出进度的有关事宜	会议指出,6月份全区财政支出任务艰巨,特别是吴忠市和青铜峡市财政库款支出压力较大,完成财政支出任务困难。 近日,吴忠市和青铜峡局分别申请提前调度财政国库资金,主要用于其本级6月份的民生等重点项目支出,缓解当前库款支出压力。 会议要求,要强化财政收支考核通报机制,各部门预算处要积极督促主管部门,主动对接协调,加快项目预算分配下达;要加强对市县财政的指导工作,不断加大统筹资金力度,加快支出进度,尤其是要重点分析困难市县的问题,采取有效措施,确保完成关键时间节点财政支出任务,提高资金使用效益。 会议决定,原则同意向吴忠市财政提前调度国库资金2亿元;向青铜峡市财政局提前调度国库资金1亿元,用于本月重点项目支出,并于2017年9月前通过自治区转移支付资金结算扣回。
2017年第5次	研究林业厅建设项目遗留问题的有关事宜	会议指出,2009年至2012年,宁夏鑫田建筑有限公司(宁夏鑫荣房地产开发公司)承建了自治区林业厅综合业务办公楼、宁夏防沙治沙职业技术学院、宁夏设施园艺产业园休闲农业区项目。自治区审计厅审计报告(宁审经责报〔2015〕20号)确认,林业厅共欠两家公司工程款39606.8万元。自治区人民政府2016年第66次常务会议纪要明确要求"自治区林业厅牵头负责,自治区财政厅、国土资源厅、审计厅、地税局等部门和银川市配合,坚持依法依规、按政策办事的原则,认真做好自治区林业厅所属房产及土地资产的抵顶清算工作,实物资产抵顶后剩余的欠款,由自治区财政厅在2017

续表

会议纪要	议题	决定事项
2017年第5次		年自治区林业厅部门预算中安排资金一次性解决"。 近期,宁夏鑫田建筑有限公司(宁夏鑫荣房地产开发公司)拖欠工资的农民工先后5次聚众上访,索要工程欠款,严重影响财政厅正常工作秩序,也带来了极大安全隐患和社会不稳定因素。 会议认为,为妥善解决遗留问题,维护社会稳定,根据自治区人民政府2016年第14期专题会议纪要及第66期精神要求,自治区财政厅分3次预借自治区林业厅6000万元(其中,2016年2月5日拨付2000万元,2016年7月1日拨付3000万元,2017年1月23日拨付1000万元)主要用于解决拖欠农民工工资问题。另外,为加快房屋资产抵顶进程,2017年5月31日,自治区财政厅根据自治区人民政府2017年第90期常务会议纪要精神,又拨付自治区林业厅房屋资产抵顶过户需要缴纳的税金及土地出让金3212万元。由于自治区林业厅资产抵顶的过户手续和银川市土地挂牌尚未完成,按照自治区人民政府的有关要求,自治区财政厅无法安排所欠款项。 会议要求,为确保十九大召开前夕社会安全稳定,避免上访事件再次发生,由李守银副厅长负责,农业处牵头,资产处、预算处配合,会后立即与自治区林业厅协调对接,研究制定具体的措施办法。明确自治区林业厅主体责任,由自治区林业厅会同有关部门加快推进所属房屋资产抵顶和联系银川市土地挂牌事宜,自治区财政厅积极配合。措施办法由自治区林业厅会同我厅行文报请自治区人民政府审定。
2017年第6次	研究了预拨林业厅建设项目遗留问题资金事宜	会议决定,根据自治区人民政府专题会议纪要(2016年2月4日第14期)精神和张超超常务副主席、马顺清副主席在《自治区林业厅自治区财政厅关于申请预拨建设项目遗留问题资金的请示》(宁林发〔2017〕110号)批示要求,自治区财政厅预拨自治区林业厅1000万元,由自治区林业厅统筹资金,负责解决宁夏鑫田(鑫荣)公司拖欠的农民工工资问题。
2017年第7次	一、研究了党风廉政的相关事宜	会议通报陈延严重违纪案件情况。 会议要求,一是思想上自觉。要高度重视党风廉政工作,认真吸取教训,不断提高政治觉悟,坚决不能触底线、踩红线。二是行动上自觉。要严格遵守党纪国法和财经纪律,如履薄冰,尽职尽责,严以用权,守土有责,管好钱,尽好责。三是制度上约束。要强化制度建设,认真学习、研究、完善财政政策,严格按政策制度办事,主动为党委、政府把好关。四是以身作则。算好政治账、廉政账,一刻也不能放松廉政建设,严以律己,当好表率,严格要求下属,守好自己的门,看好自己的人。
2017年第7次	二、研究了建设扶贫信息平台的相关事宜	会议听取农业处关于建设扶贫信息平台有关情况的汇报。 会议要求,农业处要高度重视,将扶贫信息平台作为扶贫资金监管的有力抓手,实现精准管理。扶贫信息平台要与农民补贴网和国务院扶贫网相互衔接联通,精准录入,定期更新。 会议决定,一是由农业处负责,于2017年8月31日前提出扶贫信息平台建设方案。二是信息技术方面,由信息中心牵头,农业处、教科文处、社保处、农村财政管理局配合建设扶贫信息平台,争取2017年12月底前上线运行。三是农业处高度重视涉农资金整合工作,加强调研,充分借鉴外省先进经验,于2017年9月15日前完成涉农资金整合工作调研报告。
2017年第7次	三、研究了发展壮大村级集体经济的相关事宜	会议听取农村财政管理局关于发展壮大村级集体经济有关情况的汇报。 会议要求,农村财政管理局要加强调研、学习借鉴外省区先进经验和做法,进一步理清工作思路、扶持方式和重点,在壮大村集体经济(包括空壳村发展)上积极探索,提出切实可行的政策建议和实施方案,确保资金发挥最大效益。 会议决定,农村财政管理局于2017年8月31日前提出扶持村级集体经济发展的试点实施方案。
2017年第8次		切实抓好下一步财政工作提出三点要求: 一、集中精力抓大事。要提高政治站位,认真学习领会自治区十二次党代会精神,把思

续表

会议纪要	议题	决定事项
2017年第8次	听取各分管厅领导关于下半年工作思路的汇报	想和行动统一到党委、政府的决策部署上来,关注财政部的重大政策和重点改革任务,掌握市县、部门业务工作,特别是市县、部门主要负责同志关注的重点工作,了解社会热点问题,结合财政工作实际,指导分管处室认真研究谋划下半年重点工作,梳理细化具体的目标、任务和措施,列出时间表、路线图,于8月24日前经分管厅领导审定后,由办公室汇总印发。 二、抓好重点工作落实。一是加强预算管理工作。各分管厅领导要高度重视2018年预算编制工作,亲自抓、亲自问,主动与分管部门沟通,亲自向分管主席汇报,集中财力保障党委、政府的重点工作和"三大战略"的实施;要亲自抓预算执行工作,建立与国税局、地税局联席会议制度,定期分析税收形势,制定工作措施,确保按进度完成全年财政收支任务。二是加强基础管理工作。要求分管处室认真研究政策,全面梳理现行的政策制度,列出清单、提出完善意见。三是加强重点政策试点争取。密切关注重大政策和重要试点工作进展,加强与财政部的沟通对接,争取更多支持。 三、讲究工作方式方法。一是要认真研究政策,主动与各分管主席、部门和市县主要负责同志进行沟通,吃透上情,掌握下情,为财政有效支持经济社会发展赢得主动。二是要群策群力,加强处室之间的交流协作,减少文来文往,重大工作任务召开专题会议集中讨论研究,主动借助外力提高工作效率。三是要关注重大事项,对党委、政府主要领导关注重点工作要抓紧研究落实。对报送党委、政府领导的专报要认真把关,及时报送。四是要敢抓敢管,各分管厅领导严格要求处室,努力带好队伍,突出发挥处长带头引领作用,加强人员培养,切实提升干部能力素质。要苦干实干,激发干事创业激情,大力践行实干兴宁,推动财政事业迈上新台阶。
2017年第9次	安排部署财政支持自治区"三大战略"实施有关事宜	会议传达9月5日上午自治区政府推进"三大战略"实施意见情况汇报会主要精神。 会议要求,各处室要认真学习领会咸辉主席、张超超常务副主席在推进"三大战略"实施意见情况汇报会上的讲话精神,坚持问题导向,明确目标任务,把新政策和老政策有机结合,加大政策、项目、资金整合力度,严格把关,认真测算,提出切实可行的资金保障方案,统筹推进自治区"三大战略"顺利实施。 会议决定,一、由刘守保副厅长负责,企业处、教科文处牵头,相关处室配合,制订支持"创新驱动战略"所需资金测算方案;由李守银副厅长负责,农业处牵头,相关处室配合,制订支持"脱贫富民战略"所需资金测算方案;由刘守保副厅长负责,经建处牵头,相关处室配合,制订支持"生态立区战略"所需资金测算方案。资金测算方案于9月7日中午12时前,经分管厅领导审核签字后送办公室统一提交陈春平厅长审阅。 二、由吴汉宝副厅长负责,预算处牵头,各部门预算处配合,从2018年部门预算编制入手,积极主动参与各牵头处室资金测算工作,严格审核把关,做到突出重点、全面统筹、有保有压、有增有减,全力保障实施"三大战略"资金需求。 三、建立责任追究制度。对政策把关不严、测算不准、质量不高、未能按时完成工作任务的相关处室严肃问责。
2017年第10次	一、研究审议财政支持"创新驱动战略"所需资金测算方案	会议听取企业处关于财政支持"创新驱动战略"所需资金测算方案有关情况的汇报。 会议要求,要坚决贯彻好自治区第十二次党代会精神和自治区领导的指示要求,落实到在预算安排上,落实到推动"三大战略"上。聚焦"三大战略"的实施意见,加大资金整合力度,杜绝小、散、乱,控制总量,做到有保有压、有增有减,目标明确。各位厅领导、各部门预算处要加强与部门的沟通对接,加大整合力度,废旧立新,同一部门的项目资金必须进行整合,跨部门的项目要找准切入点,开展整合试点工作。 会议决定,一是企业处根据会议讨论的意见对《财政支持"创新驱动战略"所需资金测算方案》进行修改完善。二是预算处牵头,各部门预算处配合尽快提出支持"三大战略"资金整合方案。

续表

会议纪要	议题	决定事项
2017年第10次	二、研究审议财政支持"脱贫富民战略"所需资金测算方案	会议听取农业处关于财政支持"脱贫富民战略"所需资金测算方案有关情况的汇报。 会议决定,一是农业处根据会议讨论的意见对《自治区党委、政府关于推进脱贫富民战略的实施意见》反馈意见进行修改完善后,按规定时间报送自治区人民政府。二是农业处根据会议讨论的意见对《财政支持脱贫富民战略所需资金测算方案》进行修改完善。
	三、研究审议财政支持"生态立区战略"所需资金测算方案	会议听取经建处关于财政支持"生态立区战略"所需资金测算方案有关情况的汇报。 会议决定,一是经建处根据会议讨论的意见对《自治区党委、政府关于推进生态立区战略的实施意见》反馈意见进行修改完善后,按规定时间报送自治区人民政府。二是经建处根据会议讨论的意见对《财政支持生态立区战略所需资金测算方案》进行修改完善。
	四、研究审议《宁夏战略新兴产业发展基金合作框架协议签署仪式方案》	会议听取办公室关于《宁夏战略新兴产业发展基金合作框架协议签署仪式方案》有关情况的汇报。 会议指出,框架协议虽是意向性合作协议,但要坚持三个原则:一是企业为主体,具体事宜由企业之间协商确定,财政厅代表政府做好协议的服务工作,按照自治区党委、政府要求,积极主动地为企业营造良好的营商环境。二是依法依规,内容和程序上都严格执行现有政策和法规。三是坚持公开、公正、透明原则,一切按政策和程序办事。 会议要求,本次签约合作是落实自治区党委十二次党代会精神,大力引入社会资本,培育多层次资本市场的一项重要举措,大家要高度重视,高标准、高质量做好牵线搭桥的一系列服务工作。签约结束后,要厘清与各合作方的职责权限,企业处及时督促宁夏国有资产投资控股集团有限公司加快推进基金设立工作,按规定程序报批,但不得参与基金日常管理事务。 会议决定,办公室根据会议讨论的意见对《宁夏战略新兴产业发展基金合作框架协议签署仪式方案》修改完善后,报自治区人民政府审定。
2017年第11次	一、研究审议《自治区财政厅关于提请审定〈部分领域财政事权和支出责任划分改革方案〉反馈意见的请示》	会议听取预算处关于《自治区财政厅关于提请审定〈部分领域财政事权和支出责任划分改革方案〉反馈意见的请示》有关情况的汇报。 会议决定,预算处牵头,教科文、社保处配合,按照会议讨论的意见,认真算账,尽快对《自治区财政厅关于提请审定〈部分领域财政事权和支出责任划分改革方案〉反馈意见的请示》进行修改完善,于11月7日前报自治区人民政府审定。
	二、研究审议《自治区财政厅关于对〈财政部健全地方税体系改革方案(征求意见稿)〉有关建议的请示》	会议听取税政条法处关于《自治区财政厅关于对〈财政部健全地方税体系改革方案(征求意见稿)〉有关建议的请示》有关情况的汇报。 会议决定,税政条法处根据会议讨论的意见对《自治区财政厅关于对〈财政部健全地方税体系改革方案(征求意见稿)〉有关建议的请示》进行修改完善,于11月7日前报自治区人民政府审定。
	三、研究审议《自治区政府产业引导基金投资方案》	会议听取企业处关于《自治区政府产业引导基金投资方案》有关情况的汇报。 企业处报告,近日宁夏政府产业引导基金管理中心提请自治区政府产业引导基金投资指导委员会办公室(以下简称"产投办")审核《自治区政府产业引导基金投资方案》(3支子基金和1个直投项目方案),10月30日,刘守保副厅长主持召开专题会议进行了研究,按照《自治区政府产业引导基金管理暂行办法》(宁财企发〔2016〕445号)规定,对投资领域和子基金设立条件进行了合规性审查。会议原则同意宁夏产业引导基金管理中心提交的投资方案。由于《宁夏回族自治区政府投资基金管理办法(暂

续表

会议纪要	议题	决定事项
2017年 第11次		行)》暂未出台,为加快推进政府产业引导基金投资运作,建议此次投资方案按《自治区政府产业引导基金管理暂行办法》(宁财企发〔2016〕445号)相关规定,报请自治区产业引导基金投资指导委员会审定。 会议要求,《宁夏回族自治区政府投资基金管理办法(暂行)》未出台前,基金相关工作仍按照《自治区政府产业引导基金管理暂行办法》(宁财企发〔2016〕445号)相关规定执行。同时,产投办要严格按照《自治区政府产业引导基金管理暂行办法》(宁财企发〔2016〕445号)明确的职责,从投资领域、子基金设立条件等方面进行政策合规性审查,不得参与基金具体的运作事宜。同时要做好绩效评价与监督。 会议决定,一是原则同意《自治区政府产业引导基金投资方案》(3支子基金和1个直投项目方案),会后协调以宁夏政府产业引导基金管理中心名义报请自治区产业引导基金投资指导委员会审定。二是《宁夏回族自治区政府投资基金管理办法(暂行)》出台后,以上基金按规定要求划转至"政府投资基金"进行管理。
	四、研究自治区民政厅等11家单位购置公务用车的相关事宜	会议听取资产处关于自治区民政厅等11家单位购置公务用车有关情况的汇报。 资产处报告,近期自治区民政厅、农牧厅、卫计委、林业厅、医科大学、食品药品监督管理局、平罗县人民政府、海原县财政局、彭阳县财政局等11家单位,申请购置公务用车71辆,计划购置经费1817.08万元。按照《宁夏党政机关公务用车配备使用管理办法》(宁党办〔2012〕31号)和《自治区公务用车制度改革总体方案》(宁党办〔2015〕58号)有关规定,资产处会同行政政法处、社保处、农业处、教科文处和经建处,对车辆用途、编制、类型、标准和购置经费来源进行了审核,拟同意为民政厅等11家单位实际配置公务70辆(白芨滩自然保护区项目安排购置7辆,申请购置9辆。为充分利用项目资金,兼顾后期运行费等支出,建议购置8辆),建议批复同意。 会议决定,一是原则同意民政厅等11家单位购置70辆公务用车,购置费共1805.78万元(其中,非参公事业单位18辆,购置费340.82万元、行政和参公事业单位52辆,购置费1464.96万元),分别在中央、自治区专项资金中安排,或由单位自筹资金解决。二是旧车处置由同级财政部门负责实施。
2017年 第12次	一、传达党的十九大精神,安排部署2018年工作	会议要求,各处室、单位要高度重视,把深入学习贯彻党的十九大精神作为当前和今后一个时期的首要政治任务来抓。要在学懂弄通做实上下功夫,按照党的十九大和自治区第十二次党代会精神,结合各自实际,理清思路,梳理重点,谋划工作,为全区经济社会发展提供政策支持和财力保障。
	二、传达石泰峰书记对财政工作的指示精神	2017年11月9日,石泰峰书记在听取2018年预算编制工作汇报后,充分肯定了财政厅所做工作,赞成财政厅预算编制的总体思路和安排。要求财政部门要做好以下几个方面的工作:一是要严格预算。严格遵守《预算法》,该纳入预算的要全部纳入预算管理,决不允许大头在外,小头在内,要讲规矩,牢牢守住底线,维护预算的权威性、严肃性。二是要突出绩效。建立通报制度,对支出慢的、效果不好的按月通报。全面实行绩效预算管理,引入第三方绩效评估,绩效差的要追究责任。财政部门要按规定和制度办事,该管的管,该收的收。三是要有保有压。调整优化结构,加强资金整合,集中财力保基本、保民生、保重点。坚持鲜明的导向,集中财力保障银川都市圈、沿黄生态经济带等重点项目。自治区60周年大庆项目要用在民生上,民生项目要在软件上多下功夫、多投入,充分发挥作用。要严控一般性支出,大力压缩出国经费。四是要有奖有罚。研究改革资金分配办法,逐步推行部分资金面向社会,采取市场竞争性分配办法。建立奖惩机制,有奖有罚,用经济手段惩罚,在总量不变的前提下,把罚出来的钱奖励完成好的。五是要注重收入质量。这方面要多下功夫,继续提高税收占比和收入质量。六是要拓宽资金筹措渠道。多争取中央财政支持,充分发挥财政资金"四两拨千斤"作用,积极引导社会资本投入我区经济社会建设。逐步改变过度依赖财政的现象,注重发挥市场作用。 会议要求,各处室、单位要认真学习石泰峰书记和张超超副主席来厅督查调研指示精神,结合工作实际,制定措施,切实把领导对财政工作的要求落到实处。

续表

会议纪要	议题	决定事项
2017年第12次	三、传达学习自治区党委第19次常委会议精神	会议要求，全厅干部职工要进一步提高政治站位，牢固树立"四个意识"，坚定"四个自信"，真正把维护以习近平同志为核心的党中央权威和集中统一领导落实在行动上、落实到岗位中。要持续加强党风廉政建设，加强廉政教育，坚持挺纪在前，强化纪律执行，加强内控制度建设，不断巩固和拓展落实中央八项规定精神成果，坚持不懈改作风、转作风。
	四、听取各分管厅领导下一步重点工作和思路的汇报	会议要求，各处室、单位要认真梳理各项工作任务，突出重点，主要抓好以下几项工作： 一是抓好预算编制工作，预算处牵头，各部门预算处配合，结合近期向自治区领导汇报反馈的意见，尽快梳理重大项目，重点支出，提出合理建议，向咸辉主席汇报。同时，预算处牵头，办公室配合，尽快起草向自治区政府常务会、党委常委会和人代会的预算编制汇报材料。二是抓好预算收支工作。紧盯收支目标任务，合理测算，常态化、制度化抓好收支工作，确保收支均衡增长，质量有提升。三是抓好内控制度建设。各处室、单位要结合工作实际尽快梳理完善各项制度办法，所有的专项资金管理必须要有配套的管理办法；同时，制度办法要严谨、简洁、易操作。四是抓好中央资金争取。各位厅领导和处长要加强与财政部的沟通对接，认真研究政策，找准因素，力争在争取中央资金上有新突破。同时，要了解掌握财政部各司局2018年工作思路，为做好明年各项工作奠定基础。五是抓好明年工作谋划。各处室、单位要认真梳理2017年工作，总结亮点。同时，紧扣党的十九大精神和自治区第十二次党代会精神，认真谋划2018年工作思路，制定工作措施。六是做好年终效能考核工作。各处室、单位要对照年初的目标任务，认真梳理，查漏补缺，确保顺利完成各项目标任务，效能考核不丢分。
	五、研究财政厅干部人事档案数字化建设相关事宜	会议听取人事与老干部处关于干部人事档案数字化建设有关情况的汇报。 人事与老干部处报告，根据自治区党委组织部《关于印发〈全区干部人事档案数字化建设实施方案〉的通知》（宁组通〔2017〕141号）要求，对公务员和参照公务员法管理人员的档案、国有企事业单位领导班子成员及中层以上人员的档案实施干部人事档案数字化建设工作，全面实现干部人事档案的信息化、网络化管理。我厅应纳入档案数字化管理的档案共计206卷，按人均档案200页计，总计41200张。为确保财政厅人事档案数字化建设工作顺利开展，结合财政厅实际，人事与老干部处制订了《自治区财政厅干部人事档案数字化建设实施方案》，现提请会议审议。 会议要求，资产处会后与组织部对接沟通，全区干部人事数字化建设工作所需的硬件设备和软件，能通过统一采购的，建议由组织部按照规定进行统一招标采购。 会议决定，原则同意开展干部人事档案数字化建设，会后财政预算评审中心对《自治区财政厅干部人事档案数字化建设实施方案》进行评审后，再提交厅务会议研究。
	六、研究审议《宁夏回族自治区法治财政建设实施方案》	会议听取税政条法处关于《宁夏回族自治区法治财政建设实施方案》有关情况的汇报。 会议决定，一是税政条法处会后根据党的十九大精神和自治区十二次党代会精神对《宁夏回族自治区法治财政建设实施方案》进行修改完善，征求市县（区）财政局意见后，印发执行。二是税政条法处于2017年12月31日前提出《宁夏回族自治区法治财政示范创建活动实施方案》，积极开展法治财政示范创建活动，充分发挥先进典型的示范带动作用。
	七、研究将宁夏国有资本运营集团公司应缴未缴国有资本收益转为政府出资的相关事宜	会议听取企业处关于将宁夏国有资本运营集团公司应缴未缴国有资本收益转为政府出资有关情况的汇报。 企业处报告，2009年以来，自治区国资委将部分已终结破产管理人结余资金、资产处置结余资金和国有股分红资金共计13931.94万元，未按照规定上交自治区财政，而是通过原宁夏国有投资运营集团公司购买宁东铁路股份有限公司股权7362.58万元，给原宁夏发电集团公司和宁夏国大药房连锁有限公司增资3021.57万元，购买宁夏共赢投资公司股权3547.79万元。2015年，宁夏国有资本运营集团公司组建后，承接了原宁国投产权及债权债务。2016年，自治区审计厅出具的审计报告（宁审企报

续表

会议纪要	议题	决定事项
2017年第12次		〔2016〕54号)就原宁国投已终结破产管理人结余资金及国有资本经营收益应缴未缴财政的问题,提出"宁国运应积极向自治区人民政府及相关部门汇报,争取财政资金支持,用于解决以前年度遗留问题"。鉴于上述资金已购买区属国有资产、股权短期内不能变现的实际,按照自治区审计厅的审计意见,建议将此部分资金不再补交国有资本收益,转为自治区政府对宁夏国有资本运营集团公司的国有出资。 会议决定,原则同意按照自治区审计厅的审计意见,将宁夏国有资本运营集团公司应缴未缴国有资本收益13931.94万元,转为自治区政府对宁夏国有资本运营集团公司的国有出资,会后报请自治区人民政府审定。
	八、研究审议《政府和社会资本合作模式(PPP)操作管理办法》	会议听取金融处关于《政府和社会资本合作模式(PPP)操作管理办法》有关情况的汇报。 金融处报告,为促进《自治区人民政府办公厅关于进一步推进政府和社会资本合作模式(PPP)的实施意见》有效落实,金融处结合宁夏实际,起草了《政府和社会资本合作模式(PPP)操作管理办法》(以下简称《办法》),对PPP项目的步骤和流程进行细化,明确了项目实施机构、财政、发改及行业主管部门的职责与分工。《办法》已求厅机关相关处室,以及自治区发改委、法制办、金融局等部门意见,并对相关意见建议进行了吸纳完善。在此基础上,又与自治区发改委对《办法》进行进一步讨论修改完善,并达成共识,现提请会议审议。 会议决定,金融处根据会议讨论的意见对《政府和社会资本合作模式(PPP)操作管理办法》进行修改完善,征求财政厅法律顾问意见,并组织专家及自治区发改委、金融局、法制办有关人员对《办法》进行再研究完善,提请自治区人民政府审定后,以自治区财政厅和发改委名义联合印发执行。
	九、研究核定自治区党委办公厅等部门单位定向化保障用车编制的相关事宜	会议听取资产处关于核定自治区党委办公厅等部门单位定向化保障用车编制有关情况的汇报。 资产处报告,近期,自治区党委办公厅、自治区党委宣传部、银川市小汽车编制管理领导小组办公室、吴忠市财政局、中卫市财政局提出申请核准定向化保障用车编制62辆,资产处依据《自治区公务用车制度改革总体方案》(宁党办〔2015〕58号)、《宁夏公安机关执法执勤用车配备使用管理办法》(宁财行发〔2012〕391号)的相关规定进行了审核。为解决部门单位用车编制紧张的问题,建议同意为5家符合条件的单位核定定向化用车编制共30辆,其中,特种专业技术用车12辆(非执法3辆、执法9辆)、应急用车1辆,一线执法执勤用车17辆。因吴忠市公安局机关、市交管分局、利通区在车改中已按标准规定核定了车辆编制,此次不再增加车辆编制。 会议决定,一是原则同意原给银川市小汽车编制管理领导小组办公室、吴忠市财政局、中卫市财政局等3家单位,实际核定执法执勤用车编制26辆(特种专业技术用车9辆,一线执法执勤用车17辆),会后报请自治区人民政府审定。二是资产处会后再次对自治区党委办公厅、自治区党委宣传部申请核准定向化保障用车编事宜进行调研,提出意见报厅务会议研究。三是资产处进一步加强公务用车编制管理,从严核定编制,严格按规定核定编制。
	十、研究建设财政电子票据系统的相关事宜	会议听取综合处关于建设财政电子票据系统的相关事宜。 综合处报告,根据财政部《关于加快推进地方政府非税收入收缴电子化管理工作的通知》(财库〔2017〕7号)、《关于稳步推进财政电子票据管理改革的试点方案》(财综〔2017〕32号)、《关于开展财政电子票据管理系统建设应用的通知》(财信办〔2017〕9号)要求,我区财政电子票据改革被纳入全国第二批试点改革。综合处会同信息中心制定了《全区财政电子票据系统建设方案》,并经财政预算评审中心进行了可行性论证,现提请会议研究。 会议决定,原则同意建设财政电子票据系统,综合处会同信息中心尽快制定资金概算方案,经财政预算评审中心评审后,提交厅务会议研究。

续表

会议纪要	议题	决定事项
2017年第12次	十一、研究采购宁夏财政身份认证与授权管理系统国产密码算法审计项目的相关事宜	信息中心汇报关于采购宁夏财政身份认证与授权管理系统国产密码算法审计项目有关情况的汇报。 信息中心报告,为贯彻落实中办、国办关于加强国产密码算法应用有关规定要求,按照财政部《关于开展地方财政身份认证与授权管理系统国产密码算法升级工作的通知》(财信〔2017〕17号)和《关于财政身份认证系统国产密码算法升级核心软件硬件产品和服务预算指导价的通知》(财信〔2017〕29号)通知要求,信息中心结合宁夏财政的现状,本着利旧、节省,高效利用设备但又安全可靠的原则,制订《宁夏财政身份认证与授权管理系统国产密码算法升级实施方案》,并经财政预算评审中心进行评审。10月26日财政预算评审中心,出具项目评审报告(宁财评审〔2017〕第042号)。审定项目概算301万元。建议该项目按照政府采购的公开招标方式进行采购,项目资金预算控制在301万元以内,资金来源为财政信息化预算资金。 会议决定,原则同意宁夏财政身份认证与授权管理系统国产密码算法审计项目通过公开招标方式进行采购,项目资金预算控制在301万元以内,资金来源为财政信息化预算资金。
2017年第13次	一、研究提前调度部分市县财政资金的相关事宜	会议听取预算处关于提前调度部分市县财政资金有关情况的汇报。 预算处报告,近日吴忠市、贺兰县及青铜峡市申请提前调度财政资金缓解国库资金压力。结合市县实际库款和当地财政实际困难,建议提前调度市县财政资金3.5亿元,其中,吴忠市2亿元,贺兰县1亿元,青铜峡市0.5亿元。以上调度资金在2018年执行中按月扣回。 会议决定,为确保市县年底财政正常运转,原则同意预算处意见,会后立即办理,调度资金在2018年执行中按月扣回。
	二、研究下达市县社会保险经办机构体制改革补助资金的相关事宜	会议听取预算处关于下达2017年市县社会保险经办机构体制改革补助及提前告知2018年补助资金有关情况的汇报。 预算处报告,根据《自治区人民政府关于印发宁夏回族自治区社会保险"五险合一"经办体制改革方案的通知》及《关于社会保险"五险合一"经办体制改革后经费保障及资产管理有关问题的通知》有关规定,自2017年1月1日起,各市、县(区)社保局下划市、县(区)管理,各级社会保险经办机构人员经费和专项经费由同级财政负责,自治区财政通过一般转移支付方式保障市、县(区)社会保险经办机构现有经费水平。依据2016年自治区本级实际安排各市、县(区)社会保险部门人员经费及公共经费,并结合对机关事业单位工作人员养老保险改革过渡期费用清算情况,建议下达各市、县(区)2017年社保经办机构体制调整补助资金4589万元。同时,提前告知2018年补助资金4669万元,从2019年起,此项补助资金进入对市县固定补助基数中。 会议决定,原则同意下达2017年社保经办机构体制调整补助资金4589万元,提前告知2018年补助资金4669万元,会后立即办理。从2019年起,此项补助资金进入对市县固定补助基数中。
	三、研究审议《自治区财政厅关于报送自治区全面深化改革领导小组2018年工作要点建议事项的函》	会议听取办公室关于《自治区财政厅关于报送自治区全面深化改革领导小组2018年工作要点建议事项的函》有关情况的汇报。 会议决定,办公室根据会议讨论的意见对《自治区财政厅关于报送自治区全面深化改革领导小组2018年工作要点建议事项的函》进行修改完善,经厅长审定后报送。
	四、研究中央基层政权专项资金分配相关事宜	会议听取行政政法处关于中央基层政权专项资金分配有关情况的汇报。 会议决定,行政政法处结合我区实际尽快制定中央基层政权专项资金管理办法,严格按照办法分配管理资金。

续表

会议纪要	议题	决定事项
2017年第13次	五、研究审议《宁夏战略新兴产业投资发展基金和宁夏科技创新投资基金设立方案》	会议听取企业处关于《宁夏战略新兴产业投资发展基金和宁夏科技创新投资基金设立方案》(以下简称《设立方案》)有关情况的汇报。 企业处报告,宁夏国投集团提交了两支母基金《设立方案》。一是战略新兴产业投资发展基金。由中国港桥、天元锰业、渤海银行、江苏亨通等社会资本与自治区政府共同出资设立,基金规模120.2亿元,其中,自治区政府认缴出资10亿元,天元锰业与江苏亨通作为劣后级认缴出资30亿元,渤海银行等作为优先级认缴出资80亿元,中国港桥下属公司深圳港桥作为GP认缴出资2000万元。二是宁夏科技创新投资基金。由自治区政府产业引导基金首期出资3亿元,按不低于1∶3比例撬动社会资本,基金总规模不低于10亿元。基金采用母子基金"1+3"模式,由宁夏科技创新投资基金作为母基金,下设宁夏科技创新天使投资基金、宁夏科技创新发展类基金和宁夏科技成果转化类基金三类子基金。12月15日刘守保副厅长召开专题会议,对《设立方案》进行初审,宁国投和科技厅根据会议讨论的意见对《设立方案》进行修改完善,现提请会议研究。按照《宁夏回族自治区投资基金管理暂行办法》规定,建议会议研究审核后,以自治区政府投资基金管理委员会办公室名义上报自治区政府投资基金管理委员会审议。 会议决定,原则同意《设立方案》,会后企业处将会议讨论的意见反馈宁国投和科技厅,并协调2家单位对《设立方案》进行修改完善后,以自治区政府投资基金管理委员会办公室名义上报自治区政府投资基金管理委员会审议。
	六、研究审议《关于规范自治区本级党政机关差旅费报销内部控制管理的通知》	会议听取会计处《关于规范自治区本级党政机关差旅费报销内部控制管理的通知》有关情况的汇报。 会计处报告,为进一步规范行政事业单位差旅费报销管理工作,制定《关于规范自治区本级党政机关差旅费报销内部控制管理的通知》,并征求各部门预算处以及自治区本级15个单位的意见,拟在行政事业单位推广实施财政厅行政管理系统机关内部事务管理模块,从预算限额管控、事前审批控制、报销流程控制、报销标准控制、报销票据控制五个环节,运用信息化手段规范差旅费报销管理。 原则同意《关于规范自治区本级党政机关差旅费报销内部控制管理的通知》,会后报自治区人民政府审定。
	七、研究关于采购宁夏回族自治区财政电子票据系统相关事宜	会议听取综合处关于采购宁夏回族自治区财政电子票据系统有关情况的汇报。 综合处报告,2017年第12次厅长办公会议研究决定同意建设宁夏回族自治区财政电子票据系统,综合处制订了《全区财政电子票据系统建设方案》,并通过专家可行性论证和财政评审中心评审,审定项目概算为220万元,资金来源为厅信息化专项资金,建议以公开招标的方式进行采购。 会议决定,原则同意采纳综合处意见,按照规定程序进行公开招标采购,项目概算控制在220万元以内。
	八、研究关于财政干部教育中心购置电教设备的请示	会议听取干部教育培训中心关于购置电教设备有关情况的汇报。 财政干部教育培训中心报告,已有电教设备老化,无法满足正常培训需求,为确保培训工作正常进行,建议为培训基地购置部分电教设备。12月6日预算评审中心对电教设备购置预算进行评审,审定概算金额为665.21万元,资金来源为干教中心自身建设资金,拟以公开招标的方式进行采购。 会议决定,为确保培训工作正常开展,原则同意购置干部教育培训中心电教设备,项目金额为665.21万元,资金来源为干教中心自身建设资金。按照规定程序进行公开招标采购。

(宁夏财政厅办公室供稿)

第三部分

全区财税工作概况

全区财政工作综述

2017年,全区财政系统深入学习贯彻落实十九大、习近平总书记重要讲话和自治区第十二次党代会精神,在自治区党委、政府的坚强领导下,紧紧围绕自治区第十二次党代会确定的方向、目标和任务,坚持稳中求进工作总基调,牢固树立新发展理念,有效实施积极财政政策,全力推进稳增长、促改革、调结构、惠民生、防风险各项工作,有力推动了全区经济社会持续健康发展。

——财政收支质量稳步提升。牢固树立"保增长,保质量"理念,坚持常态化收支管理,健全区市县三级联动机制,坚持月研判、季分析,超前谋划,问题导向,合理掌控收支进度,实现了收支均衡稳步增长。全区公共财政总收入完成715.6亿元,同口径增长10.5%,其中,地方一般公共预算收入完成417.5亿元,首次突破400亿元关口,超收9.6亿元,同口径增长10.1%,增速高于全国平均水平,是自治区唯一一个实现两位数增长的主要经济指标。其中,税收收入完成270.3亿元,占一般公共预算收入的64.7%,较上年提高了1.1个百分点,扭转了近五年来财政收入质量持续下滑的态势,实现了增长进度和质量双提升。全区一般公共预算支出完成1375.9亿元,同口径增长8.7%,支出均衡稳定有序增长,支出执行总体良好,有效发挥了财政资金支持经济社会发展的积极作用。

——外引内聚资金力度加大。积极争取中央各类转移支付资金817.7亿元,较上年增加74.5亿元,增长10%,是近年来争取中央资金最多的一年。成功争取和发行地方政府债券318.2亿元,其中新增债券133.2亿元,规模创历史之最,有效满足地方重大项目建设资金需求;置换债券185亿元,大大缓解地方还本付息压力。争取各种国际贷款捐款10.86亿元。建立存量资金管理长效机制,累计盘活存量资金10.9亿元,统筹用于保障民生、重点项目建设等领域。整合设立政府投资基金,积极推行基金的专业化管理、市场化运作。设立中政企宁夏PPP合作基金,积极引入中国华融、中国港桥和江苏亨通等战略投资者,将为自治区带来400亿元以上社会资本,目前已到位130亿元。各级政府出资33亿元,推进28个PPP项目落地,吸引社会投资176亿元,促进了自治区重点工程、重点项目的实施。

——财政宏观调控灵活适度。全面落实减税降费政策,落实中小企业和重点群体税收优惠政策,简并增值税税率,清理规范行政事业性收费56项和政府性基金2项,全年减税清费202亿元,减轻企业负担189亿元,有力支持实体经济发展。全力推进供给侧结构性改革。落实"创新驱动30条""降成本30条""促进服务业发展"等政策,筹措资金4.15亿元,支持煤炭行业完成化解产能593万吨。支持妥善处置"僵尸企业"和安置企业下岗职工。安排资金15.3亿元,推进技改项目实施和工业园区低成本化改造。向区属国有企业集团增资20亿元,提升国有企业发展竞争力。安排专项资金3.45亿元,支持区属国有企业职工家属区"三供一业"分离移交工作,切实减轻国有企业负担。安排资金17.2亿元,大力支持优质粮食、现代畜牧、酿酒葡萄、枸杞、瓜菜等"1+4"农业特色优势产业发展,促进农业特色品牌创建和地方板块产业发展。加大投入力度,引领发展全域旅游、现代金融、大数据等新兴服务业。加快推进区域协调发展。统筹资金95亿元,有力保障银西高铁、城际铁路、空港综合交通枢纽、京藏高速改扩建、沿黄生态经济带、银川都市圈等重点项目和自治区60大庆项目建设。出台支持农业转移人口市民化若干财政政策,建立了财政转移支付与农业转移人口市民化挂钩机制。安排4亿元资金,支持建成100个美丽村庄、31个美丽小城镇、10个特色小镇。加大对市县转移支付力度，下达市县转移支付资金686.3亿元，较上年增加77.6亿元，同比增长12.8%，稳步推进基本公共服务均等化，缩小区域间差距。

——"三大战略"实施保障有力。围绕自治区第十二次党代会确定的目标任务，主动谋划，科学测算，制定政策，集中财力推动"三大战略"实施。建立科技创新稳定增长机制。自治区财政R&D投入5.52亿元，引导企业和社会加大科研经费投入，强度预计达到1.02%。设立科技创新投资基金3亿元，全面落实科技后补助政策，完善以奖代补办法，大力支持创新平台建设、高新技术产业发展和人才引进。建立财政扶贫资金稳定增长机制。自治区财政直接投入各类扶贫资金96.2亿元，其中9个贫困县统筹整合70.16亿元，重点支持产业发展、基础设施建设、易地扶贫搬迁和危房危窑改造等方面。充分发挥政府投入的主体和主导作用，19.3万建档立卡贫困人口脱贫，302个贫困村脱贫出列，盐池县已具备脱贫摘帽基本条件。建立支持绿色发展保障机制。坚决贯彻自治区决策部署，将推进贺兰山保护区环境整治作为重大政治任务，主动跟进研究，及时提出支持环境综合整治财政补助政策，自治区财政筹措资金11.27亿元，已安排5亿元，为如期完成环境整治任务提供了坚实的财力保障。整合资金12亿元，支持"蓝天碧水·绿色城乡"专项行动计划，制定了农作物秸秆综合利用、农业面源污染和畜禽粪物处理支持政策，支持实施"河长制"，推进黄河、沙湖、阅海等大型河泊水质生态治理，开展国土综合整治、高标准农田建设、引黄灌区盐碱地治理，促进水土气污染立体防治。

——增进民生福祉持续用力。全区民生投入达到1053.7亿元，增长8.72%，占到整个财政支出70%以上，民生保障水平持续提高，人民群众获得感、幸福感、安全感不断增强。支持教育质量提升。统一城乡义务教育经费保障机制，将农村"三免一补"政策扩大到城市，建立了城乡生均公用经费随学生流动可携带机制。自治区学前至高等教育各个阶段学生资助政策实现了全覆盖。推动高等教育"双一流"建设，促进高等院校内涵式发展。支持社会保障体系建设。继续提高了城乡居民基础养老金标准和医疗保险、最低生活保障、基本公共卫生服务经费补助标准，进一步完善社会救助保障、特困人员供养、困境儿童保障标准动态调控平台机制。支持健康宁夏计划实施。推动公立医院综合改革，实行全面预算管理。新建267个村卫生室，提升基层医疗卫生机构服务能力。支持其他民生事业发展。扎实推进文化惠民工程建设，建成606个贫困村综合文化服务中心，在全国率先完成贫困地区村综合文化活动中心建设全覆盖。继续推进保障性住房建设，支持建成各类保障性住房6.05万套，完成棚户区改造5.34万套，完成农村危窑危房改造2.2万户。不断提高城乡居民收入。落实强农惠农政策，增加农民补贴性收入7.8亿元。推进扶持村级集体经济发展试点。全面落实创业就业政策，支持开展就业技能、岗位技能提升、创业等培训6万人次，购买了7000个公益岗位，安排大学生"三支一扶"、志愿者、村官就业4410个，提高了群众就业创业能力和收入水平。

——财税体制改革纵深推进。完善预算管理。改进部门预算编制方式，实行"四个挂钩"机制。强化预算约束，严控预算追加，2017年审减追加事项140个，审减资金313亿元。追加预算降低到6.54亿元，较上年下降52.9%。加强财政专项资金管理。清理退出历年延续性项目、执行期满和一次性项目156个，腾出资金27.9亿元。2018年预算安排自治区本级专项压减至116个，较上年下降16%。推进预算绩效管理。开展项目绩效目标跟踪监控试点、重点项目专家集中评审和第三方绩效评价，实现了部门绩效目标编审和整体支出绩效综合评价全覆盖。完善预决算公开制度体系。搭建预算公开信息平台，除涉密单位和中央驻宁垂管单位外，自治区和市县预决算公开率均达100%。稳步推进税制改革。全面深化"营改增"改革，开展水资源税改革试点，开征环境保护税。积极争取离境退税优惠政策，为中阿博览会营造良好的会商环境。加强政府债务风险管控。制定印发《关于进一步加强政府性债务管理的实施意见》，建立置换债券资金分账管理制度，健全债务风险预警、应急处置、统计监测机制，积极消化存量，坚决遏制增量，严防违规举债，债务风险预警地区由2个减少为1个，风险提示地区由4个减少为3个。加大监督检查力度，追回挤占挪用的债券资金46.8亿元。

——财政管理更加规范有效。坚持以创新促发展，向管理要效益，积极探索城乡客运一体化、村集体经济发展试点等项目竞争性评审。提前一年在全区实现国库集中支付电子化管理全覆盖。自治区本级新版非税收入管理软件上线运行。实施国库现金管理制度改革，开展政府综合财务报告制度改革试点。在全国首家开展自治区本级政府采购合同线上信用融资试点。全面推进行政事业单位内控制度建设，完成行政事业单位国有资产清产核资，推进国有资产进场交易。加大以财政扶贫资金为重点的监督检查力度，清理偿还政府欠款工作取得较大进展。一年来，自治区财政严格执行财经制度，财政管理日益规范。2017年，审计署西安特派办在开展为期一年的财政预算审计中，几乎未发现自治区财政厅违规违纪问题，得到了审计部门和自治区领导的好评。

——财政自身建设不断加强。坚持全面从严治党，健全源头防腐机制，抓好巡视整改，巩固"四风"成果。扎实开展"两学一做"学习教育常态化制度化，开展"星级党支部"创建活动，夯实党建工作基础，党建工作考核从2016年全区排名靠后跃升到2017年全区排名靠前。树立法治财政理念，以制度建设为抓手，对各项财政制度进行了系统梳理，在预算管理、绩效管理、债务管理、行政管理、党的建设等方面，建立起了一套有效管用的制度体系。加强干部队伍建设，树立正确选人用人导向，以德才选人，凭实绩用人，用制度管人，激励干部想干事、能干事、干成事。加大干部培训力度，提高干部综合素质。加强政策研究，主动服务，主动作为，主动埋单，财政干部作风进一步转变，担当意识进一步增强，精神面貌焕然一新。与此同时，会计基础工作、财政科研、新闻宣传、政务公开、机关事务管理等工作也取得了新的成绩。

2017年，在全区财政部门的共同努力下，自治区财政工作取得了显著成效，一些工作走在了西部乃至全国的前列。宁夏被列为全国优质粮食工程重点支持省份、全国扶持村级集体经济发展试点省区和全国社会保障资金信息管理系统试点省份，被确定为全国唯一全省域法治财政建设试点省区。自治区财政厅被评为全国"六五"普法先进单位，连续被评为"全区精神文明先进单位"。同时，在财政部组织的2016年财政总决算、部门决算、社保基金预决算、库款管理考评中获奖，对外开放税收优惠政策和创建国家现代农业产业园专项资金争取工作，支持贺兰山自然保护区综合整治、公立医院综合改革、危房危窑改造、健康扶贫、学前教育和普通高中教育经费投入机制建设、贫困县涉农资金统筹整合使用等工作得到国家部委和自治区领导的肯定和表扬。

国家税收

一、税收概况

2017年，宁夏国税事业健康发展，为服务宁夏经济社会发展做出了积极贡献。全区国税部门共组织税收收入416.3亿元，同比增长23.9%，增收80.2亿元。办理出口退税5.09亿元，同比下降2.9%；办理免抵调库增值税3.84亿元，增长2.2%；海关代征进口环节增值税7.86亿元，增长75.7%；组织社保基金等其他收入48.5亿元，增长61.4%。一是税收总量突破400亿元大关。受前5个月"营改增"税制改革税源转移及神华宁煤集团等重点企业税收增长等因素影响，税收收入规模不断扩大，全年突破400亿元，税收增收额达到80.2亿元，创历史新高。收入增幅高于全国国税平均增速（22.9%）1个百分点，在全国36个省区市国税局中列第21位，西北五省区第5位。2014—2017年税收增速分别为4.1%、4.8%、19.0%和23.9%，呈现逐年上升态势。二是地方级收入增速快于中央级收入。中央级完成258.2亿元，同比增长16.1%，增收35.8亿元；受1—5月份"营改增"税源转移翘尾及煤炭资源税大幅增收影响，地方级完成158.1亿元，同比增长39.0%，增收44.3亿元，占税收收入总量的38%，同比上升4.1个百分点。其中自治区级完成64.8亿元，增长70.5%；市县级收入完成93.3亿元，增长23.2%。三是税种收入结构基本保持稳定。间接税类（包括增值税、消费税、营业税和车辆购置税）完成344.6亿元，增长23.6%，占税收收入的82.8%，与上年持平。直接税类中，所得税（包括企业所得税和个人所得税）完成57.1亿元，增长18.7%，占税收收入的13.7%，同比下降0.6个百分点。受资源税、耕地占用税大幅增收影响，财产行为税完成14.6亿元，增长58.0%，占税收收入的3.5%，同比提高0.75个百分点。

二、党建工作

坚持把学习宣传贯彻落实党的十九大精神作为首要政治任务，采取邀请十九大代表作辅导报告、举办全系统领导干部专题培训班、区局领导深入基层党建联系点督导宣讲、各支部组织全体党员学习讨论等形式，真正做到深学常学，入脑入心。持续开展"学习十九大，增强使命感，党员当先锋，做出新贡献"主题实践活动，努力在学懂、弄通、做实上下功夫。扎实推进"两学一做"学习教育常态化制度化，全系统开展党组中心组学习471次，讲专题党课628次，围绕"四查四做"开展研讨296次。积极落实税务总局"条主动，块为主"，"下抓两级，抓深一层"工作机制，坚持区局机关党建与系统党建统筹谋划、协调推进，充分发挥系统与地方两方面资源，推动全面从严治党向基层延伸。大力加强党建基础工作标准化建设，制定加强党建基础工作意见，推行"4+X"主题党日制度，开通"党建云"平台，实行支部党建台账式和党员学习学分制管理。持续推进服务型党组织"评星定级"全覆盖，基层党组织规范化、标准化建设水平明显提升。全面落实"两个责任"，制定党风廉政建设工作计划和全面从严治党责任清单，逐级签订责任书，实行责任落实手册制度，分解任务，压实责任。强化重点领域、岗位和环节日常监督，深入贯彻《中国共产党巡视工作条例》，对1个市级局党组和2个直属单位党总支开展专项巡察，对2个市级局党组开展巡察"回头看"。制定运用监督执纪"四种形态"实施办法，坚持抓早抓小抓常，全年问责494人，真正让"红脸出汗，咬耳扯袖"，"失责必问，问责必严"成为常态。

三、税收法治

深入推进法治税务基地创建活动，与自治区政府法制办联合下发创建实施意见，联合验收评估，有9个县级局被命名为全区国税系统第二批法治税务基地。加强税收规范性文件合法性审查，共发布7件，废止和宣布失效9件。加强初任公务员税收政策法规培训，在2017年度全国税务系统税务人员执法资格统一考试中，通过率为100%。研究制定《税务行政许可事项目录》《税务行政许可事项办理流程》《宁夏国税系统税收执法标准化指引》，简并优化税务行政许可事项办理程序，联合自治区地税局制定税务行政处罚裁量基准，统一国地税税收执法尺度，实行重大税务行政处罚集体审议，减少税务行政处罚自由裁量空间。全面推进公职律师和法律顾问制度，选聘2名法律顾问，组织公职律师观摩税务行政诉讼案件庭审，独立参与税务行政应诉案件3起并全部胜诉。

四、落实税收政策

全力落实国务院6项减税政策，将税务总局工作要求细化为13项措施，逐项明确分工和完成时限，实行滴灌式辅导、网格化管理和筛查式督查，确保全面落地生效。不折不扣落实西部大开发、高新技术、资源综合利用、创业就业、出口退税等各项税收优惠政策，做到应享尽享。全年依法办理各类减免抵退税款150.1亿元，占税收收入的36.05%，有力推动供给侧结构性改革和地方经济发展。认真学习贯彻落实自治区第十二次党代会精神，围绕自治区"三大战略"等重大部署，以及促进葡萄酒产业、枸杞产业、全域旅游发展、"一路一带"建设、支持重点群体创新创业等改革发展任务，深入开展经济税收课题研究，形成有情况、有分析、有建议的调研报告，为自治区党委、政府及相关部门决策提供服务，有8篇调研报告和专报得到自治区党政主要领导批示肯定或重视批办。与自治区地税局按时联合编报税收快报，分析税收经济运行情况，对政府有关部门92份征求意见文件，从税收角度提出意见建议76条。

五、"放管服"改革

认真贯彻落实税务总局深化"放管服"30条改革措施，结合宁夏实际细化为99项任务清单，完成了税务总局第一批14项、第二批13项任务，改革成效初步显现。取消第一批涉税事项和报送资料，精简涉税资料1200余种，简并税收业务216项，办税资料减少52.6%。持续深化商事制度改革"多证合一，一照一码"改革，积极推进简易注销登记，有效激发市场主体活力，全区新增企业同比增长15%，新增个体户同比增长20%。推行实名办税制度，制定增值税发票分类分级管理办法，充分利用增值税发票管理新系统，进一步提升防范和打击发票涉税违法行为的精准度。深入开展"便民办税春风行动"，先后推出5类20项46条便民措施和21项压缩办税时间措施。积极推进"互联网+政务服务"，建设纳税服务综合管理平台，推广网上申报缴税系统和文书受理系统，实行办税事项"全程网上办""最多跑一次"清单，有90%的申报和审批业务实现网上办理。积极推行增值税纳税申报"一表集成"系统，纳税人填写数据由530项减少到83项，创新增加风险防控内容34项，纳税人户均填表时间从40分钟缩短到5分钟以内。持续深化国地税合作，有2个市被推荐为全国百佳国税地税合作市级示范区。共建网上办税服务平台，实现"进一个网页，办好两家事"。联合推进24小时自助办税区建设，在34个自助办税区配置164台自助办税终端。联合开发大企业税收管理服务系统，为394户大企业提供13项个性化纳税服务措施。联合开展"银税互动"合作，累计发放贷款68亿元，惠及小微企业256户。大力推行发票"线上申领，线下配送"，共寄递发票27.3万余份，开通委托邮政部门"双代"网点148个，代开发票40多万笔，代征税款近5亿元，有效打通服务"三农"最后一公里。

六、税收征管

按照宁夏深化国税、地税征管体制改革实施方案和税务总局部署，对表推进，逐项落实，各项重点改革任务已按规定节点完成59项，其他13项正在有序推进。全面推行纳税人分类分级管理，对税源科学分类，按规模、行业、特定业务或涉税事项类别设置管理机构，对全系统62个基层单位和部门进行职能转换，积极推动征管方式转变和征管质效提升。按照转职能、抓管理、强评估的导向，推行大企业专业化团队管理，在现有组织体系内转变职能，加强业务融合，组建起30人的专业化团队，负责千户集团在宁成员单位及年纳税千万元以上的区级重点税源复杂涉税事项管理。积极推动出台《宁夏税收保障办法》，与35个成员单位建立协税护税机制，与自治区财政厅、地税局联合开发综合治税信息共享平台。

七、税务稽查

按照"统一选案,统一检查,统一审理,统一执行"的原则,在银川地区推行"一级稽查"工作模式,优化机构职能划分和人力资源配置,使银川地区稽查一线检查人员占比从56%提高至69%,有效解决稽查力量分散、效能不高、执法尺度不一等问题。强化税收违法"黑名单"当事人联合惩戒措施,落实税收违法案件公布常态机制,曝光典型案件74起,与发改委等部门对27户税收"黑名单"当事人实施联合惩戒,进一步增强失信惩戒合力。全面推行税务稽查"双随机,一公开"监管,增强税务稽查的规范性、公平性。推进国税、地税稽查部门联合随机抽查,检查企业95户,查补收入8859万元。严厉打击骗取出口退税和虚开增值税专用发票等税收违法犯罪活动,立案检查105户,查处涉案税额11.4亿元,有效遏制发票违法犯罪多发势头,维护税收经济秩序。

八、执法督察

全面推行"一级督审"模式,将全系统督审职责全部上收到区局,对7个市级局及50%的县级局开展税收执法督察,完成经济责任审计项目32个,发现并纠正问题963个,督促制定完善各项制度18项。积极推进内控机制建设,建立健全基本制度、专项制度及内控操作指引35项,形成"横向全覆盖,纵向一体化"的内控制度体系。

九、人才培训

采取"请进来""走出去"相结合,加强重点业务、岗位骨干和基层一线干部的教育培训,派员参加总局各级各类调训111期198人次,区局举办各级各类培训50期3600人次,全面提升干部素质能力。健全青年干部教育培训、实践锻炼、跟踪管理等培养制度,采取"导师制""一对一"传帮带、交流锻炼等措施,加大青年干部培养力度,有1人入选总局第五批领军人才培养对象,6人入选总局各类人才库。继续深化"岗位大练兵,业务大比武"活动,坚持全员岗位练兵,按总局部署开展纳税服务业务比武,自主开展征管评估业务比武,在全国纳税服务业务大比武决赛中获得第21名,有1人荣获优胜个人。

十、精神文明建设

深入开展"文明单位""青年文明号""巾帼示范岗"等群众性精神文明创建活动,大力培育各类先进典型,积极开展营改增试点成绩突出集体与个人、自治区"五一"劳动奖章、"五好党员"等推荐评选,有17个集体和18名个人获得省部级表彰。以马忠斌同志为原型创作的典型事迹片被国家税务总局选送参加全国党员教育电视片观摩交流活动。举办"聆听身边好故事,传递身边正能量"主题报告会,广泛学习宣传"全国税务系统先进工作者"马忠斌、"宁夏最美国税人"等先进典型,用身边的先进教育引导身边的人,营造见贤思齐、比学赶超的浓厚氛围。

(马国柱)

地方税收

一、2017年地税收入完成情况

2017年,宁夏地税系统组织各项收入399.2亿元,同比增长9.7%;其中税收收入入库146.7亿元,同比下降11.3%,完成年度计划任务133亿元的110.3%,比全年税收目标任务超收13.7亿元。社保费收入219.9亿元,同比增长26.5%,增收46.1亿元;其他收入32.6亿元,同比增长31%,增收7.7亿元。

二、税收特点分析

各项收入总量创近年新高。从近五年地税组织收入情况看,2013年至2017年各项收入入库分别为332.6亿元、349.8亿元、384亿元、364亿元和399.2亿元,尽管这五年间营改增逐步推开并全面实施,对地税收入收入影响较大,但总体收入呈上升态势;五年增收112.6亿元,扣除营改增因素,年均增长12.6%。

各税种呈遍地开花式增长。不可持续营业税入库1.6亿元;除企业所得税和契税入库分别为18.9亿元和11.4亿元，同比下降14.9和1.7个百分点外。其他10个税种均实现较快增长；其中营改增增值税、资源税、个人所得税、土地使用税、印花税、房产税、耕地占用税、车船税入库分别为1.8、14.6、32.5、11.7、5.7、11.7、7.4、3.6亿元，同比增长分别为88.1%、83.3%、55%、43.4%、27%、21.3%、21.3%、18.1%；土地增值税和城建税入库分别为7.4亿元和18.5亿元，同比增长4.6%和2.8%。

各级次收入实现全面超收。中央级税收入库32.6亿元，同比增长18.5%，完成年度计划任务的112.3%；地方级税收收入中，自治区级入库34.8亿元，完成年度计划任务的128.9%，市县级入库79.3亿元，完成年度计划任务的106.9%。

工业税收收入比重提升较快。从主要行业看，工业税收入库50.4亿元，同比增长21.3%，占全区税收总额的比重达到34.4%，比2016年提高了9.2个百分点；金融业税收入库16.2亿元，占全区税收总额的比重为11%，比2016年提高了6.8个百分点；房地产业和建筑业税收入库分别为25.9亿元和11.9亿元，占全区税收总额的比重分别为17.7%和8.1%，比2016年下降分别为0.7和12.5个百分点。

各地区单位均完成年度目标任务。银川市、中卫市、石嘴山市和吴忠市税收收入入库分别为67.6亿元、15亿元、13.8亿元和10.3亿元，完成年度计划任务分别为101.7%、136%、105.6%和100%，其中中卫市税收总量首次超过石嘴山市位列全区第二。宁夏地税局3个直属单位中，宁东地税局、直属征收局和银川经济技术开发区地税局入库分别为22.7亿元、10.1亿元和7.2亿元，完成年度计划任务分别为149.4%、130.1%和116.5%。

社保费收入实现新跨越。2017年，社保费收入实现219.9亿元，跨越200亿元大关，比2012年增长了1.3倍，5年翻了一番多，相当于地税接管社保费征收之初(2008年)收入的近5倍。

三、税收改革

税制改革。建立财政、水利、地税、国税四部门联动协调工作机制，顺利完成697户纳税人信息接收工作，配合确定税额标准，制定《自治区水资源税征收管理办法》，水资源税征收工作2017年12月1日顺利启动实施。做好环境保护税开征准备工作，接收1515户缴费人档案信息，认定纳税人1372户，制定《环保税核定征收办法》，搭建环保税涉税信息共享平台，普及环保税知识，为环保税改革在2018年1月1日顺利实施奠定了坚实基础。

征管体制改革。提请自治区政府修订《宁夏回族自治区税收保障办法》，健全税收共治的法律基础，推动自治区政府建设"财政牵头，部门配合，上下联动，信息支撑，齐抓共管"为主要内容的综合治税信息共享平台。完善国税地税联合办税常态化机制，加快推动"互联网+税务"建设，推广应用电子税务局，推行涉税信息"一次采集，分户存储，共享共用"，税收便利化改革成效显著。全面推行"双随机"抽查、"四统一"联合稽查，落实"黑名单"制度，实施执法全过程记录制度试点，税收监管方式持续创新。联合国税局制定《税务系统干部跨部门交流工作实施方案》《国地税干部教育培训合作工作意见》，互派干部46名。认真抓好改革事项的评估总结工作，促进改革横纵双向不断深化。

"放管服"改革。制订《进一步深化"放管服"改革，优化税收环境实施方案》，提出进一步深化简政放权、创新监管方式、优化纳税服务、改进税收执法、升级信息系统等五大类27条举措。落实"不见面，马上办"审批模式改革要求，全系统"不见面"事项达到78%，区本级"不见面"事项达到100%；全面规范核定征收管理，公开核定信息，提高核定征收透明度；深化"多证合一"改革，优化信息交换和共享机制，有效降低了纳税人制度性成本和办税负担。2017年，顺利完成了《方案》确定的第一阶段的17项工作。

税收法治改革。启动"三项制度"试点，调整权责清单,制定服务清单,落实公职律师制度,进一步增强各级地税机关依法行政能力。清理税收规范性文件269件,修订《税务行政处罚裁量基准》,与自治区高级人民法院联合制定《关于建立涉税行政争议化解联席会议机制的意见》,实现司法审判与税收行政执法良性互动。积极创建法治政府示范基地,完成法治政府建设82项工作任务,2个基层单位被评为全区地税系统法治基地,税收执法规范化得到有效提升。

四、税收管理与建设

征管基础工作。研究制定《税收管理员暂行办法》《个体工商户税收定期定额联合核定管理暂行办法》等税收征管基础制度,明晰税源管理责任,规范管理程序。开展减免税精细核算,启用电子缴款凭证,开发重点税源数据采集平台,推行重点税源网上申报,改进税收分析方式,全面开展税收票证专项检查,征管基础更加扎实。

信息管税。制定《数据标准化和质量管理实施细则》,开发数据质量管理系统,严把数据"入口",严格数据校验,修正数据4.3万条,数据质量完整性、一致性、标准性指标达到100%。开展单管户提取比对及核实调整工作,处理三大类7项18.6万条异常户信息,数据质量全国领先,受到税务总局通报表扬。加强第三方涉税信息获取和应用,建立综合治税系统数据接口,采集第三方涉税数据27项112.5万余条,为实施风险管理奠定了较好基础。

风险管理。充分应用大数据排查涉税风险,按照"项目+团队"方式开展风险防控,堵塞漏洞,有效提升了税源管理得针对性。全年推送风险任务5852户(次),应对入库各项税款7.74亿元,风险分析识别命中率达99.89%,贡献率达到5.95%。实施欠税分类管理和动态监控,开展欠税清理专项检查,全年清缴欠税11.46亿元。以股权转让、医药行业等高风险纳税人为重点检查对象,实施精准稽查、专项整治,全年查补各项收入5.08亿元,同比增长40.09%。

税种管理。协调国税部门通过自助开票终端征收地方附加税费,降低营改增后税费流失风险。着力提升个人所得税明细申报覆盖面,强化跨省企业、股权转让等企业所得税高风险事项管理,所得税管理更加科学。建设房产和土地涉税综合管理系统,实施《关于加强财产行为税税种征收管理的指导意见》《关于加强印花税征收管理的实施意见》《关于贯彻落实房地产交易税收服务和管理指引的实施意见》,修订《车船税实施办法》《房产税实施细则》和《城镇土地使用税实施办法》,开展对"规程、指引、办法"落实的专项督导,地方税管理更加精细。"九税"收入91.9亿元,同比增长20.9%,占总税收收入比重达到62.6%。推动完善机关事业单位养老保险财政保障机制,创造条件化解南部九县区属机关事业单位养老保险征缴难题,强化欠费清缴,清理欠费31.4亿元,推进与财政、人社、银行等部门社保费数据共享,进一步优化征收服务,全年征收社保费突破200亿元,。完善残保金税务征收工作机制,联合残联开展专项督查,残保金征收工作实现新突破。

税收共治。提请自治区政府修订《宁夏回族自治区税收保障办法》,健全税收共治的法律基础,推动自治区政府建设"财政牵头,部门配合,上下联动,信息支撑,齐抓共管"为主要内容的综合治税信息共享平台。

纳税服务。扎实推进"互联网+政务服务",优化提速网上办税,研究推广移动支付缴税。持续开展"便民办税春风行动",继续以"提升·创响"为主题落实提速减负等5类16项26条便民措施,减少3项办税事项,减少6项表证单书,简化461项涉税资料,办税负担进一步减轻。设置简易办事窗口,全面推行登记管理等26个项目免填单服务,开展双向预约服务,加强错峰办税,办税时间进一步压缩。拓展纳税信用增值应用,深化"银税互动"活动,为266户小微企业获得无担保贷款14.8亿元。国地税合作成效显著,37项基本合作事项和14项创新合作事项全部落实到位,联合办税"一窗通办"率达

100%。

落实税收优惠政策。坚决贯彻落实中央和自治区减税降费决策部署,2017年共办理减免税3471户次,减免税收48.46亿元,为19户困难企业办理缓缴社保费3549.77万元,切实为困难企业降低了成本、减轻了负担,促进了地方经济发展,纳税人和社会满意度不断提升,宁夏地税局在2017年全国纳税人满意度调查中名列全国第18名,西北五省第1名。

税务稽查。贯彻落实国家税务总局《推进税务稽查随机抽查实施方案》要求,随机抽取30户企业进行重点稽查,开展医药行业专项检查。扎实开展"蓝剑"整治专项行动,实现稽查未结案案件底子清、情况明,有效预防执法风险。大力查处税务违法举报案件,严厉打击发票违法犯罪活动,不断加大税收违法案件曝光力度,2017年共计曝光税收违法案件14起,进一步增强了税务稽查的威慑力和社会影响力。2017年,组织检查各类纳税人145户,查补收入5.45亿元,入库收入3.71亿元。

五、队伍建设与内部管理

干部素质建设。贯彻落实人才队伍建设规划,紧密结合素质提升"115"工程和地税工作实际,深化"大学习大练兵大比武"活动,有计划、分层次地抓好干部教育培训和实践锻炼。全系统累计举办各类培训班116期,培训干部5400余人次,干部职工干事创业的能力素质显著提升。

激发队伍活力。坚持德才兼备、以德为先的用人导向和"五好"干部评价标准,选好、用好、管好各级干部,全年提拔交流干部79人,完成系统工会、团委换届。深入开展思想政治工作,注重人文关怀,积极落实职务与职级并行制度,提高控编人员、合同制工人及助征人员工资标准,统筹解决了14名基层干部职工两地分居问题,创设重大疾病救助互助基金,制度化开展慰问济困和重大疾病医疗救助,组织立功获奖人员健康疗养。讲好税务故事,弘扬地税文化,出版纪实文集《光荣一生》,编印美术书法摄影作品集《塞上税韵》,举办全系统第八届职工体育运动会等一系列地税文化活动,有效激发干部队伍的活力。

绩效管理。理顺绩效管理机制,配强工作人员,实施督考一体化管理。以问题为导向,优化制度体系和考评指标,加强日常监控,定期开展分析讲评,加强事中提醒预警,强化绩效考评结果运用,较好地发挥了绩效管理扬长补短、校正纠偏的"指挥棒"和"助推器"作用,有力地促进了税收工作提质增效。

基层建设。研究制定《新形势下加强基层建设,激励担当干事的实施意见》,出台加强基层党建、加强基层领导班子建设、激发基层活力、服务基层、强化基层保障支撑的33条具体措施,落实领导干部基层联系点制度,开展"察实情办实事"税情调研和机关干部下基层活动,帮助基层解决实际问题,全面扎实推进基层建设。

六、深化党的建设

落实主体责任。认真落实党组全面从严治党主体责任,按照"纵合横通强党建"指导思想和"下抓两级,抓深一层"工作机制,既抓严机关又抓实系统。制定《系统年度党建工作指导意见》,实施党建工作"四个责任"清单制度,编织横向到边、纵向到底的"责任网",形成主体责任链条的全贯通、全覆盖、全压实的党建工作新格局。加大党建工作考核力度,细化、量化、硬化党建工作绩效考核指标,半年督查,年终考核,有效提升党建工作质量,强化党的领导。

基层组织建设。严肃学习教育,组织各级党组成员和党支部积极开展讲党课、谈心谈话、帮扶慰问等"十个一"活动。严肃党内政治生活,制定《进一步加强和改进党的基层组织生活的意见》《进一步规范"三会一课"制度的实施意见》,不断增强党内政治生活的政治性、时代性、原则性和战斗性。夯实学做载体,实施支部书记"双述双评"、党员积分制管理,推进基层党建示范点建设,基层党组织战斗堡垒和党员先锋模范作用发挥明显。

内控机制建设。适应纪检"三转"要求，把内控机制建设作为落实党组全面从严治党主体责任、加强廉政建设的重要举措，通过加强风险排查、内部监督、风险防控，切实规范"两权"运行。研究制定包括人事管理、财务管理、税收征管等10个方面的内控专项制度和覆盖机关所有部门的15个内控指引，初步构建了"横向全覆盖，纵向一体化"的防控体系。通过全面开展执法大督察、专项督察和领导干部经济责任审计，加强对行政、执法、廉政风险的防控，强化对领导干部等"关键少数"和干部选拔任用、税收执法、财务管理等"关键环节"的监督力度。严肃税务人员违规插手涉税中介经营清理，开展"红顶中介"专项整治，反腐倡廉制度有效落实。

作风建设。巩固深化落实"八项规定"精神成果，开展专项督查和"回头看"，始终保持反对"四风"的高压态势。针对吃拿卡要、收受礼品礼金、公务接待消费高档"白酒"等问题开展专项整治。在春节、开斋节等重要节点，强调重申纪律规定，提前敲响警钟，严肃财经纪律，严格事前审批和报销支付审核，防止"四风"反弹。大力支持纪检部门履行监督执纪问责职能，运用监督执纪"四种形态"，抓早抓小，防微杜渐，严肃查处顶风违纪问题，以零容忍的态度严肃问责追责。先后对7名个人重大事项报告不实的处级干部问责处理；对1名违规操办婚宴的干部进行查处，达到警示教育、正风肃纪的目的。

（李云杰）

财政部驻宁夏专员办

一、以服务财政改革发展为主线，深入推进财政预算监管

（一）大力推进信息化建设，为"铁军""尖兵"铸造利器

结合专员办履职要求，该办以财政预算监管重点事项为突破口加强信息化建设，探索建立了中央专项转移支付动态监管系统、地方财政预算监管查询系统、隐性债务统计监测系统、属地中央预算单位部门预算管理平台，正在研究建立收入监管系统，旨在进一步优化和改进监管方法，健全多角度、全方位的预算监控体系，不断提高监管保障水平。

（二）全面构建监管工作机制，规范监管程序和要求

着重从内外两个方面，建立健全各项工作机制，悬规植矩，精细管理，研究制定《财政部驻宁夏专员办中央预算单位部门预算编制审核操作办法(试行)》《财政部驻宁夏专员办开展中央对宁夏专项转移支付监管工作细则》等办法；建立健全联合联动监管工作机制，继续强化与财政部各司局的日常联系和请示汇报机制，主动与地方财政部门建立预算监管联动机制，建立宁夏专员办基层财政部门联系点制度，进一步深化与地方相关部门的联合联动。

（三）加大地方政府债务监管，着力防范系统性风险

认真贯彻落实党中央、国务院和财政部关于防范财政金融风险、加强地方政府债务管理的一系列重要决策部署，采取实地调研和专项核查相结合，持续关注高风险预警地区和违法违规举债易发多发问题，着力在遏制增量、摸清底数上下功夫，不断提高监管成效。组织核查2016年度置换债券资金使用情况，紧盯违规突出问题不放松，采取多种方式督促整改纠正；构建联合联动的隐性债务监管机制，联合自治区财政厅、审计厅对地方政府违法违规举债融资担保情况进行调研核查；采取各种方式宣传法规政策，推动地方政府加强债务管理，及时报送专题材料，引起财政部预算司和自治区政府的高度重视。

（四）密切关注地方财政运行状况，及时分析预警提示

立足发挥就地就近监管优势和政策研究作

用,探索建立"以收入质量、支出绩效、债务风险和'三保'情况为重点内容,以地方财政运行情况监管分析报告为载体,在综合分析信息系统基础数据的基础上,各处室划片包乎市县进行实地核证"的地方财政运行监管体系,及时掌握地方财政运行状况,有针对性地开展监管工作。重点对宁夏地区收入结构、支出进度、三保支出等指标进行分析,选择重点市县和敏感指标进行实地求证核实,综合研判形势,提出有关建议,督促相关问题的整改落实。向财政部、自治区政府上报地方财政运行综合分析报告和专题材料20多篇,得到自治区党委、政府,财政部领导及相关司局的重视和肯定。

（五）强化中央对地方转移支付监管,规范资金使用管理

牢固树立"以绩效管理为核心"的监管理念,探索监管新模式,督促地方相关部门和单位提升转移支付资金管理水平和使用效益。一是推进转移支付动态监控成效明显。专项转移支付动态监管系统上线运行以来,及时掌握地方各级财政分解下达、项目单位管理使用资金和项目进展等情况,逐步实现对项目资金的全流程、全链条监管。其间,采取电话问询、函询、座谈、联合督导等多种方式敦促相关部门加快预算执行,资金支付进度慢的现象得到改善;对存在突出问题的单位发送监管函,实地跟踪督促其整改落实,取得明显成效。二是认真开展基础数据申报审核、预算执行监管和绩效评价工作。与自治区财政厅、人社厅联合联动,加强养老保险资金监管。工作中加强与自治区财政厅沟通协调,大力整合监管资源,推进信息共享,联合开展监管,对转移支付情况进行动态监控。在绩效评价中,针对不同项目的特点,选取变化分析、因素分析等多种方式方法进行定性、定量分析,并征求相关部门意见,争取形成较为客观、符合实际的结论。

（六）深化部门预算监管,促进属地中央单位规范管理

以多维度搜集分析预算单位信息、督促预算单位加快项目预算执行、开展授权资金动态监控等三项措施为抓手,夯实工作基础,聚焦关键环节,监管服务并重,实现从预算编制、执行到决算全链条闭环监管。一是加强部门预算编制审核工作。健全预算单位基础信息库,制定操作办法,对属地对口预算单位（系统）开展"一上"部门预算审核。二是强化预算执行监管。抽取了9个系统129家基层预算单位的银行账户开展年检工作,审批预算单位账户开立,审核直接支付事项;充分利用授权支付动态资金监控系统,对预算单位实施日常化监控,督促预算单位强化财务管理行为。三是加强决算审核工作。审核中创新方式方法,在系统单位中试点与主管部门联动开展现场审核,既落实业务主管部门主体责任,又有利于督促相关问题的整改落实。四是做好中央驻宁单位公车改革工作。认真开展三级及以下预算单位车改方案审批。

（七）严肃财经纪律,精准开展专项检查

按照财政部部署,合理安排检查任务,牢固树立精品意识,不断提升检查成效,查出的问题引起当地政府、部门和单位高度重视,促进了相关单位和行业的管理。2017年组织开展财政扶贫资金专项检查、地方预决算公开情况专项检查和会计监督检查等,就发现的违法违规问题下达处理决定,责令整改纠正,追缴违法违规资金,追究相关责任人责任。其中,扶贫资金检查发现的问题,财政部通过中央纪委向宁夏回族自治区纪委移交查处,合力惩戒扶贫领域严重问题。2017年底财政部、国务院扶贫办向社会公布了15个财政扶贫资金专项检查典型案例,其中包括宁夏专员办查处的有关问题。地方预决算公开情况专项检查结果获得咸辉主席的肯定,并批示相关部门落实整改,地方主管部门高度重视,主动部署,提出整改要求,明确整改责任,并进一步规范管理,从源头上解决市县预决

算公开工作中存在的问题。

（八）服务两会代表委员，提升财政工作的公信力

切实提高政治站位，增强政治觉悟，认真落实《财政部服务全国人大代表全国政协委员工作规则》及相关工作要求。准确掌握服务"两会"代表委员的工作职责、沟通联络机制、"两会"上会解说服务和建议提案办理等工作内容，建立服务代表委员长效机制，如及时报告机制、日常沟通机制、事后反馈机制等；主动与宁夏财政厅、自治区人大办公厅、自治区政协办公厅等单位沟通联系，建立完善服务代表委员的基本情况数据库；将服务代表委员的职责落实到各处室、落实到具体人；密切配合财政部国合司，贯彻执行各项工作制度，积极主动开展服务住宁代表委员工作。

二、以打造"铁军""尖兵"为目标，不断加强队伍建设和基础管理

宁夏专员办按照"素质过硬、作风优良、功底扎实"的要求，严格落实各项内部管理制度和措施，进一步加强干部教育培训，切实改进工作作风，攻坚克难、创先争优，在锻造"铁军"和"尖兵"的进程中迈出了坚实步伐。

（一）全面加强干部队伍建设，提升综合素质

一是坚持正确的选人用人导向。着力配强处室领导力量，合理调配使用借聘用人员，营造干事创业的工作氛围。二是加大干部培训，创新学习载体。研究制定培训计划，采取"互联网+"掌上学、微信客户端"网上课堂"、形式多样的"学习包"等方式，每日推送党建、政策法规和业务知识等方面的文章和考题。三是坚持民主集中制。按照"集体领导，民主集中，个别酝酿，会议决定"的议事原则，对办内的重大事项集体研究确定，建立收集、分析、办理干部职工意见建议机制。

（二）完善内控建设，强化执行监督

一是认真学习贯彻落实《专员办内部控制办法》，健全内控组织架构，加强制度建设，修订完善《宁夏专员办内部控制操作规程》。二是严格内控执行，抓好日常监督，抓住重要环节和控制节点，开展内控自查，注重评估反馈，建立内控执行监督机制。

（三）规范内部管理，保障机关运行

树立正确的政绩观，坚持办实事、重实效，在提高工作质量，打基础、建机制上下功夫。加强财务收支管理、保密管理、工作宣传和经验交流、后勤管理、业务综合管理等。

三、以全面从严治党为统领，不断加强党的建设

宁夏专员办认真贯彻落实财政部党组和自治区党委工作部署，以全面从严治党为统领，全面加强机关党的政治建设、思想建设、组织建设、作风建设、纪律建设，着力在四个方面下功夫见成效，为服务财税体制改革、服务宁夏"三大战略"、深化工作转型提供坚强保证。

（一）着力在学懂弄通做实上下功夫，深入学习宣传贯彻党的十九大精神

办党组和机关党委履行主体责任，抓好组织落实工作，领导干部学在前、做表率，各支部迅速行动，认真落实要求，创新形式和载体，坚持理论联系实际，切实将党的十九大精神转化为推动全办工作的实际行动。

（二）着力在推进"两学一做"学习教育常态化制度化上下功夫，打造政治合格机关

突出落实主体责任，成立党建工作领导小组；突出中心组政治学习引领示范作用，办领导带领各处室，分头深入全区各市县扎实开展调查研究；突出问题导向，认真开展主题实践活动和建设"铁军""尖兵"队伍大学习大讨论活动；突出改进学习方式，运用微信平台实现学习常态化，开展特色主题党日活动；突出学习宣传自治区第十二次党代会精神。

（三）着力在提升规范化水平上下功夫，增强机关党建组织力号召力

严格规范执行"三会一课"制度、严格规范

党建基础工作、严格规范做好代表委员推选工作、严格规范开展支部换届选举、严格党建阵地建设等。

（四）着力在作风和纪律建设上下功夫，强化干部作风养成

巩固拓展落实中央八项规定精神成果，深入推进党风廉政和反腐倡廉建设，狠抓"两个责任"落实，密切关注"四风"新动向，扎实开展反腐倡廉教育，加强党员干部作风教育和监督，强化纪检干部队伍建设，建立容错纠错机制，健全问责机制，让党员干部知敬畏、存戒惧、守底线。同时，加强正向引导，坚持抓早、抓小、抓常、抓长。

（唐雅芳）

农业综合开发

一、落实生态立区、脱贫富民、创新驱动战略情况

一是落实生态立区战略，加快推进高标准农田建设。开展农田保护和荒漠化治理行动，加快推进高标准农田建设。实施高标准农田建设面积25.39万亩、生态综合治理面积0.53万亩。实施灵武市现代农业园区试点项目1个，总面积0.89万亩。根据自治区引黄灌区盐碱地改良工程总体部署，完成盐碱地治理面积2.32万亩，清淤治理骨干沟道16.72公里。二是落实脱贫富民战略，拓宽农发资金投入渠道。坚持"围绕中心，服务大局"的理念，贯彻落实国家和自治区关于贫困县涉农财政资金整合试点工作的决策部署和相关规定，为贫困县开展试点"松绑"。2017年安排农发资金2亿元，用于贫困县涉农财政资金整合试点工作，为贫困县"销号摘帽"注入新动能。积极争取国际农发基金农业综合开发项目资金3600万美元，引入农业生产适应气候变化和可持续发展理念，为产业扶贫注入活力。三是落实创新驱动战略，提升科技示范推广水平。围绕自治区确定的"1+4"特色优势产业，组织中科院等科研院所，联合自治区有关厅局开展与不同区域特色优势农业紧密相关的安全高效种养关键技术和模式等成熟技术成果的转化和推广示范应用，并对枸杞、清真牛羊肉产业发展进行专题调研，扎实推进科研单位与政府部门、新型农业经营主体等单位的协调合作。

二、加快推进高标准农田建设，不断夯实农业生产基础

实施藏粮于地、藏粮于技战略，按照《国家农业综合开发高标准农田建设规划（2011—2020年）》和《宁夏回族自治区高标准农田建设实施规划》确定的目标任务，2017年安排土地治理项目财政资金47839万元，实施高标准农田建设项目25个，建设面积25.39万亩；实施生态治理项目1个，治理沙化土地面积0.53万亩；实施现代农业园区试点项目1个，建设面积0.89万亩；通过构建全产业链对高标准农田建设进行提质增效，续建农业综合开发高标准农田建设模式，扎实开展模式创新试点项目7个，建设面积5.36万亩，促进一二三产业融合发展；利用亚洲开发银行贷款宁夏农业综合开发项目累计建设高标准农田20.6万亩；利用以色列政府贷款农田灌溉水利工程累计完成高效节水灌溉设施建设8.5万亩。

三、实施引黄灌区盐碱地改良工程

认真落实《银北地区百万亩盐碱地改良骨干排水沟道治理规划》和《银南地区盐碱地改良规划》，2017年整合农业综合开发项目批复资金14082万元（其中财政资金9388万元），完成盐碱地治理9.895万亩，其中，沟道清淤治理129.9公里，实施暗管排水4.968万亩。

四、集中力量扶持特色优势产业，推动产业集群发展

立足宁夏特色优势产业发展实际，以农业增效、农民增收为目标，以推进农业供给侧结构性改革为主线，聚焦优质粮食、草畜、蔬菜、枸杞、葡萄"1+4"特色优势产业。2017年安排产业

化发展项目财政资金10245万元,其中批复川区11个市县财政补助项目63个,安排财政资金7113万元。积极创新投融资方式,放大财政资金使用效益,加大贷款贴息项目扶持力度,优先将产业化发展项目财政资金指标用于安排贷款贴息项目,2017年批复川区11个市县贷款贴息项目39个,安排中央财政贴息资金2054万元,撬动金融机构贷款近10亿元。完成2018年农业综合开发产业化发展贷款贴息项目名录备案工作和审核结算材料报送工作。

五、整合农发项目资金,努力拓宽农发资金投入渠道

一是统筹整合部门项目资金。调整优化部门项目结构,加大统筹整合力度,督促相关厅局和市县农发机构严格执行项目计划,加快预算执行进度,不断提高部门项目的影响力。二是服务大局推进实施脱贫富民工程。贯彻落实国家和自治区关于贫困县涉农财政资金整合试点工作的决策部署,2017年安排农发资金20161万元用于贫困县涉农财政资金整合试点工作,为贫困县"销号摘帽"注入新动能。三是积极拓宽外资项目投入渠道。加快利用亚洲开发银行贷款农业综合开发项目、以色列政府贷款农田水利建设项目实施进度,按计划完成各项建设任务。认真做好国际农发基金农业综合开发项目前期准备工作,宁夏国际农发基金项目已经国务院立项批准,获国际农发基金贷款3600万美元(中央财政统借统还),通过发展具有包容性、平等性和可持续性的价值链,促进农业发展、农民增收,助推脱贫富民。

六、夯实工作基础,促进农发业务规范管理

一是完善规章制度,加强内部管理。按照《国家农业综合开发资金和项目管理办法》(财政部第84号)及相关政策规定,对历年出台涉及农发项目管理、资金管理和综合管理的管理制度办法进行梳理,列出整改落实清单,完成《宁夏农业综合开发资金和项目管理实施办法》等相关制度的起草修订工作,努力构建较为完善的制度体系。加强计划财务管理,强化预算控制管理,科学编制资金使用计划,从严控制"三公经费"开支。二是细化工作流程,促进规范管理。严格执行请示报告制度,对涉及"三重一大"及项目安排等事项主动向财政厅党组和厅领导汇报请示,争取各级领导的支持和帮助。认真贯彻落实民主集中制原则,规范集体决策行为,不断提高集体决策的质量和水平。细化各项工作流程,从理顺与规范办事程序入手,确保重大项目资金安全。三是开展思想作风纪律教育集中整顿活动。根据财政厅党组的安排部署,自治区农发办开展思想作风纪律教育集中整顿活动,以统一思想、提高认识、凝心聚力为目的,以正风肃纪、严明纪律、严守规矩为抓手,着力解决党建和党风廉政建设、制度建设、资金项目管理、工作流程、干部队伍建设等突出问题,明确12项整改内容,通过认真学习、对照检查、扎实整改等措施,使农发干部职工思想认识更加明确,纪律更加严明,作风更加严谨,素质得到提升。四是开展制度培训工作。2017年6月,组织自治区农发办全体干部职工和各市、县(区)农发办负责人,围绕《国家农业综合开发资金和项目管理办法》(财政部令第84号),集中学习农业综合开发资金管理、产业化发展项目、部门项目、土地治理、项目评审与验收、项目监督检查与绩效评价相关政策。

七、加强廉政建设,打造干净担当农发干部队伍

一是开展查处农业综合开发领域腐败及其他违规违纪问题专项行动。认真排查涉及农业综合开发领域的腐败问题、财政资金违规违纪行为,结合2015年以来自治区农发办年度综合性检查和专项检查中存在的一些突出问题,认真落实党风廉政建设主体责任和监督责任,切实加强项目建设和资金监管,健全完善农发各项制度规定和监管机制,从源头和过程监督中预防和遏制腐败及其他违规违纪问题的发生。目前,检查中共发现各类问题94个,核实上报

问题线索3条，向自治区纪委和驻厅纪检组上报工作信息3期。二是加强反腐倡廉教育。从发生在身边的违纪违法案件中吸取教训，要求党员干部和职工对党风廉政建设和反腐败工作的纪律规矩和各项规定牢记于心，严格遵守政治纪律、组织纪律、廉政纪律。在驻厅纪检组的工作协调下，6月14日自治区农发办党支部组织各市、县(区)农发办主任、副主任和办机关全体党员干部职工93人参观自治区廉政警示教育中心，让广大党员干部的思想受到触动警醒、灵魂受到震撼洗礼，始终保持惩治腐败高压态势，积极构建"不想腐""不能腐""不敢腐"的有效机制。三是筑牢思想道德防线。按照财政厅党组的要求，不断深化"放管服"改革，明确农发办不再直接负责项目工程，合理划分农发办与市县农发办的事权责任，有效防范廉政风险。加强理论武装和思想教育，逢会必讲廉洁自律，教育党员干部常思贪欲之害，常怀律己之心，努力做到警笛常响、警灯常亮、警钟常鸣，不断增强拒腐防变、抵御各种风险的能力。四是切实改进工作作风。加强正面引导和监督检查，严格落实中央"八项规定"精神和自治区若干规定，建立提醒监督机制，对党员干部存在的苗头性、倾向性问题早提醒、早批评、早教育。主动适应干部作风建设的新常态，为进一步改进工作作风，认真落实"七个一律不准"，树立农业综合开发干部队伍的良好形象。

(吴焜玥)

综合财政管理

一、找准业务突破口，重点工作稳步推进

开展财政电子票据改革试点。主动向财政部申请将宁夏纳入全国第二批财政电子票据管理改革试点省份。全区财政电子票据系统建设方案已经专家可行性评审通过，经财政厅厅务会议审议后完成系统公开招标，组织开展系统建设、基础数据维护和人员培训。印发《宁夏回族自治区关于稳步推进财政电子票据管理改革的试点方案》，召开试点单位协调会议，分批部署。

稳步推进收入分配制度改革。主动与财政部对接，做好全区改革性补贴政策研究，配合人力资源和社会保障厅对驻外办事处工作人员工资待遇进行调研。配合做好法官检察官工资制度改革工作，推进公立医院薪酬制度改革试点，完善正常调整机制，健全激励约束机制。推动政府效能考核规范化科学化，认真测算效能考核奖励资金，对考核档次、奖励标准提出合理化建议。

二、积极主动作为，主要任务取得新进展

清理规范行政事业性收费和政府性基金。一是严格贯彻落实国家政策。自2017年4月1日起，取消、停征中央明确的41项行政事业性收费和2项政府性基金，扩大残疾人就业保障金免征范围，将商标注册收费标准降低50%。其中涉及全区取消收费项目21项，经测算，以上收费基金取消、停征后，每年为企业减负近4亿元。自4月28日起，取消全区所有政府还贷二级公路收费站，每年将减轻企业负担近6亿元。自7月1日起，清理地方设立的行政事业性收费15项。自治区级批准设立的涉企收费项目全部清理，成为全国无地方设立涉企收费省份之一。二是健全完善全区收费基金目录清单制度。整理完成全区收费、基金项目政策依据、收费标准等政策信息，自7月1日起，在财政部和自治区财政厅官方网站同时公布宁夏行政事业性收费和政府性基金目录清单，并建立常态化公开机制。三是开展涉企收费专项检查。组织自治区相关部门、各市、县(区)对2015年、2016年贯彻国家降费减负政策落实情况进行自查，会同自治区相关部门集中开展全区涉企收费专项检查，并对机动车拓印服务费、高速公路清障费等涉企收费进行重点检查，对存在问题要求部门尽快整改，并及时将落实情况报送财政部、自治区减轻企业负担办公室。

强化彩票资金管理与监督。加强彩票销售

机构财务监管和彩票公益金管理。妥善做好查处擅自利用互联网销售彩票整改落实工作。联合自治区民政厅、体育局对各市县落实2014—2015年中央专项彩票公益金12亿元情况进行专项督查,项目资金全部拨付完毕,并委托第三方机构开展绩效评价。争取2017—2020年中央专项彩票公益金资金支持地方社会公益事业发展资金安排9.7亿元,制定项目资金管理办法,重点向国家、自治区明确提出的重大民生项目倾斜、向宁夏南部山区和弱势群体、向"补短板"的社会公益事业倾斜。2017年已到位的中央专项彩票公益金2.425亿元全部拨付市、县(区),特别是加大对南部贫困地区的支持力度,推动全区养老服务体系服务设施完善、支持山区农村"儿童之家"项目、南部山区农村教师周转房设施设备配置、市级残疾人康复中心、全民健身步道等民生项目建设。

积极推广政府购买服务工作。进一步培育承接主体,会同民政厅制定下发《关于通过政府购买服务方式支持社会组织发展的指导意见》,引导社会组织专业化发展。会同自治区编办研究制定《事业单位政府购买服务改革工作实施方案》,支持事业单位分类改革。规范政府购买服务项目实施,调研自治区各部门、市县(区)政府购买服务工作,了解政府购买服务进展情况。

推动全区保障性安居工程顺利实施。一是统筹推进。会同住建部门编制并下达2017年城镇保障性安居工程任务计划。争取到中央财政专项资金14.37亿元,自治区财政安排3.15亿元,棚改套均补助5.2万元,年增长16%,推进完成棚改开工5.34万套;争取中央调剂补助3.25亿元,确保2017年底交付使用的3.53万套公租房顺利实施。继续发挥好自治区棚户区改造融资平台和银川市自有融资平台作用,推动开发性金融支持2015年底以前开工的棚户区改造续建项目。大力推进棚户区改造,推动房地产库存量大的市、县(区)提高货币化安置比例,健全政府购买棚改服务政策。二是绩效考评。组织开展的2016年城镇保障性安居工程绩效评价工作,被财政部专题推广工作经验,并在财政部官网和公众号平台、搜狐、新浪等全国20余家各类媒体及财经频道转发。三是健全制度。会同住建厅等部门下发《宁夏回族自治区城镇保障性安居工程专项资金管理办法》《宁夏回族自治区城镇保障性安居工程财政资金绩效评价实施细则》《宁夏棚户区改造工作激励措施暂行实施办法》。四是夯实基础。严格审核2018年度自治区本级职工住房公积金、住房补贴预算,配合自治区住房改革领导小组修改完善《关于全区实行住房补贴的指导性意见》和《宁夏回族自治区在银行政事业单位职工住房补贴实施方案》,对中卫市、隆德县、西吉县、彭阳县住房补贴实施方案进行审核,确保住房补贴工作规范有序推进。

三、加强政策研究,不断提升宏观决策水平

加强财政经济形势分析。坚持问题导向,对财政经济运行重大问题分析研判,按季度向财政部报送宁夏财政经济形势分析报告。提高财政综合信息报送质量,上报的30多条信息被自治区党委、政府办公厅及财政厅机关采用,财政综合信息工作在财政厅部门预算处室中排名前列,宁夏使用2014—2015年中央专项彩票公益金专题信息被财政部综合司推荐上报中央办公厅、国务院办公厅。

规范非税收入政策管理。制定出台《宁夏回族自治区残疾人就业保险金减免(缓缴)办法》《宁夏回族自治区市政公共资源有偿使用收入管理办法》《宁夏回族自治区国家电影事业发展专项资金征收使用管理实施办法》《宁夏回族自治区彩票公益金管理办法》《进一步加强非税收入管理的指导意见》等,起草《宁夏回族自治区区本级非税收入收缴管理实施办法》。推进税务部门征收残疾就业保障金工作,下发《关于切实做好残疾人就业保障金征收工作的通知》,明确了相关征收程序。制定《关于进一步加强防空地下室易地建设费征收使用管理的通知》,防空地

下室易地建设费按照自治区财政30%，市县财政70%的比例就地入库。加快建立全区水土保持补偿费征收机制，会同物价局、水利厅等相关部门出台《宁夏回族自治区水土保持补偿费征收使用管理办法》，在全区范围内开征水土保持补偿费。完善矿产资源制度改革相关政策，草拟《宁夏回族自治区矿业权出让收益征收管理实施办法》，进一步修改后，征求相关市县及部门意见后出台，妥善解决实施政策性关闭矿山企业缴纳矿业权价款退还有关问题。

深入开展调查研究。牵头组织和协调落实好自治区巡视整改课题调研任务。制订财政综合调研计划，组织开展收费清理、政府购买服务、彩票资金管理使用等专项调研。上报的《全区保障性安居工程第二季度调研报告》得到自治区党委书记石泰峰批示，并得到党委办公厅高度表扬。开展2017年财政政策跟踪调研，完成《关于清理和规范涉企行政事业性费和政府性基金情况的调研报告》并上报财政部。会同自治区残联、国税局、地税局对全区残疾人就业保障金征收管理进行督导调研。联合物价等部门开展全区蔬菜价格政策性保险及生产基地冷链设施建设调研，制订蔬菜生产基地冷链设施建设试点实施方案，在主要蔬菜产区和永久性蔬菜生产基地分布较多的县(市、区)开展试点，按照蔬菜生产基地冷链设施建设成本的25%自治区财政给予补助，切实把调研成果转化为具体措施。

(杨子楠)

财政预算管理

一、紧抓一个"盯"字，切实加强财政收支执行管理

一是确保完成收支目标任务。进一步完善财政收支督导、考核、通报及约谈机制，强化部门和市县预算执行主体责任意识，做到月月有目标、有督查、有通报，紧盯重点问题，基本建立了预算执行精准化、规范化和常态化运行动态监控管理模式。全区各级财政上下联动，通力合作，财政收支预算执行平稳，收支进度和增长均达到目标要求。通过一系列有力措施，2017年下半年，全区财政收支增幅高于全国平均水平，全力扭转上半年支出进度全国排名垫底的局面。截至11月底，全区地方一般公共预算收入完成376.8亿元，同口径增长12.9%，全国排位第6名；全区一般公共预算支出完成1217.1亿元，同口径增长9.7%，全国排位第14名。大力盘活存量资金，共清理收回区本级财政存量资金10.4亿元，市县财政存量资金5.7亿元，均已全部形成实际支出。二是争取中央资金取得新突破。认真研究转移支付制度政策，切实加强与财政部沟通对接，积极争取中央财政加大对自治区的资金支持力度。截至11月底，中央财政共下达自治区各类转移支付资金810.2亿元，超过2016年全年总量67亿元，增长10.8%。特别是自治区自行可统筹安排的中央均衡性转移支付财力资金增加32.4亿元，增长13.5%，高于全国平均增长水平。三是规范预算严控追加。加强预算约束力，在源头上不断规范管理，逐步减少预算追加事项，积极维护预算编制严肃性。2017年，财政追加资金占部门申请资金总额的比率仅为1.5%，追加资金总额仅占2016年27.8%，预算追加事项大幅减少。

二、紧抓一个"重"字，全力保障重点领域支出

积极主动适应经济发展新常态，坚持问题导向，加强宏观经济形势和财政收支状况研究分析，加强重大财税体制改革专题内容的研究，为完善财政管理制度改革夯实智力支撑。一是支持贺兰山保护区环境整治。研究提出支持贺兰山保护区环境整治的财政补助政策，自治区财政将分3年筹措资金11.27亿元，2017年已安排5亿元，为如期完成环境综合整治任务奠定坚实的财力基础。二是做好"三大战略"和"五

个扎实推进"政策研究及资金测算工作。深入研究政策,积极提出相关意见建议,并会同有关处室认真测算"三大战略"和"五个扎实推进"政策资金需求,统筹财力,做好预算安排。三是突出财政资金引导撬动。对申报项目中属于财政支持范围、符合债券资金支持方向,如生态移民、扶贫、重大公益基础设施建设等项目,通过债券资金安排;拿出一定比例项目通过PPP方式运作,大力吸引银行资金、社会资本投入到政府公共领域基础设施建设;制定《自治区政府投资基金管理办法》,全面规范基金运行管理,更好地发挥财政在公共服务领域和重大改革中政策和资金的引领撬动效应。四是全力保障民生等重点支出。截至11月底,全区民生支出931.9亿元,占总支出76.6%,八项支出共计778.9亿元,增长13.1%。其中教育、科技、卫生、农林水和交通支出增长均超过15%;共下达市县转移支付资金649.6亿元,较2016年增加94.6亿元,同比增长17.1%,其中,一般转移支付资金333.4亿元,较2016年增加59.8亿元,同比增长21.8%,有力促进了全区重点支出项目建设和民生事业的发展。

三、紧抓一个"新"字,扎实推进财政管理和改革工作

不断规范和创新预算编制方式,一是全面实行"零基预算"。除新增项目外,对历年延续性项目也要进行项目评审论证,对不符合财政支出政策、无立项依据和测算依据的,不安排预算。对执行到期或一次性项目严格退出。二是加强财政专项资金管理。强化自治区专项转移支付资金管理,经自治区政府审定后印发《自治区对市县(区)专项转移支付暂行管理办法》(宁财预发〔2017〕801号),充分调动市、县(区)政府干事创业的积极性,努力提高财政资金使用的规范性、安全性、有效性。进一步压减项目个数,2018年安排财政专项(一级项目)116个,较2017年减少20个,下降16%,整合资金27.2亿元,集中财力保障"三大战略"等重点支出。三是严格落实"四个挂钩"要求。将预算安排与项目规划、结转结余、绩效管理、支出进度挂钩。对重点项目坚持按项目规划、年度资金计划、绩效审核结果、同一项目当年执行进度和历年结余结转规模统筹安排;对一般性项目坚持按政策规定、按既有标准严格把关,结合同一项目当年执行进度和历年结余结转规模统筹安排。四是推进绩效和公开。进一步强化专家库和第三方机构库服务预算管理的支撑作用,完善全过程预算绩效管理工作机制,强化项目库管理,实现预算项目绩效目标全覆盖审核,无绩效目标、绩效目标审核结果为"差"的项目不予入库、不安排预算。首批开展项目绩效目标跟踪监控试点,扎实开展重点项目第三方绩效评价和部门整体支出绩效综合评价,并与预算编制挂钩。不断完善预决算公开制度体系,加快预决算公开平台建设,进一步加大预决算公开监督检查,自治区和市县预、决算公开率均达到100%。五是推动财政体制改革。提请自治区政府印发《自治区与市县财政事权和支出责任划分改革实施方案》(宁政发〔2017〕40号)和《关于实施支持农业转移人口市民化若干财政政策的通知》(宁政发〔2017〕38号),推进财政事权和支出责任划分改革,建立财政转移支付同农业转移人口市民化挂钩机制。

四、紧抓一个"严"字,健全政府性债务管理机制

政府性债务管理的关键在于健全机制,严控风险。一是完善制度建设。先后提请自治区政府印发《宁夏回族自治区政府性债务风险应急处置预案》(宁政办发〔2017〕127号)《自治区人民政府办公厅关于进一步加强政府性债务管理的实施意见》(宁政办发〔2017〕163号),政府性债务管理体系进一步完善。联合人民银行建立置换债券资金分账管理制度,对资金使用进行全程监控,从制度上彻底杜绝挤占挪用问题。二是严格限额管理。严格按照财政部《地方政府债务限额分配管理暂行办法》,统筹考虑市县债务

风险、财力状况、融资需求等,采用因素法对债务限额进行科学分配,体现正向激励。债券资金主要投向扶贫攻坚、环保、交通等公益性建设项目,有力促进全区经济社会发展。三是置换存量债务。发行政府置换债券185亿元,对非债券类型政府债务进行置换,为进一步规范全区政府债务管理打下良好基础。同时,有效降低市县融资成本,缓解偿债压力,维护政府信用。四是加强风险管控。对全区政府债务风险状况进行预警和通报,指导和督促市县成立政府性债务管理领导小组,出台应急处置预案和债务风险化解计划。据财政部测算结果,自治区政府债务风险提示地区已经由2015年的3个减少为2016年的2个。联合专员办开发融资平台公司等债务统计分析软件,对隐性债务进行统计监测,进一步提高全区政府性债务信息化、精细化、动态化监管水平。五是加大监督力度。联合审计厅、财政部驻宁专员办,多次对重点市县进行专项检查,追回挤占挪用的债券资金46.78亿元,对发现问题要求限期整改落实,个别严重问题已抄送纪检、组织部门。

五、紧抓一个"效"字,加强处内组织建设

一是加强理论学习。建立学习制度,制订学习计划,党支部每月都组织集中理论学习,深入学习党的十九大和自治区第十二次党代会精神,加强党风廉政学习教育,强化党内法规教育,深化廉洁自律准则、纪律处分条例、问责条例、党内监督条例等党内法规的学习宣传贯彻,对机关党委安排的重点内容采取重点学习、重点讨论,定期检查学习笔记。二是加强支部建设。认真落实"三会一课"制度,按照机关党委要求讲党课4次,定期召开支部会议和支委会议,召开专题组织生活会2次,对支部党员进行民主评议,结果全部为"优秀"。深入党建联系点开展党支部"下基层"活动,为基层基础设施建设雪中送炭的同时,也积极向基层学习。三是加强行风建设。在工作上严格要求,经常加班加点,放弃节假日休息时间,始终保持着爱岗敬业的热情,严谨认真的态度,一丝不苟的作风。

(杜荣丽)

国库管理

一、深化国库集中支付制度改革,夯实财政运行基础

一是制度保障更加完善。出台自治区本级财政国库业务电子化管理等相关制度,为财政国库电子化支付规范运行提供制度保障。二是电子化资金支付范围不断扩大。实现自治区本级财政国库资金支付、市县调拨资金以及部分财政专户资金支付纳入财政管理一体化信息系统的电子化支付。三是会计核算管理统一规范。实现宁夏各级财政总预算会计核算纳入财政管理一体化信息系统,核算软件得到统一,核算效率不断提高。四是财税库银税收收入电子缴库横向联网工作。实现自治区本级财税库银税收收入电子缴库数据信息总会计记账和核算工作,提高财税数据管理利用水平。

二、推进地方债发行管理市场化,完成发行工作

2017年,国库处加强与财政部国库司对接,积极与银行业、金融机构沟通,做到工作到位、责任到位、落实到位。2017年累计发行地方债318.2亿元,其中新增债券133.2亿元,置换债券185亿元。宁夏地方债发行工作圆满收官。2017年,宁夏根据金融市场运行变动规律,积极研判市场发债机遇窗口期,合理制订发行计划,均衡债券发行节奏,不断完善市场化的地方政府融资机制。实施地方政府债券管理系统,为加强和规范宁夏政府债务还本付息工作提供安全高效的管理保障。

三、持之以恒强化库款管理,提高财政资金使用效益

一是实施国库现金管理制度改革,规范国库现金管理。根据财政部2017年在全国全面开

展省级财政国库现金管理的工作部署，联合人民银行银川中心支行制定印发《宁夏回族自治区本级国库现金管理实施细则》，报经自治区人民政府同意施行。组织开展区本级金融机构及相关部门培训，构建自治区本级财政国库现金管理制度化、规范化操作的良好氛围。2017年完成2期国库现金管理公开招标，招标金额50亿元。二是建立市县库款考核通报机制，强化考核督导。实施《宁夏回族自治区市县财政库款考核办法（试行）》，通过制度化考核，强化对市县库款的考核督导和通报力度，建立起转移支付资金调度与库款规模挂钩机制，确保实现督促市县提高预算执行支出进度、提高公开发行置换债券资金置换完成率，在保障财政业务正常运转的前提下，合理保持较低库款规模，充分发挥财政国库资金使用效益。三是加强库款管理专题调研，库款管理成效明显。按照财政部要求，深入查找宁夏库款运行中存在的问题，就加强库款管理方面，提出具有针对性的政策措施，形成调研报告并上报财政部。2017年以来，经过持之以恒的不懈努力，宁夏库款考核在全国排名连续靠前，库款管理成效明显。9月份被财政部推荐为5个先进省份之一，在全国部分省份座谈中做经验交流发言。12月下旬，财政厅领导对国库处2017年财政库款管理工作提出表扬，厅党组书记张苏安批示："国库处优异成绩来之不易。"厅党组副书记、厅长陈春平批示："国库处库款考核工作名列前茅，值得表扬，望继续努力，再接再厉，力争上游。"

四、实施政府综合财务报告制度改革试点

按照财政部关于稳步推进权责发生制政府综合财务报告制度改革过渡，积极探索宁夏政府综合财务报告制度体系建设。一是研究决定确定林业厅、文化厅及盐池县、平罗县为试点部门和市县。组织重点培训，全程跟踪指导。二是为实现宁夏编报数据与财政部顺利对接，提高工作效率，顺畅系统衔接，确保编报质量，组织部署财政部统一开发的政府财务报告管理系统。已经完成试点市县和部门的财务报告编报工作。三是认真总结试点部门和市县的试编工作，形成可借鉴、可推广的做法，为2018年宁夏政府综合财务报告编报工作的全面推开积累经验。

五、推进部门决算公开，强化决算数据分析利用，决算编报工作再创佳绩

一是遵照"公开是常态，不公开是例外"和"五统一"原则，有序推进2016年度区本级部门决算公开工作。二是强化决算数据分析利用。整理汇总全区决算数据，编印《2017年宁夏财政统计摘要》《2016年度部门决算数据统计资料》等。坚持实用原则，分类统计梳理财政数据，深入开展数据挖掘，为政策制定提供决策参考。三是加强财政国库工作的调查研究。围绕全区财政总预算会计管理，深入基层，广泛调研，查漏洞，找短板，形成专题调研报告，为修订完善相关制度提供了现实依据。四是决算编报工作再创佳绩。2016年，自治区财政创新机制，协作配合，加强培训，严把审核，注重分析，顺利完成财政总决算和部门决算编报工作，在财政部组织的2016年度全国地方财政部门决算工作和总决算工作考评中，分别荣获"优秀"和"二等奖"。继2016年后，宁夏地方财政总决算编报工作和部门决算编报工作连续两年获奖。自治区主席咸辉做出批示："在全区财政会议上进行表扬。望财政部门以此为动力，更好地做好财政系统各方面工作。"

六、预算执行旬月报汇总及时，预算执行分析能力提升

一是精准汇总预算执行收支数据，提升预算执行旬、月报数据汇总编报的效率和质量。确保全区财政收支旬、月报统计、汇总、生成数字报表时间均在1个工作日完成，确保全区财政收支手机短信快讯及时报送厅领导。二是增加全区财政旬月报报送次数。认真落实厅领导指示精神，除财政部要求的每月"两旬报一月报"外，额外增加"多个日报表"，积极探索建立财政预算执行动态监测预警机制。三是提升预算执

行分析水平。重点分析经济发展、税收改革、政策减税、体制调整等因素对全区财政收入带来的影响,强化财政预算执行分析针对性。完善非税收入收缴情况分析报告制度,进一步提高分析报告的时效性。

七、夯实财政国库基础工作

(一)加强国库基础业务运行管理

一是加强资金审核支付。认真做好国库集中支付和额度审核等工作,严格审核拨付国库和财政专户资金,保障各项业务工作的正常开展。二是加强总预算会计核算工作。按新制度要求加强会计核算,落实会计对账制度和做好会计对账工作,加强对市县《财政总预算会计制度》执行情况的监督检查,指导市县规范开展总预算会计核算。

(二)加快存量财政专户清理,规范财政资金存放管理

一是根据国务院和财政部关于全面清理规范地方存量财政专户的工作要求,采取市县约谈、重点督导、指导跟进、难点突破,多方协调,多措并举,全面推进清理工作,力争2017年底前全区各级财政部门存量财政专户清理规范到位。二是结合宁夏实际,落实《财政部关于进一步加强财政部门和预算单位资金存放管理的指导意见》,并提出相关工作要求,降低财政资金管理廉政风险,规范财政资金存放操作。

(三)完善内控管理机制建设

完善实施财政国库内控管理制度,强化内部流程控制,建立财政国库工作风险点应急处理机制。明确岗位职责分工,制定国库处内部业务操作规程,将内控制度细化到各工作岗位,确保财政资金安全运行。

八、打造坚强的支部堡垒,为财政国库工作开展提供组织保障

深入贯彻落实党的十九大精神和自治区第十二次党代会精神,以习近平新时代中国特色社会主义思想为指导,紧紧围绕自治区党委、政府的重大决策部署和财政国库中心工作,以"两学一做"学习教育常态化制度化为主线,以创建服务型党组织为载体,以"围绕党建抓队伍,抓好队伍促业务"为理念,深入开展"我的初心,我的成长——做政治合格共产党员"活动,狠抓党支部思想、组织、作风、制度和反腐倡廉各项工作的落实,开展民主评议党员活动和下基层活动,为打造财政国库队伍提供坚强的组织保障。

(高参参)

国库支付中心管理

一、抓好业务,进一步全面推行国库集中支付电子化

2017年,支付中心办理国库集中支付业务30.28万笔,支付资金380.14亿元,其中,直接支付1.91万笔,支付资金265.74亿元;授权支付27.95万笔,支付资金93.09亿元;办理政府采购直接支付业务2009笔,支付资金共计16.82亿元;办理人民警察值班津贴和岗位津贴,丧葬费及抚恤金等基本支出追加2187笔,支付资金4.49亿元。发放自治区本级488家预算单位统发工资17次,涉及人数5.5万人,累计发放工资37.15亿元;加强预算执行动态监控审核工作,审核疑似违规支付12108笔,涉及资金41.80亿元,其中确认违规支付902笔涉及资金8.84亿元,并已全部退回原单位,要求其整改。

同时,支付中心积极协调,多头并进,提前一年完成了财政部关于"2018年底前,条件具备的地区应实现省、市、县三级国库集中支付电子化全覆盖"要求。全区5900多家预算单位、11家代理银行、30个省市县(区)全部实现了国库支付电子化管理,实现了实施范围、业务管理、资金运行全覆盖。此项工作在财政部国库司举办的全国国库集中支付电子化管理业务需求集中讨论会上做经验交流。2017年,各市县国库集中支付电子化运行良好,得到市县一致好评。

二、抓严制度，进一步修改完善工作流程制度化

为确保国库支付电子化管理系统规范化、制度化，支付中心在原有制度基础上，进一步修改、完善国库集中支付电子化管理工作的制度建设，联合中国人民银行银川中心支行共同制定《宁夏回族自治区国库集中支付业务电子印章管理办法》(宁财(库)发〔2017〕686号)《宁夏回族自治区国库集中支付业务电子凭证库备份办法》(宁财(库)发〔2017〕678号)等规章制度。同时，为提高财政资金使用效益，规范财政库款支出合法化、规范化、合理化，支付中心根据财政部《地方预算执行动态监控工作督导考核办法》，印发《自治区财政厅关于印发〈宁夏回族自治区市县(区)预算执行动态监控工作督导考核办法〉的通知》(宁财(库)发〔2017〕702号)，并严格按照考核办法，对区本级预算单位、市县预算执行等情况进行考核。

三、深挖细节，进一步践行"不见面，马上办"的"互联网+政务"模式

为进一步构建"不见面，马上办"的"互联网+政务"模式，持续深化"放、管、服"改革，支付中心在国库支付电子化管理工作上做好"加减乘除"，确保服务快捷、数据精准、效率提升，节省行政运行成本，实现多方共赢。在模块上，于工资统发系统里新增个税代扣代缴业务，提供代扣代缴模块，可以达到预算单位、财政系统、代理银行、人民银行、地方税务局、养老保险账户、住房公积金等"一条龙服务"；在对账和支付上，由纸质报表变为电子报表，由人工核对变为自动核对，不仅减轻工作量，而且有效提高对账的完整性、时效性和准确性；在资金运行安全上，进一步优化电子化支付管理系统，完善资金来源、办理时间、办理人员、流程进度、统计查询等功能和细节，取消人工录入、验印、签章等审核工作，避免跑银行、柜台排队，并依托电子签章、电子对账、电子档案，对支付明细、审核情况、支付环节、统计报表可进行实时核对，实现"实时申请，实时支付，实时核对，实时回执"，使各部门能进一步了解资金流向，保障三方数据的一致性。

(吴 峰)

行政政法财政财务

一、服务人才强区战略

一是会同相关部门加强自治区人才补贴、优待、奖励和培养相关政策的调查研究、数据测算、预算安排、政策讨论、文件修订等具体工作，研究出台自治区创新驱动及人才强区战略配套政策措施。二是加强与自治区党委组织部的沟通协调，按照"调整结构，有保有压"的思路，做好创新战略新增项目的资金测算和预算落实工作，2018年人才资金由2017年的1.79亿元增加到2.17亿元，增加21.2%。三是及时拨付下达项目资金近2亿元，重点支持自治区重点产业高地暨领军人才创新团队建设、自治区创新平台建设、自治区创新团队建设、自治区青年科技人才托举工程、自治区科技社团和社科学会人才培养、各行业自主设计实施的人才项目、高层次人才引进和培养等11类125个重大人才项目。四是将人才经费纳入年度重点跟踪问效范围，会同党委组织部、人力资源和社会保障厅，对2016年项目成效进行考核，形成《关于2016年人才专项资金使用情况的考核报告》，对发现的2个方面6类19个问题，逐个研究，制定相应整改措施，进一步规范人才专项资金管理使用。

二、深化司法体制改革

一是着眼司法体制改革实际，将年度部门预算的编制执行作为关键之关键，抓紧抓实，抓严抓细，确保56家上划单位全年预算"零差错"。二是针对市县法院、检察院非税收入集中上缴自治区国库后，运行经费缺口加大，经费矛盾突出，部门反映强烈等问题，认真开展调查研

究，及时向自治区政府报送《关于追加市县法院取暖费物业费的请示》，专题研究后及时办理预算追加2931万元。四是配合政法委出台《聘用书记员管理及经费保障办法》，化解法院案多人少矛盾，促进"员额制"改革落实到位。五是积极参与法院与检察院债务情况调研和测算统计工作，为研究制定化解政策奠定基础。六是协调市县完成拖欠以往年度诉讼费返还工作，保证法院诉讼费资金正常周转。七是积极协调自治区信息化专项资金，配合自治区政法委建立涉案物资平台系统，将中央有关涉案物资平台的部署落到实处。八是会同自治区高院、检察院集中组织财务人员培训3次，培训相关人员300余人次，改善了市县法院、检察院财务人员专业素质参差不齐、整体政策水平不高，以及对财政业务不熟等问题。

三、严格管控出国经费

一是认真贯彻石泰峰书记指示精神，将出国费管控作为一项政治任务，明确目标，细化措施，抓紧抓实。二是创新手段，实行出国费"控制数"管理，重新测算并下达部门出国费"控制数"，全年压减出国费预算5480万元，压减比例为年度预算总额的62%。三是强化经费预算与出国计划相统一理念，增进与外事部门之间的协作配合，对于无预算、超预算、无计划的出国任务一律不予审批。四是向出国费规模较大的75家重点单位，详细宣讲相关政策规定，强调各地、各部门（单位）主要负责同志在厉行节约中第一责任人的职责，督促其加强领导，主动采取措施，将主体责任压紧压实。五是定期分析变化动态，及时发出预警信号。六是将出国费"控制数"嵌入年度部门预算中，实现出国计划审批与经费预算、经费先行审核的衔接统一。

四、规范管理重点经费

一是印发《自治区本级党政机关培训费管理办法》等6项制度办法，主动调整政策，发挥财政政策的保障作用；提请自治区党委、政府出台《关于重申明确自治区落实"八项规定"精神相关制度政策的通知》，将自治区巡视中发现的诸如电话费发放、接待费支出、培训费使用、差旅费报销等政策重新加以明确和解释。二是进一步完善政法资金因素法分配模式，将近80%的专项资金在2017年初一次性分配到位，解决资金指标下达晚，支出进度慢等突出问题；牵头并会同公检法司4个部门，按照《政法资金考核办法》确定的5类25项指标，对公检法司各部门2016年政法资金进行考核，规范提高资金使用效益。三是认真落实自治区全域旅游工作会议和《自治区"十三五"全域旅游发展规划》精神，主动开展旅游产业发展研究，科学编制经费预算，合理安排地方政府债券资金，支持全域旅游发展。四是积极申报国家旅游发展基金项目，争取中央资金8855万元，较2017年增长162%；五是会同有关部门开展国家旅游发展基金项目专项检查，强化旅游发展基金实效。

五、创新开展党建工作

一是按照带着问题学，盯着实质学，抓住关键学的理念，通过读原文、听讲座、看时评等方式，持续抓好十九大报告全文学习。二是聚焦"三大战略""五个扎实推进"等核心内容，结合处室特点和工作实际，进一步提高思想认识，明确工作思路，找准工作抓手，落实目标任务。三是两次到基层联系点进行党课宣讲活动，与基层党支部形成互动；与公安厅警务保障部党支部联合开展以"联建共享"为主题的结对共建帮学活动，交流做法，分享收获。四是坚持把"三会一课"作为抓好组织生活制度落实的具体抓手，通过量化考核、定期讲评，推进各项组织生活制度落实。五是认真梳理处室制度，完善内容，堵塞漏洞；加强处室内控制度建设，建立相互监督、相互制约的管控机制；结合干部填写廉政报告、重大事项报告开展警示教育，增强党员干部不违规、不逾矩的观念；组织参观警示教育基地和财政系统违法违规案例，自查自剖，强化干部敬畏权力、拒腐防变意识。

（张博文）

教科文财政财务

一、政策研究和谋划工作能力逐渐加强

认真贯彻落实自治区创新驱动战略，赴江苏等地考察学习推动创新驱动战略的好做法好经验。到自治区高校、企业、科研单位深入调研科技创新基本情况，广泛听取意见建议，参与研究支持实施创新驱动战略的财政政策措施，为自治区党委、政府制定出台《关于实施创新驱动战略的实施意见》（宁党发〔2017〕26号）提供可参考、有价值的政策建议。加强与宁夏社会科学院合作，围绕发展壮大宁夏文化产业开展政策研究，摸清掌握文化产业发展现状，分析研究文化产业发展面临的形势任务，提出财政支持文化产业发展的政策建议。坚持问题导向，聚焦广大群众和社会关注的热点难点问题，深入市县和对口预算部门，围绕教育脱贫攻坚、职业教育改革发展、构建公共文化服务体系等工作，认真了解财政政策、重点项目、资金管理等的落实情况，研究完善财政教科文政策和财政保障机制的思路和举措。

二、财政投入保障机制不断健全

（一）完善教育经费保障机制

统一城乡义务教育"三免一补"政策，进一步完善城乡义务教育经费保障机制，实现相关教育经费随学生流动可携带，共下达义务教育公用经费补助资金7.22亿元。全面落实公办学前教育、普通高中教育生均公用经费保障奖补机制。指导和督促市县履行主体责任，加大投入，落实中等职业学校生均拨款制度。完善以改革和绩效为导向的高校财政拨款制度。

（二）创新财政投入机制

实施政府购买学前教育服务，支持民办幼儿园为社会提供普惠性学前教育服务。会同自治区党委宣传部、教育厅、科技厅、文化厅、体育局等项目主管部门制定发布政府购买服务指导性目录，加大政府购买服务力度。

三、改善民生持续加强

（一）支持教育优先发展

下达幼儿园建设工程资金4.76亿元，支持全区人口超过1500人以上的建档立卡贫困村学前教育资源全覆盖。聚焦贫困地区，锁定薄弱学校，下达薄弱学校改造工程资金10.81亿元，支持全面改善基本办学条件，促进义务教育均衡发展。落实学生营养改善计划，25.6万名学生受益。免除普通高中建档立卡等家庭经济困难学生学杂费。落实学前教育"一免一补"政策，对幼儿园在园建档立卡贫困儿童每人每年免除保教费1500元，补助生活费900元。"9+3"中等职业教育资助政策由固原地区五县区扩大到中南部九县区。落实好宁夏籍在宁就读的建档立卡贫困家庭高职学生免学费政策。博士研究生国家助学金资助标准由1万元提高到1.5万元。支持教育信息化建设，提升教育信息化建设水平。支持实施普通高中质量提升行动计划，改善办学条件，鼓励普通高中办出特色。支持实施职业教育质量提升计划，改善中等职业学校基本办学条件，加强基础能力建设，促进校企合作、产教融合、资源共享。支持高等教育"双一流"建设，促进高等教育内涵式发展。

（二）支持科技创新发展

认真贯彻自治区创新驱动战略座谈会精神，落实科技领域"放管服"要求，研究制定《关于完善自治区财政科研项目资金管理等政策的实施意见》（宁财（教）指标〔2017〕838号），提出了一系列"松绑+激励"的含金量高的政策措施，扩大自治区属高校、科研院所科研项目资金管理、差旅会议管理等方面的权限。下达专项资金6975万元，支持沿黄科技创新改革实验区建设，大力提高自治区自主创新能力。支持实施科技扶贫指导员、科技特派员创业行动、"三区"人才支持计划科技人员专项等项目，引领群众科

技脱贫、科技致富,助推科技精准扶贫。支持举办国家创新创业大赛(宁夏赛区)暨宁夏创新创业大赛,对认定为国家级和自治区级的众创空间和科技企业孵化器给予奖补支持,支持大众创业万众创新。支持改善科研基础设施条件,加强科研能力建设。安排经费奖励宁夏首届创新争先奖获得者,激发科技人员科技创新的积极性和创造性。

(三)支持文体繁荣发展

支持建设606个贫困村综合文化服务中心,实现贫困地区全覆盖,补齐文化发展短板。此项工作受到刘奇葆等中央领导的肯定。支持实施"送戏下乡"演出、农村电影公益放映、公共文化设施免费开放等文化惠民工程,加快构建覆盖城乡、惠及全民的公共文化服务体系,城乡群众精神文化生活日益丰富。支持回族花儿、民间乐器等少数民族文化遗产保护工作。支持文化产业发展壮大,培育骨干文化企业实力。支持实施舞台艺术工程,鼓励创作文艺精品。支持实施公益性体育场馆免费低收费开放、全民健身路径工程,发展群众体育事业,满足群众健身需求。

四、财政管理水平稳步提高

(一)预算绩效评价工作取得新成效

切实加强预算绩效管理工作,宁夏在财政部、教育部开展的2016年度农村义务教育营养改善计划国家试点补助资金绩效评价工作中综合评价"优"。"宁夏模式"在全国范围内得到认可。积极配合财政部委托的安徽省投资评审中心做好中央补助地方公共文化服务体系建设资金绩效评价工作。与绩效评价第三方机构上海闻政管理咨询有限公司合作,对公共文化服务体系建设项目进行全面综合评价,并利用评价结果,对中央补助地方公共文化体系资金进行绩效分配。通过部门自评和委托第三方机构评价组织开展科技特派员创业就业行动、高校思政、舞台艺术精品创作等13个重点项目绩效评价工作。

(二)财政科学化精细化管理水平不断提升

加强基础数据和资料的采集、整理、分析和运用,夯实工作基础。以加快预算执行为主线,采取通报、约谈、上门督导等措施,狠抓重点单位、重点项目、重点科目的预算执行,预算执行的时效性和均衡性进一步提高。加大争取中央资金工作力度。制定《普通高中国家助学金管理办法》《公共文化服务体系建设专项资金管理办法》等财政专项资金管理制度,进一步加强财政内控建设。完成财政科技专项的整合优化工作,有效解决条块分割、多头管理、重复交叉的问题,提高科技资源配置效率。

五、党建工作有序推进

扎实推进"两学一做"学习教育常态化制度化。认真组织开展"四个合格"专题民主生活会。以建设星级党支部为抓手,全面加强支部各项建设,夯实党建工作基础。落实党风廉政建设责任制,严格教育管理干部。积极开展"下基层"活动,宣讲党的十九大报告。针对基层联系点存在的学校维修、社区缺乏健身器材等困难和问题,协同相关部门予以解决。

(冯彦寅)

经济建设财政财务

一、发挥财政调控职能,力促经济稳步增长

一是主动出击争取资金。抓住中央扩大基建投资,专项债券支出机遇,围绕自治区"三大战略"、重大决策部署和中心工作,千方百计争取项目和资金,力促党委、政府决策部署全面落实。全年争取中央专项资金145.4亿元,同比增长43.2%,其中,到位中央交通专项资金43.3亿元,同比增长58.9%;中央财政安排自治区预算内基本建设资金67.54亿元,同比增长28.9%。自治区成功入选全国"优质粮食工程"16个重点支持省份之一,获批中央财政补助资金1

亿元，咸辉主席批示"财政厅、粮食局工作富有成效，望抓住契机，抓好落实"。研究支持电信普遍服务的长效机制，按照"中央资金引导、地方协调支持、企业为主推进"的思路，引领带动电信企业自筹资金13.35亿元，创宁夏农村地区历年来年度电信建设投入最高，财政部、工信部在自治区召开全国现场会，试点经验向全国复制推广。二是全力抓好重大项目建设。始终把投资作为推动经济发展的重要引擎，全年拨付地方政府债券41.76亿元、部门预算126.16亿元，累计完成项目支出72.76亿元，银川河东国际机场三期、中南部城乡饮水、百万亩盐碱地改良等一批惠民生、利长远的重大基础设施建成投用，以项目建设带动经济发展，保持投资对经济增长的强劲拉动，有力地支撑了全区经济社会持续平稳增长。

二、加大基础设施投入力度，推进城乡一体化发展

一是统筹设施配套。围绕六十大庆重点项目工程，启动银川都市圈建设，加快银川市地下综合管廊、固原市"海绵城市"两项国家试点等重点项目顺利实施按期推进。加快预算执行，加大城市基础设施和公共服务配套建设，安排4000万元支持市、县（区）结合旧城改造和棚户区改造综合整治580万平方米，城市综合承载能力和服务功能得到进一步提升。三是加快小城镇建设。实施"百村示范、千村整治"工程，拨付4.5亿元资金高标准改造建设美丽小城镇20个、特色小镇10个，完成农村生活污水处理及改厕3.2万户，5个镇入选全国特色小镇。二是完善外联通道体系。抢抓"一带一路"建设机遇，充分发挥向西开放的独特优势，着力打造开放宁夏交通大通道。下达铁路建设资金10亿元，统筹推进自治区铁路建设，力促银川至西安高铁，石嘴山至固原城际铁路（吴忠至中卫段）、中卫至兰州铁路（宁夏段）等项目顺利推进。筹措资金51.3亿元，加快青银高速、京藏高速改扩建、叶盛黄河公路大桥等重大项目建设，不断增强对外运输通道服务保障能力。拨付资金8.9亿元推进银川国家航空港综合交通枢纽、区内运输机场新开客货运航点航线及新增驻场运力，加快推进沿黄经济区交通一体化进程，增强经济区辐射能力。三是加快信息智能化立体建设。以"云惠宁夏"为统领，全面推广"八多云"应用，安排信息化专项资金3亿元加快"N多云"应用和新型智慧城市建设；构建"互联网+"政务服务体系，促进信息资源共享开放，提升政府大数据应用水平，推动数字经济快速发展；加快中阿网上丝绸之路经济合作试验区暨宁夏枢纽工程建设，构建智能化的网络平台建设。

三、落实"生态立区"战略，加快美丽宁夏建设

一是加强生态环境保护。认真落实"生态立区"战略，支持"蓝天碧水，绿色城乡"专项行动计划实施。全面推进大气、水、土壤污染立体整治。在争取中央财政水污染防治专项资金2.16亿元（水污染治理9600万，基建投资安排重点流域水污染治理1.2亿元）的同时，自治区财政安排资金7.08亿元，支持拆除改造燃煤锅炉846台，空气优良天数比2016年增加4天；集中整治入黄排入沟，推进人工湿地建设，8个工业园区污水处理厂建设、排水管网工程以及沙湖水质得到明显改善。2017年黄河流域水质优良比例达到73.3%。会同环保厅、发改委等部门联合印发《关于建立流域上下游横向生态保护补偿机制的实施方案》，引导和推进建立流域上下游横向生态保护补偿机制。大力推进贺兰山等自然保护区环境整治和生态修复，建立五级河（湖）长制，全面取缔企业入河湖直排口，黄河流域水质优良比例达73.3%。二是稳步推进国土修复治理。稳步实施国土综合整治，拨付资金5亿元开展高标准基本农田建设、银北盐碱地支沟治理、矿山地质环境恢复治理、基础测绘地理信息等建设。安排财政资金1100万元支持各地开展汛期地质灾害防治和应急处置工作；投资8579万元实施平罗县崇岗砂石矿区、银川河东

机场周边和盐池县冯记沟砂石矿区生态环境恢复治理工程,生态环境得到进一步改善。三是深化公共机构节能降耗。下达资金5000万元推进光电、光热等新能源在学校、医院等公共建筑的综合运用,支持公共机场节能改造,组织绿色建筑示范,加快形成全社会参与节能减排新格局。

四、加大政策落实力度,全力保障和改善民生

一是全力确保粮食安全。推动粮食仓储设施建设和智能化改造,抢抓国家实施"粮安工程"和新增1000亿斤粮食仓容的机遇,继续加大仓储设施建设支持力度,建成省级平台粮油质量溯源监测系统,滨河示范库基础设施建设建成投用,累计维修改造仓容达73.7万吨,显著提升了自治区粮食流通能力。在全国率先出台《"大农户"科学储粮仓建设项目管理暂行办法》,推广建设大粮仓35套。出台《关于推进粮食产后服务中心建设试点方案》,建成粮食产后服务中心8家。科学管理粮食风险基金,拨付粮食风险基金1.15亿元,推进储备粮轮换,切实保障粮食安全、进一步加强流通能力。二是全力保障财政惠农政策落实。下达全区永宁、中宁等9个市县区产粮大县奖励资金1.69亿元,支持改进粮食流通工作,促进优质粮食供给,更好地推进农业供给侧结构性改革。改进城市公交运营补贴方式,采取切块下达方式,安排全区各市县城市公交车、出租车、农村客运等行业油价补贴资金1.8亿元,促进公共交通健康发展和稳定运营。支持完善电信普遍服务机制。安排专项资金5000万元大力支持供销社综合改革发展。全力配合和保障安全生产监管职能落实,支持安监部门强化安全生产监管能力建设,加快安全生产预防及应急体系建设,完成万名企业安全管理人员培训计划,兑现2016年安全生产目标责任奖励。

五、积极履职尽责,扎实做好机关党建工作

一是深入推进"两学一做"常态化制度化,深入学习党的十九大和自治区第十二党代会以及习近平来宁视察系列讲话精神,始终将教育广大党员干部作为思想政治工作的首要任务,对照"四个合格"要求,将集中学习与党员自学相结合,将理论学习与工作实践相结合,将业务提升与财政工作深度融合,不断提升党员综合素质和能力。2017年,支部组织召开各类学习会议20余次,党员大会、组织生活会和专题党课15次,全体党员干部人均撰写学习笔记2万字。围绕"生态立区"战略、推进绿色发展等主题,完成了财政投入与生态环境质量和污染物排放总量挂钩的政策研究。《法国大巴黎地区地下综合管廊建设管理对自治区的启示》调研文章被财政部管网登载、自治区党委将此调研报告评比为优秀信息。二是认真履行党建工作职责,切实提升科学化精细化水平。充分发挥机关党建的思想、组织、作风、制度优势,不断加大《中国共产党党和国家机关基层组织工作条例》的落实力度,切实提升党建科学化水平。编辑印刷《经济建设处党支部党建工作制度汇编》,落实党员定期思想汇报、民主评议党员、党费收缴管理、"三会一课"等制度,扎实开好专题组织生活会、民主生活会。三是有针对性地开展思想政治工作,关心党员的成长和生活,帮助解决实际困难,不断激发团结协作和爱岗敬业精神。坚持民主集中制原则,大力营造团结干事的氛围。坚持集体领导和个人分工负责相结合,重大问题集体讨论、会议决定,有力地保证了各项决策的正确实施和工作的有效开展。四是建立健全联系服务群众长效机制。继续深化"下基层"服务活动,结合社区工作特点组织党员干部分4次累计9天到石嘴山市大武口区长胜街道办事处骏马、九竹和金驼社区开展"三同"锻炼,开展党组织结对共建活动,协调帮助解决设区便民利民服务设施,得到社区居民的一致好评。五是深入开展精神文明建设。组织全体党员干部积极参加厅机关党委、区直机关工委组织的财政厅道德讲堂、七一党日、白芨滩党员教育基地实践以及工会、青年、妇女组织开展的各类集体活动以

及学雷锋志愿服务队、文明交通岗、青年干部座谈会、"不忘初心跟党走"主题团日、社区卫生志愿服务、区直机关职工球类运动会等开群众性文化体育和主体实践活动,持续增强党组织的凝聚力。

六、强化责任担当,提升改革创新能力

一是勇于创新。首次采用竞争机制推进城市公交和城乡客运一体化专项资金项目筛选和资金分配,大胆探索财政经建工作的新路子。咸辉主席批示,"财政厅带头创新,望能趟出一条成功之路"。二是对标先进。围绕十二次党代会确定的"生态立区"战略研究制定《自治区财政厅关于扎实履行公共财政职能 落实"生态立区"战略的实施方案》,推进建立与污染物排放总量挂钩财政政策为统揽、专项资金为支撑的财政支持绿色发展投入机制,促进经济社会转型发展。三是加强内部绩效管理。积极推动内部控制制度和机制建设,严格按照财政部八个专项内部控制办法要求,加强进一步规范业务流程、岗位利益冲突等重点风险防控领域中的主要风险点和防控措施,有效防范财政政策制订和资金分配过程中的业务风险和廉政风险,提高工作效率和服务质量,推进财政管理科学化、规范化、信息化。四是强化研究。切实发挥以文辅政、参谋决策职能作用,围绕交通融资、西海固地区脱贫引水工程建设资金筹措等热点问题提出解决方案,破解资金难题,提升政策综合效益,保障改革发展顺利推进。

(杨 娟)

农业财政财务

2017年,农业处大力发展"一特三高"特色农业,创新财政支农方式,制定产业配套政策,加大资金整合力度,加强涉农资金的监管,推进"三农"工作健康发展。全年共安排涉农资金91.6亿元,其中:争取中央资金45.8亿元,自治区安排资金45.8亿元,共拨付资金91.6亿元,执行率99.6%。

一、全力支持推进脱贫攻坚

一是资金全面保障。足额安排中央及自治区本级财政共安排脱贫攻坚专项资金42.3亿元,其中中央18.3亿元(含财政专项扶贫资金18.1亿元,中央专项彩票公益金支持贫困革命老区扶贫开发资金0.2亿元),自治区本级23.2亿元(含本级预算安排财政专项扶贫资金5.4亿元,地方债14.3亿元,扶贫产业担保基金3.5亿元),闽宁资金0.8亿元。2017年中央安排宁夏财政专项扶贫资金18.1亿元较2016年增加19.4%,自治区本级财政安排财政专项扶贫资金5.4亿元较去年增加36%,自治区资金占中央资金的30%,达到中央考核要求。

二是推进统筹整合。建立工作机制,锁定目标不放、推动应整尽整,明确整合主体、压实整合责任,定期督查通报、考评倒逼推进等六项措施,贫困县涉农资金整合取得显著成效。截至10月底,全区各级财政涉农资金105.6亿元,增幅3.7%,其中贫困县资金66.7亿元,增幅19.9%,贫困县每项中央、自治区资金增幅均超过全区平均增幅;2017年贫困县计划整合资金67.1亿元,已整合66.7亿元,整合率100%,实际支出率88%。财政部对自治区统筹整合使用财政涉农资金工作给予充分肯定。在11月财政部举办的全国财政扶贫工作培训班上,宁夏被作为全国2个统筹整合使用财政涉农资金先进省份之一做典型经验交流发言。

三是创新扶贫机制。积极优化财政支出结构,将产业扶贫作为优先支持方向。累计安排10亿元扶贫产业担保基金,充分发挥财政资金的撬动和"引擎"作用,推动产业发展。积极推广资产收益扶贫,夯实贫困群众与产业发展的利益联结。制定《关于开展财政支农资金支持资产收益扶贫工作的指导意见》,总结并向财政部报送宁夏资产收益扶贫典型案例2个。严格落实易地扶贫搬迁各项政策。筹集资金21.7亿元支持

4万建档立卡户易地搬迁,除中央预算内投资和农户自筹外,其余资金全部由自治区统借统还,减轻市县负担。

二、全面落实农业产业政策

一是"1+4"产业稳步发展。累计安排资金12.4亿元,支持推进农业供给侧结构性改革,按照稳粮优经扩饲的要求,推进产业提质增效。粮食、蔬菜、草畜、枸杞、酿酒葡萄产业规模、产量和产品品质稳中向好。8个县区开展优质粮食、蔬菜整县推进绿色高产创建,奶牛养殖大县种养结合整县推进试点扩大到5个,地方特色板块产业持续壮大。

二是支农政策落实进展顺利。按照自治区政府《关于创新财政支农方式加快发展农业特色优势产业的意见》(宁政发〔2016〕27号)要求,各县区全部建立贷款担保基金和风险补偿基金,综合运用贷款担保、贷款贴息、风险补偿等市场化扶持方式,精准扶持特色产业关键环节。累计安排农业产业担保基金3.66亿元,撬动银行贷款28.8亿元,大力支持了农户及各类新型经营主体发展。

三是一二三产融合稳步推进。进一步理清政府与市场、事权与财权的关系,结合各市、县(区)产业发展布局,整合安排资金2.2亿元有针对性的支持农村一二三产业融合发展。提升产业品牌建设,宣传产业知名度,延长产业链,使产业提质增效,提档升级。

三、大力加强制度建设

一是完善管理制度。修订和完善《宁夏财政专项扶贫资金管理办法》《宁夏中央农业生产发展资金管理办法》《宁夏水利发展资金管理办法》等,进一步规范资金使用,确保涉农资金有效使用。

二是开展专项检查。通过聘请中介机构的方式,对全区涉农资金开展了检查,同时,按照财政部的统一部署,联合自治区扶贫办对5个重点县开展财政专项扶贫资金使用情况专项检查。对检查出的问题,给予行政处理和督促整改,并总结改进管理工作。同时,向自治区纪委移交38条问题线索。

三是建立扶贫资金管理系统。研发扶贫资金信息管理系统,建立扶贫信息识别、资金拨付监管为主要内容的全过程信息监控系统,提高管理效率,做到精准识别,精准安排,精细管理,并于2018年1月投入使用。

(兰雪耻)

社会保障财政财务

一、抓重点,攻难点,进一步提升社保管理水平

(一)抓预算管理

2017年将部门预算执行作为核心工作,摆在首要位置。及时与对口服务部门商谈预算执行,共同确定项目执行的"路线图"和"时间表",根据预算执行情况按月进行督导,把预算执行作为在资金分配和预算安排的重要因素。2017年,社保处预算指标分配考核排名一直稳居在前三名,预算执行进度(含部门支出)也位居前列。

(二)抓民生实事

继续抓好培训就业、精准扶贫、切实改善城乡群众生产生活条件、提高基层公共医疗卫生服务水平、增强社会保障兜底能力等方面工作,共承担18项民生任务,约占全厅总任务量的一半。

(三)抓重大改革

配合自治区医改办推动公立医院综合改革,会同自治区卫计委起草《城市公立医院改革补偿(暂行)办法》,经自治区政府印发实施,对公立医院取消药品加成财政部门按照20%~30%的比例予以补助,补助比例在全国属较高水平。同时,对公立医院基本建设、设备购置和重点学科建设等发展建设支出提出明确的补助政策,确保公立医院健康有序发展。

（四）出亮点工作

三项工作得到国家部委的肯定。一是国务院医改办2016年度公立医院综合改革效果评价考核通报表扬宁夏设立公立医院综合改革专项资金，对考核先进地区进行奖励，有效调动了地方推动改革的积极性。二是国家卫生计生委2016年基本公共卫生服务绩效考核通报中，基本公共卫生服务资金管理方面的考核得分全国排名第2位。三是居家和社区养老服务工作得到财政部、民政部肯定，2017年将石嘴山市纳入全国第二批居家和社区养老服务改革试点地区，新增中央专项补助资金3926万元。

二、夯基础，重普惠，推进社保工作提质增效

（一）支持创业就业工作开展

一是做好就业困难群体就业工作。全年筹措创业就业资金6.2亿元，实施就业技能培训3.5万人，企业岗位技能提升培训1.5万人，创业培训1万人。购买公益岗位7000个，其中3500个专项用于建档立卡贫困人口就业。二是做好大学生就业工作。筹措"三支一扶"专项补助资金2.8亿元，下达高校毕业生"三支一扶"计划3000个，并通过大学生实习、求职创业补贴等形式，全力支持大学生就业工作。三是继续实施阶段性降低社保缴费费率和援企稳岗工作，稳定就业岗位。四是采取五项措施帮扶贺兰山国家自然保护区退出及关停非公有制企业职工就业和安置工作。

（二）加强社会保险制度建设

一是提高养老保险待遇水平。调整企业和机关事业单位退休人员以及城乡居民基础养老金标准，机关事业单位退休人员月人均养老金达到4321元，企业退休人员月人均养老金达到2850元，城乡居民基础养老金标准达到每月120元。二是提高城乡居民医疗保险个人筹资水平和财政补助标准，将个人缴费标准由以前的90元、250元和505元分别提高到130元、270元和545元。将财政补助标准由472元提高到502元，高于国家规定标准52元。城乡居民大病保险人均筹资水平由32元提高至37元。三是建立城镇职工基本医疗保险基金自治区统筹制度，启动自治区属机关公务员参加工伤保险。

（三）推进健康宁夏战略实施

一是支持公立医院综合改革，推进公立医院全面预算管理，设立专项资金，通过以奖代补方式推动各市县公立医院综合改革。支持住院医师规范化培训、助理全科医生培训和全科医生特设岗位计划，加强卫生人才队伍建设。二是加强基层医疗卫生服务能力建设。实施农村基层远程医疗会诊、新建267个标准化村卫生室和购买30所城市社区卫生服务站业务用房，开展千名医师下基层活动，切实提升基层医疗卫生机构服务能力，促进分级诊疗实施。三是促进公共卫生服务均等化。将基本公共卫生服务经费人均补助标准提高到50元，支持家庭医生签约服务工作。同时，进一步整合重大公共卫生服务项目，重点实施妇幼卫生健康行动计划、爱国卫生及健康促进项目等民生项目，为南部山区9县（区）配备基本的妇幼卫生保健设备，为全区各级疾控中心、预防接种单位配备疫苗运输车、冷库等设备。四是继续加大食品药品安全、计划生育服务和中医药支持力度，对中医回医医疗机构给予倾斜照顾。

（四）做好社会救助工作

一是做好社会救助资源统筹和政策衔接。扎实做好社会救助，完善社会救助保障标准与物价上涨挂钩联动机制，适时适度提高城乡低保标准。将符合条件的城乡低收入家庭和残疾人家庭及时纳入最低生活保障范围，加强农村低保制度与扶贫政策在政策、标准、对象和管理上的衔接。健全特困人员供养标准动态调整机制，逐步提高生活不能自理特困人员集中供养率。二是全面实施重特大疾病医疗救助，加强医疗救助与扶贫政策、大病保险等统筹衔接。完善低收入家庭大病保障机制，提升医疗救助分层分类救助水平。三是按照精准扶贫要求，全面完

成建档立卡贫困户存量危房危窑改造。

（五）促进社会福利事业发展

一是全面实施困难残疾人生活补贴和重度残疾人护理补贴制度，建立两项补贴动态调整机制，实现应补尽补、应退即退。二是推进农村留守老人关爱保护和困境儿童保障工作，自治区建设了200个留守儿童"儿童之家"，每个补助5万元。为全区所有农村社区配备"三留守"关爱行动督导员，每人每年补助3600元。扩大困境儿童保障范围，建立困境儿童保障标准动态调整机制。三是以政府购买服务为抓手推进养老服务产业发展，加大民办养老机构一次性床位补贴投入力度，引导社会力量积极参与养老服务业。四是继续做好移交政府的军队离退休人员，妥善解决退役士兵安置和权益保障工作。

（六）主动做好与精准扶贫有关的社会保障工作

一是做好健康扶贫工作。积极筹措健康扶贫资金3000万元，采取提高城乡居民大病保险保障水平、加大医疗救助力度、建立政府兜底保障机制等措施，妥善解决农村建档立卡贫困人口因病致贫返贫问题，确保贫困患者年度内住院医疗费用实际报销比例不低于90%，当年住院自付费用累计不超过5000元。二是做好就业扶贫工作。通过开发岗位、劳务协作、技能培训、就业服务、权益维护等措施，帮助一批未就业贫困劳动力转移就业，帮助一批已就业贫困劳动力稳定就业，帮助一批贫困家庭通过技能培训实现技能就业，带动促进贫困人口脱贫。

三、提修养，改作风，努力打造一流的社保干部

（一）加强支部建设

组织全体党员干部认真学习党章、党的十九大精神和自治区第十二次党代会精神，全面准确贯彻落实习近平新时代中国特色社会主义思想，用习近平新时代中国特色社会主义思想武装头脑，树牢"四个意识"，做到"四个看齐"，始终在政治立场、政治方向、政治原则、政治道路上同以习近平同志为核心的党中央保持高度一致。

（二）加强内控管理

根据财政厅内控制度建设的有关要求，进一步完善内部资金管理制度，规范审批流程，强调AB岗的作用，达到"按程序办事，按规定花钱"的要求。

（三）加强绩效评价

会同有关部门对基本公共卫生服务、公立医院综合改革、住院医师规范化培养、社会救助、城乡社区服务站建设、民办养老机构一次性床位补贴等项目进行绩效评价，同时指导和督促对口服务部门积极开展绩效评价，自治区民政厅聘请第三方对重点项目进行全面的绩效评价。

（饶海涛）

金融财政财务

2017年，自治区财政稳中求进探索PPP模式，加强地方国有金融资本管理，完善普惠金融和贷款贴息政策体系，在财政金融服务经济实体发展方面不断探索，推进财政金融工作改革创新。

一、准确把握财政金融改革的方向和重点

（一）贯彻落实全国金融工作会议和中央经济工作会议精神

紧紧围绕服务实体经济、防控金融风险、深化金融改革三项重点任务，深入实施"引金入宁"计划、金融风险防范化解和区属金融机构改革创新等工作，为自治区经济社会发展提供有力的金融支持和政策保障。一是大力实施"引金入宁"计划。坚持引进、组建、培育三管齐下，兴业银行银川分行挂牌运营，永宁县、西吉县、西夏区3家村镇银行相继开业，新设金融资产管理公司1家、村级互助担保基金管理中心1家，批准筹建互联网小贷公司4家。2017年，向全区31家金融企业拨付财政补助资金1920万元。二

是持续推进金融领域专项改革创新。推动宁夏银行、黄河农村商业银行增资扩股、增强资本实力,原州区、贺兰县、西吉县等4家农村信用社成功改制为农村商业银行,海原、泾源农村信用社改制工作稳步推进。深入开展农村金融改革创新和农村土地经营权抵押贷款试点工作,农村土地经营权抵押贷款余额达6.3亿元。探索开展助贷资金和村级互助担保基金业务,为企业提供转贷资金195.58亿元,为农户贷款担保6589万元。推动首个政银担"5221"风险分担协议落地实施。

(二)加强自治区属金融企业管理

一是在深入调研地方金融企业负责人薪酬管理的基础上,制定印发《宁夏地方金融企业负责人薪酬管理暂行办法》(宁政办发〔2017〕11号)。2017年全区2家地方金融企业已严格按照制定下发的薪酬管理办法兑现薪酬。二是扎实开展2016年度金融类企业国有资产产权登记监督检查工作,及时完成2016年度地方金融企业决算报表及报告,对全区33家地方金融企业进行绩效评价。三是编制自治区属金融企业2018—2020年国有资本经营预算中期财政收支规划。根据宁夏银行和黄河农村商业银行2016年度的利润分配方案,完成自治区属金融企业2016年度国有资本收益的入库工作,两家银行分别向财政厅分配股息股利3853.4万元和1560万元。

(三)促进普惠金融发展

2017年,宁夏财政共争取国家普惠金融发展专项资金34373万元,按照财政部《关于将宁夏回族自治区纳入县域金融机构涉农贷款增量奖励范围的意见》,自2017年起将自治区纳入县域金融机构涉农贷款增量奖励政策的实施范围,自治区财政配套3264.82万元,累计完成普惠金融发展支出37637.82万元。

二、稳步推进政府和社会资本合作模式

(一)PPP项目进展情况

自治区进入财政部政府和社会资本合作(PPP)综合信息平台项目140个,投资总额2337.96亿元;已开工建设项目17个,投资总额239亿元,撬动社会资本方投资182亿元(包括银行贷款),争取中央奖补资金及自治区预算安排资金1.09亿元。一是获评财政示范项目情况。2016—2018年分3批有8个项目被财政部纳入示范项目,争取中央奖补资金0.44亿元。二是自治区PPP示范项目情况。2016—2017年,通过公开评审的方式评选出39个自治区级PPP示范项目,安排奖补资金0.65亿元。重点在交通运输、生态环保、市政工程、养老服务、医疗卫生、教育等领域稳步推进PPP模式,逐步形成了"引导+合作+激励"的良好氛围。

(二)制度创新情况

在基础设施和公共服务领域推广PPP合作模式,是转变政府职能、激发市场活力、打造新经济增长点的重要改革举措。按照中央及自治区一系列PPP政策措施,稳步推进政府和社会资本(PPP)模式。自治区财政厅提请自治区人民政府印发《关于进一步推进政府和社会资本合作模式(PPP)的实施意见》,配套出台《宁夏回族自治区政府和社会资本合作模式(PPP)操作管理办法》《宁夏回族自治区政府和社会资本合作模式(PPP)项目以奖代补资金管理办法》《规范政府和社会资本合作模式(PPP)综合信息平台项目库管理工作方案》等一系列规范性文件,为全区PPP模式规范开展提供政策性依据,以规范促改革,以规范促发展。

(三)规范PPP政策执行,认真做好风险防控

为进一步规范政府和社会资本合作(PPP)项目运作,防止PPP异化为新的融资平台,坚决遏制隐性债务增量,推动自治区PPP项目可持续发展,根据财政部《关于规范政府和社会资本合作(PPP)综合信息平台项目库管理的通知》要求,财政厅及时安排布置PPP项目库项目清理整顿工作,印发《关于开展全区政府和社会资本合作模式(PPP)综合信息平台入库项目自查通知》,对入库的140个PPP项目进行全面自查和

清理整顿，共有70个项目按照要求予以退库或重新整改申报入库，确保入库项目依法合规，规范实施。

三、整合资源，提高资金使用效益

为进一步做好自治区创业担保贷款工作，推动大众创业，助力脱贫富民，2017年，联合自治区人力资源和社会保障厅、妇联制定《宁夏回族自治区创业担保贷款管理办法》（宁政办发〔2017〕140号），将人社部门设立的创业担保基金和妇联设立的妇女创业担保基金政策进行整合。2015—2017年，累计拨付创业担保贷款贴息资金10.4亿元，全区创业担保基金总规模达到10.24亿元，撬动银行资金接近100亿元，起到了"四两拨千斤"的作用，引导形成了"一县一特，一乡一业，一村一品"的发展模式，有效提升农村经济活力，促进自治区创业创新和经济社会发展。

四、积极推进贷款贴息，放大财政资金的使用效益

贷款贴息政策相对于财政传统的直接补贴政策来讲，对解决企业融资难、融资贵的作用十分明显。2015年以来，自治区财政累计拨付民贸民品贷款贴息资金14.1亿元，撬动银行贷款资金488亿元。2017年，财政部将此项政策从专项转移支付转变为均衡性转移支付，同步下放资金分配及制度设计权限，财政厅联合自治区民委制定印发《宁夏回族自治区民族贸易和民族特需商品生产贷款贴息资金管理办法》，增加单个企业年补贴金额不超过500万元的限制性条款，降低区本级财政的兑付风险。

五、强化内控管理，扎实开展各项基础工作

一是加强政治理论学习。认真学习党的十九大报告和自治区十二次党代会会议精神，组织处室干部集中学习中央经济工作会议和中央金融工作会议内容，认真开展"两学一做"学习教育活动，提倡岗位自学，鼓励处室党员干部特别是年轻干部充分利用业余时间强化专业知识储备，提高写作能力和综合业务水平。

二是认真开展"下基层"活动。2017年，在分管厅领导的带领下，金融处共开展下基层活动三次，深入企业一线宣传党的十九大精神和自治区十二次党代会会议精神，与企业一线职工真心诚意的沟通交流，对企业迫切需要解决的问题和困难做到心中有数，积极与厅机关相关处室对接，给企业介绍相关财税优惠政策，真正做到与企业关系的"清"与"亲"。

（马金虎）

会计管理

一、切实推动会计制度和会计准则的贯彻落实

（一）加强宣传培训，扎实推进会计制度贯彻实施

继续推进行政事业单位内部控制制度建设。一是建立内控建设联系点制度，以点带面，重点推进。选取10家自治区本级部门作为内控建设联系点，树立典型样板，重点推进。二是编写《行政事业单位内部控制建设操作指南》工具书，作为指导各级财政部门和行政事业单位内部控制建设的参考资料，免费发放到各市县财政部门和自治区本级各预算单位。三是对自治区本级部门、市县财政部门3766个行政事业单位内部控制报告经过汇总、审核，形成宁夏行政事业单位内部控制报告，按时上报财政部。四是加大对各市县内控制度推广培训力度，督促市县财政部门推行内控建设。通过培训、辅导、宣传、重点推进等措施，各级行政事业单位内控管理理念逐步建立，意识逐渐增强，部分单位开展向"我要内控"转变。

（二）做好会计准则宣传培训，推动会计准则推广应用

宣传、培训企业会计准则、管理会计应用指引，积极贯彻国务院批转财政部《权责发生制政府综合财务报告制度改革方案》，对财政部制定发布的《政府会计准则——基本准则》等制度规

定做好相关宣传培训工作。结合财政部要求以及自治区财政厅干部教育培训计划，组织培训班，促使政府会计改革的内容深入人心，确保政策落实到位。

（三）精心编制内部控制工具用书，全面指导工作开展

组织专家在做大量调查研究、资料收集、业务工作分析的基础上，结合宁夏实际，编写《行政事业单位内部控制建设操作指南》，作为指导各级财政部门和行政事业单位内部控制建设的参考资料，免费发放到各市县财政部门和自治区本级各预算单位。《操作指南》结合行政事业单位特性及工作流程，以流程控制和风险控制为重点，将各项业务活动分离出授权、批准、执行、记录及监督等工作环节，形成一个相互牵制、相互制约的过程，以贴近实际、通俗易懂的方式将风险防控措施逐项写入各项财政财务管理工作中。并对单位如何梳理风险点，如何控制规避风险，如何落实内控制度等做出详尽分析和列举，具有较强的实用性和可操作性。

二、加快培养和建设布局合理的会计人才队伍

（一）实施会计人才队伍提升工程

一是做好高层次会计人员培训工作。宁夏高端会计人才三期班55名学员于2017年4月5—18日在上海国家会计学院完成最后一次培训任务。二是完成年度培训计划。举办全区行政事业单位内部控制培训班、管理会计高级研修班、政府会计准则培训班，针对行政事业单位内部控制操作、内部控制报告管理制度及内控报告填报软件、政府会计改革、全国代理记账机构管理系统等内容进行了讲解，推进各类会计制度、办法的贯彻实施。

（二）完善制度措施，做好会计人才选拔工作

一是修订完善各类考试考务规则，明确具体操作程序，制定考试考务操作手册。二是召开考试考务工作会议，明确考试考务相关任务、责任分工等事项，协调相关部门做好考试保障工作。三是加强五市的监督、指导，对考场环境、考点学校等逐个进行检查，力争做好每一个细节，确保初级资格无纸化考试安全顺利进行。四是圆满完成初、中、高级会计资格考试工作。2017年，共组织各类会计考试9批次，20392人报名参加会计初、中、高级职称考试。其中，初级13152人，中级6849人，高级385人，全国领军6人。五是完成正高级会计师评审条件及副高级会计师评审工作。出台《宁夏回族自治区会计系列高级专业技术职务任职资格评审条件（试行）》，启动正高级会计师评审工作；72人参加递交副高级会计师评审材料，通过论文答辩评审，51人取得副高级会计师任职资格。

（三）将管理会计人才培养纳入全区急需紧缺人才培养培训项目

向自治区人力资源和社会保障厅积极争取，将管理会计人才培养纳入2017年专业技术人才知识更新工程"急需紧缺人才培养培训项目"。11月28—30日，联合北京国家会计学院，举办管理会计高级研修班。培训班邀请管理会计领域知名专家学者教授授课，围绕管理会计"平衡计分卡"、管理会计在企业应用与实践、国有企业税务风险管理内容展开。来自财政部门、区属国有企业、会计师事务所以及宁夏会计高端人才共230余人参加培训班，对宁夏管理会计推广、应用，促进企业管理升级，推动会计转型升级起到积极作用。

三、做好注册会计师行业的规范管理

（一）结合"放、管、服"改革，依法做好注册会计师行业和代理记账机构的规范管理

依法加大对会计师事务所的行业监管和支持培育力度。做好会计师事务所的日常行政管理工作，及时跟踪了解会计师事务所有关信息和动态，完成2016年会计师事务所基本信息报备工作。规范会计代理记账机构管理。按照"谁审批，谁监管，谁负责"的原则，将代理记账资格的申报、审批、发放许可证书和监管等业务，全

部下放到各市、县(区)财政局,方便群众就近办理;通过"全国代理记账机构管理系统"完成申报、审批、报备、换证、年检等各项工作,实行全流程信息化规范透明管理,促进代理记账行业持续健康发展。

（二）大力开展调研工作,摸清基层会计管理状况

2017年对基层会计管理工作开展调研。调研范围以市级财政局为起点,每市选部分县区、行政事业单位和乡镇进行延伸调研,共计走访调研19个地区财政部门、13个基层行政事业单位、8个乡镇。面向乡镇发放农村财务管理状况调查问卷500份,回收问卷414份。通过调研,基本摸清基层会计管理状况,为理清会计工作转型升级思路奠定基础。

（梁 琪）

财政监督检查

据统计,2017年全区财政监督机构共检查发现违规、不实资金256287.6万元,纠正65663.47万元,查补财政收入17.82万元,罚没款90.56万元。

一、自治区本级重点检查工作

（一）联合开展扶贫资金专项检查

根据《财政部国务院扶贫办关于开展财政扶贫资金专项检查的通知》（财监〔2017〕3号）以及自治区主席"财政会同扶贫办对全区扶贫资金管理和使用情况再一次进行详细核查,到村到户"的重要批示精神,自治区财政厅联合自治区扶贫办成立联合核查组,分别对同心县、海原县、红寺堡区、原州区、隆德县5个县区2015年和2016年财政扶贫资金进行专项检查。2017年12月初组成联合复核小组对检查发现的问题进行复核,就整改情况进行督导检查,并向自治区人民政府咸辉主席上报《关于财政扶贫资金专项检查发现问题整改落实情况的专报》（〔2017〕63号）。经核实,5个县区在扶贫专项资金使用过程中共存在虚报冒领、滞留资金等6类共27项问题,涉及金额44333.48万元。违规问题已整改18个,整改完成率达66.67%,整改到位资金42761.26万元,整改资金到位率达96.45%。

（二）联合开展涉农扶贫领域腐败问题专项检查

自治区财政厅上下联动,精心筹划,于2017年3—10月组成5个检查组对全区2015年至2016年涉农资金进行专项检查,检查发现21个单位及农垦集团存在问题73个,涉及资金54113.2万元。检查结束后,梳理核实各项问题,将38个重大问题线索移交自治区纪委,涉及违规金额5787.9万元,并根据检查结果建立问题清单,全面督促整改任务落实。同时,巩固检查成果,进一步改进措施和办法,提出有针对性的改进意见和建议,圆满得完成该项核查工作任务。

（三）联合开展乡村两级涉农资金专项检查

按照自治区纪委《关于在全区深入开展查处涉农扶贫领域腐败问题专项行动的实施方案的通知》（宁纪发〔2017〕23号）,对全区乡村两级2015—2016年涉农资金进行了专项检查。此次检查共涉及全区192个乡镇及44个街道办事处2276个行政村,包含92项农业、农村、农民资金,涉及资金550851.15万元。检查发现624个具体问题,涉及资金7300.35万元,经过认真梳理,最终向自治区纪委移交问题20个,涉及违规问题金额1772.52万元。

（四）全面开展2017年度预决算公开检查

为促进全区预算公开工作,努力打造"阳光财政",确保自治区财政预算编制公开、透明、规范,结合往年工作经验,自治区财政厅组织开展了2017年度预决算公开检查。本次检查时间紧,任务重,自治区财政厅及时制订检查方案,下发检查通知,并对参检人员进行查前培训。共对自治区本级和23个市县1181个部门的2016年决算公开和2017年预算公开情况进行检查,实现全区预决算公开全覆盖。检查结束后,自治

区财政厅对全区检查中发现的问题进行汇总分析、提出整改建议，向厅领导报送专题检查汇总分析报告。财政厅根据检查结果向各级财政局及当地人民政府下发《宁夏回族自治区财政厅关于2017年度地方预决算公开专项检查情况的通报》(宁财(监)发〔2018〕3号)，表扬优秀，公开不足，促使各级各部门今后的预决算公开工作更及时、更完整、更全面。

（五）联动开展会计监督检查工作

根据《财政部关于组织地方财政部门开展2017年度会计监督检查工作的通知》(财监〔2017〕6号)要求，自治区财政厅结合宁夏经济社会发展实际，于2017年6—9月对全区953户行政事业单位和企业实施会计监督检查，检查共发现违规单位226户，涉及违规金额24859.28万元。依法对61家被检查单位进行处理处罚，对312家被检查单位及4名相关责任人给予罚款处理，有2户被检查单位只给予责任人行政处罚，追缴财政资金458.61万元。对发现的问题，均依法进行处理处罚，有力地维护了财经纪律的严肃性、财政监督的权威性。在行业监管方面，年内对7家会计师事务所和2家资产评估机构进行了执业质量检查，对检查发现3家会计师事务所存在的问题，责令被处理单位按照相关规定认真整改。全面完成会计监督检查工作各项任务。

（六）扎实完成转办件、举报件检查

自治区财政厅注重加强对转办件的检查，促进依法理财依法行政。一是安排部署对自治区纪委驻财政厅纪检组转办件（经信委中小企业大厦挪用财政资金）的检查工作，将检查结果上报驻财政厅纪检组。二是组织人员对自治区纪委驻财政厅纪检组转来群众举报件（惠农渠管理处）开展检查，拟写征求意见函和检查报告，组织审理，并将检查结果上报驻财政厅纪检组。三是对彭阳县城阳乡城阳村南山队农民韩志军电话举报其粮食补贴被他人冒领一事及时进行转办，移交彭阳县财政局进行查处。四是对2014—2016年财政监督检查发现的重大问题并做出处罚及已经移交有关部门进一步核查处理的10件案卷进行梳理，一并作为问题线索提交驻财政厅纪检组。

二、市县财政监督工作开展情况

自治区财政厅注重对市县的指导工作，加强专题培训。2017年上半年，针对会计监督检查工作，对全区各级监督干部及事务所人员进行了为期2天的专题培训，培训人次达到120人。

各市县（区）财政局在完成财政厅布置的会计信息质量检查并配合完成预决算公开检查之外，其他各项财政监督工作开展得有声有色。如中卫市财政局对2015—2017年财政扶贫资金"趴账"情况进行专项检查，并向中卫市委书记何健、市长万新恒等领导提交专题报告，何健专门做出批示，要求有关部门做好相关工作，促进资金尽快发挥效益。大武口区财政局、纪委，先后对大武口区涉农扶贫资金、园林系统2014年至2016年财政资金使用情况进行重点监督检查，对违法违规行为依法严肃问责、公开通报。红寺堡区财政局开展2015—2017年"三公经费"管理使用自查自纠工作。吴忠市财政局对12个单位2014年以前实有资金账户（基本户）结余的项目资金情况进行检查，共查证落实2014年以前存量资金3254.35万元。

三、推动落实全区内部控制工作

（一）财政厅机关进一步完善内部控制工作

一是完善内部管理。成立自治区财政厅财政监督检查审理工作小组，由分管厅领导牵头审理，提高了审理层次，并将审理人员范围扩大到相关处室，进一步规范财政监督程序，统一财政监督处理处罚标准，促进依法行政和内部管理水平的提高。二是落实"双随机一公开"机制，制定《执法检查自治区本级行政事业单位名录库》《执法检查自治区直属企业名录库》《会计师事务所参与执法检查人员名录库》，将681个行政事业单位、607家企业、542名会计师事务所专业技术人员和245名执法检查人员纳入名录库，规范聘用和委托社会中介机构开展财政检查工作行为，切实增强监管的科学性和执法的公正性。三是加强内部监督工作。2017年，自治区财政厅开展政府产业引导基金投资运行情况调查，起草《宁夏政府产业引导基金投资运行情况调查报告》，认真分析政府产业引导基金管理和使用过程中存在的6个方面13个问题，提出6条意见建议，为厅领导决策提供有益参考。

（二）各市县（区）深入推进内控工作

在上一年内控体系建设的基础上，结合行政事业单位内控操作规程，各市县（区）财政局多角度细化内控制度流程。如贺兰县财政局根据《行政事业单位内部控制规范》完善本局权力清单、梳理廉政风险防控点，细化各项业务流程，编制各业务流程控制规范。隆德县认真履行"一岗双责"严格执行党风廉政建设责任制各项规定。原州区财政局制定下发《关于进一步加强政府投资项目和资金管理的实施意见》《固原市原州区财政局政府投资项目概算及竣工财务决算审查中介机构库管理办法》，通过制定完善内控制度，制定各类专项风险管理办法，分别进行识别、评估、分级（即：分重大风险和一般风险两级）、应对、监测和报告全过程管理的办法，完善工作流程，取得良好的效果。

（郭 洁）

企业财政财务管理

2017年，企业财政财务管理工作紧盯"四个宁夏"建设目标任务，以经济改革为主线，以供给侧结构性改革为重点，以实施创新驱动战略为目标，以财政改革创新为抓手，为工业转型升级和经济结构调整创造条件，全力推进财政与金融深度融合，为地方实体经济发展助力。

一、降低实体经济工业企业成本

一是安排3.5亿元技改贴息专项，启动实施新一轮工业企业技术改造，开展对标促升级专项行动，对符合条件的重点技改项目按贷款基准利率贴息或以奖代补。二是继续设立1亿元工业调控资金，加大工业运行调整和节能减排力度，对重点企业流动资金新增贷款和当年投产的新建重点项目贷款，给予基准利率30%的贴息，加快企业转型升级，增强企业发展内生动力。三是安排工业园区低成本化改造专项1.8亿元，引导工业园区积极参股企业低成本化项目建设，逐步形成资本管理运作的理念，借助社会力量完善园区公共服务设施，提高园区服务企业信息化管理水平。四是安排专项资金1.6亿元，增加工业担保基金规模至3亿元，为工业转型升级重点项目贷款提供免费融资担保，撬动银行贷款30亿元，有效增加企业资金供给。五是安排专项资金2亿元，对企业直接融资给予补贴。其中，对成功发行债券融资企业，按发债额度给予2%的贴息，对采取融资租赁方式引进先进设备的企业，给予2%的融资租赁费补贴，对企业贷款保险项目，给予保险机构不超过2%的保险费率补贴，有效降低企业融资成本，引导资金流向实体经济，为经济发展注入新动力；六是利用国库间歇资金设立10亿元工业保证金，与有关商业银行合作，对符合条件的项目和企业给予基准利率贷款支持，已累计拨付资金2.9亿元，撬动金融贷款100亿元。

二、支持中小企业发展

一是设立1亿元中小微企业转贷基金，同时合作银行承诺2亿元授信额度作为补充，为中小微企业提供日费率不高于0.4‰的过桥贷资金支持，缓解企业偿债压力和金融机构信贷风险。二是设立8000万元担保体系建设专项，通过向政府性担保机构注入资本金和向担保机构为中小企业提供担保业务按2%比例给予补贴的方式，鼓励担保机构向中小企业特别是小微企业提供融资担保服务，促进融资性担保行业健康发展。三是扩大融资担保风险补偿金规模由去年的3000万~6000万元，加快推进政府、银行、担保合作模式,建立"5221"多层次损失风险分担机制。五是安排专项资金1亿元,支持中小企业创新发展。启动创业创新企业示范,为双创示范、"专精特新"、创业孵化示范基地、中小企业服务平台、非公经济领军人才培训等推进中小企业发展的项目给予支持。六是安排专项资金3亿元,将自治区政府产业引导基金规模增加至23亿元,吸引更多社会资本投资实体经济,为企业股权融资提供持续性资金来源。

三、推进国有企业改革

一是安排专项资金3.45亿元,全力支持区属国有企业职工家属区"三供一业"分离移交工作。二是为区属国有集团公司增加注册资本金6亿元,增强国企发展实力。三是牵头完成宁夏机场政府投资股权确认工作,由宁夏交通投资集团代持政府股权,间接增加交投集团资产13亿元。四是统筹安排国有资本经营项目支出预算3621万元,支持自治区战略主导产业、新兴产业和特色优势产业的发展壮大。

四、深化科技创新驱动

按照《自治区党委、政府关于深入实施创新驱动发展战略加快推进科技创新的若干意见》,本级财政安排R&D投入预算总额达到5.52亿元(企业处3.95亿元),比2016年增长65.2%,促使2017年全社会R&D投入占GDP预计数比重达到1.02%。主要通过实施创新平台建设、重大科技专项、企业科技创新后补助、高新技术产业发展、科技金融、知识产权补助等项目,落实自治区党委、政府的决策部署。同时,设立科技创新投资基金,为科技型企业直接融资提供更加便捷的渠道。

五、建设开放宁夏

一是设立2亿元"走出去"专项资金,为"走出去"企业投资提供融资担保、担保贴息、风险补偿等服务,缓解"走出去"过程中企业融资难、担保难问题。二是设立1亿元外经贸专项资金,支持发展开放型经济,促进外经贸协调发展,培育外贸发展新业态,促进外经贸转型升级。继续对中阿号国际货运班列给予补贴,构建丝绸之路经济带物流节点。三是紧紧围绕"弘扬丝路精神,深化中阿合作"主题,按照精准办会、务实办会的要求,安排专项资金5500万元,为2017年中阿博览会的顺利举办,做好保障服务。四是安排资金2000万元支持会展业发展,鼓励区外优势产业、企业参与自治区经济合作与发展,为深化区域经济合作提供平台。五是安排2900万元支持招商引资,深入推进自治区与"环渤海""长三角""珠三角"地区投资合作,拓展"京津冀"合作通道,为区外资本"引进来"和区内产品"走出去"创造条件,持续增强市县招商引资动力。

六、促进商贸服务业提质增效

一是设立2亿元服务业引导专项资金,采取投资补助、贷款贴息、资本金注入等方式,支持服务业设备购置安装、软件开发、技术转让、人员培训、系统集成、设计咨询、研发服务及必要的基础设施建设等项目。建立和完善服务业运行监测系统,促进服务业关键领域、薄弱环节加快发展,培育新经济、新业态、新模式,推进自治区服务业市场化、社会化、规模化。二是安排商贸服务业专项资金1.2亿元,大力支持现代金融、现代物流、电子商务、农产品流通、网上丝绸之路等现代服务业发展,全力保障重要商品物资储备需求,进一步推进重要产品追溯体系建设。

七、完善政府产业引导基金管理体制

逐步改变传统的对企业直补方式,积极运用基金投入方式,发挥财政资金引导和"四两拨千斤"作用,加大对企业的支持力度。提请自治区人民政府设立宁夏回族自治区政府投资基金,自治区政府印发《宁夏回族自治区政府投资基金管理暂行办法》,对自治区财政出资新设基金及现有各类基金进行集中管理。主动对接引入中国华融、江苏亨通和中国港桥等战略合作者,拟设立宁夏战略新兴产业投资发展基金,将

为自治区带来近400亿元社会资本，支持基础设施、新兴产业等领域发展。在引入资本的同时，还将为自治区带来大量资本市场发展的人力资源，有助于快速提升自治区资本市场发展速度和质量。

（马国栋）

财政外债管理

一、努力拓宽融资渠道，加强对外财经合作

2017年，全区新申报外债项目共4个，总贷款额约合10.86亿元人民币；新启动项目1个，已签约项目1个，总贷款额约合8.84亿元人民币；正在实施项目共6个（其中，国际金融组织贷款项目3个，外国政府贷款项目3个），总贷款协议额18.3亿元人民币。外债办在项目管理过程中，紧紧围绕"资金、财务、债务"这一主线，进一步完善外债管理制度，不断提升项目管理水平，积极推进外债项目的顺利实施，有效弥补自治区经济社会发展资金的不足。

一是做好新项目启动准备及申报工作，支持地方经济发展。2017年，外债办新启动的项目是亚行贷款1亿美元用于宁夏六盘山扶贫公路项目，待签约项目是科威特贷款3000万美元用于宁夏吴忠医院迁建项目。亚行六盘山扶贫公路项目《转贷协议》签署工作已完成，项目已于2017年10月16日正式启动实施，目前正在准备招标采购工作。科威特吴忠人民医院项目可研报告和资金申请报告已批复，并签署《贷款协定》。

2017年自治区共申报4个新项目，分别是：利用世行贷款1亿美元建设吴忠市苦水河流域水土保持及生态综合治理项目，利用德国促进贷款建设中卫市3500万欧元干旱区生态修复和压砂地可持续发展项目，利用亚行贷款4000万美元建设宁夏生态治理与保护项目。同时，向财政部清洁发展机制基金管理中心申请贷款6900万元人民币建设同心县5万亩有机枸杞基地及枸杞加工项目，目前已进入尽职调查阶段。

二是做好在建项目的实施工作，支持"生态立区"战略。2017年，外债办正在实施的项目有6个，总贷款协议额约合人民币18.3亿元。截至2017年12月31日，外债办已向项目单位累计拨付建设资金1.8亿元人民币，完成年初外债预算支出计划。2017年重点实施的项目中有5个直接或间接涉及农业及生态保护方面，分别是亚行贷款中部节水特色农业示范项目、世行贷款宁夏黄河东岸防沙治沙项目、中德财政合作中国北方荒漠化综合治理项目、世行贷款宁夏节水灌溉二期项目和以色列政府贷款宁夏高效节水农业综合开发示范推广项目。这些项目以生态修复保护和农业综合开发为主体，通过防沙治沙示范建设，推进荒漠化治理，提升综合生态系统能力建设，大力推广节水灌溉，优化、调整了农林业结构，特别是助力宁夏生态立区战略。考虑到生态项目实施对季节性要求高的特殊性，外债办协调项目实施单位和市县项目办，提前谋划，尽早实施，指导项目单位按照"进度要跟上，质量有保障，程序要合规"的要求，结合实际制订年度实施计划，按照计划实施项目。

三是做好涉及调整项目的报批工作。2017年，全区共有2个项目涉及中期调整，调整金额达7544万美元，约合5.1亿元人民币。分别是亚行贷款宁夏中部节水特色农业示范项目和世行贷款宁夏防沙治沙项目。通过与各项目办的协调沟通，深入项目区进行调查研究，亚行贷款宁夏中部节水特色农业示范项目的中期调整方案已获财政部和亚行批复，资金申请报告已上报国家发改委（2018年2月批复）。世行贷款黄河东岸防沙治沙项目结余资金使用方案已经自治区政府及财政部批准，自治区发改委正在审批过程中。

四是做好完工项目总结工作。今年共有4个已完工项目，国际金融组织贷款2个和赠款项目2个。亚行贷款宁夏生态与农业综合开发

项目已圆满完成贷款和赠款提款任务。并已聘请第三方编制完成项目完工报告,并提交亚行。世行贷款宁夏节水灌溉二期项目已于2017年10月31日报账截止,进入项目收尾阶段。GEF赠款盐池哈巴湖生态保护与恢复项目已完成全部提款任务。对于准完工项目,一方面督促项目实施单位做好尾款使用、竣工验收和总结工作,另一方面做好项目成果宣传和展示工作,力争为以后相关项目实施做模板、打基础。

五是做好外债项目绩效评价工作。2017年年初,外债办制订2017年度全区外债项目绩效评价计划及实施方案,截至12月,已完成3个项目的绩效评价工作,包括清洁发展机制基金管理中心贷款项目(银川市、吴忠市),世行贷款宁夏黄河东岸防沙治沙项目。

二、积极推动企业与国际金融公司对接合作

2017年,针对自治区企业市场拓展空间有限,融资难等问题,外债办积极了解相关政策,充分利用世界银行国际金融公司在助力企业发展所具有的资金、资源和经验优势,结合自治区经济和企业发展现状,向自治区经信委、商务厅、自治区非公有制经济服务局和各市县下发项目征集通知,通过调研等方式摸清企业在融资和"走出去"的需求,认真筛选符合融资条件的企业。3—5月,外债办先后几次带领自治区经信委赴世界银行国际金融公司对接相关业务。9月,世界银行金融公司相关业务部门来宁实地调研自治区上报的符合融资条件的企业。

三、逐步强化外债预算管理

结合新《预算法》要求,积极与预算处沟通,共同强化外债实行预算管理的具体措施。一是预算支出项目更细化。按照预算管理要求,按社会保障和就业、水利、生态环保和医疗卫生四大类分项目将支出纳入预算管理,全年预算支出计划1.69亿元,实际支出预算1.8亿元。二是预算执行有的放矢。按照2017年初预算安排,为强化预算执行科学性和规范性,切实加快执行进度,在充分调研和分析的基础上,根据国际金融组织和外国政府贷款管理的招标采购程序和报账流程,紧密结合项目的执行进度、采购计划以及合同资金支付进度对各项目单位提出的2017年投资计划分项目分内容进行研究与沟通,在客观实际的原则下,进行"一揽子"批复并下达,确保项目按计划尽早实施。三是加强全口径预算管理。为更好地贯彻新《预算法》,多次与预算处进行对接,就收入、支出、还款全口径纳入预算管理进行可行性探讨,并充分考虑财政部85号令对此的要求,按照政府承担责任的不同区别对待。对于政府负有偿还责任的贷款,纳入本级政府预算管理和债务限额管理,其收入、支出、还本付息纳入一般公共预算管理;对于政府负有担保责任的贷款,不纳入政府债务限额管理。赠款纳入中央一般公共预算管理。

四、积极加强债务风险管理

认真贯彻落实《自治区外债债务管理办法》,加强债务偿还、债务预警管理,防范外债债务风险。一是加强统计和预警监测。及时形成与分析外债债务报表,密切关注各项债务指标变化,合理确定各市县(区)、各单位外债规模和结构,对负债率、偿债率、债务率、还贷准备金等主要债务指标进行动态监测和预警,防范外债风险。二是加强债务偿还管理。为实现"借得来,用得好,还得上",切实加强对到期债务的偿还管理,确保按时、足额偿还,积极维护自治区政府对外形象。定期对各市、县(区)和自治区本级相关部门到期债务及欠款情况进行梳理,第一时间函告并下发还款及欠款催款单,联合预算处采取预算扣款措施清理欠款。三是加强财务管理工作。规范和优化财务管理流程,健全完善债务预警机制,强化还款督促、推进审计监督。认真做好项目台账登记、报表管理、账务定期核查等工作。积极配合做好2016年度全区外债项目审计工作,目前审计工作已基本完成。

五、对外宣传交流成效显著

外债管理是财政厅乃至自治区政府对外财经合作交流的一个平台和窗口,在抓好项目管

理的同时，主动作为，延伸工作触角，积极开展符合规定的宣传交流，提升宁夏对外形象。一是积极做好对外宣传工作。2017年2月和2017年7月，财政部国际财经合作司陈诗新司长先后2次带队来宁调研，对自治区利用国外多双边贷赠款方面取得的成绩给予充分肯定，并就宁夏利用国外多双边贷赠款情况和主要做法为主题撰写调研报告，提出相关管理经验在全国进行推广。财政部领导高度重视并批示："将调研报告报宁夏回族自治区领导阅示。"自治区党委、政府、政协及人大领导充分重视并圈阅报告。二是认真做好经验交流工作。5月，在财政部与亚洲开发银行联合召开的第五届"2017年中国——亚行技术援助合作战略规划研讨会"上，宁夏外债办作为全国三个受邀省份之一，代表"一带一路"重要节点和示范项目省区在大会上做主旨发言，宣传宁夏成功项目管理经验，并介绍未来与亚行进一步合作的项目需求，取得良好的反响。7月，财政部官网首页全文刊登题为"借亚行技术援助东风，助宁夏经济社会发展"的专题报道，进一步宣传宁夏利用亚行技术援助项目的成功经验，树立良好的对外形象。

六、加强党支部建设，提高干部队伍素质

注重坚持业务建设与自身建设两手抓，共同促进，共同发展，打造"双一流"处室。积极响应厅党组和厅机关党委部署要求，深入开展"学习十九大精神"、"两学一做"、"我的初心，我的成长——做政治合格的共产党员""机关干部下基层"等主题教育活动。充分利用开展教育活动的契机，进一步细化工作要求，规范业务流程，制定外债办工作手册，站在政治高度和全区外债管理角度，教育实践活动的要求融入外债管理实践中，打造外债精品项目，提升外债管理综合水平。通过学习，干部的党性修养得到进一步的锻炼、廉洁自律和防腐拒变的意识有所增强，整体业务素质、政策理论水平、工作效能都有所提高。

（王　辉）

税政与法治财政建设

一、扎实推进税制改革，促进生态文明建设

根据《中华人民共和国环境保护税法》授权，会同发展和改革委员会、环保厅等五部门深入市县、企业调研，在认真测算和广泛征求采纳各方意见基础上，拟订宁夏回族自治区环保税适用税额标准：大气污染物1.2元/污染当量、水污染物1.4元/污染当量。经自治区人民政府常务会议研究，提请自治区人大常委会第34次会议审议通过，向社会予以公布，自2018年1月1日起，宁夏开征环保税，将进一步强化税收调控作用，提高纳税人环保意识和遵从度，加大保护和改善环境力度，推进生态文明建设和绿色发展。

扩大水资源税改革试点是贯彻落实十九大精神的具体举措，对深化税收制度改革、健全地方税体系，具有十分重要的意义。根据自治区深化改革工作部署，经积极争取，财政部结合各区域水资源丰枯程度、取用水类型等情况，选择宁夏等9省（市、区）于2017年12月1日起扩大水资源税改革试点。财政厅牵头相关部门深入调研，在充分听取各方意见建议的基础上，结合中央扩大水资源税改革试点有关精神，起草《宁夏回族自治区水资源税改革试点实施办法》报自治区人民政府印发执行。通过开征水资源税，建立调控合理、规范公平、征管高效的水资源税制度，用税收杠杆调节用水行为和用水需求，引导优先使用地表水资源，严格控制地下水超采，促进水资源节约集约循环利用和生态环境保护。

二、积极争取税收优惠政策，大力促进宁夏对外开放

为贯彻落实好自治区第十二次党代会精神，扎实推进对外开放，促进"一带一路"建设，会同自治区国税局、银川海关等部门，积极向财

政部争取促进宁夏对外开放的税收优惠政策。一是留购展品免征关税政策：对中阿博览会展期内销售的"合理数量"的15类40种进口展品免征进口关税。二是境外旅客离境退税政策：自2017年8月1日起，在中国境内连续居住不超过183天的境外旅客，同一日在指定的同一退税商店购买金额达到500元人民币的退税物品退还11%的增值税。两项政策的实施，有效吸引客商参展参会、为中阿博览会营造良好的会商环境，充分发挥中阿博览会经贸平台作用，积极推动宁夏全域旅游发展，加快推进宁夏全方位多层次对外开放。

三、积极贯彻税收政策，优化经济发展环境

积极贯彻落实国家税收政策。会同税务部门，积极贯彻实施国家出台的一系列减税政策，有效地促进小微企业发展，激励中小企业加大研发投入，支持科技创新，持续推动实体经济降成本增后劲，为自治区产业结构优化升级，经济发展方式转变提供有利的税收政策环境。

一是优化税制结构，加大对农业的税收支持力度。自2017年7月1日起，简并增值税税率结构，取消13%的增值税税率，对化肥、农药、农机等农业生产的重要生产资料税率下调至11%。

二是深入实施创新驱动发展战略。积极贯彻落实科学研究、科技开发和教学用品进口环节免税政策，规范科学研究、科技开发和教学用品免税进口行为，充分发挥科技创新在全面创新中的引领作用。

三是继续加大小微企业和重点群体扶持力度。自2017年12月1日至2019年12月31日，对金融机构向农户、小型企业、微型企业及个体工商户发放小额贷款取得的利息收入免征增值税；对高校毕业生、就业困难人员、退役士兵等重点群体创业就业，按规定扣减增值税、城市维护建设税、教育费附加和个人（企业）所得税。2018年1月1日至2020年12月31日继续对月销售额3万元以下的增值税小规模纳税人免征增值税。

四是支持民生事业发展，引导国内供给体系转型升级。对消费需求旺盛、与人民日常生活息息相关的优质产品和特色优势产品，进一步降低消费品进口关税，范围涵盖食品、保健品、药品、日化用品、衣着鞋帽、家用设备、文化娱乐、日杂百货等各类消费品，共涉及187个8位税号，平均税率由17.3%降至7.7%。

四、充分发挥税收政策作用，促进经济社会健康发展

一是力促国有企业重组。为促进国有企业加快重组改革步伐，会同税务部门深入宁夏交通投资集团有限公司、宁夏旅游投资集团公司等"五大集团"开展调研，提出合理化税收政策建议，经报请自治区人民政府批准实施，降低企业重组成本，促进企业转型升级。二是力促创新驱动战略实施。加大科技创新税收优惠政策的研究，提出合理化税收优惠政策促进自治区科技创新和经济发展；为促进基金产业发展，与中国港桥集团及其战略合作伙伴就"三支基金"落户宁夏相关问题进行座谈和沟通，拟定财税优惠政策，促进自治区创新驱动战略实施。三是力促葡萄酒产业发展。深入8家具有代表性的酒庄企业开展专题调研，全面了解自治区葡萄产业发展及企业经营现状，形成《关于财税支持葡萄酒产业发展的调研报告》，提出支持自治区葡萄酒产业发展的财税政策建议，为下一步找准财税政策发力点奠定工作基础。

五、充分运用大数据，推动综合治税平台建设

为进一步挖掘税收潜力、提高财政收入质量和税务监管能力，不断完善机制、健全制度，认真开展综合治税工作。一是制定《宁夏综合治税数据共享保密协议》，规范涉税信息保密管理。二是开展模型建设和数据采集，2017年7月底正式上线运行，建立契税、驾校增值税以及流转税附加税费分析模型。三是积极开展数据收集整理入库工作，截至目前，共采集模板252

个，采集信息约784万条。通过分析比对，发现问题企业26户，涉税金额9108万元。随着综合治税信息平台的不断完善，将对挖掘潜在税源，促进全区经济健康发展和财税收入稳定增长发挥积极的作用。

六、加强税收收入分析，提高财政收入质量

建立定期联席会议制度，深入开展税收分析工作。定期召集自治区国税局、地税局相关处室召开税收收入分析座谈会；建立月度、季度税收收入分析制度，分析全区税收收入结构特点，研究确定当前和今后一定时期内需要解决的工作重点和难点问题，努力促进涵养税源与税收收入协调统一，经过财税部门的共同努力，财政收入结构得到优化，税收增幅稳步提升，多税种呈现普涨态势。2017年度全区地方级税收收入累计完成270.3亿元，为年度预算的104%，超额完成10.3亿元。

七、完善财政制度体系，稳步推进法治财政建设

一是加强财政制度建设。2017年，以完善财政制度体系为目标，重点加强财政制度建设，建立《财政管理制度清单》和《财政厅机关内部管理制度清单》制度，全面清理财政规范性文件408件，对现行有效的财政制度、规范性文件做到严格审核、及时公布。二是积极申报示范单位。完善《宁夏法治财政示范点建设实施方案》，经积极努力，宁夏财政系统被确定为全国唯一的全域实施法治财政示范点建设单位。三是强化制度管理。在区直机关中率先开展规范性文件"三统一"和有效期制度，截至12月31日，财政厅制发宁财规发文件17件。官网设立财政规范性文件专栏，严格制度建立及公布流程，积极防范和杜绝制度建设中出现的法律和舆论风险。

八、加强法治宣传教育，扩大财政普法影响力

一是扎实开展全区财政系统财政法规政策"宣传周"活动，统一部署、统一行动、有序推进，围绕"三大战略"宣传财政惠民政策，积极推进"法律八进"活动。二是不断创新财政普法形式，拍摄系列微电影《法治财政惠民生》，开展全区财政系统微电影评选活动，以五市财政局为单位申报、评选，通过喜闻乐见的形式，提升财政政策宣传效果。三是实施定向精准宣传，组织干部深入中阿博览会，开展通过网络宣传、微信宣传、现场宣传、驻点宣传等多形式财税优惠政策宣传活动，为2017中国—阿拉伯国家博览会营造良好的营商环境。四是不断完善"宁夏法治财政"微信公众号，及时发布财政法治信息，进一步扩大财政普法影响力，着力提高财政服务效率和水平。

（杨　欢）

农村财政与财务管理

一、深入推进"一事一议"财政奖补工作，不断加强农村基础设施建设，改善农村生产生活条件

2017年，农村财政管理局创新"一事一议"财政奖补管理方式，统筹中央、省级、县级财政共7.9亿元，做精做细村级公益事业"一事一议"财政奖补工作。一是进一步充实和完善"一事一议"财政奖补项目库，建立项目滚动进入和退出机制。指导各市县区处理好当前与长远，需求与可能的关系，优化"一事一议"财政奖补建设项目库管理，防止项目选择的随意性和盲目性，避免重复建设。二是因时制宜开展"一事一议"财政奖补项目实施。在安排"一事一议"财政奖补项目及实施中，因地制宜，坚持与生产季节相结合，与农民空闲相结合，与农村工作重点相结合，与预算执行进度相结合，分期分批实施项目，增强预算执行的均衡性，加快预算执行的进度。三是实行财政奖补资金与农民筹资筹劳同步到位的奖补政策。村级组织通过议事程序先将项目确定，并按照财政奖补比例，测算奖补资

自治区财政厅综合处组织干部集中学习

自治区财政厅预算处开展主题党日活动

自治区财政厅国库处工作掠影

自治区财政厅国库支付中心与基层点曙光村党支部共同开展主题党日活动

自治区财政厅行政政法处赴宁夏公安厅调研

自治区财政厅教科文处赴基层调研

自治区财政厅经济建设处赴基层调研

自治区财政厅农业处组织干部集中学习

自治区财政厅金融处开展下基层活动

自治区财政厅社保处赴儿童福利院调研

自治区财政厅会计处赴基层调研

自治区财政厅监督检查局组织干部学习

自治区财政厅非税收入管理局组织干部集中学习

自治区财政厅企业处赴基层调研

自治区财政厅外债办开展主题党日活动

自治区财政厅税政与条法处党支部深入基层联系点

自治区财政厅农村财政管理局赴基层调研

自治区财政厅人事与老干部处组织干部集中学习

自治区财政厅投资评审中心集体学习

自治区财政厅资产管理处开展主题党日活动

自治区财政厅政府采购处举办全区政府采购业务知识培训班

自治区财政厅机关党委开展主题党日活动

自治区财政厅办公室组织干部集中学习

自治区财政厅纪检监察室组织预防职务犯罪警示教育宣讲会

自治区财政厅信息中心向全国人大财经委副主任委员、常委会预算工委主任刘昆一行汇报财政厅信息化建设情况

自治区财政政策研究中心组织干部集中学习

自治区财政厅社保基金管理中心组织干部集中学习

宁夏注册会计师和资产评估师行业举办"增乐活能量 展行业风采"运动会

自治区财政厅函授学校召开全区乡镇财政干部培训班

自治区财政厅政务服务中心窗口组织业务学习

金,制定农民筹资筹劳方案,经乡镇人民政府初审后,报县级农民负担监督管理部门对农民筹资筹劳方案进行审核同意后,财政部门下达奖补资金计划,连同农民筹资筹劳作为"一事一议"财政奖补投资。四是强化项目监督管理。严格执行政策规定,切实把好财政奖补议事项目的第一关,防止重议事项目申报,轻议事项目审核,淡化"一事一议"监管工作的倾向。

二、创新竞争性立项评审方式,探索农村集体经济发展新机制

在认真总结上年试点经验的基础上,按照《财政部关于印发〈扶持村级集体经济发展试点的指导意见〉的通知》(财农〔2015〕197号)要求,稳步推进试点工作。一是竞争立项,择优确定试点村。为将试点要求落到实处,财政资金扶持获得最大效益,创新性地通过竞争性立项评审择优确定试点。按照"自愿申报,县级审核,区级评定,宁缺毋滥"的原则,对申报扶持村级集体经济发展试点申请的18个县(市、区)进行梳理,要求每县(市、区)选取报送10个村级"两委"班子健全,改革意识强烈,大多数村集体成员有意愿、有要求,村集体人口、土地、经营性资产资源等有一定规模,村级财务管理规范,示范带动作用大,具备产业发展的优势资源条件的行政村,并拟订候选试点实施方案。农村财政管理局邀请宁夏农科院、宁夏大学、自治区农牧厅等单位的专家召开扶持村集体经济发展试点评审会,对各县(市、区)报送的实施方案逐一进行质询、答疑、评审,从县(市、区)配套政策和村级实施方案两个方面进行细化评分,择优确定试点村。二是落实责任,加大扶持力度。自治区财政在财力非常有限的情况下,按照1:1的比例安排自治区级配套资金,有力地保障了开展扶持村级集体经济发展试点工作资金需求,2017年共投入2亿元用于支持全区扶持村级集体经济发展试点工作。为进一步落实责任到位,要求试点县(市、区)党委、政府要高度重视,成立由政府主要领导牵头的扶持村级集体经济发展试点工作领导小组,建立财政部门牵头负责,有关部门具体组织、密切配合的工作机制,具体负责统筹协调推进试点重大事宜。财政部门要会同有关部门切实加强对试点工作的跟踪指导和监管,积极推进本地政府出台支持试点的政策性文件和措施,推动试点工作健康发展。三是向贫困村倾斜,推动扶贫攻坚任务按期完成。按照"脱贫富民"战略要求,2017年将全区8个贫困县(区)的40个村列为试点村,坚持自力更生与政策扶持相结合,结合各村实际制订个性化方案,明确村集体发展的经济类型,探索财政补助资金形成的资产折股量化为村集体和农民持有的股份,建立股权扶贫机制,助力自治区按时完成脱贫攻坚任务。四是深入指导,确保试点成效。为强化对试点工作指导,向试点县(市、区)提供政策咨询服务支撑,确保试点工作的正确方向,自治区成立扶持村级集体经济发展试点工作专家指导组,定期深入试点村开展指导服务、督促检查、答疑解惑、总结经验、考核评价等工作,对村集体经济发展"把脉问诊",保证试点方案实施的科学性和可行性,实现一村一策,确保财政资金投入效益最大化,提高村集体经济发展的整体水平。五是规范了村集体管理制度建设。指导试点村普遍建立健全村集体经济组织,规范注册村集体经济组织营业执照,并结合各自实际,研究制定村集体经济管理制度,细化村集体经济组织成员分工及职责,探索政经分离,实行稳健经营,加强民主管理,形成规范管理的态势。

三、创新美丽乡村建设工作方式

2017年,农村财政管理局将积极创新工作方式,按照村均100万元标准支持建设100个美丽村庄,提升自治区美丽财政建设水平。一是创新财政以奖代补方式。改变以前干好干坏都一样,只要列入计划就有财政奖补的奖励方式,将各地上报的美丽乡村建设项目,通过年中督查,在130个备选村中选出打分前100名的美丽村庄列入当年奖补计划,其余项目不予奖补,同时分档次设立以奖代补标准,促进各地开展

美丽乡村建设积极性。二是加大项目整合力度。要求各牵头部门进一步加大对规划重点镇、中心村在农村环境整治、基础设施建设、公共服务设施、扶贫帮困等方面的项目支持及资金投入力度。要求各县(市、区)人民政府抓紧制订项目整合捆绑实施方案,安排一定的配套资金,优先支持投入美丽乡村建设。三是突出美丽乡村建设特色。以"美丽宜居乡村"为目标,以"八大工程"建设为内容,大力实施项目带动,全力打造特色村庄,努力构建布局合理、内涵丰富、功能完善、服务全面的美丽乡村发展体系。四是强化监督检查考核。6月,联合相关部门对全区2017年美丽乡村建设任务完成情况进行中期督查;11月,根据《宁夏美丽乡村建设考评办法》和考评工作的有关要求,对全区美丽乡村建设从规划引领、农房改造、收入倍增、基础配套、环境整治、生态建设、服务提升、文明创建、组织领导、资金投入等十个方面进行量化考评验收。

四、提升农业保险服务能力,完善农业灾害补偿机制,促进农村经济发展和农民增收

2017年,共下达中央及自治区农业保险保费补贴资金21943万元,为自治区各类农户及农业企业提供87.1亿元风险保障,参保户数达53.7万户,受益农户12.1万户(次),为自治区农业健康发展提供强有力的保障。一是大力支持特色优势产业保险。在优先确保中央财政农业保险补贴范围内保险品种的同时,推进农业保险扩面、增品、提标,大力支持自治区特色优势产业保险工作。按照《自治区人民政府加快农业特色优势产业发展若干政策意见》精神,积极引导特色优势产业参加农业保险,同时开发满足新型农业经营主体需求的保险品种。二是进一步完善农业保险竞争机制。在引入中国平安保险股份有限公司宁夏分公司、中国大地财产保险股份有限公司宁夏分公司开展农业保险业务基础上,2017年3月再引进太平洋保险股份有限公司宁夏分公司开展农业保险业务,鼓励其在农业保险实施方案的框架内开展农业保险业务,为农民提供更加优质快捷周到的农业保险服务。三是做好气象服务。会同宁夏气象服务中心,利用手机短信提供气象信息服务,向所有参保农户、全区各市、县(区)人民政府分管农业领导、财政局、农牧局、林业局提供设施农业灾害性天气短信预警服务,关键期24小时农用天气预报短信服务,未来5天重要天气短信服务和农业措施短信等服务,全面提升农业防灾减灾能力。四是加大对贫困县(区)的政策倾斜力度。通过政策引导,鼓励和引导贫困户投保农业保险,增强风险防范能力,有效抵御贫困户农业生产中遇到的意外风险,促进贫困户增产增收,保障贫困地区农户的农业生产和生活稳定。2017年,共向贫困县区拨付农业保险保费补贴资金10168万元,为贫困县区区各类农户及农业企业提供了30.7亿元风险保障,参保户数25.3万户,受益农户达4.71万户(次)。五是调整农业保险政策。组织相关部门及农业专家对农业保险在新形势下出现的新情况以及现执行的《农业保险实施方案》进行座谈和讨论,针对具有普遍意义或关键性问题,提出农业保险政策调整意见,进一步修订《宁夏农业保险实施方案》后,上报自治区人民政府审议。六是积极争取财政部将自治区特色农业保险险种纳入中央财政保费补贴。会同自治区农牧厅、林业厅到市县开展保险工作调研,对自治区开展的特色农业保险险种的相关基础情况进行全面摸底调查。在此基础上,多次到财政部向相关领导汇报自治区开展农业保险工作情况和取得的成绩,力争财政部将自治区特色农业保险险种纳入中央财政保费补贴。

五、扎实落实农机购置补贴政策,加快提升自治区机械化作业水平和农机社会化服务能力

2017年,农村财政管理局及时下达农机购置补贴资金12100万元,指导各县区在补贴政策实施过程中,严格按规范操作,严把公示、机具核查关,同时积极创新,充分发挥农机购置补贴政策效应。一是规范工作操作流程,明确工作

纪律。全面推行"自主购机，定额补贴，县级结算，直补到卡"和"去经销商"运行模式，分清有关责任，不得接受农机经销企业代办手续，加强对购机户的资格审核，充分尊重农民的自主选择权，不得向农民推荐补贴产品或经销商。二是创新农机购置补贴方式。突破过去只能先购机后补贴的补贴模式，采取先购机后补贴与先申请补贴后购机并存的方式，充分调动农民购买使用农机的积极性，推进农业发展方式转变。三是提高补贴精准度。针对农机购置补贴产品种类和品目过多的现状，2017年初，农村财政管理局积极协调农牧部门，组织区内专家在深入调查摸底和研究，优化调整农机补贴机具的种类和范围，确定2017年的农机补贴机具的种类和范围。四是放大财政补贴乘数效应。对新建农机作业服务公司、三星级农机作业服务公司购机以及自治区特色优势产业发展急需的关键环节机具采取累加补贴方式，充分发挥财政资金补贴累加的乘数效应，加快提升自治区机械化作业水平和农机社会化服务能力。五是加大资金统筹力度，支持农机深松整地作业。农机深松整地是改善耕地质量，提高农业综合生产能力，促进农业可持续发展的重要举措。农村财政管理局在中央安排农机深松补贴资金的基础上，统筹历年结余农机补贴资金，确保完成农机深松整地作业130万亩。

六、及时兑付耕地地力保护补贴资金，增加农民收入

农村财政管理局通过积极沟通协调，将耕地地力保护补贴资金及时足额兑付到农户手中。一是广泛宣传，做到家喻户晓。指导各县区通过当地政府网站、电视新闻媒体、致农民一封信、宣传册等多种宣传媒介，大力宣传农业支持保护补贴政策，做到家喻户晓。特别对农民关心的补贴面积，采取"政府网站公示"，设立"明白墙""公开栏"等形式，逐村（队）进行张榜公示，主动接受群众监督。二是深入部分市县进行调研。会同农牧部门深入基层了解土地确权工作的进展情况，进一步了解基层群众的需求，督促市县提前做好强化相关业务人员的培训工作。同时配合和督促农牧部门尽快完成土地确权信息登记造册、公示审核确认工作。三是及时发放补贴资金。提前与自治区农发行、市县级农发行进行沟通协调，提前做好资金兑付前的准备工作，保证资金兑付工作顺利完成。2017年耕地地力保护补贴资金78476万元已全部通过"一卡（折）通"直接兑现到户。四是强化监督检查。农村财政管理局在补贴发放期间，组成专门的督察组到所有县区进行督察，要求各市县（区）农牧、财政、纪检、银行等部门密切协同配合，强化资金监管，杜绝虚报冒领、截留挪用等违规现象的发生。

七、加大退耕还林还草力度，改善山区生态环境，加快贫困地区农民脱贫致富

退耕还林还草工作是一项时间跨度较长的常规性工作，项目资金全部由中央承担，自治区安排290万元的工作经费，确保此项工作顺利开展。一是积极争取2017年度退耕还林项目资金。会同发改、林业、国土、农牧等部门深入有退耕还林任务的县区进行摸底调研，对2017年退耕还林任务进行详细测算、论证，上报国家自治区新一轮退耕还林还草任务需求3.13万亩，争取到中央2017年退耕还林还草补助资金47841万元，现已全部分解下达市县。二是拟定自治区第一轮退耕还林成果管护经费和提高新一轮退耕还林还草补助标准及工作经费的意见。按照政府常务会议纪要的决定，牵头拟定自治区第一轮退耕还林成果管护经费和提高新一轮退耕还林还草补助标准及工作经费的意见，经多次与农牧、林业、发展和改革委员会等部门研究修改后上报自治区政府，报经自治区政府同意，对全区退耕还林工程给予了适当的补助并从2017年起执行。自治区财政追加2017年度退耕还林政策补助资金4983万元已经全部分解落实到市县。三是积极落实2017年度退耕还林任务。按照国家下达自治区2017年度退耕还林任务后,积极配合自治区发改、林业、国土、农牧等部门把任务分解下达到各县(市、区),要求各县(市、区)采取签订目标责任书,完善林地管护措施,加强技术服务,加强档案管理等多项措施,把工程建设任务落实到户,确保完成任务。四是规范操作程序。指导各地认真复核面积,对补助面积进行公示,指导完善软件资料。根据任务完成情况及时拨付退耕还林补助资金,在确保成活率的前提下及时足额拨付补助资金,巩固退耕还林成果,维护广大退耕农户切身利益。五是加强监督检查。于7月、9月联合自治区林业厅等部门深入乡村、农户,对退耕还林工作进行检查,核实补助资金发放情况,发现问题及时纠正,对违纪行为及时查处,确保退耕还林政策落实到位。

八、管好用好水库移民后期扶持资金,改善库区和移民安置区基础设施薄弱和经济发展落后的面貌

管好用好水库移民后期扶持资金,是农村财政管理局的一项常规工作,但也还需要精细化管理。一是对2016年全区水库移民项目及资金使用情况进行检查。会同发展和改革委员会、自治区水库移民办检查中宁、青铜峡、西吉和海原等县(区)水库移民后期扶持项目及结余资金项目的建设、验收及资金使用管理情况,对检查出来的问题提出了限期整改意见,督促各地提高资金使用水平,确保项目落到实处。二是认真做好移民扶持项目的审验工作。会同自治区水库移民办、发展和改革委员会组织专家对2017年大中型水库移民后期扶持项目资金及结余资金申报项目的可行性进行审查,根据专家审查意见选择确定支持的项目,及时下达水库移民后期扶持资金10203万元,由各地及时组织实施。三是加大对贫苦地区库区移民项目资金扶持力度。针对各县(区)的不同情况,制定能够切实改善当地贫困移民生产生活条件的扶持措施,加强贫困移民村基础设施建设,同时加大产业扶持力度,发掘贫困移民村的自然资源和优势产业,重点扶持能让贫困移民直接受益的种植、养殖等特色产业。资金分配中,加大对贫困移民县(区)资金分配的比例,根据各地贫困移民脱贫成效,适宜地调整各县资金分配比例,做到尽可能支持贫困移民脱贫致富,促进库区移民生产生活稳定,稳步提高经济收入。

九、联合自治区党委组织部,共同抓好全区农村基层党建工作

2017年,农村财政管理局积极与自治区党委组织部沟联合,通过提高山区村干部报酬和设立全区农村基层党组织为民服务资金,把全区农村基层党组织建设成为推动科学发展、带领农民致富、密切联系群众、维护农村稳定的坚强战斗堡垒。一是提高山区村干部报酬。经详细摸底调查,确定将山区九县(区)1296个行政村参与村务工作的村干部人数由以前的3~5人不等统一按照每村5人计算,村党支部书记和村委会主任的年任职补贴标准由以前不低于该县上年度农民人均纯收入的1.5倍提高到2倍,其他村干部的补贴标准按村党支部书记和村委会主任标准的80%执行。自治区财政及时拨付资金6033万元,要求及时兑现到村干部手中,既增加了贫困山区村干部的收入,又极大地提高了村干部脱贫富民工作积极性。二是设立全区农村基层党组织为民服务资金。安排4988万元,按照3000人以下的村5万元,3000~5000人的村7万元,5000人以上的村10万元的标准设立为农村基层党组织为民服务资金。充分发挥农村基层党组织在农村贯彻落实党的路线方针政策、团结带领群众建设美好生活的领导核心作用,解决群众最关心、最迫切、最直接的民生问题,有力推动自治区星级基层服务型党组织创建活动深入开展。

十、建立健全自治区农业信贷担保体系,解决农业领域融资难、融资贵问题

经过一年的奋力推进,宁夏农业信贷担保"政银担"合作模式已建立起来,宁夏农业信贷担保有限责任公司各项工作目前正在有序推

进。一是完善了公司法人治理结构。按照《中华人民共和国公司法》《融资性担保公司管理暂行办法》《融资性担保公司治理指引》有关规定，建立起现代公司管理组织架构，内设担保业务部、风险控制部、计划财务部、综合管理部等四个工作机构，分别负责在开展经营活动中的各项日常具体事务，拟定公司内部工作机构设置及工作岗位职责分工，制定一系列具体管理办法。二是设计出自治区支农信贷担保产品"塞上·兴农贷"。为在市场中立住脚跟、发展壮大，公司围绕如何有效支农、又能严控风险，通过深入探索调研、分析研究，确定把服务对象锁定在新型农业经营主体上，设计出自治区支农信贷担保产品"塞上·兴农贷"，按照打造"政银担（政府+银行+担保公司）抱团"工作机制，构建"资源联手开发，信贷集合加工，风险共同管理，责任比例分担"的农业信贷担保模式的工作思路，构建自治区农业信贷担保新模式——"塞上·兴农贷"，成为宁夏唯一一家有自己信贷担保核心业务产品的担保公司。三是与银行机构达成合作意向。先后与农业发展银行宁夏分行等10余家银行机构签订业务合作协议，通过进行业务合作座谈，讲解演示"塞上·兴农贷"产品设计及工作思路，获得各家银行对"塞上·兴农贷"产品设计理念和工作思路的高度认可。经过后期多次合作磨合沟通，已进入实质性业务合作。四是积极与各地政府进行对接协商共同推进。下发《关于推进宁夏农业信贷担保体系建设的通知》（宁财（村）发〔2017〕12号），指导各县区成立农业信贷担保工作领导小组，为在县区开展业务奠定坚实的组织保障。五是与保险机构探索协同支农新机制。多次与人保财险宁夏分公司、建信财产保险公司等保险机构进行沟通协商，共同分析农业生产经营活动中各个业务环节存在的风险类型及危害程度，找到发挥保险作用在农业信贷担保业务流程中的切入点。现与人保财险公司宁夏分公司签订战略合作协议，保担（保险公司+农担公司）合作模式已初步确立，最终将实现"政府+银行+保险公司+担保公司"的经营模式。六是设立分支机构开展业务试点。按照"政府重视程度高，财政局领导工作得力，市场环境成熟，业务需求量大，配套政策较完备"的标准，先后在红寺堡区、兴庆区、利通区、隆德县、青铜峡市、贺兰县设立分公司，按照"塞上·兴农贷"八个工作程序步骤在乡村开展农业新型经营主体摸底调查、建档立卡、分类整理、打包推荐工作。其中，兴庆区、利通区、红寺堡区分公司业务已经全线贯通，业务涉及6个乡镇62个行政村，摸底调查1505户，尽职调查533户，向银行推荐364户，为新型农业经营主体提供信贷担保超过5000万元，为明年正式全面推开业务积累了丰富的业务经验，为下一步扩展与金融机构合作提供行之有效的先例。

（吴国军）

人事教育与老干部工作

一、坚持导向，科学选人用人

认真学习贯彻《党政领导干部选拔任用工作条例》，坚持德才兼备、以德为先和看德才选人、凭实绩用人导向，强化干部选用、引进、调配三大"抓手"，打造能力强、作风好和讲奉献、敢担当的干部队伍。一是健全机制，科学选用干部。草拟了《财政厅干部选拔任用办法》和《财政厅干部调配办法》，规范厅机关干部选用调配的权限、条件、程序、纪律等事项，用制度选人用人的基础进一步形成。制订干部动议系统方案，分析研判各处室（单位）职位空缺、人员需求、岗位特点和干部队伍结构等因素，形成科学系统、梯次衔接的干部队伍建设计划。有序推进干部选拔任用工作，向自治区其他厅局和地级市推荐干部3名，其中副厅级1名，正处级2名；晋升主任科员和副主任科员4人，完成事业单位岗位聘任14人；对试用期满的19名处级领导干部进行了考察和民主测评,办理正式任职手续。二是拓宽渠道,大力招才引智。及时向自治区人力资源和社会保障厅申报2017年招考和遴选计划,按规定承担资格审核和部分岗位面试、考察等工作,积极做好衔接协调,确保招考和遴选工作顺利开展。共招考参公管理人员6名,事业单位人员6名,遴选干部4名。根据自治区军转办要求,结合财政厅实际,制订2017年安置军队转业干部工作方案,组织开展笔试和面试,综合功绩制度考核和考试成绩,择优安置军转干部5名。进一步开阔眼界、拓宽引才渠道,通过多方考察了解和沟通协调,从区内外选调文字、法律等工作能力突出的干部4名。三是创新方式,加强交流锻炼。制订综合比选方案,搭建公平竞争平台,通过资历量化、组织考察、岗位适应性评价等环节,从参公人员中择优转任公务员5名,得到干部职工的普遍认可和赞同,激发工作干劲和热情。结合巡视整改要求和工作需要,先后交流轮岗17人,加强重点处室和重点岗位人员配备,同时完成2017年混岗人员整改任务,进一步理顺编制职数。按照自治区党委组织部统一安排,选派4名干部到财政部和市县其他部门、单位挂职,进一步锻炼提升干部多领域、多岗位工作能力。

二、整合资源,加强教育培训

认真贯彻落实《干部教育培训工作条例》,采取"主导办+搭车办""走出去+请进来"相结合的方式,有效利用各方资源,提高干部教育培训效率。一是认真抓培训。规范干部教育培训计划编制,通过初审、预算评审、会议讨论等环节,科学设置培训内容,将处室、单位上报的69个培训需求计划优化压减为52个,在严格控制经费的同时,着力满足处室、单位各类培训需求。加强培训过程跟踪,干部教育中心沟通协调,及时掌握培训办举办情况,督促培训计划执行。全年完成41个班次培训任务。二是主导办培训。举办"处级干部理论培训班""全区财政系统公文写作培训班"和"党的十九大精神培训班",统筹安排培训时间、地点、师资和课程,确保培训对象和授课老师"两个到位",培训效果和学员满意度"两个提升"。举办"财政大讲堂"4期,邀请专家就政府和社会资本合作PPP模式、政府投资性基金管理、运作等财政改革热点难点问题进行解读,强化"八项规定"精神学习,开展廉政警示案例剖析,取得较好成效。三是"借力"促培训。借助财政部在自治区举办的"全国财政系统干部教育工作培训班",对五市财政局相关人员进行"搭车"培训,学习财政部和兄弟省(区)、市的经验做法,提升财政系统教育培训工作者能力。积极选派干部参加自治区党委组织部、人社厅等部门调训,进一步强化学习意识、帮助开阔眼界、提升综合能力。2017年以来,"搭车"和调训干部70多人次。四是创新强培训。扎实开展网络培训,下发《通知》明确网络学习任务和要求,并将网络培训纳入效能考核,督促干部利用网络平台选课、听课,拓宽学习方式和知识获取渠道,着力满足干部多元化、个性化学习需求。对学习中遇到的技术问题和疑惑及时解决、解答,确保网络学习顺利进行,网络培训参学率达到100%。

三、完善制度,严格监督管理

根据新时期中央和自治区的新理念、新要求,及时健全制度,创新方式,加强干部工作生活全过程监督管理。一是加强制度建设。制定印发《财政厅公务员平时考核办法(试行)》,草拟《财政厅激励干部想干事能干事干成事实施意见》《财政厅干部业绩纪实办法》《财政厅干部考勤管理办法》等"1+N"制度办法,管理制度体系进一步完善,激励干部干事创业的机制进一步形成。二是创新管理方式。健全内网人事管理模块功能,实现干部考勤管理、请销假、因公外出等事项审批"无纸化"。加强干部人事系统、公务员管理系统、事业单位人员管理系统等建设,按时完成相关基础信息的收集和录入,查询和统计分析干部队伍相关信息更加方便、快捷。三是规范档案管理。按照档案管理有关规定,及时更新干部人事档案等档案信息,完成2016年度干部考核登记表等"散档"入档工作,随机审核档案80余册,对发现的问题按规定进行及时补充和完善。督促指导110名副处级以上干部按时完成个人有关事项填报工作,所有数据录入专用系统。坚持"凡提四必",严格审核拟提拔对象干部人事档案、有关事项报告等信息,对存在问题的不予任用,并按规定进行组织处理。四是严格出国境管理。认真审核办理因公出国(境)事项,联合厅办公室对出国境预算及执行情况动态管控,控制因公出国(境)费用支出,共办理干部因公出国相关手续16人次。按照规定,对在职干部职工和退休厅级干部因私出国(境)证件统一管理,严格因私出国(境)事项审批,做到出国事项不合规定的不批准、时间不确定的不批准、审批手续不全的不批准。

四、着眼大局,助力面上工作

始终以自治区党委、政府和财政工作大局为重,紧盯事关全局的重点工作,认真落实牵头责任和配合责任,加强对接协调和沟通衔接,助推"面上"工作取得实效。一是开展行业精神文明创建活动。印发《全区财政系统精神文明建设工作要点》,多次指导市、县财政局加强社会主义核心价值观宣传,积极向《宁夏精神文明年鉴》供稿。积极参与法制宣传周活动,安排专人到广场、街道、集市等场所,宣传财政法规和惠民政策,现场解答群众关切的政策和问题。及时更新内网和外网财政门户网站相关信息,推进政务公开,持续提高财政工作透明度。2017年财政系统被自治区文明委继续确认为"文明行业"。二是加强问题查摆和整改。按照厅党组统一部署,对巡视反馈的问题逐条制定措施、紧盯落实,先后进行3次自查自纠,及时总结上报整改落实情况,确保整改任务有措施、有落实、有成效。目前,涉及人事和老干部处的10个问题、25项整改措施全部按时落实到位。加强党内法规制度建设管理,对2016年以来厅党组制定的党内法规、规范性文件等进行梳理,及时报党委办公厅备案。积极做好迎接党内法规制度建设情况督查调研筹备工作,组织各处室认真准备和自查自纠,厅机关党内法规制度建设和管理进一步规范,得到调研督查组充分肯定。三是助力基层党建工作。积极配合机关党委抓好厅机关、事业单位党建工作。及时收集中央和自治区关于党建工作的新精神、新要求,列党组会议题研究落实。选派人员参与机关党建工作督导检查,督促指导党建较为薄弱的党支部整顿提升。积极开展"星级"党支部创建活动,人事与老干部处党支部被机关党委命名为"三星级"党支部。四是统筹开展"下基层"活动。制订印发《财政厅机关干部开展新一轮"下基层"活动实施方案》,明确2017年"下基层"工作任务和要求,督促各处室、单位及时深入基层联系点,大力宣传党的十九大精神、自治区第十二次党代会精神和财政政策,了解群众生产生活情况,帮助解决实际困难、理清发展思路,进一步锤炼工作作风。各处室、单位全部按要求开展活动,"下基层"范围覆盖6个县(区)的60个村、社区、医院、社会组织和非公有制企业。

五、围绕中心,强化服务保障

积极转变观念、改进方式,以服务厅党组为中心,把服务理念贯穿于干部人事工作全过程。一是服务党组工作。进一步规范党组会议文件和办会流程,坚持人事任免、重点项目建设、大额资金使用等重大事项提交党组会研究决定,共筹备召开党组会议26次,研究各类事项168项,编发党组会议纪要17期。督促党组决议事项落实,对存在的问题及时协调解决,做到落实不到位不通过,未达到预期效果不通过,目前党组会决议事项全部办结。认真筹备厅领导班子民主生活会,做好相关材料起草、整理编印及会议对接协调等工作,及时上报总结汇报,为开出高质量民主生活会提供有力保障。二是服务干部职工。按规定和程序办理干部调动、职级晋升、退休等手续,会同办公室及时核发工资和规范性津补贴,积极协调自治区人社厅做好退休人员养老金转接、发放工作等工作。认真研究政策，耐心解答、解释干部职工对工资待遇的疑问疑虑，着力保障干部职工切身利益。关心干部职工健康状况，分批次组织干部职工体检，对在外出差或因工作暂时不能参加体检的，积极沟通人力资源和社会保障厅保留名额，延期体检，确保每位干部职工年内至少体检1次。三是服务基层群众。加强与基层联系点、挂职干部、扶贫开发驻村工作队人员的沟通联系，了解农村经济发展现状，听取基层工作存在的困难问题，积极建议献策、帮助解决。将挂职、驻村干部工作经验和基层群众普遍反映的问题、建议等，及时报告厅党组和相关部门。

（张 化）

社保基金管理

一、协调合力，完成社保基金预决算编制工作

为确保2018年预算编审工作再上新台阶，社保中心在2017年预算编审工作的基础上积极探索，总结经验，力求做到基础数据"准"，编制方法"新"，汇总审核"精"。在预算工作开展前，对全区财政社保基金管理工作人员进行为期两天的业务培训，对社保政策进行梳理，对新修订的《社会保险基金财务制度》进行专题讲解，指出各部门历年编报工作存在的问题，提出编报要求，并按照财政部要求完成2018年社保基金预算编报工作，预决算也按照程序要求，按时在自治区政府门户网站进行公开。

2017年全区各项社会保险基金总收入为364亿元，较2016年增长3%，社会保险基金总支出328亿元，较2016年增长5%。2017年，各级财政对社会保险基金补助达83亿元，其中，中央财政对社会保险基金补助53亿元，占财政补助总额的64%；自治区财政对社会保险基金补助19亿元，占财政补助总额的23%。

社保基金管理中心在财政部2016—2017年度社会保险基金预决算评比中获得全国三等奖。

二、履行职能，规范社会保险基金管理

一是及时下达中央及自治区补助资金。2017年下达社会保险基金中央补助资金642396万元，其中，企业职工养老保险基金317680万元，机关事业单位养老保险基金21278万元，城乡居民养老保险基金32400万元，城乡居民医疗保险基金155753万元；自治区社会保险基金配套资金115285万元，其中，城乡居民养老保险基金29076万元，城乡居民医疗保险基金86209万元。二是加强社保基金财政专户管理。按照《社会保障基金财政专户管理暂行办法》《社会保险基金财务制度》的管理规定，社保中心认真履行职能，及时办理社会保险基金的入库、拨付、管理等工作，认真核算，专款专用；在每季度末依据账户余额，审核拨付市县各险种调剂金，保证社会保险基金的有序运行；同时每月末与社保、税务核对专户数据，确保数据一致；及时拨付中央驻宁单位和自治区本级离退休干部的医疗保障经费；争取存款实行优惠利率，确保社会保险基金的保值增值。三是对社会保险基金制度进行汇编。社保中心对在用的社会保险基金各项制度进行收集和整理并汇编成册，配发各市县财政局和相关业务单位，为全区各级财政社保业务的开展提供基础支持。

三、扎实推进，做好机关事业单位养老保险基金清算

为做好机关事业单位养老保险制度改革实施准备期预算管理和基本养老保险基金清算工作，根据财政部、人力资源社会保障部出台的《关于机关事业单位养老保险制度改革实施准备期预算管理和基本养老保险基金财务处理有关问题的通知》（财社〔2016〕161号），自治区财政厅和人力资源社会保障厅联合印发《关于机关事业单位养老保险制度改革实施准备期预算管理和基本养老保险基金清算工作有关问题的

通知》（宁财办发〔2017〕557号），又联合社保和税务部门下发《关于推进机关事业单位工作人员养老保险制度改革工作的通知》（宁财社发〔2017〕611号），进一步明确责任、分工协作，各项工作进展井然有序，在清算过程中及时沟通、形成合力，及时解决出现的各种问题，督促社保经办机构及市县及时清算。

四、密切配合，准确结算跨省异地就医资金

按照《人社部 财政部关于做好基本医疗保险跨省异地就医住院医疗费用直接结算工作的通知》（人社部发〔2016〕120号 以下简称《通知》）的要求，自治区人力资源和社会保障厅、财政厅共同研究制定具体措施，切实把握工作进度，明确时间节点，要求各市、县财政局，配合本级社保经办机构做好基本医疗保险跨省异地就医住院医疗费用直接结算工作。一是牵头制定预付金管理办法。按照人社部、财政部的要求，结合自治区实际情况，多方征求人社、税务及市县的意见后，牵头制定出台《宁夏回族自治区跨省异地就医预付金管理办法（试行）》（宁财社发〔2017〕425号）。二是及时开立预付金清算划拨账户。按照《通知》要求，多次与银行沟通协调，及时在中国建设银行宁夏分行西城支行开立预付金清算划拨账户。三是完成预付金的上解与划拨工作。截至2017年11月30日，共收到5个分统筹地区上解预付金2499万元，已全部拨付。另依据自治区社保局出具的"跨省异地就医预付金额度紧急调增通知书"，启动预付金紧急调增流程，对其提交的预付单和用款计划审核无误后，按期拨付了重庆市和湖北省共计13万元的紧急调增资金。四是准确结算跨省异地就医清算资金。根据人社部清分结果，截至2017年11月30日，作为参保地，自治区清算资金共计561.02万元已全部拨付，清算率达到了100%，并及时与自治区社保局及分统筹地区财政部门进行账目核对，确保账账相符。

五、积极筹备，搭建财政社保信息一体化平台

按照"服务预算管理，提供信息集成，实施全程监管"的建设目标，严格遵循财政部基础数据标准规范，按照"统一规划，统一数据标准，统一建设，信息共享，安全可控，分阶段实施"的原则，正在建设新的符合财政社会保障资金监管特点的社会保障资金信息管理平台。一是制订《宁夏社会保障资金信息化管理系统建设方案》。二是积极争取财政部指导支持，2017年8月宁夏被财政部定为全国社会保障资金信息化建设六个试点省之一。三是以建立财政、社保信息一体化的共享机制为目标，与自治区人力资源和社会保障厅共同组建自治区社会保险信息共享机制推进工作领导小组，为建设宁夏社会保障资金财政、社保信息一体化管理系统奠定良好的基础。

截至2017年12月，社会保障资金信息化建设方案已经通过专家评审、财政预算评审和完成公开招标，计划于2018年实现系统试运行。2019年全部搭建完成。系统建成后，将逐步打破数据壁垒，纵向联通全区各级财政部门，横向联通人社、税务、银行、民政、卫计委、工商等社会保障业务管理经办部门和公安、教育等公共信息管理部门，加强部门配合协调，减少管理和经办的人为干扰，实现制度运行、资金管理、业务经办的实时监控，以数据分析辅助决策支持，全面掌握各项社会保障项目资金运行情况及安全，确保各项政策确实落实到位，确保自治区社会保障资金管理在信息化技术的支撑下再上新台阶。

六、加强调研，确保社保基金安全高效运行

为全面掌握社保基金业务流程，提高工作人员业务水平，2017年，社保中心分批次到银川市社保局、社保服务大厅、自治区社保局学习调研，并会同人力资源和社会保障厅（社保局）相关处室，对市县所需自治区统筹管理的调剂基金情况进行实地核实。为切实掌握和解决各市

县在社保基金管理中存在的困难和问题,社保中心主动到石嘴山市、中卫等市县实地调研,帮助市县分析问题、解决问题;同时,为学习借鉴外省先进的社会保险基金管理经验和管理模式,经请示厅领导同意,于2017年5—6月成立了2个调研小组,赴广西、海南、浙江、山东、吉林五省区进行了调研。通过调研,中心撰写《社会保险基金预算编制中存在的问题及对策》和《社会保险基金调研报告》,刊发在《宁夏财政》杂志,得到了厅领导的认可。

七、精确测算,为领导决策及制度的制定和完善提供依据

一是养老保险基金的投资运营测算。经过认真研究测算,并统筹考虑自治区大部分市县资金现状,社保中心就自治区人力资源和社会保障厅提出的投资运营计划提出"投资运营暂缓实施"建议。二是城镇职工基本医疗保险基金自治区统筹上解调剂金比例的测算。社保中心比照近三年城镇职工基本医疗保险基金预决算完成情况及收支缺口进行分析,为制定城镇职工基本医疗保险基金自治区统筹提供上解调剂金比例合理区间的测算。三是职业年金管理模式数据测算。根据全区在职人员人数、缴费基数等基础信息,准确测算职业年金做实财政配套资金规模与记账模式下财政支出资金规模进行比对,为领导决策提供参考。四是全区建档立卡贫困人员参加城乡居民养老保险及基本医疗、大病保险所需自治区补助资金的测算。为实现自治区第十二次党代会制定的"三大战略"的脱贫富民要求,根据自治区党委、政府有关规定,对2018年全区建档立卡贫困人员参加城乡居民养老、基本医疗及大病保险进行测算,自治区共需要补助资金6990.4万元,已列入全区2018年一般公共预算予以全额保障。五是银川市生育保险基金缺口的测算。2017年,受自治区计划生育政策的影响,银川市生育保险基金出现1.3亿元的收支缺口,社保中心根据自治区现行生育政策,并结合全区19个市、县(区)近两年生育保险基金的运行情况进行多项指标的分析,为厅预算处提供翔实、有力的财政补贴依据。六是合理确定电力铁路行业基本医疗工伤生育保险待遇差。根据人力资源社会保障部、财政部、国务院国有资产监督管理委员会对进一步做好行业、企业社会保险纳入地方管理工作的要求,社保中心会同人社、审计、国资委等相关部门完成了自治区电力铁路5.23万名职工社会保险全部纳入自治区社保基金管理系统进行统筹管理。

八、严格督查,及时纠正社保基金管理存在问题

依据《财政部驻宁夏专员办关于宁夏回族自治区2016年度城乡居民基本养老保险中央补助资金审核情况的报告》(财驻宁监〔2017〕77号)要求,及时制定并下发《自治区财政厅 自治区人力资源社会保障厅关于对城乡居民基本养老保险财政补助资金进行检查的通知》(宁财办发〔2017〕525号),要求各市县在限定的时间范围内对机关事业单位离退休人员违规领取城乡居民养老保险待遇情况进行全面自查,并对涉及违规领取的人员及时进行清理,同时追回重复领取资金,并对账务处理做出要求。

(李 华)

财政预算评审

一、建立和完善财政评审和绩效管理工作制度,确保各项工作规范有序进行

(一)建立和完善第三方机构和专家评审制度和资源

一是继续充实绩效专家库力量,在2016年初步建立的绩效专家库基础上,2017年通过考核、推荐、遴选等工作,清退不称职绩效管理专家,重新录用一批绩效管理专家,入库专家数量达到410名,为顺利开展绩效专家审核工作储备智力资源。二是首次建立绩效管理第三方机

构库，2017年上半年，通过政府购买服务公开招标方式，从区内外招录26家绩效管理第三方机构，初步建立自治区本级绩效管理第三方机构库，为自治区财政部门和预算部门开展绩效管理、专业咨询和培训提供智力支撑和咨询服务奠定基础。

(二)建立和完善绩效评价工作规范和制度

配合财政预算评审中心职能转变，2017年大力学习借鉴财政部和兄弟省市的做法和经验，建立和完善财政预算绩效管理工作规范和制度。先后起草《预算绩效管理业务选聘第三方机构暂行办法》《预算绩效管理暂行办法》《财政支出绩效评价管理实施办法（试行）》《财政支出绩效评价业务操作规程(试行)》等一系列规章制度。

(三)通过强化培训促进绩效管理水平提升

针对自治区本级预算编审人员绩效管理实际操作能力不足的现状，配合2018年部门预算及中期财政规划编制工作布置会，面向自治区本级120多个部门和23个市县区的预算编审工作人员举办预算绩效管理实务操作培训班。北京华盛中天咨询有限责任公司作为协办单位，派出3位高级管理人员，分别讲解《财政绩效目标管理》《部门整体支出绩效评价》和《预算绩效评价实践和案例解析》等3个板块的课程。此次培训的突出特点是实际操作性强、案列情景真实丰富、问题导向明显、培训学员反响积极，对指导编制2018年预算绩效目标具有很强的指导作用。

二、加强预算评审和绩效管理，努力提高财政预算编审质量

(一)开展2016年度预算整体支出综合评价

对2016年度自治区本级部门整体支出从预算绩效目标编报、预算执行、预算管理等方面实施绩效综合评价，共审核汇总122个本级部门，评出优、良、中三个等级，分别占参评部门的55.7%、34.5%、9.8%，总结部门在预算管理中好的做法和经验，指出存在的不足及改进意见和建议。

(二)开展2018年度部门预算绩效目标审核

配合2018年财政预算编审工作，组织成立农业与农村、工业与城市建设、公共管理和社会服务4个评审小组，对部门申报的500万元以上项目、代编项目和新增项目的预算绩效目标编制情况进行审核，涉及财政厅12个处室的221个项目。评审结果显示，等级为优、良、中、差的项目分别占参评项目总数的36.2%、21.7%、33.5%和8.6%。为2018年部门预算编制提供重要的参考依据。

(三)开展本级部门维修改造项目预算评审

根据部门预算编审分工，评审中心承担所有本级部门办公楼等建筑物维修改造类项目预算评审。2017年接收评审维修改造和信息化建设项目121个，送审预算总额40,388万元。其中，2017年临时追加项目53个，送审预算额18726万元，审定预算额15598万元，审减额3127万元，审减率为17%；2018年部门预算项目59个，送审预算额15183.97万元，审定预算额11326.21万元，审减额2857.76万元，审减率为25%；经审核不属于评审范围或不具备评审条件、不予评审的项目21个，送审和审减预算额6478万元。

(四)组织2018年度重大项目预算绩效目标专家审核

围绕自治区十二次党代会提出的三大战略，对于2018年拟实施的科技创新、脱贫富民、生态环境等类型的39个重大项目进行绩效目标专家重点评审。2017年10月共组织专家评审会17场次，抽取专家85人次，圆满完成评审任务。39个项目评价等级为优、良、中的项目依次有6个、26个和7个，分别占项目总数的15.4%、66.7%和17.9%。通过评审，进一步完善绩效目标的可行性、精准度、契合度，为重大项目预算编制、执行、后评价奠定坚实基础。

(五)组织2018年度重大项目预算绩效目标第三方机构审核

为落实自治区第十二次党代会确立的三大

发展战略,贯彻全面绩效管理理念,进一步完善财政预算事前、事中、事后监管机制,评审中心对预算(绩效管理)处抽选2018年将要实施的5个重点预算项目,开展委托第三方咨询机构进行绩效目标审核试点,取得初步成效。通过严格的遴选程序,在自治区本级预算绩效管理第三方机构库中评选出5家专业咨询公司分别承担并完成5个项目的绩效目标审核任务。根据评价分值,5个项目中有1个项目被评为优,2个项目为良,1个项目为中,1个项目为差。对评价分值的统计分析表明,分值分布符合随机抽样规律,并服从均值为78.68分、样本标准差为15.26的正态分布,反映了审核结果的一致性和有效性。预算绩效目标委托第三方机构审核是自治区财政厅创新预算管理方式的有益尝试,为引入社会智力资源支撑并参与预算管理提供统了一平台并探索了实践经验。一是创立"公平公正客观,优质优价高效"的第三方机构评选原则,确保有积极性、报价合理、资质较好的第三方机构公平入选。二是探索出包括评选组织机构、评选原则、评选方法、评选程序及评分标准在内的一整套操作规程,为今后实施类似的预算绩效管理活动提供模板。三是发现部门预算绩效目标编报中存在的问题并提出改进意见和建议,有效促进部门预算编制提质增效。四是加强审核成果应用,硬化预算编审规程约束力。

三、发挥党支部战斗堡垒作用,以党建促各项工作提质增效

预算评审中心党支部充分发挥党支部战斗堡垒作用,积极主动全面履行"一岗双责"职责,以星级服务型党支部创建活动为抓手,促进各项工作开展。

(一)高度重视星级服务型党支部创建工作,以创建推动支部党建工作和预算评审业务工作迈上新台阶

预算评审中心以星级服务型党支部创建活动为抓手,通过创建活动积极推进支部党建工作,秉承评审中心确定的"围绕中心,服务大局,转变职能,争创佳绩"的工作理念,党建工作高标准,和中心业务工作比翼齐飞、相得益彰,取得较好成效。

(二)落实基础工作,全力保障服务型党支部创建活动

2017年,预算评审中心党支部积极夯实基础工作,在加强思想政治教育、严格党内政治生活、坚持党的群众路线、强化管党治党责任、落实基层党建任务、落实"四个清单"、严格遵守组织纪律、机关精神文明建设等方面以一贯之地奋力前行,取得明显成效。

(三)抓好重点工作,将星级服务型党支部创建活动引向深入

组织开展"我的初心,我的成长,做政治合格共产党员"活动。预算评审中心党支部精心部署、周密组织。将整个活动分为三大阶段(追忆初心——重温入党经历,对照初心——回顾成长历程,不忘初心——践行初心事迹展示),主题活动丰富多彩、形象生动,全体党员集体观看电影《建党伟业》,重温革命先辈勇于探索真理、矢志建立革命政党的光辉历程,进一步坚定共产主义理想信念。

(缑小平)

资产管理

一、健全完善资产管理制度体系

为推进资产管理与预算管理相结合、资产管理与财务管理相结合、实物管理与价值管理相结合,完善资产管理内部控制体系,依据财政部《行政事业单位国有资产年度报告管理办法》(财资〔2017〕3号),结合宁夏实际,研究制定《宁夏回族自治区行政事业单位国有资产年度报告管理办法》。同时,为规范国有资产处置事后监管,力求政策上突破与创新,研究制定《宁夏回族自治区本级行政事业单位国有资产进场交易实施细则》(试行),标志着国有资产管理从"入

口"到"出口"全过程的监管体系基本建成。

二、推进资产管理与预算管理有机结合

认真推进和落实财政预算管理改革，一方面加强国有资产年度统计报告工作，完成2016年度全区行政事业单位国有资产统计报表编报工作，进一步夯实资产数据基础；另一方面加强资产数据的分析利用，以存量定增量，严格按照配置标准，对2018年部门预算严格审核把关，提高预算编制的严肃性、准确性和科学性。

三、做实资产清查核实处置工作

为保证资产清查工作与核实处置工作有效衔接，资产管理处印发《宁夏回族自治区本级行政事业单位国有资产核实处置工作方案》，通过召开培训班、调研学习、制定工作细则、联合中介机构审核认定等方式，对区本级行政事业单位清理出的待核销盘亏资产4.97亿元、待报废资产6.92亿元和资金挂账1亿元开展核实处置工作。截至2017年12月31日，共受理区本级250家单位报废资产核实处置事项，审核资产总额达6.5亿元。其中，审核通过162家单位，审核认定资产1.84亿元。

四、完成宁夏政府资产报告试点工作

依据财政部要求，选定自治区国土资源厅、交通厅、水利厅、贺兰县、大武口区作为试点单位和地区，组织120余人参加相关培训。对包括政府储备物资、公共基础设施、自然资源资产、保障性住房等政府经管资产进行摸底调查，资产总额为8352137.37万元。为宁夏政府资产报告工作探索管理路径，奠定管理基础。

五、持续推进公务用车制度改革工作

积极配合自治区公车改革领导小组办公室，深入调研论证，进一步完善事业单位公车处置工作方案和配套管理办法，防范国有资产流失。完成自治区本级公务有车的编制、预算、配备、入户、使用、处置、注销和监管等业务工作。通过政府公开招标采购，确定52家车辆供应商作为宁夏党政机关定向化保障公务用车协议供应商，服务期限为2017年9月30日至2020年9月29日，并印发《关于公布宁夏党政机关公务用车协议供应商的通知》。开展自治区公车改革相关数据统计报告工作，掌握自治区各级行政事业单位的司勤人员、公务用车及公务出行支出费用情况，反映公车改革绩效，提升财政治理能力和水平。制定并印发《关于自治区本级公务用车标识化管理的通知》，目前正在组织实施自治区本级参改单位公务用车标识化涂装工作。

六、逐步完善区属文化企业国有资产监管制度

为有效监管区属文化企业经营管理，聘请中介机构完成2016年自治区属文化企业年度审计工作。在国家未出台《文化企业负责人经营业绩考核和管理办法》的情况下，主动作为，先行一步，在大量调研的基础上，起草《区属文化企业负责人经营业绩考核和管理暂行办法》，并提请自治区政府研究，根据研究意见对经济效益内容进行修改完善，待自治区宣传部对社会效益内容修改完善后报请自治区政府审定，并据此核定区属文化企业负责人2016年度年薪标准。为加强和规范自治区属文化企业国有资产管理，起草《自治区区属文化企业国有资产监督管理实施办法》。择选中介机构对6家自治区属文化企业进行2017年度财务审计。

七、部署开展司法体制改革市县法检两院资产上划相关工作

按照《自治区财政厅 自治区高级人民法院 自治区人民检察院关于推进资产由自治区级统一管理的通知》（宁财资发〔2017〕61号）要求，2017年6月29日由自治区财政厅、自治区高级人民法院和自治区人民检察院3家单位共同委托北京中天恒会计师事务所等5家会计师事务所对58家市县法检两院开展现有国有资产和债权债务进行全面清查。截至10月31日清查工作结束，涉及56家市县法检两院上划资产账面合计29.55亿元。

八、稳步推进地方政府性债务投资项目资产清查登记工作

根据《财政部关于开展地方政府性债务投资项目资产清查登记工作的通知》（财资〔2017〕25号）要求，及时安排部署开展自治区地方政府性债务投资项目资产清查登记工作。由于统计任务重，链条长，协调难度大，前期相关基础工作薄弱，于2017年12月14日初步完成数据汇总审核工作，按照工作要求报财政部驻宁夏专员办审核。审核修改后，经自治区人民政府同意后上报财政部。

九、加强学习提高党性及业务修养

严格按照自治区财政厅厅党组要求，认真组织"我的初心 我的成长——做政治合格共产党员"主题实践活动，重点学习党的十九大会议精神和自治区十二次党代会精神，在学懂、弄通、做实上下功夫，通过学习领会，凝聚党支部战斗堡垒作用，提高党员干部的思想政治觉悟。利用各种场合和时机集中学习中央及自治区新出台的与资产管理相关的规章制度及政策，提高干部业务水平和能力。

十、密切联系群众，深入开展"下基层"活动

按照"下基层"活动和"我的初心 我的成长——做政治合格共产党员"主题教育实践活动要求，与对口单位石嘴山市大武口长胜街道总机修厂社区和奔牛社区党支部开展系列共建帮扶活动，进一步密切党群干群关系。结合"下基层"宣讲十九大精神，与社区老党员座谈，谈感触，聊体会，讲政策，并将了解到的问题通过大武口区财政局向有关部门进行反映，并由专人负责，及时掌握动态。

（韩 巍）

政府采购管理

2017年，宁夏政府采购管理工作围绕"放管服"改革目标，深入贯彻《政府采购法实施条例》，推进政府采购改革创新，突出重点、夯实基础，强化事前事中事后监管，着力构建结果导向型监管机制，推动政府采购工作向着"法制采购，阳光采购，效能采购"的方向纵深发展。

一、2017年政府采购执行情况分析

2017年度全区共安排采购预算资金3282821.19万元，实现采购合同金额2827967.25万元，节约资金454853.94万元，节约率13.9%。与2016年相比，安排预算资金增加384038.19万元，增长13.25%；实现采购合同金额增加349706.25万元，增长14.11%。

从采购项目构成看，货物类实际采购703587.27万元，工程类实际采购1211954.22万元，服务类实际采购912425.76万元，在政府采购总规模中所占的比例分别为24.9%、42.9%、32.2%。近年来，宁夏财政厅出台《自治区财政厅关于进一步推进政府购买服务改革试点工作的通知》《自治区财政厅关于进一步加大推进政府购买服务工作力度的通知》等促进政府购买服务工作发展的政策措施，政府购买服务项目稳步推进，服务类项目采购所占比重较2016年增长27个百分点。

从采购主体来看，国家机关采购金额为1147816.59万元，事业单位采购金额为1536902.88万元，团体组织采购金额为143247.78万元，在政府采购总规模中所占比重分别是40.59%、54.35%、5.06%，反映出促进社会事业发展的采购正逐步成为主流。

从采购方式来看，公开招标采购1793904.56万元、邀请招标采购8502.37万元，竞争性谈判采购46014.08万元，竞争性磋商采购267436.29万元，询价采购91862.90万元，单一来源采购565723.32万元（其中11081.33万元采购金额由公开招标方式改变而来），协议供货采购23303.17万元（其中网上竞价采购4052.21万元），定点采购31220.54万元，在政府采购总规模中所占比重分别为63.44%、0.30%、1.63%、9.46%、3.25%、20.00%、0.82%、1.10%，反

映出宁夏政府采购始终坚持公开招标的主导地位，以公开、公平、公正的方式实现阳光采购。

从中标企业的规模来看，小微企业中标金额716943.76万元（其中监狱企业中标金额176.20万元），中型企业中标金额943122.56万元，大型企业中标金额1167900.94万元，在政府采购总规模中所占比重分别为25.35%、33.35%、41.30%，支持小微企业比重较2016年增长9.35个百分点。为鼓励和支持中小企业积极参加本区政府采购活动，发挥政府采购政策功能，促进中小企业发展，宁夏财政厅印发《宁夏回族自治区政府采购促进中小企业发展暂行办法》，并为积极贯彻执行此项政策，与自治区非公有制服务局联合印发《关于贯彻落实政府采购促进中小企业发展有关意见的通知》，从制度层面严格落实国家支持中小微企业发展的政策。

从节能环保角度来看，全年共采购节能、节水产品40064.70万元，占同类产品采购金额45090.30万元的88.85%；全年共采购环保产品59532.23万元，占同类产品采购金额64046.68万元的92.95%，反映出宁夏回族自治区认真贯彻落实国家支持节能环保产品政策，有效推进公共机构节能环保工作。

从服务项目政府采购开展情况来看，2017年全区服务项目采购预算金额为1051850.68万元，实现合同金额为912425.76万元。按照服务项目采购类别来看，保障政府自身运转的服务项目采购金额为83941.85万元，政府履行职能的服务项目采购金额为51651.89万元，为社会提供公共服务的项目采购金额为776832.02万元。其中为社会提供公共服务的项目主要集中在以下服务领域：城市公共交通服务、金融服务、园林绿化管理服务、清扫服务、工程设计服务、城市规划和设计服务、农业服务、城市市容管理服务、工程咨询管理服务、市政公共设施管理服务、行业应用软件开发服务、农业机械服务、城镇公共卫生服务、房屋销售服务、污水治理及再生利用服务。反映出宁夏回族自治区集中财力为社会公共服务提供保障。

从PPP项目实施情况来看，2017年全区共新增PPP项目60个，计划投资总额为5352820.7万元，其中，政府安排金额656383万元，社会资本介入金额4696437.7万元，项目领域分别涉及住建、交通、环保、教育、医疗、体育健身和文化设施等。采购方式根据项目特征采用公开招标、竞争性磋商等方式。

二、2017年政府采购管理工作的主要措施和成效

（一）积极推广宁夏政府采购公共服务平台

为进一步方便政府采购各方当事人办理政府采购事项，加强政府采购信息化建设，印发《关于向市县（区）财政局推广政府采购公共服务平台有关事项的通知》，向各市、县（区）财政全面推广使用政府采购公共服务平台，对能纳入平台办理的事项全部纳入平台办理。截至2017年12月底，已完成银川市、石嘴山市、吴忠市、中卫市及所辖县区平台建设及上线工作，并已针对各级采购单位进行了多场政府采购公共服务平台操作专项培训。

（二）创新"互联网+政府采购"模式，破解中小微企业融资难题

为进一步支持宁夏中小微企业发展，缓解中小微企业融资难、融资贵问题，宁夏财政厅通过发挥政府采购政策导向作用，与人民银行银川中心支行联合印发《自治区本级政府采购合同线上信用融资试点工作方案》，在自治区本级率先进行政府采购合同信用融资工作试点工作。为让更多的供应商了解此项政策，及时运用政策，通过《宁夏日报》《新消息报》《中国政府采购报》等相关媒体对此项政策进行积极宣传报道。截至2017年12月底，试点银行已完成8笔1000多万元的政采贷项目前期对接及放款工作。下一步，宁夏财政厅将通过信息化建设，实现政府采购公共服务平台与人民银行动产融资

平台的有效对接，打造全国首个实现政府采购合同信用融资工作全程网络化操作。

（三）推动社会诚信体系建设，打击"老赖"违法失信行为

为进一步加强政府采购领域诚信体系建设，宁夏财政厅印发《关于进一步规范在政府采购活动中查询及使用信用记录有关问题的通知》，就政府采购活动中查询及使用信用记录有关事项作进一步细化，通过制度规定，将"老赖"拒之门外。严格要求各采购人或政府采购代理机构在招标环节对供应商信用记录进行甄别，对列入失信被执行人、重大税收违法案件当事人名单、政府采购严重违法失信行为记录名单及其他不符合相关规定的供应商，拒绝其参与政府采购活动。明确规定各采购单位应优先选择无不良信用记录的采购代理机构代理政府采购项目；明确规定各市县区财政部门应当在评审专家选聘及日常管理中查询有关信用记录，对具有行贿、受贿、欺诈等不良信用记录的人员不得聘用为评审专家，已聘用的应当及时解聘。

（四）积极推进政府采购信息全面公开，提升政府采购透明度

为切实提高政府采购透明度，规范部分单位政府采购信息发布不及时不全面等问题，宁夏财政厅在搭建政府采购公共服务平台的基础上，印发《关于做好政府采购信息公开工作的通知》，对信息公开的范围及主体、公开渠道作了明确规定，对各种招标方式的公告时间及公告内容进行细化规定，并要求各级财政监管部门及时公开各类监管处罚信息。

（五）开展代理机构"四级联动"检查，规范代理行为

根据财政部2017年政府采购代理机构检查工作要求，印发《自治区财政厅关于开展2017年政府采购代理机构监督检查工作的通知》，通过财政部、省、市、县四级财政部门联动方式，随机抽取35家代理机构进行执业情况监督检查。通过购买服务方式聘请宁夏政府采购协会完成对35家代理机构、175个政府采购项目的书面审查及现场检查工作。及时形成检查总结工作报告，按照检查时限要求上报财政部，并进一步对检查中存在问题的采购人、代理机构进行处理处罚。

（六）简化科研设备采购程序，激发科研创新活力

为充分发挥科研项目资金使用效益，激发高等院校、科研院所创新活力，促进科技事业发展，在充分调研及反复论证的基础上，印发《自治区本级高等院校和科研仪器设备采购管理有关事项的通知》，进一步简化高校及科研院所科研仪器设备采购流程。

（七）及时处理供应商投诉，依法化解矛盾纠纷

进一步畅通政府采购供应商投诉渠道，严格按照政府采购各项法律规定维护供应商合法权益，截至2017年12月底，共受理政府采购供应商投诉25件，通过耐心与供应商进行沟通协调，其中8件投诉因撤诉终止处理，最终形成有效投诉17件。经调查处理，对其中12件投诉项目维持原有采购结果，对其中5件投诉项目改变了原有采购结果，并责令过错方及时改正。

（八）建立政府采购工作联席会议制度

为加强部门间协调配合，切实做好公共资源交易整合工作，建立财政厅与公共资源交易中心政府采购工作联席会议制度，定期或不定期召开政府采购工作联席会议，及时、主动研究和解决政府采购工作中的热点、难点问题，互通信息，形成配合机制，推动全区政府采购工作依法规范管理和廉洁高效运转。自此项制度制定以来，双方就工作中的热点难点问题多次进行及时交流与对接，促成工作长效配合机制的建立。

（宋晓雨）

机关党的建设

2017年财政厅机关党委紧紧围绕区直机关工委和厅党组的部署，以习近平新时代中国特色社会主义思想作为自己的行动指南。认真学习宣传贯彻落实党的十九大精神和自治区第十二次党代会精神，以加强党的执政能力建设和先进性建设为主线，紧紧围绕自治区党委、政府的重大决策部署和财政中心工作，以"两个责任"的落实为主导，以"两学一做"学习教育常态化制度化和创建服务型党组织为载体，深入开展"我的初心 我的成长—做政治合格共产党员"活动，紧密结合财政工作实际，切实加强和改进中心组学习，狠抓党支部工作的规范化、党风廉政建设，以改革创新精神全面推进厅机关党的思想、组织、作风、制度和反腐倡廉各项工作的落实，加强精神文明建设，开展群众评议机关作风、支部评星晋星、党员定格活动和机关党建述职评议考核工作，努力提升机关党的工作科学化水平，为财政中心任务的完成提供坚强的政治和组织保证。

一、深入学习宣传贯彻党的十九大精神

自治区财政厅召开传达学习贯彻党的十九大精神大会，厅党组书记张苏安主持会议并作出安排部署。陈春平厅长传达党的十九大精神以及习近平总书记所作的工作报告、党章（修正案）和中纪委工作报告主要精神。专门成立领导小组，印发《实施方案》，成立财政厅学习十九大精神督导检查工作组。一是学习习近平总书记重要讲话。二是学习党的十九大重要文件。三是学习党的十九大精神学习辅导材料、宣传报道和理论文章等。四是学习自治区党委重要会议精神和石泰峰、咸辉同志讲话及自治区学习宣传贯彻党的十九大精神相关意见通知。五是从11月14日起，财政厅学习十九大精神督导检查工作组每周星期二下午对财政厅各党支部学习宣传贯彻党的十九大精神进行检查。六是所有厅领导到"下基层"联系点"讲党课"进行宣讲党的十九大精神28次；班子成员以普通党员身份参加党支部学习活动。各党支部书记到"下基层"联系点和基层党支部学习联系点进行"讲党课"40次，党员干部在支部"讲党课"31人次。七是集体组织收看中国共产党第十九次全国人民代表大会开幕式；11月14日，举办自治区首场党的十九大精神宣讲会，邀请自治区宣讲团成员、自治区党委讲师团考研室陈文主任作专题宣讲；分两期举办学习宣传贯彻党的十九大精神为主题的培训班，培训采取动员部署辅导、邀请专家授课、分组讨论研究的方式进行，参训人员260人次。八是为财政厅党员干部购买《中国共产党章程（新）》《党的十九大报告辅导读本》《习近平谈治国理政（一、二卷）》《习近平的七年知青岁月》《中国共产党宁夏回族自治区第十二次代表大会报告辅导读本》等学习书籍2100余本。

二、建制度促学习

印发《关于2017年财政厅党组中心组理论学习安排的通知》《财政厅关于深入贯彻〈宁夏回族自治区党委（党组）理论学习中心组学习实施办法〉的通知》《关于严格落实全面从严治党要求进一步规范"三会一课"制度的意见》《自治区财政厅机关基层服务型党支部建设实施意见》《宁夏财政厅关于落实党风廉政建设主体责任和监督责任的通知》《宁夏财政厅工会工作制度》《宁夏财政厅发展党员工作细则》《宁夏财政厅建设学习型机关的实施意见》《中共宁夏财政厅直属机关委员会工作规则》《中共宁夏财政厅直属机关纪律检查委员会工作规则》等。下发《关于印发〈自治区财政厅推进"两学一做"学习教育常态化制度化工作实施方案〉的通知》，成立领导小组进行指导，召开动员大会进行部署，及时印发《机关党委书记抓党建责任清单》《基层党组织政治合格基本标准》《党支部书记抓党建职责清单》。

三、配合党组中心组学习

集中学习12次,65人次做了发言,厅、处级干部共撰写70多篇理论文章和调研报告,有50多篇分别在《中国财政》《宁夏工作研究》《宁夏日报》和《宁夏财会》等报刊上发表。

四、抓基层党支部学习

印发《关于严格落实全面从严治党要求进一步规范"三会一课"制度的意见》,严格规范"三会一课"制度,党支部每月召开1次支部党员大会,党支部每月至少组织1次集中学习,每季度组织上1次党课。印发《关于推进和加强财政厅机关党支部评星定级和党员评星定格"双评双定"管理考核工作的通知》,继续扎实开展党支部"评星定级"和党员"定格"工作。组织全厅干部职工到"白芨滩"党员教育基地进行集中党日活动。2月份组织举办处级干部理论学习培训暨党组中心组学习会,8月份组织财政厅党务干部学习培训班,10月份举办财政厅公文写作培训班,共参训910人次。

五、督查检查考核基层党支部工作

财政厅全年按季度分4次,每次按照25%的党支部进行党建工作检查,检查的结果纳入年底效能考核评分占比。对全厅40岁以下的党员干部进行公文写作比赛。成立财政厅学习党的十九大督导检查工作组,对基层党支部每周二进行督导检查学习情况。进一步做好2017年度机关党建述职评议工作。

六、党员队伍建设

召开财政厅机关党委会8次,每次会上专门研究讨论党员干部学习教育相关事宜。在党组会上有13次研究财政厅党建工作。一是加强党员的教育管理。二是加强党内民主建设。三是做好党员发展工作,2017年接收5名入党积极分子为中共预备党员。

七、加强机关纪委工作

机关纪委下发《关于印发自治区财政厅机关纪委2017年工作要点的通知》;组织安排全厅干部职工签定《自治区财政厅党建、党风廉政建设责任书》。召开全区财政反腐倡廉工作视频会议。按照《区直机关科级及以下干部廉政档案管理暂行规定》,建立健全财政厅机关科级及以下干部廉政档案,特邀请自治区检察院预防职务犯罪宣讲团为财政厅全体党员干部做专题宣讲。组织处级干部到自治区廉政教育基地接受教育等。

八、加强对群团工作的指导

深入贯彻落实自治区群团工作会议精神。财政厅工会、团委举办学习宣传贯彻党的十九大精神"不忘初心开启新征程 牢记使命续写新篇章"主题演讲比赛。进一步强化党组抓群团工作的政治责任,指导群团组织以改革创新精神推进群团工作,着力创新组织运行机制和工作方式方法,更好地发挥联系和服务干部职工的桥梁纽带作用。坚持党建带工建、带团建、带妇建,指导和支持厅机关工会、团委、妇委会围绕党的中心任务开展群众性活动。积极构建"大群团"工作模式,做好党群之间、群团组织之间的统筹协调,推进工、青、妇工作内容统一部署、资源有效整合、工作各具特色、效能整体提升。

(王 航)

机关事务管理

一、加强政务管理,提高办文办事水平

(一)参政辅政,服务大局

办公室立足服务好厅党组重大决策、厅领导重要安排,不断提高参政辅政能力。一是积极发挥参谋助手作用。紧跟厅党组、厅领导的工作思路,站在全局的高度出点子,提建议,发挥好参政职能。提前筹备谋划组织厅务会、厅长办公会40次,编发会议纪要40期。做好厅党组会议、厅长办公会议、厅务会议以及厅领导交办的重要事宜的督办和落实工作,保证事事有着落、件件有回音。二是不断提升文稿质量。始终坚持精品意识,不断提高文字材料质量。认真学习和

领会自治区党委、政府的重要会议和文件精神，紧紧围绕财政中心工作，努力贴近领导思路，精雕细刻文章，确保全厅各种综合性材料保质保量按时完成。2017年撰写财政工作报告、向石泰峰书记、张超超常务副主席汇报等领导讲话、工作汇报、请示报告等综合材料100余篇，审核公文2183件（比去年减少277件），接收分办各类文件5570份。三是精心组织安排会务、活动。制定财政厅会议管理办法，对厅内会议实行分类管理；完成全区财政工作会议、全区党风廉政工作会议等9项大型会议组织工作；举办天元锰业集团与亨通集团战略合作框架协议暨宁夏战略新兴产业投资发展基金合作框架协议签署仪式；组织全国人大财政委刘昆主任、财政部赵鸣骥部长助理来厅调研座谈活动；完成财政部国合司来银向驻宁人大代表、政协委员通报财政工作、征求意见活动。全年共安排厅领导和处室参加各项会务活动938项。

（二）强化督查，推动落实

一是强化督查督办管理。对自治区党委、政府重要决策涉及财政工作任务，以及财政工作要点和厅党组、厅务会、厅长办公会决定事项，及时进行任务分解，建立清单，定期督查，定期通报，对未办结事项进行督查催办，及时反馈落实情况。2017年，共印发任务分工60期，督查通报9期；共承办各类转办、督办文件1067件，办结率98.5%以上，其中，自治区党委、政府重点督查件办结率达100%。二是强化建议提案督办管理。2017年，财政厅共承办自治区人大代表建议、政协委员提案184件，其中人大代表建议65件，政协委员提案119件。如期完成了所有建议、提案的答复、意见反馈工作，办结率达100%。三是强化效能目标考核。修订和完善《自治区财政厅效能目标管理考核办法》，细化、量化考评内容，建立科学、公正、合理的考核标准。印发《财政厅2017年效能目标管理考核实施方案》，撰写财政厅2017年效能目标管理自查报告，协调组织各处室准备效能目标工作基础性资料。

（三）围绕中心，推进宣传

一是着力提高信息质量。注重信息的时效性，进一步规范财政信息管理，信息数量和质量大幅提高。共编发《财政简报》14期，《宁夏财政信息》140期，被自治区党委、政府和财政部采用121条，在自治区党办、政办信息报送单位中位居前列。二是扩大财政宣传深度和广度。建立与自治区级媒体互动机制，定期向自治区内主要新闻媒体主动提供新闻线索，大型活动、重要事件邀请新闻记者共同策划编写，积极向《宁夏日报》《中国财经报》《中国财政》等新闻媒体投稿。协助新闻媒体做好对财政厅访谈工作。全年在各类媒体刊发新闻稿件140余篇。三是依法推进政务公开。认真执行《自治区政府信息公开条例》，切实落实《推进财政政务信息公开工作的意见》，规范公开程序。2017年重点公开财政许可事项，完善决策公开、会议公开、依申请公开、政务公开工作制度，为政务信息公开工作的顺利开展提供制度保障。坚持定期在办公楼电子屏幕上公布财政信息、政策法规及重要活动，让办事人员及时了解财政工作。进一步完善和整合《宁夏财政信息》内外网，扩大公开渠道，全力打造网上信息公开平台，全年发布各类政务信息1000余条。共收到《政务信息公开申请》18份，均按照程序主动与申请人取得联系，现已全部答复完毕。

二、狠抓规范管理，增强保障服务能力

加强后勤服务保障，装修健身房，添置健身器材，满足干部群众文化娱乐和健身需要；对机关部分房间进行改造利用；加强机关食堂管理，在卫生、伙食质量、服务态度等方面有较大改善。

圆满完成对外接待任务。接待财政部副部长刘伟、胡静林，原副部长张弘力来宁视察，中阿博览会山东代表团和审计署西安特派办等各级检查（视察）团30场次。

完善机关内控管理，在财政厅"行政管理系

统"增加内部事务管理模块,对零星采购、合同管理、出差申请、费用报销、会议议题实行网上管理;修订《自治区财政厅机关资产管理办法》,开展厅机关固定资产清理清查工作。加强机关财务管理,机关财务核算全部实现网上审批。

加强保密管理。认真开展"保密法制宣传月"活动,加强国家安全和保密宣传教育,邀请自治区保密局领导作保密知识讲座,组织全厅干部职工观看保密警示教育片,不断提高干部职工的保密意识。组织全厅干部职工签订保密承诺书,建立保密承诺书档案。开展计算机信息系统及门户网站的保密安全检查。

抓好公文档案管理。完成厅机关文书档案和业务档案的收集、整理、归档工作,共整理归档2016年度文件362盒,文件资料1万余份,全部输入计算机档案管理系统。

（杨治财）

纪检监察工作

一、不断加压助力,管党治党的主体责任进一步落实

驻自治区财政厅纪检组始终把落实"主体责任"作为党风廉政建设的"牛鼻子",助力自治区财政厅党组推动全面从严治党落深落细落实。一是任务分工进一步压实。协助厅党组召开反腐倡廉建设工作会议,签订党风廉政责任书,层层压实责任,将工作任务细化到处室、分解到个人。配合制定从严治党"责任清单、问题清单、问责清单",形成责任明确、问题清晰、追责有据的权责统一机制。二是议事程序进一步规范。全年参加厅党组会议26次,厅务会议27次,全程监督"三重一大"事项决策,监督厅党组贯彻执行民主集中制,督促落实"五个不直接分管""干部任免事项守则"等党内组织制度,重点监督决策程序是否公开透明,决策过程是否科学民主,防止独断专行,为权力规范运行奠定坚实基础。

三是责任落实进一步深入。配合厅党组定期研究安排部署党风廉政建设和反腐败工作,监督党组书记全面履行"第一责任人"职责,班子成员认真履行"一岗双责",督促分级开展廉政谈话和谈心谈话,抓好分管处室单位的党风廉政建设,及时纠正苗头性、倾向性问题,管党治党的时效性、针对性显著增强。

二、盯紧重点工作,纪检监察的监督职责扎实履行

2017来,围绕重点领域、重点工作、重要环节,加强监督检查,把全面从严治党往深里抓往实里做。一是强化问题排查做好日常监督。牵头对财政厅机关和所属事业单位违规购买消费高档白酒、违规公务接待进行全面检查,并下发通报,对报销手续不完善的6个单位督促整改。深入贯彻中纪委、区纪委查处涉农扶贫领域腐败问题相关会议精神,牵头厅内业务处室对涉农项目资金、惠农补助资金的22个问题线索实地核实,确定违纪违规问题19个,督促市县区共处理9名责任人,收回违规资金31.15万元,归还原渠道资金184.67万元。二是坚持问题导向督促整改落实。针对巡视组指出"党的观念淡薄,基层党建落而不实"的问题,提出配强机关党委、强化机关纪委职能的监察建议,得到厅党组的高度重视并及时整改。针对检查中发现"工会财务管理不规范,存在超标准领取误餐补助"等问题,向工会下发监察建议,收回整改资金6350元,规范会费管理。三是强化制度校验形成长效机制。牵头厅内相关处室,对代拟自治区出台的一些不配套、不适应、不落地的制度进行再明确、再完善,代自治区党委、政府办公厅拟定并印发《关于进一步明确自治区落实中央"八项规定"精神相关要求的通知》,为全区健全作风建设长效机制,提供重要遵循。四是完善廉政档案助力精准监督。建立健全111名处级干部廉政档案,强化干部基本信息采集,并将廉政情况、诫勉谈话情况、信访核查情况以及函询、初核、立案材料和处理结果及时存档,为领导干部

业绩评定、奖励惩处、选拔任用和责任追究提供重要依据。

三、围绕"四种形态",执纪审查工作实现新突破

始终把执纪审查作为维护党纪政纪的重要抓手,充分运用"四种形态",推进全面从严治党。一是抓早抓小作用明显。采取定期抽查、不定期检查、日常督查、专项检查等多种形式开展执纪审查工作。坚决落实中央八项规定精神,紧盯重要节点下发督查通知、发送廉政短信,对有苗头性、倾向性问题的党员干部,及时"拉警报""踩刹车",共开展廉政提醒谈话5人,批评教育2人,下发监察建议2次,责令做出检查2人。二是巡视移交问题查办有力。高度重视自治区巡视组移交的5个问题线索、4个信访问题,认真分析研判,对9个问题全部进行初步核实。经核查,移交司法处理1人,诫勉谈话1人,批评教育4人,确保巡视移交线索件件有着落、事事有回音。三是纪法衔接更加紧密。坚持纪在法前,积极推动纪法衔接,不断深入与检察院、审计厅等部门的协调配合,完善联动机制,实现党内法规与国家法律的无缝衔接。一年来,审计移交纪检组问题线索1件,纪检组移交检察院问题线索4件4人。四是线索来源渠道不断拓宽。与财政厅监督检查局建立常态化问题线索共享机制,充分利用监督检查局检查职能和专业手段,把发现的问题线索作为执纪审查的重要内容,及时执纪问责。五是执纪审查力度持续加大。严格按照规定时限办理信访举报和问题线索,全年受理信访举报35件、问题线索29件。其中函询9件,同比上升12.5%;初核14件,同比上升55.6%;立案审查3件,同比上升300%。严格执纪,持续释放执纪必严、违纪必究的强烈信号,全年共诫勉谈话7人,"双开"2人,开除公职1人,党内严重警告1人。六是办案安全不断加强。建成标准化谈话室,建立审查谈话制度,规范谈话流程,办案人员签订《保密承诺书》《安全承诺书》《廉洁自律承诺书》,严格防范办案风险。

四、深植"规矩意识",拒腐防变思想防线进一步加强

2017年,坚持强化廉政教育,全体党员干部纪律规矩意识得到有效提升。一是政策规矩入脑入心。认真组织开展《廉洁自律准则》《纪律处分条例》和《问责条例》等党规党纪的学习,教育引导党员干部严格遵守党内政策法规。邀请区纪委领导授课,举办"落实中央'八项规定'精神政策解读"专题讲座,使党员干部深刻领会精神实质。二是以案明纪以片示警。组织全厅副处级以上党员干部,到自治区警示教育中心,进行廉政教育,集中组织观看《作风建设永远在路上》《防微杜渐警钟长鸣》等廉政教育视频,厅党组主要领导和纪检监察组组长带头讲党课,通过政策讲解和鲜活的案例分析,提醒党员干部牢固树立廉政意识。三是身边事教育身边人。充分汲取董锋腐败案件的深刻教训,先后在党组会、厅务会和处级以上领导干部大会,原文宣读董锋被"双开"的决定,要求全厅党员干部汲取董锋违纪违法案件的深刻教训。邀请自治区检察机关职务犯罪预防宣讲团,为厅机关全体干部职工做了预防职务犯罪警示教育专题宣讲,用农发办刘伟的典型案例教育党员干部遵规守纪,做到自重、自醒、自律。

五、围绕"硬自身",监督的探头进一步擦亮

由"打铁还需自身硬"到"打铁必须自身硬",是党中央对纪检干部的殷切希望,也是驻厅纪检组在工作中不断奋斗的目标、方向。一是理论水平进一步提升。建立并施行每周二学习制度,集中学党章党规,学系列讲话,学中央、自治区关于加强党风廉政建设的新规定、新要求,尤其是党的十九大胜利召开后,积极组织全组干部学习习近平新时代中国特色社会主义思想,政治素质和理论水平进一步提高。二是内部管理进一步完善。先后制定《对党员干部进行谈话函询的暂行办法》《执纪审查工作暂行办法》《监督提醒暂行办法》等8项规章制度,工作流

程进一步规范。施行案件审查集体讨论,对办理的问题线索、审查方案、调查报告、处理建议等,及时召开案件讨论分析会,集思广益,集中智慧,办案过程更加科学。三是业务能力进一步加强。积极参加中央、自治区纪委、驻财政部纪检组组织的各类培训班,掌握政策法规、案件审查、综合业务等相关知识,提高履职能力。施行全员办案制,以案带训,以老带新,传帮结合,办案水平和业务能力进一步提升。2017年,2名处级干部被自治区纪委提拔使用,其中1名干部被提拔到厅级领导岗位。同时,又从基层选拔2名年轻干部,为驻厅纪检组注入了新鲜血液,增添了活力和动力。

(杨 洋)

财政信息管理

一、强化业务系统之间相互融合、信息资源高度共享,业务流程完整闭环

围绕财政一体化平台,逐步整合非税收入、总预算会计、专户管理等系统,将全区所有财政资金纳入财政一体化系统拨付,自动、实时生成全区收入、支出数据,自动生成收支旬月报表,自动生成记账凭证,自动生成总预算、单位核算记账凭证,部分市县(区)自动生成大部分部门决算报表,实现部分预算单位实有资金通过一体化系统支付管理。实现各业务系统之间的相互融合、信息资源的高度共享,及时、准确地反映全区财政资金的收支情况和项目支出进度。逐步解决生产系统与统计分析系统"两张皮"的现状,为领导决策、处室决策提供充分、准确的数据支撑。截至2017年12月15日,一体化系统累计保障全区370多万人次的登录和业务操作,系统发生支付笔数124万多笔,累计支付金额2921多亿元。

按照宁夏财政业务管理制度化、制度流程化、流程信息化的机关内控要求,基于宁夏财政行政管理系统开发建设机关内部事务管理模块,包括项目预算、采购、合同、出差、公务接待、报销、人事、会务、固定资产管理等业务内部事务管理,初步形成以提升内部管理能力为目标,经济活动过程管理为基础,资金管理为核心的内部事务管控体系,进一步强化对财政权力运行的制约和监督,提高财政防范风险的能力。

二、推进业务系统电子化进程,让数据多跑路,让单位少奔波

采用电子凭证、印章和电子印鉴,取消纸质凭证,取代"大红印章",从技术上解决纸单传递存在的安全隐患问题,从服务上实现预算单位支付业务网上办理,目前全区所有市、县(区)实现电子支付,进一步筑牢财政资金安全防线。建设公共支付平台,逐步实现"不出门,少跑路,不见面,马上办",按照"让数据多跑路,让单位少奔波"的服务理念,进一步提升财政服务质量,提高资金支付效率。

三、加快创新驱动,实现开放共享

以创新驱动、开放共享为目标,依托自治区政府资源,实现预决算公开,实现财政厅和政府及部分单位的公文无纸化传输;依托"互联网+政务服务",建设开发非税收入管理系统,2017年10月1日起在区本级正式全面上线运行,并逐步向全区推广实施,进一步提升工作效率和非税收入管理水平;依托自治区政务云平台和大数据等技术,建设宁夏综合治税、政府采购、宁夏会计信息管理平台等系统,实现跨部门的业务应用和数据共享;依托一体化系统,实现和财政部驻宁夏专员办对中央专项、债务管理的数据共享。建设社会保障资金信息管理系统开发建设,以数据分析辅助决策支持,打造财政社保资金监管体系,2017年底上线试运行。探索开发建设扶贫资金监管信息平台,用信息化手段助力精准扶贫工作扎实推进,2017年12月底前完成一期建设内容,2018年正式运行。

四、强基固本,保障信息安全

积极推进财政基础支撑平台建设工作,利

用虚拟化技术搭建财政业务应用系统环境,扩充财政数据中心设备资源。充分利用财政业务专网电路资源,建设全区财政视频会议系统,提高全区财政系统会议和工作效率,节省行政和会议费用开支。积极推进软件正版化工作,通过公开招标方式采购正版WIN7专业版300套、WPS office2016专业增强版300套、32套Microsoft office2016,同时,修订并印发《自治区财政厅软件正版化工作管理办法》《自治区财政厅软件正版化工作考核和责任追究制度》等办法和规定,完善软件正版化管理台账,加强授权证书、采购合同等文档管理机制,顺利通过国家软件正版化工作督察组检查,得到自治区版权局的通报表扬。建设第三方电子安全审计(一期)项目,对国库支付核心业务流程及电子凭证库进行实时监控,对业务行为、业务数据进行重点监控,实现业务操作监控还原、多维度业务行为分析和异常行为实时预警展现。通过公开招标,依托第三方安全公司,实施财政安全运维项目,开展网站安全检测、新业务系统上线安全检查、源代码安全审计、安全域访问关系梳理、渗透测试、安全管理评估、等级保护测评、应急响应服务技术支持等方面工作,逐步构建起宁夏财政信息安全保障体系、保证财政信息系统平稳运行和业务持续开展,全面提升全区财政网络安全风险及威胁防范能力,确保财政数据和资金安全。

(刘 洋)

财政政策研究

一、围绕财政中心工作,积极开展财政科研课题研究与政策调研工作

(一)2017—2018年财政科研课题的研究工作

围绕财政厅2017年财政重点工作及厅领导提出的财政改革重大研究问题,拟定研究方向并发布课题申报指南。经多次讨论论证,从15项申报项目中筛选出5项对全区财税改革工作具有现实指导意义的研究项目进行立项,并组织课题负责单位积极开展课题调研等相关工作。

(二)重大科研课题研究的结题、验收及评奖工作

一是由财政政策研究中心牵头的中国财政科学研究院2015—2016年度全国协作课题"新形势下地方投融资方式的转变"总报告完成审核及验收工作。二是由财政政策研究中心牵头的中国财政学会县级财政经济专业委员会定向委托课题"新型城镇化与现代农业发展结合研究",课题成果以中国财政学会县级财政经济专业委员会理论研究专著形式发表。三是财政政策研究中心中标的2015—2016年度中国财政学会(实证评价研究类)课题"基层财政运行的实证性研究"招标课题,完成总报告并通过部财科院科组处评审验收。四是参与由内蒙古财政学会牵头的中国财政学会民族地区财政研究专业委员会2015—2016年度重点协作课题《"一带一路"战略实施中的区域发展机遇研究》研究工作,撰写题为《西部民族地区融入丝绸之路经济带战略中的财政对策研究——宁夏分报告》。并于4月初,在宁夏筹备召开西北四省财政学会共同参与的"一带一路"战略实施中的区域发展机遇研究研讨会。五是财政政策研究中心撰写报送《政府间事权与支出责任划分研究》课题报告,并荣获财政部"第六次全国优秀财政理论研究成果"三等奖。

(三)区内外重大政策项目调研

一是牵头开展"自治区第十二次党代会深化改革方面调研工作"涉及自治区财税体制改革情况问题调研。按照自治区党委办公厅《十二次党代会调研工作方案》文件精神,财政厅主要负责就党的十八届三中全会以来,自治区财税体制改革工作的任务进展情况、存在的问题及下一步工作思路、目标任务和措施建议展开调

研。形成的调研报告报送自治区深改办公室。二是按照财政部办公厅《关于做好2017年改革跟踪调研有关工作的通知》(财办政研〔2017〕6号)文件要求,由财政政策研究中心组织牵头,负责开展全区2017年"清理规范政府性基金和行政事业性收费""贫困县涉农资金整合试点"两项改革措施及落实情况的调研工作,总报告已提交财政部改革办。三是组织参与由金融处牵头的"政府与社会资本合作(PPP)问题调研"工作。按照厅PPP工作领导小组要求,赴江苏开展实地调研,学习借鉴东部省份开展政府与社会资本合作工作的先进经验做法,用于指导改进自治区开展PPP工作。四是按照自治政府《关于报送自治区政府部门2017年度解决影响长远发展突出问题》(宁政考办发〔2017〕1号)文件通知,财政政策研究中心报送"中长期财政收支平衡压力较大"问题,提出原因、解决方案及年度目标建议。

（四）自治区重要文献研究及约稿任务

一是按照《自治区人民政府办公厅关于做好〈宁夏年鉴(2017)〉资料征集工作的通知》(宁政办发〔2017〕29号)文件要求,完成"财政税收篇"的照片、文字资料的整理编辑工作。二是完成2017年中国财政年鉴编委会约稿"2017年宁夏地方财政工作概况综述"部分内容撰写。三是完成自治区发改委《关于编辑出版2017年国民经济和社会发展报告(白皮书)》的"财政发展篇"部分组稿工作。四是完成宁夏社科院出版的《2018年宁夏经济蓝皮书》"2017—2018年宁夏财政税收运行情况分析与预测"部分章节的内容编写工作。五是完成财政部《中国财政年鉴》"宁夏综述"内容的撰写。

二、围绕自治区财政改革实践与成效,不断加大财政宣传力度

一是推进《宁夏财会》更名《宁夏财政》及相关改版工作,提升《宁夏财政年鉴》《财政改革动态信息摘要》等刊鉴资料的编校及刊印质量,积极宣传自治区财税改革工作及重大事项活动。完成《宁夏财政》六期编印及《2017宁夏财政年鉴》的编辑整理。二是参与中国财政科学研究院、中国财政学会等组织的学术理论研讨活动。根据财政部党组要求,中财科研字〔2017〕31号文件精神,配合中国财政科学研究院做好"2017年地方财政经济运行"大型深度调研活动。三是按照财政部中国财政学会《关于开展第二届财税知识网络答题竞赛活动的通知》要求,财政政策研究中心负责组织协调,由自治区财政厅、自治区国税局、自治区地税局联合下发通知,宣传发动全区财税系统干部职工积极参与,配合做好网络答题竞赛活动。四是按照中国珠算心算协会《关于承办第二十四届海峡两岸珠算学术交流会的通知》(中珠〔2017〕16号)文件要求,参与协办"第二十四届海峡两岸珠算学术交流研讨会"及参观访团的接待工作。

三、认真开展党建学习教育工作

（一）切实做好支部党建基础工作

一是严格落实"三会一课"制度。按照规定每月召开一次支部委员会、党员大会、党员讲党课等制度,认真学习习近平新时代中国特色社会主义思想及自治区第十二次党代会精神,不断提高党员干部的政治觉悟和理论水平,强化党员的政治意识、大局意识、核心意识和看齐意识。二是建立支部学习园地。为丰富支部的文化学习工作,建立支部学习园地,将党员干部的学习心得、活动摄影、党员评星定格结果等资料定期在学习园地公示,督促党员干部加强学习,确保理想信念坚定,对党忠诚,进一步增强广大党员干部的"政治意识"。三是积极开展党员讲党课活动。将党课教育纳入支部月度学习计划,并结合自身实际情况,有重点得选择政治思想教育主题。

（二）深入开展"两学一做"教育常态化制度化

按照机关党委安排和中共中央办公厅印发的《关于推进"两学一做"学习教育常态化制度化的意见》精神,及时制定教育实施方案,明确

方法步骤,有序开展教育活动,从而保证教育实践活动的完整性。组织党员认真学习自治区党委关于《违反中央八项规定和自治区若干规定责任追究办法》,重温《中国共产党廉洁自律准则》和《中国共产党纪律处分条例》,引导教育党员牢记党规党纪,养成纪律自觉,树立爱岗敬业,勇于奉献的价值观。通过支部会议,对照党章党纪、党风廉政建设和反腐倡廉制度规定要求,专题查摆自身存在问题和不足,进一步强化党员干部的政治意识、纪律意识、规矩意识和服务意识。

(三)认真贯彻落实党风廉政建设"一岗双责制"

坚持把严明党的政治纪律和政治规矩摆在首位,严格执行请示报告和个人重大事项报告制度。认真学习《廉政准则》等党内法规的学习,深入开展党风党纪教育,以董锋、刘伟腐败案为戒,着力发挥正反案例的警示和教育作用,教育党员干部常思贪欲之害,常怀律己之心,努力做到警钟常鸣、警笛常响、警灯常亮,不断增强拒腐防变、抵御各种风险的能力。

(袁海龙)

注册会计师管理

一、发扬工匠精神,提升行业服务水平

(一)强化人才培养,为行业发展提供人才供给

协会严格按照分级分类分模块培训思路,一是加快行业高端人才培养步伐,通过合伙人培训班、师资培训班、助理人员培训班、两岸四地交流研讨会等形式不断提升行业高端人才管理、执业水平;2017年度共组织培训班15期,培训1000余人次,选拔行业高端人才10人。二是利用行业人才培养基金,对符合条件的行业人员取得资格、提升技能给予奖励,鼓励执业机构采取"送出去"培训方式,拓宽会员视野,推进适应经济多元化发展需要的复合型人才的培养。本年度向行业12名符合条件人员发放行业人才培养(2016年度)奖励奖金3万元。

(二)扩大宣传,认真做好考试组织实施工作

2017年宁夏考区注册会计师全国统一考试已于10月中顺利落幕,其中专业阶段考试报名人数共计4853人,累计报名13080科(次),较2016年增长47.1%;专业阶段考试累计出考4193人次,出考率32.06%,较上年稳中有升。2017年资产评估考试工作于11月初顺利完成,报考人数334人,较上年增长58%,平均出考率34%,与上年持平。

(三)完善监管机制,不断提升行业监管水平

一是不断加强行业质量检查的部署,引导各执业机构树立质量至上的发展理念,本年会计师事务所和资产评估机构行业执业质量自律检查工作已接近尾声,针对检查发现问题协会约谈了4家事务所、2家评估机构的负责人和执业人员32人次,提出了对3家事务所、1家评估机构以及3名签字注师、2名签字评估师的惩戒意见。二是利用行业公共服务平台,建立业务报告防伪报备系统,引导执业机构逐步建立工时预算分类成本控制标准。

(四)完善会员服务制度,全面做好会员服务工作

继续做好注册、任职资格检查、合伙人(股东)资质审议、事务所基本信息报备等各项工作。2017年新注册会计师执业会员12人,登记非执业会员17人;接受合伙人(股东)资质申请3人,审核通过1人;新备案资产评估师执业会员9人,登记非执业会员1人。

(五)继续完成平安宁夏工程,做好本年社会责任评价工作

协会在总结前五年履行社会责任综合评价工作开展经验的基础上,进一步细化评价指标,向执业机构下发了2017年会计师事务所和资

产评估机构开展综合评价工作的方案和通知。各参评机构按要求完成了自评,12月下旬协会组织实施考核,完成全部考核工作,按期保质完成自治区下达的任务。

（六）推动行业信息化建设,提升行业信息化水平

升级"宁夏注册会计师行业公共管理平台"现有功能,出台业务报备管理办法,为执业人员提供法律法规库查询、经济数据库、行业动态资讯等功能,并通过资金支持完善行业信息化建设帮扶措施。

（七）抓好秘书处建设,提高工作效能

一是提高行业管理信息化水平。2017年协会开通办公OA系统,打通协会与执业机构之间的电子沟通渠道,实现无纸化办公,让执业机构办事少跑路,切实提高了办公效率。二是着力增加秘书处管理能力。2017年加大秘书处人员培训力度,组织秘书处人员参加十多次综合及专业知识培训。三是加强与中注协的联系。9月完成财政部部长助理一行就注册会计师行业党建工作调研任务,同时协助中国注册会计师协会成功在宁夏举办"海峡两岸及港澳地区会计师行业交流研究会"。

二、创新管理方式,推动行业党群建设提质增效

（一）加强责任落实,推动行业党建全面覆盖

一是将新设机构党组织建设做为工作重点,确保在设置执业机构组织机构的同时,同步设置党的组织机构、配备党组织负责人,使新设机构党组织覆盖率达到100%。二是做好部分基层党组织从属地管理向行业管理的过渡工作,理顺隶属关系,实现行业党建工作"网格覆盖,条块融合,责权明晰"。三是推动"有形覆盖"向"有效覆盖"的转变,加大年底党建工作考核的赋分比例,推动执业机构在谋划发展和开展经营的同时,同步开展党的工作,实现党建工作与执业机构发展的"同频共振"。四是加强示范引领,结合行业开展的"质量提升年"行动,打造"听有内容,看有形象,学有经验"的党建示范事务所,以点带面推动行业党建工作全面增效;组织行业党委委员和优秀基层党支部书记到上海、苏州两地交流学习党建工作。

（二）加强教育管理,推动党员素质全面提升

一是深化"党员教育管理积分制"工作,在"三会一课"中完善"党建学习计划",下发各类学习资料,将系统化的党课教育与碎片化的网络学习相结合。二是创新党课的内容和形式,既"请进来"邀请党校教师为行业党员和入党积极分子解读党的政策方针,又"走出去"让党员在井冈山革命教育培训基地、盐池革命纪念馆感受信仰的力量。三是深入开展"主题党日"活动,在行业各党支部和广大党员中深入开展以"忆初心,添动力,找差距,促发展"为主题的"党员政治生日"主题活动,重温誓词忆初心、再写志愿添动力、对照标准找差距、建言献策促发展。四是加强党员信息管理工作,完善党员基本信息库信息,强化流动党员的管理。五是探索落实"三培养"工程,通过多种培养途径打造党员和执业机构的"利益共同体",本年度发展党员8人。积极分子23人,其中事务所合伙人、股东2人。六是全面准确学习领会党的十九大精神。在行业内采取党员大会、专题研讨会、组织生活会等多种形式开展十九大精神学习,由行业党委书记、十二次党代会代表亲自讲授党课。同时行业党委书记代表宁夏在中国注册会计师行业党委(扩大)会就行业发展及学习十九大精神交流发言。七是加大推优选优力度。在行业开展"青年文明号"创建活动,调动行业争先创优的积极性;推选1名基层一线女注册会计师获得自治区五一劳动奖章,推选自治区第十二次党代会党代表1名,一家团支部荣获全国"五四青年团支部",1家党支部荣获全国注册会计师行业优秀党支部,另评选出4家先进集体,34名优秀个人、优秀党务工作者、6名党外人士支持党建工

作者，推荐自治区第十一届政协委员1名。

（三）加强基层保障，推动党建工作全面过硬

一是加强党务工作者队伍建设，针对行业党委基层党组织书记队伍"新手"书记多、"打工"书记多、"流动"书记多，经验丰富的老书记少的"三多一少"的情形，行业党委通过组织党支部书记能力提升培训班、选优配强基层党支部书记、强化激励关怀，逐步形成一支守信念、讲奉献、有本领、重品行的党务工作者队伍。二是加大经费保障力度，完善党费全额拨返等机制，经过党建经费检查，本年共为25家基层党支部划拨30万元党建经费，为其开展党建活动提供有力支持。三是加强党组织活动阵地建设，在调研的基础上下发《关于加强行业基层党组织阵地建设的意见》，指导基层党组织阵地建设。四是鼓励行业基层党组织与社区党组织共建共享，开展活动聚人心，为社区群众提供会计及金融知识的咨询，党建阵地共用、党建活动共创，有效实现党建资源共建、共享。

（四）积极履行行业社会责任，让社会共享行业发展成果

春节期间，行业党委、行业工会及时联系各基层党支部、工会，在财政厅主管领导的带队下，走访慰问生活困难的职工和老党员，为他们送上行业关爱。5月，行业工会同银川义工联合会一同前往银川市特殊教育协会开展"迎端午献爱心 筑梦成长"义工志愿服务活动。7月，组织基层党支部到革命老区固原市原州区开展扶贫工作，把薛庄村、大店村作为行业帮扶点，共帮扶小学生2名，中学生13名，大学10名，捐出帮扶款项6.4万元，资助期最长5年，累计资助款项将达22万元。除捐赠帮扶外，行业工会还持续关注被资助学生的学业情况和就业方向，根据学生的学业规划、就业选择等提供更多的帮扶。同时在两村义务举办"开展农村财会知识及预防职务犯罪培训"1期。在行业工会的带动下，基层党支部、工会近几年别开展免费为孤儿院代理记账、节假日到养老院慰问老人等一系列社会关爱活动。

（四）扎实做好工会组织覆盖工作，确保工会工作有效覆盖

行业工会按照行业党委提出的"党建带群团"的工作思路，利用各种会议、调研活动、执业资格检查等形式广泛宣传，提高执业机构对工会工作重要性和紧迫性的认识。一是做好行业基层工会法人资格统计和基层工会调查信息工作，提升工会组织覆盖率。2017年年初对各执业机构工会组织情况进行了摸底统计，对没有建立工会组织的执业机构多次谈话、督促，确保工会组织全覆盖。经行业工会批准成立基层工会组织的有18家，加上原有的16家，现共有基层工会组织34家，除3家新成立执业机构没有申请成立工会组织外，执业机构工会组织实现全覆盖。二是召开行业工会第二次代表大会，会上选举产生新一届委员会、经费审查委员会、女工委员会成员以及相关负责人。三是完善行业工会组织基础数据库，掌握行业会员一手资料。指定专人负责，通过文件、会议布置会员信息采集工作，积极联系各基层工会采集会员信息，确保按时将会员信息全部录入区总工会工作服务平台。

（王梦慧）

财会函授学校

一、关于财政基层培训

2017年，共举办财政支农政策培训班33期，培训基层干部和农村财会人员5084人次；举办财政基层培训管理者和师资培训班1期，培训管理者和师资105人；举办乡镇财会人员培训班1期，培训市县（区）财政局负责乡镇财政管理工作的人员以及乡镇财政部门业务骨干210人。在学历教育方面，选择优良师资，严格教学管理，确保中央财经大学2016级会计学本科

在校学生22人的教学工作规范有序进行。

二、关于专题培训

根据财政部中华会计函授学校2017年度培训工作总要求,结合自治区基层财政工作实际,财政厅函授学校确定重点培训内容,制订年度工作计划,认真组织开展三个方面的培训工作。一是积极开展财政支农政策培训工作。2017年的财政支农政策培训在全区范围内全面开展。精心选择培训师资,既有专家学者,也有财政基层培训师资库中储备师资,理论与实践结合,保证培训质量;培训组织方面,各市县(区)努力做到通知下发到位、工作人员到位、教材准备到位、参训人员到位。参训人员包括乡镇干部、农经站工作人员、村报账员等,培训班管理严谨,培训效果显著。每期培训班结束时,都进行问卷调查,为下一步做好和改进培训工作奠定基础。全年共举办财政支农政策培训班33期,培训农村财会人员5084人。二是有效组织乡镇财政干部培训工作。坚持以宣传、贯彻和落实财政强农惠农政策为重点,以规范农村会计基础工作为抓手,以提高乡镇财务管理水平为目标,结合乡镇财政干部工作特点,在调研的基础上,根据培训需求精心设计培训课程。培训内容涉及中央一号文件解读、宏观财政政策与财政改革热点难点、基层财政工作具体操作讲解等。培训班邀请自治区知名专家学者和厅机关业务处室的业务骨干进行授课。2017年举办乡镇财政干部培训班1期,培训乡镇财政干部210人。培训工作受到乡镇基层财政干部普遍欢迎和认同,取得良好的社会口碑。三是有针对性开展培训管理者和师资培训工作。培训管理者和师资培训是函授学校近年来加强基层财政培训,提高培训实效的有益探索。全区各市、县(区)财政局负责财政基层培训工作的分管局长、职能科(股、室)工作人员及承担财政基层培训教学任务的骨干教师共105人参加本次培训。培训班对创新财政支农方式,加快发展农业特色优势产业、对如何做好财政支农培训的教学工作、以及培训课程体系、培训工作的考评办法等几个方面进行解读,对年度财政基层培训工作任务进行分工和布置,明确财政基层培训工作的方向和任务。通过培训,总结出一套行之有效的财政基层培训工作的步骤和方法,为今后自治区财政基层培训工作积累管理经验,为继续深化财政基层培训工作夯实基础。

三、关于学历教育

为履行好函授学校服务财政中心工作的职能,经厅长办公会议研究决定,从2016年开始,函授学校全面停止学历教育招生。同时,对于已经录取的中央财经大学2016级会计学本科在校生,继续做好后续的教学管理、考务管理、论文答辩、毕业管理等服务工作,确保2018年顺利毕业。

四、关于廉政建设

在抓好函授教育培训工作的同时,函授学校干部职工认真学习党的十九大精神,狠抓思想政治工作和道德教育。在各个培训班上安排会计职业道德和廉政教育内容,使思想道德教育深入教育培训工作的各个环节,有效地把会计职业教育和廉政道德教育结合起来,提高函授学校教育培训工作的综合效果。党支部组织全体党员扎实开展"两学一做"专题教育,在知行合一上下功夫,补精神之"钙"、培思想之源,不断提升自己服务的能力和水平,使每个党员做到清正廉洁,勇于奉献担当,始终保持干事创业、开拓进取的精神面貌,努力为全面建成小康社会而奋斗。

(李兰甫)

财政政务服务

一、加强组织领导,依法推进行政审批工作

2017年,财政厅进驻政务服务中心窗口行政服务事项12项,授权率100%;8项实现不见面办理,不见面率66.7%;3项实现全程网办,事

项全程网办率25%，全年累计受理各类行政审批事项7459件，其中，政府采购进口产品核准4905件，办结率100%；政府采购方式变更审批1303件，办结率100%；因公出国（境）经费先行审核1145件，审核人员1444人（省级17人、正厅94人），先行审核出国经费8648万元，办结率100%；办结自治区本级预算单位银行账户审批100个；办理会计师事务所及分所执行许可6件。此外，处理依公开事项24项，答复网上咨询53项，处理群众上访事件1件，完成信息报送24篇。服务对象覆盖所有区本级单位和部分群众，提前办结件实际节省工作日共计11614工作日，无误件、误事、错件、违规件现象，受到办事单位肯定。

二、创新工作理念，大力推进不见面审批事项

一是政务服务事项进一步规范。按照《自治区人民政府办公厅关于印发全区推行不见面审批服务改革工作方案的通知》要求，财政厅对行政审批及公共服务系统政务服务事项数据进一步进行依规审核完善，对标国家各部委已公布政务服务事项目录，根据各市县（区）事项承接反馈意见，及时调整财政政务服务事项目录，先后取消"中外合作经营企业外国合作者先行回收投资审批"事项、变更"资产评估机构设立审批"事项类型、变更"政府采购评审专家登记审核"事项名称，完善规范每项事项87项要素内容，进一步提升了事项信息的规范化、精细化水平，确保网上公开的服务信息全面、准确、规范。

二是网上审批机制进一步完善。财政厅行政审批办公室积极推开"互联网+政务服务"服务模式，大力推行网上预审，规范申请材料电子上传，审核签批网上流转，对申报材料、办理结果采取电子邮箱、快递等方式送达，打通不见面办事通道，推动不见面事项网上办件量大幅提升。对网上审批运行流程进一步优化，采购代理机构由原来的审批变为零门槛网上注册登记，采购评审专家审批改为自行网上申报登记。主动对接技术服务人员和办事单位，对《政府采购进口产品核准》事项流程进行研究攻关，解决了审批文件网上送达难等技术问题，使不见面办理深度由四级达到五级，实现全程网办。

三是宣传引导工作进一步加大。财政厅行政审批办公室利用用宁夏政务服务网、宣传画册等不同宣传平台方式，广泛宣传推介不见面审批服务的方式和途径，提高社会认知度和群众获得感。针对办事群众习惯现场办理的实际，主动对现场办事群众培训，让其感受网上办事的便捷，提升感受度。配合政务服务中心及时挖掘总结不见面审批服务落地见效的好经验、好做法，编辑感人小故事、优秀典型案例等，推动形成良好宣传机制，营造深入推进不见面审批服务改革的浓厚氛围，办事单位和群众主动网享受"互联网+"办事的积极性进一步提升。

三、提高服务质量，有效树立服务型财政形象

一是完善工作制度。行政审批办公室坚持以制度管人，以制度办事理念，加强工作制度建设，进一步完善《财政厅行政审批办公室工作职责》《行政审批工作规程》《行政审批综合管理办法》《行政审批限时办结制度》《行政审批监督检查制度》《行政审批责任追究制度》《行政许可专用章管理制度》《行政审批工作流程》和《关于进一步推进财政政务信息公开工作的意见》等制度，并在宁夏政务服务网明确审批服务事项具体流程和注意事项，有效规范审批服务的弹性尺度，进一步提升服务效率。

二是开展便民服务活动。财政厅行政审批办公室注重学习借鉴政务服务中心各窗口的好经验、好做法，紧扣"高效、便民、规范、廉洁"服务宗旨，积极开展便民服务活动。以更新服务观念、创新服务方式、拓展服务范围、推出便民措施为内容，要求工作人员牢记"三办、三心"的服务理念，认真遵守各项规章制度，态度热情，服务周到，依法审批，对符合审批办理条件的均能及时受理、按时办结；对因条件不符，不予受理

的当场一次性告知原因并做好耐心的解释工作。始终把"群众满意不满意"作为各项工作的出发点和落脚点,服务质量和服务水平取得新的进步。

三是完善沟通协调机制。为做好行政审批工作,财政厅行政审批办公室及时加强与财政厅相关处室的沟通协调,对出现的问题及时研究处理,确保不误时、不误事、有法依、不违规。对下发市县的政务服务事项基本目录及时沟通,确保上下一致,三级四同。定期对服务事项依规审查,对中央、自治区政务相关法律、法规、行政规章等调整的内容,及时修改完善服务事项目录,确保真实、准确、完整。

四、强化工作职责,加强审批服务队伍建设

一是加强人员思想建设。财政厅行政审批办公室采取集中学习和自学相结合的方式,首席代表全面统领学习工作,以把"两学一做"学习教育常态化制度化为抓手,每月集中组织学习不少于1次,每次半天,每月自学不少于4学时,深入学习习近平系列讲话精神和党的十九大精神,坚持党报天天读,学习党和国家及自治区党委、政府的重大决定,了解自治区实施的生态移民、沿黄经济区、内陆开放型经济区等重大决策部署,学习《中国共产党党员领导干部廉洁从政若干准则(试行)》,自觉抵制腐朽思想的侵蚀,清正廉洁,勤政为民,切实打牢工作人员思想基础。

二是加强日常业务学习。财政厅行政审批办公室定期组织窗口工作人员认真学习财政法律法规和相关制度规定,先后学习了《中华人民共和国预算法实施条例》《中华人民共和国政府采购法》《中央预算单位银行账户管理暂行办法》《会计师事务所执业许可和监督管理办法》《财政部89号令》等法律法规,财政厅2017年工作要点、财政各项业务审批程序以及与政务服务相关的业务知识等,有效提升财政行政审批服务水平。

三是加大交流培训力度。对新调入人员及时培训,12月份,行政审批办公室对增派的1名工作人员从政务大厅制定的各项管理制度、综合信息平台操作和财政厅制定的各项工作规则、管理制度、办事指南、法律法规等相关内容进行岗前培训。积极参加专题班培训,2017年自治区政务服务中心分别于5月份、10月份和11月份在北京、深圳、海口组织全区政务服务专题培训班,通过专题培训班学习,开拓了工作人员眼界,使得大家对全区乃至全国政务服务现状、理论研究和以后发展有了更好的把握,为今后财政政务服务的开展打下了扎实的理论和现实基础。

(王少红)

非税收入管理

2017年全区累计完成地方公共预算收入417.5亿元,为年度预算的102.3%,同口径增长10.1%。其中,税收收入270.3亿元,同口径增长15.3%;非税收入147.2亿元,为年度预算的99.5%,非税收入占比(非税收入占地方公共预算收入比重,下同)为35.3%,同口径增长1.7%,平均增长7.3%。其中,区本级完成非税收入43.1亿元,为年度预算的102.5%,非税收入占比29.3%,同口径下降5.7%,平均增长8.1%。

2017年全区完成政府性地方基金预算收入108.6亿元,为年度预算的80.4%,同口径下降13.3%。其中,区本级完成政府性基金预算收入35.2亿元,为年度预算的89.2%,同口径下降16.1%,在全区政府性地方基金预算收入的占比为32.4%。

一、深入推进非税收入收缴电子化管理改革工作

按照财政部非税收入收缴电子化管理改革总体部署,自治区非税收入管理工作以助力司法体制改革为突破口和先导,将财政一体化信息系统非税收入管理软件(新软件)建设作为

2017年工作的重中之重，全程参与研发设计，本着谨慎性原则，在前期调研摸底、预案推演、数据库录入、试点前期培训各项准备工作充分完备的基础上，按照由点到面的推进步骤，首先在全区法院系统进行试点运行，并适时分批召开试点单位协调对接会，逐一破解新旧软件衔接过程中数据推送、票据核销、项目资料库与银行系统接口连通等问题，在试点中完善，在完善中运行，保证新软件在试点阶段遇到的问题逐一得到解决。在成功试点的基础上，2017年10月1日起，新软件正式在自治区本级各执收单位全面上线运行，标志着自治区非税收入管理改革工作在"提效率，强服务"的工作进程中迈出坚实一步。新软件通过财政部门与执收单位、代收银行三家联网，建立统一标准、数据共享、信息输送，更有利于规范执收和加强监督的非税收入管理系统。不仅实现POS即时缴费、即时开票、报表自动核算等功能，而且实现缴费义务人缴费"最多只跑一次"的惠民成果，自推广运行以来，得到各执收单位的一致认可。自治区人民政府驻京、驻沪、驻粤、驻闽等驻外办事处非税收入缴费全部实现"办成事，不跑路"。这种从"最多只跑一次"到"办成事，不跑路"的缴费模式被人民网、新华网、搜狐财经网、财政部网、自治区人民政府网、《宁夏日报》和《宁夏法治报》等新闻媒体相继报道。

二、自治区本级罚没收入并入新软件收缴管理

为保证非税收入数据的完整性，同时促进"罚缴分离"和"收支两条线"管理制度的深化，2017年11月1日起，将自治区本级罚没收入正式并入新软件收缴管理，实现自治区本级各类非税收入纳入统一平台管理的目标。

三、稳步推进新软件在各市县（区）的推广运行

为尽快实现各市县（区）非税收入收缴电子化管理，加强对全区非税收入收缴的分析、测算和预判，根据各市县（区）新软件上线运行的时机成熟度，积极指导和帮助青铜峡市在各市县（区）率先启用新软件。

四、深入开展非税收入调查研究

对标全国非税收入管理先进省份，会同财政厅信息中心、综合处赴浙江省和福建省就推进非税收入管理改革工作中软件的开发使用、资金解缴、票据使用等进行调研，对进一步规范全区非税收入管理工作起到促进作用。

（马　禾）

第四部分

市县财政工作概况

银川市

2017年，全市全口径一般公共预算收入459.21亿元。地方一般公共预算收入177.46亿元，同口径增长9.2%；地方一般公共预算支出341.53亿元，同比增长2.9%。市本级一般公共预算收入86.70亿元，同口径增长11.3%；市本级一般公共预算支出144.19亿元，同比下降0.4%。

2017年，全市政府性基金收入42.79亿元，同比下降20.6%；政府性基金支出48.73亿元，同比下降24.2%。市本级政府性基金预算收入25.48亿元，政府性基金支出15.71亿元。

一、加强税收收入征管，增强财政综合实力

坚持抓大不放小，深挖增收潜力，牢牢抓住重点行业、重点企业，确保应收尽收。密切关注预算收入进度，按月召开预算执行分析会，努力实现财政经济良性互动。积极协调税务部门，强化精细征管，并协助税务部门开展税款收缴工作，提高财政收入。严格执行非税收入收支两条线管理各项制度，坚持监督与征管相结合、日常检查与专项检查相结合、监督检查与规范管理相结合，督促各非税执收单位按计划完成收费任务，确保非税收入及时足额缴入国库。

二、统筹政府财政资金，全力保障重点支出

坚持优化财政支出结构，突出重大项目和重点工作财政保障。整合各类资金47.79亿元，集中财力支持全局性、基础性、战略性重大项目，保障花博会、儿童医院等31个重点项目实施，确保"两园三区"等开放载体建设，大力培育新的经济增长极，实现银川经济社会发展的新跨越。积极推进"东热西送"、综合环境整治、棚户区改造等民生项目建设，推进"绿色、高端、和谐、宜居"城市建设，为实现经济社会又好又快发展提供坚强支撑。

三、创新模式提高效益，助推经济转型发展

统筹支出29.54亿元，积极推进创新驱动战略，支持发展新经济、新产业、新业态，切实推进"传统产业提升工程""特色产业品牌工程"、"新兴产业提速工程""现代服务业提档工程"。

一是强化科技创新引领。支出4.75亿元，支持创新科技服务体系建设，促进院所合作提档升级，推进重大科技成果落地和科技成果转化。二是促进传统产业提质增效。支出5.41亿元，支持实体经济发展，鼓励企业技术创新、扩大规模，推动传统产业向高端化、智能化、绿色化方向发展。三是促进农业农村现代化。支出4.03亿元，重点支持发展"三精"特色优势产业，积极推进现代农业产业体系、生产体系、经营体系建设，支持绿色示范农业和高新技术农业发展，不断提升农业产业化水平。积极推进实施农业综合开发项目，对4.35万亩中低产田实施土地治理、盐碱地骨干沟渠排水改造工程，促进农业增效、农民增收、农村稳定。四是促进现代服务业创新发展。支出1.86亿元，支持培育现代商贸、现代物流、商务会展、创意产业等新兴服务业；支持构筑高增长、多层次、广就业、强带动的现代服务业体系。搭建金融机构与实体经济合作平台，将38.78亿元政府性存量资金以竞争性存储方式投放金融机构，支持实体经济发展。五是增强国有资本引领作用。注入资本金13.49亿元，支持国有资本运营公司提升和壮大创新发展的能力，促进和培育新兴产业发展。

四、保障民生重点支出，促进社会和谐稳定

统筹支出119.19亿元，占一般公共预算支出的82.0%。着力优化结构、整合资源、突出重点，补齐民生短板，提高民生保障水平和质量，促进社会公平正义和社会和谐稳定。

一是突出教育优先均衡发展。支出5.24亿元，积极落实教育惠民政策，巩固义务教育经费保障机制。实施民办幼儿园政府购买服务政策，促进民办学前教育、小学教育、初中教育和高中教育均衡发展，完善支持职业教育发展政策，支

持和改善职业教育办学条件,加大教师培训及教育质量评价经费保障,培养高素质教师队伍,提升教师素质和教育质量。二是全力提升医疗保障水平。支出7.86亿元,深入推进医疗卫生体制改革,取消药品加成,完善薪酬制度,理顺医药服务价格,扩大医疗服务供给,推进三级诊疗服务体系建设,促进优质医疗资源下沉。统筹城乡居民医保,提高财政补助标准,完善医疗救助和大病医疗保障机制,促进医疗服务水平和质量不断提升。三是着力发展和改善民生。支出9.14亿元,完善城镇职工基本养老保险和城乡居民基本养老保险制度,全面落实困难群体救助、复退军人安置、特困人员供养、城市低收入群体救助及城乡医疗救助等政策。积极落实购买公益性岗位、"三支一扶"等就业扶持政策,全年购买6263个公益性岗位,切实解决结构性就业矛盾,加快推进基本公共服务均等化。四是力促脱贫攻坚见实效。支出1.63亿元,加大对异地搬迁移民安置基础设施投入,完成半子沟村移民整体搬迁任务;创新生态移民财政投入机制,建立扶贫项目生产经营投入分红增收机制,增强贫困地区和贫困群众自我发展能力,提高村集体和贫困户收入。五是促进公共文体事业繁荣发展。支出1.88亿元,促进公共文化体制改革,提升公共文化服务水平,支持"四送六进·文化惠民""书香银川"等特色文化活动和"丝绸之路"银川国际马拉松赛等群众体育活动。促进银川全域文化旅游建设,支持举办花卉博览会、TMF智慧城市峰会、亚洲都市景观颁奖大会,丰富群众文体生活,展示银川人文魅力。六是扎实推进绿色发展。支出6.23亿元,加大综合环境整治力度,重点支持贺兰山东麓环境综合整治、黑臭水体治理、燃煤锅炉拆除和污水处理升级改造,不断提升环境质量,满足人民期盼优美生态环境需要。七是着力保障社会和谐稳定。支出5.49亿元,支持防灾救灾减灾能力建设,保障肉菜储备和粮油储备,确保市场供应,切实维护生活必需品价格基本稳定。推进食品药品监管,确保群众食药安全。加大治安防控体系建设,严密防范和依法打击各类违法犯罪活动,确保人民群众生命财产安全和社会和谐稳定。

五、深化财政体制改革,提升科学理财水平

一是落实积极的财政政策。全面落实国家、自治区促进小微企业发展税费五项优惠政策,全年税收优惠减免4370家企业,优惠减免税额7亿元,取消或停征41项行政事业性收费,切实减轻企业生产经营负担,促进企业创新发展,激发实体经济的内生动力。改善政府采购机制,规范政府采购行为,制定支持中小企业发展的倾斜性政策,创造支持中小企业发展的良好环境。二是积极推动财政改革创新。实施金融强市战略,大力推广政府和社会资本合作(PPP)模式,积极推进财税库银联网一体化服务体系建设,进一步简化办事流程,提升财政服务效能。三是强化预算管理严控债务风险。积极推进"预算编制有目标,预算执行有监控,项目完成有评价,评价结果有反馈,反馈结果有应用"的全流程预算管理,切实提高财政资金的使用效益。建立债务责任追究机制,以红线意识、红线思维和红线制度,严格防范和控制政府债务风险,避免发生区域性系统性行业性债务风险。四是狠抓财政制度体系建设。围绕建立"科学、规范、务实、精细"的工作机制,先后制定出台《关于进一步规范财政预算资金管理的通知》《加强地方政府性债务管理的意见》《银川市行政事业单位固定资产盘亏处置管理办法》等11个规范性文件和制度,切实增强预算约束力,提高财政管理水平和财政资金使用效益。开展涉农资金专项整治行动,推动涉农惠农项目依规实施。严把政府投资项目评审关口,完成政府投资项目结算审核168个,节约政府投资3.4亿元,资金节约率11.0%。加强和公开"五项"经费管理,全年"五项"经费支出3524.97万元,同比下降40.0%。

(曹国昌)

兴庆区

2017年，全年完成地区生产总值547.19亿元，同比增长10%；一般公共预算收入13.22亿元，可比增长8.6%；全社会固定资产投资（剔除滨河新区）179.2亿元，同比增长12.6%；社会消费品零售总额272.76亿元，同比增长9.7%；城镇居民人均可支配收入35452元，同比增长8.1%；农村居民人均可支配收入14788元，同比增长8.7%。全面小康社会总体实现程度达96.5%，地区生产总值、社会消费品零售总额、农村居民人均可支配收入绝对值和第三产业增加值均位居自治区22个县（市）区第一。

一、财政收支概况

（一）财政收入情况

2017年兴庆区完成一般公共预算收入13.22亿元，为调整预算的100%，同比增长8.5%，全面完成兴庆区第四届人大第七次常委会议调整的收入任务和增长目标。完成基金预算收入5.15亿元（全部为区市专项补助资金）。2017年兴庆区债券资金收入4.37亿元，其中，新增债券资金收入3.96亿元，置换债券资金收入4112万元。

（二）财政支出情况

2017年兴庆区完成一般公共预算支出为30.35亿元，其中，完成本级一般公共预算支出29.95亿元，为年度变动预算的99.23%，上解支出3997万元。完成基金预算支出6.32亿元。完成债券资金支出4.37亿元。

（二）财政收支平衡情况

2017年兴庆区一般公共预算收入完成13.22亿元，区市专项补助12.46亿元，体制补助2.02亿元，债务转贷收入3.16万元，上年结转2377万元（含基金调入一般公共预算收入16万元），财政资金来源总额为31.10亿元。财政支出总额为30.87亿元。财政资金总来源与总支出相抵，年终结余2337万元（专项结转2337万元）。基金预算收入完成5.15亿元，上年结余684万元，债务转贷收入1.21亿元，基金来源总额为6.43亿元，基金预算支出总额为6.32亿元，收支相抵，年终基金滚存结余1095万元。

二、强化收入征管，确保财政收入应收尽收

多措并举，积极应对"营改增"等政策性减收因素对全年财政收入预算目标完成的影响。强化预期管理，针对财政经济运行中存在的困难和问题，及早细化预研预判，做好预案准备，尽可能减少各项政策调整对收入带来的负面影响；加强部门协作，建立政府领导、税务主管、部门配合、社会参与、法制保障的综合治税长效机制，确保税收收入应收尽收；加大非税收入规范管理，增强非税收入清缴力度，有效助力非税收入对财政增收的调控作用，全力确保财政收支平衡。

三、着力保障和改善民生，持续提升民生福祉

积极为民生支出提供财力保障，拨付城乡低保资金1903万元，确保了城乡低收入人群的基本生活。拨付公益性岗位补贴资金2233万元，帮助797名"4050"城镇下岗失业人员实现再就业。拨付4292万元，健全救助、救济制度，全面落实困难群体救助、优抚对象补助、特困人员供养及残疾人生活和护理补贴等政策。拨付8213万元，加强基层医疗卫生服务和公共卫生体系建设，提高基本公共卫生服务项目财政补助标准，提高城乡居民大病保险的财政补贴支持；实施七免一救助免费婚检、农村妇女住院分娩专项补助、两癌筛查等惠民政策，完善城乡大病医疗救助体系。

拨付资金7.78亿元支持教育优先发展，推动文化、科技事业进步。其中，拨付1.13亿元，用于三十小、七小、三小等中小学校舍新建、扩建及设备采购，改善学校办学条件；拨付4.83亿元，用于教师工资、医疗、保险等待遇；拨付5906万元，用于54所中小学校义教经费及取暖费；拨付546万元，为13所农村中小学学生提供免

费营养早餐；拨付1307万元，用于农村教师交通、生活补贴、基层工作津贴等；拨付2034万元，用于特色学校建设；拨付1218万元用于加强师资队伍建设；拨付1740万元学前教育资助等项目；拨付1913万元用于文化、体育、旅游等专项业务费等支出；拨付科技专项经费3615万元，用于科技惠民计划、农业高科技智慧示范园区及科技创新项目的支持。

积极支持各项事业协调发展。一是打造美丽兴庆，为提升群众生活满意度提供财力支撑。拨付市容环境卫生经费8684.05万元，其中，拨付4269万元用于发放环卫工人工资，拨付1671.5万元用于缴纳环卫工人相关保险，拨付1000万元用于车辆燃油及维修费，拨付569.53万元用于环卫工人享受免费早、午餐，拨付1088.72万元用于公厕改造、中转站维修、微生物垃圾污染处理等，拨付85.3万元用于购置冬季环卫作业服装等。拨付1334.5万元用于铁路沿线专项整治、南门广场亮化设施、民乐瓷砖市场整治、北京东路部分门头改造及乡镇环境卫生外包等。二是为打造平安兴庆提供经费保障。拨付2186.4万元用于504名协勤人员经费保障，拨付330万元用于兴庆区公安分局协勤和聘用人员误餐费，拨付340万元用于公安禁毒及及维稳工作，拨付老旧派出所节能改造工程182.23万元。

创新财政支农机制，支持优势特色农业发展。兑现各项强农惠农政策资金1988万元，受益农户1.75万户。争取"一事一议"奖补资金2200万元，安排项目52个，改善乡村生产生活条件。壮大村级集体经济实力，争取自治区财政扶持村集体经济6个，补助资金1200万元。支持花卉产业发展，争取区、市补助资金6000多万元。争取自治区扶贫产业担保基金5000万元、银川市花卉产业基金5000万元，放大财政支农政策效应，支持新型农业经营主体做大做强。在银川市率先组建宁夏农业信贷担保公司兴庆区分公司，提供农业信贷担保，支持优势特色农业发展。

四、落实重大改革举措，重点支出保障有力

围绕中心，服务大局，积极支持重点项目建设。拨付各类工程款34967.41万元，涉及老旧小区改造、卫生监督大楼建设、掌政中心村A、B区、智慧社区、农业高科技示范园区、蓝天工程等项目。积极探索政府和社会资本合作（PPP）项目模式，发挥项目带动作用，撬动社会资本，缓解兴庆区财政压力。实施PPP项目4个，总投资11亿元。完成政府购买服务工程类项目16项，总投资52亿元，到位资金19.1亿元。公车改革工作规范有序推进。处置公务车辆116辆，拍卖75辆，拍卖成交价102.39万元，全部上交国库。报废车辆41辆，全部交由回收公司进行拆解。

五、强化监督，规范管理，切实提高财政资金绩效

一是切实把好政府建设项目投资关口，不断提高工程结算效率，强化政府采购管理，确保资金高效使用。共完成工程类、货物类和服务类招标项目186项，总预算资金为18.19亿元，实际中标金额为14.5亿元，节约资金3.69亿元，节约率20.3%。其中，完成工程项目招标76项，预算资金16.83亿元，中标金额13.29亿元，节约资金3.54亿元，节约率21%；完成货物类集中采购项目33项，预算金额1.36亿元，中标金额1.21亿元，节约资金1507.69万元，节约率11%；完成服务类采购项目77项；完成货物类分散采购1356项，金额2877.34万元。二是加强100万元以下政府投资项目评审力度，确保工程质量和投资效益。共受理82家单位基本建设投资项目410项，送审金额10092万元。目前已审结271项，送审金额6597万元，定案金额5274万元，审减金额1323万元，综合审减率20%。三是强化"三公"经费管理。党政机关"三公"经费比上年下降20%。四是规范管理，强化预算绩效。推行公务卡结算，提高公务支出透明度。盘活财政存量资金，累计消化财政结转结余存量资金2847万元。

六、加强政府性债务管理,切实防范和化解财政风险

强化政府债务管控,严格债务限额管理,使用债券资金化解债务4.37亿元,及时防范和化解债务风险。实时监控各单位的债务情况,严禁多头举债、随意举债等行为的发生,合理控制政府债务规模,保证财政健康运转。

七、加强财政监督和人员培训,夯实财政基础工作

及时公开财政预决算信息,实现部门预决算和"三公"经费公开工作全覆盖。注重审计结果运用,狠抓财政监督检查,切实提高财政财务管理水平。邀请专家对预算单位业务骨干进行财政内部控制、政府采购网上平台、2018年预算编制软件等培训,全年共5场次,1500余人次,提升财务人员业务素质。对26名财务人员进行交流轮岗,使财政、财务工作有序、规范、健康发展。

(张新亚)

金凤区

2017年,一般公共预算收入64167万元,完成年度预算目标,较去年同期可比增长16.74%,其中税收收入52169万元,占一般预算收入的81.3%;非税收入完成11998万元,占一般预算收入的18.7%。收入增速位列全市第一(除宁东管委会)完成年度预算的100%。

2017年,一般公共预算支出完成164359万元,比上年同期减少22158万元,同比下降11.88%。其中,一般公共服务支出、公共安全、教育、科学技术、社会保障和就业、医疗卫生与计划生育、节能环保、城乡社区共八项财政支出合计完成126572万元,同比减少11258万元,同比下降8.17%。

一、以保增长为目标,积极组织财政收入

(一)抓好收入形势分析

按照"每月抓情况分析,季度抓序时进度"的要求,金凤区财政局就盯住全年收入目标,充分估计、预测各种有利和不利因素的影响,主动加强与各征管部门协调与沟通,结合收入进度要求,积极向自治区政府提供收入调度分析和建议。利用财税收入调度机制,协助和督促各征管单位研判形势,查找差距,寻求对策,增强财税收入征管的预见性和针对性。联合地税局对中阿创业投资产业园的税收情况进行调研,配合企业做好在中阿创业产业园注册的200余家基金公司和个人所减持股票的个人所得税预缴入金凤区地税局的摸底调查工作,协调其他证券公司变更税务登记到阅海湾商务区,确保税收收入落地金凤区。

(二)依法加强税收收入征管促增收

一是加强重点行业管理,特别是对建筑安装、房地产企业开展专项检查。二是加强重点工程项目管理,对辖区内政府投资的中阿之轴、阅海湾中央商务区、安置区建设、棚户区改造等重点建设项目实施重点税源管控。三是进一步加强欠税管理。积极和税务部门沟通,协调自治区、银川市地税稽查局对金凤区欠税企业加大清欠力度,在确保企业发展经营的前提下开展清理欠税工作。

(三)规范非税收入管理,非税拉动作用明显

严格执行《宁夏回族自治区政府非税收入管理条例》,严格执行"收支两条线",对各单位非税收入征收管理、资金管理和票据管理进行监督检查,及时催缴入库。充分发挥非税收入"源头控管"的基础性作用。

(四)完善收入征管机制

建立完善收入征管激励机制,全部兑现先进征管单位、协税护税单位、重点奖励纳税先进企业(个人)奖励,完善委托代征、代扣代缴工作机制。加大重点税源监控,密切关注重点项目建设进度,继续开展税收清欠和重点行业税收专项稽查活动,积极探索综合治税平台建设工作。

二、以保重点为目标，抓好支出管理

2017年，金凤区财政局围绕财政保障重点，抓好支出管理，集中财力用于保民生、促发展。全力保障为民办10件实事、幸福工程、智慧社区和人大议案项目等重点民生项目资金。截至目前，民生支出达到130123万元，占财政总支出的86%，同比增长28.94%。一是确保教育经费保障到位。全年教育支出14938万元，主要用于金凤区各中小学校舍建设等基础设施、薄弱学校改造和改善办学条件、新建学校义务教育阶段学生公用经费以及全面落实贫困寄宿生生活费、家庭经济困难幼儿入园的补助等。二是落实社保、医疗等提标扩面政策。全年社保支出6021万元，医疗支出5172万元。全年累计安排农村低保、城镇低保最低生活保障金869万元；投入就业补助资金2633万元，共扶持1300人就业和再就业。三是持续加大对"三农"投入。其中，对村级"一事一议"补助资金1200万元，实施农村环境整体推进项目，统筹和整合资金5225万元，用于精准扶贫工作；"十三五"移民补助资金31526万元，安排1816万元，补助小型农田水利建设。认真落实农业补贴政策，有效保障农业生产关键项目的发展。四是全力支持重点项目建设。自治区银川市财政部门安排本级建设性支出资金4.17亿元，安排预算资金9298万元用于一批重点项目建设，为推进金凤区重点项目建设切实做好资金保障工作。

三、落实积极财政政策，着眼结构调整

一是筹措资金，全力支持旧城改造、生态美丽回乡、夜游银川等重点项目建设，充分发挥财政资金的杠杆作用，保障固定资产投资规模，为金凤区经济持续快速高效发展注入新的活力。二是全方位筹措资金5.8亿元全面推进良田镇美丽乡村建设、老旧小区改造、学校改扩建和公共基础设施建设等项目。

四、以深化改革为目标，规范财政管理工作

紧紧围绕全面深化财税体制改革的总体要求，扎实推进财税体制改革。一是推进预算管理体制改革。建立预算绩效管理机制，将评价结果与下年度预算编制挂钩；加强专项资金管理，对上年度未使用完的区级专项资金，在年初预算时一并纳入当年财力进行安排；二是完善国库管理工作。做好总预算会计账务核算和分析工作，紧密结合财政工作重点、财政经济状况等及时编写财政执行情况分析，为领导决策提供参考依据。三是推进预决算信息公开，在金凤区政府和财政局门户网站及时公开本级财政预决算、部门预决算和"三公"经费预决算，并指导全区90个部门同步公开预决算信息，实现金凤区预决算公开全覆盖。四是加强财政监督检查，开展涉农资金和固定资产管理情况的检查，组织开展财政资金专项检查5项，监督各项政府非税收入及时足额上缴国库，进一步维护财经秩序，确保财政资金的安全规范有效运行，提高财政管理水平，最大地发挥财政资金的使用效益。五是制定《金凤区财政局内控管理基本制度》（试行），制定内部控制操作规程20项，细化财政各项业务工作流程，提高标准化管理水平和风险防范能力，推进法治财政建设，有效防控廉政风险及其他风险，提高财政内部管理和依法理财水平。六是加强预算绩效管理，切实提高财政资金使用效益，提升预算的科学性和前瞻性，促进经济持续健康发展。组织各预算单位申报2018年预算项目，确保2018年金凤区部门预算编制工作具有前瞻性、计划性，切实提高财政资金使用效率。七是开展金凤区行政事业单位资产核查统计工作，涉及单位89家、资产合计43.23亿元。同时，积极开展公务用车制度改革工作，组织对封存车辆进行拍卖和报废处置。八是加强政府债务风险管理。通过实行限额管理、风险预警，建立应急处置预案，共化解政府存量债务21.70亿元，有效延长政府债务期限，维护政府的良好信誉。九是积极推广政府和社会资本合作模式（PPP）项目，已申报自治区PPP项目共4个，其中阅海湾商务区夜游银川项目顺利通过财政部评审。十是自觉接受监督。按照预算

法要求,主动公开财政信息,自觉接受人大、政协及社会监督。同时积极配合审计部门监督,2017年共接待自治区银川市财政、审计监督检查组和审计组4个,未发现重大违法违规问题。

五、以抓党建为契机,积极推进队伍建设

一是加强教育培训。及时组织全局干部职工认真学习自治区十二次党代会、十九大精神,认真开展党员"两学一做"学习教育常态化制度化专题研讨会4期,要求财政干部牢固树立思想政治建设和作风建设永远在路上的意识。加强业务培训,先后组织人员参加上级财政部门举办的各项业务培训班。二是加强机关作风建设。狠抓机关作风建设,由局领导带队不定期检查上班考勤、工作状态情况。三是加强党风廉政建设。认真落实党风廉政建设"两个责任",实行业务工作和党风廉政建设同安排、同检查。以确保财政资金安全和干部廉政安全为目标,教育全局党员干部严格遵守党风廉政各项规定,做到依法理财,廉洁理财。

面对财政改革创新工作机遇与困难并存的现状,金凤区财政局主动作为,紧扣"创新驱动,脱贫富民,生态立区"三大战略,积极践行"绿色、高端、和谐、宜居"的城市发展理念,按照金凤区党委、政府的决策部署,深化财政改革、提升收入质量、优化支出结构、保障改善民生。进一步加强财政管理,提高财政资金使用效益,促进经济持续健康发展和社会和谐稳定,为加快"五城五区"建设、实现"金凤跨越"目标提供强有力的财政保障。

(王　峤)

西夏区

2017年,完成公共财政预算收入56687万元,比2016年"营改增"调整后同口径增长10.86%;税收收入完成34476万元,非税收入完成22211万元。其中,增值18039万元,营业税100万元,企业所得税579万元,个人所得税625万元,房产税3431万元,印花税4340万元,城镇土地使用税3284万元,土地增值税468万元,车船使用税3610万元,专项收入207万元,行政事业性收费394万元,罚没收入278万元,国有资产有偿使用收入18372万元,其他收入2960万元。

2017年,财政支出总量为177242万元。一般公共财政预算支出174261万元,上解支出1931万元;上缴一般置换债券562万元;一般置换债券支出48万元;补充预算稳定调节基金440万元。基金支出18764万元。其中,一般公共服务支出16836万元,公共安全支出4569万元,教育支出30628万元,科学技术支出926万元,文化体育与传媒支出2390万元,社会保障和就业支出20875万元,医疗卫生支出10223万元,节能环保支出1240万元,城乡社区事务支出38876万元,农林水事务支出14173万元,交通运输支出6946万元,资源勘探电力信息等事务支出1677万元,商业服务业等事务支出2101万元;国土资源气象等事务支出342万元,住房保障支出20730万元,其他支出1497万元,债务付息支出232万元。

2017年,财政公共预算总收入为177244万元。其中,西夏区当年实现公共财政一般预算收入为173195万元(一般公共预算收入56687万元,一般性转移支付收入20313万元,专项补助收入73529万元,债务转贷收入19000万元,返还性收入3666万元)。结转上年使用数686万元(全部为专项结转),一般置换债券结余611万元,调入预算稳定调节基金2752万元。全年公共预算支出完成177242万元。2017年,基金收入为18764万元。其中,区、市拨入专款14379万元,上年结余75万元,置换债券专项上年结余11323万元,新增债券收入3562万元,上缴专项置换债券10575万元。基金支出完成18764万元,其中,政府性基金支出18016万元,专项置换债券支出748万元。一般公共预算执行结

果:年终结余2万元(其中专项结余1万元,置换债券结余1万元)。

一、挖掘税源应收尽收,全力确保财政增收

紧盯重点行业、重点项目、重点企业,深挖增收潜力,确保应收尽收。对西夏区2017年实施的81个重点项目进行梳理,会同税务部门,形成征管合力,对项目进行实地调研,紧盯企业、清缴欠税、挖掘税源、督促征缴,以重点项目税源带动组织收入。

二、强化资本运营运作,财政支撑更加有力

发挥融资杠杆效益,财政支撑能力不断提高。通过发挥润夏、国控等融资平台优势,对接国家开发银行、农业发展银行等金融机构,争取到棚户区改造融资贷款2.1亿元,用于芦花洲二期、镇北堡幸福小镇三期棚户区等项目建设;通过政府购买服务,争取农发行贷款4.9亿元,实施兴泾镇回乡风情特色小镇和镇北堡镇改善农村人居环境项目建设。

三、紧密对接上级部门,争取资金保障项目

把握国家政策,积极对接上级部门,争取到项目建设资金和土地出让金2.34亿元,确保自治区60大庆新建银川市第二十九中学项目、犀牛湖生态修复项目、宁夏绿色集成建筑工业产业园基础设施建设长城神秘西夏医药养生基地项目、中石油500万吨炼油厂扩建项目、长城机床厂旧城(棚户区)二期改造等项目顺利进行。通过置换债券等化解西夏区政府性债务,债务下降率达到75%。

四、完善内控制度建设,夯实业务监察管理

贯彻财政部《关于全面推进行政事业单位内部控制建设的指导意见》文件精神,进一步完善制度建设,夯实内控基础环节,编印了《行政事业单位内部控制操作指南》和《财政部门内部控制制度及操作指南》得到上级部门好评。围绕西夏区财政内部控制基本制度规范、集体决策与授权批准、财政国库业务管理等内部控制制度举办4期培训,培训人数800余人次,强化财务人员教育和监督,同时,由监察局对西夏区各行政事业单位财务管理人员进行集体廉政谈话,将基层财务工作人员也纳入廉政谈话之中,尚属宁夏首次,做到"未病先防",实现财政管理由"老经验,老办法"向适应"新形势,新常态"转变。

五、民生保障力度更强,财政普惠和谐丰富

2017年一般公共预算财政支出为17.43亿元,安排民生支出12.42亿元,占一般公共预算财政支出的71.26%。通过积极筹集调度资金,调整和优化支出结构,加大教育投入,推进政府购买学前教育服务,发展校园足球,促进义务教育均衡发展;全面提升城乡社会保障水平,加强社区阵地建设,加大社会保障力度;积极支持公共医疗卫生体制改革,推动精神卫生综合管理试点建设;大力推进环境综合整治,对银川市主干道大整治大绿化工程地上附着物进行补偿等城乡社区事务;积极参加第十五届全运会,举办和支持西夏古城"古韵今声大舞台"、第八届职工运动会、社火巡游等群众文体活动;支持开展防邪工作、消防装备建设、老旧小区技防改造等项目,维护辖区公共安全;积极落实财政强农惠农政策,精准助力农村脱贫攻坚,改善农田水利基础设施建设,加快发展葡萄产业、休闲农业等优势产业。

六、采取多种形式,加大财政监控力度

对财政资金支付行为做到事前监督、事中监控和事后跟踪检查,财政局通过采取系统预警和综合核查相结合的管理方式,抓好日常财政监督和管理,提高财政资金分配使用的安全行、规范性和有效性。

一是完善财务制度,加大财政监控力度。结合财政财务管理工作实际,制订出台《西夏区行政事业单位财务管理暂行办法》(银西政办发〔2017〕52号)、《西夏区财政资金使用和管理暂行办法》(银西政办发〔2017〕67号),重点加强对预算资金管理、大额现金支出、大额个人转账、公务卡结算、民生项目资金的支付控制,突出财经纪律、资金安全、项目实施的严肃性和有效

性。二是围绕财政管理工作重点,抓住财政管理中的薄弱环节,不断增强预算编制的完整性、科学性。三是不断推进国库集中收付制度改革,优化审核环节,确保预算批复后资金拨付及时到位。四是对财政预算的执行实行跟踪反馈制度,落实财政监察机构对有关财政拨款和财政专项资金使用情况的年度审核制度,一方面加强对税收征管质量、政府非税收入征缴等情况实施日常监管,提高财政收入质量,另一方面组织对"三农"、社保、教育、卫生等关系民生的重大支出情况的专项监督检查,不断优化财政支出结构,重点清理常年安排、用途固化的支出,确保资金使用高效安全。五是聘请专业机构,加强财政监查。将各单位内部控制制度建设及执行情况纳入到财政监督检查。2017年8月,财政局聘请银川西夏联合会计师事务所,对所辖部分单位2016年度会计信息质量及中央转移支付资金进行检查,对检查中发现的问题,及时下发整改意见函,要求单位及时进行整改,确保今后工作更加规范、有序。

七、狠抓党风廉政建设,严格落实注重整改

全面贯彻党的十八大和十八届历次全会精神,认真学习总书记十九大报告,牢固树立"抓党建就是抓发展"的理念,全面落实党风廉政建设主体责任,落实"三会一课"制度,推进"两学一做"制度化常态化,切实改进工作作风深化财税体制改革,从源头上、机制上有效防控廉政和业务风险,扎实推进党风廉政建设和反腐败工作,深入推进全面从严治党,为党员组织开展丰富多彩的活动,通过组织观看《榜样》《十九大系列宣传片》宣传片、参加廉政警示教育、参观禁毒等一系列主题党日活动,加强了党员干部党性教育,为财政事业稳定、创新发展提供坚强的政治保证、作风保证和纪律保证,确保财政干部和财政资金"双安全"。

八、重点工作细化措施,强化财政业务管理

在西夏区政务网财政信息公开专栏对2016年财政总决算及辖区49家一级预算单位部门决算、2017年财政总预算及辖区49家一级预算单位部门预算信息进行统一公开。对西夏区公车改革涉及的111辆公务车进行评估、拍卖和拆解,完成公车改革车辆处置工作。进一步优化行政事业单位资产管理,严格压缩"三公"经费。推广政府采购公共服务平台使用,2017年实际完成西夏区政府招投标采购项目76个,预算金额为9963万元,中标金额为9419万元,节约资金544万元,节支率为5%。

(白云霄)

银川经济技术开发区

2017年,银川经济技术开发区(以下简称银川开发区)完成一般公共预算总收入38.08亿元,同比增加5.74亿元,增长17.73%。完成开发区级一般公共预算收入11.42亿元,其中,税收收入11.37亿元,按照"营改增"测算基数增长26.2%,占比99.55%。政府性基金收入完成0.43亿元。

2017年,银川开发区本级一般公共预算支出完成11.67亿元。基金预算支出完成1.03亿元。

一、多措并举狠抓组织收入,确保年初目标任务完成

为确保完成年初确定的目标任务,银川开发区财政局紧密联系、协调税务部门,认真分析形势,采取真招实措,狠抓组织收入。一是严格落实收入目标任务责任制,强化征管措施和征管责任的落实,做到措施到位、责任到人。二是认真分析财政收入形势,坚持向精细化管理要收入,及时掌握影响收入的因素,找准突破口,逐月分解任务,按旬通报进度,确保财政收入足额入库。三是加强对重点税源的调查评估、分析监控,充分发挥综合治税平台功能,运用现代信息技术手段分析掌控税源,依法征收。四是抓好新增税源,积极配合有关部门引进总部类企业

落户银川开发区，督促落实招商引资企业在银川开发区办理税务登记手续，壮大税源基础。五是加大欠税清缴力度，做到定人、定责、定进度，重点盯紧欠税大户，杜绝新欠的产生，促使税款分期清缴入库。

二、多方筹措资金，搭建投融资平台，为银川开发区经济建设提供资金保障

一是年初积极与各大银行联系，融资6亿元，确保银川开发区重点项目的顺利实施。二是组织召开银川开发区与各金融机构、重点企业项目融资对接会，为银川开发区及园区企业搭建全新投融资平台，与农行宁夏分行和华夏银行银川分行签署《金融服务战略合作协议》，帮助企业解决融资难、融资成本高的问题。

三、发挥依法依规监管职能，提升财政资金绩效

一是切实做好预算编制和信息公开工作。严格执行新《预算法》，按照经费定额标准，严格编制财政预算，对资金量较大的项目，由项目管理职能部门做好前期项目论证，采取"两上两下"编报程序。在批复下达2017年预算的同时，在开发区公告栏、网站及时公开2016年财政决算、2017年财政预算和"三公经费"、行政经费收支使用情况，增强财政资金执行透明度。二是进一步完善财政投资评审工作。全年委托评审项目37项，已审结31项。审结项目送审金额3.92亿元，审定金额3.5亿元，审减金额0.42亿元，审减率11%。三是加强政府采购管理。全年完成政府采购19宗，采购资金总额2002.34万元，节约资金475.29万元，资金节约率19.18%。四是加强建设资金支付审核工作。全年共支付基本建设资金1.94亿元，耕地占用税0.49亿元，注册资本金1.7亿元等等，为银川开发区的各项建设事业提供有力保障。五是严格行政经费和"三公"经费支出管理。2017年，行政经费支出2429.81万元，同比减少37.27万元，下降1.51%；"三公"经费支出56.01万元，同比增加0.81万元，增长1.47%，增长的主要原因是因公出国(境)经费增加，用于中阿合作招商事宜。六是加强直属公司贷款资金、债券资金使用管理。将融资项目资金纳入财政管理，银川开发区财政局根据项目建设所需资金和公司资金状况，合理确定贷款比例和额度，防止造成资金闲置浪费。

四、实施创新驱动战略，积极扶持企业发展

集中财力支持开发区重点项目、重大工程建设、重点产业发展，实施创新驱动战略，加大科技创新投入力度。一是与银川开发区经济贸易发展局共同组织申报项目80余个，落实到位资金1.63亿元。二是审核拨付银川开发区管委会安排的各项扶持奖励资金约1.4亿元。三是积极落实企业税收优惠政策，全年共审核财政退库46户，退税金额1988.66万元，帮助企业克服经济下行压力，支持企业创新发展。

五、扎紧制度笼子，确保资金安全、项目安全

一是强化国有资产管理。银川开发区财政局以2016年12月31日为基准日，2017年年初开展国有资产清理工作，已初步摸清家底，为下一步国企改革做准备。二是配合银川开发区经济贸易发展局对2010—2016年度国家和自治区安排的相关领域服务业发展项目进展情况及资金到位情况进行现场督查，并将进展情况上报自治区发展和改革委员会，确保政府资金及时到位，发挥实效。三是对银川开发区2014年末清理甄别认定的存量政府债务投资项目资产进行全面清查登记。制定完成《进一步加强政府性债务管理的实施意见》和《开发区政府性债务风险应急处置预案》，切实防范地方债务风险。四是有序开展内控基础性评价和2016年度内控报告编报工作，进一步明确、细化各岗位职能职责，加强过程监控，努力构建应对有序、管控有效的内控体系。五是开展党风廉政建设"回头看"。通过对各直属公司在执行八项规定有关制度、落实廉洁自律规定等方面进行抽查，对管委会财务报销制度规定执行情况开展自查自纠，印发《关于进一步明确公务支出报销审批程序及要求的通知》(银开财发〔2017〕73号)等一系列工作,以查促改,以改促进,力争把党风廉政制度执行工作做实做好。六是举办专题培训活动。组织召开以"严肃财经纪律,加强财务管理,规范会计行为"为主题的培训活动,针对各直属公司财务制度和建设项目管理方面进行培训,强调按章办事,依法理财,自觉维护财经纪律的严肃性和重要性。

六、立足财政改革创新,切实提高财政管理水平

一是全面实行国库集中支付和电子化支付管理。进一步规范财政资金支付行为,防范资金支付风险,促进财政资金运行的安全、高效、透明。二是严格执行公务卡制度。以《关于进一步推进公务卡报账制度的通知》(银开财发〔2017〕10号)文件进一步强调公务卡报账流程、报销范围等事项,提高公务支出透明度。

七、加强法规政策宣传,促进经济健康发展

银川开发区财政局于6月12日至6月16日开展以财政惠民、惠企政策为主要内容的"财政法规政策宣传周"活动,发放宣传资料2000余份。通过对财政法规、政策广泛宣传使开发区企业更加了解熟悉国家、自治区扶持企业发展的各项政策,促使企业持续良性发展,以此来带动银川开发区经济的增长。

八、深入推进"两学一做"学习教育常态化制度化

为深入推进"两学一做"学习教育常态化制度化,根据银川开发区管委会统一安排部署,银川开发区财政局制定完成《财政局党支部2017年推进"两学一做"学习教育工作安排》(银开财发〔2017〕33号),并严格执行工作安排计划。一是坚持"三会一课"制度,深入开展学习教育;二是丰富"支部主题党日"内容,强化党员教育管理;三是规范学习教育记录,强化相关信息报送;四是把认真学习贯彻落实党的十九大精神作为当前和今后一个时期的首要政治任务。

(海 燕)

永宁县

2017年完成县本级财政总收入152021万元,其中,一般公共预算收入126633万元〔税收收入完成50588万元(国税累计完成24231万元,地税完成26357万元),下降17.77%,非税收入完成76045万元,增长43.24%〕,同口径增长10.49%,政府性基金收入,25388万元,增长9.89%。

2017年实现财政总支出324804万元,占预算变动数的72.3%,同比减少1227万元,下降0.38%。其中一般公共预算支出297554万元,占预算变动数的99.82%,同比减少3360万元,下降1.12%。政府性基金支出27250元,占预算变动数的18.3%,同比增长8.49%。

一、项目争取工作取得新进展

永宁县财政局主动捕捉项目信息,配合相关部门及时申报项目,争取项目资金,2017年共从上级部门争取项目资金17.32亿元,永宁县财政局自身争取7.8亿元,超额完成年初任务(6.5亿元)1.3亿元。

2017年永宁县争取自治区政府置换债券指标29.2亿元,回补占用政府债券置换资金20.9亿元,及时组织完成债务置换工作,化解政府债务,维护政府信誉,有效降低政府性债务风险。

二、财政管理水平逐步提升

(一)财政"八项"支出总体增长

永宁县财政局在国库资金调度异常困难的情况下,仍全力保障"八项"支出,2017年财政"八项"支出总体增长15%,分别为:一般公共服务支出15891万元,同比增长10.72%;科学技术支出3348万元,同比增长2.2%;社会保障和就业支出33927,同比增长3.29%;节能环保支出10051万元,同比增长71.07%;城乡社区事务支出81876万元,同比增长67.76%;教育支出41368万元,同比下降10.02%;医疗卫生支

出18840万元,同比下降20.61%。

（二）优化支出结构

全力保障民生支出。2017年永宁县民生支出253248万元,占支出总额的80%。一是落实各项惠农政策,发放粮食直补和综合直补资金3324万元,用于农业综合开发、扶贫资金5194万元,农村饮水安全工程建设资金150万元,美丽乡村建设资金986万元,改善和提高农村生产生活条件。二是社会保障和就业支出33927万元,用于城乡低保、五保户供养、城乡困难群众临时救助、城乡医疗补助、失地农民、城镇职工、城乡居民养老保险补助、"56789"暖心工程、退役士兵安置、义务兵优待、就业补助、就业贷款贴息、重度残疾生活津贴、小饭桌运营等。三是医疗与计划生育支出18840万元,用于疾病防治、医疗设备购置、基本公共卫生服务、基本药物补助、县医院迁建、乡镇卫生院信息化建设等。四是教育支出41368万元,用于义务教育阶段公用经费、农村义务教育薄弱学校改造、中小学改扩建工程、教学设备采购、免高中学费、住宿费及书本费、普通高中国家助学金、初高中寄宿生生活补贴、农村小学伙食及交通补贴、幼儿园临聘教师工资等。五是公共安全支10620万元,主要用于业务用房建设、城市综合监控报警联网系统建设、智能交通综合管控系统建设、智能图控系统建设、警务支数据中心建设、道路交通安全管理、城市综合报警联网光纤费、矛盾纠纷排查、法律援助办案补助等。六是文化体育支出2114万元,主要用于市民公园体育设备购置、千村百乡健身气功交流展示、健身步道和多功能运动场建设、纳家户清真寺综合改造、闽宁镇文化活动中心建设、"送戏下乡"演出、社区文化活动等。

（三）保障重点支出,改变城乡面貌

一是城乡社区事务支出81876万元,主要用于人民公园建设、闽宁产业城创新路道路及排水工程、西部水系资源生态保护、宁丰北街道路排水工程、县城路政路灯维修管理、中心村农民安置住房工程、城镇化建设等。二是交通运输支出6386万元,主要用于黄河永宁段标准化堤防路面工程、惠农渠永黄路至滨河大道景观步道工程、永宁东线及黄河公路大桥连接线工程、永黄路至火车站电缆入地工程、西部水系专用道路养护、农村公路养护、道路运输场站安全监管及环境整治等。三是节能环保支出10051万元,主要用于水源地保护、环境监测、县城及望远生活垃圾收集转运、污水处理厂污水处理、闽宁镇垃圾填埋场工程、农村环境综合整治示范项目长效运行、黄标车淘汰补贴等。

（四）支持科技创新,推动现代农业发展

一是科学技术支出3348万元,主要用于知识产权保护、信息点建设、兑现企业技术创新奖、科技服务网络体系运行、日光温室大棚采购安装等。二是农林水事务支出49316万元,主要用于精准扶贫项目、闽宁镇武河村整村推进项目、闽宁镇游客服务中心建设、有机水稻设施农业新品种、葡萄产业建设、农业综合开发项目、村级"一事一议"项目、发展壮大村集体经济农民专业合作社发展、村土地承包经营权确权,109国道、西部水系、闽宁产业城、滨河大道绿化养护、叶家湖环境综合整治、农田水利基本建设、黄河永宁段标准化堤防、拦洪库清淤整治等。

（五）支持企业发展,增强经济发展后劲

一是投资6000万元用于望远创业谷基础设施建设,优化投资环境,引进比亚迪、氰能源、银西高铁等有发展前景的企业,培植有效财源,增加财政收入。二是投资5840万元支持生物医药、新型建材、葡萄酒、养殖、科技等企业健康发展。三是财政补贴创业就业贷款利息600万元,支持"互联网+"、商贸物流业、现代服务业、金融业及特色生态旅游发展,促进第三产业的快速发展。

三、财政监督效果显著

永宁县财政局充分发挥工程预决算审查、会计集中核算、政府统一采购、财政监督检查等监督职能,提高财政资金的使用效益。2017年经财政监督职能部门共审核核减资金2.59亿元,其中工程预决算审查中心共审核结算工程项目171项,送审值43.18亿元,审定值41.1亿元,核减值2.08亿元;审核决算409项,送审值1.15亿元,审定金额8769万元,核减金额2731万元;政府采购中心完成集中采购项目99批次,预算金额9230万元,实现政府采购合同金额8256万元,节约资金974万元;会计核算中心严把审核关,拒付不合理、不合法、不符合财务规定的业务326笔1425万元,从而提高财政资金使用效益。同时严格执行中央"八项规定"精神和区、市、县若干规定,从严控制"三公"经费支出,永宁县2017年"三公"经费支出同比下降46%。

四、财政改革逐步推进

永宁县财政局2017年继续推进财政改革工作,不断提高财政管理水平。一是政府置换债券资金实行分户管理。按照政府置换债券资金管理要求,在中国人民银行永宁县支行开设"永宁县政府置换债券资金账户",用于政府置换债券资金的核算和管理,规范资金使用和运行,杜绝政府置换债券资金的挤占和挪用,提高政府置换债券资金的使用效益。二是积极推进电子化政府采购公共服务平台建设,完善政府采购交易流程、信息发布等规程,建立了监督约束机制,实现财政内网与政务外网的互联互通,政府采购数据完整、信息透明,提高了工作效率,方便了服务对象。三是进一步完善国库单一账户体系,直接支付率达99%。强化财政内控工作,按岗位不相容原则分工负责,规范电子密令使用权限,保证财政资金的规范、安全运行。四是继续推行预算执行网上动态监控,对财政资金支付在事前、事中、事后进行监控,2017年通过网上动态监控,共退回不合规资金854.4万元,保证财政资金安全规范运行。五是继续推行公务卡结算。2017年永宁县公务卡结算1010万元,清理不合规的财政专户7个,从源头上杜绝金融腐败。六是积极清收设施园艺贷款,防止国有资金流失,2017年共清收设施园艺贷款本金484.22万元,利息114.24万元,本息合计598.46万元。

(姚继东)

贺兰县

2017年,贺兰县生产总值127.71亿元,同比增长6.0%,位居全市第三。其中,第一产业增加值17.48亿元,增长4.4%,位居全市第一,川区六县并列第二;第二产业增加值62.95亿元,增长4.9%,位居全市第三,川区六县第五;第三产业增加值47.28亿元,增长8.8%,位居全市第四,川区六县第三。规模以上工业增加值增速同比增长1.5%。完成全社会固定资产投资215.14亿元,同比增长3.9%,位居全市第四,川区六县第三。全社会消费品零售总额143.93亿元同比,增长8.2%。城镇居民人均可支配收入28640元,增长8.2%%。农村居民人均可支配收入13668元,增长8.8%。受国家实施营改增等减税降费政策及增值税划分比例调整等因素影响,全县财政一般公共预算收入完成110566万元,为调整预算的100.5%;全县一般公共财政预算支出完成328433万元,同比增长1.81%,其中八项重点民生支出完成208176万元,同比增长15.02%,实现年度收支平衡。

一、丰富征管手段,努力抓好财政收入

一是根据贺兰县委下达的全年收入指标,按季度、按月制定进度目标,分解到两税和相关部门,县政府主要领导亲自抓落实,确保收入进度。二是推进综合治税,落实涉税信息共享制度和代征代管奖励措施,动员涉税部门积极配合做好税收征收工作,增加零散税收。三是强化税费清欠工作,通过抵顶收回资产等方式,帮助企业解决缴纳欠税(费)问题,努力弥补税收下降带来的缺口。四是加强闲置土地规划利用,及时

拨付土地报批等相关费用，加快土地供应和挂牌，促进政府性基金收入增长。

二、完善保障措施，服务经济社会发展

一是克服财力不足困难，通过整合预算资金、盘活存量资金等措施，做到集中财力办大事，切实保证部分重点项目前期资金需求和民生领域的投入水平，民生支出始终保持在一般公共预算支出的70%以上。二是及时兑现产业扶持奖励资金2.9亿元，并通过引进地方投融资服务企业，建立融资担保、风险补偿、财保贷、兴农贷等基金的形式，吸引社会资金，逐步形成以财政资金引导下的多元投入机制，为全县主导产业发展和扶贫攻坚提供保障。三是通过落实"三争"责任考核机制，全县争取到位上级专项资金30亿元，有效改善贺兰县财力不足、投资困难的局面，同时，切实用活用好自治区债券资金5.44亿元，重点解决全县重大项目建设资金缺口和后续项目融资等突出问题，保证经济社会平稳发展。四是积极推广应用PPP模式，引进专人团队对贺兰县确定的PPP示范项目进行包装、设计、论证、方案报批等工作顺利开展。

三、健全财政监管机制，确保财政平稳运行

一是全面推进内部控制机制建设，全县所有一级预算单位全部建立内控机构和相关制度，财务管理内部控制管理有效增强。二是进一步完善预决算信息及政府采购信息公开制度，公开率达100%，公开渠道及内容更加规范，公开的实效性稳步提升。三是坚持从紧从严管理，进一步落实"八项规定"要求，修订完善《贺兰县行政事业单位差旅费管理办法》《贺兰县公务接待管理办法》等相关制度，进一步提高规范化管理水平。四是切实加强政府性债务管理，积极化解政府存量债务5亿元，并根据中央和自治区要求，开展规范地方政府举债行为专项自查及整改工作，进一步规范政府举债行为、防范和化解政府债务风险。五是聘请会计中介机构，对棚户区专项贷款、小城镇、中心村建设资金等进行专项审计，对非税收入、存量资金及国有资产进行清理检查，发现和整改管理中存在的问题，积极健全财政管理机制。

四、推进财政改革，提高财政运行质量

一是全面推行国库集中支付电子化管理改革、收支经济科目分类改革及预算编制改革工作，确保财政支出更加安全快捷，预算编制更加规范和公开透明。二是顺利实施公务用车制度改革，完成收回公务用车的拍卖工作，拍卖公务用车139辆（成功过户121辆），拍卖价款330万元全部上缴国库。三是积极改进政府采购机制，启用政府采购公共服务平台，提高全县政府集中采购限额，积极与银川市采购工作接轨；同时，切实推进政府购买服务工作，在多个领域试行社会化服务工作，探索政府购买服务新形式。四是积极推进会计集中核算向国库集中支付转轨改革工作，落实人员、账户及财政管理等各项改革措施，努力解决部门会计主体责任不清、财务管理职能弱化等问题。

五、深化作风建设，提升财政机关形象

一是结合"两学一做"学习教育常态化制度化及"作风建设深化年"活动，围绕财政2017年承担的重点工作，分解任务、明确责任，党员干部带头抓落实、转作风，进一步树立党员干部良好形象。二是加强内部管理，以"五个不直接分管"制度为抓手，细化领导分工，修订完善干部考勤考核等制度规定，强化内部管理，促使党员干部职工在推进财政事业发展中发挥作用。三是扎实推进精准扶贫，组织动员广大党员通过"一对一""多对一"的形式，建档立卡，开展精准扶贫活动，帮助结对户确定脱贫项目，增强扶贫对象自我发展能力。四是认真落实财政项目实施工作。目前已落实2017年"一事一议"财政奖补项目43个、中央产粮大县项目6个，涉及资金3700多万元，帮助解决农村基础设施薄弱的问题。

（桂韶华）

灵武市

灵武市2017年实现地区生产总值472.4亿元，按可比口径计算增长11.2%。其中，第一产业10.3亿元，同比增长4.4%；第二产业412.1亿元，同比增长11.9%；第三产业49.9亿元，同比增长7.1%。固定资产投资完成517.4亿元，比上年下降5.1%；社会消费品零售总额17.3亿元，比上年增长9.9%。城镇居民人均可支配收入30624元，比上年增长8.1%；农民人均纯收入13659元，比上年增长8.9%。

一、财政收支情况

全市辖区累计完成公共财政预算收入98.57亿元。其中，中央级收入累计完成38.58亿元，同比增长60.8%；区级收入完成29.68亿元，同比增长69.65%。地方一般公共预算收入完成30.31亿元，同比增长29.34%。地方财政收入中，市本级完成收入9.16亿元，同比增长1.08%，同口径增长8.6%，完成年度预算数的100.2%。宁东管委会收入完成21.15亿元，同比增长47.14%，同口径增长48.7%，完成年度预算数的133.8%；市本级收入中，税收收入完成6.05亿元，非税收入完成3.1亿元。市本级上级财政补助收入27.52亿元，其中，一般性转移支付收入15.31亿元，一般专项转移支付补助8.23亿元，返还性收入0.6亿元，新增政府性债券3.37亿元，上年结余及调入资金0.21亿元，调入预算稳定调解基金1.03亿元，合计可用财力达37.92亿元。

政府性基金收入完成5.48亿元。其中，市本级政府性基金收入完成2.27亿元，上级补助收入0.16亿元，新增政府性专项债券0.73亿元，上年结余0.17亿元，市本级合计基金收入3.32亿元；宁东管委会基金收入3.21亿元。

全市地方一般公共预算支出完成37.67亿元(不含宁东管委会数据)，同比增长7%。其中，一般公共服务支出2.08亿元，同比增长40%；公共安全支出1.12亿元，同比下降22.4%；教育支出4.4亿元，同比增长9.3%；科学技术支出0.64亿元，同比增长5%；文化体育与传媒支出0.68亿元，同比增长53.3%；社会保障和就业支出6.6亿元，同比增长45.1%；医疗卫生支出1.67亿元，同比增长6.2%；节能环保支出2.14亿元，同比增长62.4%；城乡社区事务支出4.56亿元，同比下降8.8%；农林水事务支出6.87亿元，同比下降0.7%；交通运输支出1.14亿元，同比下降10.5%；资源勘探信息等支出1.99亿元，同比增长92.9%；商业服务等事务支出0.13亿元，同比下降54%；国土海洋气象等支出0.44亿元，同比增长178.5%；住房保障支出1.35亿元，同比下降62.4%；粮油物资储备支出0.01亿元，同比下降44.5%；债务支出1.83亿元，同比增长23.2%。基金预算支出2.97亿元，同比下降28.1%。

宁东管委会一般公共预算支出22.57亿元，政府性基金支出2.73亿元。

全辖区共计支出65.93亿元。

推进财政决算信息公开，全市140个部门乡镇2016年部门决算和2017年部门预算及"三公"经费预算全面公开，做到财政资金运行阳光透明。

二、深化财政改革，促进经济发展

（一）落实财政政策

积极发挥财税政策、资金和服务对经济发展的引导促进作用，助推经济转型升级，夯实财源增长基础。加强与上级财政部门沟通对接，积极协同项目申报单位，争取上级专项资金24亿元。全面落实"营改增"、所得税优惠、行政事业性收费减免、城乡居民养老保险提标等财税优惠政策，进一步减轻企业税费负担，提高城乡居民生活保障。制定印发灵武市本级政府采购目录及标准，规范政府采购程序，严明采购标准。强化政府预算全口径大统筹，严格实行"收支两条线"。积极推动供给侧结构性改革,全力落实各项扶持资金,加快特色产业、现代农业、现代服务业转型发展。全力保障重点项目建设,灵武市财政先后筹措资金 6.5 亿元,确保农村环境综合整治、沟道治理、灵河生态公园、枣博园续建、火车站与下白路连接线、国道 344 连接线、新杜路扩建、临河下桥区域环境整治、高庙周边环境整治等重点项目顺利实施。

（二）深化财政改革

坚持以财政改革为抓手,着力推进财政科学化、精细化管理。健全预算编制体系,完善项目、资产配置预算管理。深化国库集中支付改革,优化国库支付程序,实行国库电子化支付,缩减资金支付时限,提高服务效能,资金动态监管取得实效。深化乡镇财政体制改革,实行"包干预算",切实增强乡镇财政的基本公共服务保障能力。严格政府性债务管理,进一步完善地方政府性存量债务台账。完善债务偿债机制,争取政府性债券资金 4.1 亿元,有效缓解了财政支出压力。密切跟踪和准确把握经济走势,充分发挥市场对资源配置的决定性作用,适度扩大政府投资规模,灵活运用政策奖补资金 0.59 亿元、贴息资金 0.09 亿元、政府债券资金 4.2 亿元、政府采购资金 0.25 亿元、产业发展资金 4.46 亿元,共计 9.59 亿元,促进经济稳定增长、转型发展。

（三）建设 PPP 项目

灵武市 2016—2017 年实施了灵武临港经济区基础设施、灵武市职教中心迁建、灵武市医院迁扩建、灵武市新华桥美丽小城镇基础设施、灵武市第一二污水处理厂等 5 个 PPP 项目。其中,灵武临港经济区基础设施 PPP 项目（区及示范项目）总投资 21.3 亿元,灵武市职教中心迁建 PPP 项目总投资 7.3 亿元,灵武市医院迁扩建 PPP 项目总投资 7 亿元,灵武市新华桥美丽小城镇基础设施 PPP 项目总投资 5.1 亿元,灵武市第二污水处理厂、再生资源污水处理厂 PPP 项目资产规模 2 亿元。5 个 PPP 项目严格按"识别论证→项目审核→选择社会资本方→签订合同→项目实施→项目移交"等六个阶段实行。且 5 个 PPP 项目全部完成了"一案两评",所聘请的中介机构都是通过竞争性磋商方式在财政厅 PPP 咨询机构库中进行政府采购。

（四）推进金融改革

截至 12 月末,全市存款余额 175.43 亿元,贷款余额 209.61 亿元,存贷比 119.5%。农村金融改革试点工作稳步推进,发放村级为民发展"聚力工程"互助担保贷款 6000 万元;全民创业贷款发放 406 万元;村级互助资金项目累计借款达到 8439.06 万元;灵武市融资担保公司创新推出 10 种抵押贷款担保产品,对企业担保贷款基准利率上浮 40% 降低为上浮 20%,担保费由 2% 降低为 1.2%,有效降低企业融资成本;2017 年累计担保贷款金额 7035 万元,其中,小微企业担保贷款 5600 万元,"三农"担保贷款 2435 万元。扎实推进金融精准扶贫。扶贫小额贷款基金总额达到 560 万元。定向扶持 14 个贫困村的妇女创业,石嘴山银行向 181 户建档立卡户发放妇女创业贷款 905 万元。向符合条件的建档立卡贫困户妇女发放每笔 10 万元的小额贷款资金并就地入股企业,同步实现就业,形成"入股分红 + 就业"的灵武"金融扶贫"模式。

三、加强财政管理,提升服务能力

（一）资产管理

根据自治区财政厅《关于开展全区行政事业单位资产清查工作的通知》和灵武市财政局《关于灵武市资产清查工作实施方案》文件要求,开展资产大清查和产权登记及发证工作。其中,灵武市行政单位清查资产总额为 118953 万元（其中固定资产 49989 万元）,负债总额为 13605 万元,净资产总额为 105348 万元;事业单位清查资产总额为 139986 万元（其中固定资产 137170 万元）,负债总额为 4558 万元,净资产总额为 135428 万元。

（二）公车改革

灵武市车改工作于 2016 年 10 月 25 日启动,参改单位共 59 个,参改人员 1099 人,全市改革前（截止到2015年9月30日）共计实际使用车辆数为330辆，改革后保留车辆182辆。封存车辆106辆，其中，拍卖65辆，报废41辆。2017年，灵武市本级总体支出为2318.07万元，其中，交通补贴费831万元；保留车辆运行费901.48万元；保留司勤人员费用261.03万元；其他支出费用16.16万元；全市车改后车辆运行费节支率为19.28%。

（三）政府采购

2017年完成采购业务197笔，全年执行采购预算2.19亿元；实现合同采购金额2.05亿元；节约资金1400万元；资金节约率7%。严格按照《中华人民共和国政府采购法》《中华人民共和国政府采购法实施条列》财政部74、87号令之规定，做细做好标前审批工作，对采购需求计划单及时进行网络审批。对采购项目达到公开招标限额要求的全部采用公开招标方式，因特殊需求要求采用公开招标以外方式的，在采购活动开始前做好方式变更审批、论证及公示工作。大力推进信息化建设，推广宁夏政府采购公共服务平台网络计划申报工作。组织灵武市预算单位进行采购项目网络申报，进入公共资源交易中心进行平台对接，2017年年底已完成政府采购"三网一平台"建设，建立功能既相互统一又具地方特色的政府采购公共服务平台。

（四）会计管理

通过岗位调整、录用和专业技术层次提升，会计人员"断崖式"结构与实际工作需求的矛盾得到有效缓解。建立完善会计人员信息管理系统，2017年，灵武市会计从业人员1519人，信息录入率100%。以"会计之家"教育阵地为载体，开展多元化培训教育，先后举办全市行政事业单位内部控制暨网络信息安全培训和财政支农政策培训，举办各类培训班8期960人次，使广大财务人员的知识结构得到更新改善，综合素质和执业技能得到双提升。全面做好2017年度会计专业技术资格考试报名工作，做到试前宣传、服务、审核三到位。据统计，2017年灵武市会计专业技术初中级资格考试报名人数为289人，较上年相比增加7.03%。通过社会治理综合服务信息平台，推行财务信息化公开，76家单位累计公开财务事项1.96万笔9.3亿元，做到资金支出阳光透明。与委派会计签订《2017年度会计委派目标管理责任书》，明确委派会计工作职责，重申廉洁自律有关规定和职业操守具体要求，完善考核奖惩机制。强化委派会计监督与管理，从源头预防财经违规违纪行为发生。

（五）农业综合开发

2017年，农发项目集中力量建设高标准农田和盐碱地改良工程，积极扶持新型农业经营主体，大力促进农业基础设施建设，坚决依靠科技创新，推动灵武市农业综合开发惠及更多农户。共实施项目11个，总投资为6134万元，其中，中央财政投资2205万元，自治区财政投资680万元，灵武市财政投资237万元，项目区群众、企业自筹1658万元。流动资金贴息额2400万元，中央财政流动资金贴息57万元。主要实施了崇兴镇农业综合开发现代农业园区项目，梧桐树乡梧桐树村高标准农田建设项目（引黄灌区盐碱地改良工程），一般产业化发展项目，部门项目等。

四、强化财政监督，提升理财水平

积极履行财政监督职能，全面开展监督检查。开展预算绩效评价强化内控监管，科学合理编制部门预算。开展"四项清理工作"，消化和盘活存量资金1.6亿元，完成置换债券资金支付14.2亿元。开展重点民生领域资金检查，对民政、社保、廉租房资金开展专项检查，确保专项资金安全和专款专用。

五、突出党建工作，加强精神文明建设

认真贯彻学习党的十九大和自治区第十二次党代会精神，推进"两学一做"学习教育常态化、制度化，紧紧围绕服务经济发展抓党建，以党建促财政各项工作全面发展。"党建月"组织党员重温入党誓词，参观盐池历史博物馆，对党员干部进行革命传统教育。每月开展支部主题

党日活动,通过自评、民主测评、支部审定、公示等环节,评定党员星级。进一步强化党员管理,增强党员自律意识。强化班子成员"一岗双责"意识,坚持把纪律和规矩挺在前面,带头执行中央"八项规定"精神和《准则》《条例》,推动全面从严治党向纵深发展,落实廉政风险管理工作,重新修订了灵武市差旅费、会议费管理办法等制度,严格执行《灵武市财政局财政资金审批程序规定》,强化内部监督检查"三公"经费继续保持下降,干部作风进一步转变,工作质量和效率得到提升。

(赵　梅)

宁东基地管委会

一、加强政治理论学习,坚定理想信念

宁东管委会财政审计局始终把提升政治素养和工作水平放在学习首位,系统学习党的十九大、习近平新时代中国特色社会主义思想和自治区十二次党代会精神,坚持用最新的理论成果开拓思维、武装头脑,不断加强党性锻炼;领会"五位一体""四个全面""四个自信"等重要论述的深刻内涵,努力保持政治上的清醒和思想上的坚定;进一步增强政治意识、大局意识、核心意识和看齐意识,自觉地在党工委、管委会的领导下开展工作,恪守政治规矩;认真践行两学一做要求,把党建工作和业务工作同布置、同落实、同检查,坚持推进两一做学习教育常态化制度化,带头到基层讲党课;坚持把政治理论学习和财政管理、审计监督工作相关结合,注重学习借鉴成功经验和方法,结合实际创造性地开展工作。切实加强干部职工道德修养,谨记入党誓言,自觉抑制腐朽没落思想,反对奢靡享乐之风,在工作中努力做到甘于奉献、诚实守信、乐观向上,热情为前来办事的单位和个人做好服务工作,树立正确的人生观、价值观和世界观。

二、履职尽责扎实做好财政管理、审计监督工作

(一)紧扣财政收入支出目标,全面完成全年任务

宁东管委会财政审计局紧紧围绕管委会确定的收支任务,积极加强与国地税协调沟通,强化月度、季度收支分析与管理,加大收入稽查力度,全面完成各项收支任务,一般预算收入支出双方突破20亿元,为基地社会经济建设和机构高效运转提供财力保障。

——收入上台阶。管委会公共预算收入达21.15亿元,完成年初预算133%,比预算超收5.35亿元;政府基金收入达3.21亿元,完成年初预算100.6%。

——支出上规模。全年完成财政总支出29.35亿元,比上年增加7.69亿元,增长26.2%。其中一般预算支出22.57亿元,较上年增长30%;完成国有资本经营预算支出4亿元,完成年初步。

(二)科学编制财政收支预算

2017年,全面提升预算管理,预算编制质量得到逐年提高;编制全口径政府预算,公共财政、政府性基金、国有资本经营收入全部纳入政府预算;对人员工资、津补贴等与工资相关性支出全力保障,工资实行统发,增强部门单位的保障水平;合理确定公用经费标准,简化部门业务费项目,按照零基预算的要求,清理归并部门业务费,保障相关职责部门、单位正常运转。

(三)围绕重点任务,加大保障力度

根据基地发展总目标和年度重点建设任务,努力提升财政保障能力,确保重点项目和工作。专项安排宁东完全制学校、宁东医院两个自治区60周年大庆献礼工程2.1亿元建设资金,确定项目建设进度;为做好2017灵新矿棚改项目融资,安排配套资金1900万元;做大做强委属国有企业,促进宁东产业发展,向投资公司、担保公司等4家下属企业注资8.5亿元;落实第十二届党代会生态立区战略,加大宁东绿化整

治，安排生态绿化提升履行资金7886万元；拨付1.35亿元宁东镇区征地拆迁资金，维护农民利益；争取自治区7亿元新增地方政府债券，全部用于宁东基地园区、镇区基础设施建设；为保障和改善民生，保障低收入和困难群体生活，安排民政和社保资金2698万元。

（四）加快支出进度，加强财政管理

及时下达2017年年初预算和自治区专项资金，加快支出进度，充分发挥财政资金效益，自2017年6月起，宁东基地在全区支出进度考核中名列前茅；加强财政资金审核，做好预算登记、对账，严格预算执行；在完善国库集中支付改革的基础上，2017年实现资金支付业务的电子子、网络化运行，提高支付效率；主动落实政府信息公开要求，管委会本级及所属10个预算单位全部要求进行预决算公开；收回2015年及以前年度存量资金1176亿元，全部用于宁东生态绿化项目；对管委会本级2017年安排的经费开支，年末没有执行3276万元预算资金，由财政全部收回。

（五）加强政府债务管理

为加强政府债券管理，成立宁东基地政府债券管理领导小组，出台《宁东基地管委会地方政府性债务风险应急处置预案》；积极落实存量债务置换工作，争取自治区置换债券资金置换存量债务5.5亿元，有效防控债务风险，年均降低融资成本约1000万元；安排还本债务还本付息资金3.16亿元，全额纳入年初预算，确保宁东基地良好信誉。

（六）强化审计监督工作

紧紧围绕管委会2017年的中心工作，谋划、部署、推动审计实践，在宁东经济社会发展中发挥积极的作用。一是对管委会所属部门、单位和企业收入支出的合法性、合规性为主线，积极开展预算执行及财务收支情况的审计，以各项揭示了财务核算、经费报销、结余资金、资产管理等方面问题。二是共对7个项目进行招投标预算控制价进行审核，审核造价1.37亿元，审减0.33亿元，审减率达25%；对以来个完工项目进行结算审核，完成工程结算审核项目37个，审核工程造价13.53亿元，审减2.19亿元，审减率为17%，节约投资，促进项目管理规范。

三、廉洁自律，严格遵守法律法规和各项财经纪律

一是严格遵守廉洁自律规定。严格要求干部职工，自觉遵守《中国共产党廉洁自律规定准则》，始终保持清醒的认识，时刻做到自重、自省、自警自励；对党和组织忠诚，按照组织要求对重大事项进行报告。

二是干部职工能正确使用手中的权力，认真履行好职责，严格按预算、按程序审核和拨付资金，厉行节约，勤俭办事；年初步预算未能安排大额支出事项，全部上报党工委、管委会研究决定；在工作上严格把关，严格按照有关法律法规办事，加强对财政资金的审计监督，特别"三公"经费的监督检查。

三是干部职工能严格执行廉洁自律规定，没有违反廉政规定和制度的行为。没有公车私用现象，对家人能严格要求，从来没有利用职务为家属和亲友谋取私利，家属没有在宁东从事经商办企业情况。坚决杜绝"吃、拿、卡、要"等违纪行为，不断增强自律意识和拒腐防变的能力。

（朱婷玉）

石嘴山市

2017年，全市实现地区生产总值580亿元，同比增长7%。其中，第一产业实现增加值28亿元，同比增长4.15；第二产业实现增加值370亿元，同比增长6.5%；第三产业实现增加值182亿元，同比增长8.5%。全市地方财政收入累计完成23.06亿元，在综合考虑"营改增"及法检非税收入上划等一次性不可比因素情况下，可比增长4.02%。全社会固定资产投资完成550亿元，同比增长8%；实现社会消费品零售总额

111亿元,同比增长8.5%;全市城乡居民收入分别达到28050元和12840元,同比增长分别是8%和8.5%。

2017年,全市财政总收入累计完成52.13亿元,增长7.65%,其中,中央、自治区级收入29.07亿元,同比增长15.74%。

分级次看,全市地方财政收入累计完成23.06亿元,在综合考虑"营改增"及法检非税收入上划等一次性不可比因素情况下,可比增长4.02%,为年度调整预算的112.17%。其中,市级一般公共预算收入累计完成15.02亿元,可比增长0.58%,为年度调整预算的104.96%;平罗县一般公共预算收入累计完成8.04亿元,可比增长11.12%,为年度预算的128.66%。在市级一般公共预算收入中,市本级一般公共预算收入累计完成10.45亿元,可比增长3.7%,为年度预算的106.54%;辖区级一般公共预算收入累计完成4.57亿元,可比下降11.76%,为年度调整预算的101.52%。其中,大武口区完成2.76亿元,可比增长0.53%,为年度调整预算的102.3%;惠农区完成1.81亿元,可比下降17.24%,为年度调整预算的100.34%。

2017年,全市一般公共预算支出累计完成92.67亿元,同比增长2.79%,为年度变动预算的95.26%。其中,市级一般公共预算支出累计完成58.53亿元,同比增长0.43%,为年度变动预算的93.90%;市本级一般公共预算支出累计完成38.02亿元,同比增长2.4%,为年度变动预算的92.34%;辖区级一般公共预算支出累计完成20.50亿元,同比下降3.02%,为年度变动预算的96.94%;平罗县一般公共预算支出累计完成34.15亿元,同比增长7.12%,为年度变动预算的97.69%。

一、狠抓增收节支

积极开展税费清欠专项行动,不断完善财政收入信息交流共享平台,及时分析和通报收入完成情况,财政收入质量明显提升,市本级税收收入占一般公共预算收入比重达65.5%,较2016年提高5个百分点(全区提高1.1个百分点)。加强争取资金工作精准指导,全市共争取中央及自治区各类资金60.32亿元,同口径增长19.32%,增幅排名五市第一(总量第四)。积极盘活存量资金,清理收回各预算单位结余结转资金7319万元统筹用于重点项目建设,居五地市之首。严控一般性支出,市本级行政运行成本同比下降19.36%,其中,"三公"经费同比下降34.01%。

二、集中财力助推产业转型

统筹安排1.1亿元,支持园区转型升级,助力园区环境提升改造、增强集聚发展能力。发挥中央、区、市三级资金的捆绑作用,积极支持工业转型升级、企业技改、淘汰落后过剩产能,支持实施科技创新"双倍增"行动计划。用足用活"两创示范"资金,加快小微企业创业创新示范城市建设,"小微双创"第三方评价工作被财政厅在全区推广。重视对网络经济产业园、科技金融广场等项目的投入,支持新经济新业态新产业的培育引进。整合各类资金支持农业特色优势产业,助推农村一二三产业融合发展。筹集资金18亿元,全力支持重点项目建设。争取自治区专项4.3亿元,本级配套3300万元,确保贺兰山环境综合整治工作顺利推进。

三、加强保障力促民生转型

优先保障政府为民办实事的落实,民生投入占一般公共预算支出的75%。筹措资金积极支持星海中学、市幼三分园、石嘴山市数字文化馆等项目建设。建立完善财政配套政策,筹措8845万元支持公立医院改革。拨付社会保险基金31.47亿元,确保参保人员及时享受待遇。筹措各类补贴资金1.57亿元,落实困难群众基本生活救助,支持公益性岗位人员及实习大学生就业。拨付3.35亿元,用于支持棚户区改造,公租房建设、租赁补贴及购房补贴发放,财政兜底能力进一步增强。

四、全面深化财政改革

建立预算安排与预算执行、绩效评价、消化结余结转和"三公"经费使用"四个挂钩"机制,积极推进市与辖区财政事权与支出责任划分工作，率先在全区完成国库集中支付电子化改革试点工作。财政预(决)算信息公开更加规范。政府采购"网上超市"建成并投入运行。充分利用上级、本级、下级和第三方四种力量开展预算绩效评价，完成12个重点项目及7个本级试点部门预算绩效管理评价工作。开展规范政府融资行为专项行动，多渠道筹措资金化解债务1.6亿元，债务预警机制不断健全完善，债务风险保持在可控范围内。

五、加强队伍建设

坚持全面从严治党，建立并落实党建工作"四个清单"，完成财政局党委总支部委员会的换届选举工作。扎实推进"两学一做"学习教育常态化制度化，建立月度单周领学双周汇报制度，有效激发党员干部钻研新理论，学习新知识的积极性。推行"四四二二"工作机制和重点工作限时办结积分管理，在全局营造"身在一线，心在一线"的干事创业浓厚氛围。积极开展下基层结对帮扶、群众评议机关作风、巩固深化中央八项规定精神"回头看""敢担当，有激情，善作为"等活动，健全完善制度规定，持续改进工作作风，不断规范内部管理，树立财政部门为民服务的良好形象。

（李献飞）

大武口区

2017年全区地方财政总收入118491万元。其中，一般公共预算收入27620万元；一般公共预算上级补助收入60998万元；政府性基金上级补助收入2029万元，债务转贷收入7306万元；上年结余收入18591万元；调入预算稳定调节基金1947万元。

2017年全区一般公共预算支出94596万元，为年度变动预算的95.49%，政府性基金预算支出4746万元，为年度变动预算的77.94%。

争取到煤炭市场整治资金、基层政权建设资金及大气污染防治等重点专项资金6.16万元。

一、重点领域，加大支持

一是支持一产发展资金84万元。主要用于全区农机局购置补贴及农业政策性补贴。通过网络公示各类补贴及惠农政策，涉及农户5503户，发送短信6万余条，涉及资金338万元。二是支持二产发展资金1640万元，加大对恒达纺织、大窑饮品、北玻硅巢、胜恒新能源、格林兰德等企业的支持力度，促进骨干企业做大做强。三是大力支持产业转型升级。安排产业发展引导资金及服务业发展引导资金1430万元，支持和君纵达、网络经济产业园等服务业技术改造、新产品研发等。全力保障重大项目支出，投入资金3.2亿元，保障了全区10件民生实事、重点项目建设，老旧小区改造、棚户区建设、文明城市、卫生城市等项目投入。着力改善生态环境，投入1640万元，为贺兰山环境综合整治、水源地治理和大气污染防治提供资金保障。

二、民生保障，投入有力

一是强农惠农政策严格落实。投入521.16万元，保证了村级组织运行等工作；投入2195万元，支持村级一事一议等项目实施。二是教育医疗事业稳步提高。投入10300万元实施周边学校留守儿童"免费午餐"工程、支持学前教育、义务教育阶段公用经费补助；着力补齐人均公共文化财政支出短板，人均公共文化财政支出140元，完成年初目标任务；投入1997万元用于公共卫生服务补助、城乡医疗救助和优抚对象医疗保障等，公共卫生经费由2016年人均45元提高到今年人均50元。三是社会保障水平不断提升。投入1673万元用于城乡居民最低生活保障、重度残疾人生活津贴、孤儿养育津贴等；投入棚户区改造、廉租住房补贴等项目资金3738万元。

三、财政改革，稳步推进

（一）深化财税体制改革，提升管理水平

一是加大盘活资金力度。全面清理财政专

户、结余结转及往来账务,清理收回"沉淀",统筹用于文明城市创建、生态治理、新业态发展等支出,全年累计盘活调整使用886万元,收回存量资金238万元。二是大力消化结余结转资金。建立财政结余结转资金定期清理机制,加大对财政结余结转资金的统筹使用力度,全年消化结余结转专项资金9526万元,消化率100%;消化部门结余资金13207万元,消化率93%。三是加强预算绩效管理。对城市道路及自行车慢行交通系统项目、LED城市道路照明节能改造工程等项目进行绩效评价,为逐步探索绩效评价结果应用奠定基础。

(二)深化融资体制改革,调动社会投资积极性

发挥财政"桥梁"作用。召开银企对接会,为企业解决融资难题,促进企业发展壮大。为海力电子发放贷款900万元,为26家小微企业发放贷款5100万元;协助宁夏捷拜科技智能有限公司融资300万元,用于企业创新发展。发挥财政资金"撬动"作用。通过财政联合邮政储蓄、农村商业银行、农业银行及大地保险、人保财险公司,实行保险介入担保,为农户发放担保贷款9971万元,助力全区现代农业加速发展。

(三)深化区属国有企业改革,促进国有企业做大做强

按照《大武口区属国有企业重组改革实施方案》,制订《关于区属国有企业改革实施方案的操作规划》《关于进一步健全完善部分区属国有企业法人治理结构工作实施方案》等,进一步健全完善改革的相关制度和措施;注册成立石嘴山市盛裕诚资产管理公司,石嘴山市盛裕泽资本运营公司,改组石嘴山市尉元科技开发有限公司和大武口区城市建设投资有限公司的董事会、监事会。推行混合所有制,参股宁夏钱包金服小额贷款有限公司、西部地理信息产业园项目、宁夏捷拜科技智能有限公司及西部雕刻大师展示馆项目等混合所有制形式,为国有企业提供了资金、资源、技术和理念,推动企业共同发展。

四、财政监督,措施得力

一是加强财政监督。坚持厉行节约,严格公务支出管理,制定《大武口区行政事业单位会议费管理办法(暂行)》,全年"三公"经费同比下降41.1%,厉行节约成效显著。

二是强化非税收入征管。完善非税收入征管制度,提升非税收入管理信息化水平,增强应收尽收的透明度和监督机制,确保非税收入足额入库,全年实现非税收入5416万元。

三是强化地方政府性债务管理。制订《大武口区地方政府性债务风险防范预警预案》,成立政府性债务管理领导小组,及时防范和化解政府性债务风险。全年争取到位新增地方政府债券4026万元,共到位置换债券资金13414万元,保障全区重点项目建设。

四是规范政府采购管理。全面运用政府采购公共服务平台,实现政府采购计划、资金支付"不见面"审批,全年完成集中采购项目31批次,资金节约率达14%。

五是加强国有资产管理。切实摸清"家底"。开展全区行政事业单位占有资产、行政事业单位经管资产、国有企业资产的清查和统计工作,共清查资产50亿元,被自治区财政厅列为政府经管资产报告工作试点区之一。

(张琳雅)

惠农区

2017年,惠农区地区生产总值完成161.3亿元,同比增长7.2%,增速比2016年提高0.6个百分点。其中,第一产业增加值6.1亿元,同比增长4.2%,增速比2016年提高1个百分点;第二产业增加值106.7亿元,同比增长6.7%,增速比2016年提高0.9个百分点;第三产业增加值48.5亿元,同比增长8.6%,比2016年放缓0.3个百分点。三次产业比重为:3.8∶66.1∶30.1。全

社会固定资产投资完成171.8亿元,增长6.2%。区本级一般公共预算收入完成1.8亿元,完成年度预算的100.34%,同口径下降23.61%。区本级一般公共预算支出完成10.52亿元,同口径下降6.39%。城乡居民人均可支配收入实现2.51万元和1.29万元,分别增长8.4%和8.5%。

2017年,惠农区财政总收入完成12.3亿元。其中,中央级完成4.9亿元,自治区级完成2.3亿元,市级完成2.8亿元,惠农区本级完成2.3亿元。惠农区一般公共预算本级收入完成1.8亿元,为年度预算的100.34%,同口径下降23.61%。其中,税收收入完成1.2亿元,完成年度预算的88.12%,同口径下降28.08%,占一般公共预算本级收入的66.45%;非税收入完成6058万元,完成年度预算的138.37%,同比下降12.91%,占一般公共预算本级收入的33.54%。政府性基金收入完成5000万元,完成年度预算的76.72%,同比下降9.6%。

2017年,惠农区一般公共预算本级支出完成10.52亿元,为变动预算的99.43%。主要支出项目:一般公共服务支出1亿元;公共安全支出1578万元;教育支出1.99亿元;科学技术支出179万元;文化体育与传媒支出2421万元;社会保障和就业支出1.31亿元;医疗卫生和计划生育支出7603万元;节能环保支出846万元;城乡社区支出2.2亿元;农林水支出1.8亿元;交通运输支出228万元;资源勘探电力信息等支出606万元;商业服务业等支出449万元;国土资源气象等事务支出701万元;住房保障支出5515万元;债务付息支出1922万元。

一、着力提升财政综合保障能力

一是全力以赴抓财政收入。按照税收法定原则,加强财政收入组织,确保依法征收、应收尽收。主动适应国家"营改增"等税收政策调整,制定落实重点产业、重点行业税源培植计划,夯实财源基础,促进财政增长和经济发展良性互动。强化国有及国有控股企业生产经营、财务、收益监督管理。加强非税管理,确保非税收入及时足额缴库。二是全力争取上级资金支持。2017年向上级争取各类财政资金9.1亿元。三是全力抓好本级基本财力保障工作。在现行财政体制影响惠农区财政减收的艰难情况下,全面落实本级基本财力保障责任,集中落实国家、自治区和石嘴山市统一制定的保工资、保运转、保民生政策,进一步规范政府债务管理,防范化解财政风险。通过积极争取地方政府置换债券等多渠道筹集资金,消化存量债务,逐步降低政府债务风险,缓解偿债压力。清理偿还各类工程欠款1.9亿元,守住不发生系统性和区域性风险底线。

二、着力提升预算执行能力

一是认真执行惠农区人大批准的预算,维护预算的权威性。硬化预算约束,严控预算追加,着力压缩一般性财政支出。二是科学合理安排支出,确保各项民生政策落实到位。重点保障三农、教育、社会保障、重点项目建设等支出,切实关注和解决人民群众最关心、最直接、最现实的问题,强化对各类财政性资金的管理,更好地发挥资金的使用效益。三是规范支出管理,把牢资金审批"关口",强化对重大项目资金、涉农资金和民生资金的重点监管和预算审查监督力度,推进财政资金、债务、资产等长效管理制度建设。四是积极盘活财政存量资金,建立政府主导、财政牵头、部门协同推进的工作联动机制。加大对结转结余资金的清理和统筹使用力度,进一步提高财政资金使用效益。

三、着力促进经济健康发展

认真贯彻落实稳增长、调结构的政策措施,全力促进经济稳定增长。一是多渠道筹措重点项目建设资金。争取地方债资金1.4亿元,实施了老旧小区改造、城乡基础设施建设、红果子镇小城镇等重点项目建设;争取中央专项资金1.6亿元,实施河滨街煤矿棚户区改造项目,完成了安乐桥两侧和红宝家园二期共计924套棚户区改造等任务;积极争取并筹措资金4729万元,实施高标准农田建设项目和中型灌区节水配套改造惠农区盐湖沟治理等项目。二是积极破解企业融资难、担保难等问题。与石嘴山市鑫鼎担保公司共同出资成立独立法人的担保公司，为符合担保条件的国有企业、农副产品加工企业以及其他具有成长性的小微企业的扶贫产业发展提供贷款担保。

四、着力保障和改善民生

认真落实各项民生政策。惠农区财政用于教育、社会保障、医疗卫生等民生8项支出7.8亿元，占一般公共预算支出的76%。一是继续加大对教育的投入力度，安排资金2.3亿元全面推进义务教育均衡发展，主要用于农村义务教育薄弱学校改造、公共体育服务设施建设、义务教育保障机制经费补助等。二是加强基层医疗卫生服务体系建设，安排资金9900万元用于基本公共卫生服务、医疗设备购置、计划生育奖励扶助等。三是社会保障投入2.2亿元用于城乡低保、医疗救助、退役士兵自主就业补助、优抚对象补助以及公益性岗位人员工资及社保补贴、"三支一扶"补助、城乡劳动力技能培训及创业培训补助等。四是加大对"三农"的投入，认真贯彻落实各项支农惠农政策，安排资金2.4亿元用于兑付农业支持保护各项补贴、农业基础设施建设、农业综合开发、村级"一事一议"项目建设等。

五、着力加强财政监督体系建设

一是加强财政内部协调合作。建立以"财政监督机构"为主体，各职能股室为补充的监督体系。将财政内部监督与管理融为一体，通过开展财政监督检查，进一步加强会计监督机构与各科室的共同协作，避免财务部门的重复检查，提高监督质量和效率。二是加强服务意识。打破原有"检查、监督、处罚、上报"的固有模式，注重服务型监督。以切实帮助预算单位发现问题、规范管理、剖析问题根源为目标，不断强化服务与管理，加快实现由财政检查型向财政监督管理型转变。

六、着力提升党员干部综合素养，协力推进工作取得新成效

一是认真落实"两学一做"学习教育常态化制度化。注重加强对党员干部的理想信念、党风党纪、道德品行、法制教育，引导党员干部自觉加强党性修养和宗旨意识，通过集中学习、"三会一课"、专题讨论、个人自学等多种形式，强化政治理论教育培训，突出抓好党的十九大、自治区第十二次党代会及党章、宪法的学习，深入贯彻习近平总书记系列重要讲话精神，实现财政局支部党员学习教育"全覆盖"。2017年，惠农区财政局组织开展集中学习12次，参加学习331人/次，领导干部讲党课3次，参加专题讨论121人/次。二是大力促进星级支部创建，通过抓党建带动业务工作上台阶。在党建创新创效上狠下功夫，创新工作方法，鼓励和支持各业务股室结合工作实际，发挥自身优势，深挖工作亮点，通过特色载体推动党建工作带动业务工作并取得显著成效。2017年，被惠农区委组织部评为三星级机关党支部；同年，在群众评议机关作风活动中，惠农区财政局被评为分组一等奖；在2017年效能目标管理考核中，惠农区财政局被惠农区委、政府评为先进单位。

（汪丽华）

平罗县

一、注重财源建设，财政收入实力逐步壮大

着力抓好财政收入，通过综合治税强化税收征管，努力克服"营改增"及增值税税制改革等政策性减收困难，始终把组织收入摆在财政工作的首要位置，加大综合治税力度，综合运用收入通报考核有效机制，加大招商引资力度，2017年，全县一般公共预算收入完成80414万元，为年度预算数的128.66%，同口径增长11.12%。政府性基金完成10578万元，为年度预算数的40.53%，同口径增长2.6%。

二、优化支出结构，基本民生项目着力保障

全面落实民生提标政策，精心编制财政预

算,持续加大财力配置向民生领域倾斜的力度,全年民生支出达26.25亿元,占到一般公共财政支出的70.26%。

（一）人员基本支出全力保障

2017年积极争取自治区财力性转移支付补助130041.36万元,保障干部工资晋级调整、住房公积金、政府效能奖等人员基本支出以及公车改革和单位正常运转。

（二）社会保障和就业落实到位

严格落实机关事业单位在职人员养老保险政策,确保全县机关事业单位3932名退休人员养老保险社会化发放。全年各类社会保险基金支出达139544万元,实现全覆盖。全面落实最低生活保障、五保供养、临时救助、城乡医疗救助及重度残疾人生活救助、失地农民养老保险等政策,共计发放困难群体生活补贴7196万元,兑付失地农民养老保险资金5434万元。

（三）教育事业得到均衡发展

安排资金42377万元,不断完善城乡义务教育保障机制,加大教育经费投入,继续支持崇岗九年制学校迁建,新续建8所乡镇幼儿园,加大义务教育薄弱学校改造和普通高中、职业教育学校数字化校园建设力度,改善全县各层次学校的办学条件。落实义务教育"三免一补"、学前教育"一免一补"政策,对所有移民、建档立卡户、低保、残疾等困难家庭学生实行免费乘校车补贴政策,加大普通高中和中职国家助学金等扶贫力度,实现了农村义务教育阶段学生营养早餐补贴全覆盖,教育惠民政策惠及全县青少年。

（四）强农惠农政策执行有力

安排资金11380万元,全力保障脱贫攻坚;安排农村综合改革资金4216万元,发展村级公益事业、建设农村道路和小型水利设施;安排资金1200万元,在陶乐镇庙庙湖等6个试点行政村实施扶持壮大村集体经济项目;通过"一卡通"发放各类涉农补贴资金20008.54万元,为农业增效、农民增收夯实基础。

（五）公共文化卫生水平明显提升

安排资金4696万元,用于提升县、乡、村三级公共文化服务体系,推进综合性文化服务中心建设,扩大图书馆、体育场等免费开放,改善公共旅游服务环境。安排医疗卫生与计划生育支出资金30510万元,用于推进公立医院改革、改善乡村公共卫生条件、更新医疗设备和兑现村医补助,实现医疗改革红利全县人民共享。

（六）重点项目建设进展顺利

安排资金48388万元,重点保障农业特色优势产业、特色小镇等项目的建设;安排资金36024万元,持续加大工业企业科技攻关和节能减排投入,实施园区基础设施建设、节能减排、污水处理、生态治理等项目;安排资金21346万元,大力推进棚户区改造,切实改善低收入群众居住条件。

三、加强财政监督,财政资金效益大幅提升

（一）强化制度约束

严格执行《平罗县财政局廉政风险内部控制制度》,紧盯预算编制、预算执行、项目申报等廉政风险关键点,完善用制度管人管钱机制,着力加大财政资金监管和跟踪问效力度。严格执行《党政机关厉行节约反对浪费条例》,以及中央八项规定和区、市、县厉行节约的若干规定,实现"三公"经费指标监控、预警提醒、信息公开和监督检查常态化。全县党政机关"三公"经费支出较上年同期下降31.92%。

（二）严格监督检查

持续完善财政大监督格局,重点对县住建局、精细化工基地管委会等5个单位2015—2016年新增地方债券、重点项目建设基金及各乡镇会计信息质量、扶贫资金、救灾资金、涉农资金等使用情况开展监督检查,共查处违规资金51.99万元,追缴0.48万元,责令原渠道归还被挪用的专项资金,按规定进行调账处理51.51万元,严格约束预算单位资金支出和核算行为,实现内控完善、管理规范。

（三）盘活存量资金

全年清理收回结余结转资金13643万元，统筹用于教育、农田水利、城市基础设施等项目建设。通过预算安排、收回结余结转、争取自治区专项等途径，化解国库借款6728万元。

（四）注重预算绩效

持续完善绩效评价指标体系，促进评价结果的应用，扩大绩效评价的影响力，2017年完成了4个民生项目的绩效评价工作，提高资金使用效益。

四、强化债务监管，政府债务风险有效控制

（一）建立健全制度机制

严格执行财政部50号、87号文件精神，持续完善政府性债务管理体制，成立以政府县长为组长的债务管理领导小组，制订《平罗县债务风险防控预警机制实施方案》，并严格有序执行。进一步完善政府债务管理系统，对系统内的债务积极申请自治区置换债券方式安排化解，对系统外隐性债务根据项目实施进度和资金支付情况建立台账进行监管。

（二）千方百计化解债务

2017年通过预算安排、争取自治区置换债券、收回结余结转资金、超收安排等方式累计化解各类政府性债务4.08亿元，审计核减、单位核销债务2.24亿元，确保全县政府性债务风险在可控范围内。

（三）规范使用债务资金

全面清理甄别各类政府性债务，划分债务类别，将政府性债务纳入财政预算管理，严格政府性债务的举借、使用、偿还、风险控制和监督管理程序，提高了债务的风险防控能力。

五、深化财政改革，财政效能持续得到优化

（一）税制改革推进有力

持续推进"营改增"，精准落实国家结构性减税相关政策，小微企业减半征收所得税上限由30万元提高到50万元；科技型企业研发费加计扣除比例由50%提高到75%；增值税四档税率简并至三档；对辖区2014—2015年经营困难，符合产业政策的工业企业，全额减免城镇土地使用税，有力支持中小企业发展，转型升级动力逐步增强。积极推进环境保护税、水资源费改税、个人所得税等税制改革，制定下发改革方案，认真核实税源信息，建立共享平台，明确工作责任，夯实税源基础，逐步建立数据准确、信息完备、指标科学的水资源税、环保税数据库。

（二）财政信息公开到位

在完善预算决算公开的同时，不断加大涉农资金信息公开力度，有效利用"平罗县'村联通'暨涉农扶贫资金信息公开专栏"，及时对农业补贴类、社会保障类、工程建设类等内容进行公开。

（三）国企改革持续推进

重点组建宁夏德渊市政产业投资建设（集团）有限公司，对集团公司所属8家子公司进行资产、负债审计，董事长、总经理、监事会主席等已任命到位，法人治理结构逐步完善，公司各项业务有序开展，激发国有企业的生机和活力。

（四）政府购买服务不断完善

严格执行《平罗县政府购买服务改革试点实施方案》，开展养老助残、就业创业、扶贫培训、校园安全、校车安保服务、公共文化、法律援助、农村义务教育阶段学生营养早餐、政府投资项目控制价审核服务、竣工决算审计服务等6类58款226项，资金额度6990万元。

（五）政府采购实现新突破

执行采购申请逐级审批，建立政府采购申请、审批、公示、验收、支付全程信息化平台，实现了"不见面、网上办"的快捷工作流程，极大提升了采购效率。全年申报采购计划104笔，涉及金额达1.87亿元。

（邱定源）

吴忠市

一、注重收入征管，增收格局进一步稳固

持续强化综合治税，完善护税协税工作机

制,对重点税源行业加强监控,制定出台《关于加强地方财政税收工作的实施意见》,为增强税收贡献能力提供政策依据,不断挖掘税收增长点,进一步实现税收的"应收尽收"。全面推行"营改增"税制改革、小微企业税费优惠政策,印发实施《关于加强地方财源建设的实施意见》,企业税负只减不增,吴忠市税收收入保持稳定增幅。深入挖掘非税潜力,升级市本级非税征缴系统,规范票据统一管理,实现非税的"应缴尽缴"。

二、注重资金争取,政府财力进一步扩充

围绕供给侧结构性改革、"中国制造2025"、"三大战略"、健康产业等领域,重点把握财政资金投入方向,强化协调配合,充分发挥财政、发改、商务、经信等部门的组织协调作用,做好与上级业务部门的沟通衔接,充分准备,精准争取,促进各类资金及时到位。市本级财政完成年度上争资金任务9.15亿元,有力支持水利、环保、教育、棚户区改造、特色农业等七大领域128个项目的实施;上争到位城市公交与城乡客运一体化建设补助资金2000万元,助推城乡公交体系不断完善。申请国开行棚改贷款6.96亿元,确保棚改项目顺利实施。2017年,吴忠市区共争取自治区补助各类资金共计34.73亿元,其中一般性转移支付资金18.33亿元,及时应对收支平衡难度大、资金支持能力弱等问题,确保各项重点项目顺利推进。

三、注重统筹安排,民生事业进一步发展

进一步优化支出结构,优先保障民生政策落实。集中政府财力,大幅提高教科文卫支出,7.7亿元力促教育均衡发展,7280万元力推创新驱动战略,7700万元助力文化惠民,4亿元力保卫生及公立医院改革,切实解决一批政府最关心、群众最需要的问题;聚焦社会和谐,偿还政府投资项目欠款2亿元,兑现征地拆迁补偿资金1.86亿元,安排被征地农民养老保险补贴资金5000万元,为吴忠市成功荣获"全国社会治安综合治理优秀市"奠定良好基础;积极筹措资金1.1亿元,全力保障人大议案建议办理、为民办实事、创建国家文明城市、卫生城市等资金需求,基层群众得到更多实惠。吴忠市社会保障、医疗卫生等10项民生支出占一般公共预算支出比重超过80%。

四、注重引导撬动,产业转型进一步升级

筹措资金2亿元,建立财政支持产业发展政策体系,全面兑现"农业十条"、"工业十条"、"互联网+商贸"、全民创业就业等10项产业发展政策落地,促进一二三产融合发展。创新财政融资方式,拓宽财政融资渠道,扩充奶产业风险担保基金和"助保贷"等8类基金规模达3亿元,撬动社会资本21亿元,有力地解决实体经济融资难、融资贵的问题。加速推进实施城市东部地下管廊、热电联产集中供热热力网等PPP项目,吸引社会资本投资22亿元,成功助力吴忠市被国家发改委、住建部列为重大市政工程领域PPP创新工作重点城市。深入开展涉企收费减负行动,取消行政事业性收费4项、政府性基金征收2项,减轻企业负担1000余万元,助力企业"轻装上阵"。

五、注重风险防控,管理水平进一步加强

切实规范各类财政借款行为,严格控制暂付款规模,全面清理挂账资金3213万元。加大财政资金统筹力度,清理结转结余资金,盘活存量资金1亿元,规范"间隙"资金,加强资金调度运作,弥补项目资金需要。制订《吴忠市本级政府性债务风险化解计划》和《吴忠市政府性债务风险应急处置预案》,开展政府债务清理核实工作,进一步核销存量债务,申请自治区财政厅核减债务,降低债务风险。已到位新增地方债券2.2亿元,争取自治区置换债券资金35.881亿元,筹措付息资金4亿元,有效缓解政府重点项目建设资金缺口和到期政府债务偿还压力。

六、注重改革推动,理财水平进一步提高

完善预决算公开规程,预决算信息公开率达到100%。制定《吴忠市本级2017政府购买服务指导目录》,确定六大类58款58项具体事项,进一步完善政府购买服务目录。开展政府采购代理

机构专项检查，全年政府采购资金节约率达8.8%。制定《吴忠市本级财政资金电子收支业务管理暂行办法》，吴忠市财政资金实现国库电子化支付全覆盖。完成对2016年六大方面14个项目的绩效评价工作，涉及财政资金4.52亿元，财政资金使用效益不断提高。开展3个批次财政干部培训，参训人数占比达97%，干部职工依法理财、科学理财能力不断增强。拍摄题为《攀亲亲》法治微电影1部，法治财政建设深入人心。

（马玉龙）

利通区

2017年，利通区实现地区生产总值189.5亿元，同比增长7.8%，其中第一、第二、第三产业增加值分别完成17.6亿元、117.5亿元、54.4亿元，同比增长5.0%、8.3%、7.9%。全社会固定资产投资完成182.1亿元，同比增长6.0%；实现社会消费品零售额57.3亿元，同比增长9.7%；城镇居民人均可支配收入27387元，同比增长8.2%；农村居民人均可支配收入13675元，同比增长8.7%。全年一般公共预算收入完成2.84亿元，同口径增长15.6%；一般公共预算支出完成14.01亿元，同比增长3.3%。

2017年，面对经济发展的新形势、新要求，利通区财政部门坚持"稳中求进，统筹兼顾"的工作总基调，围绕"保运转，惠民生，抓重点，促改革，防风险"等重点工作，定向施策，精准发力，全面完成了年度财政各项目标任务，有力促进了全区经济社会事业健康稳定发展。

一、多方筹措"保增长"，财政收入实现稳中有进

面对全区财政收支矛盾突出实际，财税部门凝聚共识，坚持把组织收入作为第一要务，强化财政运行质量分析，及时采取措施应对收入变化，确保财政收入平稳增长。严格落实征收机关主体责任，定期开展税收征管工作督导调研，加大对重点企业、重点税源单位的跟踪服务力度，主动发现和解决收入征管中存在的问题，确保全区税收完成预定任务。2017年实现税收收入2.28亿元，同口径增长25.2%。深挖非税潜力，不断深化"收支两条线"管理，积极开展政府非税收入专项检查，督促执收部门强化非税征缴责任意识，及时清缴非税收入，全年非税收入完成5583万元，有效弥补了税收增收"短板"。紧盯民生改善、产业发展、基础设施等关键领域，积极"跑部进厅"，全年共争取到各类财政性资金11.42亿元，其中，争取一般转移性支付资金23989万元，专项转移支付资金63735万元，债务转贷收入21162万元，政府性基金5299万元，为贯彻落实区委、政府各项重大决策提供财力支持。

二、项目带动"促发展"，助推经济逐步转型升级

紧抓财源项目建设不放松，在充分落实各项财税优惠政策的基础上，统筹工业发展资金6800万元，大力扶持生态纺织、装备制造等骨干企业和新兴产业发展壮大。充分发挥财政资金"乘数效应"和"杠杆"作用，有效扩充小微企业"助保贷"、奶产业风险担保、草牧业发展担保、农业特色优势产业风险担保、创业担保等基金总量达1.18亿元，本年累计撬动金融资金7.6亿元，助力全区实体经济健康发展。全面推进农业信贷担保工作，成立宁夏农业信贷担保有限公司利通区分公司，投入农业信贷风险担保基金2000万元，借助自治区农业信贷担保平台，着力解决自治区农业经营主体"融资难""融资贵"问题。加快回医回药研创基地PPP项目建设进程，吸引社会资本2.77亿元，缓解全区基础设施和公共服务项目建设资金压力。全区服务业八项支出完成92032万元，同比增长15.14%，拉动第三产业快速发展。

三、发挥职能"惠民生"，推进城乡统筹协调发展

进一步优化调整支出结构，持之以恒把保

障和改善民生摆在重要位置,制订《利通区扶贫资金统筹整合使用方案》,整合各类扶贫涉农资金3300万元,争取"十三五"移民安置资金9240万元,全面助推脱贫攻坚致富。筹措资金460万元,支持人大议案政协提案办理、全国文明城市创建等工作。注资配套小额担保贷款基金1000万元,兑付创业贷款贴息资金646.7万元,带动全民创业就业。落实机关事业单位养老保险改革资金3245万元。投入资金650万元,支持吴忠林场改革和供销社体制改革。深入推进社会事业发展,社会保障力度不断加大,重点落实自主就业退役士兵一次性经济补偿资金747万元,重度残疾人生活及护理补贴1001万元,城乡居民最低生活保障资金7705万元,在职和离岗村医生活补助资金220万元,社区服务站建设资金150万元。积极推进涉农项目建设,落实农业综合开发、村级"一事一议"、农村环境整治、现代化生态灌区、农村安全饮水、老旧小区改造等民生项目建设资金3.9亿元。全区十项民生支出累计完成13.43亿元,占一般公共预算支出比重达95.8%,民生财政持续发力。

四、深化推进"促改革",理财水平实现稳步提升

充分利用政府信息公开平台,进一步完善预决算信息公开内容和形式,本级预算单位公开率达到100%,确保公开内容让社会公众找得着、看得懂、能监督。加大政府购买服务力度,购买服务事项8个,涉及资金560万元。规范政府采购行为,完成采购金额3491万元,节约资金297万元,资金节约率7.8%。深入推进预算绩效管理,选择农业、林业、水利及文体、建设交通等5个方面的8个项目进行绩效评价,涉及资金6266万元,大幅提高了财政资金使用效益。全面开展行政事业单位资产核实工作,摸清国有资产"家底"。紧抓全区财会人员政策业务培训不放松,举办全区农村财会人员财政支农政策、政府采购、预算编制、内控建设等各类培训班六期,培训人员500余人次。

五、统筹整合"防风险",财政监管机制更加完善

强化政府债务管理,建立"借、用、还"相统一的政府债务管理机制,制订《利通区政府性债务风险应急处置预案》,严格控制债务规模,防范和化解财政债务风险。争取置换债券资金1994万元,进一步优化债务结构,有效缓解偿债压力。全面实施预算单位内控制度建设,实现预算单位内控建设"全覆盖",有效防范经济活动风险。盘活统筹财政存量资金,按规定收回以前年度存量资金6413万元,弥补部分项目资金需要。紧盯重点领域和关键环节,扎实开展"三公"经费专项检查和涉农资金专项检查,督促各部门规范财务管理,确保财政资金安全规范使用。积极配合纪委、审计等部门开展各类资金专项检查活动,认真落实整改意见。

六、优化服务"转作风",机关建设取得新成效

深入推进"两学一做"学习教育常态化制度化,进一步解决党员干部在思想、组织、作风、纪律等方面存在的问题。严格落实党风廉政建设主体责任,严格执行"四重一大"、民主集中制、述职述廉、"一岗双责"、个人重大事项报告等制度,规范权力运行流程,强化源头治理,认真完成党风廉政建设和反腐败工作各项牵头任务和协办任务,确保财政资金和干部"双安全"。继续巩固自治区文明单位创建成果,以道德讲堂、网络文明传播、学雷锋志愿服务、遵德守礼提示、文明餐桌等"五个一"活动为载体,推进机关文化建设,增强财政干部凝聚力和向心力。认真履行社会综治成员单位职责,强化矛盾纠纷排查化解,及时处理群众来信来访问题。积极开展结对帮扶、机关干部"下基层"、社区共建等活动,坚持民生导向,及时落实帮扶资金。强化政府信息公开,通过政府网站主动公开财政政策、民生工程、预算决算、重大项目等政务信息,全面接受社会监督。

(马晓东)

青铜峡市

2017年青铜峡市辖区内公共财政预算收入7.95亿元,同口径增长11.2%,完成预算调整数8.1亿元的98%。其中,税收收入完成5.02亿元,比上年减少5875万元,下降10.5%,占市本级公共财政预算收入比重为63.2%;非税收入完成2.92亿元,同比增加56%,占市本级公共财政预算收入比重为36.8%。完成一般公共财政预算支出完成29.08亿元,同比增长6%。

一、多措并举,确保财政收入增长目标

2017年,青铜峡财政局采取多种措施,确保完成财政收入目标任务。一是强化综合治税联动机制,建立收入分析月报制度。加强与税务部门联系,完善月度收入预测分析,紧盯目标任务督促落实。二是加大税收征管力度,严格落实清欠措施。从严监管重点税源行业和重点税源企业,强化重点税源、一般税源和零散税源分类管理措施,扎实做好税收清欠工作,大力清缴欠税,确保依法征收,应收尽收。三是强化执收部门征缴责任,规范非税收入征管。加强非税收入监管,开展水资源费、排污费等非税收入专项清理检查,努力挖掘非税收入增收潜力。四是盘活存量资产,加快资产处置进度。切实增加资产收益,对闲置学校、保障性住房工程配套附属商业用房等闲置国有资产进行处置,确保国有资产保值增值。

二、优化支出结构,促进经济发展

合理调度资金,保证了工资、经费、民生、重点项目等支出需要。针对财政资金紧张,收入下行压力加大的不利局面,在预算执行中坚持有保有压,突出重点的原则,合理安排各项资金。在资金支出中优先保工资保运行,保证企业养老、老干部医疗统筹、医疗保险,农村新型合作医疗等社保资金的及时兑现,切实维护了社会稳定。同时,对项目资金的支出也按照轻重缓急的原则合理安排。

三、改善民生,着力优化地方发展环境

2017年,青铜峡市财政局把保障改善民生作为财政优先投向重点,大力调整优化财政支出结构,持续加大民生投入,把更多财政"蛋糕"分给民生。一是医药卫生体制改革不断推进。拨付各类资金8608万元,推进实施社区卫生服务、计划免疫等基本公共服务和重大卫生服务,兑现离岗村医生活补贴,改变公立医院财政补偿方式。二是城乡社会救助体系建设进一步加强。继续为全市10850名城乡低保和2037名城乡高龄人群发放生活补贴和高龄津贴4515万元。提高社会医疗救助水平。共支付城乡居民医疗救助资金605万元。三是残疾人事业全面推进。拨付1609万元,为困难残疾人和重度残疾人发放生活补贴和护理补贴。四是就业创业政策全面落实。提供1220万元资金支持,完成就业创业及技能提升等各类培训,提供贴息支持和为全市"三支一扶"大学生发放生活补贴、社会保险补贴。五是加大财政支农力度,促进农业经济发展。2017年,共拨付各类财政支农项目资金4.2亿元,支持全市农业和农村经济的发展。完成2017年第一批"一事一议"项目申报和管理工作,批复八镇两场"一事一议"项目35个,批复项目概算投资2842万元。

四、主动作为,全力做好财政工作

面对财政收入增速放缓的巨大压力,青铜峡市财政局勇于担当,主动作为,不断提高财政工作能力和水平。一是加强涉农资金监管。对全市2015—2016年涉农项目资金管理、使用情况全面进行自查、重点检查。二是积极争取项目资金。2017年,申报重大项目九个,项目总投资32亿元,其中,申请中央财政补助24.4亿元,市县自筹4.36亿元,融资3亿元,其他2500万元。三是大力推进公车改革。对全市57个行政单位和6个事业单位的329辆车辆进行处置和调拨处理。评估拍卖公务车辆58辆,拍卖资金173.65

万元已全部入库。四是开展国有资产清查工作,摸清"家底"。2017年,对全市129个单位资产进行清查会审,完善行政事业单位资产管理信息数据库基础数据,提升行政事业单位国有资产管理水平。五是积极发挥政府引导作用,推动支农资金由财政直接补贴向财政与金融信贷相结合。创新财政和金融协同支农机制,撬动吸引金融和社会资本投资农业,形成农业多元投入机制。整合农业特色优势贷款担保基金、风险补偿基金2016万元,依托青铜峡市古峡担保公司累计发放农业特色优势产业担保贷款19户,共计6590万元。积极筹措1100万元,完成了宁夏农业信贷担保有限责任公司青铜峡市分公司组建及登记注册工作。六是做好财政动态监控和公务卡推广使用工作。2017年,动态监控资金8098笔监控资金2.53亿元,退回作废处理81笔资金940万元,七是深化政府采购改革。加强全市政府采购管理,扩大政府采购范围和规模,不断强化服务意识,全力做好政府采购工作。2017年全年共接受采购申请182次,采购预算金额12667.46万元,实现采购合同金额11792.94万元,节约采购资金874.52万元,资金节约率为7%。2017年全年共接受零星备案采购171次,备案合同金额578.5万元,有效降低财政支出,最大限度发挥资金使用效益。

五、深化财政投融资体制改革,积极筹措发展资金

一是加强政银企对接,搭建平台,切实解决企业融资难的问题。组织召开银企对接恰谈会议和政银企签约会议,各商业银行共与61家企业达成13.17亿元合作意向,企业共获得信贷支持2.28亿元。二是加快融资进度,保证重点项目实施。2017年,成立青铜峡市交通投资有限公司、青铜峡市城市建设管理投资有限公司和青铜峡市保障性住房建设运营管理有限公司。切实解决小坝至正源街快速通道建设项目和2017年棚户区改造建设项目资金短缺的问题,确保重大项目顺利实施。三是多措并举助力企业发展。大力发展产业基金。采用资产抵押、股权质押、企业担保、信用保证等多种方式,解决企业融资难问题,为17家企业累计投放产业基金1.27亿元。有效解决企业短期资金周转问题;提供担保保障。四是大力推进金融精准扶贫工作。青铜峡市出资1000万元与宁夏东方惠民小额贷款公司成立宁夏青铜峡市惠民小额贷款有限公司,结合精准扶贫和金融扶贫工作安排做好微型金融业务模式推广工作,切实解决小微企业和个人创业现时融资难的问题。

六、加强作风建设,全面优化财政服务环境

一是开展警示教育,完善防腐机制。严格落实"一岗双责"要求,层层签订《党风廉政建设目标责任书》,进一步明确工作职责和监督职责,在开展预防职务犯罪、不断加强廉政教育的前提下,组织观看警示教育片等活动,教育党员、特别是领导干部自觉接受群众及社会监督,不断增强干部廉洁自律意识,做到自觉防范风险、廉洁从政。二是严格约束一把手权力,推行"五个不直接分管"制度。继续深入推行一把手不直接分管人事、财务、工程建设、物资采购、行政审批工作制度,对机关临时工作人员工资、会议室空调安装、办公耗材购置等财务支出项目,严格按照重大事项议事规则,通过办公会议集体讨论、决策,形成决议,形成了"正职监管,副职分管,集体领导,民主决策,纪工委监督"的工作机制。三是落实好党风廉政建设主体责任,做到业务工作和反腐倡廉建设"两手抓,两手都要硬"。健全财政惩防体系,加大治本力度,扎紧制度的笼子,规范财政权力运行。建立和实施财政部门内部控制制度,形成全员参与的局面。加强参政监督,强化责任追究,严肃财经纪律。抓好基层服务型党组织建设,大力开展"精准扶贫""下基层"活动。加强会计信息质量和财政资金监管,严防违法违纪行为发生,维护财经秩序,提高财政管理水平。

2017年,青铜峡市财政局干部职工齐心协力、迎难而上,始终坚持"保民生,保稳定,保重

银川市财政局深入基层调研

银川市兴庆区财政局开展精准扶贫工作

银川市金凤区财政局举办内部控制规范培训班

银川市西夏区财政局邀请中共宁夏区委党校教授董俭堂宣讲党的十九大精神

银川市经济开发区财政局组织干部集中学习

灵武市财政局举办财政法规惠民政策进校园活动

贺兰县财政局开展建党96周年专题党课学习

永宁县财政局组织开展财政法规政策宣传周活动

宁东管委会财政局组织干部学习

石嘴山市财政局在平罗县庙庙湖移民区开展精准扶贫

石嘴山市大武口区召开2017年第一季度经济形势分析会

石嘴山市惠农区财政局组织干部集中收看自治区第十二次党代会召开实况

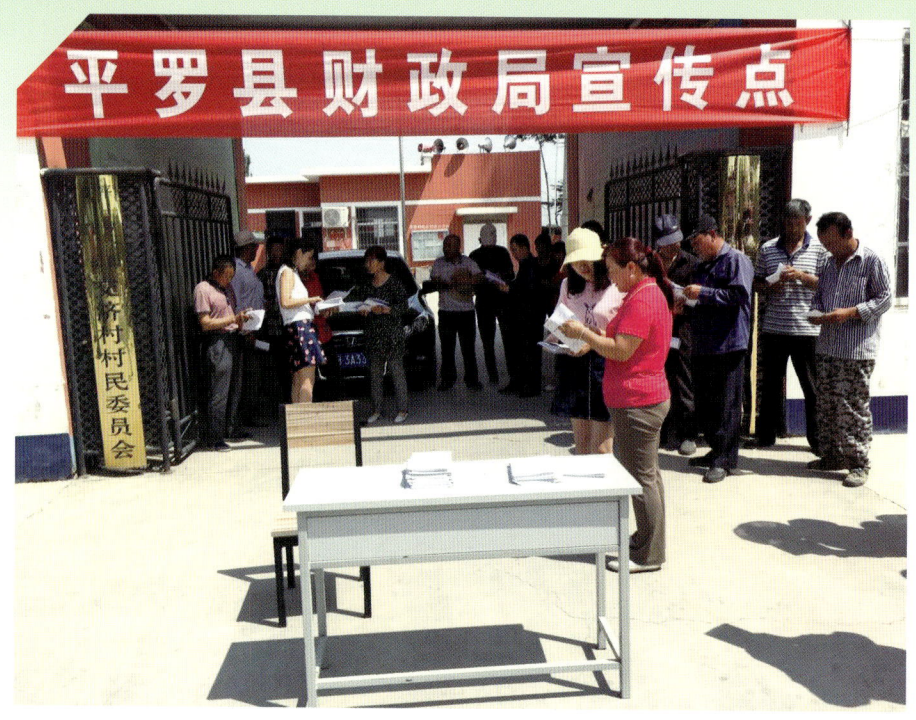

平罗县财政局开展财政法规宣传活动

吴忠市财政局召开信息化建设会议

吴忠市利通区组织机关干部参观吴忠市反腐倡廉警示教育基地

青铜峡市财政局召开2017年度青铜峡市财政支农政策培训班

盐池县财政局召开2018年部门预算编制布置会

同心县财政局组织干部职工参观廉政教育基地

吴忠市红寺堡区财政局召开党风廉政建设工作促进会

吴忠市太阳山开发区财政局组织干部观看十九大报告电视转播

固原市财政局深入彭阳周庄村慰问困难群众

固原市原州区开展革命传统教育主题实践活动

西吉县财政局走访贫困户

隆德县财政局开展2017年财政法规政策宣传周活动

泾源县财政局召开全县行政事业单位财务管理人员业务培训班

彭阳县财政局深入张街村开展定点帮扶工作

中卫市财政局举办财政法规宣传周活动

中卫市沙坡头区财政局举办2017年农村财会人员财政支农政策培训班

中宁县财政局深入基层调研

海原县财政局开展"财政法规宣传周"活动

点，促发展"的总要求，深化财税体制改革，创新财政管理体系，优化财政支出结构，提升依法行政、依法理财的能力，为全市经济发展提供了坚实的财力保障。获得全区青少年普法教育先进单位、支农政策培训先进集体、吴忠市"六五普法"先进单位等多项荣誉。

（马晓锐）

盐池县

一、强化税收征管，促进收入稳增长

2017年，在营改增及中小企业税收优惠等一系列政策的叠加影响下，县级一般公共预算收入仍超预期目标2.7个百分点。县级一般公共预算收入完成71860万元，完成年度预算数的102.7%，较上年同口径增长3.2%，其中，税收收入完成49097万元，完成年度预算数100.2%，增长21.5%，非税收入完成22763万元，完成年度预算数108.4%。一是财税部门协调配合，加强税源清缴力度，共清缴入库2008年以来耕地占用税9530万元，同时加强税收预测分析，制定月度计划，深挖增收潜力，用结果倒逼过程，确保任务完成。二是充分发挥协税护税作用，加大清欠工作力度，2017年共清欠税款2505万元。三是进一步规范非税收入管理，加大非税收入征收力度，确保收入及时足额入库。

二、优化支出保民生，推进公共服务均等

2017年以来，盐池县财政局紧紧围绕全县经济社会发展大局，优化支出结构，狠抓支出进度，在"保工资，保运转，保民生"的同时，严控"三公"经费等一般性支出，"三公"经费支出778.1万元，比上年减少408.8万元，下降34.44%，集中财力支持重点项目建设，全县一般公共预算支出完成36.62亿元，增长11%。一是大力支持脱贫攻坚。2017年整合涉农资金9.14亿元，其中整合县级财政安排涉农资金2.05亿元，重点用于农村基础设施建设、农业产业发展、金融扶贫及发展壮大村集体经济等方面，推进产业扶贫、教育扶贫、健康扶贫等脱贫富民政策全面实施，确保盐池县如期实现脱贫摘帽。二是保障和改善民生事业。2017年民生支出达到30.85亿元，占一般公共预算支出的84.23%，增长5.1%。支持教育优先发展。免除高中教育阶段及职业中学的学费、课本费及住宿费，保障全县寄宿生的交通补贴。按生均700元的标准将高中教育公用经费纳入财政预算，高于全区平均水平。将农村学前教育和特殊教育纳入营养改善计划，大力实施"薄改"（农村义务教育薄弱学校改造计划）项目，改造薄弱学校9所，投入资金2297万元建设盐池六小、王乐井幼儿园，推动义务教育优质均衡发展。社会事业全面推进。建成"1中心6站点"（"1中心"指1个社区服务中心；"6站点"指6个社区服务站）的社区卫生服务网络，为1990—1999年出生盐池籍人口免费接种乙肝疫苗3.2万针（次）；投入570万元为2956名建档立卡户兜底住院费用；基本公共卫生服务项目人均服务标准由40元提高到50元，城乡医疗保险财政补贴由472元提高到502元，城乡居民基础养老金由每人每月150元提高到170元。三是重点建设保障有力。投入资金23885万元，用于古城墙修复、公园绿化道路排水、供热管网改造、党校、档案馆等重点项目建设，提升城市综合服务能力；投入资金26044万元，用于农村道路和村组道路建设，不断完善群众出行条件；投入资金10854万元，保障特色小城镇、美丽小城镇、美丽村庄、旧村庄点整治稳步实施；争取棚户区改造贷款40000万元，全力推进棚户区改造工作顺利实施。四是三次产业提质增效。投入资金36267万元，加快特色农业发展、高效节水灌溉、造林绿化、小流域治理、农田水利建设等重点项目建设，进一步夯实农业基础发展；投入资金5000万元，用于支持工业园区低成本改造、企业科技创新、企业贷款贴息及节能减排等，全力支持工业企业发展；争取地方政府债券旅游项目资金5000万元，提升长城旅

游风景带基础设施建设,全力打造全域旅游。

三、深化改革强管理,提升财政管理水平

一是全面公开预决算。积极推进预算制度改革,建立公开透明预算管理制度,全面公开2016年决算和2017年预算,实现部门预决算公开全覆盖。二是建立政府购买公共服务机制。投入资金3650万元,购买文化广场、送戏下乡、城市保洁、绿化维护等13项服务,不断扩大政府购买公共服务范围。三是盘活清理财政存量资金。加强财政结余结转资金的清理,2017年共清理2015年底以前存量资金5000万元,全部用于危窑危房改造、扶贫、教育、农业、卫生等领域。四是严格政府债务管理。成立盐池县政府性债务管理领导小组,实施债务限额管理,在自治区财政厅下达的限额内依法依规举借债务,完善债务风险预警和应急处置机制。清理甄别盐池县2017年6月底以前的政府债务252651万元,剔除棚户区改造项目贷款140239万元,实际债务余额112412万元,小于自治区下达的200535万元债务限额。通过置换债券和安排资金化解债务,确保到期存量债务得到化解,有效防范债务风险。五是加快推广应用PPP模式。储备PPP项目5个,总投资额8.97亿元,力争将污水处理厂和民政局永宏乐丰老年养生院项目打造成全区示范项目。六是深入推进国企改革。为加速盐池滩羊产业发展和旅游事业发展,2017年6月组建盐池滩羊集团和文化旅游投资公司,形成"四大投"国资国企新布局。按照现代企业的运行机制,设立董事会、监事会和经营层,制定薪酬管理办法、财务管理办法等管理制度,进一步规范企业经营。法人治理结构逐步健全,重大事项监管逐步到位,经营范围和运营机制逐步明确,党组织隶属管理基本理顺,国企改革稳步推进。七是积极开展财政监督检查。抽取部分行政事业单位,对会计基础工作、单位内控建设和运行、财务管理、预决算管理等方面进行监督检查,共查处违规资金332.32万元,进一步规范行政事业单位财务管理。

四、发展普惠金融,促进经济发展

大力发展普惠金融,探索以"信用+产业+金融","三位一体"的金融扶贫新路子、新模式,制定《盐池县推进金融扶贫示范区建设实施方案》。对接自治区金融局、证监局、保监局及券商举办五期金融业务知识培训班。同时,制定《盐池县金融机构支持地方经济发展考核暂行办法》,鼓励银行业加大信贷投放。

五、加强队伍建设,夯实党建工作

一是加强学习教育。加强机关党的建设,推进"两学一做"学习教育常态化制度化,认真落实"两个责任"、"三会一课"、民主生活会等制度,始终把党风廉政建设与财政业务工作同计划、同部署、同实施。坚持周二例会制度,组织干部职工学习财政业务知识和党的理论知识,提升业务素质和依法履职水平。二是扎实开展党建工作。开展在职党员到社区报到活动,筹资1万元,为利民社区建设给予支持;三八节与向阳村开展结对联谊活动,密切干群关系,丰富群众文化生活,进一步增强党员干部为人民服务意识。

(蒋 磊)

同心县

2017年全县实现地区生产总值633204万元,比上年增长9.6%。其中,第一产业增加值114138万元,比上年增长4.8%;第二产业增加值279305万元,比上年增长13.2%;第三产业增加值239762万元,比上年增长8.3%。全县农村居民人均可支配收入8216元,比上年增长11.2%;全县城镇民居人均可支配收入22101元,比上年增长9%;全县固定资产投资860334万元,比上年增长14.9%;全年实现社会消费品零销总额132231万元,比上年增长10.1%。在此基础上,全县一般公共预算收入完成23490万元,为年度调整预算22300万元的105.3%,

较上年同口径增长19.7%（其中，税收收入完成16730万元，非税收入完成6760万元）；全县一般公共预算支出完成528471万元，为年度变动预算542882万元的97.2%，较上年同期增长20.8%；政府性基金收入完成29713万元，完成年度调整预算8000万元的371.4%，较上年同期增长106.9%；政府性基金支出完成39618万元，为年度调整预算的489.5%，同比增长17%。

一、财政收入顶住压力，逆势稳健增长

2017年，面对异常严峻的收入形势，科学研判，精心组织，确保财政收入继续稳健增长。全县一般公共预算收入完成23490万元，同口径增长19.7%，超收1190万元，列全区第四位。完成税收收入16730万元，占一般公共预算收入的71.2%。超额完成全年预算目标，增幅高于全区平均水平，好于预期，收入质量位居全区第三。

二、财政支出有保有压，民生保障加强

严格按照"有保有压"的原则，在严格控制"三公"经费、会议费等一般性支出的同时，始终把保障和改善民生摆在更加突出的位置。2017年，全县一般公共预算支出528471万元，同比增长20.8%。其中，民生支出438630万元，占比达83%，高于全区平均水平。

三、资金争取多点发力，保持山区九县领先

全年积极争取自治区各项转移支付资金471973万元，较上年增加58374万元，同比增长14%，首次超过海原县、西吉县，是近年来争取自治区各类转移支付资金最多的一年。争取地方政府债券30212万元，规模创历史新高，有效满足全县重大项目建设资金需求，置换债券21720万元，大大缓解全县还本付息压力。

四、服务发展多措并举，经济企稳回升

2017年，以推进供给侧结构改革为主线，全面落实国家结构性减税及降费政策，落实创新企业30条、降低成本30条、促进服务业发展等政策，这些实实在在的举措，为企业减轻税费负担，促进实体经济发展。进一步完善惠民担保公司机制，创新担保业务，为461家企业和个人提供担保贷款27034万元。筹集资金450万元，兑现招商引资优惠政策，加强基础设施配套建设，支持重点招商引资企业发展。

五、全力推进精准扶贫，脱贫效果显著

统筹整合财政涉农资金，初步建立跨部门统筹分配使用财政扶贫资金的机制。2017年，整合各类涉农资金7.9亿元，重点支持产业发展、基础设施建设、易地扶贫搬迁和危房危窑改造等方面，充分发挥政府投入的主体和主导作用，15个贫困村销号，20682人脱贫。涉农资金整合工作赢得国务院第三方评估的一致好评。

六、财政改革全面深化，红利持续释放

2017年以来，按照全面深化改革的要求，继续深化财政改革，加强财政管理，现代财政制度逐步建立，改革红利进一步释放。一是积极推进预算改革。推进财政中长期规划管理，试编三年滚动预算，建立跨年度预算平衡机制，更好地发挥财政宏观调控的作用；进一步夯实全口径预算编制工作，提高预决算编制的公开化和规范化水平。二是积极推进国库集中收付电子化改革。国库集中支付实现全覆盖。加强预算执行动态监控分析，不断完善内控制度，确保财政资金绝对安全。三是建立盘活财政存量资金长效机制。进一步加大盘活存量资金工作力度，对全县结余结转两年以上的资金收回统筹安排使用。累计盘活存量资金1.68亿元，统筹用于保障民生，重点项目建设等领域，盘活存量资金工作走在全区前列。

七、财政监管再加力度，管理日益规范

一是抓"三公"经费监管。通过定期检查、不定期核查等方式，强化"三公"经费日常管理，全县2017年"三公"经费支出1096.5万元，同比下降4.3%。二是抓内部管理。全面推进行政事业单位内控制度建设，完成行政事业单位国有资产清查核实工作，建立完善国有资产管理信息平台，配合发展改革局开展公务用车改革，依法依规处置行政单位公务用车。加大以财政扶贫

资金为重点的监督检查力度,清理偿还政府欠款工作取得较大进展。进一步强化监督约束,严肃财经纪律,确保财政资金安全有效运行。三是完善政府采购。2017年,政府采购规模达到6.96亿元,节约采购资金1057万元,节约率2.2%。

八、创新金融扶贫机制,激发内生动力

采取"政府基金+商业银行"合作模式。筹措资金3.1亿元,设立扶贫产业担保、一二三产业融合发展、中小微企业"助保贷"、电商产业发展、羊绒产业、农业特色优势产业贷款风险补偿、全民创业和妇女创业小额信贷等八大产业基金,撬动银行贷款17.1亿元,有效降低社会融资总成本,有力支持实体经济运行。与县域7家商业银行签订金融扶贫小额信贷合作协议,引导各银行加大扶贫小额信贷投放量。2017年为2.17万户建档立卡贫困户发放贷款8.9亿元,户均贷款4.3万元,建档立卡贫困户贷款覆盖率达78.3%。创新担保机制,建立"担保+金融+企业+农户"企业托管模式,为下马关镇、韦州镇7个村547户建档立卡贫困户贷款4063万元,以农村承包土地经营权抵押担保贷款343笔5136万元,有效缓解贫困群众生产发展资金短缺问题,激发内生动力。采取政府购买公共服务方式,为全县12669户建档立卡贫困户发放贴息资金471.1万元。

九、自身建设不断加强,作风持续转变

深入开展全面从严治党"六大工程"和"铸廉铸勤"行动,加强廉政教育,组织党员干部观看警示教育片,参观自治区廉政教育基地,巩固"四风"成果。扎实开展"两学一做"学习教育常态化制度化,开展"星级党支部"创建活动,夯实党建工作基础。树立法治财政理念,以制度建设为抓手,对各项财政制度进行系统梳理,在预算管理、绩效管理、债务管理、行政管理、党的建设等方面,建立起一套有效管用的制度体系。充分利用机关办公院落和楼道走廊,设立党建、党风廉政建设、精神文明、民族团结、思想道德、财政文化长廊,将移动展示变为固定橱窗,营造浓厚的党建宣传氛围。加强政策研究,主动服务,主动作为,主动埋单,财政干部作风进一步转变,担当意识进一步增强,精神面貌焕然一新。

十、多项工作走在前列,服务再获好评

同心县人民政府荣获自治区金融环境创建奖,并在宁夏电视台财经网等媒体宣传报道;新增贷款任务完成情况在全区9个重点贫困县排名第一;与建信财险宁夏分公司、泰康人寿宁夏分公司、康泰养老宁夏分公司,建设银行宁夏区分行签订"一保一县""一行一县"对口帮扶协议;担保公司探索出企业托管担保贷款模式;同心县列入全区统筹整合财政涉农资金试点示范县,奖励资金2000万元,全县9个村进入全区壮大村集体经济试点村;同心县财政局机关荣获全国文明单位和全区民族团结进步示范单位以及全区财政总决算二等奖、预算执行旬、月报、季分析工作三等奖、部门决算三等奖;财政局机关文化长廊建设亮点纷呈,区、市、县有关部门多次前来调研学习;学习宣传贯彻党的十九大精神知识竞赛荣获一等奖。展示财政人的团结奋进,积极向上的精神风貌,干部职工的获得感和归属感得到进一步叠加升华。

(马英清)

红寺堡区

一、抢抓机遇,上争外引,收支规模不断壮大

充分发挥财政职能,多方筹集资金,为全区经济建设提供财力保障。2017年,一般公共预算收入完成20431万元,为年度预算的100.4%。其中,税收收入完成9354万元,为年度预算的83%,同比增长14.8%;非税收入完成11077万元,为年度预算的122%,同比增长21%。一般公共预算支出完成281471万元,为变动预算数的93%。政府性基金收入完成11521万元,共争取各类资金230418万元。

二、严征细管,科学聚财,征管措施有效得力

严格征管责任,与财税部门分别签订收入目标管理责任书,层层分解落实收入任务和征管责任;建立财税联席会议制度,紧扣收入进度,坚持一月一分析,定期召开组织收入工作调度会,研判收入形势,挖掘增收潜力,随时掌握重点行业、重点产业、骨干企业纳税情况和变化动向,协调解决组织收入中遇到的各种困难和问题,确保收入及时足额入库;创新征收举措,实行财税部门领导联系重点税源企业责任制,深入重点企业开展"大走访",主动帮助企业排忧解难。采取纳税评估,税务稽查等措施,堵漏增收,减少税收流失。大力推进科技治税,综合信息平台建设,动态掌控收入入库信息,通过平台数据比对、分析、交换和利用,做到应收尽收。

三、关注脱贫攻坚,保障惠农政策全面落实

2017年投入扶贫资金26974万元,用于以工代赈、整村推进、"双到"工程、整乡推进、互助资金、少数民族发展、康复扶贫等扶贫项目建设,有效改善农村贫困地区基本生产生活条件,提高农村扶贫对象就业和生产能力;投入资金7475.07万元,用于支持地方特色种植业、设施养殖等农业产业化项目,全区农业基础设施建设条件及生态环境进一步改善。通过"一卡通"兑付各类惠农补贴8619.68万元;争取村级公益事业"一事一议"财政奖补资金4770万元,实施道路硬化项目78个,文化大院项目1个,乡村道路进一步改善,人民群众出行更加方便;争取农业综合开发项目6个,落实财政资金1708万元,完成土地治理总面积1.4万亩,支持特色农业产业发展合作社3家,有力促进自治区农业生产条件改善和产业结构调整;2018年国际农发基金贷款优势特色产业发展示范项目正式实施,投入资金8800万元,在红寺堡镇朝阳村、新庄集乡杨柳村和大河乡香园村3个贫困村,利用国际农发基金和产业扶贫,打造价值链提升农业产业附加值,实现可持续及包容性的农村转型发展,促进农民脱贫致富。

四、关注民生民计,不断完善社会保障体系

2017年投入资金14131万元,用于城乡低保、城乡医疗救助、自然灾害救助、临时性救助等民生项目,救助困难群众3.58万人次,有效保障城乡低保户、五保户、优抚对象、散居孤儿、残疾人等弱势群众的基本生活;投入再就业资金4328万元,用于"三支一扶"、公益性岗位、就业培训等就业项目,全面落实国家促进再就业政策,有效缓解自治区就业创业工作环境;投入社会保险补助专项资金10663.71万元,确保城乡居民养老、城乡居民医疗等社会保险制度的正常运行。

五、围绕中心,服务大局,保障重点主动有为

2017年投入资金18280万元,用于城乡基础设施建设,新建改造龙泉路、佳泉路、罗山北路等城区道路。第二污水处理厂、城东生态公园等重点项目顺利实施,打造城市建设亮点,改善自治区的城乡人居环境,城镇建设水平明显提升。争取棚户区改造专项资金10803万元,融资贷款8.6亿元,完成城市棚户区改造1800户,对红寺堡区城镇化建设起到积极推动作用;投入资金200万元,落实红寺堡区政府2017年承诺为民办的8件实事;投入节能环保资金2881万元,支持农村环境综合整治及大气防治,乡村环境面貌明显改观,城市整洁度进一步提高;投入水利项目资金6667万元,支持农村饮水安全工程、沟道治理、江河湖库水系综合整治、农田水利及中小河流治理项目,有效缓解老百姓饮水难问题,提高城乡防洪减灾能力;投入资金2281.1万元,用于森林培育、林业管护、造林补贴等林业产业化项目建设,森林覆盖率稳步提升,生态建设成效显著;投入资金668万元,支持葡萄产业发展,解决肖家窑中部节水特色农业示范项目(骨干工程)和田间供水工程以及生态林业综合治理项目建设资金不足的问题。

六、关注社会事业，保障教科文协调发展

2017年投入资金6.26亿元，主要用于农村义务教育经费保障、薄弱学校改造、幼儿园、标准化操场、未成年人校外活动场所、青少年活动中心运行、义务教育阶段学生营养改善计划、政府购买学前教育服务、贫困学生资助等方面，保障学校基本运转，改善办学条件，提升教育软硬件水平，促进义务教育均衡发展；投入资金358万元，用于现代农业技术与体系建设、科技支撑计划、科技扶贫指导员项目、基层科普行动计划等方面，加快农业科技成果转化应用，提高农业科技含量，为增加农民收入起到积极的推动作用；投入资金7249万元，新建文化馆，建设农村综合文化服务中心60个，成功举办2017年全国青少年航空航天模型锦标赛暨第四届航空旅游节，以移民文化为重点的旅游产业正在兴起，对展示红寺堡区移民历史文化、促进红寺堡区全域旅游发展起到积极推动作用，有效提升红寺堡区文化综合软实力。投入公共卫生资金4805.8万元，用于村卫生室、卫生服务站、疾控防治中心建设等，加强基本公共卫生服务基础保障。投入350万元对公立医院信息化软件管理系统进行升级改造。加强与上海六院、首都医科大学附属北京友谊医院、宁夏医科大总院等区内外优势医疗机构合作，有效提高红寺堡区的医疗水平。

七、关注社会稳定，大力推进平安红寺堡建设

投入资金18581.5万元，用于政法部门的装备购置、两院办案、法律救助、普法宣传、社会综治及禁毒等工作，维护社会稳定，为平安红寺堡建设提供财力保障。

八、精细管理，依法理财，财政改革纵深推进

红寺堡区国库集中支付改革电子化全面上线，预算单位拨款全部实现无纸化，从根本上提高财政运行效率，降低运行成本，进一步巩固财政国库资金安全防线，全面提升红寺堡区财政国库管理水平；坚持财政监督检查工作常态化，将"三公"经费作为监督检查的重点工作，坚持每年抽取重点单位进行监督检查，确保财政资金安全有效使用。全区"三公"经费由2016年的1055.29万元，下降到2017年的596.91万元，节约资金458.38万元，节约率43.44%；通过对各单位公务卡使用情况的检查，公务卡持卡率较往年有大幅度提高；加大政务公开力度。继续扩大信息公开范围，细化公开内容，完善公开机制。全区73个预算单位在政府门户网站公开部门预决算和"三公"经费信息；创新政府采购审批模式，2017年政府采购工作实现电子化，从项目申报到挂网交易全部实行网上审批，降低运行成本，提高办事效率。2017年共组织政府采购126次，采购预算资金22032万元，实际采购资金19175万元，节约财政资金2856万元，节约率达12.9%；积极探索政府购买服务机制，全面推进"以钱养人"向"以钱养事"转变。2017年共投入政府购买服务项目资金6000万元，占公共服务支出20315万元的29.53%，主要涉及城市、农村环境卫生整治、园林管理、教育、安保、社区服务等领域。积极开展机关事业单位工作人员养老保险制度改革工作，确保机关事业单位退休人员基本养老金足额及时社会化发放。筹措财政资金成立担保公司，设立担保平台。筹资3000万元设立担保基金，成立吴忠市红寺堡区红兴担保有限公司、宁夏农业信贷担保有限责任公司红寺堡区分公司。2017年已担保贷款5091万元，有效缓解中小企业贷款难问题。

九、求真务实，转变作风，财政自身建设不断加强

建立和完善财政内部控制制度，防范各类业务风险。推进预算公开透明，打造阳光财政。突出经济社会领域热点难点问题，加大财政监督检查力度，着力构建财政监督大格局。加强信息化建设和会计管理。健全财政惩治和预防腐败体系，规范财政权力运行，进一步严肃财经纪律。完善干部选拔任用机制，形成良好的用人选

人环境。加强政风建设,严格依法理财,按规矩办事。加强政风行风建设,使机关作风建设形成常态化。继续推进财政文化建设,加强机关党建和精神文明建设,打造勇于担当、乐于奉献、善于攻坚的财政干部队伍。

(滕国军)

太阳山开发区

吴忠市太阳山移民开发区管委会2017年一般公共预算收入完成8098万元,为预算的150%,同比增长56%,开发区财政支出完成9492万元,为变动预算的175%,比上年同期增长38%。其中,开发区国税局组织税收收入(含教育附加)预计完成6948万元,同比增长52%;开发区财政局共组织非税收入完成1150万元,同比下降40%。

一、注重收入征管,确保完成收入任务

始终将预算收入抓在手上,坚持税收和非税并重的原则。一是税收应征即征,通过加强调查研究、统筹综合治税、加大油气化工企业税收稽查力度,清欠项目税款等措施,全面堵塞税务局收入漏洞。二是通过油品企业清欠税款及新能源企业耕地占用税及滞纳金收入共计2200万元增加地方级税收收入。三是组织排查企业未缴的耕地占用税1400万元。四是非税收入应收尽收。不断规范行政事业性收费等非税收的信息化、精细化管理,加大对公安、环保等部门收费的监管力度,有效挖掘非税增收潜力,弥补收入增收"短板"。

二、积极落实招商和上争资金任务,做好企业服务工作

一是落实招商任务,完成招商任务2亿元,与广东省加滢精细化工有限公司聚合物助剂项目签约,注册成立宁夏凯鸣精细化工有限公司。二是针对开发区财力有限,刚性需要不断增长的矛盾,积极配合有关部门,做好项目储备、申报、争取,狠抓上争资金的落实。三是做好对接企业服务工作,主要是解决华盈拖欠工资问题;协调解决青铜峡水泥厂矿山征地等问题;抓好泰富能源项目对接工作,确保企业项目按进度顺利推进;做好污水处理厂PPP项目识别,配合正阳公司完成资源拍卖等工作。

三、深化财政改革,实现理财有方

围绕财政改革重点,在如何使用好、管理好财政资金上下功夫。一是合理调度资金,确保各项支出。努力克服预算安排和资金调度方面的困难,重点确保基础设施建设支出,优先安排对招商引资、集中连片扶贫、公安、社会保障等重点支出,加快开发区综合社会事业的发展步伐。二是积极执行"八项规定、厉行节约、三公经费"专项整治行动,对照《吴忠市关于严格执行中央"八项规定"切实加强"三公"经费管理的通知》要求,对开发区"三公"经费支出进行自查,对自查中发现的问题及时进行整改。"三公"经费等支出真实合规达到下降指标要求,2017年,开发区发生公务接待费共计12.51万元,比上年同期下降52.9%;公务用车费用80.34万元,比上年同期增长46.4%,主要原因:报账员将2016年7至9月份公务车油款没有及时报账,在2017年2月份报支共计金额13.86万元,增加了本年公务车油款的支出数;公务车年限较长,行驶里程均在70多万公里左右车况普遍较差,增加了车辆维修及运行成本;财政局全年没有发生公款出国(境)费用。三是对开发区债务全面摸底,截止10月底债务总额14264.03万元(其中包括2017年新增债务2966.6万元;2016年末债务余额11297.43万元)。化解债务11998.77万元,其中通过债券置换化解2014年以前系统锁定债务8525万元(银行贷款3525万元,工程欠款5000万元),自筹资金化解3473.77万元。

四、强化财政监督管理机制

结合财政工作实际,深入剖析问题根源,明确工作方向和改进措施,进一步完善《太阳山开发区政府采购(招标)及资金支付暂行办法》《吴

忠市太阳山开发区公务接待费管理办法（暂行）》《太阳山开发区"三公"经费开支专项整治行动方案》，较好地规范政府采购（招标）行为，提高政府资金的使用效益，促进政府采购（招标）相关部门及工作人员正确行使职权，履行职责，预防和制止政府采购（招标）活动中的违法违规行为。加大项目建设资金的审查力度，对已峻工工程委托社会中介机构进行结算审核。

（马红艳）

中卫市

2017年中卫市财政一般公共预算收入完成24亿元，为预算的102.6%，同口径增长15%。其中，市级一般公共预算收入完成10.65亿元，为预算的104.6%，同口径增长11.5%。一般公共预算支出完成156.69亿元，为变动预算的96.9%，同比增长9.6%，其中，市级一般公共预算支出完成59.79亿元，为变动预算的95.1%，同比增长1%。政府性基金预算收入完成9.33亿元，为预算的98.2%；政府性基金预算支出完成12.06亿元，为变动预算的92.4%。

一、税收征管措施得力

与中卫市部门密切配合，加强综合治税，完善涉税信息共享机制，依法依规组织好税收收入，完成全市税收收入17.53亿元。与国土等部门配合，规范非税收入和基金征缴，应收尽收，全市非税收入完成6.47亿元，政府性基金收入完成9.33亿元。研判经济形势和税源结构，动态监测税收入库情况，确保税收收入占比达到70%。

二、重点项目实施有序

加快云产业大数据建设，全年投入3.8亿元支持智慧中卫云应用、云计算中心一期、中关村中卫园项目建设。加快全域旅游城市建设，投入资金1.21亿元支持沙坡头和腾格里湿地景区基础设施、旅游营销宣传、旅游航线、专列补助。加快交通物流体系建设，投入资金1.22亿元支持公交运营、货运补贴、包兰铁路立交桥、城际铁路基础设施建设。加快城市及工业园基础设施建设，投入资金8.55亿元用于城市及工业园区基础设施建设、城市供热管网、电动车充电桩项目。加快现代农业建设，投入资金4.68亿元，重点支持高效节水灌溉、特色农业、农业产业化发展。加快工业转型升级，投入1.16亿元扶持企业新型工业化发展、科技创新、科技基础条件建设、高新技术产业利用。稳步推动PPP模式，创新政府筹资方式，撬动社会资本投入，中卫南站黄河大桥项目已开工建设。

三、民生事业保障有力

全年将70%以上的财力用于保障和改善民生。安排1.26亿元保障学前教育、义务教育、普通高中生均公用经费、寄宿生生活费补助、助学金等，促进各级各类教育全面协调发展。安排4.78亿元支持失地农民参加养老保险、城乡居民基础养老金调标和医疗保险参保、公立医院综合改革、基本公共卫生服务保障、社会福利设施建设等。筹资2.19亿元支持城乡劳动力、企业职工岗位技能提升培训及鉴定，落实重点群体就业补助、困难企业失业保险补贴和困难群众惠民政策补助。安排资金8577万元支持协警、养老服务人员、城市园林养护、城市公用事业管理与维护及外聘教师5个特色服务项目，促进公益事业发展，提高公共服务水平和质量。取消企业注册登记费等13项收费，73户小微企业累计征前减免税款403万元；用足用活过桥转贷、农业产业发展贴息等"资金池"，累计向中卫市中小微企业提供信贷资金约74亿元。

四、自身建设不断加强

积极落实党建工作主体责任。组织开展"不忘初心，牢记使命"主题教育，不断加强机关支部建设，落实各支部党建工作目标责任制，建立健全党建工作档案，全年召开组织生活会2次，全面推行支部主题党日活动，并着力打造机关一支部成为中卫市党支部规范化建设示范点。

重视强化思想理论武装,采用领导率先学、班子研讨学、干部集体学、个人自主学等形式,落实中心组理论学习13次、"财政大讲堂"10期、干部教育培训"微课堂"52期,"微课堂"通过干部职工全员"四讲"活动,打造特色品牌,增强教育培训的"新活力",受到市委组织部、宣传部和机关工委的表扬。认真加强信息化建设,通过应用信息化手段,逐步实现每一笔资金从源头到末端的全过程穿透式管理,做到跟踪监管,及时准确掌握动态,提高管理的精准度。加强干部队伍建设,坚持以人为本,充分激发并调动干部职工的积极性,强化纪律规矩意识,树立改革创新精神,增强谋事创业自觉,提升执行落实能力。重视干部教育培养,该局工会、团支部充分发挥好桥梁和纽带作用,组织开展好各类主题突出、丰富多彩的机关文化生活,重视青年干部成长培育,通过党员与青年干部"二帮一""拉手结对连心"等措施,夯实可持续财政发展人才队伍基础。重视提高服务发展效能,全年落实2017年自治区、中卫市重点改革任务和市政府常务会、市长办公长议议定事项70余项,高效办理政协委员提案14件;参加中卫市"机关作风上线"访谈节目,现场回答主持人提问和群众来电热线,广泛接受社会监督;召开"打造阳光财政·提升服务效能"主题"机关开放日"活动。深化精神文明创建,顺利通过"全国文明单位"和"自治区文明单位"届中复查,深入开展志愿服务实践活动,深化"我们的节日"和"树清廉家风,创美好家庭"主题,实施人文关怀,打造财政文化,不遗余力加强党风廉政建设,以中卫财政人独有的方式唱响24字社会主义核心价值观。2017年,获得2016年度全区财政监督工作先进单位和优秀财政监督检查项目、重点企业税源调查快报工作先进单位、全市2016年度宣传思想文化工作先进集体、农民工工资清欠工作先进单位等荣誉,微电影《在路上》被财政厅评审为三等奖。

(何晓婷)

沙坡头区

2017年,中卫市财政划转沙坡头区转移支付资金74268万元。其中,一般转移支付资金5930万元,专项转移支付资金68338万元。沙坡头区一般公共预算收入完成27670万元,为年度预算的101.65%。其中,税收收入完成26327万元,为年度预算的100.21%,非税收入完成1343万元,为年度预算的141.37%。2017年,沙坡头区支出合计为119,777万元。其中,一般公共预算支出完成116,558万元,同比增加26.65%;政府性基金预算支出完成3219万元,同比增长101.19%。

一、完善保障措施,服务经济社会发展

(一)坚持民生优先,财政保障能力不断增强

2017年,通过财政"一卡通"及时发放低保对象、五保供养、孤儿、残疾人、重点优抚对象等困难生活补贴11038.55万元;拨付资金1051.2万元用于2017年农村危房改造补助;拨付资金1115.6万元用于困难群众医疗救助;下达资金618万元用于冬令春荒救灾;安排资金901.96万元用于困难群众临时生活救助支出;安排资金707.7万元用于退役士兵一次性补助及现役军人家庭优待金及高原兵奖励;安排资金1843.91万元用于公益性岗位、"三支一扶"大学生、高校毕业生到村任职人员和西部计划大学生志愿者工作补助;安排信访资金573.96万元,"2·15系"专案经费60万元,公安禁毒专项资金703万元;安排100万元支持完善文化基础设施和文化活动中心配套设施建设,安排69.8万元用于文体活动建设与发展,支持"文化惠民工程"文艺演出和消夏文化节广场演出;安排资金441万元用于免费孕前健康检查、"少生快富"、独生子女保健费等。

（二）加大资金投入，重点项目建设稳步推进

安排资金2372万元用于宁夏利丰民族服饰加工、宣和工业园区功能区棚户区改造、五里村棚户区改造和史湖村二干渠改线工程占地补偿等；投入资金3752万元，支持农村基础设施建设、美丽村庄、农村环境整治；筹措水利专项资金6407万元，用于高效节水灌溉、土地盐碱化治理、骨干坝除险加固、城市生态湖补水、泵站运行、农田水利设施维修养护等；拨付资金1620万元，用于农村沼气工程和规模化生物天然气工程等；安排资金1146万元用于农村公共服务运行维护；安排资金78万元用于乡镇文化站免费开放。

（三）夯实农业基础，农村农民增收持续改善

拨付资金9728万元用于发放粮食直补、农资综补、畜牧良种补贴、退耕还林补助、草原生态保护补助、农机购置补贴等；安排扶贫资金17136万元，用于已脱贫村整村推进巩固提升项目、以工代赈项目、建档立卡贫困户创业技能培训、购买"脱贫保"、贫困在校大学生资助项目及"雨露计划"等；安排资金1251万元，支持绿色产业基地建设和永康镇苹果产业销售平台和品牌建设，促进苹果产业链、蔬菜全产业链融合建设；落实林业专项资金2465万元用于巩固退耕还林成果、退牧还草、防护林工程、防沙治沙等；筹措资金2515万元，用于森沃农业科技产业园建设和征地补偿及宁夏切花百合产业园项目流转土地等。拨付资金1200万元用于农村"阳光沐浴"工程，安排新型职业农民培育工程补助资金128.7万元。

（四）搭建融资平台，政府融资机制更加完善

组建中卫市沙坡头区国有资本运营有限责任公司及其下属中卫市鑫沙建设工程有限责任公司。以鑫沙公司为主体，积极推进童家园子旅游提质改造项目建设，计划投资2000万元，规划占地面积274.5亩，已完成投资2000万元。壮大融资平台公司实力。委托资产评估公司对玉龙公司和玉泉公司净资产进行评估，将玉龙公司划拨至国资公司。国资公司与宁夏担保集团达成合作意向并签署企业融资长期合作协议，利用宁夏担保集团资本优势、专业担保优势、金融机构合作优势，服务沙坡头区招商引资企业、中小微企业融资。

（五）加强综合素质，干部队伍建设有效提升

深入开展社会主义核心价值观教育。以学习型党组织建设为契机，深入学习党的十八大，十八届三中、四中、五中、六中全会和自治区第十二次党代会精神、习总书记系列重要讲话精神、社会主义核心价值观教育，凝聚思想共识，为发展提供精神支持。推进"两学一做"学习教育常态化制度化，安排讲党课12次，开展专题讨论4次。教育引导党员干部严格做到政治上讲忠诚，组织上讲服从，行动上讲纪律，党内生活上讲规矩，工作上做表率。扎实开展扶贫和"下基层送政策促发展"活动，组织局内13名干部深入帮扶点，扶贫帮困，排解民忧。以"各民族共同团结奋斗、共同繁荣发展"的民族工作为主题，深入开展民族团结进步创建活动。开展党风党纪和廉洁自律教育活动，牢牢牵住作风建设的"牛鼻子"，深入贯彻落实中央"八项规定"及市、区有关规定，严控一般性支出，大力压缩"三公"经费和行政运行成本。

二、加强财政管理，确保财政平稳运行

细化预算编制，完善基本支出定额标准体系，印发《沙坡头区2018年行政事业单位公用经费分类分档定额标准》；项目支出优先保障沙坡头区重点项目和民生实事项目建设，制定印发《沙坡头区财政项目库管理办法》，推进部门预算编制精细化管理。严格预算信息公开，对政府预算、部门预算及"三公"经费预算信息全部进行公开，公开率100%。加强结余结转资金管理，定期汇总沉淀资金盘活情况，动态监管沉淀资金。对沉淀两年以上的财政资金全部收回统筹使用；对已结转一年的项目进行重点核查，确

实无法实施的项目一律统筹使用,无法继续实施的项目相应调减支出预算。运行财政资金动态监控系统,共监控疑似违规资金4855笔,审核处理疑似违规资金6226万元。加强"三公"经费管理,出台《中卫市沙坡头区本级行政事业单位会议费管理办法》,转发《财政部关于印发中央和国家机关工作人员赴地方差旅住宿费标准明细表的通知》和《中卫市本级异地交流任职干部往返补贴暂行规定的通知》,进一步规范差旅费与会议费的管理,2017年沙坡头区"三公"经费支出263.99万元,其中,因公出国(境)费用0.48万元,公务接待费41.55万元,公务车辆运行费221.96万元。严把政府采购审批关口,2017年共审批落实采购计划4154万元,节约资金396万元,资金节约率8.7%。加大财政支农政策培训和宣传力度,举办农村财会人员财政支农政策培训班,参训镇村两级财会人员300余人。

三、推进财政监督,提高财政运行质量

组织开展会计信息质量检查,严格按照监督检查规范程序,对柔远镇、水利中心、南山台电灌站2016年会计信息质量进行检查,纠正会计核算及账务处理等过程中的问题,规范单位会计行为。在中卫市人民政府和中卫市财政局官网公示农村低保对象最低生活保障金和种粮农民直接补贴和农资综合补贴政策及发放花名册,并试点推进社会保障卡发放涉农补贴工作,公开接受群众监督。开展财务报销违规问题专项治理工作,重点检查18个预算单位2015—2016年度的财务报销行为,抽查率达40%,针对各组检查汇总出的问题集中会审、分组复审,将审定后的问题下达行政处理通知书,督促相关单位限期整改,有效规范财务报销行为。

2017年,中卫市沙坡头区财政局在上级财政部门的精心指导下,紧紧围绕全区的重点工作、重点项目,牢牢把握"转型追赶,换道超车"这条主线,坚持依法理财,深入推进财政改革,落实稳增长、调结构、惠民生各项政策措施。积极争取项目资金,不断优化支出结构,持续推进改革创新,着力加强队伍建设,公共财政围绕中心,支持重点、服务发展、改善民生的功能进一步凸显,为建设开放、富裕、和谐、美丽沙坡头区提供强有力的财政保障。

(刘舒蓉)

中宁县

2017年,中宁县财政总收入完成55.76亿元,其中,地方财政收入完成15.16亿元,完成年度预算的101.1%;上级补助收入32.24亿元;上年结转收入1.56亿元;债务转贷收入905万元;待偿债置换债券上年结余5.4亿元。社保基金收入11.32亿元。

地方财政收入15.16亿元,其中,地方一般公共预算收入完成11.15亿元,完成年度预算的101.4%,同口径增长15.23%;政府性基金收入完成4亿元,完成预算的100.2%,同口径下降18.03%。

2017年,中宁县财政总支出完成54.12亿元,其中,一般公共预算支出完成44.98亿元;政府性基金支出完成5.96亿元;债务还本支出3.02亿元;上解支出1588万元。社保基金支出9.42亿元。

一、严格执行行政事业性收费

2017年,根据自治区财政厅、物价局转发的《财政部国家发展改革委关于清理规范一批行政事业性收费有关政策的通知》(宁财(综)发〔2017〕193号),配合县物价部门及时更新《2017年中宁县行政事业性收费及政府基金目录清单》,更新后共有行政事业性收费项目38项,其中涉企行政事业性收费项目19项,非涉企收费项目19项。与2016年相比,取消或停征的行政事业性收费项目8项,其中,涉企行政事业性收费项目取消或停征6项,具体为取消的涉企行政事业性收费项目3项,为发展改革部门非刑

事案件财务价格鉴定费、环境保护部门环境监测服务费、住房城乡建设部门房屋转让手续费;停征的涉企行政事业性收费项目3项,为卫生计生部门卫生检测费和委托性卫生防疫服务费、质监部门计量收费(即行政审批和强制检定收费)。非涉企行政事业性收费项目取消或停征2项,具体为民政部门登记费(包括婚姻登记费、收养登记费)和各单位的依申请提供政府公开信息收费(包括检索费、复制费、邮寄费)。

二、进一步加大服务发展

（一）产业发展投入

投入1.8亿元,支持中宁县工业园区道路、水、电、商贸服务等基础设施建设。投入2689万元,以发展全域旅游为契机,支持旅游、电子商贸、物流等现代服务发展。投入6476.8万元,支持枸杞产业科技创新,有色金属产业智能浇铸系统研发等,支持实施科技领军人才战略,保障人才引进战略和杞乡英才工程。

（二）民生事业投入

教育投入6.11亿元,支持教育优先发展,加大义务教育、高中教育和职业教育投入。文化体育投入4134万元,扶持文化产业发展,完善全县文化、体育基础设施建设。卫生投入5.03亿元,支持公立医院改革、基层医疗卫生机构基础设施建设,保障城乡居民医疗保险、行政事业单位医疗补助、医疗救助资金等。社会保障投入3.87亿元,足额保障行政事业单位离退休人员养老金、城乡居民最低生活保障资金、城乡居民养老保险补助、就业补助、抚恤金、退役安置费、自然灾害救助资金等。环境保护投入2.92亿元,支持可再生资源保护利用、环境污染防治、自然生态保护和污染减排等,认真落实中央第八环境保护督查组反馈整改事项。城乡社区建设投入5.27亿元,支持生态连城、水系连通、城中村改造、棚户区改造和城乡环境综合整治等。住房保障投入31.12亿元,支持公租房、棚户区改造、农村危房改造。发放各类补贴资金1.45亿元。批复2017年"一事一议"项目84个,总投资8092.66万元,解决农村群众生产、出行实际问题。

三、继续深化财政改革

制订《中宁县关于运用大数据开展综合治税工作实施方案》,建立部门联动,运用大数据开展综合治税工作机制。运行财政管理一体化信息系统,实现国库集中支付电子化支付,加快国库集中支付速度。2017年,国库集中支付34.9亿元,占财政总支出的71.7%,同比增长14.3%。及时通过政府门户网站公开中宁县和各预算单位2016年决算和2017年财政预算,建立财政预决算公开机制。

四、加强财政管理与监督

筹集置换债券资金3420万元、县级资金4.18亿元,偿还历年政府债务。在政府债务限额内争取新增债券资金2.47亿元,支持重点项目建设。建立以财政、监察、审计监督为主,供应商投诉、社会监督相结合的监督机制,完善供应商资格审查制度,制定政府采购代理机构选取考核办法,规范政府采购管理。全年开展政府采购项目130次,采购金额1.78亿元,节约资金1782.47万元,节约率为9.1%。依法处置行政事业单位报废固定资产,合理调拨和捐赠闲置固定资产,完成全县固定资产核实,规范固定资产管理。

举办财务报销违规相关问题知识培训班,会同中宁县纪委(监察)、审计、国税、地税对24家行政事业单位2015年以来财务报销情况进行了重点检查,发现问题204个,督促被检查单位限期完成整改。举办中宁县内控制度建设工作培训班,组织全县行政事业单位完善内部控制制度建设体系,健全风险防控体系,规范行政事业单位内控制度建设。通过"惠农通"信息监管平台、中宁县门户网站和乡镇、村公示栏,公开涉农资金、惠农补贴等信息。开展"财政法规政策宣传周"活动,发放财政法规政策宣传册15000份,现场咨询1000人次,举办宣讲报告会3场次。

五、逐步推进金融发展

(一)金融管理

壮大"1+6"融资引导基金,全年新增银行贷款5.85亿元,解决了中小微企业融资难、担保难问题。开展非法集资宣传月活动,利用各种宣传活动,发放非法集资宣传单2万份、宣传折页1万余份,悬挂横幅10条,制作宣传展板8幅,电子显示屏滚动播放宣传标语30条,组织全县银行、保险等金融机构开展多形式的预防非法集资宣传,广泛宣传非法集资危害、防范措施,教育引导群众远离非法集资、科学理财。制订《中宁县防范处置非法集资专项整治行动方案》,联合各行业主(监)管部门对县域内416家非法集资风险问题突出的小贷公司、投资公司、商会和各类协会组织开展专项排查整治。

(二)项目融资

推广PPP模式,引进社会资本参与重点项目建设,推荐纳入自治区PPP库项目13个,其中,生态连城等6个项目已落地进入建设实施或运营阶段,总投资约27.7亿元。争取棚户区改造贷款3.1亿元、政府投资基金2.6亿元,为棚户区(城中村)改造提供资金保障。

(三)枸杞产业基金

2017年枸杞产业基金以"产业整合"的总体思路,以自治区推进特色优势产业发展战略和中宁枸杞产业发展规划为政策指导,以中宁枸杞产业为主要投资方向,搭借国家科技园区创新联盟、自治区农业投资公司平台,寻求人才、科技、资金支持,扶助龙头企业进行产业重组、整合,创新探索一二三产业协同发展,推动产业链有效融合,实现以中宁枸杞产业为主的特色优势产业提质增效。截至2017年底,枸杞产业基金认缴出资1.65亿元,实缴资本5937.55万元,完成对宁夏全通枸杞产业链管理股份公司和安徽源和堂药业股份有限公司等2个项目投资,分别投资2000万元和1500万元。

五、做好脱贫攻坚工作

制定《中宁县财政专项扶贫资金管理办法》,对财政专项资金支出范围、管理费提取、管理使用范围、资金预算管理、资金拨付流程、资金使用绩效考核、资金监管、责任追究等做出具体规定,规范全县财政专项扶贫资金的管理。2017年投入扶贫专项资金3.55亿元,支持贫困村产业发展,改善基础设施。出台《中宁县关于进一步加强银行业金融机构助推脱贫攻坚的实施意见》,对建档立卡贫困户贷款金额调整为5万~10万元,贷款期限放宽至1—3年,对有劳动能力、劳动意愿、参加保险的建档立卡贫困户申贷年龄放宽至65岁,推行评级授信放贷制度和"黑名单"制度,规范扶贫贷发放。2017年发放"扶贫贷"贷款1.5亿元,解决贫困群众发展产业资金不足问题。

(雅金斌)

海原县

2017年,海原县实现地区生产总值52.37亿元,同比增长6.1%;公共财政预算收入完成2.2亿元,同比增长9.8%;完成固定资产投资78.4亿元,同比增长12.5%;农村居民人均可支配收入7658元,同比增长11.4%;城镇居民人均可支配收入22346元,同比增长8.5%;社会消费品零售总额10.06亿元,同比增长6.5%。

一、着力抓收入、争资金,财政综合实力实现新突破

(一)财政预算执行情况

按照"保增长,保民生,保稳定,促发展"的总体要求,不断加强收入征管,严格执行预算,深化财政改革,强化财政监管,较好地履行了保障和促进改革、发展、稳定的职能。完成一般公共财政预算收入2.2亿元,为年初预算的100%,同比增长9.8%;完成上级财政补助收入47.83亿元,同比增长12%;完成公共财政预算支出51.9亿元,为变动预算的98.9%,同比增长12.7%;完成基金预算收入0.57亿元,上级补助

收入 0.27 亿元；完成基金预算支出 1.23 亿元。

（二）收入征管

各收入征管部门紧密配合，认真分析收入形势，主动适应经济发展新常态，积极应对经济下行压力，全面落实"营改增"政策措施，依法加强税收收入征管，挖掘财政增收潜力。严格落实行政事业性收费减免政策，强化非税收入"收支两条线"管理，促进政府各项收入应收尽收、足额入库。确保财政收入持续稳定增长和全年目标任务的圆满完成。

（三）资金争取

在地方财政增收的同时，牢牢把握国家和自治区投资政策，准确对标全县经济社会发展短板，全力以赴加大资金项目争取力度，财政收入"盘子"进一步做大。通过多方努力，2017年全县争取一般性转移支付补助资金27.8亿元，较上年增长14.9%；争取上级专项转移支付资金19.4亿元，较上年增长5.4%；争取自治区地方政府债券转贷资金4.58亿元，用于置换到期债务、弥补重点建设项目缺口，缓解财政压力，有效确保了全县经济建设和民生改善的资金需求。

（四）财源建设

充分发挥财政推动经济的积极作用，着力培植财源，优化经济结构，牢固树立财源建设和招商引资"一盘棋"的思想，认真落实招商引资各项优惠政策，充分利用企业IPO上市在贫困地区享受"即报即审，审过即发"绿色通道优惠政策，争取江苏振发、金银岛等拟上市企业落户海原县，为促进财政可持续发展奠定了基础。

二、着力保支出、优结构，经济社会发展迈出新步伐

（一）保障和改善民生

拨付城乡低保、医疗救助、危房改造等民生资金4.29亿元，救助群众20.4万人次，改造农村危房8728户，有效缓解了弱势群众的口粮、饮水、就医、住房等基本生活困难，助力脱贫攻坚。安排再就业及全民创业贷款资金0.73亿元，用于"三支一扶"及公益性岗位等人员生活补助、城镇失业人员及农民工培训、小额贷款担保等，引导金融机构发放全民创业及妇女创业贷款1.4亿元。争取中央和自治区财政补助资金2.1亿元，落实地方财政配套及统筹征缴社会保险资金5.08亿元，确保养老、医疗、工伤、生育等社会保险基金的正常运行，并再次提高城乡居民基础养老金发放标准。筹措资金1.92亿元，落实住房补贴、政府效能奖、民族团结和谐奖等职工增收政策。筹措资金4.2亿元，支持实施了农村义务教育薄弱学校改造、乡镇幼儿园、农村教师周转房等一批教育基础设施建设项目，落实义务教育"三免一补"、高中家庭贫困学生资助、职业教育学生助学金等惠民政策，确保义务教育均衡发展顺利通过国家验收。拨付各类卫生专项资金1.19亿元，用于公共卫生服务、计划生育及中医院迁建项目等。加强公安、司法、消防经费保障工作，积极支持看守所迁建、智能图控、治安监控等社会管理项目实施，落实公安协勤、社区矫正、禁毒管理等政府购买服务政策，促进社会稳定。

（二）支持城乡社会事业

争取资金3.82亿元，支持实施大县城建设、运动广场、特色小城镇、农村公路、非物质文化产业园、村级综合文化服务中心、农村标准化社区等城乡基础设施建设项目。筹措银行贷款资金2.13亿元，确保向阳、东城小区保障性安居工程顺利开工建设。安排"十三五"移民搬迁房回购项目资金0.43亿元。

（三）财政支农

通过"一卡通"兑付农资综合补贴、粮食直补、退耕还林等各项补贴类资金3.2亿元，惠及全县8.9万农户，人均增收680元。认真落实脱贫攻坚各项财政金融政策，统筹整合中央、自治区、市、县涉农资金8.8亿元，支持实施产业扶贫、整村推进、贫困村基础设施建设等项目。安排农林水发展资金3.5亿元，支持农业产业化、造林绿化、农田水利、河道治理等项目建设。投入资金1.24亿元，用于三塘水库项目建设，全县

农业基础设施建设条件及生态环境进一步改善。积极发挥财政资金杠杆作用,加强县、乡、村担保体系建设,组建设立五项政府产业担保基金2.98亿元,撬动金融机构发放贷款13.8亿元,有效解决贫困农户和中小微企业融资难、融资贵的问题,助推县域产业发展和农民增收。

三、着力推改革、强监管,依法理财水平再上新台阶

(一)财政改革

通过政府门户网站设立专栏,积极推进财政预决算信息公开,财政总预、决算及部门预、决算公开率达到100%。将全县所有预算单位资金拨付全部纳入财政一体化系统,全面推行国库集中收付改革。深入推进行政事业单位公务卡改革,加强公务消费监督。重新修订《海原县党政机关差旅费管理办法(暂行)》《海原县行政事业单位会议费管理办法(暂行)》和《海原县党政机关会议定点管理办法》,从严控制行政事业单位一般性支出。完成公车改革及车辆处置工作,完善配套车改相关政策,加强车辆平台运营管理,巩固公车改革成果。加强财政监督检查工作,积极开展绩效评价、投资评审等工作,促进财政资金安全规范运行。坚持所有政府采购项目全部进场交易,实现"管采分离"和"应进必进"。2017年采购预算资金2亿元,共组织实施了91次采购,实际采购资金1.77亿元,节约资金2600万元,资金节约率12.8%,政府采购效率和质量逐步提高。

(二)压缩行政成本

开展了"三公"经费集中治理活动,坚持"节支就是增收"的理财理念,严格落实中央八项规定及区、市若干规定,从严控制一般性支出,全县"三公"经费支出较2016年减少669.9万元,同比下降40.88%。

(三)财政监督

加强财政监督管理,组织开展了预决算公开、政府置换债券、扶贫资金使用管理等专项监督检查工作。按照"双随机,一公开"的要求,实施了对海原县各部门、各乡镇会计业务的监督检查工作,对会计基础资料、"三公"经费支出管理等内容进行了全面检查,针对日常账务处理过程中存在的主要问题,制定整改台账,限定整改时限,进一步加强会计管理。

(田凤宝)

固原市

一、预算执行收支稳定

(一)全市预算执行情况

2017年,全市地方一般公共预算收入变动预算数为15.92亿元,可比增长10%,完成16.07亿元,为变动预算的100.94%,同比增长1.82%,扣除上年"营改增"分税制调整减收和处置国有资产一次性收入等因素后,可比增长10%。支出完成225.71亿元,同比增长7.97%。

预计政府性基金收入完成9.48亿元(其中土地出让金9.41亿元),同比增长135.59%;支出13.2亿元,同比增长25.71%。预计社保基金收入完成40.71亿元,完成预算的96.1%,同比增长45.53%;支出38.97亿元,完成预算的90%,同比增长64.06%。

(二)市本级预算执行情况

年初市本级地方一般公共预算收入安排7.3亿元,年底完成7.3亿元,为年初预算的100%,同比增长5.48%,扣除"营改增"分税制调整减收因素后,可比增长11%。支出51.98亿元,同比下降4.07%。

预计政府性基金收入完成5.8亿元(其中土地出让金5.75亿元),同比增长65.99%。支出7.25亿元,同比增长63.56%。预计社保基金收入完成26.69亿元,完成预算的106.67%,同比增长38.99%;支出24.45亿元,完成预算的102.95%,同比增长43.83%。

二、金融运行态势良好

2017年,全市金融业继续保持健康平稳发

展的良好势头。全市各项存款余额533.28亿元，同比增长14.46%，当年新增67.83亿元，同比增长14.57%；贷款余额443.21亿元，同比增长37.14%，当年新增120.13亿元，同比增长37.18%。其中涉农贷款余额237.07亿元，占贷款总额的53.49%，存贷比83.11%，较年初上升13.75个百分点。

三、全力抓好"12356"思路发展

（一）全力以赴抓好一个中心

紧盯"脱贫攻坚战"这一中心，实行"财政＋金融＋产业＋扶贫"联动，全方位推进金融扶贫工程，补短板、增收入、促脱贫。创新金扶模式。积极推广"两个带头人＋贫困户"的蔡川模式、"合作社＋龙头企业＋失能贫困户"的众筹模式，因地制宜，指导各县区积极开展金扶模式创新，全面开展"一司一县"结对帮扶合作，借助资本市场，助推金融扶贫。发挥担保平台作用。成立融资担保公司7家，建立各类担保基金16.11亿元。完成评级授信。实现村级信用协会全覆盖，建档立卡贫困户评级授信全覆盖。建立"黑名单"分类释放制度。共释放建档立卡贫困户1.7万户，占黑名单总数的56.1%。构建风险防控体系。通过建立风险补偿基金和农村保险体系，已建立风险补偿金2.2亿元，对建档立卡贫困户各类投保额达542.79亿元、赔付8346.5万元。扩大金融供给。与工银行签订战略合作协议，引进村镇银行6家，设立村级担保中心7家。加大资本市场培育。

（二）全力以赴服务两个重点

集中财力服务重点民生工程和市委、政府重大决策部署，优先保障教育、社会保障、公共医疗卫生、就业创业等民生工程资金足额到位。全市共投入民生项目资金200.6亿元，占一般公共预算支出的88.6%，全力保障民生项目顺利实施。

（三）全力以赴做好三篇文章

围绕脱贫攻坚目标，做好政策争取、整合融资、财政调控"三篇文章"。积极储备优质项目，重点在新型城镇化建设、清水河产业带、全域旅游等方面争取中央和自治区给予政策倾斜和资金支持。自治区共补助固原市级财政75亿元。健全完善投融资体系，在组建九龙集团公司的基础上，搭建旅游、交通、农业扶贫和经济技术开发区投资4家平台公司，创建资源优化组合、资本市场化运作新路子，为固原市扶贫攻坚和经济发展提供金融支持。不断优化调整财政支出结构，加大预算统筹力度，用好增量，盘活存量，提高财政有效供给的质量和效益。本级存量资金从年初10.2亿元压减至0.83亿元，压减率91.86%。

（四）全力以赴强化五个保障

一是保障脱贫攻坚。整合扶贫产业担保和风险补偿基金，创新金融扶贫机制，加大对金融精准扶贫担保和"两个带头人"等扶持力度，对发展有能力和意愿的建档立卡贫困户和脱贫销号户实现全覆盖；统筹支出4244万元，支持实施全市5万人完成精准培训和3万人取得国家职业资格证书的就业创业工程。二是保障特色产业。按照"3+X"产业发展模式，推进五河流域产业带提质增效。统筹支出5865万元，支持国家农业科技园区一期工程建设等科技创新项目；统筹支出3225万元，支持草畜等农业特色优势产业发展；统筹支出7895万元，扶持林业发展；统筹支出1.05亿元，支持提升全域旅游业，打响"天高云淡六盘山"品牌。三是保障重点项目。保障精准扶贫、旧城改造、五河流域发展、全域旅游、交通、美丽固原、工业、社会事业八大工程实施，统筹支出5.2亿元，支持博物馆、城隍庙等棚户区改造、文化路等两侧建筑物立面改造和北京路等街景风貌改造，大力改观城乡面貌。四是保障生态建设。不断加大生态文明建设资金投入力度，统筹支出1000万元，支持先行先试建立市域生态补偿机制；统筹支出4.53亿元，推进园林城市建设，加快海绵城市项目和清水河产业带建设，加大环境和大气污染治理力度，着力打造"天蓝、地绿、水清、宜居、宜游"的

美丽固原。五是保障民生实事。着力提升人民群众获得感和幸福感，统筹支出3.98亿元，实施教育扶贫工程，加快学前教育、义务教育和职业教育均衡发展；统筹支出7亿元，实施健康扶贫工程，在全区率先对农村居民实行医疗保险兜底全覆盖，推进公共卫生服务体系建设；统筹支出0.62亿元，完善社保体系建设；统筹支出2.3亿元，支持推进文化发展和"平安固原、和谐固原"建设，实施城市公交"爱心敬老卡"便民惠民工程。

（五）全力以赴实现六个创新

一是创新聚财方式。强化国有土地和国有资本收益管理，建立健全国有资源、国有资产有偿使用制度和收益共享机制。二是创新理财方式。健全完善全口径政府预算体系，细化财政预决算公开内容，实现政府和部门预决算全公开；实现国库集中支付电子化，提高资金安全运行效率；理顺市与开发区、原州区的财权和支出责任，将城市维护建设税5444万元下拨原州区，每年安排经济开发区园区发展资金6000万元。同时完成原州区妇幼保健院、精神康复医院、宁夏圆德慈善产业园区上划和3个社区卫生服务站下划工作；清理市本级行政事业性收费项目，2017年取消城市公用事业附加和新型墙体材料专项基金收入520万元；加大结转结余资金及暂付款定期清理力度，提高资金使用效益；健全政府债务管理和风险预警机制，有效防范和化解财政风险；推进政府购买服务，完成固原市民生大厦及会议中心物业管理和市民政局社工服务购买，降低服务成本，提升服务质量。三是创新投入方式。创建PPP项目库，推广运用PPP融资模式，目前市本级已实施PPP项目3个，项目总投资42.7亿元，有效撬动社会资本25.82亿元参与固原市基础设施建设。四是创新监督方式。初步建立财政项目库，共七大类27个项目。制定《固原市涉农惠农资金监管实施方案》，进一步加强涉农资金管理。在全市开展"财务制度执行提升年"专项治理活动，在自查自纠的基础上，由监察、财政、审计联合组成检查组，对各县区及市直各部门2015—2016年度财务管理情况进行重点抽查，突出"问题纠治"，做到查纠结合，即查即改，通过自查自纠上缴财政违纪违规资金91.7万元；健全完善财政大监督体系，扎实开展清水河产业带、扶贫资金等专项检查，共检查资金10.43亿元，有效保障专项资金规范、有效使用。强化对政府投资项目评审，审减资金1.23亿元，审减率6.15%，提高投资效益。五是创新国企国资改革。推进国企改革和国企重组，组建宁夏六盘山产业扶贫开发投融资集团有限责任公司；出台市属国有企业"三重一大"事项报告等6项制度办法；成立市国资委党委和九龙、交通、旅游三大集团公司党委，新组建8个企业党支部，完善了市属国有企业党组织工作架构。六是创新自身建设。扎实推进"两学一做"学习教育常态化制度化，开展"整治干部作风优化发展环境"活动，制定完善《固原市财政资金规范化管理办法》《固原市财政局预算编制风险内部控制办法》等制度，规范权力运行，提高工作效率。

（杨　静）

原州区

2017年，财政总收入完成396457万元，同比增长3.93%。其中全区财政公共预算总收入完成390,239万元，同比增长3.37%（地方一般公共预算收入完成24192万元。财政总支出389,937万元，其中，一般公共预算支出383724万元，同比增长9.59%，为变动预算的99.12%。

一、收入征管切实加强

建立分片包干和定期召开联席会议机制，积极配合税务部门做好重点税源的统计监测，积极应对经济运行中重点难点问题。努力培植新税源，壮大巩固稳定税源。继续深化"收支两条线"，及时处置国有资产收益并督促缴库。统筹存量资金,整合涉农资金,加大对基础设施、优势产业、生态环境等领域投入。2017年非税收入完成11997万元,为年度预算的171.39%,同比下降2.3%,收入结构得到进一步优化,收入质量持续提升。

二、落实惠民政策到位

核对历年一卡通补贴错误信息24459条,清理滞留资金436.26万元,已支付298.78万元。通过"一卡通"兑付惠农补贴资金11056.88万元,其中草原生态禁牧补贴资金954.9万元,退耕还林补助资金4785.09万元,农业支持保护补贴4836.35万元,农机购置补贴资金279.6万元,优质牧草良种补贴200.94万元。

三、资金争项实现新增

2017年争取财政项目71个,争取资金74331万元。其中,向上级财政争取财力性转移支付资金17229万元;财政部门争取革命老区、农业综合开发、农村综合改革资金11596万元;争取重点生态功能区转移支付资金1.5亿元,债券资金3.2亿元;配合部门申报争取城镇保障性工程、扶贫专项资金等项目资金89033万元;会同教育部门申报47所中小学新建、改扩建校园校舍等项目资金14786万元,到位资金8559万元;向清水河园区棚户区改造拆迁等全区重点工程及公益性项目建设融资28.31亿元。项目资金争取成效显著。

四、财政保障能力增强

拨付教育专项资金22070.18万元,主要落实"三免一补"、三区人才计划等。拨付2017年高校毕业生到村任职人员工作生活补贴资金183.9万元、大学生志愿者服务西部计划中央和自治区补助经费272.8万元、全区村(社区)团支部书记岗位津贴15.79万元。拨付2016年精准扶贫人才项目专项资金55万元。拨付医疗卫生专项资金7962.11万元。拨付各类社保资金73,840万元。拨付自然灾害生活救助资金和临时救助1437万元。拨付残疾人事业各类补助津贴2238万元。支付市医保中心原州区行政事业单位职工医疗保险财政配套资金6390万元。完成原州区机关事业单位3312名退休人员工资社会化发放工作。明确扶贫开发驻村工作队及第一书记交通补助费,增加村干部任职补贴发放人员职数,重新确定发放标准。提高社区工作者报酬和女职工卫生保健费发放标准。拨付资金2264万元支持公共文化服务体系建设等。拨付资金149.28万元支持科技扶贫指导员项目建设。拨付政法、严打经费354.6万元。发放宗教教职人员生活补助资金408.8万元。

五、服务"三农"增效增收

拨付涉农专项资金86396.49万元。其中拨付资金29148.04万元,重点支持贫困户到户产业项目、壮大村集体经济、三产融合等。拨付资金9522.1万元,支持国有贫困林场基础设施建设、森林防火、生态效益补偿等。拨付资金10196.98万元,支持农村饮水安全巩固提升、河道治理、水土保持等。拨付资金12794.13万元,支持贫困村互助、异地扶贫搬迁、精准脱贫能力培训等。拨付资金14823.5万元,支持原州区40个脱贫销号村道路建设、农村环境整治、农村危房危窑改造等。拨付资金3169万元,支持贫困村综合文化活动中心基础设施建设。拨付3180万元用于土地治理及产业化经营。拨付2017年村级公益事业道路建设项目资金3562.74万元,实施9个乡镇51个行政村的"一事一议"财政奖补项目,其中硬化道路51条76.5公里。

六、统筹整合涉农资金

以扶贫攻坚总揽、重点项目统筹、核心项目保留、部门项目轻重缓急安排统筹整合使用涉农资金,2017年统筹整合涉农资金7.17亿元,整合率为100%,统筹整合资金支出率达到96.52%。资金投向主要围绕原州区脱贫攻坚生产发展及贫困村基础设施建设两大方面,其中生产发展方面统筹整合资金30836万元,占资金总额的43%,主要支持马铃薯、蔬菜、等产业发展。农村基础设施建设方面统筹整合资金40133万元,占总资金额的56%,主要支持水利、贫困村道路和危房危窑改造、村庄整治等建设。

七、财政改革深入推进

深化部门预算改革,建立健全定位清晰、分工明确的全口径政府预算体系,将政府的收入和支出全部纳入预算管理。拟定出机关运行经费实物定额与服务标准,制订出原州区财政中期规划实施方案。稳步推进国库集中支付电子化管理改革,规范财政专户管理,加强库款管理,加快预算执行,加速库款消化,2017年库款保障水平维持在0.4左右。推进原州区全面深化改革重点任务落实。按照原州区全面深化改革责任分工和原州区第三次党代会确定的目标任务,原州区深化财政金融体制改革领导小组进一步深化改革思路、认真安排部署,稳步推进区以下财政事权和支出责任划分、资源税从价计征、市场化运作投融资体制、金融扶贫方式等财政金融体制改革。

八、政府采购不断完善

进一步加强政府采购监管,严格执行政府采购目录及标准,落实政府采购事项全部覆盖财政预算单位,做到应采尽采。紧盯采购预算方式、效率、监管等重点环节,简并优化政府采购流程,推进政府采购监督管理与操作执行机构分离,财政部门专司监管,不断完善政府采购管理体制。2017年为59个单位组织148次政府采购,采购成交金额66421万元。

九、国有资产有效监管

完成原州区2016年度行政事业单位资产年报的上报、审核工作。规范单位新购办公设备数量和标准,审批新购资产2700多万元。对2016年资产清查工作进行翔实核查,办理批复核销资产处置文件206份,调拨或移交资产3169万元,核销、报废资产6420万元。完成原州区公务用车制度改革数据统计上报和党政机关公务用车配备使用管理办法培训等工作。办理旧城改造所得非税收入3515万元,行政事业单位出租资产所得非税收入160万元,拍卖公车及房屋资产所得非税收入71万元。调整、调剂了文体局等单位办公场所。向中国农发重点建设基金有限公司和国开发展基金有限公司分别申报国家重点基金项目资金2.21亿元和0.1亿元,拨付1.71亿元,结余0.60亿元。批复成立原州区国有独资公司9家,并严格要求各公司举债行为。

十、财政监督作用明显

加强预算编制控制数管理,建立与预算安排"四个挂钩"机制,加大对涉农、扶贫等专项资金的监督检查。对2016年农村老饭桌等3个民生领域重点项目资金6824万元进行绩效评价。出台原州区政府投资项目概算及竣工财务决算审查中介机构库管理办法,对38个单位申请的470个地方政府投资项目进行概算审查,报审金额23038万元,审定金额21552万元,节约财政投资1486万元。收到竣工财务决算审查申请项目301个,完成工程造价审查289个,送审金额13824万元,审定金额13028万元,审减金额796万元,审减率5.8%。建立结转结余资金定期清理机制,收回2015年及以前年度结余结转资金10,515万元,统筹安排到民生保障领域。加大预决算和"三公"经费公开力度,严格控制"三公"经费和一般性支出。继续加强公务车辆监管,按月发放公务员交通补贴,按季预发住房补贴。2017年完成124个预算单位公务卡申领办理手续,开卡3050张,启用2761张,通过公务卡支付961笔,支付金额358万元。严格落实国务院关于加强地方政府债务管理的相关规定,对地方政府债务实行规模控制分类管理,对政府负有偿还责任的债务纳入预算管理,积极争取自治区置换债券资金对到期债务进行置换,建立健全政府性债务风险评估和预警办法机制。

十一、扶贫攻坚与定点帮扶有效推进

以金融服务实体经济、支持产业转型升级、加大扶贫攻坚为重点,着力落实地方金融服务经济发展工作,加大对具有示范带动作用的建

档立卡贫困户、一般农户、种养大户、家庭农场、农民专业合作社、小微企业的扶持力度。2017年底建档立卡贫困户贷款余额9.44亿元22932户，贫困户获贷率达80%，新增贷款6.11亿元。为推动精准脱贫攻坚持续发力。金融扶贫"蔡川模式"在全自治区得到推广。

与张易镇上马泉村、闫关村党支部及农村党员、贫困群众建立结对帮扶联系机制，先后12次组织936人次开展走访帮扶上马泉村和闫关村农村困难党员及群众活动，同时投入97万元，硬化养殖场院坪3500平方米，建设围墙800米，修缮文化活动中心120平方米。为全区20个金融示范村和财政局定点帮扶村、"连心工程"村组织赠阅《农民日报》23份，为驻村工作队员及时报销工作经费，帮助解决工作队员反馈的问题和建议。组织党员到古雁街道西环路社区报道和开展服务群众工作。

十二、"两学一做"学习教育常态化制度化

重点安排和认真组织学习党章党规、习近平系列重要讲话、自治区第十二次党代会等精神，并围绕四个主题进行4次专题学习研讨。主动将"两学一做"学教课堂搬到工作的第一线，积极开展"支部主题党日"活动，注重"学"与"做"相互结合，通过抓收入稳增长、建机制促改革、抓民生增福祉和强内控抓监管，将"两学一做"的成果落实到促进全区经济又好又快发展的贡献上，先后组织宣讲党课4场次，集中研讨学习4次，撰写各类文章70余篇，表彰优秀党员9名，慰问困难和退休老党员9名，组织各类活动12次。严肃党的组织生活，严格按照规定开展党的组织工作和活动，将"三会一课"等制度的落实作为考评每名党员履职尽责的基本要求。

（王 强）

隆德县

2017年地方公共财政预算收入完成10306万元，减少19.7%。其中，税收收入5812万元，非税收入4494万元。政府性基金收入完成12607万元，增长83.35%。社会保障基金收入完成51257万元，增长85.94%。地方公共财政预算支出累计完成288891万元，增长13.37%。其中，个人工资性支出61526万元，增长2.74%；事业发展及公务性支出227365万元，增长18.58%。政府性基金支出完成17507万元，增长57.78%。社保基金支出完成44859万元，增长122.09%。

一、坚持深化改革，注重管理创新

（一）全面深化改革，优化发展环境

出台《隆德县深化投融资体制改革的实施方案》《隆德县建档立卡贫困户贷款托管方案》《隆德县财政事权和支出责任划分改革实施方案》《隆德县落实支持农业转移人口市民化财政政策实施方案》，完成县委确定的全面深化改革的各项任务，推进政府和社会资本合作，加快金融发展步伐。

（二）强化预算管理，提高资金使用效率

规范预算编制、严格预算执行、强化公开问效，着力构建全面规范、公开透明的现代预算制度。不断提高财政收入质量，加快资金拨付进度，深化源头管控作用。结合隆德实际，在项目争取、政策制定等方面，有针对性的提前入手、提前谋划、提前对接，在稳增长中未雨绸缪、提前应对，做到临危不乱、从容处理、高效落实，集中更多财力，保障县委决策部署落实和社会事业发展需要。

（三）把握改革方向，推进改革任务落地

全面落实创新驱动、脱贫富民、生态立区"三大战略"，持续深化财税体制改革，继续在推进预（决）算信息公开、盘活财政存量资金、清理整合规范专项资金等方面下功夫，统筹推进金融扶贫、医药卫生、简政放权等重点领域和关键环节改革，进一步释放改革红利。

二、强化财政监管,提高运行质量

(一)加大预决算信息公开,全面开展绩效评价

选取52个涉及民生的项目作为评价重点。大力清理盘活财政存量资金,着力压缩暂付款规模。不断强化政府性债务管理,出台《隆德县政府性债务风险应急预案(试行)》。强化资金监督检查,开展地方债券资金管理使用、预决算信息公开、财务制度"提升年"和存量资金管理等专项检查。坚持稳中求进工作总基调,正确把握"稳"和"进"的关系,稳住经济运行基本面,稳住就业、物价和市场预期,在发展实体经济、乡村振兴、改革开放、富民增收、扩大消费、激发民营经济发展活力、保护生态环境上有进取。

(二)探索建立覆盖政府性资金和财政运行全过程的"大监督"工作机制

拓展延伸监督检查范围,全面开展行政事业单位内控制度建设,切实提高财政财务管理水平。信息公开为常态,不公开为例外,要及时向社会公开政府的决策、项目、资金等使用情况。严格执行年度财政预算,严控预算追加,维护年度预算的严肃性。抓好预算执行。建立项目管理台账,规范项目资金的申报、审批、拨付程序,加强账户监管和项目资金监管,强化对项目实施全程监督。探索建立科学的预算绩效管理机制,促进财政管理更加规范化、标准化、精细化。强化财政监管,完善内外部监督控制机制,主动接受人大的法律监督和政协的民主监督,积极配合监察、审计等部门的专门监督,充分听取社会的舆论监督,主动发现和纠正财政管理和运行中存在的问题,建立健全覆盖财政资金运行全过程的监管体系。积极整合专项资金,进一步加强财政资金与金融工具、产业基金和社会资本的合作,扩大财政资金统筹使用和引导撬动效应,抓好跟踪问效,强化绩效评价,杜绝无效投入,最大限度地发挥资金使用效益。

三、发挥保障职能,支持民生发展

(一)全面完成10件48项民生实事

民生投入占到全县财政投入的79%,比2016年增长3个百分点,人民群众从改革发展中得到更多实惠。实施隆德四中等22所城乡薄弱学校基础设施改造工程,新建观庄观堡等8所乡村幼儿园,建成职教中心机电实训楼、山河中药材繁育实训基地。建成村级综合文化服务中心104个,实现行政村全覆盖。提高最低工资、基础养老金及城乡居民低保补助标准,为55周岁以上老年人补贴办理意外伤害保险,为农村居民补贴办理商业补充医疗保险。落实创业就业促进政策,劳动力素质提升培训7542人,转移就业4.2万人次,实现工资收入8.4亿元。

(二)积极推进生态文化旅游县城建设

打造清凉河、三里店水库环城生态景观水系,建成骆驼巷丝路文化公园和笼竿城街心公园,大力提升县城绿化亮化水平。坚持"两复核三公示"征迁模式,完成财政局等片区棚户区改造1241户,兑付征迁补偿资金4亿元,实现征迁零上访。造提升红崖老巷子民俗文化村、神林自驾游营地,红崖村入选"中国最美休闲乡村"。隆德麦田景观喜获"中国美丽田园"称号,观庄前庄等9村列入全国乡村旅游扶贫重点村。全年接待游客18.2万人次,实现旅游社会总收入2760万元。扶持发展文化企业26家,全县文化产值达到3400万元。坚持稳中求进工作总基调,正确把握"稳"和"进"的关系,稳住经济运行基本面,稳住就业、物价和市场预期,在发展实体经济、乡村振兴、改革开放、富民增收、扩大消费、激发民营经济发展活力、保护生态环境上有进取。

四、集中整合财力,助力脱贫攻坚

(一)整合财政涉农资金6.48亿元

2017年投入闽宁帮扶资金1370万元、社会帮扶资金5765万元,统筹推进25个贫困村销号、45个脱贫村"回头看"和29个非贫困村"补短板"工程,硬化村组巷道168公里,新建文化广场55个、标准化卫生室21个,改造土坯围墙25万平方米、大门5728幢,实现所有行政村硬化道路、文化广场、标准化卫生室全覆盖,所有农户安全住房、安全饮水全覆盖,农村面貌焕然一新。

（二）多渠道促进贫困人口增收

2017年累计发放金融扶贫贷款4.15亿元,覆盖率达到85%;创新建立"三带四联"帮扶机制,使721户兜底户户均分红创收1800元,全县贫困户人均可支配收入达到6640元。为1.3万名贫困家庭学生发放教育扶贫资金3302万元,投入589万元为所有建档立卡贫困人口购买"扶贫保",1402名健康扶贫对象实现县内住院治疗"零付费"。投入3325万元发展壮大村集体经济,预计今年收益137万元,实现村集体经济发展全覆盖。经过一年聚力攻坚,全县销号贫困村25个,脱贫贫困人口2491户10293人,贫困发生率下降到3.2%,群众满意度达到99.6%。

五、加强自身建设,增强服务能力

认真开展2017年"两学一做"学习教育四个专题学习研讨,围绕学习贯彻党的十九大精神,组织专题学习研讨。深入推进两学一做"学习教育常态化制度化,制订《关于推进"两学一做"学习教育常态化制度化的实施方案》,建立健全"三会一课""一、五"学习制度。学习贯彻落实"四个文件"精神,坚持原则、勇于负责,敢抓敢管、真抓实干。对党员干部经常性加强教育管理监督,定期或不定期开展分管（股）室及负责人廉洁从政、改进作风、履行职责等情况督促检查,发现苗头性、倾向性问题早提醒、早纠正。

全面加强纪律建设,以开放创新的思维放大财政工作格局。建立《财政局2017年重点工作责任清单》,各分管局长分别和各股室负责人签订廉政责任书,把廉政建设"一岗双责"牢牢抓在手上、落实在行动上。勇于负责、敢于担当,敢抓善管,不失职渎职,不推诿扯皮。把加强内控建设与开展财政预算监管、改进工作作风有机融合,用好、监管好财政资金的同时,创新使用财政资金,放大财政资金使用效益。解放思想,转变观念,完善工作理念和思路,更新工作方式和方法,提高执行力,提高工作实效。通过学习,提高干部领会政策、把握政策、运用政策、创新推进工作、高效服务发展的能力,下大力气解决知识不足、本领不足、能力不足问题。切实把在全面从严治党中激发出来的热情,转化为决胜全面建成小康社会、夺取新时代中国特色社会主义伟大胜利的动力,奋力开创财政工作新局面。

（李小宁）

西吉县

2017年,西吉县完成地区生产总值61.50亿元,增长7.8%,其中,第一、第二、第三产业增加值分别完成15.10亿元、14.57亿元、31.83亿元,分别增长4.6%、11.5%、7.7%;完成全社会固定资产投资,82.04亿元,增长15.2%;实现社会消费品零售总额16.28亿元,增长7.5%;城镇居民人均可支配收入2.32亿元,增长8.5%;农村居民人均可支配收入8404元,增长11.0%。完成地方一般公共财政预算收入1.68亿元,同比增长10.5%,同口径增长32.4%;完成一般公共财政预算支出51.22亿元,同比增长14.3%。

一、稳步提升财政保障能力

地方一般公共预算收入1.68亿元,同比增长10.5%,同口径增长32.4%,其中,税收收入1.16亿元,同比增长12.9%,同口径增长49.6%;非税收入5217万元,同比增长5.6%。地方财力有了明显提升。全县一般公共预算支出51.22亿元,为变动预算的98.4%,同比增长14.3%。财政保障能力不断增强。

二、全力保障重点支出

全县保障重点支出38.07亿元,占财政总支出的74.3%,有力地促进了"4156"战略部署的顺利实施。

在脱贫攻坚战方面，坚持"多个渠道进水，一个池子蓄水，一个龙头放水"的思路，统筹整合财政涉农资金11.8亿元，围绕"五通八有"和"两不愁三保障"脱贫标准，重点对标2017年84个脱贫销号村实际需要，重点支持基础设施、特色优势产业、生态环境、社会事业及公共服务等项目建设，有力地推进全县脱贫攻坚进程。实际支出10.99亿元，占整合资金的92.83%。

在基础提升战方面，累计安排4.44亿元支持基础提升，其中，安排9956万元用于城镇污水垃圾处理设施、城市生活垃圾收集转运及污水管网建设，清水河城镇产业带建设，城市维护等；安排5823万元用于粮食应急保障中心、将台堡会师园、档案馆、全民健身中心、消防大队业务用房、园区交流中心建设等；安排2780万元用于交通道路建设、城乡客运一体化、农村公路养护等；安排5117万元用于城镇保障性安居工程及其配套设施建设等；安排9625万元用于美丽小城镇、特色小城镇、美丽村庄、农村阳光沐浴等；安排1099万元用于大中型水库移民后期扶持、饮水安全运行维护等；安排9958万元用于将台堡集镇建设、安居工程建设、大县城建设的征地拆迁补偿。

在项目大会战方面，争取自治区各类专项补助资金20.71亿元；争取政府置换债券资金2966万元；争取棚户区改造政策性支持贷款2.42亿元，为全县民生工程和重点建设提供财力保障。

在产业升级战方面，围绕马铃薯、草畜、蔬菜、杂粮四大产业整合资金4.04亿元落实19类42项种养殖补贴，对建档立卡贫困户实行全产业链扶持补贴。累计安排1.3亿元支持产业升级，其中：安排7742万元用于农资补贴、农机购置补贴等；安排1778万元用于农业救灾、动物保护、等；安排3516万元用于旅游、现代物流、工业转型升级及科技创新等。

在环境整治战方面，累计安排2.93亿元支持环境整治，其中，安排1.12亿元用于退耕还林、精准造林、生态移民迁出区绿化、生态保护恢复、天然林保护、森林生态效益补偿、月亮山水源涵养工程等；安排8652万元用于葫芦河流域水环境综合治理；安排6000万元用于农村环境综合整治；安排2436万元用于河长制、坡耕地水土流失综合治理、土地整理等；安排环境整治基金1000万元。

在金融扶贫工程方面，注入风险补偿基金9000万元，专项用于建档立卡贫困户贷款风险补偿；注入产业担保基金9500万元；安排1855万元用于创业担保贷款贴息及奖补。

在凝心聚力工程方面，安排1.69亿元用于保机关、村级运转，农村党建，民族团结先进示范县创建，机关效能目标考核、教师节奖励等。

在社会治理工程方面，安排3430万元用于改善政法装备，普法、禁毒、司法救助、安全生产、道路安全治理及看守所、派出所建设等，不断完善社会治安体系，深化"平安西吉"建设。

在两个带头人工程方面，安排525万元用于高校毕业生到村任职生活补助、驻村指导员补贴、科技扶贫指导员补贴等。

在劳动力素质提升工程方面，安排2574万元用于新型职业农民培训、劳动力素质提升培训等。

在民生改善工程方面，一是支持教育事业。安排4.88亿元用于义务教育经费保障、义务教育均衡发展、营养改善计划、薄弱学校改造、职业教育、学前教育、特殊教育等。二是支持社会保障和就业。安排8.90亿元用于城乡低保、临时救助、优抚、退役士兵安置、残疾人补助、职工养老保险、医疗保险、住房公积金配套等。安排2982万元用于就业补助。三是支持医疗卫生事业。安排9634万元用于城乡医疗救助、基本公共卫生服务、公立医院改革、基层医疗卫生机构建设、食品药品监督、计划生育服务等。四是支持公共文化服务。安排4511万元用于基层文化设施设备购置、维护改造，贫困地区村综合文化服务中心建设、器材配置等。

三、扎实推进金融扶贫

实现建档立卡户评级授信全覆盖。全县19个乡镇296个行政村全部建立了村级信用协会,完成评级授信5.13万户,其中建档立卡贫困户评级授信3.6万户,占全县贫困户总数的100%。扩大扶贫小额信贷规模。累计注入风险补偿基金1.2亿元,专项用于建档立卡贫困户贷款损失补偿。各金融机构为全县建档立卡贫困户发放金融扶贫贷款28512户122698万元,户均贷款4.3万元,覆盖面达到79.49%。已对2017年6月30日之前的金融扶贫贷款全部完成贴息,共贴息1483万元。加大担保贷款力度。累计注入产业担保基金13786万元,民生信用担保公司担保贷款16899万元,在保余额12955万元,重点支持种养殖户、家庭农场、农民合作社发展特色优势产业。实现"扶贫保"全覆盖。将全县建档立卡贫困户全部列入"扶贫保"对象范围,整合涉农资金1058.45万元,实现家庭意外伤害保险和大病补充医疗保险全覆盖。

四、充分发挥融资平台融资作用

充分发挥国有资产经营公司和惠民投融资公司融资平台作用,切实做好政府融资工作。累计融资政策性棚改贷款资金13.71亿元,保障棚户区改造资金需求,已累计支付13.21亿元,支付率96.35%。争取国家专项建设基金10.64亿元,重点用于棚户区改造,葫芦河河道综合整治、龙王坝乡村旅游扶贫、安康颐养苑老年人服务中心等项目建设,已累计支付6.97亿元,支付率65.5%。

五、积极争取地方政府新增债券和置换债券资金

争取地方政府新增债券资金3.02亿元,用于教育均衡发展,将台堡文化工程及基础设施建设等;争取政府置换债券资金2966万元,用于置换月亮山生态修复、生态移民、集镇建设等债务。

六、不断深化财政体制改革

规范预算管理。制定《西吉县基本支出预算管理暂行办法》《西吉县项目支出预算管理暂行办法》,补充完善基本支出预算定额标准,进一步规范和加强部门支出预算管理。全面公开预决算信息。在县政府门户网站开辟"信息公开栏——财政资金"专栏,全面公开2016年财政决算、2017年财政预算、月度预算执行情况、政府采购、部门预决算等信息,切实保障公民的知情权和监督权。严控"三公"经费。从严从紧编制"三公"经费预算,2017年下达"三公"经费指标控制数1251万元,较2016年减少256.1万元。并坚持"三公"经费每月支付情况的统计分析,及时进行监督、通报。清理盘活存量资金。共收回财政存量资金1.76亿元,已统筹安排使用1.46亿元,占收回存量资金的83%,切实提高财政资金使用效益。规范国库集中支付。加强动态监控,杜绝向单位基本户、个人账户转款等违规行为;严格执行办公费、会议费、接待费、差旅费等公务卡结算行为,切实减少公务支出中现金的提取和使用;年内完成国库集中支付电子化上线工作,进一步增强预算执行透明度,提高财政资金使用的安全性、规范性和有效性。探索预算绩效管理。探索建立绩效管理与预算安排挂钩的管理机制,聘请第三方对平峰镇美丽小城镇建设、吉强镇套子湾基础设施建设和产业升级等项目进行绩效评价,从项目资金管理到产生的经济、社会效益均达到了预期目标。严格政府采购。严格执行《政府采购法》,规范采购程序,共完成政府采购次数258批次,采购预算金额8.29亿元,节约资金4900万元,资金节约率5.9%。强化政府债务管理。制订合理偿债计划,清理消化存量债务,筹措资金3.04亿元化解教育、保障性住房、道路建设和生态移民等领域的政府债务。强化财政监督检查。加强和规范财政专户管理,清理撤销财政专户8个;积极配合财政部驻宁专员办、自治区财政厅、固原市等上级部门重点开展扶贫领域专项资金等专项检查;西吉县财政局委托中介机构对整合资金使用情况、改善贫困地区义务教育基本办学条件等项目资金进行专项审计;并积极组织开展会计监

督检查，对全县 59 个一级预算单位的财务管理、"三公"经费、部门预决算公开、会计基础工作等进行全面检查。针对各项检查中反馈和发现的问题，西吉县财政局以高度的政治责任感，对照问题清单，制订整改方案，严格整改时限，压实整改责任，并跟踪督促，确保整改落实到位。十是积极开展资产清查和公车改革。完成全县 152 家行政事业单位国有资产统计工作，截止 2016 年底全县行政事业单位资产总量 15.75 亿元。按照公务用车改革工作总体要求，积极做好公车改革工作，对封存的 74 辆公车进行处理。

（伏耀明）

彭阳县

2017 年，完成财政总收入 3.03 亿元，同比下降 11.3%；完成财政总支出 37.63 亿元，同比增长 16.18%。

一、加强宏观调控，强化财源，财政收入稳步增长

（一）税费征管

加大对增值税、企业所得税等重点税种的调控，强化对城镇土地使用税、城市维护建设税等小税种的管理，贯彻落实国家和自治区取消、减免相关收费等惠民政策，取消城市公用事业附加等 3 项基金，停征河道采砂管理费等 5 项收费，地方一般公共预算收入稳步增长。地方一般公共预算收入完成 2.4 亿元，同比增长 9.84%，同口径增长 19.58%。其中，税收收入完成 1.79 亿元，同比增长 31.7%；非税收入完成 6078 万元，下降 26.27%。

（二）项目争取

认真贯彻落实区、市关于做好政策项目资金争取工作的总体要求，准确把握政策导向和支持重点，积极主动与自治区财政厅沟通对接，积极主动向上反映困难，着力争取清水河产业带建设项目、自治区一般性转移支付和地方性政府债券等项目资金，全年共争取清水河产业带建设项目、自治区一般性转移支付和地方性政府债券等项目资金 19.78 亿元，同比增长 16.28%。

（三）政府融资

充分发挥润彭投资管理有限责任公司、国有资产经营有限公司平台作用，不断加强银企协作，积极开展政府融资。全年在固原市农业发展银行争取贷款 5.79 亿元，其中，棚户区改造项目 1.6 亿元，扶贫开发整村基础设施建设项目 1.6 亿元，茹河流域水污染防治工程项目 2 亿元，古城刘高庄经红河至杨坪公路项目 5880 万元。

二、发挥职能作用，保障重点，脱贫攻坚稳步推进

（一）全力支持精准扶贫

积极有效整合涉农资金，坚持以统筹整合使用财政涉农资金试点县为契机，以支持实施"1+20+122"精准扶贫规划为目标，全面落实统筹整合资金政策，全年累计统筹整合财政涉农资金 7.86 亿元，其中扶贫专项资金 3.07 亿元，彻底打破行业界限、部门分割和"打酱油的钱不能买醋"的困局，化"零钱"为"整钱"，集中财力助推脱贫攻坚，初步形成"多个渠道引水，一个池子蓄水，一个龙头放水"的扶贫投入新格局。

（二）不断创新金融扶贫机制

安排资金 1012 万元，积极推行"扶贫保"，为 9595 户建档立卡贫困户购买种养殖农业保险；为 17625 户建档立卡贫困户全额购买"家庭意外伤害保险""大病医疗补充保险"。积极推行互助担保，在总结城阳乡长城村、杨坪村村级互助担保基金中心运行试点的基础上，新成立罗洼乡罗洼村、寨科村和王洼镇崖堡村互助担保基金中心。与长城国瑞证券公司、宁夏黄河农村商业银行签订帮扶合作协议，宁夏贺兰山村镇银行年内正式开业，有效融入彭阳县经济发展脉络。全年发放涉农贷款

21117户19.7亿元,其中建档立卡贫困户贷款7008户3.2亿元;普通农户贷款13728户12.18亿元。

三、抢抓政策机遇,加大投入,城乡建设不断夯实

(一)城镇化建设

安排资金2.89亿元,支持实施439套6.62万平方米棚户区改造、茹河街等16条城市道路改扩建、城区停车场工程,以及城阳、冯庄美丽小城镇建设和6个美丽村庄建设。

(二)交通道路建设

安排资金1.02亿元,支持实施G327沟圈至彭阳段、古城刘高庄经红河至杨坪公路、310公里扶贫硬化道路建设、419公里扶贫沙砾路建设。

(三)生态环保建设

安排资金2.34亿元,支持实施天然林保护二期工程、六盘山重点生态功能区降水量400毫米以上区域造林绿化工程、"十二五"生态移民迁出区生态恢复项目和封山育林项目,茹河流域水污染防治工程、农村高效节水灌溉工程、饮水安全巩固提升工程,以及县城污水处理设施、垃圾填埋场二期工程、县污水处理厂提标改造、工业园区污水处理站项目建设;启动实施"美丽茹河"建设PPP项目。

四、积极培育产业,提质增效,产业转型步伐加快

(一)现代农业

安排资金6200万元,支持发展万头肉牛养殖示范乡镇2个、千头肉牛养殖示范村4个、标准养殖户1.5万户,千亩以上紫花苜蓿种植示范点5个。在红河镇新建新型可移动日光温室103栋,改造精英园区二代节能日光温室350栋,带动发展设施蔬菜12.5万亩。支持实施旱作节水农业项目35万亩,种植马铃薯15万亩;种植万寿菊和中药材7.5万亩,培育千亩中药材规范化种植基地4个,打造青云湾、金鸡坪等景观梯田公园2个和精英庄园、五子山庄等县级休闲农业示范点5个。

(二)二三产业

安排资金425万元,大力支持"一园三区"基础设施建设和功能配套,着力打造便捷、高效、低成本园区,切实降低入园企业运行成本。支持现代金融、现代物流、电子商务、市场流通多极发展,加快网上丝绸之路建设,推进贸易便利化促进计划、"互联网+"行动计划和"千村电商"工程,建成电商服务网点96个,其中示范县项目20个,脱贫村服务站72个,落实补助资金276万元。

五、紧扣民生改善,增强保障,社会事业协调发展

(一)教育事业

安排资金2.19亿元,支持完善农村义务教育经费保障机制,积极推进义务教育均衡发展,支持实施"全面改薄"项目,开工建设县三小、城阳乡中心学校、新集乡初级中学教学楼,以及古城中学、交岔中心学校教师周转宿舍和红河何源、冯庄小园子、城阳韩寨等16所村级幼儿园,完成县职教中心整体搬迁。

(二)卫生计生事业

安排资金9835万元,支持公共卫生服务、卫生民生计划、医药卫生体制改革和计划生育"少生快富"整村推进工作,支持实施城区卫生资源整合项目、11个乡镇55个标准化村卫生室建设及67个村卫生室光伏发电供暖工程。

(三)公共文化事业

安排资金8192万元,支持推进公共文化设施建设、自然遗产保护和旅游基础设施建设。开工建设悦龙山新区全民健身中心、雷河滩体育公园,推动全民健身深入开展。

(四)社会保障事业

安排资金2.42亿元,落实城乡低保、高龄、五保人员及孤儿养育等惠民政策,有力保障33062名生活困难人员基本生活;支持社会救助兜底保障工作,将2181户5392人全部纳入农村低保范围,保障资金按月发放到户;支持医疗救助,救助困难群众4266人次;新建农村社区服务站17个;支持职业技能培训、公益性岗位、

农村妇女创业,全力推进大众创业,万众创新。

六、立足制度建设,改革创新,财政管理日趋规范

（一）加强财政预算管理

认真贯彻落实《预算法》,大力压减一般性支出,严控"三公"经费,压缩会议费等非急需、非刚性支出。优化财政支出结构,调整存量、优化增量,加快建立支出合理、结构优化、规范有效的现代财政运行机制,收回、统筹使用2014年度以前结余的财政存量资金4.17亿元,确保重点工程和项目建设资金需求。

（二）提高财政预算绩效

组织对2015年基层政权建设、朝那鸡提纯复壮保种、中小企业孵化园建设等项目开展财政支出绩效评价,涉及资金7000万元。配合财政厅对2015年全县城乡低保资金管理、使用情况、实施效果进行绩效评价。

（三）强化政府性债务管理

编制政府债务年度计划,将一般债务收支纳入公共财政预算管理,专项债务收支纳入政府性基金预算管理,全年预算安排债务还本付息资金7382万元,有效防范和化解政府性债务风险。

（四）积极探索财政事权与支出责任划分改革。

制定出台《彭阳县乡镇工作经费保障实施办法》,综合考虑乡镇服务人口、地域面积、偏远程度和实际工作量等因素,对乡镇工作经费实行"包干预算",由乡镇统筹安排使用,确保乡镇事权责任落实。

（五）配合做好资源税从价计征改革

贯彻落实国家和自治区取消、减免相关收费等惠民政策,最大限度地释放财税政策的减负作用,助推"降本增效"。

（六）全面公开财政预算信息

以政府网站"财政资金"专栏为平台,及时将2016年财政决算、2017年财政预算和涉农资金信息主动公开。督导全县74个一级预算单位在法定时限内主动公开部门预算,公开率100%;涉农部门(单位)及12个乡镇公开涉农资金信息292条,涉及资金8亿元。建立"惠农资金监管"平台,健全县乡村"331"监管机制,对扶持到村到户项目及资金实行"公示制",涉农资金使用透明度明显提高。

（七）扎实开展财政监督检查

组织开展"财务制度执行提升年"专项治理活动,开展查处涉农扶贫领域腐败问题专项行动,对农牧、林业、水务、扶贫等10个部门(单位)和12个乡(镇)2015—2016年度涉农资金使用管理突出问题开展专项检查。配合开展2017年财政预算编制执行及公开情况上下联动专项检查,着力强化预决算公开管理和动态监控。完成全县134个行政事业单位2016年度内部控制报告的编辑审核、汇总报送、查询修改、集中会审工作,对全县113个行政事业单位基本情况、财务情况以及资产情况等进行全面清理和核查。

七、狠抓党风廉政,强化落实,财政效能明显提高

（一）认真贯彻落实"两个责任"

按照县委贯彻落实全面从严治党要求,结合财政工作实际,研究制定《全面从严治党责任清单》《党总支书记抓党建责任清单》《党支部书记抓党建职责清单》《基层党组织政治合格基本标准》以及《彭阳县财政局党总支职权目录》,签订《党建工作责任书》《党风廉政建设责任书》,进一步厘清领导班子、主要负责人、班子成员在贯彻落实全面从严治党工作中应当承担的具体责任,细化分工,建立内容具体、界限清晰、措施有力、便于监督问责的责任体系,形成一级抓一级,层层抓落实的组织领导体系和工作机制。同时,扎实开展排查和纠正苗头性问题工作,建立"全面从严治党问题清单和问责清单",强化源头治理,切实增强党员干部的纪律意识、规矩意识、底线意识,切实把纪律和规矩挺在前面。

（二）认真开展中央八项规定精神"回头看"落实工作

对标中央和区、市、县各项规定,对党的十

八大以来制定的贯彻落实中央"八项规定"精神各项制度规定、措施办法等规范性文件,逐条逐项再审示、再清理、再校验,重新修订编印了《财政局制度汇编》,确保各项制度符合上级要求,贴近单位实际,为持之以恒纠正"四风"提供制度保障。开展党风廉政宣传教育月活动,深入开展党风廉政建设警示教育,进一步教育引导党员干部拒腐防变,警钟长鸣;深入开展革命传统和典型示范教育,教育引导党员干部进一步坚定理想信念;深入推进廉政文化建设,着力营造风清气正的财政发展环境。

(三)认真组织开展"三不为"专项整治活动

按照县委、政府总体部署,成立以主要领导为组长、分管领导为副组长、局属各单位和各岗位负责人为成员的"三不为"纪律作风专项整治活动领导小组,结合工作实际,研究制订《县财政局开展"三不为"纪律作风专项整治活动实施方案》,对整治范围、内容、步骤、措施、要求等进行详细安排。要求局属事业单位和各岗位、全体干部职工紧密结合自身实际,认真对照集中整治内容和重点工作责任清单,认真查找突出问题,建立问题查摆和整改清单,查摆和制定整改问题112条,确保专项整治工作不走过场。

(四)积极开展"6+X"主题党日活动

按照县委总体部署,结合工作实际,制订印发《县财政局党总支开展"6+X"主题党日活动的实施方案》,及时转发《关于切实做好"6+X"主题党日活动的通知》,进一步明确集中学习、缴纳党费、上好党课、评议党员、民主议事、党务公开等六项规定动作的内容,细化扶贫攻坚、业务培训、道德讲堂、红色教育、健康普及等十项自选动作,以党支部为基本单位,分别扎实组织开展每月一次的"6+X"主题党日活动,进一步规范党内政治生活,强化党员党性观念和宗旨意识,做到把党的思想政治建设抓在日常、严在经常。3个党支部分别组织开展"6+X"主题党日活动7场次。

(五)积极开展财政重点工作落实

定期召开局务会议,对财政改革、党风廉政、精神文明、宣传思想文化、综治安全生产、民族团结进步示范县、扶贫攻坚等工作进行安排部署,对照县委、政府确定的"4+1"责任清单,制定了《财政金融重点工作责任清单》,将重点工作任务,细化分解到各岗位,落实首问责任制、限时办结制,盯住不落实的事,追究不落实的人,着力提高工作效率和贯彻落实力。认真落实《干部职工请销假制度》和《干部职工下乡外出登记审批制度》,局领导轮流值周制度和干部职工上下班签到制度,保持井然有序的工作秩序。

八、积极开展活动,巩固成果,文明建设协调发展

积极开展"道德大讲堂"活动,按照"五个一"模式,强化宣讲队伍,创新宣讲内容,深入学习宣传道德模范、先进人物的感人事迹,营造崇尚道德的良好氛围,使广大干部职工自觉遵守社会公德、弘扬家庭美德、恪守职业道德,注重个人品德。积极开展"财政法规政策宣传周"活动,组织干部职工开展"财政法规政策宣传周"活动,以"着力构建法治财政 深入推进扶贫攻坚"为主题,发放宣传资料2万余份,突出对税收、教育、创业就业、卫生计生等涉及群众切身利益和支持企业发展的财政惠民、惠企政策进行广泛宣传。按照县委要求,及时组织开展政法综治宣传月活动、国家安全教育日法制宣传活动。积极开展帮扶帮建活动,认真落实县委、政府"三联四到"及干部包扶贫困户工作机制,制定印发《关于切实做好定点帮扶和干部包扶贫困户工作的通知》,筹措落实资金23.37万元,支持定点帮扶村草庙乡张街110户困难户种植万寿菊1660多亩,慰问困难党员10名,资助困难大学新生20名。组织79名干部职工深入王洼镇、城阳乡、草庙乡10个村394户开展结对帮扶,开展调查研究,宣传新的惠农政策、扶贫开发政策,帮助理清脱贫思路,谋划脱贫项目,摸清贷款需求,协调落实金融扶贫贷款,助推贫困

户致富脱贫。积极开展干部"下基层"活动，按照要求，将机关15名干部编排为4个小组，分别深入到白阳镇玉洼村、草庙乡张街村、县顺鑫源拆迁公司和宁夏栖凤小额贷款公司走访调查，了解掌握实际情况，联系帮助解决实际困难问题。积极开展精神文明建设活动，先后组织举办全系统庆"元旦"、庆"三八"文体活动，组队参加全县庆祝中国共产党成立96周年"庆七一·颂党恩"歌咏比赛活动。组织开展健康促进机关活动，邀请自治区专家举办健康知识讲座，为100名干部职工进行体检。对门前"三包"责任区和城区卫生责任区及时清理，创造干净整洁的工作环境。

（惠　宇）

泾源县

2016年地方公共财政预算收入预计完成13637万元，增长8.2%。其中，税收收入8676万元，下降0.1%，非税收入完成4961万元，增长29.4%。地方公共财政预算支出预计完成191508万元，增长28%。

一、开源节流控支出，确保收入稳定增长

强化收入征管，加强组织协调，充分发挥财税库联合协作机制，及时分解任务，加强收入形势分析，强化征管措施，千方百计挖掘收入潜力，加强对重点行业、重点企业的税收监控，确保收入及时入库。进一步强化财政支出管理，提高支出效益，按照中央"八项规定"要求，严格预算约束，控制"三公"经费支出，按照"轻重缓急"的原则，最大限度地发挥财政资金的使用效益。

二、全力以赴争资金，实施项目带动战略

根据自治区相关产业政策，建立了"上下联动，信息沟通，密切协作，各司其职，形成合力"的工作机制，坚持盯着政策、盯着资金、盯着动向的理念，做到政策跟进、措施跟进。紧扣全县各项目标任务，积极争取上报大县城建设、特色优势产业、20公里旅游服务带项目及教育、卫生、交通等项目81个，预计全年争取到位资金16.5亿元，增长11%。

三、发挥职能保民生，推进社会事业发展

坚持"以民为本，为民解困，为民服务"工作宗旨，优先保障困难群众基本生活需求，着力推进以保障和改善民生为重点的社会事业建设，增强财政基本公共服务的能力和水平。

（一）健全社会保障体系

拨付各类社保资金11,674万元，按时足额发放企业离退休职工养老金、城乡居民养老、医疗保险、城乡低保、困难群众救助、"三支一扶"、大学生村官、公益性岗位人员工资、五保供养、孤儿养育重度残疾人生活补贴等。拨付资金553万元，按照星级基层服务型党组织建设要求，进一步提高村干部报酬。

（二）推进社会事业发展

争取资金12194万元，全面改善义务教育薄弱学校办学条件，推进优质教育资源向薄弱学校延伸，全方位提升学校教育质量，继续实施农村义务教育阶段学生营养改善计划，推动义务教育均衡发展，通过助学金、学费减免、贷款贴息等方式，加大对各类在校贫困学生的资助力度。安排资金6949万元，落实基本公共卫生服务政策，着力提升医疗机构服务能力和公共卫生服务水平，实施妇幼卫生"七免一救助"及"少生快富"项目捆绑工程和计划生育免费服务等项目。加大广播电视、科技、民族宗教等社会事业支持保障力度，推进社会各项事业又好又快发展。

（三）创新精准扶贫模式

安排资金1.2亿元，以扶贫为重点，实施脱贫攻坚战略。扶持建档立卡贫困户新建标准化牛舍10万平方米，为建档立卡贫困户养殖安格斯基础母牛每头补贴2500元，积极鼓励农户开展农业保险，为建档立卡贫困户基础母牛购买保险每头200元，扶持建档立卡贫困户养殖中蜂1300箱，每箱补贴400元，加大苗木产业扶

持力度，建档立卡贫困户新栽植苗木或培育精品大苗每亩补贴3000元。为20公里旅游服务带沿线383户建档立卡贫困户每户发放旅游发展资金1万元，扶持贫困户从事乡村旅游服务、土特产品、民间工艺品加工销售等。为100户残疾人每户发放2000元增收致富产业补贴，为贫困户购买小额人身意外保险及大病补充医疗保险，开展雨露助学计划、精准能力培训项目及双到扶贫工程，在全县46个贫困村建设了电商扶贫服务站。

（四）改善农村生产生活条件

进一步加快和推进农村公益事业建设步伐，2016年争取第一批"一事一议"财政奖补项目资金900万元，实施了村道硬化、文化广场、环境整治等群众关注的热点难点项目，涉及7个乡镇22个行政村，受益农户4300余户1.5万人。安排资金5,200万元，重点实施了52个行政村道路硬化、环境绿化美化、文化设施建设、河道治理、生活污水处理、农村卫生厕所改造等美丽村庄建设项目。

（五）推进城乡基础设施建设

筹措资金1.61亿元，加快大县城建设步伐，重点实施了城市建筑物立面改造提升、道路改造提升、环境绿化美化、交通客运枢纽站建设、卧龙山森林公园改造提升、县城集中供热改造、洁净水源工程、污水处理、保障性安居工程、老旧街区改造等重点工程建设。筹措资金1.68亿元，实施20公里旅游服务带建设，加快泾河源镇和六盘山旅游城镇建设步伐，实施泾河源镇综合服务区建设、游客服务中心生态停车场、回乡水坊、六盘山镇安置房及集中供热工程、大湾乡职工周转房等工程。

（六）加大金融扶贫力度

把金融扶贫作为脱贫攻坚的重要抓手，实施"财政＋金融＋产业"的金融扶贫模式，充分发挥财政资金的引导和杠杆作用，扩大扶贫资金总量，推进精准扶贫、精准脱贫进程。注入资金3000万元建立融资担保基金，注入资金2800万元建立扶贫小额贷款风险补偿基金。建立县、乡、村三级信用协会，开展农户信贷需求及贷前调查，制定《泾源县贫困户小额信用贷款评级授信管理办法》，按照"自愿申请，民主评议，公开透明"的原则开展建档立卡贫困户信用评级授信，发放"贫困农户信用贷款证"。撬动金融机构向建档立卡贫困户发放贷款2847户1.23亿元，发放涉农企业、种养大户、合作社等农业经营主体贷款72户5023万元。拨付资金1367万元，支持建档立卡贫困户支付发展产业贷款利息。

四、规范管理重监督，提升科学理财水平

发挥财政监督检查职能，对教育部门2014年至2015年全面改善义务教育薄弱学校基本办学项目资金进行了检查，对其中1526万元项目资金提出整改意见。联合监察、审计等部门开展涉农资金专项检查，重点对农牧、水务、林业及扶贫等部门2015年涉农资金进行了专项检查，并对其中5045万元涉农资金提出了整改意见。加大财政资金绩效评价，对2015年政法专项、全民创业和农村妇女创业贷款贴息、农村中小学营养改善计划等资金管理和使用进行了绩效考核工作。强化会计基础管理，对全县各行政事业单位会计基础信息进行了全面检查，对部分单位提出了规范化要求。严格预算约束，控制三公经费，由纪委牵头，联合财政、审计部门，在全县开展以落实"八项规定"为重点的财务管理专项督查，全县"三公"经费支出1496.2万元，同比下降5.6%。推进部门预算改革，预算编制的规范性、准确性有了新的提高，财政预算执行更加规范；国库集中支付改革向纵深推进，资金运行更加安全、有序；政府采购工作不断加强，管理进一步规范，实现采购合同金额1.5亿元，节约率8.7%；强化年度稽查工作，规范了执收执罚单位收费行为；加强国有资产管理，全面实施行政事业单位资产清查、事业单位产权登记及行政单位公车改革工作，确保国有资产保值增值。

（马鹏杰）

第五部分

财税法规选编

自治区财政厅关于印发《宁夏回族自治区财政厅防范遏制重特大事故全面加强安全生产源头管控和安全准入工作实施方案》的通知

2017年9月10日　宁财(办)发〔2017〕633号

各市、县(区)财政局,厅机关各处室、事业单位：

为认真落实《自治区人民政府办公厅关于印发贯彻落实国务院安委会第八巡查组安全生产巡查反馈意见整改方案的通知》要求,根据《自治区安委会印发〈关于坚持标本兼治兼治防范遏制重特大事故的意见〉》(宁安委〔2016〕7号)、《自治区安委办关于遏制重特大事故全面加强安全生产源头管控和安全准入工作的指导意见》(宁安办〔2017〕33号)和《自治区安委办关于加快推进"两体系一平台"建设 有效遏制重特大事故的意见》(宁安办〔2017〕32号),自治区财政厅制定了《宁夏回族自治区财政厅防范遏制重特大事故 全面加强安全生产源头管控和安全准入工作实施方案》,现印发你们,请认真贯彻执行。

附件：宁夏回族自治区财政厅防范遏制重特大事故 全面加强安全生产源头管控和安全准入工作实施方案

附件

宁夏回族自治区财政厅防范遏制重特大事故全面加强安全生产源头管控和安全准入工作实施方案

为认真贯彻落实自治区党委、政府决策部署,着力解决当前安全生产领域存在的薄弱环节和突出问题,强化安全风险管控和隐患排查治理,有效防范和坚决遏制重特大事故,根据《自治区安委会印发〈关于坚持标本兼治兼治防范遏制重特大事故的意见〉》(宁安委〔2016〕7号)和《自治区安委办关于遏制重特大事故全面加强安全生产源头管控和安全准入工作的指导意见》(宁安办〔2017〕33号),结合财政工作实际,制订本实施方案。

一、指导思想和工作目标

(一)指导思想。认真贯彻习近平总书记、李克强总理关于安全生产工作重要指示批示和自治区第十二次党代会精神,全面强化安全发展理念,创新安全管理模式,及时发现和消除各类事故隐患。进一步建立完善风险管控和隐患排查治理双重预防控制机制,扎实做好事前预防工作。建立顺畅高效的应急响应机制,及时、科学、有效应对各类重特大事故,增强防范事故和遏制重特大事故能力,最大限度地避免事故发生和降低事故损失，为实现经济繁荣、民族团结、环境优美、人民富裕，与全国同步坚成全面小康社会目标提供有力的安全生产保障。

（二）工作目标。到2018年，全面建立完善安全风险分级管控和隐患排查治理双重预防性工作体系、惩治违法违规行为制度机制体系、安全准入制度体系、应急救援体系，全面提升安全保障和处置能力。

二、主要工作任务

按照分级负责、分类管理原则，突出消防、给排水、强弱电、食堂及培训中心服务设施等关键环节，强化安全生产风险辨识、分级管控，坚决杜绝事故，切实降低损害程度。

（一）建立完善工作机制。

1.严格落实安全生产工作责任。按照"谁主管，谁负责"，"管行业必须管安全，管业务必须管安全，管生产经营必须管安全"的要求，严格落实各级财政部门安全生产监管责任。要积极采取措施，督促严格遵守和执行安全生产法律法规、规章制度与技术标准，依法依规加强安全生产。

2.落实风险管控主体责任。厅办公室、沙湖干部教育培训中心、农发办、会计处、信息中心分别负责厅机关、沙湖假日酒店、农发办办公场所、信息中心机房和会计职称考试等重点部位和重要活动风险分级管理，针对可能出现的天然气泄漏、电器和建筑物火灾、食物中毒、建筑物坍塌、电梯和锅炉等机械故障、交通工具安全、高空坠物坠落、人员踩踏、下水道内易爆气体积聚和通风不畅区域有害气体聚集等安全隐患，按照危险程度及可能造成后果的严重性，将风险分为重大风险、较大风险、一般风险和低风险，分别用红、橙、黄、蓝四种颜色标示（其中，重大安全风险应填写清单、汇总造册），并将风险点逐一落实分级管控责任，明确监管重点和具体管控措施，包括制度管理措施、工程技术措施、在线监测措施、视频监控措施、自动化控制措施、应急管理措施等。严格实施安全风险公告、岗位安全风险确认和安全操作"明白卡"制度。同时，涉及安全生产重点处室、事业单位要将安全风险点逐一登记，建立安全风险管控档案，经主要负责人签字和单位盖章后，报厅办公室备案。各市、县财政局负责本单位区域内安全生产风险分级管控工作，并将结果报送厅办公室，统一纳入财政系统安全生产风险管理数据系统。

3.建立安全风险分级管控机制。在深入总结分析事故发生规律、特点和趋势的基础上，按照"分区域，网格化，实名制"原则，每年定期排查评估责任范围内重点区域、重点部位、重大危险源，明确落实每一处重大安全风险和重大危险源的主体管理责、安全监管责任，不留盲区和死角。强化风险管控技术、制度、管理措施，把可能导致的后果限制在可防、可控范围之内。健全安全风险公告警示和重大安全风险预警机制，定期对红色、橙色安全风险进行分析、评估、预警。

（二）抓好隐患排查整治。

1.积极组织开展隐患排查治理。各级财政和厅机关相关处室要对所属责任范围安全生产进行全面排查摸底，重点推行"隐患排查清单管理"，做到全员熟悉隐患排查内容、排查周期、排查流程、台账填写以及奖惩措施等全面排查整治事故隐患，坚决治理和纠正各类违法违规行为，确保隐患排查治理取得实效。

2.实现事故隐患排查治理闭环管理。各级财政部门要制定隐患排查治理监督管理办法，建立健全隐患发现、整改、记录、通报和激励约束机制。组织动员开展隐患排查治理，及时消除各类事故隐患，做到排查和治理"全覆盖"。对排查中出现的重大安全隐患一律实行挂牌督办，严格落实整改销号制度，确保隐患100%管控到位，及时整改到位，实现隐患排查、登记、评估、报告、监控、治理、销账的全过程记录和闭环管理。

3. 综合治理群防群控。充分发挥各级党组织、群团组织作用，广泛开展"查身边隐患、保干部职工安全、促自身发展"群众性安全生产活动,形成全员参与、齐抓共管的工作格局。

4.依法依规严格落实执法措施。认真落实安全生产一票否决制,健全"双随机"检查等制度和违法违规行为曝光工作机制,强化警示教育,严肃处理主体责任不落实造成的安全生产责任事故。

(三)提升事故应急处置能力。

1.加强重点岗位应急培训。健全全员应急培训制度,针对关键部位、重点环节干部职工岗位工作实际,组织开展应急知识和技能培训,提升干部职工第一时间化解险情、自救互救和避险逃生的能力。

2.健全快速应急响应机制。建立、完善各类安全生产应急预案,加强应急演练,严防盲目施救导致事态扩大。强化应急响应,确保在第一时间能够迅速调动队伍、应急装备物资,组织抢险救援。

3.加强应急保障能力建设。进一步加强消防等应急物资和装备设备建设及常态化运行保障机制,鼓励和引导社会力量参与应急救援。

三、有关要求

(一)高度重视,加强领导。各级财政要进一步提高对防范遏制重特大事故重要性、紧迫性和事故规律性的认识,要把遏制重特大事故作为作为当前和今后一个时期的政治任务和重点工作,摆在重中之重的突出位置,采取有力措施抓实抓好,带动安全生产各项工作全面推进。

(二)突出重点,精准施策。要结合事故规律特点,抓住关键时段、关键部位、关键环节,从构建双重预防性控制机制、强化技术保障、加大监管检查力度、加强源头治理、提高应急处置能力等方面入手,从制度、技术、工程、管理等多个角度,制定采取有针对性的措施,对症下药、精准施策,坚决杜绝事故,切实降低损害程度。

(三)考核问责,注重实效。各级财政部门要对遏制重特大事故工作进行跟踪督查,严格管理考核,加大遏制重特大事故工作成效在安全生产目标管理考核中的比重,定期通报工作完成情况,促进工作落实。对工作不重视,存在重大风险隐患而不采取防范和整改措施或发生事故的单位或个人,视情况严厉追究相关单位或行为人责任,并倒查有关部门责任。厅办公室就工作进展情况适时进行跟踪督导检查,并将工作开展情况列入年度安全生产目标管理考核内容。

(四)及时总结,按时上报情况。各级财政部门要结合本地区、本单位实际,制定具体实施方案,狠抓工作落实,各项重点任务务必做到定时限、定措施、定责任,抓紧组织推进,扎实开展落实。每季度末10日前向厅办公室书面报告遏制重特大事故工作进展情况,包括采取的主要措施,完成的主要工作,取得的主要成效,工作中行之有效的经验和做法,以及存在的主要问题和下一步重点工作安排等,每年12月10日前书面报送全年工作总结。

自治区财政厅关于印发《宁夏回族自治区财政厅法律顾问工作制度(试行)》的通知

2017 年 5 月 11 日　宁财(法)发〔2017〕303 号

厅机关各处室、事业单位：

为规范本厅法律顾问工作，推进依法行政、依法理财，根据《关于推行法律顾问制度和公职律师公司律师制度的意见》(中办发〔2016〕30号)和《宁夏回族自治区政府法律顾问工作规则》(宁政办发〔2015〕35号)，结合本厅实际，特制定《宁夏回族自治区财政厅法律顾问工作制度(试行)》，现印发给你们，请遵照执行。

附件

宁夏回族自治区财政厅法律顾问工作制度(试行)

第一条 为规范宁夏回族自治区财政厅法律顾问工作，推进依法行政、依法理财，根据《关于推行法律顾问制度和公职律师公司律师制度的意见》(中办发〔2016〕30号)和《宁夏回族自治区政府法律顾问工作规则》(宁政办发〔2015〕35号)，结合本厅实际，制定本制度。

第二条 本厅法律顾问的聘任和管理适用本制度。

第三条 法律顾问工作应当坚持忠于事实和法律，坚持以事前防范和事中控制法律风险为主，事后法律补救为辅的原则，积极维护本厅利益。

第四条 本厅法律顾问包括厅法治机构工作人员、法律专家和律师。厅法治机构(税政与条法处，下同)负责法律顾问的日常联络、协调、管理工作，承担法律顾问工作制度的组织实施。

第五条 法律顾问工作方式，实行委托办理制和会议工作制，由厅法治机构负责组织、研究讨论相关法律事务。法律顾问通过书面形式提供法律意见，并对提供的法律意见负责。需要出具法律意见书的，由法律顾问出具法律意见书，并签署承办人姓名，律师还应当加盖其所在的律师事务所公章。

第六条 法律顾问主要履行以下职责：

(一)为本厅重大行政决策、重要行政行为提供法律意见；

(二)为本厅参与立法和制定、审查规范性文件提供法律意见；

(三)为本厅办理重大行政处罚、行政复议案件提供法律意见，参与听证、行政复议、行政诉讼等法律事务；

(四)参与本厅重大项目的洽谈以及重要法律文书、合同、协议的起草、修改、审查等工作；

(五)协助开展财政法治宣传教育等工作；

(六)参与处理涉及本厅重大突发性、群体性事件的涉法事务；

（七）需要法律顾问参与的其他事务。

第七条 外聘法律顾问应当符合下列条件：

（一）政治素质高，拥护党的路线、方针、政策，一般应当是中国共产党党员；

（二）忠于宪法、遵守法律，具有良好的道德修养和社会责任感；

（三）受过系统的法律专业教育，具有法学本科以上学历；

（四）法律专家应当在所从事的法学教育、法学研究等领域成效显著，具有一定的专业影响力；律师应当具有5年以上执业经验，专业能力较强，业绩较突出；

（五）志愿服务于社会公共事务，有时间和精力履行职责；

（六）其他条件。

第八条 外聘法律顾问由厅法治机构和人事部门按照公开、公正、择优的原则进行遴选，报厅批准后聘任，并发放聘书。外聘法律顾问聘期2年，期满可以续聘。

第九条 外聘法律顾问在办理法律事务过程中，享有以下权利：

（一）独立自主提出法律意见和建议，不受任何单位和个人的干涉；

（二）获得与履行职责相关的信息资料、文件和其他必需的工作条件；

（三）为履行顾问职责的需要，向厅机关有关部门提出调研、考察的要求；

（四）获得约定的工作报酬和待遇；

（五）便于开展法律顾问工作必需的其他工作条件。

第十条 法律顾问根据工作需要，可以列席厅党组会议、厅务会议以及其他相关会议，并根据会议要求提出法律意见。

第十一条 外聘法律顾问在履行法律顾问职责期间承担下列义务：

（一）遵守保密制度，不得泄露党和国家的秘密、工作机密、商业秘密以及其他不应公开的信息，不得擅自对外透露所承担的工作内容；

（二）不得利用在工作期间获得的非公开信息或者便利条件，为本人及所在单位或者他人牟取利益；

（三）不得以法律顾问的身份从事商业活动以及与法律顾问职责无关的活动；

（四）不得接受其他当事人委托，办理与本厅有利益冲突的法律事务，法律顾问与所承办的业务有利害关系、可能影响公正履行职责的，应当回避；

（五）不得违反相关法律、法规的规定。

第十二条 外聘法律顾问在聘用期间有下列情形之一的，本厅解除聘用关系：

（一）违反本规定第十三条的；

（二）因身体原因无法胜任法律顾问工作的；

（三）无正当理由，两次以上不参加法律顾问工作会议或者不按时提供法律意见的；

（四）受所在单位处分，或者受司法行政部门行政处罚，或者受律师协会行业处分的；

（五）被依法追究刑事责任的；

（六）聘用单位认为有其他严重失职行为的。

第十三条 法律顾问在聘用期间，违反本规定，造成本厅重大经济损失或者不良社会影响的，本厅有权依法追究其法律责任。

第十四条 法律顾问工作经费，纳入厅机关部门预算，专款专用。聘请律师的费用，按照与律师所在事务所签订的法律服务合同支付。聘请费用标准和支付方式等内容应符合政府购买社会服务相关规定。

第十五条 本制度自印发之日起施行。

关于印发《宁夏区本级财政年终对账结算管理办法》的通知

2017年3月9日　宁财(库)发〔2017〕143号

厅机关相关处室、单位：

为进一步明确区本级财政资金结算相关事宜，规范区本级财政与上下级财政以及内部处(室)的对账行为，有效防范财政资金风险，根据《财政总预算会计制度》《宁夏回族自治区国库管理制度改革试点年终结余资金管理暂行办法》《宁夏回族自治区国库与财政、征收机关现场对账办法》和有关会计制度规定，制定本办法，请遵照执行。

附件：宁夏区本级财政年终对账结算管理办法

附件

宁夏区本级财政年终对账结算管理办法

第一章　总　则

第一条　为进一步明确区本级财政资金结算相关事宜，规范自治区财政国库与中国人民银行银川中心支行国库(以下简称人民银行国库)、财政专户代理银行、上下级财政以及区本级财政内部处室的对账行为，真实、准确、及时、完整的反映财政资金收入和支出，全面核算政府资产和负债情况，有效防范财政资金风险，根据《财政总预算会计制度》《宁夏回族自治区国库管理制度改革试点年终结余资金管理暂行办法》《宁夏回族自治区国库与财政、征收机关现场对账办法》和有关会计制度规定，制定本办法。

第二条　本办法中财政资金指自治区政府财政核算、反映、监督政府一般公共预算资金、政府性基金预算资金、国有资本经营预算资金、社会保险基金预算资金以及财政专户管理资金、专用基金和代管资金等资金。

第三条　本办法中会计年终对账结算事项主要是指核对年度预算、清理本年预算收支、与人民银行国库及各代理银行进行年度对账、核实股权、债权和债务、清理往来款项、进行年终财政资金结算。

第四条　本办法中财政资金对账结算范围：主要是自治区本级财政收入、支出、资产、负债、净资产等。

收入包括一般公共预算本级收入、政府性基金预算本级收入、国有资本经营预算本级收入、财政专户管理资金收入、专用基金收入、转移性收入、债务收入、债务转贷收入等。

支出包括一般公共预算本级支出、政府性

基金预算本级支出、国有资本经营预算本级支出、财政专户管理资金支出、专用基金支出、转移性支出、债务还本支出、债务转贷支出等。

资产包括财政存款、有价证券、应收股利、借出款项、暂付及应收款项、预拨经费、应收转贷款和股权投资等。

负债包括应付国库集中支付结余、暂收及应付款项、应付政府债券、借入款项、应付转贷款、其他负债、应付代管资金等。

净资产包括一般公共预算结转结余、政府性基金预算结转结余、国有资本经营预算结转结余、财政专户管理资金结余、专用基金结余、预算稳定调节基金、预算周转金、资产基金和待偿债净资产。

第五条 财政资金对账分为日对账、月度对账、季度对账和年度对账。

第二章 对账结算内容

第六条 年终对账结算内容主要包括核对年度预算、清理本年预算收支、与国家金库进行年度对帐、清理核对当年拨款支出、核实股权、债权和债务、清理往来款项、进行年终财政结算。

第三章 对账结算程序

第七条 核对年度预算。年终前，国库处应配合预算管理部门将本级政府财政全年预算指标与上、下级政府财政总预算和本级各部门预算进行核对，及时办理预算调整和转移支付事项。

第八条 清理本年预算收支。预算处认真清理本年预算收入，督促征收部门和国家金库年终前如数缴库。应在本年预算列支的款项，非特殊原因，应在年终前由预算处提供依据交国库处办结。

第九条 与国家金库进行年度对账。国库处按照《宁夏回族自治区国库与财政、征收机关现场对账办法》的要求在规定的时间与人民银行国库现场对账。核对无误后，对账双方均在对账单签署对账结果、对账日期，签名确认，加盖对账部门印章，双方各留存一份。

第十条 清理核对当年拨款支出。国库处与各部门预算处、国库支付中心按年度核对财政拨款支出。会计年度结束后3个工作日内，由国库处总预算会计按政府收支分类科目的"类""款""项"以及按预算单位分明细提供部门预算处和国库支付中心支出对账单，各部门预算处和国库支付中心在接收对账单5个工作日内核对本级各单位的拨款支出应与单位的拨款收入，无误后加盖公章退国库处。对账中发现属于应收回的拨款，应及时收回，并按收回数相应冲减预算支出或调账。属于预拨下年度的经费，不得列入当年预算支出。各部门预算处和国库支付中心应在对账有效期内填写调账通知单交国库处总预算会计进行账务调整。

第十一条 核实股权、债权和债务：财政厅内部相关股权、债权、债务管理处室应于每年12月20日前向国库处提供与股权、债权、债务等核算和反映相关的加盖公章的纸质资料，国库处总预算会计据此进行账务登记。

第十二条 清理往来款项：国库处总预算会计向预算处提供区本级往来款明细表，预算处应根据实际情况清理其他应收款、其他应付款等各种往来款项，在会计年度结束前确认予以收回或归还。应转作收入或支出的各项款项，要及时转入本年有关收支账，预算处于每年12月31日前向国库处总预算会计出具纸质加盖公章的调帐依据，国库处总预算会计据此做好相关账务处理。

第十三条 年终财政结算：预算处要在年终清理的基础上，于次年元月31日前结清上下级财政的转移支付收支，与年度预算执行过程中已补助和已上解数额进行比较，结合往来款和借垫款情况，计算出全年最终应补或应扣数额，出具"年终财政决算结算单"，经核对无误后，加盖公章报国库处总预算会计作为年终财政结算凭证入账。决算经本级人代会审查批准后，如需更正原报财政决算草案收入、支出时，预算处提供相应的调整科目情况和依据,国库处总预算会计据此办理结账调整事项。

第四章　对账结算职责分工

第十四条　预算处严格按照对账要求在对账单下发5日内将区本级预算调整事项报国库处进行账务处理,在市县决算汇审结束前提供上下级财政对账资料和年终财政决算结算单以纸质加盖公章送国库处,确保账务结算工作及时完成。

第十五条　各部门预算处严格按照对账要求在对账单下发5个工作日内将对账中发现的问题统一填写调账通知单送国库处,做好相关调整账务的衔接工作,涉及股权、债权、债务的部门预算处应认真做好核对工作。

第十六条　国库支付中心严格按照对账要求在对账单下发5个工作日内将对账中发现的问题统一填写调账通知单送国库处,做好相关调整账务的衔接工作。

第十七条　国库处严格按照对账要求按时下发对账单,认真审核各部门预算处、国库支付中心反馈的对账结果,按照会计制度要求及时做好调账以及股权、债权、债务的核对工作和年终结账工作

第五章　对账结算监督管理

第十八条　财政资金结算工作中国库处按照时间要求统一发送对账单电子版及纸质表格,各部门预算处、国库支付中心根据时间要求做好对账工作,须在规定时间内完成对账、调账事项。

第十九条　在对账过程中,各部门预算处、国库支付中心应各尽其职、各负其责,密切配合,确保财政各项收支数据真实、准确、完整。发现错误要及时向国库处反馈信息,国库处积极协调查明原因,分清责任,按"谁错谁更正的原则",由错误方进行纠正。属于预算科目使用错误应及时填写调账通知单(见附表)并加盖处室公章反馈国库处,国库处总会计依据调账通知单进行账务调整。

第二十条　财政资金结算过程中发现需要调整事项,各部门预算处、国库支付中心逾期未能给国库处提供纸质调账通知单等调账依据造成结算及决算工作滞后的由相关处室负责。国库处每年度将与各部门预算处、国库支付中心的对账结果报主管厅领导审定,并在厅内网公布。

第五章　附　则

第二十一条　本办法自印发之日起执行,原《宁夏财政厅财政资金对账办法》废除。

自治区财政厅关于印发《宁夏回族自治区市县财政库款考核办法（试行）》的通知

2017年3月9日　宁财（库）发〔2017〕144号

各市、县（区）财政局：

为贯彻落实国务院有关要求，进一步加强和规范库款管理，保持合理库款规模，有效盘活财政存量资金，更好地发挥财政资金效益，按照《财政部关于采取有效措施进一步加强地方财政库款管理工作的通知》（财库〔2016〕81号）和《财政部关于进一步加强库款管理工作的通知》（财办〔2017〕12号）要求，并结合我区实际，现制定《宁夏回族自治区市县财政库款考核办法》，请遵照执行。

附件：宁夏回族自治区市县财政库款考核办法（试行）

附件

宁夏回族自治区市县财政库款考核办法（试行）

第一部分　总　则

第一条　为进一步加强和规范库款管理，保持合理库款规模，有效盘活财政存量资金，更好地发挥财政资金效益，根据《财政部关于采取有效措施进一步加强地方财政库款管理工作的通知》（财库〔2016〕81号）和《财政部关于进一步加强库款管理工作的通知》（财办〔2017〕12号）等有关规定，制定本办法。

第二条　考核对象。本办法考核对象为全区20个市、县（区）财政部门，对市辖区地方财政库款的考核工作，由五市财政部门结合本办法自行制定。

第三条　考核范围。市、县（区）财政库款考核办法中的库款包括人民银行开设的国库存款和政府置换债券户存款。

第四条　考核依据。自治区财政厅根据市、县（区）每月报送的库款月报及库款考核表进行统计考核。

第五条　考核安排。市、县（区）财政库款考核包括月度考核和年度考核。

第二部分　市县财政库款考核

第六条　地方财政库款管理考核指标。

（一）库款余额同比变动（该指标权重25%）。库款余额同比变动指标，是指月末库款余额较上年同期的变动幅度。

（二）库款余额相对水平（该指标权重25%）。库款余额相对水平指标，是指月末库款余额/本年度月均库款流出的倍数。

（三）库款保障水平（该指标权重20%）。库款保障水平指标，是指月末库款净额/本年度月均库款流出的倍数。其中，本年度月均库款流出，是指截止到考核月末的年度内月均库款流出的规模。

（四）公开发行置换债券资金置换完成率（该指标权重20%）。公开发行置换债券资金置换完成率指标，是指截至考核月末的年度内累计置换出国库的公开发行置换债券资金金额/截止考核月末的年度内累计公开发行入库的置换债券资金金额与上年结转的置换债券资金金额之和。

（五）一般公共预算支出累计同比增幅（该指标权重10%）。一般公共预算支出累计同比增幅指标，是指截止到考核月末，地方财政本年累计一般公共预算支出较上年同期的变动幅度，数据口径与同期预算执行数据一致。

第七条 地方财政库款考核计分。根据地方财政库款考核表的5项指标，具体为：库款余额同比变动指标按照下降幅度由大到小排名；库款余额相对水平指标按照由低到高排名；库款保障水平指标按照由低到高排名；公开发行置换债券资金置换完成率指标按照由高到低排名；一般公共预算支出累计同比增幅指标按照由高到低排名。

（一）考核计分：单项指标排名第1位的计100分，排序每靠后一位的减少2分。如排名出现并列的情况，后续地区仍按照自然顺序排名计分，不跳跃排名和计分。库款保障水平低于0.8倍（含0.8倍）的地区，库款保障水平指标并列为第1位，得100分。

（二）考核计算：各市、县(区)库款考核综合得分为：综合得分＝库款余额同比变动指标得分 *25%＋库款余额相对水平指标得分 *25%＋库款保障水平指标得分 *20%＋公开发行置换债券资金置换完成率指标得分 *20%＋一般公共预算支出累计同比增幅指标得分 *10%。

第八条 库款考核数据报送质量和时效性计分。各市、县(区)财政部门要根据上月库款数据填报库款月报、专户及地方财政库款考核表并于每月4日前(法定节假日相应顺延)报送至财政厅国库处，自治区财政厅根据市、县(区)上报报表与财政部下发的国库库款数以及其他相关指标进行核对。因市、县(区)自身原因延迟报送考核信息的，财政厅将扣减当期考核综合得分1分；对与财政部下发数据核对存在漏报、错报情况，财政厅将按照每错扣减当期考核综合得分1分。其中，对于在审核中发现影响考核排名的数据差错，每项扣1分；对当月考核表中库款余额同比增幅超过15%的，各市、县(区)财政部门必须在上报的分析材料中分析说明库款增加的原因。

第三部分　库款考核结果的运用

第九条 强化约谈通报机制。根据全区每月地方财政库款考核结果，定期对考核排名靠后的4个市、县(区)予以通报批评并约谈，被约谈地区要认真采取措施加强库款管理工作，并在约谈后1个月内以正式文件形式向财政厅报告采取的措施和整改成效。

第十条 建立库款考核与资金调度挂钩机制。自治区财政厅对月度库款考核排名前4位和后4位的地区，下个月将调整转移支付资金调度的进度安排，分别加快或减缓调度序时进度3~5个百分点的转移支付资金。

第四部分　附　则

第十一条 各市、县(区)财政部门应及时、准确的报送相关报表及资料，并对数据的准确性和及时性负责。

第十二条 本办法自印发之日起实施，具体条款由财政厅负责解释。

自治区财政厅 自治区公安厅交通警察总队关于印发《宁夏回族自治区公安交通安全管理专项资金管理办法(试行)》的通知

2017年3月14日　宁财(行)发〔2017〕166号

各市、县(区)财政局,交警支、大队:

为规范和加强公安交通管理专项资金的管理,进一步提高专项资金管理的科学性、安全性、规范性和有效性,根据《宁夏回族自治区财政专项资金管理办法》(宁政办发〔2014〕68号),结合我区实际制定了《宁夏回族自治区公安交通安全管理专项资金管理办法(试行)》,现印发给你们,请遵照执行。

附件:宁夏回族自治区公安交通安全管理专项资金管理办法(试行)

附件

宁夏回族自治区公安交通安全管理专项资金管理办法(试行)

第一章　总　则

第一条　为规范和加强公安交通安全管理专项资金管理,进一步提高专项资金管理的科学性、安全性和使用的有效性,根据《宁夏回族自治区财政专项资金管理办法》(宁政办发〔2014〕68号),结合我区实际,制定本办法。

第二条　本办法所称公安交通安全管理专项资金(以下简称"专项资金")是指由中央财政补助的和自治区本级财政预算安排的,以保障道路交通安全管理为目的,完成公安交通管理工作任务的各项资金。

第三条　专项资金管理原则。按照统筹规划、科学立项、统一分配、分级管理、专款专用、跟踪问效的原则进行安排、分配、使用和管理。

第四条　专项资金实行项目管理。自治区财政厅会同自治区公安厅交通警察总队负责专项资金管理,制定有关项目资金管理办法。自治区公安厅交通警察总队会同自治区财政厅负责项目管理,制订有关项目管理办法或实施方案。

第二章　专项资金使用范围

第五条　专项资金主要用于以下项目:

(一)机动车及驾驶人管理业务成本类项目,主要有机动车号牌、机动车登记证书、机动车行驶证、驾驶证证芯证膜、证夹,机动车临时号牌,机动车测验合格标志,以及车管所办理业务所需打印设备、纸张、档案袋等消耗用品。

(二)交通安全管理科技信息化建设类项目,主要安排科技信息化建设项目,包括网络租用维护、互联网交通管理服务平台短信资费等。

（三）执法执勤装备类项目，主要包括公用装备和个人安全防护装备（器材），具体为：路面执法执勤巡逻车辆、交通事故现场勘查设备、科目三考试用车等用于交通安全管理的特种车辆、反光锥筒、警示灯、停车示意牌、简易破拆工具、酒精检测仪、拦车破胎器等；反光背心、多功能反光腰带发光指挥棒、对讲机、执法记录仪等。

（四）公安交通管理业务类项目主要包括，道路交通安全宣传、警务巡逻车辆燃油、民警业务培训、交通安全管理工作各类会议、一线交警野外执勤防暑高温津贴、交通肇事逃逸案件侦破补贴、重点交通违法行为举报奖励等项目，以及开展各类交通安全专项整治活动等项目资金。

（五）基础设施维修改造类项目，主要包括办公用房、执法办案区、生活区等基础设施的维护改造项目。

（六）自治区党委、政府及公安部确定的其他重点建设项目。

第六条 交警专项资金用于交通安全管理工作业务，不得跨部门使用，不得用于编制内在职人员和离退休人员工资及与交管业务无关的其他支出。

第三章 专项资金分配

第七条 结合交通安全管理工作实际，专项资金按照下列优先顺序分配：

第一顺序，由自治区公安厅交通警察总队统一支付机动车及驾驶人管理业务成本类项目。

第二顺序，由自治区公安厅交通警察总队统筹建设的，服务全区交管部门的科技信息化建设类项目、执法执勤装备等重大项目。

第三顺序，由市、县（区）公安交管部门申报，且经自治区公安厅交通警察总队组织论证，编入年度部门预算的项目。

第四顺序，通过转移支付支持各市、县（区）开展交通管理工作，促进交通安全基本公共服务均等化。

第八条 专项资金中的转移支付部分按照因素法进行分配，纳入专项转移支付管理。分配因素考虑车驾管业务量、机动车保有量、驾驶人数量、道路通车里程以及上年度专项资金使用情况等。

第四章 专项资金的管理

第九条 自治区公安厅交通警察总队及市、县（区）公安交管部门须严格执行专项资金管理的规定，坚持无预算无支出的原则，按照批准的计划和内容组织实施，不得擅自变更项目内容或者调整预算。不得挪用专项资金，不得无故拖延项目实施进度。

第十条 项目资金的预算执行及其所涉及的政府采购、资金使用形成的固定资产管理等，须严格按照国家和自治区相关规定执行。

第十一条 预算执行中形成的专项资金结余，各级财政部门应当按照相关规定收回使用；当年项目未完成的可以结转使用，但连续结转2年的资金必须收回。

第十二条 专项资金涉及大宗物品采购的，视情况采取自治区统一采购的运作方式，即由自治区公安厅交通警察总队、自治区财政厅统一组织集中招标，市、县（区）在中标范围内认购，自行与供应商签订合同并付款、验收。

第十三条 自治区财政厅根据全区交警系统年度交警规费缴纳及财力状况和项目排序，统筹安排项目支出预算。项目支出预算报经批准后，自治区财政厅要及时将项目支出预算指标下达给各级公安交通管理部门。

第十四条 市、县（区）公安交管部门要按照公安厅交通警察总队通知要求，及时上报本部门下年度项目经费预算，并提供立项依据、可行性报告、绩效考核目标等。

第十五条 中央政法转移资金主要用于交通安全管理工作中重大建设项目资金，由公安厅交警总队申请，资金到位后，按照资金使用性质和用途管理使用。

第五章 监督检查与绩效评价

第十六条 各级财政、公安交管部门应加强对专项资金使用事前、事中和事后全过程的监督检查。自治区公安厅交通警察总队定期会同自治区财政厅相关部门对项目实施情况进行专项检查或抽查,发现问题按规定及时纠正和处理。

第十七条 实行绩效评价制度。自治区公安厅交通警察总队、自治区财政厅相关部门根据各单位项目执行情况,按照有关规定选取部分项目资金进行绩效评价。

第十八条 各单位项目执行情况、监督检查情况和绩效评价结果作为下年度项目预算安排的重要参考依据。

第十九条 对截留、挤占、挪用专项资金,擅自扩大支出范围、提高开支标准或不按政府招标采购规定程序等违法违规行为的单位或个人,按照《财政违法行为处罚处分条例》等相关法律法规严肃查处,涉嫌犯罪的,依法移交司法部门处理。

第六章 附　则

第二十条 各地市财政主管部门和公安交管部门要结合本地实际,制定交警专项资金管理实施细则,报自治区财政厅、自治区公安厅交通警察总队备案。

第二十一条 本办法由自治区财政厅、自治区公安厅交通警察总队负责解释。

第二十二条 本办法自印发之日起施行。

自治区财政厅 自治区科技厅 自治区人才办关于印发《关于完善自治区财政科研项目资金管理等政策的实施意见》的通知

2017年12月1日　宁财(教)发〔2017〕838号

各市、县(区)财政局、科技局、人才办,自治区有关单位:

为贯彻落实《中共中央办公厅 国务院办公厅印发〈关于进一步完善中央财政科研项目资金管理等政策的若干意见〉的通知》(中办发〔2016〕50号)和《自治区党委 人民政府关于推进创新驱动战略的实施意见》(宁党发〔2017〕26号)等文件精神,自治区财政厅、科技厅、人才办制定了《关于完善自治区财政科研项目资金管理等政策的实施意见》,经请示自治区人民政府同意,现印发给你们,请认真贯彻执行。

附件:关于完善自治区财政科研项目资金管理等政策的实施意见

附件

关于完善自治区财政科研项目资金管理等政策的实施意见

为贯彻落实《中共中央办公厅 国务院办公厅印发〈关于进一步完善中央财政科研项目资金管理等政策的若干意见〉的通知》（中办发〔2016〕50号）和《自治区党委 人民政府关于推进创新驱动战略的实施意见》（宁党发〔2017〕26号）等文件精神，进一步改革和创新科研经费使用与管理方式，促进形成充满活力的科技管理和运行机制，激发广大科研人员的积极性和创造性，按照"以人为本，遵循规律，'放管服'结合，政策落地"的原则，结合我区实际，现提出以下实施意见。

一、改进自治区财政科研项目资金管理

（一）简化预算编制。根据科研活动规律和特点，改进预算编制方法，实行部门预算批复前项目资金预拨制度，保证科研人员及时使用项目资金，加快科研项目资金执行进度。项目主管部门在当年完成下年项目评审、建库和预算申报工作。财政部门在项目执行年度预算批复前，根据需要可预拨部分科研资金。简化预算编制科目，合并会议费、差旅费、国际合作与交流费科目，由科研人员结合科研活动实际需要，编制预算并按规定统筹安排使用，其不超过直接费用10%的，不需要提供预算测算依据。项目承担单位参照预算编制指南，科学合理、实事求是地编制科研项目资金预算及项目资金使用计划。对跨年度实施的项目，必须编制项目滚动规划，纳入三年中期财政规划管理。纳入规划的项目在编制当年预算时不再评审，直接列入年度预算。自治区财政根据项目规划和中期财政规划编制年度预算，分年度拨付资金。（自治区财政厅、项目主管部门、项目承担单位负责）

（二）明确科研项目经费开支范围。为适应科研活动规律的需要，落实财政科学化、精细化管理要求，建立科研项目间接成本补偿机制，将科研项目经费分为直接费用和间接费用。

直接费用是指在项目研究开发过程中发生的与之直接相关的费用，主要包括设备费、材料费、测试化验加工费、燃料动力费、差旅费、会议费、国际合作与交流费、出版/文献/信息传播/知识产权事务费、劳务费、专家咨询费和其他支出等。

其中，劳务费是指项目研究开发过程中支付给项目组成员中没有工资性收入的相关人员（指参加项目研究但在所在单位和所在岗位没有工资收入的人员，如在校研究生）和项目组临时聘用人员的劳务性费用。

间接费用是指承担项目任务的单位在组织实施项目过程中发生的无法在直接费用中列支的相关费用。主要包括承担项目任务的单位为项目研究提供的现有仪器设备及房屋，水、电、气、暖消耗，有关管理费用的补助支出，以及绩效支出等。其中，绩效支出是指承担课题任务的单位为提高科研工作绩效安排的相关支出。（自治区财政厅、项目主管部门、项目承担单位负责）

（三）提高间接费用比重，加大绩效激励力度。自治区财政科技计划（专项、基金等）中实行公开竞争方式的研发类项目，均要设立间接费用。核定比例可以提高到不超过直接费用扣除设备购置费的一定比例：200万元（含200万元）以下的部分为25%，200万元至500万元（含500万元）的部分为20%，500万元以上的部分为15%。项目承担单位应当避免重复购置科研仪器设备，鼓励共建共享，提高仪器设备使用效率。加大对科研人员的激励力度，取消绩效支出比例限制。间接费用在扣除科研项目所需的水、电、暖、气、房租、场地、仪器设备使用费用和有关费用后，余额可全部用于科研人员绩效支出，不纳入单位绩效工资总量。项目承担单位在统

筹安排间接费用时，要处理好合理分摊间接成本和对科研人员激励的关系，绩效支出安排与科研人员在项目工作中的实际贡献挂钩。(项目主管部门、项目承担单位、自治区人社厅负责)

（四）劳务费开支不设比例限制。参与科研项目研究的实习生、研究生、博士后、访问学者以及项目聘用的研究人员、科研辅助人员等，均可开支劳务费。项目聘用人员的劳务费开支标准，参照我区科学研究和技术服务业从业人员平均工资水平，根据其在项目研究中承担的工作任务确定，其社会保险补助纳入劳务费科目列支。劳务费预算不设比例限制，由项目承担单位和科研人员据实编制。(项目承担单位、项目主管部门负责)

（五）改进结转结余资金管理。项目实施期间，年度剩余资金可结转下一年度继续使用。项目完成任务目标并通过验收后，结余资金按规定留归项目承担单位使用，在2年内（自验收结论下达后次年的1月1日起计算）由项目承担单位统筹安排用于科研活动的直接支出；2年后未使用完的，按规定收回。(项目承担单位、项目主管部门、自治区财政厅负责)

（六）自主规范管理横向经费。项目承担单位以市场委托方式取得的横向经费，纳入单位财务统一管理，由项目承担单位按照委托方要求或合同约定管理使用。在职称评聘、业绩考核、科技奖励等方面，对科研人员承担的横向课题与纵向课题同等对待。(项目承担单位负责)

（七）下放预算调剂权限，规范预算调整程序。下放预算调剂权限，在科研项目总预算不变的情况下，将直接费用中的材料费、测试化验加工费、燃料动力费、出版/文献/信息传播/知识产权事务费及其他支出预算调剂权下放给项目承担单位。科研项目预算总额调整，项目承担单位变更应当报自治区项目主管部门批准，自治区财政部门根据项目主管部门的批准意见，调整项目预算。(项目承担单位、项目主管部门、自治区财政厅)。

二、完善自治区属高校、科研院所差旅会议管理

（一）改进自治区属高校、科研院所教学科研人员差旅费管理。自治区属高校和科研院所可根据教学、科研、管理工作的实际需要，按照精简高效、厉行节约的原则，研究制定差旅费管理实施细则，合理确定教学科研人员乘坐交通工具等级和住宿费标准。对于难以取得住宿费发票的，自治区属高校、科研院所在确保真实性的前提下，据实报销城市间交通费，并按规定标准发放伙食补助费和市内交通费。(自治区属高校、科研院所负责)

（二）完善自治区属高校、科研院所会议管理。自治区属高校、科研院所因教学、科研需要举办的业务性会议（如学术会议、研讨会、评审会、座谈会、答辩会等），会议次数、天数、人数以及会议费开支范围、标准等，由自治区属高校、科研院所按照实事求是、精简高效、厉行节约的原则确定。会议代表参加会议所发生的城市间交通费，原则上按差旅费管理规定由所在单位报销；因工作需要，邀请国内外专家、学者和有关人员参加会议，对确需负担的城市间交通费、国际旅费，可由主办单位在会议费等费用中报销。(自治区属高校、科研院所负责)

三、完善自治区属高校、科研院所科研仪器设备采购管理

（一）改进自治区属高校、科研院所科研仪器设备采购管理。自治区属高校、科研院所可在公开招标限额（50万元）以内自行采购科研仪器设备，自行选择科研仪器设备评审专家。自治区财政厅要简化政府采购项目预算调剂和政府采购方式审批流程。自治区属高校、科研院所要切实做好设备采购的监督管理，做到全程公开、公正、透明、可追溯。(自治区属高校和科研院所、自治区财政厅负责)

（二）优化进口仪器设备采购服务。对自治区属高校、科研院所采购进口仪器设备实行备案制管理。备案内容应当包含产品所属行业主

管部门(或行政主管部门)意见、专家论证意见以及是否属于国家限制进口的设备。继续落实进口科研教学用品免税政策。(自治区财政厅、自治区国税局、银川海关负责)

四、完善自治区属高校、科研院所基本建设项目管理

(一)扩大自治区属高校、科研院所基本建设项目管理权限。对自治区属高校、科研院所利用自有资金、不申请政府投资建设的项目,由自治区属高校、科研院所自主决策,报主管部门备案,不再进行审批。自治区发展改革委和自治区高校、科研院所主管部门要加强对自治区属高校、科研院所基本建设项目的指导和监督检查。(自治区发改委、自治区属高校和科研院所主管部门负责)

(二)简化自治区属高校、科研院所基本建设项目审批程序。自治区属高校、科研院所主管部门要指导自治区属高校、科研院所编制五年建设规划,对列入规划的基本建设项目不再审批项目建议书。简化自治区属高校、科研院所基本建设项目城乡规划、用地以及环评、能评等审批手续,缩短审批周期。(自治区属高校、科研院所主管部门负责)

五、规范管理,优化服务

(一)强化法人责任,规范资金管理。项目承担单位是科研项目实施和科研经费使用管理的责任主体,要认真落实国家有关政策规定,按照权责一致的要求,强化自我约束和自我规范,确保接得住、管得好。加强预算审核把关,规范财务支出行为,完善内部风险防控机制,强化资金使用绩效评价,保障资金使用安全规范有效;实行内部公开制度,主动公开项目预算、预算调剂、资金使用(重点是间接费用、外拨资金、结余资金使用)、研究成果等情况。(项目承担单位负责)

(二)规范科研项目资金使用行为。科研人员和项目承担单位要依法依规使用项目资金,不得擅自调整外拨资金,不得利用虚假票据套取资金,不得通过编造虚假合同、虚构人员名单等方式虚假冒领劳务费和专家咨询费,不得通过虚构测试化验内容、提高测试化验支出标准等方式违规开支测试化验加工费,不得随意调账变动支出、随意修改记账凭证、以表代账应付财务审计和检查。项目承担单位要建立健全科研和财务管理等相结合的内部控制制度,规范项目资金管理,在职责范围内及时审批项目预算调整事项。对于从财政以外渠道获得的项目资金,按照国家有关财务会计制度规定以及相关资金提供方的具体要求管理和使用。(项目承担单位负责)

(三)改进科研项目资金结算方式。科研院所、高等学校等事业单位承担项目所发生的会议费、差旅费、小额材料费和测试化验加工费等,具备"公务卡"结算条件的要按规定执行;企业承担的项目,上述支出也应当采用非现金方式结算。项目承担单位对设备费、大宗材料费和测试化验加工费、劳务费、专家咨询费等支出,原则上应当通过银行转账的方式结算。(项目承担单位负责)

(四)建立健全信用管理机制。自治区科技厅、相关主管部门对课题承担单位和课题合作单位、课题负责人等科研人员、中介机构和咨询专家在经费管理使用、评估评审方面的信誉度进行评价和记录,建立"黑名单"制度,将严重不良信用记录者列入"黑名单",阶段性或永久性取消其申报项目或参与项目的资格。(自治区科技厅、项目主管部门负责)

(五)加强统筹协调,精简检查评审。科技厅、项目主管部门、财政厅要加强对科研项目资金监督的制度规范、年度计划、结果运用等的统筹协调,建立职责明确、分工负责的协同工作机制。科技厅、项目主管部门要加快清理规范委托中介机构对科研项目开展的各种检查评审,加强对已开展相关检查结果的运用,推进检查结果共享,减少检查数量,改进检查方式,避免重复检查、多头检查、过度检查。(自治区科技厅、

项目主管部门、项目承担单位负责）

（六）创新服务方式，让科研人员潜心从事科学研究。项目承担单位要建立健全科研财务助理制度，为科研人员在项目预算编制和调剂、经费支出、财务决算和验收等方面提供专业化服务，科研财务助理所需费用可由项目承担单位根据情况通过科研项目资金等渠道解决。充分利用信息化手段，建立健全单位内部科研、财务部门和项目负责人共享的信息平台，提高科研管理效率和便利化程度。制定符合科研实际需要的内部报销规定，切实解决野外考察、心理测试等科研活动中无法取得发票或财政性票据，以及邀请外国专家来华参加学术交流发生费用等的报销问题。（项目承担单位负责）

六、加强制度建设和工作督查，确保政策措施落地见效

（一）尽快出台操作性强的实施细则。项目主管部门要完善预算编制指南，指导项目承担单位和科研人员科学合理编制项目预算；制定预算评估评审细则，优化评估评审程序和方法，规范评估行为，建立健全与项目申请者及时沟通反馈机制；制定财务验收工作细则，规范委托中介机构开展的财务检查。项目主管部门要按照全过程预算绩效管理的要求，落实项目预算绩效管理主体责任，扎实做好项目绩效评价工作，努力提高财政科研项目资金使用效益。2018年1月31日前，自治区属高校、科研院所要制定出台差旅费、会议费等内部管理办法，其主管部门要加强工作指导和统筹；2018年3月31日前，项目主管部门要制定出台相关实施细则，项目承担单位要制定或修订项目资金内部管理办法和报销规定。以后年度承担科研项目的单位要于当年制定出台相关管理办法或规定。（项目主管部门、项目承担单位负责）

（二）加快内控制度建设。项目承担单位应当结合本单位实际，抓紧制定和完善项目预算调剂、间接费用统筹使用、劳务费分配管理、结余资金使用、政府采购、科研财务助理岗位设立、内部信息公开公示等内部管理办法。各单位在制定制度时，应当严格按照本单位决策程序开展工作，有关制度应当以单位正式文件形式印发，并在单位内部以适当的方式公开。各项制度应当做到权责明确、流程清晰、操作性强、务实管用。各项制度以及自治区属高校、科研院所按规定制定的差旅会议内部管理办法，应当作为预算编制、评估评审、经费管理、审计检查、财务验收等工作的依据。（项目承担单位负责）

（三）加强工作督查。财政厅、科技厅要适时组织开展对项目承担单位科研项目资金管理权限落实、内部管理办法制定、创新服务方式、内控机制建设、相关事项内部公开等情况的督查，对督查情况以适当方式进行通报，并将督查结果纳入信用管理，与间接费用核定、结余资金留用等挂钩。审计机关要依法开展对政策措施落实情况和财政资金的审计监督。项目主管部门要督促指导所属单位完善内部管理，确保国家政策规定落到实处。（自治区财政厅、自治区科技厅、自治区审计厅、项目主管部门）

自治区财政厅、自治区级社科类科研项目主管部门要结合社会科学研究的规律和特点，参照本意见尽快修订自治区级社科类科研项目资金管理办法。（自治区财政厅、项目主管部门负责）

各市、县（区）要参照本意见精神，结合实际，加快推进科研项目资金管理改革等工作。

现有政策中与本意见不一致的，按本意见执行。

自治区财政厅 环境保护厅 发展改革委 水利厅 林业厅 农牧厅印发《关于建立流域上下游横向生态保护补偿机制的实施方案》的通知

2017年7月13日　宁财（建）发〔2017〕562号

各市、县（区）人民政府、宁东能源化工基地管委会：

为深入贯彻落实自治区第十二次党代会精神，认真落实生态立区战略，建立完善流域保护和治理长效机制，不断提升自治区流域水环境质量，推进绿色发展，根据《财政部 环境保护部 国家发展改革委 水利部关于加快建立流域上下游横向生态保护补偿机制的指导意见》《关于落实绿色发展理念加快美丽宁夏建设的意见》和《自治区人民政府办公厅关于建立生态保护补偿机制推进自治区空间规划实施的指导意见》，自治区制订了《关于建立流域上下游横向生态保护补偿机制的实施方案》，现印发给你们，请认真遵照实施。

附件：关于建立流域上下游横向生态保护补偿机制的实施方案

附件

关于建立流域上下游横向生态保护补偿机制的实施方案

为深入贯彻落实自治区第十二次党代会精神，认真落实生态立区战略，建立完善流域保护和治理长效机制，不断提升自治区流域水环境质量，推进绿色发展，根据《财政部 环境保护部 国家发展改革委 水利部关于加快建立流域上下游横向生态保护补偿机制的指导意见》《关于落实绿色发展理念加快美丽宁夏建设的意见》和《自治区人民政府办公厅关于建立生态保护补偿机制推进自治区空间规划实施的指导意见》，特制定本实施方案。

一、总体要求

（一）指导思想。

全面贯彻党的十八大和十八届三中、四中、五中、六中全会精神，深入学习贯彻习近平总书记系列重要讲话精神和对宁夏工作的重要指示，坚持"五位一体"总体布局和"四个全面"战略布局，牢固树立创新、协调、绿色、开放、共享的发展理念，以改善流域内生态环境质量为目标，以体制机制创新为动力，以统筹山川、区域协调发展为重点，加快建立"成本共担、效益共享、合作共治"的流域内上下游横向生态保护补偿机制,合理确定补偿标准,科学规划建设动态监测体系,促进补偿规范化、制度化,推动自治区生态环境质量不断改善,努力建设美丽宁夏。

(二)基本原则。

1.资源共享,权责对等。按照"谁获益,谁补偿""谁污染,谁赔偿"的原则,流域上游承担保护生态环境的责任,同时享有水质改善、水量保障带来利益的权利。流域下游地区对上游地区为改善生态环境付出的努力作出补偿,同时享有水质恶化、上游过度用水的受偿权利。

2.市县为主,区级引导。以地级市为单元,流域上下游横向生态保护补偿主要由流域上下游市级政府自主协商确定,自治区通过积极争取中央财政支持、本级财政整合资金对流域上下游建立横向生态保护补偿给予引导支持,推动建立长效机制。五市参照自治区资金筹措方式,安排预算资金,统筹用于流域内生态建设和补偿。

3.试点先行,分步推进。坚持先易后难,在黄河宁夏过境段流域内先行开展生态补偿试点,在积累总结经验的基础上,逐步扩大到清水河、苦水河、葫芦河、泾河等流域。根据工作推进情况,适时开展跨省份的流域横向生态补偿工作,不断增强横向生态保护补偿机制的政策效能。

(三)工作目标。

2017—2018年,先行开展黄河宁夏过境段流域上下游横向生态保护补偿试点工作,制定自治区行政区划内流域上下游横向生态保护补偿奖补办法,妥善处理流域上下游之间的关系,初步形成符合实际的流域生态保护补偿机制。2019年,全面推开流域上下游横向生态保护补偿工作。以改善流域水环境质量和促进上下游地区绿色发展为导向,改进补偿资金分配,规范补偿资金使用,全面建立统一规范的全流域生态保护补偿机制。2020年,全区流域上下游横向生态保护补偿机制基本建立。

2025年,根据国家决策部署,积极与甘肃、内蒙、陕西共同探索开展黄河、葫芦河、泾河、渝河等跨省流域生态保护补偿试点,探索构建上下游成本共担、效益共享、合作共治的跨省流域保护长效机制。

二、重点任务

(一)明确补偿基准。以流域跨界断面的水质水量作为补偿基准,制定跨界断面水质监测方案,明确监测断面的范围、项目、频次、方式、标准及结果反馈具体办法。梳理汇总流域内近3年连续监测指标及断面水质完成情况,为开展横向生态保护补偿提供客观权威的水质水量监测数据。

(二)科学选择补偿方式。流域上下游地区根据财力情况、实际需求及操作成本等,协商选择资金补偿、对口协作、产业转移、人才培训、共建园区等补偿方式。鼓励流域上下游地区开展排污权交易和水权交易。

(三)合理确定补偿标准。强化流域生态保护补偿机制的激励与约束作用,根据流域生态环境现状、保护治理成本投入、水质改善的收益、下游支付能力、下泄水量保障等因素,制定自治区重点流域生态保护补偿办法。五市及宁东管委会参照自治区补偿办法,落实地方配套资金。

(四)建立联防共治机制。流域上下游地区应当建立联席会议制度,按照流域水资源统一管理要求,协商推进流域保护与治理,联合查处跨界违法行为,建立重大工程项目环评共商、环境污染应急联防机制。流域上游地区应有效开展农村环境综合整治、水源涵养建设和水土流失防治,加强工业点源污染防治,实施河道清淤疏浚等工程措施。流域下游地区也应当积极推动本行政区域内的生态环境保护和治理,并对上游地区开展的流域保护治理工作、补偿资金使用等进行监督。

(五)签订补偿协议。流域上下游政府应当签订具有约束力的生态保护补偿协议,明确补偿基准、方式、标准、联防共治机制以及双方权责等内容,并报自治区人民政府备案。

(六)完善工作机制。完善自治区以下转移支付制度,建立自治区流域内上下游生态保护横向补偿资金投入机制,采取奖补方式逐步增加对重点流域市县的转移支付。自治区本级预算内统筹资金、环保专项资金对流域内重大环保治污工程、监测网络体系等基础设施建设予以倾斜支持。制定流域生态补偿考核办法,建立流域生态保护成效与资金分配挂钩的激励约束机制,加强对受偿地区水质、水量和监管服务水平的考核评价,强化对生态保护补偿资金使用的监督管理。

三、保障措施

(一)加大财政支持力度。对达成补偿协议的重点流域,自治区财政根据考核结果给予奖励,奖励额度将结合流域上下游政府协商的补偿标准、自治区政府在不同流域保护和治理中承担的事权等因素确定。对率先达成补偿协议流域优先给予支持,鼓励早建机制。

(二)加强组织实施。财政厅牵头负责流域上下游横向生态保护补偿机制建设,制定补偿办法、完善转移支付机制、加强监督考核,积极协调出现的新问题,不断丰富和完善补偿机制内容,确保工作有序开展。环境保护厅牵头制定试点区域实施方案,提出水质水量断面补偿基准、补偿和考核标准,做好监测方案制定和实施,落实资金支持流域环境保护和治理、流域监测网络体系建设。发展改革委协助财政厅做好相关工作,开展生态补偿机制研究。水利厅负责指导市县开展水量监测,并做好动态管理。林业厅、农牧厅按照职能,配合做好水源涵养、生态修复、农村面源污染治理等工作。五市人民政府根据自治区统一部署制定具体实施办法,明确工作任务及时间表,积极推动本行政区域内流域上下游地方政府尽快达成横向生态保护补偿协议,并抓紧组织实施。

(三)完善绩效考核。对纳入横向生态保护补偿机制的重点跨区域流域,财政厅会同有关部门通过引入第三方的方式,对试点工作开展情况进行绩效评估,其结果作为自治区分配奖励资金的重要依据。

自治区财政厅关于印发《宁夏回族自治区公共资源交易平台专项资金管理暂行办法》的通知

2017 年 12 月 22 日　宁财规发〔2017〕6 号

自治区公共资源交易局:

为提升自治区公共资源交易平台运营质量,加强和规范公共资源交易平台专项资金管理,根据《预算法》《宁夏回族自治区级财政专项资金管理办法》等有关规定,制定了《宁夏回族自治区公共资源交易平台专项资金管理暂行办法》,现印发给你们,请认真遵照执行。

附件:宁夏回族自治区公共资源交易平台专项资金管理暂行办法

附件

宁夏回族自治区公共资源交易平台专项资金管理办法（暂行）

第一条 为保障宁夏回族自治区公共资源交易平台运营质量，加强宁夏回族自治区公共资源交易平台专项资金管理，提高资金使用效率，根据《预算法》《宁夏回族自治区级财政专项资金管理办法》等有关规定，制定本办法。

第二条 本办法所称宁夏回族自治区公共资源交易平台专项资金（以下简称"专项资金"），是指为推动宁夏公共资源交易事业发展，通过自治区财政公共预算安排，专项用于保障宁夏回族自治区公共资源交易平台运营的资金。

第三条 专项资金的管理和使用严格执行国家和自治区有关法律、法规、财务管理制度，遵循统筹兼顾、集中使用、突出重点、注重绩效、专款专用、公开透明的原则，确保资金使用规范、安全和高效。

第四条 专项资金由自治区财政厅、自治区公共资源交易局共同管理。财政厅负责预算和资金拨付，并会同自治区公共资源交易局对专项资金使用情况和实施效果等加强绩效管理。自治区公共资源交易管理局负责严格按照专项资金管理办法和项目管理规定管理使用专项资金。

第五条 专项资金使用支出范围包括：应用平台及软件费、硬件采购费、运维服务费、劳务费、专家咨询费、综合管理费用、其他费用等。

（一）应用平台及软件费：是指用于宁夏回族自治区公共资源平台软件系统研发、升级改造费用等。

（二）硬件采购费：是指在项目研究开发过程中购置专用设施、设备，对现有设施、以及设备进行升级改造而发生的费用。

（三）运维服务费：指项目实施需租赁数据专线费、软件服务费、系统维护费、硬件设备维保维修服务费以及网络安全检测服务费等。

（四）劳务费：是指支付给与公共资源交易平台运营有关的临时外聘人员（非本单位在编及合同制人员）劳务性费用及本单位合同制聘用人员的工资、奖金、社会保障费等。

（五）专家咨询费：是指支付给专家的评审费用，专家咨询费不得支付给参与项目管理的相关工作人员。

（六）综合管理费用：是指与公共资源交易平台运营有关的，在项目研究开发过程中产生办公经费、差旅费、《宁夏公共资源交易》杂志费用、课题研究费、法律顾问服务费、现场踏勘、公告发布等相关项目管理费用。

（七）其他费用：指未列入以上各项专项费用之外的其他与保障宁夏回族自治区公共资源交易平台运营质量的必要开支。

第六条 自治区公共资源交易管理局按预算管理的要求，向自治区财政厅报送下一年度专项资金支出预算和相关资料，经自治区人民代表大会审议批准后，列入自治区年度公共预算安排。

第七条 专项资金实行专款专用，专项管理。其他中央和自治区财政资金已安排事项，专项资金不再重复安排。部门单位要做到部门预算与专项资金核算清晰，避免重复建设，混合使用。

第八条 自治区公共资源交易管理局应严格按照批准的预算执行专项资金，不得随意变更资金使用方向和内容，确有必要调整的，应按规定程序报批。专项资金年度预算应确保按计划实施，原则上当年预算当年执行，需结转使用的，应按相关规定报批后继续使用。

第九条 资金使用单位要在细化项目预算时同步编制绩效目标，加强绩效运行跟踪监控，开展项目资金绩效自评。自治区财政厅适时开展专项资金绩效评价,绩效评价结果将作为以后年度专项资金预算安排的重要依据。

第十条 专项资金必须严格按照《事业单位会计制度》进行管理和核算,各项支出按有关规定执行。

第十一条 经批准的专项资金中属于政府采购范围的,应按照自治区政府采购的有关规定执行。

第十二条 经批准的专项资金中用于基本建设的项目,应按自治区现行基本建设管理规定执行。

第十三条 专项资金不得用于发放在编人员各类津贴补贴,不得用于支付罚款、偿还贷款或其他债务、支付利息、捐赠赞助、对外投资以及与申报项目无关的支出及其他违反财经纪律的支出。

第十四条 凡使用专项资金形成的资产均应纳入自治区国有资产统一管理,项目单位应认真维护,充分合理使用。

第十五条 专项资金实行"谁使用,谁负责"的责任追究机制。自治区公共资源交易管理局的法定代表人、项目负责人、财务负责人以及相关责任人员要对资金使用的合法性、真实性和有效性负责,要自觉遵守国家财经纪律,接受有关主管部门和财政、审计、纪检、监察部门的监督审计,发现问题及时整改。

第十六条 资金使用单位和个人在使用专项资金中存在各类违反财经法律法规行为的,按照《预算法》《财政违法行为处罚处分条例》有关规定处理,依法追究资金使用单位和个人的责任;对情节严重、涉嫌犯罪的,移交司法机关处理;同时视情节轻重,缓拨、减拨、停拨、追回专项资金。

第十七条 资金使用单位应按本办法规定,制定本项目资金使用管理规章制度,建立项目资金管理责任制,加强财务稽查和内部审计,建立健全相关内部管控制度。专项资金使用管理全过程中,坚持公开透明,自觉接受监督检查。

第十八条 本办法由自治区财政厅会同自治区公共资源交易管理局负责解释。

第十九条 本办法自2018年1月15日施行,有效期至2020年1月15日。

自治区财政厅 扶贫办 发改委 民委 林业厅关于印发《宁夏回族自治区财政专项扶贫资金管理办法》的通知

2017年9月15日　宁财(农)发〔2017〕637号

各市、县(区)财政局、扶贫办、发改局、民宗局、林业局,自治区农垦局:

为认真贯彻落实《中共中央 国务院关于打赢脱贫攻坚战的决定》精神和自治区党委、政府关于脱贫攻坚总体部署,大力推进脱贫富民战略实施,进一步加强和规范财政专项扶贫资金使用管理，促进提升资金使用效益，根据财政部、国务院扶贫办、国家发展改革委、国家民委、农业部、林业局印发的《中央财政专项扶贫资金管理办法》（财农〔2017〕8号），结合我区工作实际，我们对《宁夏财政专项扶贫资金管理实施办法》（宁财农发〔2012〕351号）进行了修订，制定了《宁夏回族自治区财政专项扶贫资金管理办法》，经自治区人民政府批准同意，现印发给你们，请遵照执行。

附件：宁夏回族自治区财政专项扶贫资金管理办法

附件

宁夏回族自治区财政专项扶贫资金管理办法

第一章　总　则

第一条　为认真贯彻落实《中共中央 国务院关于打赢脱贫攻坚战的决定》精神和自治区党委、政府关于脱贫攻坚的总体部署，进一步加强财政专项扶贫资金管理，提高资金使用效益，依据《中华人民共和国预算法》《中央财政专项扶贫资金管理办法》和国家、自治区有关扶贫开发方针政策等，制定本办法。

第二条　本办法所指财政专项扶贫资金是指中央财政、自治区本级财政通过一般公共预算安排主要用于精准扶贫、精准脱贫的专项资金。

第三条　财政专项扶贫资金应当围绕自治区脱贫攻坚总体目标和工作要求，结合市、县（区）实际情况，统筹整合使用，形成资金合力，发挥整体效益。

中央财政专项扶贫资金支出方向包括：扶贫发展、以工代赈、少数民族发展、"三西"农业建设、国有贫困农场扶贫、国有贫困林场扶贫。

自治区本级财政专项扶贫资金支出方向由自治区扶贫开发领导小组在年度财政专项扶贫资金计划中明确。

第四条　财政专项扶贫资金要坚持使用精准，在精准识别贫困人口的基础上，把资金使用与建档立卡结果相衔接，与脱贫成效相挂钩，切实惠及贫困人口。

第二章　预算安排与资金分配

第五条　自治区财政依据全区脱贫攻坚任务需要和财力状况，建立财政专项扶贫资金稳定增长机制，在年度预算中安排一定规模的财政专项扶贫资金，并加大投入规模。

各市、县（区）级财政根据本地脱贫攻坚需要和财力情况，每年预算安排一定规模的财政专项扶贫资金。

第六条　财政专项扶贫资金聚焦农村贫困地区和建档立卡贫困人口，资金分配向连片特困地区、扶贫开发工作重点县、贫困乡村倾斜，统筹兼顾生态移民、易地扶贫搬迁迁入区。

第七条　财政专项扶贫资金分配，坚持精准扶持、权责匹配、公开透明的原则。资金分配的因素主要包括贫困状况、政策任务、脱贫成效、资金监管、支出进度等。贫困状况主要考虑贫困人口规模及比例、贫困程度、农民人均纯收入、地方人均财力等客观指标，政策任务主要考虑国家、自治区扶贫开发政策、年度脱贫攻坚任务等。脱贫成效主要考虑扶贫开发工作成效考核结果、财政专项扶贫资金绩效评价结果、贫困县开展统筹整合使用财政涉农资金试点工作成效等。同时，将各市、县（区）上一年度财政专项扶贫资金结转结余情况、项目实施情况作为资金分配的因素。每年分配资金的因素和权重,根据扶贫开发领导小组要求适当调整。

第三章 支出范围与资金下达

第八条 各设区的市、县(市、区)人民政府应按照国家、自治区扶贫开发政策要求,结合当地实际,围绕培育和壮大贫困地区特色产业、改善小型公益性生产生活设施条件、增强贫困人口自我发展能力和抵御风险能力等方面,因户施策、因地制宜确定财政专项扶贫资金使用范围。教育、科学、文化、卫生、医疗、社保等社会事业支出原则上从现有资金渠道安排。各市、县(区)原通过中央财政专项扶贫资金用于上述社会事业事项("雨露计划"中农村贫困家庭子女初中、高中毕业后接受中高等职业教育,对家庭给予扶贫助学补助的事项除外)的不再继续支出。

开展统筹整合使用财政涉农资金试点的贫困县(区),由县(区)按照有关文件要求,根据脱贫攻坚需求统筹安排财政专项扶贫资金。

第九条 县级可根据工作需要,从财政专项扶贫资金中,按最高不超过1%的比例据实列支项目管理费,不足部分由县级财政安排解决。除上级安排以外,市级不得从安排到县(区)的财政专项扶贫资金中提取项目管理费。

项目管理费用于项目规划、勘测、设计、论证、招标等前期准备、项目实施、资金管理、竣工验收、监督检查、项目评估、扶贫培训、政策宣传等相关经费开支。

第十条 财政专项扶贫资金(含项目管理费)实行"负面清单制",不得用于下列各项支出:

(一)行政事业单位基本支出;
(二)交通工具及通讯设备;
(三)各种奖金、津贴和福利补助;
(四)弥补企业亏损;
(五)修建楼堂馆所及贫困农场、林场棚户改造以外的职工住宅;
(六)弥补预算支出缺口和偿还债务;
(七)大中型基本建设项目;
(八)城市基础设施建设和城市扶贫;
(九)其他与脱贫攻坚无关的支出。

第十一条 严格落实扶贫开发责任、权力、资金、任务"四到县"机制,财政专项扶贫资金项目审批权限下放到县级。各设区的市、县(市、区)人民政府对各级财政专项扶贫资金的管理使用负主体责任,要充分发挥财政专项扶贫资金的引导作用,以脱贫成效为导向,以脱贫攻坚规划为引领,统筹整合使用相关财政涉农资金,提高资金使用精准度和使用效益。

第十二条 创新资金使用机制。各市、县(区)要积极探索推广政府和社会资本合作、政府购买服务、资产收益扶贫等机制,撬动更多金融资本、社会帮扶资金参与脱贫攻坚。

第十三条 自治区财政厅根据自治区扶贫开发领导小组审定的年度资金分配方案,及时将中央和自治区本级财政专项扶贫资金下达到各市、县(区)财政局。

第十四条 各市、县(区)应加快预算执行,提高资金使用效益。财政专项扶贫资金原则上当年安排当年使用完毕,确需结转结余的财政专项扶贫资金,按照财政部、自治区财政厅关于结转结余资金管理的相关规定管理。

第十五条 财政专项扶贫资金的支付管理,按照财政国库管理有关规定执行。属于政府采购、招投标管理范围的,严格执行相关法律、法规及制度规定。

第四章 资金管理与资金监督

第十六条 参与财政专项扶贫资金使用管理相关的各部门根据以下职责分工履行资金使用管理职责。

(一)财政专项扶贫资金分配方案,由自治区扶贫办、发展改革委、民委、林业厅、农垦局等部门商自治区财政厅,根据中央考核要求及自治区年度扶贫开发目标任务及时拟定。自治区扶贫办商财政厅汇总平衡提出财政专项扶贫资金切块分配方案，报自治区扶贫开发领导小组审定。由自治区扶贫开发领导小组通知各市、县（区）人民政府，自治区财政厅根据审定的资金分配方案下达资金。

（二）各级财政部门负责预算安排和资金下达，加强资金监管。

（三）自治区扶贫办、发展改革委、民委、林业厅、农垦局等部门以及地级市相关部门负责资金监督、绩效评价。县级扶贫、发展改革、民族宗教、林业、农垦等部门负责资金和项目具体使用管理、绩效评价、监督检查等工作，各级各部门按照权责对等原则落实监管责任。

第十七条 各县（区）应加强资金和项目管理，做到资金到项目、管理到项目、核算到项目、责任到项目，并落实绩效管理各项要求。

第十八条 全面推行公开、公示、公告制度，推进政务公开。各级资金管理部门要将政策文件、管理制度、资金分配结果等信息及时向社会公开，接受社会监督。自治区扶贫办、财政厅、发展改革委、民委、林业厅等有关部门负责公开财政专项扶贫资金分配方案（计划）、资金拨付情况，在自治区级媒体或门户网站进行公开。各市、县（区）相关部门要及时将财政专项扶贫资金分配、管理和使用等方面情况在同级媒体进行公示、公告，并将公示公告情况报自治区财政厅、扶贫办等部门备案。财政专项扶贫资金实施的项目，应在项目乡、镇、村以短信、公示栏等多种方式将具体信息进行公示、公告。

第十九条 建立财政专项扶贫资金使用报告制度。各市、县（区）每月末应及时向自治区财政厅和扶贫办上报财政专项扶贫资金使用、拨付、支出进度等情况。

第二十条 建立财政专项扶贫资金结转结余问责机制。各市、县（区）要采取有效措施，避免出现财政专项扶贫资金结转结余现象。自治区财政厅、扶贫办等扶贫资金监管部门定期对财政专项扶贫资金使用情况进行督导检查。对于资金结转结余情况严重的市、县（区）报自治区扶贫开发领导小组予以通报。

市级财政、扶贫等部门应按照权责对等原则，加强对所辖市、县（区）财政专项扶贫资金管理使用情况的监督检查，并及时向上级主管部门报送监管报告。县级财政、扶贫部门应加大对财政专项扶贫资金结转结余情况的日常监管力度，及时将有关情况反馈至财政专项扶贫资金管理使用部门。

第二十一条 财政专项扶贫资金使用管理实行绩效评价制度。绩效评价结果以适当形式公布，并作为资金分配的重要因素。绩效评价具体实施方案由自治区扶贫办商财政厅制定。

第二十二条 各级财政、扶贫、发展改革、民族宗教、林业、农垦等部门、财政专项扶贫资金使用单位和个人要配合审计、纪检监察、检察机关做好资金和项目的审计、检查等工作。各级财政部门会同扶贫等部门定期开展资金监督检查，积极配合财政部驻宁夏专员办做好有关工作。

第二十三条 各级财政、扶贫、发展改革、民族宗教、林业和农垦等部门及其工作人员在财政专项扶贫资金分配、使用管理等工作中，存在违反本办法规定，以及滥用职权、玩忽职守、徇私舞弊等违法违纪行为的，按照《中华人民共和国预算法》《公务员法》《行政监察法》《财政违法行为处罚处分条例》等国家有关规定追究相应责任；涉嫌犯罪的，移送司法机关处理。

第五章　附　则

第二十四条 本办法自2017年9月30日起施行。原《宁夏财政专项扶贫资金管理实施办法》（宁财农发〔2012〕351号）、《自治区财政扶贫资金报账制管理办法实施细则》（宁财农发〔2003〕292号）同时废止。《宁夏回族自治区少数民族发展资金管理实施细则》（宁财农〔2009〕1737号）、《宁夏农垦国有贫困农场财政扶贫资金管理暂行办法》的通知（宁财农〔2008〕815号）、《宁夏国有贫困林场扶贫资金管理实施细则》(宁财农发〔2005〕743号)中有关规定与本办法不符的,执行本办法。

第二十五条 本办法由自治区财政厅会同自治区扶贫办负责解释。

自治区财政厅关于印发《自治区"双创"示范项目资金管理办法》的通知

2017年10月18日　宁财(企)发〔2017〕699号

各市、县(区)财政局:

为深入贯彻《自治区党委 人民政府关于推进创新驱动战略的实施意见》(宁党发〔2017〕26号)精神,推动我区"双创"示范项目建设,明确和规范自治区"双创"示范项目资金使用管理,我们研究制定了《自治区"双创"示范项目资金管理办法》,现印发给你们,请遵照执行。

附件:自治区"双创"示范项目资金管理办法

附件

自治区"双创"示范项目资金管理办法

第一条　为规范"双创"示范项目资金使用和管理,推进自治区"双创"示范项目建设,促进中小企业创新发展,根据《预算法》、《工业和信息化部关于促进中小企业发展规划(2016—2020年)的通知》(工信部规〔2016〕223号)、《宁夏回族自治区人民政府关于深化制造业与互联网融合发展的实施意见》(宁政发〔2016〕91号)、《自治区党委人民政府关于推进创新驱动战略的实施意见》(宁党发〔2017〕26号)等文件有关规定,制定本办法。

第二条　本办法所称"双创"示范项目资金(以下简称"项目资金")是指由自治区财政预算安排,用于支持我区企业"双创"示范项目建设及其他促进大众创业万众创新项目建设的资金。

第三条　项目资金的管理应当遵循公开透明、公平公正、突出重点、加强监督的原则,实行专款专用,专项管理,确保资金使用安全、规范和高效。

第四条　项目资金由自治区财政厅会同相关业务部门共同管理。

第五条　项目资金采取事后补助、以奖代补、购买服务等形式对项目进行支持。

第六条 项目资金支持范围：

1.双创示范基地建设项目，包括区域示范基地、高校科研院所示范基地以及企业示范基地；

2.国家制造业双创平台试点示范项目，自治区企业双创平台建设项目；

3.小型微型企业创业创新示范基地建设项目；

4.科技孵化器和众创空间建设项目；

5.其他促进企业创业创新发展有关的项目。

第七条 对创建为国家和自治区级双创示范基地的，分别给予一次性1000万元和500万元的支持。

第八条 对获批国家制造业双创平台试点示范的企业给予一次性200万元奖励；对评为自治区企业双创平台的企业给予一次性100万元奖励。

第九条 对首次认定为国家和自治区级小型微型企业创业创新示范基地的，分别给予一次性200万元和100万元奖励。

第十条 对认定为国家级科技企业孵化器或国家级众创空间的，分别给予100万元、50万元支持；对认定为自治区级的分别给予50万元、30万元支持。

第十一条 自治区财政厅会同相关业务部门根据预算安排情况，适时发布项目申报指南，组织项目申报。

第十二条 同一项目或雷同项目分年度申报不同等级的，对已获财政补贴的项目，可按差额申请补助，财政补助以国家级项目补助标准为限额进行总额控制。

第十三条 国家和自治区级小微企业创业创新示范基地运营良好，带动作用明显的，可再次给予支持，具体标准在年度申报指南中结合实际予以明确。

第十四条 项目申报单位是项目管理第一责任人，对所申报项目资料的真实性、合法性承担主体责任，如有虚报、瞒报或重复申报等行为将按国家有关规定追究相应责任。

第十五条 自治区各有关单位及其工作人员在专项资金分配、使用、管理等工作中，存在违反本办法规定的行为，以及其他滥用职权、玩忽职守、徇私舞弊等违法违纪行为的，按照《预算法》《公务员法》《行政监察法》《财政违法行为处罚处分条例》等国家有关规定追究相应责任；涉嫌犯罪的，移送司法机关处理。

资金使用单位和个人在使用专项资金中存在各类违法违规行为的，按照《预算法》《财政违法行为处罚处分条例》等国家有关规定追究相应责任。

第十六条 本办法自2017年12月1日起施行，有效期至2020年11月30日。

自治区财政厅 自治区人力资源和社会保障厅关于印发《宁夏回族自治区跨省异地就医预付金管理办法(试行)》的通知

2017年5月3日　宁财(社)发〔2017〕425号

各市、县(区)财政局、人力资源社会保障(劳动保障)局：

为进一步做好我区基本医疗保险跨省异地就医住院医疗费用直接结算管理工作，自治区财政厅、人力资源和社会保障厅制定了《宁夏回族自治区跨省异地就医预付金管理办法(试行)》，现印发给你们，请认真遵照执行。

附件：宁夏回族自治区跨省异地就医预付金管理办法(试行)

附件

宁夏回族自治区跨省异地就医预付金管理办法(试行)

第一条　依据《人力资源社会保障部 财政部关于做好基本医疗保险跨省异地就医住院医疗费用直接结算工作的通知》(人社部发〔2016〕120号)有关规定，制定本办法。

第二条　跨省异地就医预付金（以下简称预付金）是参保地省级经办机构预付给就医地省级经办机构用于支付参保地异地就医人员医疗费用的资金，确保异地就医费用的即时结算，落实就医地管理责任。预付金原则上来源于各统筹区医疗保险基金。

第三条　预付金实行分级管理，自治区为总统筹地区，各地级市为分统筹地区，设立自治区、分统筹地区两级异地就医直接结算预付金，实行统收统支的分统筹地区不设分统筹地区预付金，未实行统收统支的市、县(区)由地级市代付。

第四条　部门职能。自治区财政厅依据自治区社保局提供的分统筹地区应上解《跨省异地就医预付金收、付款通知书》《跨省异地就医清算资金收、付款通知书》，向异地就医省指定银行及时拨付预付金和清算资金；向自治区社保局提供异地就医预付金及清算资金收款、付款通知书，并指导市县财政部门及时进行会计核算。

自治区社保局负责协调自治区财政厅及时划拨跨省异地就医预付及清算资金；指导分统筹地区社保局会计核算工作；根据自治区财政厅提供的异地就医预付金及清算资金到账、付款通知书，及时登录国家异地就医结算平台，向人社部社保中心提供收付款数据，按时做好与自治区财政厅对账和会计核算工作。

分统筹地区财政部门根据自治区下达的预

付金上解通知书、异地就医结算费用结算单在3个工作日内向自治区财政厅指定账户划拨资金。向分统筹地区社保局提供异地就医收款、付款通知书。分统筹地区社保局负责协调地方财政及时将跨省异地就医资金按规定及时上划自治区财政厅指定账户，核对并确认本统筹地区异地就医人员费用，依据同级财政部门拨款单、异地就医费用应收应付结算单进行会计核算。

第五条 预付金的额度和上解时限。预付金原则上按可支付上年2个月异地就医医疗费用的额度核定。首次预付金由自治区社保局根据各分统筹地区上报的按可支付上年2个月异地就医医疗费用的额度核定，经人社部社保中心汇总确认。以后预付金应收应付额由人社部社保中心确定。每年2月底前，自治区及各分统筹地区完成预付金的收付工作，预付金实行按年清算。

第六条 预付金、清算资金划拨。自治区社保局通过国家异地就医结算系统下载预付金及清算资金通知书和相关表格后，5个工作日内提交自治区财政部门付款和收款。分统筹地区社保经办机构通过宁夏跨省异地就医结算平台下载预付金清算资金通知书和相关表格后，3个工作日内提交同级财政部门向自治区财政专户上解跨省异地就医预付金和清算资金。自治区财政厅在确认分统筹地区将跨省异地就医预付金及清算资金全部缴入自治区社会保险基金财政专户后，对自治区社保局提交的跨省异地就医预付金通知单、异地就医结算费用审核无误后10个工作日内向就医地省级财政专户划转预付金和清算资金。

第七条 预付金预警及调增。预付金使用率为预警指标，是指异地就医月度清算资金占预付金的比例。预付金使用率达到70%，为黄色预警。预付金使用率达到90%及以上时，为红色预警，启动预付金紧急调增流程。当预付金使用率出现红色预警时，就医地省级经办机构向人社部社保中心报送预付金额度调增申请。自治区社保局接到人社部社保中心下达预付金紧急调增通知书，5个工作日内提交自治区财政部门。

自治区级财政厅在确认分统筹地区跨省异地就医资金全部缴入社会保险基金财政专户，对自治区社保局提交的预付单和用款申请计划审核无误后10个工作日内，完成预付金紧急调增资金的拨付。

第八条 预付金、清算资金收付款确认。自治区财政厅在完成预付金及清算资金的收款和付款后，5个工作日内将异地就医开户行银行收款通知单、付款通知单纸质凭证反馈到自治区社保局，自治区社保局及时通过省级平台向国家平台反馈收款及付款信息。

就医地分统筹地区财政部门在规定期限内未收到参保地拨付的预付金或预付金紧急调增资金、清算资金，自治区级经办机构可向部级经办机构提出暂停参保地跨省异地就医直接结算的申请。

第九条 预付金的利息。预付金所产生的利息归入就医地医疗保险基金财政专户，计入"利息收入"，自治区财政专户产生的异地就医"利息收入"纳入自治区基本医疗保险统筹基金统一管理。

第十条 银行手续费。银行手续费不得在异地就医预付金及结算资金中列支，纳入地方部门预算。

第十一条 异地就医会计核算。预付金依据《社会保险基金会计制度》统一在"暂收款，暂付款"科目中进行会计核算。

（1）自治区财政厅收到地级市分统筹地区上解的预付金异地就医结算费用时：

借：银行存款

贷：暂收款

凭银行到账凭证、异地就医预付金、异地就医结算费用上解通知单入账。

（2）自治区财政厅向外省划拨异地就医预付金时，依据自治区社保局出具的拨款表：

借：暂收款

贷：银行存款

凭银行转账凭证、异地就医预付金付款通知单入账。

（3）收到外省划拨的异地就医预付金时：

借：银行存款

贷：暂收款

（4）向五地市分统筹地区拨付外省转入的异地就医预付金时：

借：暂收款

贷：银行存款

年末，自治区财政异地就医结算账户除利息收入外，往来款期末余额为零。

（5）分统筹地区财政部门上解异地就医预付金及异地就医结算费用时：

借：暂付款

贷：银行存款

凭银行付款凭证、异地就医预付金上解通知单入账。

（6）年末，收到外省退回的异地就医预付金时：

借：银行存款

贷：暂付款

（7）分统筹地区财政部门收到自治区财政厅拨来的外省异地就医预付金及结算费用时：

借：银行存款

贷：暂收款

（8）年末退回外省拨付的异地就医预付金时：

借：暂收款

贷：银行存款

（9）分统筹地区社保局依据相关凭证进行会计核算。

第十二条　本办法由宁夏回族自治区财政厅、人力资源社会保障厅根据各自职责负责解释。

第十三条　本办法自下发之日起施行，国家出台相关办法的，从其办法。

自治区财政厅　自治区民政厅　自治区人力资源和社会保障厅　自治区国税局　自治区地税局关于延续执行支持和促进创业就业有关税收政策的通知

2017年10月31日　宁财规发〔2017〕1号

各市、县（区）财政局、民政局、人力资源和社会保障（劳动保障）局、国家税务局、地方税务局：

为了支持重点群体、自主就业退役士兵创业就业，促进社会和谐稳定，根据《自治区人民政府关于做好当前和今后一段时期就业创业工作的实施意见》（宁政发〔2017〕77号）精神，现就有关税收政策明确如下：

一、对持就业创业证（注明"自主创业税收

政策"或"毕业年度内自主创业税收政策")或《就业失业登记证》(注明"自主创业税收政策"或附着《高校毕业生自主创业证》)的人员以及自主就业退役士兵从事个体经营的,在3年内按每户每年9600元为限额依次扣减其当年实际应缴纳的增值税、城市维护建设税、教育费附加、地方教育附加和个人所得税。

纳税人年度应缴纳税款小于上述扣减限额的,以其实际缴纳的税款为限;大于上述扣减限额的,以上述扣减限额为限。

上述人员是指:1.在人力资源社会保障部门公共就业服务机构登记失业半年以上的人员;2.零就业家庭、享受城市居民最低生活保障家庭劳动年龄内的登记失业人员;3.毕业年度内高校毕业生。高校毕业生是指实施高等学历教育的普通高等学校、成人高等学校应届毕业的学生;毕业年度是指毕业所在自然年,即1月1日至12月31日。

二、对商贸企业、服务型企业、劳动就业服务企业中的加工型企业和街道社区具有加工性质的小型企业实体,在新增加的岗位中,当年新招用在人力资源社会保障部门公共就业服务机构登记失业半年以上且持就业创业证或就业失业登记证(注明"企业吸纳税收政策")人员,与其签订1年以上期限劳动合同并依法缴纳社会保险费的,在3年内按实际招用人数,每人每年5200元为定额标准依次扣减增值税、城市维护建设税、教育费附加、地方教育附加和企业所得税。

对商贸企业、服务型企业、劳动就业服务企业中的加工型企业和街道社区具有加工性质的小型企业实体,在新增加的岗位中,当年新招用自主就业退役士兵,与其签订1年以上期限劳动合同并依法缴纳社会保险费的,在3年内按实际招用人数,每人每年6000元为定额标准依次扣减增值税、城市维护建设税、教育费附加、地方教育附加和企业所得税。

按上述标准计算的税收扣减额应在企业当年实际应缴纳的增值税、城市维护建设税、教育费附加、地方教育附加和企业所得税税额中扣减,当年扣减不完的,不得结转下年使用。

本条所称服务型企业,是指从事《销售服务、无形资产、不动产注释》(《财政部 国家税务总局关于全面推开营业税改征增值税试点的通知》——财税〔2016〕36号附件)中"不动产租赁服务"、"商务辅助服务"(不含货物运输代理和代理报关服务)、"生活服务"(不含文化体育服务)范围内业务活动的企业以及按照《民办非企业单位登记管理暂行条例》(国务院令第251号)登记成立的民办非企业单位。

三、本通知的执行期限为2017年1月1日至2019年12月31日。本通知规定的税收优惠政策按照备案减免税管理,纳税人应向主管税务机关备案。税收优惠政策在2019年12月31日未享受满3年的,可继续享受至3年期满为止。

对《财政部 国家税务总局关于全面推开营业税改征增值税试点的通知》(财税〔2016〕36号)文件附件3第三条第(一)、(二)项政策,纳税人在2016年12月31日未享受满3年的,可按现行政策继续享受至3年期满为止。

四、本通知所述人员不得重复享受税收优惠政策,以前年度已享受扶持就业的专项税收优惠政策的人员不得再享受本通知规定的税收优惠政策。如果企业的就业人员既适用本通知规定的税收优惠政策,又适用其他扶持就业的专项税收优惠政策,企业可选择适用最优惠的政策,但不能重复享受。

自治区财政厅关于印发
《自治区本级基本支出预算管理暂行办法》的通知

2017年5月17日　宁财(预)发〔2017〕319号

自治区本级各部门(单位)：

为进一步深化预算改革，规范和加强自治区本级部门基本支出预算管理，保障自治区本级部门正常运转的资金需要，我们修订了《自治区本级基本支出预算管理暂行办法》，现印发给你们，请遵照执行。

附件：自治区本级基本支出预算管理暂行办法

附件

自治区本级基本支出预算管理暂行办法

第一章　总　则

第一条　为加强自治区本级部门基本支出预算管理，规范基本支出预算分配行为，保障自治区本级部门正常运转的资金需要，根据《中华人民共和国预算法》，结合我区实际，制定本办法。

第二条　本办法所称"自治区本级部门"，是指与自治区本级财政直接发生预算缴款、拨款关系的国家机关、政党组织、社会团体、事业单位及其他单位。

第三条　自治区本级部门的行政单位（包括参照《公务员法》管理的事业单位）的行政运行经费和事业单位的事业运行（或机构运行等）经费等基本支出的预算管理，适用本办法。

第四条　基本支出预算是部门预算的组成部分，是自治区本级部门为保障其机构正常运转、完成日常工作任务而编制的年度基本支出计划，按其性质分为人员经费和日常公用经费，按其经费来源分为财政拨款安排的基本支出和非财政拨款安排的基本支出。

第五条　自治区本级部门在基本支出之外为完成其特定行政任务和事业发展目标所发生的支出作为项目支出预算管理。

第六条　编制基本支出预算的原则

（一）综合预算的原则。在编制基本支出预算时，对当年财政拨款、非财政拨款和以前年度结余资金，要进行统筹考虑、合理安排。

（二）优先保障的原则。财力安排首先应当保障单位基本支出的合理需要，以保证自治区本级部门的日常工作正常运转。

（三）定额管理的原则。基本支出预算实行以定员定额为主的管理方式，同时结合部门资产占有状况，通过建立实物费用定额标准，实现资产管理与定额管理相结合。

使用非财政拨款资金安排或补充基本支出预算的单位,其基本支出预算可以按照国家财务规章制度规定和部门预算编制的有关要求,结合单位的收支情况,参照定额管理方式或采取其他方式方法合理安排基本支出预算。

(四)勤俭节约原则。要厉行节约,对日常公用支出要精打细算,讲求效益,采取有效措施,严禁铺张浪费。

第二章 制定定额标准的原则和方法

第七条 定员、资产和定额是测算和编制自治区本级部门基本支出预算的重要依据。

定员,是指自治区编办根据自治区本级部门的性质、职能、业务范围和工作任务所下达的人员配置标准。

资产,是指自治区本级部门占有、使用的,依法确认为国家所有的公共财产。包括国家调拨的资产、用国家财政性资金形成的资产、按照国家规定组织收入形成的资产、以单位名义接受捐赠形成和其他依法确认为国家所有的资产等,其表现形式为办公用房、车辆等固定资产。

定额,是指自治区财政厅根据自治区本级部门机构正常运转和日常工作任务的合理需要,结合自治区本级财力,对基本支出的各项内容所规定的标准。

第八条 制定定额标准的原则。

(一)兼顾单位实际支出水平,体现公平优先。

(二)以统筹财力可能为基础,体现量力而行。

(三)优化标准制定的科学性,体现规范管理。

第九条 制定定额标准的方法。

(一)依据国家、自治区有关的方针、政策,结合财力状况,社会物价水平及单位的业务性质、工作量、人员、资产等数据资料制定定额标准。

(二)根据基本支出的特点,对政府收支分类中的支出经济分类款级科目进行合理调整、归并,形成若干基本支出定额项目。

(三)基本支出定额项目包括人员经费和日常公用经费两部分。人员经费包括政府收支分类的支出经济分类科目中的"工资福利支出"和"对个人和家庭的补助"。具体定额项目包括:基本工资、津补贴及奖金、社会保障缴费、离退休费、住房公积金、住房补贴和其他人员经费等。日常公用经费包括政府收支分类的支出经济分类科目中的"商品和服务支出"和"其他资本性支出"中属于基本支出内容的支出。具体包括:办公费、印刷费、水费、电费、邮电费、取暖费、物业管理费、国内差旅费、维修(护)费、会议费、培训费、公务用车运行维护费、其他商品和服务支出等。

(四)为规范定额分配行为,根据自治区本级部门承担的职能及行业、业务特点,将自治区本级部门分为若干类型。在核准同类单位工作量、占用的资源和相关历史数据资料的基础上,以人或实物作为测算对象,确定各类单位各定额项目的财政拨款单项基准定额。基本支出日常公用经费定额项目中,取暖费、物业管理费等可采取人员定额和实物费用定额相结合的方式确定。

(五)在确定同类单位单项基准定额的基础上,确定同类单位的分档定额标准,最后确定各单位所应执行的各个单项定额标准。

(六)各个单项定额标准的总和构成单位基本支出的综合定额。

第十条 定额标准的调整。

定额标准的执行期限与预算年度一致;定额标准的调整在预算年度开始前进行;定额标准一经下达,在年度预算执行中不做调整,影响预算执行的有关因素,在确定下一年度定额标准时,由自治区财政厅统一考虑。

第三章 基本支出预算的编制与审批

第十一条 自治区本级部门根据财政厅编

制年度部门预算的要求,在规定时间内,组织编制本部门申报基本支出预算的基础数据和相关资料,按照规定格式报送自治区财政厅。

第十二条　自治区财政厅对自治区本级部门报送的基础数据和相关资料进行审核,按照定额标准及有关依据,结合部门基本支出结余情况,测算并下达基本支出预算控制数(包括人员经费和日常公用经费,下同)。

第十三条　自治区本级部门要全面落实部门预算编制的主体责任,在财政厅下达的基本支出预算控制数额内,根据本部门的实际情况和国家、自治区有关政策、制度规定的开支范围及开支标准,在人员经费和日常公用经费各自的支出经济分类款级科目之间,自主编制本部门的基本支出预算,但人员经费控制数与日常公用经费控制数之间不得自行调整,并在规定的时间内按照编制程序报送自治区财政厅。

第十四条　自治区财政厅依法将审核汇总后的自治区本级部门预算上报自治区人民政府审定。经自治区人民代表大会批准后,在规定时间内向自治区部门批复。

第四章　基本支出预算的管理与监督

第十五条　基本支出预算按人员经费和日常公用经费分别核算管理。人员经费严格按照国家相关政策安排;日常公用经费应与部门占有的资产情况相衔接,未按相关规定报批或超过配置标准购置的实物资产,一律不安排相关经费。

第十六条　基本支出预算中按照规定属于政府采购支出的,应当同时编入政府采购预算,并按照国家、自治区有关政府采购的规定执行。

第十七条　自治区本级部门要严格执行批准的基本支出预算。执行中发生的非财政拨款收入超收部分,原则上不再安排当年的基本支出;发生短收的,自治区本级部门应当报经财政厅批准后调减当年预算。如遇国家、自治区出台有关政策,对预算执行影响较大,确需调整基本支出预算的,由自治区本级部门报经财政厅批准后进行调整。

第十八条　财政拨款基本支出结余原则上不结转,一律清算收回,统筹使用。因特殊原因形成的财政拨款基本支出结余及非财政拨款基本支出结余,应按照有关结余资金管理规定使用,自治区本级部门应加强对基本支出结余资金的管理,将年度预算安排与基本支出结余资金统筹考虑。

第十九条　自治区财政厅对自治区本级部门基本支出预算执行情况进行检查监督,对违反国家有关法律、法规和财务规章制度的,依法进行处理。

第五章　附　则

第二十条　本办法由自治区财政厅负责解释。

第二十一条　本办法自印发之日起施行。《自治区本级基本支出预算管理试行办法》(宁财预〔2001〕748号)同时废止。

自治区财政厅关于印发《宁夏回族自治区财政收支考核暂行办法》的通知

2017年6月29日 宁财(预)发〔2017〕448号

自治区各部门(单位),各市、县(区)财政局:

为充分发挥财政职能作用,督促地方加快预算执行进度,不断提高财政收入质量,加大盘活财政存量资金力度,切实提高财政资金使用效益,促进财政可持续发展,根据《财政部地方财政收支考核暂行办法》(财预〔2017〕60号)文件,制定《宁夏回族自治区财政收支考核暂行办法》,现印发给你们,请认真遵照执行。

附件:宁夏回族自治区财政收支考核暂行办法

附件

宁夏回族自治区财政收支考核暂行办法

第一部分 总 则

第一条 考核依据。为充分发挥财政职能作用,督促各有关责任主体加快财政预算执行进度,提高财政收入质量以及盘活财政存量资金,促进财政可持续发展,提高财政资金使用效益,根据《中华人民共和国预算法》《财政部关于印发〈地方财政收支考核暂行办法〉的通知》(财预〔2017〕60号)及《自治区人民政府办公厅关于进一步做好盘活财政存量资金工作的通知》(宁政办发〔2015〕28号)等有关规定,制定本办法。

第二条 考核对象。本办法考核对象分为自治区本级各部门(单位)、各市县(包括宁东和红寺堡区,不含市辖区,以下简称"市县")财政部门和自治区财政厅各部门预算处。对市辖区财政预算执行进度的考核工作,由五市财政部门自行安排。

第三条 考核内容。考核自治区部门(单位)内容为已下达部门(单位)当年项目指标和上年结余结转指标支出进度;考核市县财政局内容为一般公共预算支出进度、政府性基金预算支出进度、财政收入质量、盘活财政存量资金情况;考核部门预算处内容为项目指标分配进度。

第四条 考核安排。财政收支预算进度按月考核,考核是截至考核月累计数。

第五条 考核职责。自治区财政厅预算处负责考核部门预算处归口管理各类项目预算资金分配进度,汇总部门预算处考核部门结果和市县财政考核结果；部门预算处负责考核归口管理自治区本级部门的项目预算执行进度，按时向预算处报送每月考核结果；市县财政局参照自治区财政厅考核办法负责组织本级财政各项指标考核，确保数据全面真实和准确。

第二部分 考核公式及结果运用

第六条 考核公式。

（一）自治区本级部门（单位）。

部门预算处已下达对口部门（单位）当年项目指标支出进度考核（分一般公共预算和政府性基金预算）

$$\frac{\text{截至N月底部门（单位）当年项目指标已支出数额}}{\text{已下达部门（单位）当年项目指标数额}} \times 100\%$$

部门预算处已下达对口部门（单位）上年结余结转项目指标支出进度考核（分一般公共预算和政府性基金预算）

$$\frac{\text{截至N月底部门（单位）上年结余结转项目指标已支出数额}}{\text{已下达部门（单位）上年结余结转项目指标数额}} \times 100\%$$

（二）市县财政局。

一般公共预算支出进度考核

$$\frac{\text{当年截至N月底一般公共预算支出}}{\text{当年一般公共预算支出目标}} \times 100\%$$

当年一般公共财政预算支出目标 = 当年本级一般公共预算收入预算数 + 税收返还及转移支付收入 - 上解支出 + 上年结余收入 + 调入资金 - 调出资金（不含补充预算稳定调节基金和补充预算周转金）+ 当年新增地方政府一般债券。

政府性基金预算支出进度考核

$$\frac{\text{当年截至N月底政府性基金预算支出}}{\text{当年政府性基金预算支出目标}} \times 100\%$$

当年政府性基金预算支出目标 = 当年本级政府性基金收入预算数 + 上年结余收入 + 调入资金 - 调出资金 + 转移支付收入 - 上解支出 + 当年新增地方政府专项债券。

财政收入质量考核

$$\frac{\text{当年截至N月底非税收入}}{\text{当年截止N月底一般公共预算收入}} \times 100\%$$

盘活财政存量资金考核

$$\frac{\text{截至N月底部门预算上年财政拨款结余结转资金}}{\text{上年部门决算财政拨款收入}} \times 100\%$$

（三）部门预算处。

处室项目指标分配进度考核（分一般公共预算和政府性基金预算）

$$\frac{\text{当年截至N月底已分配项目指标数额}}{\text{当年已下达部门预算处室项目指标数额}} \times 100\%$$

当年已下达部门预算处室项目指标 = 当年部门预算批算项目预算指标 + 当年处室代编项目预算指标 + 当年中央各类转移支付指标 + 上年处室结转结余项目预算指标

当年截至N月底已分配项目指标 = 当年已下达部门预算处室项目指标 − 截止N月底未分配下达区本级部门或市县财政的部门预算处室项目指标

第七条 考核结果运用。

（一）建立考核自治区本级部门（单位）通报约谈机制。按月向区本级部门（单位）通报其项目预算执行考核情况，按季度将考核区本级部门（单位）项目预算执行情况报送自治区政府分管业务部门的副主席；项目预算规模在5000万元及以上且考核指标连续3个月排名在后的5个部门（单位），将建议由自治区政府分管副主席约谈部门（单位）主要负责人。

（二）建立考核市县财政局通报约谈机制。考核市县财政局的前两项按比例从高到低排名，后两项按比例从低到高排名，对各考核指标排名分别赋分进行排名。次月上旬将各项指标考核结果对外集中通报，同时抄送市县党委、人民政府。

对同一考核事项连续3个月考核排名在后3位的市县财政局，于考核结果公布后3个工作日内，向自治区财政厅提交整改方案；对于单项指标连续排名在后3位并超过3个月的市县财政局，自治区财政厅将视情况约谈市县财政局长并将相关情况通报市县党委、人民政府。

（三）建立考核自治区财政厅部门预算处通报约谈机制。对部门预算处的单项指标按比例进行从高到低考核排名，单项考核指标连续2个月排名在后三位的部门预算处，由其向厅长进行书面汇报，连续3个月及以上排名在后三位的，由厅长约谈处长，并于次月上旬在全厅进行通报，考核结果将纳入厅年度效能目标考核体系。

（四）建立考核市县财政的激励机制。为切实贯彻自治区党委、政府关于加强财政预算执行管理的要求，自治区财政将在考核年度终了后，对市县财政各月考核结果进行综合评分，并按照全区财政地方税收收入增量，从自治区本级财力中安排一定资金用于奖励综合考核得分排名靠前的2个地级市和6个县级财政。

某市县考核综合得分＝一般公共预算支出进度考核得分×40%＋政府性基金支出进度考核得分×10%＋财政收入质量考核得分×30%＋盘活财政存量资金得分×20%

奖励资金＝一般公共预算支出进度考核奖励＋政府性基金支出进度考核奖励＋财政收入质量考核奖励＋盘活财政存量资金考核奖励

一般公共预算支出进度奖励＝总奖励资金×40%×市县考核得分系数

政府性基金预算支出进度奖励＝总奖励资金×10%×市县考核得分系数

财政收入质量奖励＝总奖励资金×30%×财政收入质量市县考核得分系数

盘活财政存量资金奖励＝总奖励资金×20%×盘活财政存量资金考核得分系数

第三部分　附　则

第八条　数据质量。厅信息中心负责从信息系统中提取相关财政数据，并确保及时、准确，预算处负责组织实施考核工作，各市县财政部门对其本级数据准确性负责（五大市负责汇总上报辖区数据）。自治区财政厅将采取统一检查或个别抽查等方式进行督查。

第九条　实施时间。本办法自印发之日起实施，具体条款由自治区财政厅预算处负责解释。

自治区财政厅关于做好政府采购信息公开工作的通知

2017年5月15日　宁财（采）发〔2017〕310号

区直各单位、各市县（区）财政局：

近年来，各级财政部门、各单位政府采购信息公开工作取得了积极进展，但也存在部分单位信息发布不及时不全面等问题。为了切实提高政府采购透明度，根据《中华人民共和国政府采购法》《中华人民共和国政府采购法实施条例》《财政部关于做好政府采购信息公开工作的通知》（财库〔2015〕135号）、《财政部关于进一步做好政府采购信息公开工作有关事项的通知》（财库〔2017〕86号）等规定，现就依法做好政府采购信息公开工作有关事项通知如下：

一、高度重视政府采购信息公开工作

公开透明是政府采购管理制度的重要原则。做好政府采购信息公开工作，既是全面深化改革、建立现代财政制度的必然要求，也是加强改进社会监督，提升政府公信力的重要举措，对于规范政府采购行为，维护政府采购活动的公开、公平和公正具有重要意义。各级财政部门、各单位要依法公开政府采购项目信息，并按照财政预决算公开的要求，公布本单位政府采购预算安排及执行的总体情况，实现从采购预算到采购过程及采购结果的全过程信息公开。各级财政部门、各单位要高度重视，充分认识政府采购信息公开工作的重要性，认真做好政府采购信息公开工作。

二、认真做好政府采购信息公开工作

（一）总体要求。

建立健全责任明确的工作机制、简便顺畅的操作流程和集中统一的发布渠道，确保政府采购信息发布的及时、完整、准确，实现政府采购信息的全流程公开透明。

（二）公开范围及主体。

1.采购项目信息，包括采购项目公告、采购文件、采购项目预算金额、采购结果、采购合同、更正事项、终止公告、单一来源审核公示、公共服务项目采购需求和验收结果等信息，由采购人或者其委托的采购代理机构负责公开。

2.监管处罚信息，包括财政部门作出的投诉、监督检查等处理决定，对集中采购机构的考核结果，以及违法失信行为记录等信息，由财政部门负责公开。

3.协议供货和定点采购的信息，由集中采购机构负责公开。

4.法律、法规和规章规定应当公开的其他政府采购信息，由相关主体依法公开。政府和社会资本合作项目（PPP）另从其规定。

（三）公开渠道。

政府采购信息应当在财政部门指定的媒体上公开发布。宁夏政府采购公共服务平台（www.ccgp-ningxia.gov.cn）以及财政部指定的政府采购信息发布媒体包括中国政府采购网（www.ccgp.gov.cn）、《中国财经报》（《中国政府采购报》）、《中国政府采购杂志》、《中国财政杂志》等。

为了便于政府采购当事人获取信息，在其他政府采购信息发布媒体公开的政府采购信息应当同时在中国政府采购网发布。政府采购违法失信行为信息记录应当在中国政府采购网中央主网发布。

（四）政府采购项目信息的公开要求。

1.公开招标公告、资格预审公告。

招标公告的内容应当包括采购人和采购代理机构的名称、地址和联系方法，采购项目的名称、数量、简要规格描述或项目基本概况介绍，采购项目预算金额，采购项目需要落实的政府采购政策，投标人的资格要求，获取招标文件的时间、地点、方式及招标文件售价，投标截止时间、开标时间及地点，采购项目联系人姓名和电话。

资格预审公告的内容应当包括采购人和采购代理机构的名称、地址和联系方法；采购项目名称、数量、简要规格描述或项目基本概况介绍；采购项目预算金额；采购项目需要落实的政府采购政策；投标人的资格要求，以及审查标准、方法；获取资格预审文件的时间、地点、方式；投标人应当提供的资格预审申请文件的组成和格式；提交资格预审申请文件的截止时间及资格审查日期、地点；采购项目联系人姓名和电话。

招标公告、资格预审公告的公告期限为5个工作日。

2.竞争性谈判公告、竞争性磋商公告和询价公告。

竞争性谈判公告、竞争性磋商公告和询价公告的内容应当包括采购人和采购代理机构的名称、地址和联系方法，采购项目的名称、数量、简要规格描述或项目基本概况介绍,采购项目预算金额,采购项目需要落实的政府采购政策,对供应商的资格要求,获取谈判、磋商、询价文件的时间、地点、方式及文件售价,响应文件提交的截止时间、开启时间及地点,采购项目联系人姓名和电话。

竞争性谈判公告、竞争性磋商公告和询价公告的公告期限为3个工作日。

3.采购项目预算金额。

采购项目预算金额应当在招标公告、资格预审公告、竞争性谈判公告、竞争性磋商公告和询价公告等采购公告,以及招标文件、谈判文件、磋商文件、询价通知书等采购文件中公开。采购项目的预算金额以财政部门批复的部门预算中的政府采购预算为依据。对于部门预算已列明具体采购项目的,按照部门预算中具体采购项目的预算金额公开;部门预算未列明采购项目的,应当根据工作实际对部门预算进行分解,按照分解后的具体采购项目预算金额公开。对于部门预算分年度安排但不宜按年度拆分的采购项目,应当公开采购项目的采购年限、概算总金额和当年安排数。

4.中标、成交结果。

中标、成交结果公告的内容应当包括采购人和采购代理机构名称、地址、联系方式;项目名称和项目编号;中标或者成交供应商名称、地址和中标或者成交金额;主要中标或者成交标的的名称、规格型号、数量、单价、服务要求或者标的的基本概况;评审专家名单。协议供货、定点采购项目还应当公告入围价格、价格调整规则和优惠条件。采用书面推荐供应商参加采购活动的,还应当公告采购人和评审专家的推荐意见。

中标、成交结果应当自中标、成交供应商确定之日起2个工作日内公告,公告期限为1个工作日。

5.采购文件。

招标文件、竞争性谈判文件、竞争性磋商文件和询价通知书应当随中标、成交结果同时公告。中标、成交结果公告前采购文件已公告的,不再重复公告。

6.更正事项。

采购人或者采购代理机构对已发出的招标文件、资格预审文件,以及采用公告方式邀请供应商参与的竞争性谈判文件、竞争性磋商文件进行必要的澄清或者修改的,应当在原公告发布媒体上发布更正公告,并以书面形式通知所有获取采购文件的潜在供应商。采购信息更正公告的内容应当包括采购人和采购代理机构名称、地址、联系方式,原公告的采购项目名称及首次公告日期,更正事项、内容及日期,采购项目联系人和电话。

澄清或者修改的内容可能影响投标文件、资格预审申请文件、响应文件编制的,采购人或者采购代理机构发布澄清公告并以书面形式通知潜在供应商的时间,应当在投标截止时间至少15日前、提交资格预审申请文件截止时间至少3日前,或者提交首次响应文件截止之日3个工作日前;不足上述时间的,应当顺延提交投标文件、资格预审申请文件或响应文件的截止时间。

7.采购合同。

政府采购合同应当自合同签订之日起2个工作日内公告。批量集中采购项目应当公告框架协议。政府采购合同中涉及国家秘密、商业秘密的部分可以不公告,但其他内容应当公告。政府采购合同涉及国家秘密的内容,由采购人依据《保守国家秘密法》等法律制度规定确定。采购合同中涉及商业秘密的内容,由采购人依据《反不正当竞争法》《最高人民法院关于适用〈中华人民共和国民事诉讼法〉若干问题的意见》(法发〔1992〕22号)等法律制度的规定,与供应商在合同中约定。其中,合同标的名称、规格型号、单价及合同金额等内容不得作为商业秘密。合同中涉及个人隐私的姓名、联系方式等内容,除征得权利人同意外,不得对外公告。

2017年签订的政府采购合同，未按要求公告的，应当于2017年12月10日以前补充公告。

8.单一来源公示。

达到公开招标数额标准，符合《中华人民共和国政府采购法》第三十一条第一项规定情形，只能从唯一供应商处采购的，采购人、采购代理机构应当在省级以上财政部门指定媒体上进行公示。公示内容应当包括采购人、采购项目名称；拟采购的货物或者服务的说明、拟采购的货物或者服务的预算金额；采用单一来源方式的原因及相关说明；拟定的唯一供应商名称、地址；专业人员对相关供应商因专利、专有技术等原因具有唯一性的具体论证意见，以及专业人员的姓名、工作单位和职称；公示的期限；采购人、采购代理机构、财政部门的联系地址、联系人和联系电话。公示期限不得少于5个工作日。

9.终止公告。

依法需要终止招标、竞争性谈判、竞争性磋商、询价、单一来源采购活动的，采购人或者采购代理机构应当发布项目终止公告并说明原因。

10.政府购买公共服务项目。

对于政府向社会公众提供的公共服务项目，除按有关规定公开相关采购信息外，采购人还应当就确定采购需求在指定媒体上征求社会公众的意见，并将验收结果于验收结束之日起2个工作日内向社会公告。

11.协议供货和定点采购。

集中采购机构自2017年9月1日开始，对协议供货和定点采购信息除按照规定在中国政府采购网及地方分网公开入围采购阶段的相关信息外，还应当公开其具体成交记录，包括采购人和成交供应商的名称、成交金额以及成交标的的名称、规格型号、数量、单价等。网上超市、网上竞价等的具体成交记录，也应当予以公开。

(五)监管处罚信息的公开要求。

财政部门做出的投诉、监督检查等处理决定公告的内容应当包括相关当事人名称及地址、投诉涉及采购项目名称及采购日期、投诉事项或监督检查主要事项、处理依据、处理结果、执法机关名称、公告日期等。投诉或监督检查处理决定应当自完成并履行有关报审程序后5个工作日内公告。

财政部门对集中采购机构的考核结果公告的内容应当包括集中采购机构名称、考核内容、考核方法、考核结果、存在问题、考核单位等。考核结果应当自完成并履行有关报审程序后5个工作日内公告。

供应商、采购代理机构和评审专家的违法失信行为记录公告的内容应当包括当事人名称、违法失信行为的具体情形、处理依据、处理结果、处理日期、执法机关名称等。供应商、采购代理机构和评审专家的违法失信行为信息记录应当不晚于次月10日前公告。

三、工作要求

(一)加强组织领导。各级财政部门、各单位要建立政府采购信息公开工作机制，落实责任分工，切实履行政府采购信息公开的责任和义务。采购人和集中采购机构应当将政府采购信息公开作为本部门、本单位政务信息公开工作的重要内容，列入主动公开基本目录，嵌入内控管理环节，确保政府采购信息发布的及时、完整、准确。

(二)落实技术保障。自治区财政厅将在年内完成宁夏政府采购公共服务平台的推广及应用，逐步完善信息公开功能，提高政府采购信息公开的自动化水平，完善与公共资源交易平台的信息互联互通机制，为政府采购信息公开和社会监督创造便利条件，并按照财库〔2015〕135号文件的规定及时向中央主网推送信息。确保数据安全和运行稳定。

(三)强化监督检查。各级财政部门要加大对政府采购信息公开情况的监督检查力度，将信息公开情况作为对集中采购机构考核和对采购人、社会代理机构监督检查的重点内容。重点加强对单一来源公示、采购文件、采购结果和采购合同等信息的比对，运用数据分析技术开展对采购项目执行情况和信息公开情况的核查和动态监管，不断推进信息公开工作。对采购人、采购代理机构未依法发布政府采购项目信息的，要依照《中华人民共和国政府采购法》第七十一条、第七十八条和《中华人民共和国政府采购法实施条例》第六十八条等规定追究责任。

自治区财政厅关于印发《宁夏回族自治区本级行政事业单位国有资产进场交易实施细则》（试行）的通知

2017年10月16日　宁财（资）发〔2017〕700号

各市、县（区）财政局，区直各部门：

为进一步规范和加强自治区本级行政事业单位国有资产处置管理，维护国有资产的安全和完整，保障国家所有者权益，根据《宁夏回族自治区行政事业单位国有资产处置管理暂行办法》（宁财（资）发〔2015〕738号）等相关规定，特制定《宁夏回族自治区本级行政事业单位国有资产进场交易实施细则》（试行）。现印发给你们，请认真遵照执行。

附件：宁夏回族自治区本级行政事业单位国有资产进场交易实施细则（试行）

附件

宁夏回族自治区本级行政事业单位国有资产进场交易实施细则（试行）

第一章　总　则

第一条　为进一步规范和加强自治区本级行政事业单位国有资产处置管理，维护国有资产的安全和完整，保障国家所有者权益，根据《宁夏回族自治区行政事业单位国有资产处置管理暂行办法》（宁财（资）发〔2015〕738号）等相关规定，制定本细则。

第二条　自治区本级行政事业单位国有资产处置应统一进入自治区公共资源交易平台公开交易。

第三条　行政事业单位国有资产进场交易应遵循等价有偿和公开、公平、公正的原则，不得侵犯他人合法权益和损害社会公共利益。

第四条　行政事业单位资产处置的范围包括：

（一）闲置且需交易处置的资产；

（二）超标准配置且需交易处置的资产；

（三）因技术原因确需报废、淘汰的资产；

（四）已超过使用年限无法继续使用的资产；

（五）因单位分立、撤销、合并、改制、隶属关系改变等原因发生的产权或者使用权转移而需要交易处置的资产；

（六）财政部门要求进场交易的其他资产。

第五条 行政事业单位废弃电器电子产品等其他资产的处置按照自治区有关规定进行环保回收处理。涉密资产按照国家保密有关规定处置。在车改期间采购的拍卖机构服务有效期内，公务用车暂不进入自治区公共资源交易平台进行交易。

第六条 需处置的国有资产权属应当清晰。权属关系不明确或者存在权属纠纷的国有资产，需待权属界定明确后予以处置；被设置为担保物和涉及法律诉讼的国有资产，担保和法律诉讼期间不得申请处置。

国家及地方法律、法规另有规定的从其规定。

第二章 资产交易程序

第七条 行政事业单位国有资产进场交易，应当按以下程序实施：

（一）进场申请。行政事业单位国有资产处置事项按规定权限经主管部门或财政厅审批同意后，应依据批复文件向产权交易机构提交相关交易申请材料，办理交易委托手续，并对所提交材料的真实性、完整性、有效性负责。产权交易机构对行政事业单位提交的资料进行规范性审核。

（二）评估定价。行政事业单位对需要进行资产评估的，应委托有资质的评估机构对申报进场交易的国有资产进行评估。其中，批量资产原值总计在100万元（含100万元）以下、单项资产原值在50万元（含50万元）以下的，可不进行评估，由行政事业单位根据资产实际情况以及市场行情出具建议价格。评估结果（或建议价格）按权限报自治区财政厅或主管部门履行备案手续。

（三）信息披露。产权交易机构依据行政事业单位提交的资料进行信息披露，首次正式公告的挂牌底价不得低于经备案的评估结果（或建议价格）。

法律、法规、规章等规定具体公告期的，应当按照法定期限发布公告；没有具体要求的，公告期应当不少于7个工作日。

拟处置资产由行政事业单位统一保管，挂牌交易期间不得使用，特殊情况须在公告中予以披露。

（四）挂牌交易。行政事业单位资产处置项目公告期满，产生两个及以上符合条件的意向受让方的，由产权交易机构组织网络竞价确定最终受让方。经公开征集只产生一个意向受让方的，可以采取协议方式成交。

挂牌结束后未征集到意向受让方，行政事业单位可以在不低于评估结果（或建议价格）90%的范围内设定新的挂牌价再次公告。如再次公告仍未征集到受让方，挂牌价需低于评估结果（或建议价格）90%的，行政事业单位应提出具体可行的挂牌建议价及理由，按规定权限报经财政厅或主管部门确认后方可执行。

（五）交易结果公示。产权交易合同生效后，产权交易机构应当将交易结果进行公示，公示期不少于5个工作日。

（六）交易签约及资金结算上缴。行政事业单位资产处置项目成交后由产权交易机构组织交易双方签订交易合同，受让方原则上应当在交易合同生效后5个工作日内付清交易价款。交易价款以人民币计价，通过产权交易机构以货币进行结算。

产权交易机构收到受让方交来的交易价款后，通知行政事业单位与受让方在规定时间内完成标的资产交接事宜，签署《资产移交确认书》。产权交易机构为交易双方出具交易凭证。

处置价款（扣除服务费、评估费、税费等相关费用后）按照政府非税收入管理规定上缴自治区财政厅。

（七）交易档案管理。交易活动结束后，行政事业单位应将全部交易资料归档，并报主管部门和财政厅备案。

第三章 附 则

第八条 产权交易机构应当按照本细则和相关规定组织交易，加强自律管理，规范交易行为，自觉接受有关部门和机构的监督，保证处置业务活动规范进行。

第九条 自治区本级行政事业单位国有资产进场交易过程中，出现人民法院及其他有权机构依法发出终止交易书面通知等特殊情形的，交易活动终止。

第十条 法律、法规对行政事业单位国有资产处置有特别规定的，从其规定。

第十一条 本细则自2017年12月1日起施行，有效期至2019年12月1日。

第十二条 社会团体、民办非企业单位和实行企业化管理并执行企业财务会计制度的事业单位，参照本细则执行。

各市、县（区）结合当地实际自行制定有关细则。

第十三条 本细则由自治区财政厅负责解释。

自治区财政厅 自治区编办关于印发《宁夏回族自治区事业单位政府购买服务改革工作实施方案》的通知

2017年4月28日宁财（综）发〔2017〕276号

各市、县（区）人民政府，自治区各部门、各直属机构：

为做好事业单位政府购买服务改革工作，通过政府购买服务改革支持事业单位分类改革和转型发展，增强事业单位提供公共服务能力，不断推进我区政府购买服务改革，现将《宁夏回族自治区事业单位政府购买服务改革工作实施方案》印发给你们，请结合本地、本部门实际，认真贯彻落实。

附件：宁夏回族自治区事业单位政府购买服务改革工作实施方案

附件

宁夏回族自治区事业单位政府购买服务改革工作实施方案

为切实做好事业单位政府购买服务改革工作,促进事业单位分类改革和转型发展,增强事业单位提供公共服务能力,根据《财政部 中央编办关于做好事业单位政府购买服务改革工作的意见》(财综〔2016〕53号)精神及自治区人民政府相关工作要求,制订本实施方案。

一、指导思想

全面贯彻党的十八大,十八届三中、四中、五中、六中全会和习近平总书记系列重要讲话精神,认真落实中央和自治区党委、政府决策部署,通过推进我区事业单位政府购买服务改革,推动政府职能转变,深化简政放权、放管结合、优化服务改革,改进政府提供公共服务方式,支持事业单位改革,促进公益事业发展,切实提高公共服务质量和水平。

二、基本原则

(一)坚持分类施策。依据现行政策,事业单位分为承担行政职能事业单位、公益一类事业单位、公益二类事业单位、生产经营类事业单位四类,按其类别及职能,合理定位参与政府购买服务的角色作用,明确相应要求。

(二)坚持问题导向。针对事业单位存在的问题,加快转变政府职能,创新财政支持方式,将政府购买服务作为推动事业单位改革发展的重要措施,强化事业单位公益属性,增强服务意识,激发内在活力。

(三)坚持公开透明。遵循公开、公平、公正原则推进事业单位政府购买服务改革,注重规范操作,鼓励竞争择优,营造良好的改革环境。

(四)坚持统筹协调。做好政府购买服务改革与事业单位分类改革有关经费保障、机构编制、人事制度、收入分配、养老保险等方面政策的衔接,形成改革合力。

(五)坚持稳妥推进。充分考虑事业单位改革的复杂性和艰巨性,对事业单位政府购买服务改革给予必要的支持政策,妥善处理改革发展稳定的关系,确保事业单位政府购买服务改革工作顺利推进。

三、主要目标

到2020年底,全区事业单位政府购买服务改革工作全面推开,事业单位提供公共服务的能力和水平明显提升;现由公益二类事业单位承担并且适宜由社会力量提供的服务事项,全部转为通过政府购买服务方式提供;通过政府购买服务,促进建立公益二类事业单位财政经费保障与人员编制管理的协调约束机制。

四、政策实施

(一)分类组织实施。

1. 完全或主要承担行政职能的事业单位可以比照政府行政部门,作为政府购买服务的购买主体。部分承担行政职能的事业单位完成剥离行政职能改革后,应当根据新的分类情况执行相应的政府购买服务政策。不承担行政职能的事业单位不属于政府购买服务的购买主体,因履职需要购买辅助性服务的,应当按照政府采购法律制度有关规定执行。

2. 承担义务教育、基础性科研、公共文化、公共卫生及基层的基本医疗服务等基本公益服务,不能或不宜由市场配置资源的公益一类事业单位,既不属于政府购买服务的购买主体,也不属于承接主体,不得参与承接政府购买服务。有关行政主管部门应当加强对所属公益一类事业单位的经费保障和管理,强化公益属性,有效发挥政府举办事业单位提供基本公共服务的职能作用。

3. 承担高等教育、非营利医疗等公益服务,可部分由市场配置资源的公益二类事业单位,可以作为政府购买服务承接主体。现由公益二类事业单位承担并且适宜由社会力量提供的服务事项,应当纳入政府购买服务指导性目录,并根据条件逐步转为通过政府购买服务方式提供。有关行政主管部门应当创造条件积极支持公益二类事业单位与其他社会力量公平竞争参与承接政府购买服务,激发事业单位活力,增强提供公共服务能力。

4.生产经营类事业单位可以作为政府购买服务的承接主体,在参与承接政府购买服务时,应当与社会力量平等竞争。

5.尚未分类的事业单位,待明确分类后按上述定位实施改革。

(二)分年度组织实施。

1.2017年,有序推进试点工作。各市、县(区),自治区各部门要结合2018年部门预算编制工作,选择本地区、本部门相对成熟且具有典型意义的公益二类事业单位作为试点,研究提出推行政府购买服务的具体事项及实行合同管理的具体措施,并报同级财政、机构编制部门审核备案。

2.2018年,扩大试点范围。凡是公益二类事业单位承担并且适宜由社会力量提供的服务事项,财政拨款要改为政府购买服务。

3.到2020年底,建立健全政府向事业单位购买服务政策体系。全面推开事业单位政府购买服务工作,事业单位提供公共服务的能力和水平明显提升。

五、主要措施

(一)推行政府向公益二类事业单位购买服务。2020年底前,凡是公益二类事业单位承担并且适宜由社会力量提供的服务事项,财政拨款要改为政府购买服务,可以由其行政主管部门直接委托给事业单位并实行合同化管理。其中采取直接委托购买服务项目,属于政府采购集中采购目录以内或者采购限额标准以上的,通过单一来源采购方式实施;已经采用竞争性购买方式的,应当继续实行。政府新增用于公益二类事业单位的支出,要优先通过政府购买服务方式安排。积极推进采用竞争择优方式向事业单位购买服务,逐步减少向公益二类事业单位直接委托的购买服务事项。

(二)探索建立与政府购买服务制度相适应的财政支持与人员编制管理制度。实施政府向事业单位购买服务的行政主管部门,应当将相关经费预算由事业单位调整至部门本级管理。积极探索建立事业单位财政经费与人员编制协调约束机制,创新事业单位财政经费与人员编制管理,推动事业单位改革逐步深入。各级机构编制部门要根据政府向事业单位购买服务工作进展,动态调整公益二类事业单位人员编制,并随着公益二类事业单位承接的适宜由社会力量提供服务事项增加情况,逐步核减人员编制,推动政府购买服务。对于政府委托公益二类事业单位承办的临时性、阶段性服务事项,凡适合社会力量承办的,都应按照政府购买服务的方式进行,不再增加新的财政供养机构和人员。对各级机关后勤服务机构和各单位的后勤保障等一般性服务,能够市场化和社会化的一律不再核编,通过政府购买服务方式予以支持,现有空编全部核销,今后不再使用事业编制补充人员,事业编制"空一收一"。各级财政部门要按照"费随事转"的原则,依据编制部门核定的编制和事业单位因提供服务获得的收入,相应核减事业单位人员等基本支出,实现由"养人养机构"向购买服务转变。

(三)继续完善政府购买服务目录。根据《自治区财政厅关于做好政府购买服务指导性目录编制管理工作的通知》(宁财综发〔2016〕404号)要求,将现由事业单位承担并且适宜由社会力量提供的服务事项纳入政府购买服务指导性目录。各行政主管部门要结合政府购买服务指导性目录编制工作,细化由本部门事业单位承担并且适宜由社会力量提供的服务事项,明确购买服务的范围、内容和数量,报经同级财政、机构编制等部门审核后纳入部门指导性目录,作为政府向事业单位购买服务的依据。

（四）落实税收等相关优惠政策。购买主体应当结合政府向事业单位购买服务项目特点和相关经费预算，综合物价、工资、税费等因素，合理测算安排项目所需支出。事业单位承接政府购买服务取得的收入，应当纳入事业单位预算统一核算，依法纳税并享受相关税收优惠等政策。税后收入由事业单位按相关政策规定进行支配。

（五）加强合约管理。购买主体应当做好对项目执行情况的跟踪，及时了解掌握购买项目实施进度及资金运作情况，督促承接服务的事业单位严格履行合同，确保服务质量，提高服务对象满意度。承接服务的事业单位履行合同约定后，购买主体应当及时组织对合同履行情况进行检查验收。购买主体向承接主体支付购买服务资金，应当根据合同约定和国库集中支付制度规定办理。

（六）推进绩效管理。购买主体要会同财政部门建立全过程预算绩效管理机制，依据确定的绩效目标开展绩效管理。购买主体要结合购买服务合同履行情况，推进政府购买事业单位服务绩效评价工作，将绩效评价结果作为确定事业单位后续年度参与承接政府购买服务的考量因素，健全对事业单位的激励约束机制，提高财政资金使用效益和公共服务提供质量及效率。

（七）强化监督管理。各级财政部门要将政府向事业单位购买服务工作纳入财政监督范围，加强监督检查与绩效评价相结合，加大监督力度，保障政府购买服务工作规范开展。参与承接政府购买服务的事业单位应当自觉接受财政、审计和社会监督。

（八）做好信息公开。各级政府部门向事业单位购买服务，要按照《中华人民共和国政府采购法》《中华人民共和国政府信息公开条例》等相关规定，及时公开政府购买服务项目实施全过程相关信息，自觉接受社会监督，凡通过单一来源采购方式实施的政府向事业单位购买服务项目，要严格履行审批程序，需要事前公示的要按要求做好公示。积极推进政府向事业单位购买服务绩效信息公开。

六、工作要求

（一）落实工作责任。各市、县（区）财政、机构编制等部门要结合本地区实际制定事业单位政府购买服务改革工作实施方案，周密部署，认真组织做好本地区改革工作。各有关部门要做好本部门事业单位政府购买服务改革工作，指导推进本系统事业单位政府购买服务改革。

（二）扎实有效推进。各有关部门和市、县（区）要积极做好事业单位政府购买服务改革相关准备工作，认真探索政府向事业单位购买服务的有效做法和经验，及时研究完善相关政策。从2017年开始，各有关部门要根据本部门所属事业单位实际情况，推进事业单位政府购买服务改革，逐步增加公益二类事业单位实行政府购买服务的项目和金额；各市、县（区）要按照本地区改革实施方案，扎实推进事业单位购买服务改革，及时总结经验，完善政策，确保2020年底前完成本方案确定的事业单位政府购买服务改革任务。

（三）加强调研督导。事业单位政府购买服务改革涉及面广、政策性强，社会普遍关注，直接关系事业单位人员切身利益，各市、县（区）、各部门要切实加强对改革工作的领导、深入基层调研指导，及时研究并妥善处理改革中遇到的矛盾和问题。各级财政、机构编制部门要加强改革工作沟通协调，组织做好改革工作督导、专题调研、政策培训和经验推广，确保改革工作平稳有序推进。

自治区财政厅 教育厅 民政厅 文化厅体育局 残疾人联合会关于印发《2017—2020年中央专项彩票公益金支持宁夏社会公益事业项目资金管理办法》的通知

2017年11月17日　宁财规发〔2017〕3号

各市、县（区）财政局、教育局、民政局、文化局、体育局、残联：

为规范和加强中央专项彩票公益金支持宁夏社会福利、教育、文化、体育、残疾人及其他社会公益事业项目管理，根据《彩票管理条例》《彩票管理条例实施细则》《彩票公益金管理办法》以及《财政部关于"十三五"期间中央专项彩票公益金支持地方社会公益事业发展安排以及下达2017年资金的通知》（财综〔2017〕47号）有关规定，自治区财政厅会同相关部门联合制定了《2017—2020年中央专项彩票公益金支持宁夏社会公益事业项目资金管理办法》，现印发你们，请认真遵照执行。

附件

2017—2020年中央专项彩票公益金支持宁夏社会公益事业项目资金管理办法

第一章　总　则

第一条　按照《财政部关于"十三五"期间中央专项彩票公益金支持地方社会公益事业发展安排以及下达2017年资金的通知》（财综〔2017〕47号）有关规定，为规范和加强中央专项彩票公益金支持我区社会公益事业项目资金管理工作，根据《彩票管理条例》《彩票管理条例实施细则》《彩票公益金管理办法》，结合我区实际，制定本办法。

第二条　本办法所称中央专项彩票公益金，是指2017—2020年财政部安排中央专项彩票公益金支持宁夏社会公益事业项目的资金。

第三条　本办法所称宁夏社会公益事业项目（以下简称项目），是指用于宁夏社会福利、体育、教育、文化、残疾人事业及其他社会公益事业发展的项目。

第四条　中央专项彩票公益金支持宁夏社

会公益事业项目资金（以下简称项目资金），纳入政府性基金预算管理，实行专款专用，结转结余资金按规定使用。

第五条　本项目由自治区财政厅会同自治区民政厅、体育局、教育厅、文化厅、残联等相关部门（以下简称自治区级部门）提出2017—2020年中央专项彩票公益金支持宁夏社会公益事业项目规划。按照分级管理、分级负责的要求，自治区财政厅为资金管理部门，负责项目资金审核下达，并对资金使用情况进行监督检查和绩效评价。自治区级部门为项目主管部门，会同自治区财政厅根据国家和自治区相关要求，确定支持重点，审定申报资料，确定拟支持项目，并对项目实施情况进行监督管理。各级民政、体育、教育、文化、残疾人等主管部门（以下简称各级部门）会同同级财政部门负责项目的申报及实施，并对项目进行监督管理，各级财政部门会同各级部门负责对项目资金进行监督检查和绩效评价。

第六条　建立联席会议制度，自治区财政厅、民政厅、体育局、教育厅、文化厅、残联等相关部门为成员单位，负责指导和协调项目实施相关工作。联席会议下设办公室，设在自治区财政厅（综合处），负责日常组织协调工作。

第二章　资金安排原则、范围与标准

第七条　项目资金安排原则：

（一）明确支持方向。认真贯彻落实党的十九大提出的"幼有所育，学有所教，劳有所得，病有所医，老有所养，住有所居，弱有所扶"战略部署和自治区第十二次党代会明确的到2020年"社会保障、基本公共服务走在西部前列"奋斗目标，大力实施脱贫富民战略，加快推进公共服务均等化。

（二）突出扶持重点。按照"补齐短板"的思路，本着"缺什么补什么"的原则，集中精力扶持社会福利、体育、教育、文化、残疾人等公益类项目，重点向国家、自治区明确提出的重大民生项目倾斜、向宁夏南部山区和弱势群体倾斜、向"补短板"的社会公益事业倾斜。

（三）资源统筹安排。做好与自治区"十三五"相关规划的衔接，注重与自治区彩票公益金统筹安排，统筹各级项目资金，形成合力，提高资金使用的经济效益和社会效益。

第八条　项目资金支持范围：

（一）社会福利项目，包括城乡社会福利机构、城乡养老服务设施、农村五保供养服务设施等公益性项目及设施设备配置。

（二）体育项目，包括全民健身公共体育场地建设、体育场地（场馆）、社区多功能运动场等公益性项目及设施设备配置。

（三）教育项目，包括公益性教育项目，重点支持农村和南部山区学校等项目及设施设备配置。

（四）文化项目，包括公益性文化项目及设施设备配置。

（五）残疾人项目，包括残疾人家庭无障碍改造、寄宿制托养服务、医疗康复救治、康复和托养服务设施等公益性项目及设施设备配置。

（六）其他社会公益性项目及设施设备配置。

第九条　项目资金不得用于以下开支：

（一）各级行政部门行政支出；
（二）发放工资、奖金、津补贴等人员支出；
（三）公务接待；
（四）公务用车购置及运行；
（五）对外投资和其他经营性活动。

第三章　资金分配、项目申报和审核

第十条　项目资金采取因素法与项目法相结合的方式分配。

第十一条　采取因素法分配资金，根据项目资金安排原则和支出预算总额，按照工作任务、地方财力、绩效评价等因素，自治区财政厅商自治区级部门提出分配方案，按照现行财政国库管理制度有关规定下达资金。

第十二条 采取项目法分配资金。

(一)项目申报资料。申报单位应编制项目资金申报书,报告书包括项目申报单位基本情况、项目实施必要性及依据、建设规模及内容、总投资及资金来源、社会效益预测、项目进展情况及实施期限等。根据项目类型选择相应资料予以提供,具体如下:

1.项目申报书(包括项目绩效目标);
2.立项批复文件及当地政府的会议纪要;
3.土地管理部门出具的项目用地预审意见;
4.购建项目需提供房屋预售合同;
5.确保资料真实性的承诺函;
6.根据实际需要提供的其他相关资料。

(二)项目申报程序。各级部门会同同级财政部门根据本办法和申报条件要求,组织项目申报,并对项目申报资料进行审核,对符合条件的项目汇总后逐级联合上报,每年5月底前将下一年度申报项目报送自治区级部门和自治区财政厅。市县由各级财政部门负责申报项目的审核汇总,可分别通过文件和地方综合预算管理系统两种方式上报。自治区本级由自治区各相关部门通过地方综合预算管理系统报送。项目申报单位要对申报资料的真实性负责。

(三)项目审核程序。自治区级部门负责审核或委托第三方中介机构对项目申报资料进行审核。根据项目类型,按以下步骤选择相应项审核:一是对各地报送的项目申报资料进行初审。是否符合项目性质、规划标准、基本原则;是否设置项目绩效目标;是否完成立项批复;是否完成可研报告;是否取得土地预审资格;项目承诺函等。二是对有政策依据、实施条件成熟,通过审核的项目,自治区级部门报送自治区财政厅汇总审定。

(四)项目资金下达。

自治区财政厅会同自治区级部门按照审定的项目下达资金。

各级财政部门及自治区各相关部门要加强对项目资金的监督管理,应按项目进展情况将资金及时拨付到项目实施单位,督促按规定使用管理资金,确保项目及时开工建设,发挥资金效益。彩票公益金使用过程中涉及政府采购的,按照政府采购有关规定执行。

(五)项目建设周期。无特殊原因的,项目建设周期不超过2年。

(六)项目调整变更。项目经批准立项后,应严格执行,不得擅自调整。如确需调整变更项目实施内容的,自治区本级支出预算须由自治区民政厅、体育局、教育厅、文化厅、残联等主管部门报自治区财政厅批准后执行;补助地方的支出预算须由同级民政、体育、教育、文化、残联等相关部门报同级财政部门批准后执行,并报自治区财政厅、自治区级部门备案。

第四章 资金使用和监督管理

第十三条 各级财政部门及自治区各相关部门做好预算编制工作,对项目资金实行专项管理,严格按照规定用途安排资金。任何单位和个人不得截留、挤占、挪用专项资金。

第十四条 属于基本建设项目,按照《基本建设财务规则》(财政部令第81号)基本建设规定执行。基本建设投资和设施设备配置资金标准按项目建设规模及实际需求予以确定,项目资金额不得超过规划方案。

第十五条 项目资金安排时,应根据使用方向将中央专项彩票公益金相应列入《政府收支分类科目》中第2296002项"用于社会福利的彩票公益金支出"至第2296099项"用于其他社会公益事业的彩票公益金支出"。

第十六条 彩票公益金当年预算安排的结转资金应当结转下一年度统筹使用。自治区本级项目结余资金报财政厅批准后使用;补助地方的结余资金由各级部门报同级财政部门批准后使用,并报自治区财政厅、自治区级部门备案。

第十七条 各级部门及自治区各相关部门应以提高项目资金使用效益为目标,引导和撬动社会资金投入,积极推广运用政府购买服务、政府和社会资本合作(PPP)模式组织实施项目,进一步整合社会资源,激发民间投资活力,加大对社会公益事业投入力度。

第十八条 各级财政部门和主管部门应当加强项目和资金的监督管理。各级部门及自治区各相关部门要按照国家、自治区有关规定,严格执行项目法人责任制、合同管理制、招标投标制、工程监理制和工程质量责任制等有关规定,加强项目建设管理和资金管理,确保工程进度和资金安全使用。

第十九条 各级财政部门应当注重彩票公益金提质增效。根据财政部《中央对地方专项转移支付绩效目标管理暂行办法》(财预〔2015〕163号),建立完善项目资金绩效目标管理制度。预算管理中,建立绩效运行动态监控机制,项目资金绩效评价指标体系和绩效考核问责机制。各级财政部门和主管部门应当共同设定项目绩效目标,并报自治区财政厅备案。预算执行结束后,各级财政部门和主管部门以及项目实施单位等对照确定的绩效目标开展绩效自评,形成相应的自评结果,并根据工作要求和实际需要形成绩效报告,报送自治区财政厅、自治区级部门备案。

第二十条 建立项目绩效评价机制。根据自治区财政厅《宁夏回族自治区预算绩效管理工作实施方案》(宁财预发〔2014〕303号),自治区财政厅每年会同自治区级部门组织专家或委托第三方评价机构对彩票公益金使用和项目实施情况开展绩效评价,绩效评价结果作为下一年度安排彩票公益金的重要依据,形成的绩效报告报送财政部备案。

第二十一条 项目实施单位应建立健全财务审计制度,自觉接受财政、审计部门和自治区级部门的监督和检查。

第二十二条 项目资金资助的基本建设、设施设备,应当以显著方式标明"彩票公益金资助—中国福利彩票和中国体育彩票"标识。

第二十三条 各级财政部门、自治区级部门应于每年3月底前,向自治区财政厅报送上一年度中央专项彩票公益金使用情况,包括项目组织实施、资金使用和结余情况、经济社会效益等。

第二十四条 自治区财政厅会同民政厅、体育局、教育厅、文化厅、残联等相关部门,在每年4月30日前,将上一年度项目组织实施、资金使用、项目执行、经济社会效益情况报送财政部。每年6月30日前,在自治区级部门官方网站或其他媒体上向社会公告上一年度项目资金使用、项目实施等情况。

第二十五条 健全资金、项目监督责任制和责任追究制。对弄虚作假或挤占、截留、挪用资金和不作为、乱作为等行为,依照《财政违法行为处罚处分条例》(国务院令第427号)和《彩票管理条例》(国务院令第554号)等国家有关规定处理。

第五章 附 则

第二十六条 本办法由自治区财政厅会同自治区民政厅、体育局、教育厅、文化厅、残联等相关部门负责解释。

第二十七条 本办法自2017年11月 日起施行,有效期至2021年11月 日。

第六部分

财经文选

围绕五项要求
全方位推进财政预算管理工作

宁夏财政厅预算（绩效管理）处

2017年自治区财政预算工作将按照"明确服务定位，围绕7%目标，紧盯工作落实，弘扬奉献精神，强化担当责任"五项要求，紧紧"围绕一个目标，建立两项机制，规范三项管理，提升一个能力，发扬两种精神"，全方位推进财政预算管理工作。

一、围绕一个目标

即：围绕全年收支增长7%的目标，抓好落实。2017年财政收支的主要预期目标是：全区地方一般公共预算收入完成407.9亿元，同口径增长7%。全区一般公共预算支出完成1345亿元，比2016年预算数增长7%。为实现两个7%的目标，要做到：一是心中有数。对税收收入和非税收入的结构要心中有数，对收入进度和时间节点要心中有数，对重点项目的执行要心中有数，对八项支出和民生实事的落实要心中有数，对执行率和盘活存量资金要心中有数。二是手中有牌。对月度收支的掌控要手中有牌，适时调控，做到精准施策；对全年收支的把控要手中有牌，靶向定位，做到工具的运用精确适当。三是执行有果。对收入增长7%的目标，要发挥税政条法处、非税收入管理局以及国地税部门的作用，协同作战、集体会诊，确保收入完成7%的执行结果不讲条件；对支出增长7%的目标，要发挥部门预算处的主观能动，突出主体责任，确保支出完成7%的执行结果没有退路。

二、建立两项机制

即：建立收支督导常态化机制，建立债务预警评估机制。建立收支督导常态化机制。按照《关于进一步加强财政收支预算执行管理工作的通知》（宁财预发〔2017〕26号）精神，有序组织财政收入，加快支出进度，确保完成全年财政收支目标任务。一是按照统一领导，突出层级管理；归口负责，突出主体责任；定期通报，突出责任追究；动态监控，突出管理常态化的原则，建立收支督导常态化机制。二是明确相关处室的职责分工，做到对号入座，为收支督导常态化工作提供有力支持。三是以《全区地方一般预算公共收入》等14张检测表为抓手，充分运用信息化手段，对收支目标任务实现日日盯，周周盯，月月盯，并强化通报、报告和问责，全面实现收支督导工作常态化。建立债务预警评估机制。一是将政府债务系统外相关债务纳入统计监测范围。在2014年锁定系统内债务的基础上，借助第三方评估机构，对由各级政府负有偿债责任或最终由财政兜底偿还的债务进行评估摸底，将系统内外全部债务一并纳入统计监测范围。二是建立健全全区政府债务风险管理制度。研究并提请自治区政府出台《宁夏回族自治区政府性债务风险应急处置预案》和《宁夏回族自治区政府性债务风险预警和评估暂行办法》，将全口径债务纳入风险评估预警和应急处置范围。

三是不断创新债券资金管理模式。为加强置换债券资金管理，经与人民银行积极沟通，对置换债券资金实行分账管理，在各市县人民银行设立政府置换债券资金账户，将市县结余的置换债券资金和新发行的置换债券资金均纳入该账户管理，对资金使用进行全程监控，从制度上彻底杜绝挤占挪用问题。同时，对已形成支出的债券资金要进行一次核查，全面掌握债券资金使用情况。四是召开全区政府债务管理工作会议。待应急处置预案和风险评估预警办法出台后，拟提请自治区政府组织召开全区政府债务管理工作会议，以会代训明确各级政府债务管理的主体责任，切实增强各级政府的法律意识、责任意识和风险意识，从根本上防范和化解债务风险。

三、规范三项管理

即：规范预算管理、预算绩效管理、预算公开管理。规范预算管理。一是提前部门预算编制周期。根据"人员按编制，公用按标准，项目按批复"的原则，将预算编制时间从以前年度的6月份提前到3月份，树立早编、细编意识，预留充足的时间给部门预算处和部门进行充分沟通，做到应编尽编，逐步减少乃至杜绝频繁追加预算的行为，硬化预算约束。指导预算评审中心做好项目预算评审，不断提高预算编制的科学性和规范性。二是加强预算定额标准管理。深化基本支出改革，进一步完善基本支出定额标准体系。探索推行项目支出定额标准管理，分类别、分领域，特别是对项目前期费、专项业务费等支出，制订项目支出定额标准，并逐步扩大定额标准范围，逐步形成项目支出定额标准的有效运用机制。三是加强对市县预算管理工作的指导。进一步强化市县部门预算管理的主体责任意识，防范和堵塞管理中的漏洞，规范预算编制管理，不断完善项目库层级管理机制，加强市县中期财政规划管理，提高预算资金使用效益。规范预算绩效管理。继续坚持以"3E"理念统领预算绩效工作，理顺全过程预算绩效管理工作机制，凸显预算绩效前置审查，不断健全专家审核制度。抽取自治区重点项目委托第三方进行绩效评价，对部门整体支出综合绩效评价在全覆盖考评的基础上，抽取部分重点部门深入开展，提升评价结果应用水平。规范预算公开管理。采取强有力的措施，加大预决算公开工作力度，规范预决算公开内容，压实公开主体责任，除涉密信息外，所有涉及使用财政资金的部门（单位）均应公开预决算，功能分类公开到项级科目，经济分类公开到款级科目。会同监督检查局、国库处，依托第三方机构，点面结合，进一步加强预算公开工作督查力度，不断完善考核通报机制，大力推进市县预决算公开，保持和发扬财政透明度全国第一的好成绩。

四、提升一个能力

即：提升综合能力。进一步把"两学一做"学习的常态行为引向深入，把"一岗双责"的作用发挥好，把支部建设和业务工作结合好。一是在深化结合上下功夫。以党建为先，强化党章党纪党规意识，加大执纪问责力度；以廉政为要，认真履行党风廉政建设主体责任和监督责任，坚持把纪律和规矩挺在前面；以业务为本，全面提升干部专业素质，不折不扣落实各项重大决策部署，全方位加强和提高处内同志的综合能力建设。二是在丰富载体上求创新。2017年，计划每月编印《决策参阅》内部刊物，内容包括"国家动态概览，宁夏要情提示，财政前沿政策，他山经验借鉴，宁夏经济指标"五大版块，旨在进一步创新学习培训方式，拓展平台，丰富内容，提升学习效果；进一步加强政策和理论研究，增强工作的主动性和前瞻性；进一步增强把握全局、分析形势、制定政策的能力，创造性地抓好各项财政预算工作。三是在调研分析上求突破。坚持把实地调研作为科学决策和推动工作的有力抓手，腾出更多时间和精力，深入一线，围绕推进供给侧结构性改革、脱贫攻坚、统筹城乡发展、民生实事等问题，研究提出更加符合实际的政策措施和解决问题的有效办法。结合工作实际，以问题为导向,深入研究有现实指导意义的工作案例,形成工作经验。

五、发扬两种精神

即:发扬"钉"和"盯"的精神。发扬"钉"的精神。就是要坚持原则,勇挑重担,务实苦干,以踏石留印、抓铁有痕的韧劲,让财政预算工作"响当当",做到有理有据、铁板钉钉。具体要做到:一是不做心中无数的人,凭经验想当然,习惯于拍脑袋拍胸脯,结果造成很大的工作失误,给事业带来危害。二是不做脑中无事的人,整日脑子里空空的,不想事,不装事,不记事,结果事到临头惊慌失措,束手无策。三是不做眼里无活的人,对事情视而不见,听而不闻,反映麻木迟钝,总像算盘子一样拨一下动一下,处处被动。四是不做手里无牌的人,即使有想干事的愿望和激情,也缺乏干成事的功夫和底气,有想法没办法,有思路却找不到出路,特别是面对错综复杂的矛盾和问题,不知如何下手、怎样出手。发扬"盯"的精神。就是要树立"牢牢盯住、马上就办"的干事意识,坚持"滴水穿石,久久为功"的工作韧劲,持之以恒抓落实。具体要做到:一是计划要做的事,盯着计划、盯着方案、盯着实施抓落实。二是定了的事,盯住目标、盯着结果抓落实。三是计划要做的事和已经定了的事,盯着当事人,盯着时间节点抓落实。

法国大巴黎地区地下综合管廊建设管理对宁夏地下管廊建设的启示

宁夏财政厅经济建设处

为学习法国地下综合管廊规划建设管理经验，2016年11月13日至12月3日，按照财政部、住建部的安排，笔者与全国地下综合管廊试点省市工作人员赴法国巴黎和马赛两市进行了专题培训，实地参观了巴黎下水道博物馆、拉德芳斯地下空间和马赛地下市政设施等，较为系统地了解法国地下综合管廊的发展历史、沿革过程、最新理念，切身感受法国推进管廊建设的先进经验和做法。当前，自治区地下管廊建设处于理论研究和实践探索的起步阶段，应该广泛吸收法国先进经验，进一步明确管廊规划建设理念，逐步形成适应自治区发展需要的管廊建设体系。

一、基本情况

自19世纪上半叶开始，法国认真借鉴罗马时期排水及城市规划实际经验，结合巴黎地质条件，从解决排水、防疫问题开始，对城市下水道系统进行系统的规划设计和大规模的建设。到1878年，在巴黎地区建成600公里排水管网。此后，经历代不断扩建，现已形成2374公里的排水及管廊系统。20世纪50年代，为推进拉德芳斯新区的开发建设，法国政府大力开展地下空间的开发利用，综合实施13公里地铁、地下公路、地下管廊建设，将地下综合管廊建设推向了一个新的历史阶段。

（一）秉承历史，顺势而为

为解决巴黎早期在街道中采用明渠直接排放城市污水，导致疫病流行、人口大量死亡的实际问题，1370年巴黎蒙特街下建成第一条长约300米的密闭式排水廊道。法国国王路易十四（1638—1715年）统治初期，巴黎利用采矿形成的坑道修建主干排水系统。1832年，霍乱暴发后，巴黎干线排水廊道以每年8公里的速度增加。自1840年开始，巴黎开始在排水廊道内设置供水管线，产生了真正意义上的管廊。至1852年，巴黎建成排水廊道合计152公里，市内每条街道都有排水廊道。1878年，巴黎市共建成排水廊道长度达到600公里，此后不断扩建。

（二）规划科学，技术成熟

在修建地下排水管线的过程中，历代统治者结合城市规划建设实际，科学布局地下廊道，并逐步将给水、电力、通信、中水等市政管网纳入廊道之中，形成较为完备的管道体系。在巴黎下水道博物馆我们看到，管廊内各项设施完备、运行正常，各类管网与地上街道一一对应，数据收集工作科学有序，供水及中水、通信管线依次排列，泵房及监控设施运转井然，古老的巴黎下水道仍然在发挥着不可替代的作用。

（三）锐意改革，大胆创新

伴随大规模地下管廊建设，巴黎地区的城镇化也完成阶段性任务，城市建设的重心转为强化管理职能,完善管廊功能,提高管理水平,做好运行维护,健全各项机制。面对管廊建设施工难度大、周期长、资金需求集中、对环境的生活影响等实际问题,拉德芳斯地区管委会采取以房带网,成本计入地价方式,对开发建设分组团、区块核实地价,政府对地下管网提出建设规模、标注和具体要求,开发商自行组织建设,并与主干管网连通,有效地解决筹资难题,减轻财政负担。

二、法国管廊运行维护的主要特点

(一)资金来源税费并举

经了解,法国居民缴纳的税收种类繁多,与管廊建设有关的主要有土地税、居住税。其由个人缴纳的水费中,除饮用水处理费、污水收集处理费、排污费、取水费、国家农业供水基金等收费项目外,还征收一定的增值税。这些资金成为法国各级政府管廊建设运行管理的主要来源。

(二)经营方式灵活多样

经过走访苏伊士公司、法国第20区政府及查阅资料,我们了解到,法国约3万个供水和污水处理系统中,48%的供水系统和62%的污水处理系统由地方当局直接管理,其供水量只占全国总售水量的20%;私营水务公司向80%的人口提供饮用水并负责污水的收集处理。20世纪80年代后,法国主要有3家私营公司:苏伊士、威立雅和萨尔,几乎垄断了除公有水务公司以外的所有给排水市场。同时,巴黎市还专门设置了下水道管理局,负责管廊的运营维护。巴黎各市辖区按照属地原则分段管护地下管廊。

(三)运行机制协商确定

据介绍,法国政府采取特许经营方式,与企业签订合同,约定对方的权利义务、职责范围、工程实施、资金筹集等内容。同时,赋予地方各级政府充分的权限,如水价政策就是在国家(中央政府)的宏观指导下,投资者、政府部门、用户(企业私人居民)协商提出水价方案,举行听证会,签署合同,议定相关费用标准。既促进水资源的可持续保护与合理开发利用,又保障企业、居民的合法权益;既拓宽融资渠道,提高财政资金的投入和使用效益,又促进市场的充分发育,达到建设运营管理双赢目标。

(四)保障机制上各级财政予以补助

通过查阅资料和实地了解,法国实行集权型国家预算管理制度和分税制,中央财政收入占中央、大区、省、市镇四级政府总预算的比重约66%,地方预算占34%,中央政府对地方的转移支付占地方预算收入来源的25%,使得地方有较大的财力来调控水价或对运行维护给予财政补贴。以巴黎20区为例,区政府在收取入廊企业管线使用费的同时,可通过向上级财政申请局居住税补助、区政府居住税安排等方式筹集维修改造资金。

三、启示和建议

(一)尽力而为、量力而行推进管廊建设

法国大巴黎地区管廊建设虽然取得了较大的成果,但并未出现遍地开花、集中实施的现象,而是结合地域、规模、财力情况,选择不同方式实施。如第95省、马赛市,并未按照已有模式进行简单复制,有条件建设就建设,没条件建设怎么便捷经济怎么来,极大地节约了投资成本。当前,我区地下综合管廊从无到有,逐步进入集中建设的快车道,应当充分吸收借鉴发达国家先进经验,科学推进管廊建设。一是坚持试点先行,重点突破的方式推进管廊建设。对列入国家试点的城市,集中财力予以支持;对具备条件但未列入国家试点的城市,各地可根据财力情况积极探索;对地级市以下,城市和人口规模较小的县(市)不宜推广。二是坚持经济适用、集中财力办大事。按照国家污水、燃气必须入廊的政策,结合宁夏平原地区施工定额和所采用施工技术,地下管廊的综合造价约0.8亿~1.2亿元/公里(根据不同建设强度测算),成本高、施工难度大。在实际实施过程中,应优先安排城市新区规划建设,一次建设,集中投入,动态平衡;对城市建成区,尤其是土地开发强度大、人口集中地

段,宜建则建,宜埋则埋,逐步完善。三是坚持统筹实施,充分利用各种既有资源。按照"十三五"规划(纲要)"着力构建多层次、现代化综合交通运输体系"战略要求,"十三五"期间自治区重点推进铁路、公路及综合交通枢纽建设。在今后的管廊建设过程中,可统筹考虑轨道交通、交通廊道等管廊建设模式,提升资源利用水平。

(二)统筹地上地下空间的开发利用

法国除了公共设施的地下空间利用外,还要求企业做好地下设施建设,并通过公共管网相互连接,这点给我们留下了深刻的印象。新中国成立后,我国为备战,建成一大批地下防空设施,形成较为系统的地下空间网络。目前,除了一些区段结合平战需求作为商业设施外,大量的人防工程自成体系,公共部分闲置,利用效率低下。同时部分城市在城镇化进程中,重地上空间的利用,轻地下空间的合理开发;重单体、局部的规划,轻区域、全局的统筹考虑,地下空间开发还停留在配套建设,为商业服务,满足人防政策需求上,理念还需更新,认识还需进一步深化。建议:一是在城市发展规划和建设实施进程中,有计划、分步骤地开展地下空间规划的编制,统筹做好地上地下空间的开发利用。二是强化地下人防工程作为综合廊道的技术、立法研究,促进城市既有地下空间的统筹布局,为实施地下综合管廊奠定扎实基础。三是促进公共交通、城市规划、人防规划等多规合一,加快完成重点区域和中心城市地下管线、空间普查和大数据库建设,提升信息化管理水平,为统筹地上地下空间提供决策依据。四是强化规划、建设管控,积极引导地下空间利用主体企业优先使用管廊。同时,严格城市管理综合执法,完善收费机制,不断提高管廊的利用效率。五是加强科普宣传教育。借鉴法国下水道博物馆模式,依托现有管廊设施,有针对性地开展科普教育,提高城市居民、尤其是青少年对地下管廊的认识,强化现代科学技术、城市建设文化的社会认同。

(三)推进部际间的沟通协调

目前,除中央财政给予国家试点城市管廊建设一定的补助外,有条件的地方对省级试点也通过预算予以支持,但与每公里1亿元左右的建设成本比较还远远不够。建议:一是住建部牵头,财政部、国家发改委配合,加强部际间投资政策衔接协调,集中财力办大事,形成合力抓建设。同时,对已列入国家试点的城市,中央预算内基本建设资金中切块安排的城市供水,连续给予支持。二是继续研究项目融资、法律、税收等方面的政策,并促进相关手段的协同配合。

关于宁夏库款管理的思考与对策

宁夏财政厅国库处

一、宁夏库款基本运行情况

2016年,宁夏回族自治区12月末库款净额108.54亿元,年度内月均库款流出金额252.6亿元,年度内累计置换出库的置换债券金额177.74亿元。其中:库款余额同比变动-1.04%,库款余额相对水平0.75,库款保障水平0.43,公开发行置换债券资金置换完成率94.74%,一般公共预算支出累计同比增幅10.24%。

(单位:亿元)

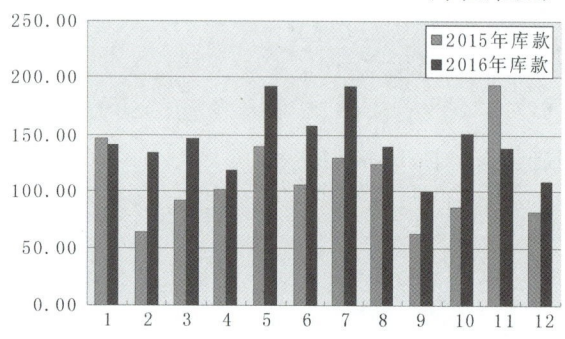

图1　2015—2016年库款对比图

总体来看,2016年全区财政综合实力持续壮大,库款规模和库款保障能力有所提升,但是在库款管理中也存在着财政增收空间有限,收入质量不高以及市县暂付款居高不下等因素影响地方财政支出进度,支付效率有待提高,库款运行总体保持在合理区间但是季节波动明显。

(一)全区库款流入情况

2016年全区库款流入3031.24亿元,月均流入252.6亿元,较上年增长18%,财力规模不断扩大。其中,一般公共预算收入373.45亿元,增长8%;政府性基金预算收入130.45亿元,下降13.3%;转移性收入731亿元,增长1.9%;地方债券收入366.66亿元,增长67.49%。

全区各级财税部门采取有力措施,发挥区、市、县三级联动机制效应,积极组织财政收入及时入库。受经济下行导致企业利润下降以及"营改增"政策发挥减税作用,财政收入的不稳定性、不确定因素增多,财政收入增长乏力,后劲不足,可用财力逐年下降;非税收入139亿元,增长16.46%,非税收入增幅主要是5项基金收入纳入预算内导致增幅较大,非税收入拉动收入增长作用明显。2016年全区顺利完成地方债券发行入库366.65亿元,增长45.63%。债券收入大幅增长并及时入库是同期现金流增长的重要因素。

(二)库款流出情况

2016年全区库款流出3031.24亿元,月均库款流出252.6亿元,较上年增长11.07%。其中,全区一般公共预算支出1257.7亿元,同口径增长10.24%;政府性基金支出151亿元,下降13.9%。

全区一般公共预算支出增长10.24%。全区各级财政部门认真落实"稳增长,促改革,调结构,惠民生"总体要求,狠抓自治区重点项目资金落实,加快支出执行力度,及时发挥资金效益。重点加大民生支出的刚性需求,地方财政支出中教育、医疗和计划生育、社会保障和就业、扶贫、环保节能以及住房保障等民生领域刚性需求逐年增加。同时加大盘活财政存量资金力度,认真梳理财政存量资金,积极盘活财政存量资金,采取措施压减财政存量资金,形成有效支出。全区各级财政部门积极组织开展地方债券置换工作,将置换债券发行、入库、置换出库等环节有效衔接,确保债券资金及时到位。加强公开发行债券置换方面的管理,积极督促各市县加快置换债券置换出库的进度,提高置换债券资金置换完成率,以降低库款规模。

二、影响库款规模的因素分析

一是预算执行进度不均衡。受季节性因素和项目实施的周期影响,预算执行进度各月不平衡,预算项目受季节性因素影响,使得预算资金错配未能支出形成结余。2016年全区一般公共预算支出和政府性基金预算的执行率分别为94.4%和84%,形成部分结余结转资金。

二是地方政府置换债券资金未能及时出库。全区2016年地方政府债券置换出库工作进度较慢,部分置换债券当年未能及时置换出库,使得部分置换债券资金滞留国库,增加国库存款,在财政部库款考核中一直排在全国末位。

三是国库集中支付结余资金较大。随着近年来财政国库集中支付制度不断深化,支付资金规模和覆盖面不断扩大,规范管理的力度不断加大,各预算单位的结余结转资金全部集中反映在国库存款中,近年来积极开展专户清理工作,也使得专户资金归集到国库,导致库款规模增加。

三、库款波动幅度明显的原因分析

财政收支变化对国库存款余额产生最直接的影响,全区库款波动幅度较大原因主要是全年预算执行中收、支不同步。在预算执行过程中,项目支出多存在进度不均衡等特点,使得国库资金的流入量、流出量不能完全匹配,库款出现波动幅度明显。年初常表现财政收入增幅较大,但年初开工建设项目少,支出跟不上,导致库款的一个小高峰;二季度后各类项目开工,支出大幅增加,库款逐步回落。

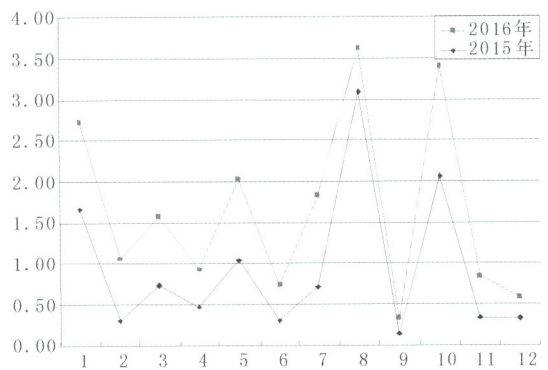

图2　2015—2016年库款保障率对比图

从收入看,2016年全区财政收入运行整体呈现"低开、攀升、波动、趋稳"的特点。分月度看,1、2月份全区地方一般公共预算收入分别下降5.9%、1.3%,3月份增长6.9%,扭转了前2个月的下滑态势,3—5月份增速攀升到11.1%,6—8月份增速回落,之后增速基本保持在8%左右。

从支出看,全区财政支出受季节性因素影响明显。每年的2—3月处于两节期间,年初受上年结算事项及节假日影响,固定资产投资项目受季节影响开工较少,财政支出处于"淡季",库款规模攀高;4月到10月为项目实施的黄金期,项目资金按照进度拨付,支出规模不断扩大,使得库款总量逐步减少。

从债务收入看,由于地方政府债券发行、入库、出库时点与当期库款及财政收支情况的衔接还不够紧密,政府债券收入入库影响了库款规模,造成了库款波动幅度较大的问题。

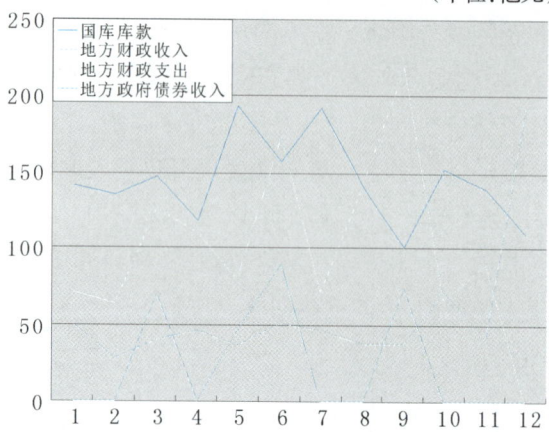

图3 2016年全区国库库款与地方财政收、支图

四、合理库款规模和合理保障水平分析

为进一步合理压减库款规模,保障财政支付和发挥财政资金效益兼顾的原则,宁夏财政部门加强与征收部门沟通联系,按月预测收入情况,同时提高当月财政支出预测的准确性,根据2016年全区财政库款流入流出情况统计分析的基础上,对库款规模和保障水平进行初步测算,基本掌握库款季节性波动规律。1—5月库款流出额较低,库款保障水平较高,6—12月库款流出额大幅增加,库款保障水平下降。按照全年的预测,为合理调剂市县库款和保障支出进度,实现保支出和防风险并重,应将库款保障率保持在0.7左右设置合理库存。

宁夏2016年库款保障水平预测表

单位:亿元

月份	2016年库款	月均库款流出额	库款保障水平(倍)	合理库款规模(0.7倍)
1月	140.73	131.06	1.07	91.74
2月	134.25	178.12	0.75	124.68
3月	146.34	174.57	0.84	122.20
4月	118.21	260.1	0.45	182.07
5月	192.99	194.64	0.99	136.25
6月	156.90	361.61	0.43	253.13
7月	192.44	173.13	1.11	121.19
8月	139.66	266.58	0.52	186.61
9月	101.53	504.73	0.20	353.31
10月	151.53	112.17	1.35	78.52
11月	138.17	267.38	0.52	187.17
12月	108.54	407.15	0.27	285.01
平均值	143.38	252.6	0.71	176.82

五、加强库款管理的措施建议

(一)加强预算单位执行进度是根本

预算执行管理是库款管理的基础。全区各级财政部门应切实加强内部的协调配合,共同推进预算执行管理。按照要求及时下达相关项目资金,严格执行用款计划和预算执行进度考核通报制度。严格树立预算单位是预算执行的主体,除按照市县和厅内业务处室分别考核通报预算执行进度外,对预算执行进度较慢、结余结转资金较高的预算单位,加强业务指导和约谈等措施,督促查找原因改进工作,加快预算执行进度。

(二)加快存量债置换工作是关键

各级财政部门积极配合相关部门提前做好存量债务置换前期准备工作,并加强债券发行、入库及拨付置换环节的衔接,确保流程清晰,减少债券资金沉淀国库时间;督促各级财政及预算部门加快存量债务置换工作进度,对于已经发行入库或收到上级转贷的置换债券资金原则上一个月内完成置换,杜绝置换债券资金长期滞留国库;对于置换债结存较多的市县,相应暂停转移性资金的拨付并加强债券资金的监督检查力度,确保债券资金使用安全。

(三)积极盘活财政存量资金是基础

全区各级财政部门要按照《财政部关于推进地方盘活财政存量资金有关事项的通知》(财预〔2015〕15号)等有关规定,及时分类清理结余结转资金。重点梳理财政存量资金,认真分析部门预算结转结余的构成、性质和结存期限,分类核减和压缩资金规模。一是加大预算单位结余结转资金清理盘活力度。对上一年度结余资金在当年能够执行的项目,督促加快执行进度;对资金结转2年以上仍未使用完毕的,一律视同结余资金,收回财政总预算统筹安排使用。二是强化国库集中支付制度,严格按照有关规定及时拨付资金,坚决杜绝违规"以拨作支"、虚列支出、挤占挪用资金。三是重点加强预算单位集中支付结余资金和财政清理收回存量资金的安排使用,避免形成"二次沉淀",确保实现结余结转资金两年内消化完毕。四是建立和完善结转结余资金定期清理机制。对执行进度较慢、存量资金较大的部门或地区,适当压缩预算或转移支付额度,构建存量资金管理长效机制。

（四）加强和改进库款调度工作是保障

合理安排和调度国库资金,提高资金使用效益,确保财政预算高效执行。一是加快市、县转移性资金调度。各级财政合理安排转移支付资金调度拨付时间,有效保障市、县支出进度。二是资金调度与库款考核相对接。加强全区库款统筹管理,实行资金调度与库款考核相对接,建立合理的库款调度机制。对于库款保障水平过高的市县,区级财政部门暂缓调度资金;对年初预算安排到位率高,预算执行进度快的地区,区级财政部门可依据预算指标下达情况,适当加快资金调度,促进财政政策更好的落实。三是依托财税库银系统按日预警监测,对库款保障水平低的市县,要求其建立风险预案。并合理调度库款,缓解财政资金暂时不足的问题,防止出现支付风险。

（五）建立全区库款考核通报机制是抓手

积极贯彻落实财政部要求,严格执行《宁夏回族自治区市县库款考核管理办法(试行)》,建立全区库款月报考核体系,将市、县(区)财政部门负责人为库款管理第一责任人,对各市县按月进行考核排名,健全完善全区库款考核通报机制,实行转移支付资金调度与地方库款挂钩,并建立地方财政库款约谈机制,确保市县强化库款管理措施。结合本地区宏观经济运行、财政收支、存量债务规模变化等,加强全区库款统计分析,提高库款考核结果的运用。

宁夏财政支持科技创新的调查与研究

陆 芳 冯彦寅

为认真贯彻落实自治区第十二次党代会提出的实施创新驱动战略，认真研究财政支持科技创新的思路和举措，按照厅党组的部署和要求，宁夏财政厅教科文处就全区科技创新有关情况进行了广泛、深入的调研，并经深入思考和分析，形成如下调研报告。

一、科技创新现状

（一）科技投入

2016年宁夏R&D经费投入29.9亿元，投入强度0.95%（全国2.11%，江苏2.66%，广东2.56%，陕西2.19%）。R&D经费投入强度超过全国平均水平的有北京、上海、天津、江苏、广东、浙江、山东和陕西等8个省区。宁夏在全国排22位，在西北排第3位（次于陕西、甘肃）。

（二）科技产出

科技进步贡献率49%（全国55.1%，江苏61%，广东57%，甘肃50.3%）。万人发明专利拥有量1.74件（全国6.3件，江苏14件，广东15件，甘肃1.58件），主要分布在化学冶金、作业运输、人类生活必需品等领域。干旱半干旱农牧交错区保护性耕作技术与装备的开发和应用、高端控制阀关键技术自主创新和产业化等8项科技成果获得国家科技进步奖。获得何梁何利基金科技创新奖5人，其中，宁夏林业研究所1人，宁夏大学1人（水利），宁夏医科大学1人，吴忠仪表公司1人，宁夏共享集团1人。

（三）支撑发展

高新技术企业62家，其中，先进制造与自动化领域23家，生物与新医药领域10家。高新技术产业总值占工业总产值的比重15%（江苏40.1%，广东44.5%）。科技型中小企业达到274家，主要集中在装备制造、农产品加工、电子信息和材料等领域。

（四）科技基础设施与平台

国家和自治区重点实验室24个，农业领域6家，信息化领域仅1家。工程技术研究中心44个，主要集中在农业、食品加工领域，分别为17个、5个，从区域看，银川市最多，达36个。国家和自治区科技企业孵化器11家。

（五）科技人才队伍

院士120人，其中属于宁夏的仅1人，其余119人为柔性引进的院士。知名专家338人。全区科技创新团队总数达到77个，主要分布在现代农业、先进装备制造、医药卫生等传统领域，信息、新能源等领域较少；从区域看，银川市科技创新团队达67个。

（六）自治区财政科技创新政策情况

先后围绕科技创新、深化科技计划管理改革、科研项目资金管理、人才等方面制定出台一系列政策措施，有效发挥对科技创新的促进作用。具体包括《自治区人民政府印发深化科技计划（专项、基金等）管理改革方案的通知》，《自治

区党委 人民政府关于深入实施创新驱动发展战略加快推进看创新的若干意见》《自治区人民政府办公厅转发财政厅科技厅加强改进科研项目资金管理的通知》等。二是建立财政稳定支持基础性、社会公益性科研机制，对企业创新实行"先期引导＋后补助"机制，运用科技与金融结合机制缓解中小微企业融资难题。按照资金渠道不变，捆绑使用的原则，对定位不清，重复交叉、实施不好的科技计划资金，进行了调整。进一步强化顶层设计，打破条块分割，强化部门分工，推动建立功能定位清晰，符合宁夏实际的科技计划体系。

二、问题与短板

一是科技创新投入强度明显不足。2016年，全区R&D经费支出占GDP比重仅为0.95%，全国为2.11%，在西北五省区排名第3位，实现2020年R&D经费支出占GDP比重2.0%的目标还有很大难度。二是财政科技投入机制改革还需深化。科技创新资源配置"碎片化"、重复投入问题突出，统筹协调和整合集成不够，项目安排"小、散、乱"。三是财政科技资金绩效不够高。重项目预算申报，轻资金监管的现象还未完全转变。大量时间和精力用于编报项目，加强资金监管的手段和方法不多。以结果为导向的预算绩效管理机制还未形成。四是高层次创新人才短缺。特别是"两院院士""千人计划"等领军人才更是十分缺乏，严重影响全区科技创新能力提升。五是科技与经济结合不够紧密，科技服务体系还不完善。宁夏每年登记的自治区级科技成果有200多项，但高质量的成果不多，许多科技成果束之高阁，迈不过成果转化的"最后一公里"，科技与经济"两张皮"现象依然突出。六是企业科技创新主体地位作用发挥不够。科技型企业数量少，在国内外有较强影响力的高新技术企业更少，大部分企业存在着"四少一低"现象，即科技投入少、科技创新平台少、科技创新人才少、科技成果数量少和研发水平低。全区1178家规上工业企业中有科研平台的企业不足20%，低于全国同期27%的平均水平。

三、财政支持科技创新的政策建议

（一）加大科技创新投入力度

一是进一步加大财政投入，引导金融资本和民间资本进入科技创新领域，完善多元化、多渠道、多层次的科技投入体系。从2018年起，全区各级财政R&D经费投入年增长速度30%以上，带动全社会投入强度达到2.0%以上。二是加大财政资金整合力度，加强部门间、政策间的资金统筹协调。优化科技支出结构，调高试验和发展支出比例，适度增加费用性支出、技术人员支出规模。三是引导企业加大投入。鼓励规上工业企业建立研发准备金制度。建立科技创新券制度，由市县政府以购买服务方式支持中小微企业开展创新活动。强化创新导向的国有企业考核与激励机制，提高国有企业创新考核权重。

（二）创新财政科技投入方式

一是设立科技创新投资基金，通过直接投资、社会资本参股等方式，扶持种子期、孵化期、初创期、成长期科技型企业。二是整合设立科技创新与高层次人才创新创业担保基金，促进担保机构、商业银行共同支持科技型企业研发、高层次人才研发、新设备采购、新技术开发项目融资。

（三）深化改革释放创新活力

一是加快整合优化现有财政科技计划（专项、基金等），形成基础研究计划、重点研发计划、技术创新引导计划、科技基础条件建设计划等四类，明确财政科技计划各自的功能定位。二是认真贯彻落实科技领域"放管服"精神，制定出台《完善财政科研项目资金管理等政策的实施意见》，为全区科技创新发展从制度层面提供支撑。通过构建"松绑＋激励"的充满活力、可操作、可落地的财政科研项目经费管理机制，更好地激发科研人员科技创新的积极性。三是逐步建立专业机构管理项目机制，完善科技项目绩效评价和科技报告制度。改革完善科技奖励制度，注重科技创新质量和成果转化效益，增强科技奖励导向作用。

（四）支持科技创新与产业发展深度融合

一是围绕大数据、草畜、蔬菜枸杞、葡萄酒等优势特色产业和领域的技术需求，注重成果导向，加大引进消化吸收再创新和集成创新力度，以信息化技术为手段，大规模促进先进适用技术的推广应用，助力科技精准扶贫、精准脱贫。二是将财政资金支持形成的科技成果的使用、处置和收益权，全部下放给项目承担单位，科技成果转化受益全部留归单位。三是区内企业购买高校、科研机构和其他企业的技术成果，纳入自治区科技创新后补助专项资金范围给予支持。

（五）深入实施开放创新

一是建立东西部合作共赢机制。按照"市场主导，政府引导，互惠互利，合作共赢"原则，深化与国家部委和东部地区科技合作。二是建设创新发展先导区。以沿黄科技创新改革实验区和现代农业科技创新示范区为载体，统筹推进科技创新、制度创新、产业创新，统一规划，先行先试，加快构建开放型区域创新体系。三是推进东西部共建创新园区。吸引东部地区国家自主创新示范区、国家高新技术产业开发区等国家级园区，来宁合作共建创新型园区。四是积极引进各类创新平台。吸引国家级科研机构、一流大学和创新实力强的大型企业来宁设立分院分所、产业技术研究院、技术转移中心等研发和成果转化机构。

（六）支持实施人才强区战略

一是大力引进高精尖人才。突出需求导向，加快引进重点产业、重点领域创新型领军人才和创新团队。二是着力培养创新创造人才。加大院士后备人选拔培养和领军人才培养力度，对入选院士后备人才、领军人才给予专项资金资助。三是激发人才创新创造活力。支持各类人才领衔承担国家和自治区重大项目，对获得国家级奖项的，给予支持。四是创建双一流大学。支持宁夏大学创建西部一流大学，支持相关高校面向特色产业和重点领域建设一流学科。

（七）激发创新创造活力

一是大力发展众创空间，鼓励高校、企业、园区科研院所建设创业孵化基地和创业园区，降低大众创业创新门槛，助力实体经济创新成长。二是对创建为国家和自治区级"双创"示范基地的，分别给予资金支持。对获批国家和自治区级企业"双创"平台（小微企业创业创新基地）的给予奖励。对认定为国家级和自治区级科技企业孵化器或国家级众创空间的，给予资金支持。

作者单位/宁夏财政厅教科文处

完善后补助政策 助推企业创新发展
——对改进宁夏科技后补助政策的思考

马学霞

党的十九大报告指出,加强国家创新体系建设,强化战略科技力量。自治区第十二次党代会提出实施创新驱动战略。宁夏综合科技进步水平指数在全国属于第三类地区,R&D 投入占 GDP 比重与全国平均水平相比仍有较大差距,总体仍处于投资和要素驱动阶段,科技资源匮乏,科技创新基础薄弱,科技成果转化水平较低,推进科技创新成为经济社会发展的当务之急。自治区财政综合运用多种手段推进企业科技创新,采用科技后补助政策是主要方式之一。

一、当前科技后补助政策及执行情况

2013 年 6 月,自治区党委、政府印发了《关于加快推进科技创新的若干意见》(宁党发〔2013〕37 号),提出"建立企业科技创新后补助机制",鼓励和引导企业按照市场需求先行投入开展科技创新,强化企业技术创新主体地位。对企业自筹资金开展应用研究、试验发展、成果转化等技术创新活动,经相关部门联合审核、评估、认定后,按企业 R&D 投入给予后补助。财政科技经费由"先期投入"变为"事后补助",充分发挥财政科技经费导向作用。为此,自治区相关部门先后制定配套政策文件,通过建章立制,进一步明确了政策的实施方案和工作机制。建立了由科技、财政、经信、发改、农牧、统计等部门组成的联席会议制度,自治区财政设立企业科技创新后补助专项资金,印发《自治区企业科技创新后补助暂行办法》和《〈自治区企业科技创新后补助暂行办法〉补充规定》,以后补助方式支持宁夏煤炭高效利用、新能源新材料、先进装备制造、生物医药、清洁生产、节能减排、文化创意等领域的企业创新活动。具体分为:企业自主立项开展的新产品开发、新工艺应用、新技术研发和创新平台建设,企业牵头建立产学研用联盟实施成功的研发项目,企业承接科研院所、高等院校重大科技成果转化并成功转化的项目,企业获批的 863 计划、973 计划、科技支撑计划等国家重大科技创新项目,企业主持或参与的国家、行业标准,按照研发实际投入的 20% 给予最高不超过 500 万元的补助,高新技术企业和科技型中小企业补助比例提高到 30%。项目补助由自治区财政、市县财政各承担 50%。山区八县全部由自治区财政补助。

科技后补助项目的实施,由联席会议发布项目申报通知,各市县组织企业申报,自治区组织对项目的审核和评审,确定立项后由会计师事务所对企业申报的项目研发费用进驻审计,依据审计确认的研发费用拨付相应补助资金,自治区财政当年拨付 50%,市县财政依据配套额度将承担的资金列入下年度预算并于次年预算批复后兑现到企业。在后补助专项预算内以 10% 以内的限额,设立了后补助前期引导资金,用于对中小微企业科技创新先期引导投入,待

项目完成后,经认定按后补助政策给予清算。

据统计,2014—2017年,全区累计对673个项目补助6.05亿元,其中,自治区财政补助3.25亿元,市县财政补助2.8亿元。

二、科技后补助政策使用效益

实行科技后补助政策,增强企业科研条件能力,提高研发人员积极性,加速科技成果转化,增加经费使用的主动性和灵活性,有效推进产学研结合,在激发企业创新活力,加速科技成果转化等方面发挥积极作用,得到企业的好评。

2016年,自治区科技厅委托宁夏科技咨询评估中心对实施的科技后补助专项进行绩效评价。从项目实施效果评价看,被评价的93个项目,达到国内领先以上水平占84%,后补助专项支持企业自主研发项目总体水平较高;93个项目取得的科技成果均在企业实现有效转化评价时已进入中试、试生产或正式阶段;被评价的项目94.6%的项目产生了直接经济效益,46.2%的项目收入平均增长率超过30%;项目的主要经济指标中净利润从2013年到2016年增加6.96亿元,增长81%,上缴税金从2013年到2016年增长7.6亿元,增长40%。从项目后续影响评价看,一是企业研发经费投入总额从2013年177亿元增加到2015年的232亿元,增长31%,2015年平均研发投入强度达到4.8%,明显高于全区规模以上工业企业0.53%的水平;企业员工人数下降3.7%,研发人员却上升2.5%,说明企业更加注重研发资金投入和研发人员的引进。二是有四家企业(东方钽业、神华宁煤、新瑞长城、天地奔牛银起)虽然企业总体经营亏损,但后补助项目本身对企业经营仍然有贡献,在一定程度改变企业的产品结构。三是企业申请知识产权积极性更高,部分市县还制定了地方鼓励知识产权应用和保护的扶持政策。审计机构对研发费用的严格审计,使企业对研发费用的会计核算得到加强。总体而言,享受科技后补助政策的大部分企业根据市场需求自主设立研发项目,通过开展新技术、新产品、新工艺研发和先进科技成果转化等,突破一批行业关键共性技术、开发出新产品,提升企业竞争力。

三、现行科技后补助政策存在的主要问题

现行的科技后补助政策创新财政科技投入方式,在一定程度激发企业科技创新的积极性,提高科研经费的使用效益。但仍存在一些问题,主要表现在:一是评审任务冗繁。企业科技创新后补助联席会议成员单位每年需要用10—20天和行业专家一起参加所有近入评审的项目评审,工作时间长,加重了工作任务和人员紧缺的状况。二是政策执行时限过长。对进入后补助范围的项目,由自治区财政厅牵头、科技厅配合,委托会计师事务所逐个项目审计(每年项目200个左右),从项目申报到出具审计报告,总计用时近6个月。后补助政策执行程序严格规范,但却因时间跨度过长,影响预算支出进度。三是企业研发费用确认存在难点。享受后补助政策,企业研发费用的确认非常关键,从历年企业申报的费用来看,大多数企业申报数额过大,真实性和准确性很低,通过几年审计结果看,研发费用核减率平均在50%~60%之间。目前国家税务局对研发费用加计扣除政策确定的研发费用范围和国家统计部门统计填报科技研发支出范围都很严格。一方面,对企业专账核算要规范,另一方面,严格按照费用界定范围予以确认。如果严格按照此范围和核算要求审计,最终确认费用核减率将远远高于50%,基于对企业科技创新积极性的保护和鼓励,我们对审计的基本原则是:企业是否专账核算不做要求,只要企业费用开具正规发票,与项目相关,间接费用合理分摊,区分生产费用和研发费用就可以确认。即便如此,还是出现了企业和审计机构在认定问题上分歧很大的问题,财政厅和科技厅需要抽出大量时间协调,影响行政工作效率。四是统计口径存在问题。拨付企业的专项资金不能全部计入统计报表中,后补助资金计入统计部门R&D报表比例较低,影响全社会R&D投入水平。2015年,全区规模以上工业企业1245家,有

249家企业报送R&D经费投入统计表,但由于企业对申报R&D经费投入统计政策理解不够,申报项目信息不符合审核要求,造成部分企业和项目R&D经费投入没有被确认。有95家企业,资金8.42亿元被统计系统剔除,占申报企业的39%。另据统计,有82家规上工业企业获得科技后补助不报、漏报统计数据,也影响了政府资金支持数据的完整性。

四、改进后补助政策的建议

为深入推进自治区创新驱动战略实施,充分发挥财政资金引导和撬动作用,体现政策优越性,对改进后补助政策提出如下建议:

（一）改变现有项目管理方式

委托专业机构管理项目,自治区主管部门不再具体管理项目,按照税务部门加计扣除政策兑现数据和统计部门企业科技投入数据作为参考依据,实施普惠性财政奖励政策,结合自治区党委、政府新出台的创新驱动战略政策中对于规模以上工业企业新增研发投入奖补措施,以专项转移支付或以奖代补等方式拨付市县,将更多的时间用在政策制定,监督执行政策效益评价和监督上,从繁重项目管理中摆脱出来,提高科技管理工作效率。

（二）加强科技计划项目顶层设计

当前,企业科技创新后补助计划缺乏顶层设计,科技计划项目目标发散,有很多低层次的项目,有些企业项目在行业领域创新性较低。科技计划定位不清,项目碎片化,后补助政策支持重点不突出。应充分发挥科技创新后补助联席会议制度优势,根据科技规划,确定支持的重点,分年度实施,将有限的资金用在"刀刃"上,有效激发重点企业加大研发投入,稳步提升宁夏全社会R&D投入水平。

（三）建立研发费用确认标准制度

从2014—2017年企业申报的研发投入和审计确认的结果数据分析,对研发费用审计核减幅度平均在50%左右,说明企业对科技研发和企业科研项目研发投入核算存在归集不准确、核算不规范等问题,部分企业存在故意加大申报额度现象,将不属于研发费用范围的项目投资、生产经营费用、非研发和技术人员工资等列入研发费用;也有企业对研发费用范围认识不足等,为审计工作增加鉴别难度和工作量。此外,每批项目涉及多家审计机构同时分组进行审计,企业研发费用中分摊的设备折旧费、人员工资、动力燃料费、水电汽无形资产摊销、中间试验和产品试制等间接费用,各会计师事务所计算分摊标准和水平不统一。所以,要确立研发费用归集的统一口径,指导企业正确归集,审计机构规范审计,提高后补助政策执行水平。

（四）进一步优化调整支出结构

据统计,2014—2016年,自治区财政拨付后补助资金中规模以上工业企业占75%,规模以下中小企业占25%。为了真实、完整反映企业研发经费投入情况,应调整支出结构,加大对重大科技项目补助力度,提高对规模以上工业企业的投入比例。

（五）建立统计填报考核机制

对企业年度研发投入报表共同审核,发现问题及时纠正。安排后补助资金项目时,将上年度统计报表上报情况作为参考依据之一,形成激发企业加大研发投入,规范费用核算,规范上报统计数据的良性循环机制。

作者单位/宁夏财政厅企业处

经济体制和财政体制改革若干历史结点的考察与总结

缑小平

经济体制是国家保障经济运行的根本制度,包括生产资料所有制、收入分配制度、企业管理制度、金融制度、财政体制等。财政体制是经济体制的重要组成部分,是规范中央和地方以及地方各级之间财政关系的基本制度。经济决定财政,包括三方面内容:一是经济体制决定财政体制,二是经济规模决定财政规模,三是经济结构决定财政结构。本文从体制、规模、结构三方面对宁夏改革开放以来财政收入和经济发展状况做一简要回顾,以便从中发现和总结一些规律性的东西。为了兼顾历史数据的可获得性和样本容量的丰富性,本文数据主要以1978年为起点进行采集。1978年也是我国改革开放、发展社会主义市场经济的起始年,这一结点对于回顾和总结改革开放以来全区财政收入和三次产业增加值的关系至关重要,具有里程碑式的意义。

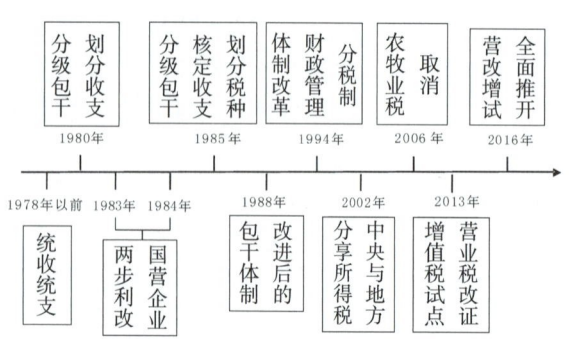

1978—2016年财政体制改革路径图

一、1978年以前:对完全计划经济的简要回顾

根据马克思的社会主义理论,借鉴苏联社会主义经济管理模式和经验,新中国实行高度集中的计划经济体制,其特点是生产资料实行公有制(包括全民所有制和集体所有制),全社会按照年度计划和五年计划组织经济建设和生产经营活动,生产成果按照"按劳分配,多劳多得少劳少得,不劳不得"的原则进行分配。

为适应完全计划经济体制运行模式,财政管理体制按照"统收统支,分级管理"的原则,每年由中央决定各省、市、自治区财政收支计划,收支总额和分成比例一年一定,地方财政按照中央财政下达的收支计划组织收入、安排支出。财政收入主要由工商税收和国营企业上缴利润组成,财政支出除了用于经济建设、社会事业外,还要弥补国营企业亏损。

对于少数民族地区,国务院和财政部专门制定了民族自治地方财政管理体制①,适用于西藏、新疆、内蒙古、广西、宁夏五个民族自治区和少数民族人口较多的云南、青海两省。民族自治

---

① 详见《国务院关于民族自治地方财政管理暂行办法》,1958年6月5日全国人大常委会第97次会议批准,6月13日国务院公布;《国务院批转财政部、民族事务委员会关于改进民族自治地方财政管理体制的报告和关于改进民族自治地方财政管理的规定(草案)》(1963年12月14日国财字第844号)。

地方财政管理体制的主要内容有：第一，划定民族自治地方（分为自治区、自治州和自治县）的预算收支，自治区的预算收入主要包括自治区所属地方企业收入、国营商业收入，在自治区内征收的工商统一税、工商业所得税、农业税、牧业税、盐税、各项地方税（包括屠宰税、牲畜交易税、文化娱乐税、车船使用牌照税、城市房地产税、集市交易税），自治区所属其他收入。第二，民族自治地方的预算管理实行"核定收支，总额计算，多余上交，不足补助，一年一定"的办法。即在核定的收支预算内，如果收入大于支出，由中央财政和自治区财政对收入实行总额分成；支出大于收入的，收入全部留归地方，不足部分，由中央财政补助。第三，规定了对民族自治地方的财政优惠政策：(1)增加经济和社会发展机动资金，按照上年经济建设事业费等项支出的决算数，另加5%的机动资金；(2)自治区的预备费按照财政支出总额的5%计算（其他省、直辖市按3%计算）；(3)民族地区补助费，国家预算每年安排一笔民族地区补助费，作为解决民族地区一些特殊开支的专款。第四，自治区在执行全国统一税法时，可以结合本地特点制定实施办法，如有必要也可以减税或者免税。

自治区成立的1958年，宁夏GDP为3.29亿元，其中一二三产业增加值分别为1.84亿元、0.65亿元和0.80亿元，三次产业比例为55.9：19.8：24.3；宁夏地方财政收入为5774万元，其中工商税收和农牧业税收3363万元，国营企业上缴利润2081万元，分别占财政收入的58.2%和36.0%。1978年，宁夏GDP为13亿元，剔除价格因素，以1958年价格计算的实际GDP为10.95亿元[①]，是1958年的3.33倍，年均增长6.2%。一二三产业增加值分别为3.06亿元、6.60亿元和3.34亿元，三次产业比例为23.5：50.8：25.7；宁夏地方财政收入31603万元，扣除通货膨胀因素，以不变价格计算的实际财政收入为26613万元[②]，是1958年的4.61倍，年均增长7.9%；其中工商税收和农牧业税14158万元，国营企业上缴利润13858万元，分别占财政收入的44.8%和43.9%[③]。这一时期，宁夏完成了以农牧业为主导产业向以工业为主导产业的根本性转变，财政收入主要依靠税收和国营企业上缴利润"两轮驱动"。

二、1978—1991年：经济体制改革破茧而出，由纯粹计划经济向有计划的市场经济过渡阶段

（一）经济体制改革

1978年12月召开的中国共产党十一届三中全会，吹响了思想解放的号角，拉开了改革开放的序幕，党和国家工作重点从此转移到社会主义现代化建设上来。改革先从农村破题，改变生产组织和管理方式，放弃农村人民公社计划体制，推行家庭联产承包责任制，较大幅度地提高粮食、油料等农产品收购价格，放开了农副产品市场销售价格，逐步缩小工业品和农副产品价格"剪刀差"。农村经济体制改革，释放了农业生产活力，农产品有效供给逐年增加，城乡居民生活逐步改善，农村面貌焕然一新。农村经济体制改革的初步成功，催生了以国营企业改革为主题的城市经济体制改革。1984年10月，中共十二届三中全会通过的《中共中央关于经济体制改革的决定》提出进一步对内搞活经济、对外实行开放的方针，加快以城市为重点的经济体制改革步伐。十二届三中全会后，理论禁区进一步被打破，建立有计划的社会主义商品经济提上议事日程，改革开放向宽领域深层次推进，国营企业改革逐步展开，在管理体制上推行简政放权、政企分开、经营权和所有权分离，生产资

[①]进行不同年份GDP指标的比较，不能直接使用当期名义值进行比较，而是要将当期名义值按一定规则换算成实际值。

[②]扣除价格变动因素影响，这一过程称为GDP缩减。换算公式为：以1957年价格为100计算的1958和1978年全区居民消费价格总指数分别为102.4和121.6，用公式1计算以1957年不变价格计算的1978年实际GDP。实际财政收入的计算方法同上。

[③]以上数据根据《宁夏统计年鉴2000》整理计算。

料、生产成品价格实行计划调节和市场定价"双轨制",加工业等行业逐步向民营资本和境外资本放开,承包制和股份制企业在部分城市开始试点,区域经济横向合作和产业联合体、大型企业集团开始出现,城乡个体工商户如雨后春笋般涌现出来。城市经济体制改革的启动和推进,调动了企业发展生产、上缴利税的积极性。地方经济实力有了长足进步,1991年宁夏国内生产总值达到71.78亿元,按可比价格计算,是1978年的3.02倍,年均增长8.9%;一二三产业的增加值分别为17.90亿元、27.77亿元和26.11亿元,三次产业的比例为24.9∶38.7∶36.4,结构进一步得到优化,与1978年相比,第二产业比重大幅度下降,第三产业比重大幅度上升。

深化改革释放了经济发展活力,但也出现了经济发展过热、财政出现赤字、物价上涨过快、通货膨胀严重的状况。1989年发生的政治风波过后,西方主要国家对中国实行经济制裁,造成进出口萎缩、经济下滑,为稳定经济、缓解物价上涨压力,1990年经济领域开始治理整顿,经济增速放缓,物价趋于平稳,但企业之间互相拖欠形成的"三角债"亟待清理,大中型国有企业经营机制不活问题突出。

(二)财政体制改革

1. 划分收支、分级包干体制(1980—1985年)。自1978年开始,为适应经济体制改革步伐,国务院和财政部对全国财政管理体制做出了相应的调整,主要是简政放权、充分调动地方组织收入、促进发展的积极性。先是在江苏省试行了财政包干体制试点,取得了一定经验。1979年4月中央工作会议提出对财政统收统支的体制要坚决加以改变。1980年2月1日,国务院颁发了《关于实行"划分收支、分级包干"的财政管理体制的暂行规定》(国发〔1980〕33号),财政部下发了《关于实行"划分收支、分级包干"财政管理体制若干问题的补充规定》(1980年4月3日(80)财预字第40号),在全国开始了财政包干管理体制的初步尝试。

这是新中国成立以来国家财政管理体制的一次重大改革,不仅涉及财政收支结构、财权划分和财力分配的调整和改进,还涉及计划、基建、物资、企业、事业等管理体制的调整和改进。改革的主要内容,一是按照经济管理体制规定的隶属关系,划分中央和地方收支,其中收入划分为中央固定收入和地方固定收入、中央和地方固定比例分成收入(中央八成、地方二成)、中央和地方调剂收入。二是地方财政收支的包干基数,按照上述收支范围以1979年财政收支预计执行数计算确定。三是地方固定收入和分成收入大于财政支出的省份,多出部分按一定比例上交中央财政;收入小于支出的省份,用调剂收入弥补,如果调剂收入不足以弥补,由中央财政给予定额补助。四是中央财政设立支援不发达地区发展资金,用于帮助边远地区、少数民族自治地方、老根据地和经济基础比较差的地区发展生产。五是民族自治区仍然实行民族自治地方财政管理体制,保留原来对民族自治地方的特殊规定,中央对民族自治地区的补助数额,由一年一定改为一定五年不变,实行包干办法,五年内收入增长的部分,全部留给地方,同时,中央对民族自治区的补助数额每年递增10%,对民族地区的这一特殊体制被称为"旱涝保收"的体制。六是各省、市、自治区对下实行什么财政体制,由各地因地制宜确定,报财政部备案。

2. 国营企业利改税(1983—1984年)。为了理顺国家和国营企业的财务分配关系、扩大企业经营自主权,中央决定改革企业利润分配方式,将企业向国家上缴利润改为按照税法缴纳税款。改革分两步进行。第一步利改税于1983年1月起实施,各类国营企业基本都以缴纳企业所得税的形式上缴部分利润,并根据企业规模的大小,制定不同的税率和税后利润留成办法或实行自负盈亏。大中型企业所得税税率为55%,小型企业所得税税率实行八级超额累进税率,最低一档为7%,最高一档为55%。第二步利改税从1984年10月开始实施[①],包括两部分内容。一是改革工商税制。取消了工商税税种，将原工商税分解为产品税、增值税、营业税、盐税。开证资源税、城市维护建设税、房产税、城镇土地使用税、车船使用税等新税种，加上企业所得税和调节税，第二步利改税共涉及11个税种。二是改革国营企业利润分配办法，对国营大中型企业仍按55%的税率征收企业所得税，税后利润应上交国家的部分，全部改为按核定的税率上交调节税。利改税不仅是财政管理体制的一项重大改革，也是国营企业经营管理体制的一项重大改革，它将国营企业和国家的关系以税法的形式确定下来，使得国家和国营企业的身份定位发生了显著变化，国家不再以经营者的身份参与企业利润分配，扩大了企业经营自主权，从此，"国营"企业的称谓变更为"国有"企业。利改税也为财政收入稳定增长，为后续财政管理体制改革奠定了坚实基础。

3. "划分税种，核定收支，分级包干"的财政管理体制（1985—1988年）。随着1984年第二步"利改税"的完成，财政收入以利税并重转向以税为主，财政收入结构发生了实质性变化。国家与企业、中央与地方之间的分配关系也发生了很大变化。根据十二届三中全会精神，国务院决定从1985年起，各省、自治区、直辖市实行"划分税种，核定收支，分级包干"的财政管理体制。一是划分收入。按利改税后的税种划分财政收入，分为中央财政固定收入、地方财政固定收入、中央和地方共享收入三类。二是划分支出，中央与地方支出范围仍按照行政隶属关系划分。三是各省、自治区、直辖市区分不同情况实行不同的包干或补助办法。划分收支范围后，凡地方固定收入大于地方支出的，定额上解中央；地方固定收入小于地方支出的，将共享收入的一定比例留给地方；地方固定收入和共享收入全部留给地方仍小于地方支出的，由中央定额补助。四是对于民族自治区和视同民族地区对待的省，在中央核定的定额补助基础上，五年内补助额每年递增10%。此次改革由于经济体制中诸多限制因素影响，无法由旧体制转换的纯粹"划分税种"的状况，在实际执行中采取了变通措施，即从1985年到1987年，除中央固定收入不参与分成外，将地方固定收入和共享收入与地方支出挂钩，确定一个分成比例，对这两部分收入暂时实行"总额分成"的过渡办法。

4. 改进后的包干财政管理体制（1988—1993年）。实行"划分税种，核定收支，分级包干"体制后，财政运行出现了一些新问题，比如中央财政收入占全国财政收入的比重连续下降，中央财政赤字增加，运转困难，不得不向地方借款以缓解收支矛盾；有些经济发展较快的地区认为上交比例过高，有些地区财政收入下降，收支矛盾突出。1988年7月，国务院发布了《关于地方实行财政包干办法的决定》（国发〔1988〕50号），对原财政体制做出三点改进。一是将13个小税种划作地方固定收入，二是按1987年中央向地方借款数调减地方支出基数，三是在原财政体制基础上，对不同地区分别实行"收入递增""总额分成""总额分成加增长分成""上解递增包干""定额上解""定额补助"等6种不同的包干办法。包括宁夏在内的民族自治区等16个省、自治区实行"定额补助"办法，原对民族地区实行的体制补助每年递增10%的政策停止执行。各省、自治区、直辖市的包干基数中均不含中央对地方的专项补助资金，中央专项补助款在年度预算执行过程中根据实际情况分配。该体制原定执行到1990年，但由于新体制构建延迟，1991—1993年除实行分税包干、分税制试点地区外，其他地区继续实行上述体制。在此期间，包干体制与同期国有企业承包经营责任制相结合，对这一时期财政运行机制产生了重大影响。

1991年，全区地方财政收入达到68122万元。从收入结构看，工商税收占88.9%，农牧业

---

① 第二步利改税实施时，笔者在辽宁财经学院（现为东北财经大学）财政金融系读四年级，在大连市财政局实习时经历了第二步利改税的前期实施。

税占 4%，企业所得税占 14.6%，国营企业收缴利润占 2.3%。但由于国营企业机制不活、经营不善，出现了一些导致财政减收的因素，其中国营企业亏损补贴 11548 万元，占地方财政收入的 17%，企业所得税退税 1541 万元，占地方财政收入的 2.3%。也就是说，国营企业上缴利润，又通过所得税退税形式原封不动给了企业，国营企业成为财政包袱，推进国营企业改革势在必行。从地方财政收入增长速度看，1991 年地方财政收入是 1978 年的 2.16 倍，年均名义增长率为 6.1%，剔除通货膨胀因素，年均实际增长 -0.6%。这一时期进行生产资料价格"闯关"改革，引起物价较快上涨，1991 年全区居民消费物价指数达到 231.9（以 1978 年为 100），换言之，1991 年居民消费品物价是 1978 年的 2.32 倍，年均上涨 6.7%，超过了财政收入名义增长率 0.6 个百分点，也就是说，财政收入增长没有跑过物价上涨，实际财政收入出现负增长[①]。这一时期，地方财政收入出现负增长，除了通货膨胀因素外，财政体制没有理顺，国营企业经营管理机制不活等问题也是重要原因。

三、1992—2016 年：经济体制改革进一步深化，社会主义市场经济体制初步建立，经济与财政发展步入快车道，经济实现腾飞，改革进入深水区

（一）经济体制改革

1992 年 1—2 月，邓小平在武昌、深圳、珠海、上海等地视察，发表了重要谈话。他指出，判断社会主义制度的优越性，应该主要看是否有利于发展社会主义社会的生产力，是否有利于增强社会主义国家的综合国力，是否有利于提高人民的生活水平；计划经济不等于社会主义，资本主义也有计划，市场经济不等于资本主义，社会主义也有市场；社会主义的本质，是解放生产力、发展生产力、消灭剥削、消除两极分化，最终达到共同富裕。邓小平南方谈话发表后，在全国引起强烈反响，各地深化改革开放、加快经济发展的积极性空前高涨。

1993 年 11 月，中共十四届三中全会通过了《中共中央关于建立社会主义市场经济体制若干问题的决定》。《决定》指出，建立社会主义市场经济体制的目标，是要使市场在国家宏观调控下对资源配置起基础性作用；为实现这个目标，必须进一步转换企业经营机制，建立现代企业制度，建立全国统一开放的市场体系，转变政府管理经济的职能，建立以间接手段为主的宏观调控体系，建立效率优先、兼顾公平的收入分配制度，建立多层次社会保障制度。《决定》是一个重要的纲领性文件，确定了此后社会主义市场经济体制改革的整体思路和基本框架，推动各个领域的改革向深度和广度发展。农业作为国民经济的基础产业，继续得到发展，在生产关系方面，稳定以家庭联产承包为主的责任制和统分结合的双层经营体制，在原定耕地承包期到期之后，再延长 30 年不变，允许土地使用权依法转让，农村税费改革取得明显成效，自 2006 年起全面停止征收农业税。发挥国有企业的主导作用，搞好国有大中型企业一直是经济体制改革的主旋律，作为建立现代企业制度的前奏，企业股份制改革和企业破产试点全面推开，与其配套进行的人事制度、工资制度、社会保障制度、财务会计制度等相继颁布施行；加快经济结构调整，大力推进转型升级，清洁能源、节能环保、新一代信息技术、高端装备制造等战略新兴产业快速发展。第三产业加快发展，电子商务、金融保险业、证券期货市场、交通物流业、旅游业爆发式增长；土地使用制度和城镇住房制度改革破冰而行，房地产业蓬勃发展。与此同时，国家治理体系进一步规范，行政审批制度改革进展顺利，1994 年开始在全国实行分税制财政管理体制和规范的转移支付制度，开始试行国民经济新核算体系方案，价格改革进一步深化，取消价格双轨制，生产资料价格全面放开，中国加入世界贸易组织，取消对企业贸易权的准入

[①] 本节数据根据《宁夏统计年鉴 2000》整理计算。

限制，所有企业都可以从事进出口业务，国有资产监督管理进一步加强，国有资产产权结构进一步明晰，积极鼓励民营资本投资。经济体制基本实现了从传统计划经济体制向社会主义市场经济体制的转变，经济增长方式基本实现或正在实现由粗放型向集约型的转变。改革开放为这一时期的经济发展提供了强大的动力，这一时期经济运行基本特点为高增长、低通胀，投资、出口和消费三驾马车拉动经济增长的格局形成并稳定发挥作用。

（二）财政体制改革

1．分税制财政管理体制。随着经济体制改革的不断深入，包干制财政管理体制已经不能适应建立社会主义市场经济体制的需要。1993年11月召开的中共十四届三中全会通过了《关于建立社会主义市场经济体制若干问题的决定》，提出在合理划分中央与地方事权的基础上建立分税制财政体制。1993年12月15日，国务院下发《关于实行分税制财政管理体制的决定》（国发〔1993〕85号），决定从1994年1月1日起，对各省、自治区、直辖市以及计划单列市实行分税制财政管理体制。主要内容如下：

第一，划分中央与地方收入。中央固定收入，包括关税、海关代征消费税和增值税、中央企业所得税和上交利润，铁道部门、各银行总行、各保险总公司集中缴纳的各种收入（包括营业税、所得税、利润和城市建设维护税），地方银行、外资银行和非银行金融企业所得税，外贸企业出口退税全部由中央财政负担。地方固定收入，包括营业税、地方企业所得税和上交利润、个人所得税、城镇土地使用税、固定资产投资方向调节税、城市维护建设税、房产税、车船使用税、印花税、屠宰税、农牧业税、农业特产税、耕地占用税、契税、遗产和赠与税、土地增值税、国有土地有偿使用收入等。中央与地方共享收入，包括增值税（中央与地方分享比例为75∶25）、证券交易税（中央与地方各分享50%）、资源税（按不同资源品种划分，大部分资源税作为地方收入，海洋石油资源税作为中央收入）。

第二，中央对地方实行税收返还。分税制实行后，原属于地方支柱财源的"两税"收入（增值税的75%和消费税）上划为中央收入，对地方收入影响较大。为了使分税制财政体制改革顺利进行，保证地方既得利益，由中央财政以1993年收入净上划数为基数给予地方税收返还，1994年以后实行增量返还办法。

第三，同步进行税收管理体制改革。建立以增值税为主的流转税体系，统一企业所得税制。分设中央和地方两套税务机构，国家税务局和海关负责征收中央固定收入和中央地方共享收入，地方税务局负责征收地方固定收入。

分税制财政体制是改革开放以后最重要的一次财政体制改革，是由传统计划财政体制向现代财政制度过渡的分水岭。这次改革彻底扭转了过去那种体制"年年有谈判，年年有变化"，"年初吵盘子，年中吵追加，年底吵遗留"的被动局面，中央和地方均有了稳定的收入来源，对于未来的收入预期变得容易把握和控制，有利于安排中长期计划。实践证明，这次改革扭转了原财政包干体制下多种体制形式并存的格局，使中央对地方的财政管理体制第一次在全国范围内统一起来，规范了各级政府财政分配关系，形成了财政增收和收入稳定增长机制，建立了较为规范的地区间财力均衡机制，有效地促进了全国统一市场形成、产业结构调整和资源优化配置，为建立现代财政制度迈出坚实的一步。

2．分税制财政体制的补充和完善。分税制财政体制并不是一劳永逸的，随着经济结构的调整和财政收入的增长，中央对新体制进行了一些调整和完善。

一是调整证券交易印花税分享比例。1997年起，将该税分享比例调整为中央80%，地方20%；从2000年起，分3年将该税分享比例调整到中央97%，地方3%。

二是所得税分享改革。分税制改革时，企业所得税仍旧按照隶属关系划分中央和地方归属,即中央企业所得税归中央,地方企业所得税归地方,这种划分方式不是完全的分税制,留有计划体制的烙印,不利于全国统一市场的形成,妨碍公平竞争。2001年12月31日,国务院下发《所得税收入分享改革方案》(国发〔2001〕37号),从2002年起,除国有银行、铁路运输、海洋石油企业所得税仍为中央收入外,其他企业所得税和个人所得税由中央和地方按比例分享,分享比例:2002年为中央和地方各50%,2003年以后中央分享60%,地方分享40%。中央通过所得税分享增加的收入主要用于向东西部地区转移支付。

三是营业税改征增值税改革试点。分税制改革后,对货物和劳务分别征收增值税和营业税。随着社会分工的日益细化,货物和劳务融合日趋紧密,增值税和营业税并存,导致增值税纳税人外购劳务所负担的营业税、营业税纳税人外购货物所负担的增值税和营业税,均不能抵扣,对同一纳税对象存在重复征税的情况,不利于经济结构调整和现代服务业发展,税制改革势在必行。经国务院同意,2012年开始在上海等九省市的交通运输业和部分现代服务业试行营改增试点。2013年8月1日起,交通运输业和部分现代服务业营改增试点扩大到全国范围。

四是全面推开营业税改征增值税。随着营改增试点取得初步成效,2016年4月29日国务院下发《关于做好全面推开营改增试点工作的通知》(国发明电〔2016〕1号)。决定自2016年5月1日全面推开营改增试点工作。同日下发《国务院关于印发全面推开营改增试点后调整中央与地方增值税收入划分过渡方案的通知》(国发〔2016〕26号),主要内容有:(1)以2014年为基数核定中央返还和地方上缴基数。(2)中央和地方各分享增值税的50%。(3)中央上划收入通过税收返还给地方,确保地方既有财力不变。(4)中央集中的收入增量通过均衡性转移支付分配给地方,主要用于加大对中西部地区的支持力度。(5)过渡期暂定2—3年。

这一时期,社会主义市场经济体制初步建立,分税制财政体制的实行拉开了建立现代财政制度的帷幕,经济和财政发展比翼双飞。2016年全区实现生产总值3150.06亿元,扣除价格因素,是1991年的11.71倍,年均实际增长10.3%[①],三次产业构成为7.6∶46.8∶45.6,与1991年相比,第一产业大幅度下降,二三产业同步上升。2016年完成地方一般公共预算收入387.65亿元,剔除通货膨胀因素,是1991年6.81亿元的18.9倍[②],年均实际增长12.5%,高于同期生产总值年均实际增长水平2.2个百分点。这表明,分税制财政体制改革确立了地方财政收入与经济发展的比率关系,使地方有了稳定的收入来源,经济决定财政、财政反作用于经济的规律发挥了积极作用。

作者单位/宁夏财政预算评审中心

---

① 《宁夏统计年鉴2016》公布的2015年宁夏生产总值指数(以1978年为100)为3269.6,《宁夏2016年国民经济和社会发展统计公报》公布的2016年宁夏生产总值(可比价格)比上年增长8.1%,据此估算出2016年宁夏生产总值指数为3534.4(=3269.6×1.081);1991年宁夏生产总值指数(以1978年为100)为301.9,故得出按不变价格计算的2016年宁夏生产总值是1991年的11.71倍(=3534.4÷301.9)。

② 不同年份收入指标的比较,不能使用当期指标进行直接对比,而是要按照一定规则剔除通货膨胀因素后进行比较。《宁夏统计年鉴2016》公布的2015年全区居民消费价格总指数(以1990年价格为100)为315.3,《宁夏2016年国民经济和社会发展统计公报》公布的全区居民消费价格总指数比2015年上涨1.5%,据此估算出2016年全区居民消费价格总指数(以1990年为100)为320.0(=315.3×1.015)。1991年全区居民消费价格总指数(以1990年为100)为106.3。据此计算,剔除通货膨胀,2016年地方财政收入是1991年的18.9倍(=128.77×6.81)。

推行政府和社会资本合作（PPP）模式的思考

黄金燕

推行政府和社会资本合作（简称PPP）的目的是鼓励吸引民间投资，提高公共产品供给效率，实行"双赢"目标。PPP模式不仅是政府投融资模式的创新，也是财政资金"以拨改投"的创新，需要财政部门从理念、机制、管理方式等方面开阔思路，转变观念，创新管理模式。三年来，宁夏政府和社会资本合作模式制定了相关制度，明确了相关要求，但还存在理财观念滞后，项目落地少，宣传培训不够，PPP模式理解欠缺，实践操作经验不足等问题，需要进一步完善相关措施，深入推进，发挥社会资本的作用。

一、建立协作机制

政府和社会资本合作项目既涉及财政管理的方方面面，又需要各职能部门对PPP项目进行甄别、确认、实施，既需要全面转变理财观念，又需要各部门通力协作，单靠财政部门单打独斗，推行PPP难度较大。因此，一方面，需要建立跨部门的PPP协调推进机制，不定期召开PPP项目沟通协调会，通过召开PPP入库项目、试点项目评审会、工作通报会和信息交流会，充分发挥各职能部门在推广运用PPP模式中的作用，形成工作合力，体现主体责任。另一方面，在财政部门内部，PPP项目涉及预算管理、政府采购、资产管理、购买服务、绩效评价、会计管理等多个环节，项目的甄别、筛选、落地实施都需要各部门预算处会同自治区各部门、市县财政部门通力协作配合，因此，在财政内部要建立PPP办公室作为牵头部门，同时明确厅内各处室推进PPP项目的工作职责和流程，共同推进。PPP项目的落实需要各市县财政部门具体实施，还需要通过建立市县财政部门综合绩效管理考核机制，督促市县财政转变管理方式，积极推行PPP项目。

二、改进预算管理方式

现代财政制度的重要内容之一是建立跨年度预算平衡机制、实行中期财政规划管理、编制完整体现政府资产负债状况的综合财务报告等。政府和社会资本合作模式要求从以往单一年度的预算收支管理，逐步转向强化中长期财政规划，这与深化财税体制改革的方向和目标高度契合。

一是重构部门预算管理模式。对行政事业单位行政运行成本进行摸底、测算，按照"基本支出标准化，项目支出绩效化"调整部门预算结构，转变财政资金投入方式。

二是对项目支出以绩效为主线，实行"清单"制管理。结合各部门"十三五"规划、自治区空间规划和自治区重点工作任务，按照"规划项目化，项目绩效化"，对涉及能源、交通运输、市政公用、农业、林业、水利、环境保护、保障性安居工程、教育、科技、文化、体育、医疗卫生、养老、旅游、信息化等公共服务领域项目进行梳理、筛选,对具备条件实施PPP模式的项目,提前开展物有所值评价和财政承受能力论证,进行PPP模式识别论证,纳入财政中期财政规划,编制PPP项目预算。

三是推动"强制"项目PPP落地。对财政部要求开展"强制"试点的垃圾处理、污水处理、供水等,市场化程度较高,现金流稳定,PPP模式运用较为广泛,操作相对成熟的领域,要求"强制"应用PPP模式,预算中不再安排财政专项建设资金补助;对安排给发改委的统筹基本建设项目,符合要求的,采取推行PPP模式实施。

四是建立PPP项目财政支出责任台账。对试点项目的各项财政承诺、政府付费和缺口性补贴列入财政年度预算、中长期财政规划;探索建立动态补贴机制,将财政补贴等支出分类纳入同级政府预算,并在中长期财政规划中予以统筹考虑。

五是甄别地方政府性债务的PPP项目。对地方政府性债务项目,规范融资平台债务管理,甄别债务类型,对置换债务项目,推行PPP模式。

三、实行全过程绩效管理

PPP项目实施具有资金投入大、回收周期长、管理难度大的特点,PPP项目的实施是在双方按照平等协商原则订立合同,明确责权利关系,由社会资本提供公共服务,政府依据公共服务绩效评价结果向社会资本支付相应对价,保证社会资本获得合理收益。因此,PPP项目的实施需要建立事前设定绩效目标、事中进行绩效跟踪、事后进行绩效评价的全生命周期绩效管理机制。政府与社会资本合作主要通过合同约定方式确定相关事项,合同应当约定项目具体绩效目标、产出标准和绩效考核指标,明确规定项目付费与绩效评价结果挂钩,并将绩效评价结果作为调价的重要依据,确保实现公共利益最大化。在PPP项目全生命周期内,财政部门应当建立PPP项目绩效管理机制,按照事先约定的绩效目标,对项目产出、实际效果、成本收益、可持续性等方面进行绩效评价;对PPP项目绩效目标运行情况进行跟踪管理和定期检查,确保阶段性目标与资金支付相匹配,开展中期绩效评估,最终促进实现项目绩效目标。结合绩效目标、绩效指标的制定,研究分类制定建立PPP模式标准运作模式操作指南,指导PPP项目规范运作,同时,要将项目运营绩效评价结果作为PPP项目的财政补贴的依据。

四、统筹各项政策措施

一个成功的PPP项目,涉及政府管理、财政管理的方方面面。目前,推进PPP模式已从政策制定期进入实践操作期,一方面需要从预算管理、绩效管理、投融资管理等综合发力,另一方面还需要结合地方政府债务管理、产业发展、行业管理等财政资金安排,统筹各类政策,联合发力,扩大政府和社会资本合作范围。

金融政策方面,要研究创新财政金融支持方式,发挥财政资金的杠杆和引导作用、优化PPP模式投资环境,成立PPP引导基金,实行基金市场化运作;研究股权或债权形式投入PPP项目相关政策;结合财政国库存款现金管理、盘活存量资金、财政专户资金等,建立金融机构投入PPP项目贷款奖励机制;制定鼓励符合条件的项目运营主体在资本市场通过发行公司债券、企业债券、中期票据、定向票据等市场化方式进行融资相关政策;在产业基金方面,梳理、整合现行产业基金扶持方向、扶持项目,以财政资金作为引导资金,运用资金杠杆及增信作用,引导、撬动更多的社会资金参与PPP项目;在政府性债务管理方面,推动融资平台公司尽快转型为市场化运营的国有企业,依法实行规范化的市场运作,按照利益共享、风险共担的原则,引导社会资本投资社会经济发展的重点领域和薄弱环节,政府可适当让利。

五、做好物有所值论证评价和财政承受能力评价

PPP项目建设周期长,时间跨度大,收益存在风险,项目实施过程中不确定性因素多,其建设成本不仅包括项目本身的建设成本,还包括

全生命周期内的运营维护成本以及政府应承担的风险和补贴成本，因此，对 PPP 项目进行物有所值和财政承受能力评价既是 PPP 项目的难点，也是 PPP 项目能否履行合同，按期完成的关键。物有所值和财政承受能力评价专业性强，一般需聘请中介咨询机构进行专业评价，但作为财政部门，对评价的实施方案、评价内容、测量指标、方法、政策影响因素、风险分担机制、退出机制等要进行前期参与审核把关。同时，在引入私人部门时，要综合考虑资金实力、经济实力、社会影响力等因素，确保私人部门在项目的实施过程中有足够的能力灵活的运用资金，应对风险，保证合作伙伴、合作项目的稳定性。

六、借用外力，加大宣传，储备人才

转变观念，加大宣传是当务之急。PPP 模式在我国属于新生事物，推广时间较短，发展还不成熟，各级政府对 PPP 模式融资目的多，强化管理的目的少，财政资金管理的理念仍然是以直接投入、财政补贴、补充资本金等"以拨代支"为主，加上宁夏的专业投资机构、懂 PPP 运作模式的专门人才缺乏，尤其是对市县财政部门，操作层面的指导少。因此，采取"走出去，引进来"的方式，依托财政部 PPP 中心和自治区大专院校、研究机构、中介机构，广泛开展 PPP 项目培训，开阔思路，开阔视野；运用招商引资、协会商会等平台，举办多种形式的 PPP 项目推介会；开展试点示范项目经验交流观摩，收集优秀的 PPP 项目案例，积累可复制推广经验；通过各类媒体进行 PPP 专题的宣传报，完善门户网站，利用信息网络平台推介 PPP 项目；探索 PPP 项目资产证券化研究等。

作者单位/宁夏财政厅会计处

充分发挥财政职能 坚决打赢"脱贫富民"战役

李国强　田进国

宁夏作为西部欠发达的少数民族地区，是全国脱贫攻坚的主战场之一。2016年7月，习近平总书记视察宁夏并主持召开东西部协作"银川会议"，对做好脱贫攻坚工作做了重要指示，为宁夏脱贫攻坚工作指明了新的方向。自治区十二次党代会提出"三大战略"，为破解宁夏发展难题找准了发力点和突破口。尤其是"脱贫富民"战略的提出，明确了今后五年发展的工作导向，财政部门要坚决贯彻落实中央、自治区的决策部署，实施积极财政政策，主动担负起脱贫攻坚的政治责任，树立精准导向，积极作为，优化支出结构，创新投入方式，实实在在提高人民群众的富裕程度和生活质量，让经济发展成果更多转换为富民成果。

一、建立财政精准投入机制，增强贫困地区脱贫攻坚保障能力

2016—2017年，全区累计投入财政专项扶贫资金79.8亿元，脱贫攻坚实现了从单点扶贫向整体推进、大水漫灌向精准滴灌、单打独斗向协同作战的转变，自治区财政主动作为，凝聚资金合力破解深度贫困难题，做大"蓄水池"，脱贫成效显著，建档立卡贫困人口从58.8万人减少到41.8万人，贫困发生率由15.4%下降到11.1%。一是建立扶贫投入稳定增长机制。坚持有保有压，不断优化支出结构，逐年加大扶贫资金投入力度，增加贫困县（区）的一般性转移支付额度，将新增财力向贫困县（区）倾斜，脱贫攻坚地方债重点向深度贫困地区倾斜，优先确保扶贫领域资金需要，财政专项扶贫资金从2015年的17.8亿元，增加到2017年的40.9亿元，年均增长61%，在风险可控的条件下，累计安排地方债27.3亿元用于脱贫攻坚。做到扶贫资金"只增不减"。二是加大扶贫资金整合力度。优化财政扶贫资金保障机制，提高财政资金使用效益，积极建立有效的工作协调机制，充分下放审批管理权限和加快预算执行进度，逐步形成以脱贫成效为导向，脱贫规划为引领，重点扶贫项目为平台的整合机制。2017年贫困县累计整合各类涉农资金66.48亿元，有力支持了贫困县脱贫攻坚工作的推进。三是激活金融扶贫的"造血"功能。建立"财政计划"和"金融市场"两手抓的扶贫模式，充分发挥财政资金"四两拨千斤"的作用，千方百计利用好金融资源，放大"财政＋金融"的杠杆力量。2016年以来，累计向20.9万户建档立卡贫困户发放扶贫小额信贷78.9亿元，其中2017年1—8月份发放贷款39.8亿元，同期增长44.7%，扶贫小额信贷覆盖率63.9%。自治区财政统筹资金10亿元在全区建立扶贫产业担保基金，支持贫困地区产业发展。建立覆盖全区的农业信贷担保体系，有效破解贫困群众贷款难问题。

二、建立特色扶贫产业增效机制，挖掘贫困地区脱贫攻坚发展潜力

产业是脱贫的重要支撑，只有通过特色产业提质增效增加经营性收入，才能筑牢群众致富的根基，实现"造血式"扶贫。宁夏结合县域经济发展特色和群众生产生活状况，因地制宜培育特色优势产业，形成了"以产业带扶贫、扩就业、促增收"的扶贫模式。2016年，全区农业增加值254.6亿元，同比增长4%；农村居民人均可支配收入达到9852元，同比增长8%，特色产业产值占农业总产值比重达到85.5%。一是调整和优化产业结构。以创新财政支农方式为引领，进一步优化产业布局。在做好财政支农资金直接补贴的基础上，创新运用贷款担保、风险补偿、贷款贴息、实物租赁、产业基金、农业保险等多种方式，对特色产业发展关键环节进行精准扶持。2016—2017年，自治区财政累计投入农业产业化担保基金和风险补偿基金9.2亿元，撬动金融贷款36亿元。同时，在扶贫项目选择和优化农业产业结构上下足"绣花"功夫，避免产业"撞车"和产业布局雷同的现象。二是发展特色优势产业。农村贫困地区产业的发展，有特色才有优势，有特色才有市场，有特色才有竞争力。截至目前，2017年累计安排特色优势产业资金34.4亿元，着重培育一批市场前景好、增收潜力大的产业扶贫项目和具有竞争优势的主导产业、特色产品，挖掘农业增收的内部潜力，形成规模效应，增加农民收入。如，中南部地区的肉牛养殖，冷凉蔬菜等特色种养业、旅游业和手工业等。通过引进上市公司延长产业链，拓宽增收链等方式，支持做好农村一二三产融合发展，使产业经济特色化、特色经济产业化、产业经济规模化、规模经济外向化。三是培育新型经营主体。建立产业指导组、专家服务组、产业协会"两组一会"工作机制，培育国家级龙头企业19家，自治区级龙头企业347家，带动农户38万户，订单农业成交额118.8亿元，带动农户增收18.1亿元。全区主要农产品加工转化率达到62%。加大对农村致富能人能力的建设，充分发挥农村致富带头人的"传、帮、带"作用，使其真正成为贫困农村经济的"催化剂"，农村结构调整的"推进器"，农民致富的"领头雁"。

三、建立扶贫资金跟踪监管机制，提升贫困地区脱贫攻坚发展动力

财政部门在高效提供扶贫资金保障的同时，还要主动担负起资金监督管理的重任，从源头上入手，在关键处着力，全程抓好管控，替政府把好关，为人民服好务，把有限资金用在刀刃上。一是完善制度。制定财政专项扶贫资金管理办法和扶贫资金使用绩效管理办法，突出绩效导向，把支出进度、使用效益作为财政扶贫资金分配的重要因素，对管理规范、资金使用效益好的贫困县给予奖励和倾斜。权责匹配，明确管理责任，真正做到投入实、资金实、到位实。建立扶贫资金管理"负面清单"，在不触碰"红线"和"底线"的基础上大胆花钱、放心用钱。二是信息公开。扶贫资金项目安排公告、公示是强化扶贫资金项目监管，确保资金和项目能够公正、公平、公开、透明使用的有效手段，是提高资金使用效益的重要举措。各地应将扶贫项目名称、投资额度、实施地点和建设内容等借助各类媒体（报刊、广播、电视）、政府门户网站、乡（村）公开栏等形式进行全面公开，积极引导社会群众参与扶贫资金监督管理，提高资金分配、使用透明度，打造"阳光财政"。三是常态化监督。建立全区财政扶贫资金信息管理系统，跟踪管理。财政联合扶贫、审计、监察等部门形成齐抓共管的工作机制，加大对违规使用扶贫资金的查处力度。积极引入社会组织等第三方力量，委托有资质和信誉好的会计师事务所等中介机构独立开展财政专项扶贫资金审计和绩效评估，不断提高扶贫资金使用管理水平，确保扶贫资金真正发挥效益。

作者单位/宁夏财政厅农业处

《国际金融组织和外国政府贷款赠款管理办法》新旧部令对比解读

冯 玲 虎玉宝

2016年，财政部对《国际金融组织和外国政府贷款赠款管理办法》（财政部令第38号）进行了修订，并以新部令（即第85号令）进行公布，自2017年1月1日起施行。结合宁夏对外财金工作和外债管理实践，通过与第38号令对比学习，现对第85号令主要内容与变化进行解读。

一、85号令出台背景

近年来，随着新《预算法》颁布实施，国际金融组织和外国政府贷款工具不断创新，亚洲基础设施投资银行、金砖国家新开发银行相继成立运行，对外财金工作呈现出很大变化，财政部第38号令已不能完全适应国际金融组织和外国政府贷款管理的新情况新要求。同时，财政部对相关内设机构进行调整，将国际金融组织贷款赠款和外国政府贷款赠款业务统一到国际财金合作司管理，相关管理制度亦需进行清理整合。在此背景下，财政部提出对第38号令进行重新修订。

二、85号令修订过程

85号令修订经历了前期调研、成立机构、修改完善、颁布实施四个过程。一是前期调研。2014年11—12月，了解各省市执行38号令的情况，2015年1月，在宁夏召开的全国外经工作会上提出修订38号令。二是成立机构。2015年3月，由财政部国合司牵头，抽调河南、宁夏、江西、陕西、广东、四川等省共8人，组建核心修订小组。三是修改完善。经整体设计、分章节分条款研究，2015年8月起草讨论形成第一稿，同年9月在全国范围书面征求意见，修改形成征求意见稿。2016年2—3月，通过国务院法制办和财政部就征求意见稿公开征求社会公众意见。四是颁布实施。2016年10月11日，通过部务会，财政部令第85号正式发布，自2017年1月1日起实行，38号令同时废止。

三、相关配套制度

85号令是对外财金合作和外债管理的纲领性和指导性文件。随着其颁布实施，系列配套制度也正加快修订。其中，代理银行选聘管理办法已出台，于2017年2月1日实施。其他例如，国际金融组织和外国政府贷款项目前期工作管理规程、贷款赠款项目财务管理办法、预算管理办法、采购管理办法、采购代理机构选聘办法、绩效评价管理办法、财政监督检查办法以及全球环境基金赠款管理办法等制度办法也正在加快制定完善，计划2017年上半年全部出台。

四、85号令主要变化

和38号令相比，85号令主要有七个方面的变化。

（一）总体框架和章节

38号令分8章60条，85号令分6章60条。85号令将38号令中第三、四、五章合并为贷款管理一章三节（贷款筹借、贷款使用、债务偿还)。

(二)完善贷款、赠款使用宗旨和管理原则

按照党的十八届三中、四中、五中全会决定中有关经济社会发展和深化财税体制改革的精神和要求,85号令明确贷款、赠款的使用应当坚持创新、协调、绿色、开放、共享的发展理念,符合国民经济和社会发展战略,遵循中期财政规划,体现公共财政职能,促进可持续发展。贷款、赠款的管理应当遵循统一筹措、规模适度、分类管理、责权明晰、讲求绩效、风险可控的原则。

(三)对贷款重新进行分类

38号令将外国政府贷款分为三类,即一类贷款由省级财政部门负责还款;二类贷款由项目单位负责还款,省级财政部门提供担保;三类贷款由项目单位负责还款,财政部门无需担保。国际金融组织贷款属于主权债务,未进行分类。85号令根据国际金融组织和外国政府贷款管理现状,并与新《预算法》及现行政府性债务管理有关规定相一致,在"第七条"中按照政府承担还款责任的不同,将国际金融组织和外国政府贷款分为政府承担偿还责任贷款和政府承担担保责任贷款,进一步明确了政府的债务责任。

(四)明确贷款赠款的预算管理制度

38号令未规定国际金融组织和外国政府贷款赠款的预算管理制度。但在实际工作中已经将国际金融组织和外国政府贷款赠款逐步纳入了预算管理。85号令第七条,根据《预算法》和有关政府性债务管理的规定明确了政府负有偿还责任贷款,纳入本级政府的预算管理和债务限额管理,其收入、支出、还本付息纳入一般公共预算;政府负有担保责任贷款,不纳入政府债务限额管理。政府依法承担并实际履行担保责任时,从本级政府预算安排还贷资金,纳入一般公共预算管理。"第二十七条"明确了对项目实施单位、各级财政部门、有关部门和单位的预算编制要求。"第八条"规定赠款纳入中央一般公共预算管理。其中,对于赠款方有指定用途的赠款,按预算管理程序审核后相应列入中央部门预算或中央对地方转移支付;对于赠款方无指定用途的赠款,由财政统筹安排使用

(五)明确财政部门及其他相关机构的职责。

38号令没有设专门章节规定机构职能,有关地方财政部门、项目实施单位、项目协调机构以及代理银行职责的规定分散于各章。85号令"第二章 机构职责"中专门规定了财政部、地方财政部门、项目实施单位和项目协调机构的职责,明确地方财政部门作为地方政府性债务归口管理部门,负责本地区贷款、赠款管理工作,要求地方财政部门在项目申报、财政评审、债务管理以及项目执行监督等方面发挥作用。

(六)完善贷款管理程序

85号令第三章从贷款筹借、贷款使用和债务偿还三方面,整合了国际金融组织和外国政府贷款的管理程序,并突出了贷款申请、财政评审、贷款内容调整、偿还责任落实等关键环节的管理要求。

(七)加强绩效评价结果应用

85号令在"第二章"机构职责"及"第三章贷款管理"等章节中新增了国际金融组织和外国政府贷赠款绩效管理规定,要求适时开展项目绩效评价,做好评价结果的公开与应用工作。

作者单位/宁夏财政厅外债办

宁夏全面推开营改增试点改革运行情况分析报告

吕 文 杨 欢

营改增试点改革是深化供给侧改革的重头戏。按照国务院统一部署,宁夏自2013年8月1日起与全国同步实施营改增,到2016年5月1日全面推开营改增试点,自治区财税部门紧跟改革步伐,认真完成各项任务,顺利实现税制转换,营改增利好效应逐步显现。为了掌握全面推开营改增试点一周年运行情况,财政厅深入宁夏建设投资集团有限公司、宁夏国有资产投资控股集团有限公司等相关企业进行调研,现将有关情况报告如下:

一、营改增试点改革总体情况

截至2017年5月底,全区营改增试点纳税人共11.33万户,其中"3+7"行业(即交通运输业、邮政业、电信业3个大行业和研发技术、信息技术、文化创意、物流辅助、有形动产租赁、鉴证咨询、广播影视7个现代服务业)2.88万户,四大行业(即建筑业、房地产业、金融业和生活服务业)8.45万户。营改增以来,"3+7"行业减税14.67亿元、四大行业减税5.08亿元、原增值税行业因营改增增加抵扣减税38.21亿元,营改增为全区纳税人累计减税57.96亿元。

二、取得的成效

(一)结构性减税效应凸显

营改增实施以来为纳税人累计减税57.96亿元,企业切实享受到了改革红利,全区的"3+7"行业和四大行业税负率与营改增前相比逐渐下降。其中,交通运输业由3.98%降为2.32%;邮政服务业由3.0%降为1.67%;电信服务业由3.0%降为1.37%;部分现代服务业由3.24%降为2.99%。四大行业中除建筑业税负率有所上升,由2.85%增为3.07%,房地产业由4.80降为4.24%;金融业由3.56%降为2.94%;生活性服务业由2.7%降为2.58%。

(二)有效助力供给侧结构性改革

全面推开营改增后,不断激活企业上下游产业链。2016年宁夏规上工业产品库存下降10%以上,规上企业工业产品生产成本每万元下降100元左右。新增不动产抵扣减税因素有力支撑了房地产业"去库存",2016年全区商品房销售面积966.1万平方米,比2015年增加126.94万平方米,增幅达15.13%。增值税的抵扣机制激励企业增加固定资产的购进及设备更新,2016年全区完成固定资产投资3750.26亿元,同比增长8.6%,为扩大有效供给和中高端供给发挥了积极作用。

(三)持续推动产业结构优化调整

营改增减轻了服务业税收负担,消除了服务业发展的税收制度性障碍,对宁夏加快服务业发展起到了重要作用,2013年至2016年全区新增服务业试点纳税人达20916户。服务业的发展带动了第三产业的快速发展,宁夏第三产业占全区生产总值的比重由2012年的41.6%

提高到 2016 年的 45.6%，国税部门第三产业税收占比由 29.19% 提高到 33.7%。

（四）不断加快新旧动能转换

营改增后增值税抵扣链条全面打通，降低了企业用于科技研发、科技服务的税负。2017 年共有 72 家企业申报国家级高新技术企业，比 2016 年增加 31 家，增长率达 76%。在宁夏加快推进信息数据共享平台建设、大力实施创新驱动发展战略下，中卫西部云基地、银川大数据中心、iBi 育成中心发展等大数据产业快速崛起，成为全区经济社会发展的新引擎、新动力。二三产业税收抵扣链条的打通，制造业企业外购服务、不动产等支付的增值税都可以抵扣，在拉动服务业发展的同时，也促进了传统制造业企业转型升级，推动了新旧动能接续转换。

（五）积极促进就业惠及民生改善

营改增消除重复征税，激发了企业创业热情，2016 年全区新增服务业试点纳税人 6194 户，新增就业岗位 2 万个左右。营改增大大促进了服务业发展，有效发挥服务业吸纳和稳定就业的作用。同时，由于生活服务业与居民生活关系密切，减负利于降低生活服务成本，稳定生活服务价格，让老百姓在税制改革中受益受惠。

（六）有力提升企业内在发展动力

营改增前，服务企业缴纳营业税，外购设备和不动产发生的增值税不允许抵扣。营改增后，服务企业征收增值税，不但外购材料、服务发生进项税允许抵扣，外购设备和不动产增值税也允许抵扣，从而降低企业成本，加快了企业设备更新，对商业不动产购置业产生了激励效应。经测算，外购设备成本降低 14.53%，外购不动产成本降低 9.91%，2016 年全区设备投资申报抵扣进项税额 43.86 亿元，新增不动产申报抵扣进项税额 3.02 亿元，两项合计抵扣进项税 46.88 亿元。同时，营改增倒逼企业不断规范进货渠道、财务核算和纳税申报，促进企业内部管理提质增效，企业的市场竞争力也逐渐增强。

三、存在的问题

营改增试点以来，总体上达到了改革的预期目的，但改革推进过程中仍存在一些问题和困难。

（一）地方主体税种缺失

营业税改征增值税后地方税主体税种缺失，对地方财政税收收入规模造成一定影响。

（二）个别行业和企业税负增加

虽然从营改增的行业税负来看，总体能够实现税负只减不增，但仍有些个别行业和企业出现税负不降反升的现象。还有部分营改增前经营的纳税人，其设备和固定资产投资已经完成，因不能进行存量抵扣，导致税负增加。比如，国家开发银行股份有限公司宁夏回族自治区分行 2017 年第一季度实现销售额（不含税）12.73 亿元，由于占成本费用比重较大的人力费用不可抵扣且其他可抵扣项目较少，能够抵扣的进项税额仅有 17.16 万元，应纳增值税税额 7629.71 万元，按营业税税率测算的营业税额 6748.84 万元，税负增加了 880.87 万元。

（三）税收优惠政策需进一步调整完善

金融和建筑行业是营改增改革的难题，财政部虽然采取了政策平移和"老项目老政策"的制度设计帮助企业平稳过渡，但是金融行业"从事中小企业信用担保或再担保业务取得的收入 3 年内免征增值税"政策，对于西部欠发达省区担保企业来说门槛太高无法享受；建筑行业企业"新项目"上线后不能享受"老项目简易计税"优惠政策，受时间因素、市场因素、企业内部管理因素等影响，如果企业进项税抵扣不充分将会导致税负增加。

（四）税收征管难度增大

随着营改增的全面推开，国税部门接收的原营业税纳税人占到国税部门总管户的 1/3 以上，业务量成倍增加，人员不足的矛盾突出，国税信息系统难以支持，因失去"以票控税"抓手，地税部门征管工作也面临着极大的挑战。

四、对策建议

为了主动适应经济发展新常态和营改增试点改革需要,加快完善地方税体系建设,针对存在的问题提出以下建议:

(一)完善地方税体系建设

建议积极推动税制改革步伐,推进消费税、房地产税等改革,进一步理顺中央与地方的财政分配关系,完善税制,强化地方税体系建设。针对建筑业跨区域作业税源转移问题,建议自治区人民政府组织相关部门重新修订《宁夏回族自治区招商引资优惠政策》(宁政发〔2012〕97号),鼓励、引导外省企业在宁夏注册法人机构,增值税、企业所得税等相关税费在宁夏缴纳,增加地方财政收入。同时,积极争取中央能够考虑我区减收情况以及收支矛盾,进一步加大对宁夏的转移支付力度,确保地方财政收入稳定增长。

(二)积极争取放宽增值税优惠政策条件限制

针对担保企业增值税免征优惠政策,建议财政部、税务总局能够深入调研,科学评估,放宽担保贷款占比额度等限定条件,对西部省区实施差异化政策,推动欠发达省区金融市场体系建设。鉴于建筑行业"老项目""老工程"结束后,"新项目"受各种因素影响,进项税抵扣不充分会导致税负上升的问题,建议财政部、税务总局进一步优化建筑企业进项税额抵扣方案,研究出台更多的建筑行业增值税优惠政策。

(三)加大对税负上升行业和企业的扶持力度

针对建筑行业税负上升问题,建议自治区人民政府组织住建部门研究出台相关政策,在审核各地工程造价、建设工程材料预算价格时,充分考虑建筑工程中由小规模纳税人提供五金、化工、水暖、配件等情形,以及土石材料无法取得发票等因素,适当增列进项税定额调减项目。建筑行业主管部门协同税务部门加强对企业的指导,帮助企业通过技术革新、制度创新降低成本,减轻税收负担。持续开展营改增政策辅导培训,帮助企业优化经营管理模式、提高财务核算水平,引导企业用好增值税抵扣机制、用足税收优惠政策,通过"应抵尽抵,应享尽享"降低税负。

(四)不断提升税收征管水平

建议地方各级政府和有关部门加强对税务部门的关心支持,确保营改增平稳运行。进一步深化国地税合作,以"五证合一,一照一码"登记制度改革以及搭建电子税务运用平台为契机,加强第三方涉税信息获取和应用工作,不断加强税源控管。同时,充分发挥综合治税大数据平台作用,形成协税护税、综合治税的强大合力,密切跟踪营改增运行情况及运行过程中出现的问题,加强分析研究,强化征管,堵漏增收。

作者单位/宁夏财政厅税政条法处

在探索中推进 在推进中深化
——对推进居家和社区养老服务改革试点情况的调研

王建东

2017年，宁夏财政厅、民政厅对银川市所辖三区、灵武市，石嘴山市大武口区、平罗县，中卫市沙坡头区7个县（市、区）开展居家和社区养老服务改革试点工作进行了调研。

一、基本情况

（一）老龄化情况

截至2016年底，全区60岁以上户籍老年人有87.95万人，占总人口的13%，其中，80岁以上的有10.19万人，占老年人口的11.6%。7个县（市、区）60岁以上的老年人有36.25万人，占其总人口的13.5%，其中金凤区高达16.8%。80岁以上的老年人，西夏区有44613人，占其老年人口的29.1%。这说明宁夏老龄化正在加快、程度也在加重，且与人口密度、老工业基地等因素密切相关。

（二）基础建设情况

近年来，自治区共投入资金24120.5万元，其中，中央专项彩票公益金9450万元，中央预算内3999万元，地方配套10671.5万元，在全区建成111个城市社区日间照料中心。用中央专项彩票公益金9567万元，在全区建成农村老饭桌420个。7个县（市、区）有207个日间照料中心，其中，城市社区日间照料中心88个，农村老饭桌119个。按有关规定，宁夏城市社区日间照料中心建筑面积均不低于750平方米，中心内设休息室、餐厅、医疗保健室、康复训练室、心理疏导室、阅览室、网络室和多功能室等。农村老饭桌大多配有休息室。

二、基本做法

2017年，根据财政部、民政部和自治区党委、政府的部署和要求，自治区财政厅、民政厅选择了部分县（市、区）开展居家和社区养老服务改革试点。本次调研的7个县（市、区）先行先试，在探索中推进、在推进中深化，既全面启动，又突出重点和特色。

共同特点。7个县（市、区）具有相同或类似的做法：一是地方党委、政府高度重视，及时出台了一系列规范性、指导性文件以规范改革试点工作。二是在中央和自治区投入资金的基础上，地方财政配套一定资金加快基础设施建设，并把运转经费纳入本级财政预算。三是借助互联网、物联网等信息化手段，以市场化方式探索推进"互联网+养老"的智能化居家和社区养老服务建设。四是城市社区日间照料中心基本具备助餐、休息、娱乐、健身、文体活动等功能，并延伸设置若干助餐点，呈扩点扩面的趋势。

重点和亮点。7个县（市、区）在试点中各有侧重点和亮点，可供学习借鉴。一是金凤区为辖区男60岁、女55岁以上的低保、高龄、特困等老人购买了意外伤害保险。以政府购买服务的方式为家庭经济困难的失能失智老人购买居家养老服务。取消城乡差别，为80岁以上低收入高龄老人每人每月按500元发放基本生活津贴。二是西夏区政府扶持开办市场化运作的老年人营养配餐中心，支持社会力量成为提供助餐配餐服务的主体，服务范围基本覆盖辖区老人。并以招投标委托社会专业组织为失能半失能老人提供上门服务。三是兴庆区在农村探索实施高龄特困老人护理补贴试点，目前为符合条件的25名老人每人每月发放补贴800元。四是灵武市在农村建设3个养老互助院和44个农村老饭桌，村委会制定了食品安全、用餐及财务公开等制度，服务老年人达1000人，并统筹规划在其他乡镇村级推广。五是平罗县扶持发展民办养老机构，对接国债贷款项目，宁夏银北医养结合养老院项目获得国开行3500万元的贷款。并在农村探索60岁以上老人以退出产权补偿费置换养老服务的模式。六是沙坡头区、大武口区以"三社联动"试点和申报实施公益创投项目为契机，引进社会组织，为居家和社区养老提供专业化服务，并对取得助理社工师、中级社工师给予1000元、2000元一次性奖励。七是大武口区整合项目资金，统一规划建成老年活动中心、残疾人托养和社区卫生服务中心综合楼，并与宁夏第五医院签订协议，打造公建民营、医养结合的示范点。

三、存在的问题及建议

（一）存在的问题

就全区而言，在改革试点期间已出现了发展不协调的问题。城市、县城好于乡镇和农村，北部川区好于中南部山区，银川市好于其他四个市。在调研的7个县（市、区）中，存在着较为突出的共性问题：一是缺乏科学规划，整体上呈自由、松散的发展状态。盲目建设，城乡设点布局不合理，老旧小区没有养老规划用地用房，新建小区也没有按规定标准落实养老用房和设施。注重发展城市中心社区，忽略了城乡结合区域。农村老饭桌作用发挥不够明显，有的基本闲置。二是缺乏顶层设计，对改革试点中的关键环节、重点领域缺乏政策上的界定和引领，政府与市场的职能划分模糊不清，如对市场化运作的内容、项目、收费标准等未做明确界定。有的地方还没有执行水暖电气按居民生活类价格收费等税费优惠政策。三是经费保障乏力。城市社区日间照料中心和农村老饭桌，普遍存在经费不足的问题。农村老饭桌面向社会老人收费低且收费难，大多只为政府购买服务的困难老人提供用餐和配餐，有的已亏损，有的面临关门。四是社会化养老服务机构建设相对滞后。目前，城市社区安排公岗人员、农村临时聘用附近村民维持日常服务，工作人员不足，专业性不强。

（二）几点建议

为加快促进以居家为基础、社区为依托、机构为补充、医养结合的多层次养老服务体系建设，现建议：一是发挥地方政府主导作用，加强顶层设计，科学规划，统筹区域、城乡协调发展。在城市老旧小区通过增减或购买、置换、租赁等方式配齐养老设施，在新建小区落实配备养老设施有关规定。政策和资金应适当向农村倾斜，依托行政村或较大自然村建设老年人日间照料中心、幸福院、互助院等。二是强化地方政府主体责任，将基础设施建设和保障运营经费纳入本级财政预算，落实县级以上政府本级福利彩票公益金的50%以上用于支持养老服务业。自治区财政将根据地方投入情况给予一定补助。同时，鼓励有条件的地方设立养老产业基金，发挥财政资金引导作用，吸引社会资金投入，形成多元化资金保障机制。三是研究完善有关政策，落实准入、金融、财税、土地等优惠政策，通过搭建平台、购买服务、公办民营、民办公助、股权合作等方式，鼓励社会力量参与，使之成为养老服务主体。四是整合社区内和周边各类为老资源，精心打造多功能、专业性、连锁式、品牌化的居家和社区养老服务示范点，延伸用好专业化社会组织、"互联网+"智能养老技术，精准满足个性化、多样化的养老服务需求，进而推广，以解决辖区内居家和社区养老问题。五是根据《宁夏回族自治区养老服务促进条例》有关规定，应加大养老服务综合执法检查力度。自治区民政厅应强化绩效考核，将地方政府推进居家和社区养老服务体系建设纳入政府效能目标考核。

作者单位/宁夏财政厅社会保障处

绩效导向 依法评价 科学规范
深入推进城镇保障性安居工程建设
——宁夏财政厅、住建厅扎实开展2016年财政资金绩效评价工作

丁洪俊

2016年底以来，宁夏财政厅指导全区各市县运用科学、合理的绩效评价指标、评价标准和评价方法，对城镇保障性安居工程财政资金的经济性、效率性和效益性进行客观、公正的评价，为健全完善重点财政支出绩效评价体系，进一步提高城镇保障性安居工程财政资金使用效益，更好实现城镇保障性安居工程建设目标夯实了基础。

一、主要做法及特点

（一）领导高度重视，强化对中央政策的学习贯彻

《财政部 住房城乡建设部关于印发〈城镇保障性安居工程财政资金绩效评价办法〉的通知》（财综〔2017〕6号）下发后，财政厅及时会同自治区住建厅召开联席会议，结合学习贯彻《预算法》和财综〔2017〕2号文件，认真座谈讨论，提出我区贯彻落实的具体办法，2017年3月初，财政厅会同住建厅重新修订印发《宁夏回族自治区城镇保障性安居工程财政资金绩效评价实施细则》（宁财综发〔2017〕108号），细化自治区本级和市、县（区）绩效评价量化指标，指导各市、县（区）制定了本级绩效评价办法，同步纳入财政预算和绩效管理体系。

（二）注重统筹协调，突出绩效评价推进工作落实

《财政部 住房城乡建设部关于进一步做好棚户区改造相关工作的通知》（财综〔2016〕11号）下发后，财政厅会同住建厅结合贯彻落实国发〔2015〕37号文件精神，迅速以宁财（综）发〔2016〕344号文件转发各市、县（区），并明确提出研究吃透中央政策要求，加快资金支出进度，推进棚改项目贷款支出，降低棚改成本等工作要求。结合迎接国务院大督查工作，从2016年6月份开始进一步强化完善了财政专项资金统计月报、季度机制，督导专项资金支出进度，同时结合大督查汇报、"三重一改"、"落实政府工作报告任务"、"影响长远发展突出问题分工任务"、"落实财政重点任务分工"完成情况汇报等工作机制，及时向自治区政府汇报专项资金支出情况及措施建议，将开展年度财政资金绩效评价工作，并依据评价结果问责、奖惩、分配均衡性转移支付资金作为推进工作的重要内容。同时，专题向自治区党委、政府主要领导汇报了财政部开展2015年保障性安居工程财政资金绩效评价工作通报结果，作为党委、政府对各级部门效能目标考核评分因素，从自治区政府层面推动了绩效评价工作落到实处。

（三）强调完善机制，结合评价工作齐抓共管项目实施

在2015年委托第三方中介机构开展绩效评价工作的基础上，2016年11月下旬以来，自治区财政厅会同自治区住建厅继续采取政府购买服务、委托中介机构参与等方式，在全区范围组织开展2016年财政资金支持城镇保障性安

居工程绩效目标实现程度预评估和综合评价工作;并于2017年1月份开始,指导各市、县(区)对2016年本级保障性安居工程绩效目标实现程度进行了年度评价。为确保评价工作科学公正,财政厅会同住建厅共同选择纳入政府采购目录的中介机构参与评价,紧紧围绕评价原则、自治区级和市县(区)两个评价指标体系,采取先对各市、县(区)分级评价、再结合市县评价结论及自治区本级实施情况对全区财政资金总体绩效进行评价的方式组织实施。自治区专门成立了绩效评价工作组,组织参加评价人员培训,指导评价机构制定工作方案,按照进点查账、入户了解、走访问效、问卷调查、对照项目核实、现场核查工程进度等方法,对全区19个市县、2个开发区、自治区农垦事业管理局等24个单位保障性安居工程制度体系、资金管理、项目管理、项目效益进行了绩效目标对比分析和客观评价,督促各地落实主体责任,切实抓项目工程进度,加快项目审核和资金支付,消化和压减存量资金规模,提高预算执行进度。各市、县(区)财政、住建部门也普遍采取本级组织或委托专家、中介机构等第三方参与绩效评价工作,进一步提高自治区城镇保障性安居工程财政资金使用效益,建立健全了绩效评价机制。

(四)坚持跟踪问效,有的放矢地推进绩效目标实现

根据评价初步结果,自治区财政厅会同住建厅及时召开绩效评价工作反馈座谈会议,针对梳理出存在的19个方面91个问题,逐个市、县(区)、逐个部门、逐个问题进行核对,提出解决和整改落实的办法,对号消解。会同自治区政府督察室、住建厅对全区棚改开工进度进行"拉网式"督查,持续开展专项跟踪督查和通报,约谈相关主要领导和负责人。对完成年度目标任务确有特别困难的市、县(区),提请自治区保障性安居工程领导小组尽快进行年度任务计划和中央及自治区财政专项资金调整。结合自治区2016年度住房保障工作目标责任考核,认真开展绩效评价"回头看"。同时,坚持把盘活财政存量专项资金工作纳入自治区对下财政管理综合绩效考评范围,建立政府督查、财政、住建、审计等部门联动机制,逐月盯落实,有效控制结转结余资金,以解决"钱等项目""项目不进钱不动"等问题,促进拉动内需。积极推进棚改货币化安置化解库存,2016年全区棚改居民共购买商品住房1.441万套,占同期全区商品住房销售总量的35%左右。

二、取得的成效

通过开展2016年度财政资金事中预评估和年度绩效综合评价工作,清楚地掌握了宁夏2016年度保障性安居工程进展情况,为调整相关政策、加强保障性安居工程建设和运营管理工作提供了重要参考依据。自治区2016年度1个建设类项目、2个改造类项目及1个补贴项目综合评价绩效得分98.1分,等级达到"优秀"。

一是切实摸清了年度保障性安居工程进展情况底数。2016年,自治区财政共下达各市、县(区)中央及自治区财政专项补助资金19.8577亿元,拨付率100%。全区各类棚户区改造开工6.3637万户,完成年度目标任务6.3533万户的100.16%,其中棚改货币化安置率达45.2%,竣工分配2.1237万套,入住率达91.9%;各类保障性安居工程实物基本建成6.0076万套,完成年度目标任务3万套的200.3%;新增租赁补贴0.415万户,完成年度目标任务0.365万户的116.9%;公租房累计实物配租13.3317万套,完成年度分配入住目标任务15万套的88.8%。特别是对各市、县(区)具体情况的掌握分析,为有效解决将财力集中投向住房保障项目钱怎么花、花多少等问题提供了科学依据,有力地推动了公共财政体系全面完善和工作创新。

二是增强了财政统筹调控能力。在财政绩效评价过程中,财政厅会同住建厅及时与第三方中介机构加强沟通对接,根据实时反映的情况,先后对2个无法完成年度目标任务的市、县共4499户城市棚户区改造任务计划和1.44亿

元财政专项资金进行了即时调整，同时注重统筹货币化安置、加强城市棚户区改造贷款管理，在政策允许范围内进行调整调剂，引导各市、县（区）多渠道筹集项目资金8.1亿元，通过政府购买棚改方式对接开发性金融贷款120.93亿元，切实加强风险防控，有效发挥财政资金使用效益。

三是强化了多方联动加强预算绩效管理的先进理念。自治区连续九年将保障性安居工程纳入党委、政府"为民办实事"工程管理，连续两年绩效评价工作事前自治区政府主要领导听取汇报，事中财政和住建部门联合组织、纪检监察和政务督察部门专题督办，事后多部门纳入机关效能考核跟踪问效、结算硬账，确保了专项资金定期跟踪、工程进度和质量定期监管、绩效目标实现情况定期通报、项目运营管理定期问效。通过加强预算绩效管理，进一步促使各级在工作推进中更注重多方联动、财政资金使用中更突出发挥效益、预算实施中更强调责任意识，有力地提升了绩效评价结果的导向作用。

四是进一步增强了项目带动经济社会发展效益。2016年度，全区保障性安居工程年度计划投资49.3亿元，截至2016年12月底，实际完成投资达到83.75亿元，占年度计划的169.9%，占总投资184亿的45.3%；自治区从2014年起对低收入住房困难保障对象实行应保尽保，公共租赁住房保障对象随着住房竣工逐步实物配租，已对13.33万户、39万中低收入住房困难家庭实施了公共租赁住房保障。自2007年保障性安居工程启动建设以来，全区共实施保障性安居工程60.8万套，其中改造各类棚户区33.8万套，建设各类保障性住房27万套，概算投资1063亿多元，改善了近160多万群众住房条件。

实践证明，开展事中和年度保障性安居工程财政资金绩效评价工作，能够更好地引导地方各级上下配合加强项目运营管理，强化财政资金拉动提升地方经济发展的效益。进一步工作中，自治区财政厅会同住建厅将依据此次评价结果，进一步加强自治区2016年度保障性安居工程财政资金绩效跟踪考核，更好地推进年度绩效目标的顺利完成。

作者单位/宁夏财政厅综合处

加强预算会计工作 提升财政管理水平

许进贤

随着财政服务国家治理的基础作用增强和新一轮财税体制改革的深入,作为财政工作的重要环节,财政总预算会计工作的质量和内涵在新时期有了更高的要求。财政总预算会计通过会计核算和预算管理职能,为政府决策提供基础信息,妥善解决财政资金供求矛盾,保障政府预算依法执行。近年来,自治区本级财政预算会计立足于财政会计工作职责,围绕建立公共财政管理体制的各项要求,以财政信息化建设为抓手,做好新旧会计制度衔接工作,加强财政内控工作,强化国库管理工作,有效提升会计核算和预算管理的水平。

一、完成新旧会计制度衔接工作

在当前公共财政体系的建立健全和财政管理改革的深入推进下,原《财政总预算会计制度》核算内容已不适应目前财政核算工作的需要。区本级财政部门积极开展新旧会计制度衔接工作并顺利完成了新旧会计制度衔接工作。新的总预算会计制度的建立,完整的反映政府资产负债情况,最终实现财政总会计既准确核算反映预算执行情况,又全面核算反映政府资产负债状况,为建立权责发生制的政府综合财务报告制度奠定基础。

(一)部门配合是前提

新旧预算会计制度衔接工作涉及部门多,时间长,领域广,各部门协调配合是做好工作的前提。财政国库加强与各业务处室和债务处室密切衔接,并积极与涉及股权等部门沟通,衔接,确保工作有序开展。

(二)原始资料收集是基础

新旧会计科目衔接、股权、债权、债务的账务信息补登工作涉及面广,原始资料的归集和整理是新旧会计制度衔接工作的关键。财政部门相关处室从本部门掌握的拨付企业的资金情况中归集,同时也积极的从财政总决算、部门决算和国有企业决算报表中收集相关资料,确保原始资料归集的完整、真实和连续。

(三)数据分析是关键

国库处从财政部门相关处室收集大量原始资料后,严格按照新的预算会计制度相关要求进行数据的分析,全面梳理财政层面的股权、债权、债务,对属于内部交易的进行抵消、合并,实现入账资料真实、完整。

(四)动态化管理是常态

新旧会计制度衔接后,新预算会计制度完整的反映政府资产负债情况,保证政府资产管理与预算管理紧密结合。财政国库部门根据各处室提供的股权、债权的变更做常态化会计核算工作,实现财政总会计动态化反映预算执行情况和政府资产负债状况。

二、推进财政会计信息化水平

财政总预算会计工作紧紧围绕财政改革与

发展要求,以财政管理的科学化带动信息化,切实提高财政信息化水平建设,以信息化助推会计内控制度的完善,实现管理的科学化、规范化,用信息化解放生产力,提高工作效率,服务财政决策。

一是财政资金实现网上支付流程。财政厅按照先易后难,逐步推进的原则,全面梳理区本级预算单位资金支付情况,对符合集中支付的单位积极纳入集中支付系统进行支付,对原先采用手工实拨的社保资金、大学生就业补贴资金、地方债本级还本付息及发行手续费资金、军转干部工资、政府采购质保金、市县转移资金等通过财政一体化平台实现上网审核、确认及支付,实现财政资金网上统一支付、记账。目前,区本级预算单位基本实现财政资金审核和拨付全部通过网络运行,提高了财政支出效率。

二是区本级实现账务系统记账。2016年区本级实施一体化账务系统记账,财政与人民银行通过电子数据传输实现收支数据自动生成凭证。基本形成了预算指标下达,单位计划上报,支付清算,清算数据账务生成的有效衔接,实现财政数据的整合和共享。账务系统信息化记账有效减轻总预算会计工作量,减少手工记账的错误率,提高财政数据的科学性和时效性,提升区本级财政的管理水平。

三是自动提取各项财政报表。区本级使用基于一体化平台的总预算会计软件后,账务系统将实时从总预算会计软件中提取收入、支出记账凭证审核确认后的数据,方便财政部门及时掌握财政收支情况。同时,系统按照财政部标准格式自动生成旬、月报,提高了上报财政部相关数据的效率,有效增强财政数据的管理水平,更好的为领导决策提供数据依据。

三、加强财政内控制度建设

为加强财政内控管理,规范财政资金运行管理机制,提升财政资金运行效率和安全性,2016年全区财政部门开展资金安全检查工作。检查主要从岗位和人员管理、账户管理、财政资金收付管理、会计核算管理和会计集中核算向国库集中支付转轨落实情况等五个方面进行全面核查。财政厅国库处按照检查内容,并结合国库处信息化程度高的特点,进一步完善内部控制制度体系,提升内控水平。

一是提高信息传输的质量。积极与人民银行、国库集中代理银行、非税收入收缴代理银行沟通按规定时限报送相关凭证,并通过财税库银系统报送电子信息,保证财政收支信息数据传递的准确性和及时性。

二是落实记账复核双岗制。财政预算会计对人民银行和代理银行报送的财政资金收付凭证等原始单据(含电子数据)进行审核,及时制作记账凭证,复核岗位人员对记账凭证复核无误后登记相应的会计账簿。

三是严格执行财政对账制度。财政预算会计对相关资金收支情况等,与一级预算单位核对财政收支帐,与下级财政国库部门核对资金往来帐,与人民银行国库核对国库存款资金,与国库集中支付代理银行核对资金收付及清算情况,与财政专户开户银行核对专户资金账。

四是及时完成会计资料的归档。按照《财政总预算会计制度》规范财政总预算会计核算,实现总预算会计核算反映预算执行情况和财政资产负债状况,并按照相关规定办理账簿结账和编制相关会计报表,按照会计资料保管要求,妥善保管纸质和电子等媒介的会计资料,实现会计资料的及时,完整保管。

四、提升国库资金管理水平

当前自治区经济下行压力依然较大,必须实施积极的财政政策来助推经济发展。区本级财政采取有效措施提升国库资金管理水平,有力保障预算执行进度和压减库款规模,充分发挥财政资金的使用效益,更好的服务稳增长,促发展的大局。

一是积极规范国库退库制度。加强与税务部门的衔接,实现税收收入退税业务的高效办理;积极与人民银行协调,规范非税收入退付管理职责和程序，完善区本级非税收入退付工作流程；修订了《关于社会保险费退费业务有关规定的通知》，实现社保费收入退付的制度化。

二是全面梳理财政存量资金。为盘活财政存量资金，结合新《总预算会计制度》实施，通过新旧账务体系的衔接，对总预算会计账务进行全面梳理，重点梳理财政存量资金。进一步明晰总预算会计账务核算，为加快财政存量资金盘活等工作奠定基础。

三是加强国库库款管理工作。合理安排和调度国库资金，提高资金使用效益，确保财政预算高效执行；加快市、县转移性资金调度，全区各级次库款有效合理安排，有效保障了市、县支出进度。

四是完善库款考核机制。全区建立库款月报考核体系，将市、县（区）财政部门负责人为库款管理第一责任人，健全完善全区库款考核通报机制，实行转移支付资金调度与地方库款挂钩，并建立地方财政库款约谈机制，确保市县强化库款管理措施。结合本地区宏观经济运行、财政收支、存量债务规模变化等，加强全区库款统计分析，提高库款考核结果的运用。

作者单位/宁夏财政厅国库处

社会保险基金预算编制中存在的问题及对策

武 涛

通过编制社会保险基金预算,可以全面掌握各项保险的收支情况、参保人数、实际缴费人数、享受待遇人数、缴费基数、缴费比例等基本数据,在增强政府的宏观调控能力,强化社保基金的监督管理,保证社保基金安全完整,提高社保基金支出效益,促进社会保险制度可持续发展,保障相关人员的权利等方面发挥了重要作用,但随着社会保险事业的发展,社会保险基金预算在编制方面的要求也越来越高,因此,如何科学合理准确地编制预算就显得尤为重要。

一、社会保险基金预算编制方面存在的问题

(一)尚未建立科学的标准体系和管理体系

一方面,由于国家、省、市出台的社会保险管理政策相对滞后,执行中"超标"现象普遍存在,增加了建立科学合理的预算定额标准体系的可操作难度;另一方面,由于编制预算时的基础数据就是预测数,不能正确反映后续开支的实际水平,因而无法形成科学合理的经常性支出的定额体系。对宁夏来讲,属于经济欠发达地区,部分市县社会保险基金收入偏低,支出预算偏高,社会保险基金支出增幅远高于收入增幅,依靠国家一般转移支付保障,这在一定程度上削弱了社会保险基金预算的计划性和约束力。

(二)预算编制的准确性有待进一步加强

财政部门主要是依据社会保险经办机构提供的上年基础数据加政策要求来测算编制,会造成实际执行数据偏差。政策性审核中要求社保基金增长,且增长率达到一定比例,但从实际情况来看,很难保证,所以固定的增加模式不一定切合地方实际。再加上编制时间比较仓促,财政部门要在短短的一个多月时间里,匆匆完成论证、审核、编制、汇总、分析、"二上二下"等诸多编制环节,最终难免形成预算编制粗放、预算执行偏离、财政监督困难的局面。

(三)预算编制不全面,协调与沟通有待加强

一是现行的社会保险基金预算编制,社会保险经办部门和财政部门同时编制两套预算,上报前两个单位只是对数字进行核对,而没有从社会发展的角度对编制的预算进行必要、系统的分析。二是财务部门在预算编制过程中起到沟通和协调的作用,但社会保险基金预算涉及社会保险经办机构的多个部门,每个部门在编制本部门的年度预算时,仅仅考虑的是本部门的事情,不能从全局出发,难免使预算编制片面化。三是财政部门在审查预算时,也可能因为不是经办部门,对某些政策法规的掌握不太熟练,仅从预算报表的数字与勾稽关系上进行审核,也在一定程度上影响了预算编制的全面性。

(四)信息化建设相对滞后

目前自治区尚未开发统一的社会保险信息化软件管理系统,由于财税部门和社保部门社会保险信息系统软件开发应用不统一、数据不能共享,这就很容易造成因统计口径、记账方法、入账时间等问题的不一致,致使统计的数据

置信度差,甚至出现不相符的现象,这严重影响了社会保险基金预算编制工作的顺利开展。

二、完善社会保险基金预算编制的对策和建议

(一)建立科学的标准体系和管理体系,编制滚动预算

社会保险基金预算是根据国家社会保险和预算管理法规建立,反映各项社会保险基金收支的年度计划,体现了社会保险事业发展的规模和方向。而完善社会保险基金预算编制与管理,有利于全面掌握基金收支支行情况,增强社会保险管理的科学性和规范性,对于完善包括公共财政预算、政府性基金预算、国有资本运营预算和社会保障预算在内的政府预算体系具有重要意义。因此,在综合考虑上年度基金预算执行情况、本年度国民经济和社会发展规划等因素的基础上,对预算的编制项目分别进行测算,建立科学的社会保险基金预算编制体系和管理体系,实施滚动预算编制方法。一是各部门按照规划目标提前谋划大事和资金筹措方案,将有效提高财政资金分配的前瞻性、计划性和整体配置效益,集中财力解决经济和社会领域内的重大问题。二是可以加强政府和财政中长期规划的约束能力,从制度上实现政府中长期目标的财政保障机制,实现社会保险基金预算与政府中长期规划目标的有机结合。三是能够增强各年度之间财政支出的连续性,有利于财政运行的平衡和稳固,进一步增强部门预算的透明度,有利于构建政府与公众之间更加和谐友好的关系,防范财政风险。

(二)提高预算编制的准确性,编制精确预算

一是应适度延长编制预算的时间。对预算编制时间的适度调整,这有助于项目支出的科学论证和各项事业发展的科学规划,有利于财政"理财不道",部门"用财有道"。二是要加强对社会保险基金调整预算的编制。编制调整预算,对预算进行局部的调整,可以更好地适应客观情况的变化,更加全面准确地反映预算年度的实际情况。三是要加大调研及检查力度。一方面,对于预算中无法把握的变量,多研究,多调查分析,采取科学方法,力争将变量控制在可控范围;另一方面,对于预算中未执行的各项政策,必须加大检查督促力度,确保政策的严肃性。

(三)加强部门的沟通与协调,编制全面预算

一是应改变现有的预算编制体系,社会保险经办机构和财政各部门统一协调、分工协作,充分发挥各自职能作用,建立起职责明确、配合有力、运转顺畅的工作组织协调机制,合并两套预算编制办法,共同编制和上报社会保险基金预算。二是积极配合相关部门提出建立预算绩效考核机制和激励约束机制的意见和建议,在单位内部也应加强预算草案编制的考核工作,研究建立系统内部的绩效考核办法,以推进社保基金预算制度的发展,提升社保基金预算的编制水平。三是加大预算的审核力度,有条件的地方可以依托财政社会保障资金管理信息系统,加强与社保经办机构的联系,共同协作,确保社会保险基金预算编制的全面性。

(四)加强信息化系统建设,建立各系统的联动机制

社保基金预算管理是一个系统工程,涉及社保基金经办管理的诸多环节,各部门之间要相互协调、密切配合。一是建立社会保险基金信息一网机制。依托"金财工程"和"金保工程",构建社会保障资源共享平台,实现与人社、税务、公安、民政、卫计等部门进行数据和信息资源互换、共享和整合,各系统间可以有效开展各自工作,并为其他系统的工作提供支持,为社会保险基金预算的编制提供准确可靠的数据支撑。二是利用信息系统提供的数据开展社会保险基金收支趋势预测,为社会保险基金预算的编制提出相应的建议和措施。三是社保基金管理部门要熟悉掌握与社会保险相关的政策法规,对社会保险各经办机构进行监督核查,其他业务系统也要对社保基金管理部门的财务核算及投资运营情况进行监督,为社会保险基金预算的编制提供稽核功能,确保基金的保值增值。

作者单位/宁夏财政厅社保基金中心

宁夏非税收入影响因素分析

马　刚　马　瑾

政府非税收入概念是在我国已经使用多年的预算外资金概念基础上逐步演变形成，并随着市场经济体制改革的深化和公共财政框架的建立而发展起来的。

一、宁夏非税收入运行情况

根据2014年自治区人大颁布的《宁夏回族自治区政府非税收入管理条例》，政府非税收入为：国家机关、事业单位、代行政府职能的社会团体和其他组织依法履行公共事务管理职能，行使政府权力，利用政府信誉、国有资产、国有资源，或者提供特定公共服务取得的财政资金为非税收入，目前，全区的非税收入涵盖：政府性基金收入、专项收入、彩票公益金收入、行政事业性收费收入、罚没收入、国有资本经营收益、国有资源（资产）有偿使用收入等10类，包括项目管理、征收管理、预算管理、使用管理以及监督管理等多个环节，涉及环境、资源、交通、教育、公检法等多个政府职能部门。

目前，全区政府非税收入总体发展态势良好，但还存在着一定的问题，其中，较为突出的就是非税收入总体规模过大，占财政性资金比重过高。在发达市场经济国家，就政府非税收入与税收收入的主体地位而言，政府非税收入往往是处于从属地位，仅作为税收收入的补充。然而，纵观全区2016年各市县的财政性资金构成发现，部分市县的政府非税收入已接近税收收入，容易形成"税辅非税主"的畸形财政性资金结构。政府非税收入在财政性资金中所占比重过大，不仅动摇了税收收入应有的主体地位，而且还严重削弱了财政的宏观调控能力。

2016年全区各市县政府非税收入与税收收入统计表

单位：亿元

所属市县	政府非收入	税收收入	非税收入与税收比
银川市（本级级辖区）	51.18	70.22	0.73:1
永宁县	5.31	7.97	0.67:1
贺兰县	6.25	8.83	0.71:1
灵武市	2.59	6.47	0.40:1
石嘴山市（本级级辖区）	5.97	10.75	0.56:1
平罗县	2.35	5.67	0.41:1
吴忠市（本级级辖区）	4.13	9.34	0.44:1
盐池县	3.68	4.04	0.91:1
同心县	0.63	1.52	0.42:1
青铜峡市	1.87	5.61	0.33:1
固原市（本级级辖区）	3.47	5.98	0.58:1
西吉县	0.49	1.03	0.48:1
隆德县	0.54	0.74	0.73:1
泾源县	0.50	0.87	0.57:1
彭阳县	0.82	1.36	0.61:1
中卫市（本级级辖区）	3.44	7.49	0.46:1
中宁县	2.74	7.43	0.37:1
海原县	0.45	1.56	0.29:1

从反向来看,通过对2016年《中国统计年鉴》7-5部分数据的整理分析得出,东部地区非税收入在地方一般公共预算收入中的占比为19.90%,而西部地区非税收入在地方一般公共预算收入中的占比则达到31.28%,高出11.38个百分点,宁夏作为西部经济欠发达地区,当前非税收入占财政收入比重大,大体与全国西部省区资源密集、欠发达等状况相吻合,与当前宁夏经济发展状况、市场化程度相关联。但我们也应看到,适度控制非税收入绝对规模,降低非税收入在财政性资金中的比重,是今后政府非税收入发展的必然趋势。本文通过实证分析,探讨影响我区政府非税收入规模的主要因素及其影响程度,为从源头上解决非税收入规模过大问题提供基本思路。

二、实证方法与变量选择

为定量分析影响政府非税收入规模的因素,准确把握政府非税收入的变动趋势,笔者建立一个关于政府非税收入总量的线性模型:

$$rev_g=a_0+a_1gdp_g+a_2transferg+a_3structure_g+a_4soe_g+a_5d02+\zeta_g$$

式中,rev_g 表示第 i 市(县)第 t 年的人均非税收入[1];gdp_g 表示第 i 市(县)第 t 年的人均产出;$transfer_g$ 表示第 i 市(县)表示第 t 年的人均转移支付;$structure_g$ 表示第 i 市(县)表示第 t 年的第三产业产值在总产出中的比重;soe_g 表示第 i 市(县)表示第 t 年的国有企业从业人员占总人口的比重;d02 为政策虚拟变量,2002年之前取0,之后则取1,下面逐一说明外生解释变量:

(一)人均产出

人均产出反映一个地区的社会财富水平。人均产出越多,地区的财富水平就越高,相应的非税收入的总额也就较大。人均产出对于非税收入起着基础性的制约作用。

从全国来看东、中、西三大区域所辖省级行政区在2015年政府非税收入规模的统计数据来看,东部地区的政府非税收入规模最大,占全国的近一半;中部地区的政府非税收入规模高于全国的1/3,位居其中;西部地区的政府非税收入规模最小,仅为全国的近1/5,如果再考虑到三大区域所辖省份的平均非税收入规模按照由高到低的顺序应该是东部高于中部。而中部又高于西部,而这一顺序又与其人均产出水平的排序完全一致。因此,推测某一地区的非税收入规模与其人均产出水平可能呈正相关关系。

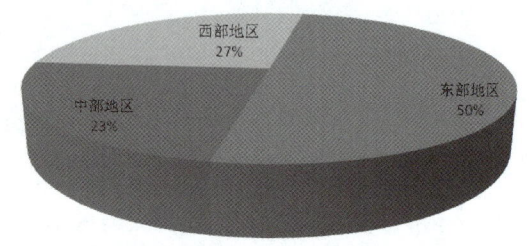

图1 2015年分区域非税收入占全部非税收入比重图

以上图表数据来源于2016年《中国统计年鉴》7—5部分。

(二)人均转移支付

分析转移支付与非税收入的关系要从我国的分税制度改革谈起。1994年分税制改革的主要目的在于增强中央政府宏观调控能力,扭转中央财政收入在总财政收入比重中不断下滑的趋势。为了实现这一目的,在划分税种时,收入来源稳定、税源集中、增收潜力较大的税种,都列为中央固定收入来源不稳定中央固定收入或者中央与地方共享税,而留给地方的几乎都是收入来源不稳定、税源分散、征管难度大、征收成本高的中小税种。

分税制改革后,地方税收收入占整个税收收入的比重下降到50%以下。与此同时,由于绝大部分支出责任都需要地方政府承担,地方财政支出有增无减(近些年来,地方财政支出占整个财政支出的比重一直在70%左右)。当占50%以下税收收入的地方政府需要负担70%左右的支出责任时,地方政府只有两种选择:一个是要求中央政府增加转移支付,另一个则是另辟财源,获取税收之外的收入。长期以来中央的转移支付尤其是其中均衡财力的一般性转移支付规模较小,远远满足不了地方政府平衡本级财政的需要,而非税收入尤其是预算外部分的收入管理不规范,征收较为容易,便于地方政府掌握。两相比较,地方政府自然会选择大力发展非税收入。因此,地方政府非税收入规模的增加,部分原因也是由于中央政府转移支付数额未能满足地方支出预期所致,所以这里把中央政府的转移支付也作为影响非税收入增长的一个变量。

（三）产业结构

产业结构,指的是国民经济各产业部门之间以及各产业部门内部的构成情况,各产业部门的构成及相互之间的联系、比例关系不尽相同,对非税收入的影响大小也不同。2014年我国第三产业占GDP的比重首次超过第二产业,第三产业成为第一大产业,意味着我国经济工作着力点更多向第三产业转移,中国经济正在由原来的工业主导型经济向服务主导型经济转变,这种趋势将对中国经济增长、就业以及非税收入等带来深远的影响。本文通过第三产业在地区生产总值中的占比描述产业结构。

（四）市场化进程

我国在改革开放之前实行的是计划经济,没有市场自由发展的前管制阶段,政府管制先于市场存在,因此,建立和发展市场经济实际上是一个放松政府管制、转变政府职能的过程。而在市场化进程和政府职能的转变中,则伴随着政府非税收入的减少。我们可以从以下三个方面说明问题:

1.国有企业改革。20世纪80年代实施的"放权让利"的经济体制改革扩大了国有企业自主权,国有企业利润不再全部上缴政府。进入20世纪90年代以后,以建立现代企业制度为目标的国有企业改革进一步深化,大量中小国有企业退出竞争性领域,使得国有资本经营收入进一步减少,政府非税收入由此也相应减少。

2.政府机构改革。在市场化进程中,我国始终在进行机构改革,提高政府效能。一方面,行政机构精简人员,减少对于财政收入和非税收入的需求;另一方面,附属于政府的大量盈利性事业单位进行了企业转制改革,减少了政府从这些事业单位中获得的非税收入。

3.政府推动民营经济发展。党的十六大以来,党和政府一直强调"毫不动摇地鼓励、支持和引导非公有制经济发展",给民营企业传递了珍贵的信心,鼓舞了民营企业创业创新的热情。为了促进民营经济的发展,地方政府开始改革行政管理体制,逐渐完善公共职能。从规范政府行为看,中央围绕减税降费,2017年上半年召开的第五次国务院常务会议,审议通过了多项制度性、管长远、见实效的措施,减负规模达到10010亿元。降费方面,清理规范一批政府性基金、行政事业性收费和经营服务性收费,阶段性降低失业保险费率、降低银行业金融机构涉企收费、推进网络提速降费、降低企业用能成本、推进物流降本增效等。从宁夏政策执行层面来看,2017年以来大幅度清理规范行政事业性收费。截至上半年,已累计清理收费项目41项。清理后,宁夏行政事业性收费项目共有61项。其中,中央批准设立的51项,地方批准设立的10项。全区涉企行政事业性收费项目33项。地方批准设立的10项行政事业性收费项目,主要涉及公安、人社、教育、文化、财政、残联、卫生和计划委、民政等部门。（根据傅勇和张晏的研究,本文采用宁夏各市县国有经济单位职工在总人口中的比重描述宁夏的市场化进程。）

（五）政策虚拟变量

目前,对非税收入的管理主要采取"收支两条线"管理。"收支两条线"的核心在于收支分离,即执收单位的收费和罚没收入等不再与支出挂钩,从而抑制政府部门乱收费、乱罚款行为的发生,控制非税收入的规模。为了估计2002年"收支两条线"改革对于非税收入规模的影响,引入政策虚拟变量。

三、实证分析结果

本文使用 Stata 14 软件,通过豪斯曼检验,模型在 1% 的水平上拒绝了适用固定效应的原假设。因此,本文采用了随机效应方法对模型进行了估计。下表列出了随机效应的估计结果

```
Random-effects GLS regression           Number of obs      =     125
Group Variable: arer                    Number of groups   =      18
R-sq:                                   obs per group:
    within  =  0.5910                       min =      6
    between =  0.7781                       avg =    6.9
    overall =  0.6516                       max =      7
                                        wald chi2(5)   =  214.09
corr(u-i,X) = 0 (assumed)               prob > chi2    =   0.0000
```

rev	coef.	Std.Err.	z	p>|z|	[95%conf. Interval]	
gdp	9.47e-07	1.03e-07	9.21	0.000	7.46e-07	1.15e-04
transfer	-.0457759	.0141689	-3.23	0.001	-.0735463	-.0180054
structure	.0341581	.0276171	1.24	0.216	-.0199704	.0882866
soe	.1088365	.0326496	3.33	0.001	.0448444	.1728286
d02	.053244	.0129686	4.11	0.000	.027826	.078662
_cons	-.021011	.0108069	-1.94	0.052	-.042192	.0001701

sigma_u	.0055201	
sigma_e	.00292546	
rho	.03438043	(fraction of variance due to u-i)

图 2　随机效应估计图

人均 GDP 的系数为 9.47×10^{-7},在 1% 的水平上显著。意味着人均产出每增加 1 元,则政府收缴的人均非税收入也会增加 9.47×10^{-7} 元,二者呈正相关的关系,但系数相比其他变量非常的小,这也意味着宁夏的经济发展促进了非税收入的增长,但影响非常有限,不是决定性因素。

人均转移支付的系数为 -0.046,意味着如果每个市县人均转移支付每增加 1 元,人均政府非税收入则会降低 0.046 元。二者呈负相关的关系,这也就意味着:人均转移支付的增加,在某种程度上缓解了地方的财政困难,降低了地方政府对于非税收入的依赖,从而抑制了非税收入的增加。

产业结构的系数为 0.034,系数为正,但不显著。这说明第三产业的发展,在地区生产总值中的占比不断提高,对非税收入的增长并没有显著的影响。

国有企业的从业人数比重系数为 0.109,系数为正,意味着国有企业从业人员比重每降低 1%,则人均政府非税收入会降低 0.109 元,反映出市场化进程在一定程度上抑制了政府非税收入的增加。这也就意味着随着政府行政事业性收费的逐年减少,政府的非税收入也随之减少。

政策虚拟变量的系数为 0.053,且在 1% 的水平上显著,这说明 2002 年的"收支两条线"改革,在宁夏有效地抑制了非税收入的增长,通过将预算外收入纳入政府收入核算,有效地规范了非税收入的管理。

四、结论

本文研究了影响宁夏非税收入规模的主要因素。实证研究结果表明,人均产出、人均转移支付、市场化进程以及政策调整等变量对政府非税收入规模都有所影响,其中,人均产出的增加会促进非税收入的增加,但影响有限;市场化进程的加快和转移支付的增加则会抑制政府非税收入的增加,同时"收支两条线"政策的实施,也有效地抑制了政府非税收入的增加。从规范管理和控制非税收入总体规模的角度分析,需要进一步加快政府职能的转化,推动转移支付制度建设,解决基层财政困难。

作者单位/宁夏财政厅非税收入管理局

宁夏注册会计师和资产评估行业党委行业党建经费管理情况调研报告

王梦慧 李 珊

2015年中共中央办公厅印发《关于加强社会组织党的建设工作的意见（试行）》，对加强社会组织党的建设工作提出新的要求，如何建立体制更加合理、机制更加有效、管理更加科学的行业党建工作运行体系，已成为摆在行业党委面前的重大问题。为更好地服务所属各党组织，确保党建工作有效、顺利开展，宁夏注册会计师和资产评估行业党委于2017年2月20—28日就行业内各党支部党建经费保障情况及党建工作开展情况进行调研活动。

调研组组长由宁夏注册会计师和资产评估协会秘书长盖忠担任，协会副秘书长王梦慧担任副组长，成员为协会其他相关工作人员。调研小组通过座谈、走访、参观等形式，对目前行业内各党支部党建工作开展情况进行了督导检查，其中主要对党建经费使用、党组织阵地建设、党员和党务工作者学习教育培训等情况、主要做法、实际成效和存在问题展开了深入调研。

一、党组织建设情况

截至2017年2月，自治区共有会计师事务所25家、资产评估机构11家。设有党组织共27家，其中，21家为独立党支部，6家为联合党支部；5家联合党支部涵盖统一品牌管理的5家会计师事务所和5家资产评估机构，1家行业联合党支部涵盖了3家未达到设立党支部条件的执业机构的党员，除2016年末新成立1家执业机构因无党员未建立党组织外，行业党组织覆盖率达到100%。目前党组织关系隶属行业党委的24家党支部，有3家党支部组织关系未在行业党委，其中，宁夏天华会计师事务所隶属银川市财政局党组，宁夏方正会计师事务所隶属吴忠市财政局党组，中联资产评估集团宁夏华恒信有限公司隶属银川市审计局党组。

截至2017年2月，注册会计师和资产行业共有从业人员1124人，其中党员308人，占总人数的27%。组织关系隶属行业党委下设党支部197人，组织关系隶属于其他地方党组的50人，待转入行业党委的党员57人，待转出行业党委的党员5人。

二、党建经费管理使用情况

各党支部党建经费主要来源为行业党委下拨党建经费补助、党员交纳党费返还、上级党组织奖励、执业机构自筹等。另有天华会计师事务所党支部创新党建经费收入方式，将个人所得税手续费返还列为党建经费来源之一。各支部党建经费支出主要在党组织阵地建设、党员教育培训、弱势群体帮扶和红色主题实践活动等方面。

行业内党支部均按规定对党建经费进行独立核算，共有5个党支部的党建经费单独建账进行核算，其余党支部均通过其他应付款（专项应付款）进行核算。仅有5个党支部按规定在银行开设了党建经费专户,其他党支部党建经费均存于执业机构一般账户。

三、各支部党建活动开展的主要做法

近年来,在各级党委、财政厅党组的高度重视和大力支持下,宁夏注册会计师和资产评估行业党建工作取得了较好的成绩。这些成绩的取得得益于中注协行业党委和财政厅给行业提供的经费保障,自2010年以来行业党委每年从行业党建费用中拿出一部分对行业内基层党组织给予一定经费补助。行业党委的党建经费补助有效解决了过去行业内党支部举办活动经费支出难、经费支出方向不明确、活动内容单一等问题。通过物质支持为各支部展开多种形式党建活动提供了有力保障。

(一)认真执行,积极促进

行业内大部分党支部把党建工作内容纳入当年工作重点。严格按照宁夏注册会计师和资产评估行业党委每年工作要点制订工作计划,将深入学习习近平总书记系列重要讲话精神和十八届三中、四中、五中、六中全会精神,扎实开展"两学一做"学习教育等学习内容纳入培训计划,确保顺利完成年度工作任务。同时通过不同形式的活动方式、宣传模式来增强支部内党员为人民服务的意识。通过学习,各支部以党建活动带动业务发展,践行了"制度建设年""网络建设年""基层组织建设年""诚信文化建设年""国际化建设年""创新服务年"等主题活动,在凝心聚力抓党建的同时提升行业服务质量和行业创新能力。

(二)重视建议,创新方式

各党支部重视党员提出的意见与建议,创新交流、实践方式,在民生生活会、教育实践等活动上化被动为主动,做到让党员发声。通过革命老区实践学习、党政知识演讲、党政知识竞赛、困难群众帮扶、书籍采购等活动方式共同促进各支部在思想上、认识上始终与党中央保持一致,不断发挥党员的带头作用。例如,宁夏天华会计师事务所党支部于2016年七一前组织全体党员、积极分子、共青团员40余人前往延安革命圣地,并在七大会址一同重温入党誓词、进行现场党课学习。中联资产评估集团宁夏华恒信党支部于2016年12月组织开展党民共建演讲比赛,党员和群众纷纷踊跃参与。宁夏立信达会计师事务所党支部组织全员展开纪念建党95周年、纪念红军长征80周年知识竞赛答题活动并取得良好反响。

(三)完善制度,责任到人

各支部严格按照《中国共产党基层组织选举工作暂行条例》规定定期进行换届改选,同时不断建立健全支部内管理制度,确保"党员积分制"试点工作顺利进行。在选拔、管理之余,各支部注重将选用制度、选用人员、考核范围、评分机制等内容进行考核审定并公示存档,以确保党员的知情权和参与权,明确党员工作职责。

四、党建经费管理中存在的问题及原因分析

各执业机构从本质上来说是企业,由于追求经济利益难免会出现重业务轻党建的情况,没有解决业务和党建"两张皮"的问题,没有找到业务和党建的结合点。

(一)党建经费管理机制不健全

由于大多数党支部书记对党建经费财务核算要求不了解,没有认识到党建经费管理工作的重要性和严肃性,未制定党建经费使用管理制度,明确党建经费的使用范围,对于党建经费管理没有做到专人专户管理以及专款专用,存在经费使用记录不明确、经费使用状况未公开展示等问题。26家党支部仅有5家按规定在银行开设党建专户,其他均在经营账户中核算。

(二)对党员的学习教育不重视

2010—2016年度各支部党员教育经费活动共支出9.27万元,仅占党建经费总支出的9.76%,年平均支出1.32万元,人均年支出不到百元。大多数党支部培训方式单一,多通过发放相关书籍完成培训教育任务,远远不能保证应有的学习量。行业党员外出工作时间较多的特

点,使部分党员不能够及时参与党建学习,单一的培训方式不能满足党员教育需要,党员学习的积极主动性还不够。

(三)支部阵地建设发挥宣传教育作用不够

2010—2016年度各支部用于阵地建设的费用仅为3.37万元,仅占党建经费总支出的3.55%。结合实地调研,小组发现不少支部阵地建设上存在内容呆板、功能单一、更换周期长、空间利用率不高等问题,甚至仅仅为应付差事而流于形式,没有真正起到提高党员思想认识、促进党组织服务发展、调动党群积极性的作用。

(四)党建活动存在重活动轻党建现象

2010—2016年党建经费支出中主题实践活动支出共64.86万元,占总支出的68.3%。一些党支部存在党建活动走形式,活动内容中缺乏实质性党建学习内容。个别党支部存在对党建工作认识不到位、活动开展方向不符合规定的问题,对于党建经费的使用范围与工会经费及成本开支的限定不清楚,将职工旅游活动、提供的职工福利、购买滑雪票游泳卡、购置办公设备等支出记入党建活动支出。

五、进一步加强党建经费管理的思路和建议

(一)明确经费使用范围,使各项支出有理可循

根据调研中发现的党建经费管理方面存在的问题,行业党委下一步将制定党建经费管理办法,对党建经费的适用范围和管理方式提出意见和建议。通过党员专题培训等方式向各党支部强调党建经费的管理,并对目前各支部存在的问题提出整改要求,逐步规范各党支部的党建经费管理,更好地发挥党建经费补助对基层党组织建设的有力促进作用。

(二)加强阵地基础性、功能性建设,有效发挥阵地作用

党组织阵地建设作为党员学习、宣传和活动的场所,要做到党政基础知识和党政时新知识相结合、党员信息公示和群众监督相结合、理论知识和实践应用相结合。通过行业党委制定下发党组织阵地建设指导意见,对党组织阵地建设提出指导意见,促进各支部在阵地建设方式的投入,提高阵地利用价值,发挥阵地的教育、宣传作用。

(三)丰富行业团体党建活动,增强行业活力

考虑到行业内各支部工作繁忙、党员人数有限、小所能力有限等问题,党建活动可以在行业党委的组织下合并进行,促进各支部间交流党建工作经验。并通过结对子、参观学习等方式拉近职业机构间的距离,推动党建活动能力较弱的机构发展。行业党委还将定期邀请有关专家为各支部讲授党政党史的相关知识以及党建阵地的建设方式。

(四)加强行业党委监管力度,健全相应考核机制

各支部党建活动的开展离不开行业党委的正确领导,行业党委要在总结问题的基础上建立健全自身管理办法,细化对行业内党建工作的检查项目及对应的评分机制,同时提升党建工作在各执业机构年终考核中所占比重,让各党支部真切地认识到党建活动的重要性。同时在2017年度做好对各支部党建活动和经费使用情况进行实时检查,做到及时沟通、全面了解、争取让各支部党建工作做到从无到有,从有到优。

作者单位/宁夏注册会计师和资产评估师管理中心

宁夏财税大数据创新应用

——基于"互联网+"及大数据技术的综合治税平台

郭向阳 石 晶

随着大数据概念的兴起和信息处理技术的迅猛发展，以大数据为主导的信息化浪潮正席卷全球，成为全球范围内推动政府职能转变、引领社会管理变革的利器。财政是国家治理的基础和重要支柱，科学的财税体制是优化资源配置、维护市场统一、促进社会公平、实现国家长治久安的制度保障。财税体制改革，发挥着突破口的作用。财税大数据正成为财税治理和改革创新的重要手段。

一、项目提出

近年来，由于地方税种面广量大、零星分散、易漏难征，税源控管难度不断加大，为推进社会综合治税的目标，在自治区综合治税工作领导小组的领导下，以现代信息技术为依托，按照"政府主导，财政牵头，部门配合，上下联动，信息支撑，齐抓共管"的原则，由财政厅牵头组织建设了宁夏回族自治区综合治税信息管理系统，以架设安全、方便、畅通、高效的涉税信息交换桥梁，广泛采集各类涉税信息管理系统，深化信息分析利用，挖掘信息价值，提升信息管税和税收征管水平，促进财政收入稳定增长。

财税大数据的应用主要是从领导者的视角出发，以"互联网+"财税业务的数据融合思路，面向财政、国税、地税等政府部门提供决策支持分析、宏观经济形势分析、财政收入分析、综合治税等应用功能，从而提升政府服务于智慧决策、绩效评估、协同共享及公共服务的效能和水平。

二、实现路径

宁夏综合治税平台是一个跨部门、跨系统的电子政务系统，涉及财政、国税、地税、工商等40多家相关涉税部门数据的采集、交换以及数据的整合与分析应用，其最终目标是实现政府主导下税收管理的法治、共治和善治。具体来说，系统是采用"平台+应用"模式，即"政府数据交换共享平台+大数据综合治税系统"的模式来实现的。

（一）建设基于政府数据交换共享平台框架下的数据平台

在政府数据交换共享平台框架下，建立统一标准的数据规范，采集各有关单位的涉税相关数据，利用最新技术，确保各单位异构数据高效收集和处理并可根据以后的发展随时扩展数据交换方式，实现政府各部门间的信息共享与应用。

（二）构建社会综合治税数据应用平台

基于国内先进的大数据、云计算、商业智能（BI）等关键技术，建立宏观经济基础信息数据库及适合分析、统计的财税多维数据集，强化云数据中心建成后的大数据应用。拓展社会综合治税系统的广泛运用。不仅为加强税收征管，实现应收尽收服务，还要对城市的经济运行状况、政府的政策实施效果、未来的经济走势、社会信用体系、社会公共服务需求等方面进行分析。

三、技术架构

宁夏综合治税平台基础架构如下图所示：

宁夏综合治税平台基础架构图

其中,技术支撑平台,支持两种技术路线,包括联网技术,如基于 Hadoop 技术或阿里云计算技术；以及传统技术路线，传统服务器+ORACLE。

数据管理平台,以用户体验为出发点,提供自定义门户、数据中心控制台、数据资源目录、数据引擎、数据采集管理、自定义图表空间等基础数据管理功能。

财税数据中心,两种数据来源,互联网服务数据作为重要的数据来源。通过采集行业内部业务数据和互联网公开数据,形成财税大数据中心,并按照主题进行数据建模。

数据应用服务,提供灵活易用的功能服务,支持电脑终端、手机微信、PAD 应用。

四、预期成效

对于政府用户,基于互联网+政府业务数据,可以达到以下目的：

一是决策支持服务,助力经济发展。二是综合治税,治理税源、保障财政收入。三是反不当支付,严谨支出、为人民理财。四是资金监管,建设廉洁、透明政府。五是辅助业务办理,便捷、共享。

对于互联网用户,基于公开数据,可以达到以下目的：捕获商机、竞争分析、数据服务等目的。

四、建设内容

宁夏综合治税平台主要涵盖以下建设内容:

一是建立自治区大数据综合治税主题库。充分利用大数据最新技术手段,逐步将综合治税"条数据"向"块数据"汇聚。搭建涉税法人基础信息库、涉税个人基本信息库、涉税行业信息库等相关数据库,接收来自政府数据交换共享平台的"块数据",通过抽取、清洗、加工、转换、映射、汇总、聚集、装载等技术手段,为综合治税应用提供可靠、安全的数据支撑。

二是建立财税分析模型。通过建立增值税、企业所得税、房产税、附加税、契税等财税分析模型,为财税部门精准掌握全区税源情况提供参考依据,通过建立税收预测、税收趋势分析、收入结构分析、重点税源贡献度分析、重点税源经营状况分析、收入经济因素影响分析、地方财政收入影响因素分析、地方税收收入预测分析、税收收入预警分析、税收行业增长分析等分析功能,为财税部门宏观决策方面提供参考。

三是创新大数据综合治税应用。通过建立税源 GIS、项目一体化管理、高收入人群库建设、财政收入分析与预测、社保资金分析比对、移动应用、经验云等功能,丰富大数据综合治税应用,提升自治区财税管理能力和水平。

五、项目实施

宁夏综合治税平台于 2017 年 1 月部署到政务云平台并开始测试,之后完成了需求调研、数据采集、配置涉税分析模型等工作,于 7 月底上线试运行,截至目前,已从国、地税等 9 家单位及 21 家市、县(区)财政局收集到约 784 万条涉税数据,涉及数据模板 252 个,初步建立了契税、驾校增值税以及流转税附加税费分析模型。通过平台分析统计,初步发现 2016 年度疑点企业 763 户,涉及税额 24442 万元,其中土地交易契税疑点纳税户 52 户,疑点税额 10112 万元；附加税疑点纳税户 711 户,涉及税额 14329 万元（其中 100 万元以上企业 20 户,涉税金额 9473 万元）。先后 2 次将契税疑点企业以及 100

万元以上附加税费疑点企业推送至自治区国税局、地税局对疑点数据进行核查,经核查反馈,国税局发现问题企业12户,计划入库成果达2986万元;地税局发现问题企业14户,计划入库成果达6121万元。

下一阶段,宁夏综合治税平台将扩大数据采集单位范围,新增司法、法院、教育、科技、人社、民政、卫生等37家取数单位,进一步扩大数据量及税种模型的配置规模,继续建立企业所得税、个人所得税、环保税等十几个税种的模型,争取将所有税种纳入管理范围,以实现将大数据优势转化为管理优势,为营造法治、公平、有序、和谐的税收环境提供强有力的信息资源支撑,为政府经济政策决策提供准确完整的参考依据。

作者单位/宁夏财政厅信息中心

机关党建要用"六抓六务实"激发活力

韦 伟

宁夏财政厅党组高度重视机关党建工作，把学习宣传贯彻党的十九大精神放在首要政治任务，指导基层党组织认真学习宣传贯彻党的十九大精神，把管党治党责任扛在肩上，把纪律和规矩挺在前面，有力推动了党的建设重点任务在基层党组织的有力落实，进一步从"六抓 六务实"着手，不断激发机关党建工作活力。

一、抓建章立制指导学，规范学习务实

印发《关于2017年财政厅党组中心组理论学习安排的通知》《财政厅关于深入贯彻〈宁夏回族自治区党委（党组）理论学习中心组学习实施办法〉的通知》《关于严格落实全面从严治党要求进一步规范"三会一课"制度的意见》《宁夏财政厅关于落实党风廉政建设主体责任和监督责任的通知》等。下发《关于印发〈自治区财政厅推进"两学一做"学习教育常态化制度化工作实施方案〉的通知》，成立领导小组进行指导，召开动员大会进行部署，及时印发《机关党委书记抓党建责任清单》《基层党组织政治合格基本标准》《党支部书记抓党建职责清单》。教育引导各级党员自觉按照党员标准规范言行，在工作、学习和社会生活中起先锋模范作用，为推进"四个全面"战略布局、贯彻落实五大发展理念提供坚强组织保证。

二、抓领导班子带头学，安排部署务实

集体组织收看中国共产党第十九次全国人民代表大会开幕式。印发《关于2017年财政厅党组中心组理论学习安排的通知》和《财政厅关于深入贯彻〈宁夏回族自治区党委（党组）理论学习中心组学习实施办法〉的通知》。每月对党组中心组和党支部的理论学习做出安排，并将《财政厅党建工作及学习月度安排表》和《财政厅党组中心组和机关党支部学习资料汇编》印发各支部。坚持党组中心组集中专题学习。2017年，党组中心组集中学习12次，65人次做了发言，厅、处级干部共撰写70多篇理论文章和调研报告，有50多篇分别在《中国财政》《宁夏工作研究》《宁夏日报》和《宁夏财会》等报刊上发表。深入基层宣讲共同学习。注重把集中学习研讨与"下基层"结合起来，增强学习研究的实效性。11月10日，财政厅党组书记张苏安同志带领相关处室同志先后到薛庄村、大店村宣讲党的十九大精神。11月11日，财政厅厅长陈春平同志在华西村进行宣讲党的十九大精神，所有厅领导到"下基层"联系点"讲党课"进行宣讲党的十九大精神28次；班子成员以普通党员身份参加党支部学习活动31次。召开全厅党员干部大会传达学习。传达学习贯彻党的十九大精神大会，厅党组书记张苏安主持会议并对我厅贯彻落实十九大精神做出安排部署。厅长陈春平同志传达党的十九大精神以及习近平总书记所作的工作报告、党章（修正案）和中纪委工作报

告主要精神。专门成立学习宣传贯彻党的十九大精神工作领导小组,印发《自治区财政厅学习宣传贯彻党的十九大精神实施方案》。召开学习自治区第十二次党代会精神大会,会上学习了石泰峰书记关于自治区第十二次党代会辅导讲座,陈春平厅长在全厅干部职工大会上就深入贯彻学习自治区第十二次党代会精神做专题辅导。举办培训班辅导授课学习。全年培训采取动员部署辅导、邀请专家授课、分组讨论研究的方式。围绕学习自治区第十二次党代会举办了财政厅党务干部培训班,党组书记张苏安同志在财政厅党务干部培训班暨党组中心组学习(扩大)会上专门讲党课。厅长陈春平做了《以党建工作为引领 营造财政干事创业新气象》的专题授课。分2期举办学习宣传贯彻党的十九大精神为主题的培训班。财政厅党组书记张苏安和厅长陈春平分别进行宣讲党的十九大精神。

三、抓学习内容引导学,积极学深务实

重点学习领会习近平同志在中国共产党第十九次全国代表大会做的《决胜全面建成小康社会,夺取新时代中国特色社会主义伟大胜利》报告、在中国共产党第十九届中央委员会第一次全体会议的重要讲话精神。学习党的十九大重要文件,中国共产党第十九次全国代表大会关于十八届中央委员会报告的决议、中国共产党第十九次全国代表大会关于第十八届中央纪律检查委员会工作报告的决议、学习党的十九大精神学习辅导材料、宣传报道和理论文章等。《党的十九大精神辅导读本》《中国共产党章程(新修订)》等。学习自治区党委重要会议精神和石泰峰、咸辉同志讲话及自治区学习宣传贯彻党的十九大精神相关意见通知。自治区第十二次党代会、全区领导干部大会、自治区党委常委会、自治区党委十二届二次全体会议精神;《中共宁夏回族自治区委员会关于学习宣传贯彻党的十九大精神的意见》(宁党发〔2017〕34号);深入推进"两学一做"学习教育制度化常态化工作,在学深学透、求真务实,党员做到"四个合格"上下功夫。

四、抓先进支部示范学,突出特色务实

各党支部书记在本支部每季度进行讲党课,在"下基层"联系点进行讲党课及宣传学习十九大精神。党员干部在本支部学习会上讲党课。非税收入管理局党支部以构建"绿水青山"办公室文化为特色抓手,积极打造党建业务"双一流"财政。经济建设处党支部专门制定党建基本制度,建立支部党员学习园地、支部书记责任园地、"三会一课"制度园地,极大地活跃了学习教育形式、丰富了学习教育内容、增强了学习教育效果。信息中心党支部在全面推行支部党员带技术服务工作人员,服务积分制管理和"1+N"党员管理模式,整体提升财政厅信息化服务的质量和水平。干教中心党支部开展"党员员工大讲堂"活动,启动"党员服务先锋队"工作,实现党员素质和服务水平的双提升。函校注协党支部在办公走廊制作多样化党建宣传栏和党员学习交流宣传画。预算评审中心党支部针对党建和党风廉政建设业务两手抓,每月支部书记和处室人员进行预算评审业务培训并且以高标准、严要求,确保高质量的完成工作。

五、抓创新载体践悟学,丰富培训务实

采取专家讲学、座谈交流互学、党员干部自学相结合的方式,倡导研究式、开放式、互动式、反思式学习,引导党员干部学深学透。举办自治区首场党的十九大精神宣讲会,邀请自治区宣讲团成员、自治区党委讲师团考研室陈文主任做专题宣讲。举办"道德讲堂"让全体干部职工深刻感悟崇尚道德的力量,有力地推进了厅机关加强社会主义核心价值体系的建设。采取请进来、走出去相结合的方法,抓好党员干部的教育培训,举办财政厅处级干部理论学习培训班。举办财政厅党务干部培训班。开展学习自治区第十二次党代会精神公文写作比赛,针对比赛的情况,举办全区财政系统公文写作培训班。培训采取动员部署辅导,邀请专家授课,分组讨论研究的方式进行,全年共参训1350人次。创建

财政厅内网"党建工作"专栏,增加机关党建动态图片滚动窗口,充分利用《财政信息》《学习园地》《财政厅光影长廊》,为各支部开展党建活动和党员干部日常学习创造交流平台。印发《财政厅推进"两学一做"学习教育常态化制度化工作安排表》,把学习安排细化到"每周"。在开展党建"促进月"活动中,各党支部能够做到每日学习1小时、每周读1本好书、支部能够组织1~2次学习交流。在《宁夏财会》和内网"党建工作"专栏上及时刊登读书心得,激发党员干部学习的积极性和主动性。

六、抓督导检查评星学,学习效果务实

财政厅全年按季度分4次,每次按照25%的党支部进行党建工作检查,检查的结果纳入年底效能考核评分占比。成立财政厅学习宣传贯彻党的十九大督导检查组,对基层党支部每周二进行督导检查学习情况。实施"每周有检查,每月有通报,每季度有讲评,年度有考评",确保规定动作不走样,自选动作有创新,不折不扣完成各项学习任务。印发《关于推进和加强财政厅机关党支部评星定级和党员评星定格"双评双定"管理考核工作的通知》,扎实开展党支部"评星定级"和党员"定格"工作。深化内容,丰富形式,在支部和党员建设中下功夫。

作者单位/宁夏财政厅机关党委

完善纳税信用管理体系助推信用宁夏建设的思考

崔玉兵　路风

党的十八届三中全会提出了建立健全社会诚信体系"褒扬诚信,惩戒失信"的总体部署,为我国建设完善健康的社会信用体系提出了要求也指明了方向。《宁夏回族自治区社会信用体系建设规划(2015—2020年)》的发布,则加快了自治区建设社会信用体系、构筑诚实守信的经济社会环境的步伐。纳税信用作为社会信用的重要组成部分,完善纳税信用体系建设是"信用宁夏"建设的重要一环。在市场经济条件下,建立和完善纳税信用体系,对于优化经济发展环境、规范税收征纳活动、实现税收政策目标、节约税收征管成本、提高政府财政收支收益具有现实意义。

一、宁夏纳税信用管理体系现状

自2014年7月国家税务总局发布《纳税信用管理办法(试行)》以来,宁夏税务部门按照税务总局的统一部署,结合"信用宁夏"建设,以评价指标为核心,以流程管理为抓手,依托金税三期工程,建立起了在全国统一纳税信用管理体系下的宁夏税务纳税信用管理体系。

一是大力实施对纳税信用A级企业的联合激励。2016年7月国家税务总局与29个社会信用体系建设部际联席会议成员单位签署了首份联合激励合作备忘录,向纳税信用A级纳税人推出了涵盖18个领域的41项守信联合激励措施,让A级纳税人在市场竞争中享受税收领域的守信记录带来的红利。从自治区地税局联合国税局开展的纳税信用评价结果来看,2014年至2016年全区纳入纳税信用管理的户数由27329户提升至28386户,A级纳税人数量由1299户提升至2331户,占比由4.75%提升至8.21%,相对比例稳中有升,守信激励措施的政策效应逐步显现。

二是大力推广"银税互动"助力企业发展。中小微企业对宁夏经济发展和地方税收的贡献越来越凸显,然而其发展依旧深受"融资难"的制约,面临融资困境。为了助力小微企业发展,税务部门在开展纳税信用评价工作的基础上,通过大力开展"银税互动"助力企业发展活动,积极落实宁夏回族自治区人民政府《关于降低实体经济企业成本的实施意见》,将纳税信用成功转化为企业的融资资本,实现了"企业有发展,银行有效率,纳税更诚信"的良性互动。截至2017年6月底,全区已对528户纳税守信中小微企业发放有抵押和无抵押两类贷款近10亿元。

三是大力推动信用信息共享联动。建立纳税信用信息归集共享机制,定期向全区信用信息共享平台推送纳税信用信息,努力推动纳税信用融入社会信用,并发挥基础作用。截至2017年6月底,宁夏地税部门已累计向自治区发改委信用信息公共平台推送信息131127条,其中,税务登记证信息103768条、欠税信息24470

条、地税行政许可、行政处罚双公示信息64条、地税荣誉信息2825条。

二、当前纳税信用体系建设存在的不足

尽管目前宁夏税务部门纳税信用体系建设取得一定进展，但在纳税信用体系与社会信用体系融入过程中仍存在一些不足，与"信用宁夏"建设进程不匹配、不协调、不适应的矛盾依然存在。

一是信用信息采集以税务内部信息为主，缺乏外部信息应用。在纳税人历史信息采集方面，纳税人基本信息可以从征管软件及纳税人的税务登记信息中提取。但是，评价年度以前的信用记录，既包括税务本部门的信用记录，也包括工商、质检、环保、银行等外部门的信用记录，这部分信息难以通过信息系统获取，因此较难收集甚至被忽略。在工商、质检、环保、银行等外部门信息采集方面，由于缺乏成熟的信息资源共享平台，各职能部门掌握到的企业信息独立于其他部门，纳税信用等级评价信息受采集途径较少和不同部门间的信息交互及共享机制缺乏的制约，评价结果的客观性和结果应用的广泛性受到很大限制。

二是后续管理以人工监管为主，缺乏信息化跟踪及动态调整。目前税务部门按照年度联合开展纳税信用评价，评价周期较长导致纳税信用等级对纳税人信用状况的反映较为迟缓。虽然在评价年度内可结合企业纳税情况进行补评、复评，但补评、复评时间跨度较长，存在一定的滞后性，难以及时反映企业的纳税信用变化。且当前的评价体系缺乏修复机制，纳税人无法通过纠正错误来改善信用状况。虽然纳税信用等级评价是一个长期的动态管理过程，但是在实际工作中，对后续跟踪管理的跟进还不到位。

三是评价结果推广以税务机关对外公布为主，社会影响力不足。目前纳税信用等级评价结果的推广主要以税务部门线上线下公告和扩大评价结果的增值应用、推广"银税互动"活动为主。这在一定程度上强化了纳税信用评价的社会影响力，但离纳税人对信用信息推广力度的要求依旧远远不够。企业最为关注的是如何将"A级纳税人"与他们日常的生产经营融合在一起，更好地创造及提升自身价值。此外，由于纳税信用等级参评硬性条件的限制，信用记录不全或缺少守信记录的新办户、全年零申报户等纳税人无法参与当年的纳税信用等级评价。从宁夏税务部门开展的纳税信用评价情况来看，2016年度共有80128户企业纳入纳税信用管理，其中不予评价51645户，占纳入信用管理户数的64.45%，这一比例严重影响纳税人的参与积极性，从而也间接影响了纳税信用等级评价社会影响力。

三、完善纳税信用体系建设的思考

为进一步规范纳税信用评定管理，满足推进"信用宁夏"建设总体要求，税务部门应以信息化为依托，坚持创新思维，完善纳税信用管理体系，加快推进纳税信用等级评价与社会信用体系建设的融合，助推"信用宁夏"建设。

一是完善信用信息交换平台，健全社会诚信制度体系。以"创新思维"为基础，进一步完善信用信息交换平台，建立起跨部门、实现税务部门与工商、质检、金融等其他部门之间数据集合共享、互联互通的全方位信用监管网络。一方面，可解决税务部门与外部门的信息不共享问题，实现税务部门从信息交换平台中定期自动采集、保存与纳税信用等级评价有关的各类外部门数据信息，进一步完善评价信息采集渠道，提高评价结果的客观性和可信度。另一方面，通过完善信息交换平台来进一步完善纳税信用等级信息的传递机制，便于宁夏区内的工商、质检、金融等部门及时准确地掌握纳税人的纳税信用等级，将纳税信用融入到社会信用体系之中，努力实现纳税信用与社会综合信用挂钩，扩大纳税信用等级信息在全社会的采信范围，进一步拓展覆盖面和影响力，营造公平、诚信、有序的社会经济环境。

二是完善纳税信用管理制度，完善奖惩机

制。完善纳税信用指标体系。在当前纳税信用等级评价工作围绕各类税收征管指标展开的基础上，以"创新思维"为指引，探索构建全方位的信用指标体系。通过扩大评定指标的涵盖范围，加大对企业财务指标和生产经营指标等信息的采集力度，丰富评定指标维度，使其能够完整全面地反映企业的纳税信用状况。同时，可考虑适当放宽参与纳税信用等级评价的硬性条件，将更多纳税人纳入参评范围，提升纳税人参与积极性。提高纳税信用等级评定的信息化水平。依托征管信息系统，升级完善纳税信用等级评价管理软件，通过计算机采集数据、汇总信息、考核评分，以信息化手段使评价结果更加客观公正。完善纳税信用公告制度。配套建立纳税信用跟踪系统，实现纳税信用评价的及时更新，一旦信用度较高的纳税人发生涉税违法行为，第一时间调低其信用等级。完善信用外部联动机制。将纳税信用与其他社会信用相结合，在坚持纳税信用独立评价的基础上，强化与已签订信用信息共建共享合作备忘录部门的信用联动，将纳税信用和其他社会信用相结合，实施守信联合激励与失信联合惩戒。加大对守信纳税人信用等级的公布力度和对失信纳税人信用等级的曝光力度，使纳税信用等级成为纳税人一种重要的经济资源和宝贵商誉。此外，税务部门目前在"银税互动"中将守信激励的激励范围扩大到了信用状况较好的B级纳税人，收效良好。其他社会信用评价的主体可考虑在不增加管理风险的前提下，探索扩大守信激励的激励范围，让更多守信企业享受信用"红利"。

三是探索建立自然人涉税信用记录，加快推进个人诚信体系建设。目前的纳税信用评价体系侧重于企业纳税人的纳税信用管理。由于个体工商户、办税人员等尚未全面建立起信用记录，无法科学、客观地建立起纳税信用与涉税专业服务的信用联动机制以及行业从业人员、办税人员等自然人与法人的信用联动机制，从而给全方位的纳税信用体系带来缺口。因此，税务部门应以"创新思维"为根本要求，结合自治区人民政府办公厅《关于加快推进个人诚信体系建设的实施意见》，依托金税三期系统和实名制办税，归集自然人纳税人、个体工商户、涉税专业服务机构从业人员、法定代表人、财务负责人、出纳、办税人员等自然人的涉税守信记录和失信记录，借鉴芝麻信用等商业交易信用的积分模式，探索以积分的形式建立起自然人涉税信用记录，实现纳税信用管理对自然人的覆盖。

完善宁夏税务部门的纳税信用管理体系，着力提升纳税和信用的关联度，促使纳税人依法纳税，助力完税状况好的纳税人更容易获得社会的信任和政府的支持，不仅可以提高社会整体的信用程度，不断培育诚信风尚，树立价值导向，而且可以为相关部门搭建立体的信用体系提供可复制可借鉴的经验，从而联合构建"守信激励，失信惩戒"的信用监管格局，全力助推"信用宁夏"建设。

作者单位/宁夏地税局

银川市财政专项资金绩效评价工作实践与探索

贺 斌　蔡少华

开展绩效评价是财政管理工作科学化、精细化发展的必然趋势，当前银川市财政支出绩效评价工作处于起步阶段，面临一些困难和问题。按照市委、政府工作安排，市财政局积极探索，不断实践，认真组织开展2016年财政专项资金绩效评价工作。

一、绩效评价工作基本情况

（一）广泛细致地筛选被评价项目

根据银川市绩效考评领导小组年度绩效目标考评工作的安排，参照《关于严格落实市政府为民办20件实事月报制的通知》（银政督〔2016〕11号），2016年的财政绩效评价项目选取进行了充分的摸底调查，根据前期调查情况，又经过多方面综合比较筛选，最终确定了17个单位、19个项目为2016年市财政绩效评价内容。评价内容选择的是人民群众和社会普遍关注的项目，主要涉及环保、农业、水利、科技、教育、卫生、园林、民政、餐饮、政府购买服务等方面。

（二）择优委托专业机构参与绩效评价

为了更好地体现专项资金绩效评价工作的公开、公平和公正，2016年年初就对此项工作开展进行了安排和布置，通过考察，择优选定了3家社会中介机构，以购买服务的形式参加绩效评价工作，委托各中介机构对专项资金项目从前期调查、现场查看、汇总打分、总结报告等全过程参与绩效评价工作。为提高专业机构绩效评价工作质量，2016年增加对委托的中介机构绩效评价工作考核的新内容。根据中介机构工作的全过程，设置了关于人员配备、工作效率、配合程度、评价质量、报告质量等相关指标，由专家评委和市财政局绩效评价工作人员按权重进行打分，根据考核的结果，对专业机构的绩效评价费用相应扣减。通过评比打分，对银川市绩效评价工作的深入推进有着长远意义。

（三）绩效考评指标设置更切合项目实际

参照财政部《预算绩效评价共性指标体系框架》通知的相关指标框架体系，在以往年度的基础上，2016年在绩效评价指标设定上更加细化，所确定并设置的19套专项资金绩效考评赋分表中，设置项目决策、项目管理、项目绩效三个一级指标，分级设置二、三级指标对一级指标细化，三级指标分值均较小，并多采取定性和定量相结合的绩效评价方式。同时，为使指标设定更加贴近实际，突出部门行业特点，在切实确定评价项目，落实清楚各项目内容时还特地邀请被评价单位参与指标的设置工作。与各相关单位和人员反复沟通，研究解决存在的问题，制定各项目评价指标，征求意见并加以修改，完善指标。

（四）绩效评价工作深入细致，与项目单位沟通充分

一是积极推广绩效评价理念和目的。项目实施单位普遍对绩效管理理念和方法较为陌生，为了顺利开展本次绩效评价，市财政局在项目前期调查期间，同时给单位相关主管及工作人员讲解了绩效评价的理念和目的，使其能够理解绩效评价的必要性，积极配合绩效评价工作的实施。二是了解项目基本情况。初拟绩效评价指标评分表，然后深入到项目实施单位，获取项目投入、项目管理、项目产出、项目效果的相关文件、数据及资料，并实地查看项目的现场；与相关人员初步了解项目的实施情况及存在的问题；结合项目的概况，制定项目的共性评价指标，初拟项目的个性评价指标，形成绩效评价指标评分表。三是项目效果评价。结合项目实施单位提供的完成情况表、验收报告及现场查看情况，对项目的完成情况进行综合评价。并对项目实施产生的社会效益以发放调查问卷的形式进行调查，将汇总的问卷调查结果作为项目效果的评价依据。根据项目的特点、面向的受众人群等因素量身定做各自的调查问卷。四是完成绩效评价报告与PPT的汇报。在本次专项资金绩效评价过程中，主要采用了实地考察和调研，通过获取项目实施单位的相关资料，分析项目实施、完成、管理情况及与评价有关的数据，运用评分法分析评价所涉及项目实施中实现的指标。综合运用现场观察法、询问调查法等绩效评价具体方法，调查测试分析所涉及项目的绩效。最终，根据各项目实施单位提供的资料、去现场了解的情况以及发放的调查问卷，完成各项目的报告和PPT，并配合PPT的播放，将整个项目进行图文并茂的汇报。五是绩效评价工作历时大半年，时间较长，程序比较复杂。经过实地考察项目，了解掌握各项目信息、项目拨付资金情况，跟踪进展、落实项目内容，在各相关项目单位及人员的大力支持下，制定出各项目评价指标，后又经过反复沟通确认，多次开会，征求项目主管及实施单位意见，研究存在的问题，较好地完成"财政专项资金绩效考评初步报告"。先后三次进行绩效评价初审，对书面报告及PPT演示反复讨论提出修改意见，又经过年终领导小组审查会议提出的建议及意见进行修改，报告较为完善。

（五）绩效评价赋分方式趋于科学公正，评价增加新内容

2016年度财政专项资金绩效考评赋分工作分为初评、自评、平均赋分三个阶段。初评赋分阶段：委托3家社会中介机构，深入各自所考评的项目监管单位和实施单位传达专项资金考评的精神和目的，搜集整理专项资金安排及其助推、扶持项目相关资料，并对项目实施情况进行实地查验，对完成项目情况与相应的评价指标对比进行初次评价赋分。自评赋分阶段：被考核单位根据本单位负责的专项资金建设项目的计划、实施和完成情况，按照项目的评价指标（赋分表）对自己单位负责项目自评赋分。平均赋分阶段：中介机构对各类专项资金项目按制定评价表的相关内容进行客观评价，初步出具了专项资金绩效考评报告。经市财政局组织初审修改后，邀请市纪委、市委考核办、市人大财经委、市政协经科委、市审计局等成员单位，并特别邀请了自治区财政厅绩效评价专家，共同组成绩效考评领导小组，对2016年的绩效项目进行年终评审，评价涉及的17家被考核单位项目负责人员也参与了会议，专家听取中介机构的专项资金绩效考评专项汇报及被考核单位对绩效考评工作的意见陈述，并当场提问、询证。随后，由评委根据汇报及现场提问答复情况直接打分，评价结果总分值平均后，即确定为各被考核单位最终分值。根据专家打分结果，16个项目为很好，3个项目为较好。

二、绩效评价原则、依据和方法

（一）绩效评价目的性

通过项目绩效评价，使财政专项资金得到有效控制和监督，确保财政预算和政策得到

有效实施,强化主管部门财政支出管理责任,建立科学合理的财政支出绩效评价管理体系,提高财政资金使用效益,逐步建立以"绩效"为导向的项目支出评价体系。

（二）评价原则和评价依据

项目绩效评价主要遵循绩效目标与部门预算相统一的原则、定量分析与定性分析综合运用的原则、绩效评价与财政监督相结合的原则。并以财政部制定的《财政支出绩效评价管理暂行办法》（财预〔2011〕285号）文件为评价依据。

（三）评价方式和方法

一是现场考察和调研。二是获取项目实施单位的相关资料,分析项目实施的情况、完成情况、管理情况及与评价有关的数据。三是运用评分法分析评价所涉及项目实施中实现的指标:项目决策指标,项目组织管理指标,项目绩效指标的完成情况。四是综合运用现场观察法、询问调查法等绩效评价具体方法。五是调查测试分析所涉及项目的绩效。

三、绩效评价取得的成效

（一）积累了一定的工作经验

主要是摸索建立了一整套资金绩效评价工作的组织方法、作业规程和评价体系,并逐年修改完善,使其更加科学、公平、公正、适用。

（二）有效提升了财政部门依法监督管理财政资金的能力

一方面通过开展绩效评价,使财政部门对被考核单位专项资金使用的过程、效果等有了更加清楚的了解,便于针对性地开展财政监管,做到有的放矢。另一方面,绩效评价结果纳入政府年度考核,直接提升了绩效评价工作的地位,同时,评价结果作为下一年度相关财政专项资金预算确定的重要条件之一,使得各单位更加重视对专项资金的使用、管理,进一步提高财政资金的使用效率,对发挥资金效益起到良好的引导、带动作用。

（三）绩效评价范围得到进一步拓宽

在往年的基础上,2017年评价范围有所增大,例如增加了教育集团化办学项目的评价,不止对某个具体单一项目进行评价,而且是对同一类项目整体评价,集团化办学包含唐中和实验小学,唐中发展共同体由唐中本部、西校区、二十六中、宝湖中学组成;实验小学由实验小学本部、阅海小学、金凤区第四回民小学组成,项目涵盖7个学校,这是对银川市绩效评价工作的一种新探索。另外还增加了政府购买服务、民政低保重度残疾人生活救助等涵盖内容较多的项目。

四、存在的问题

（一）考评指标设定还需要进一步探索完善

主要是评价指标设定的科学性有待加强;其次是绩效评价方法相对单一,目前所采取的大多是应用横向比较法、预定目标与实施效果比较法等;其他一些方法如因素分析法、专家评议与问卷调查法等方法要熟练掌握和应用还有一个过程。

（二）人员队伍素质有待进一步提高

由于资金绩效考评的专业性、复杂性等特性,受所处区域经济社会发展水平的限制,在第三方评价机构的工作质量和绩效评价专业人员培训方面,还需要大力加强,以适应全面推广的要求。

（三）考评方面还有待改进

主要是对委托中介机构的考评方式方法有点单一,还需要研究改进。

五、今后绩效评价工作思路

（一）加强绩效评价工作制度建设

提请地方立法,出台相关制度办法,制定和完善相对统一的工作流程、操作规程,包括文本表格范本等一系列具体规范,以确保绩效评价工作有序开展、规范操作、高效推进。

（二）建立完善绩效评价指标体系

绩效指标体系的建立要充分体现导向性,要不断充实、完善和修正。按照财政部《财政支出绩效评价管理暂行办法》及《预算绩效评价共性指标体系框架》的相关要求,结合银川地区实际,在现有工作的基础上,进一步加强对绩效评价指标体系的创新性研究,摸索制定出主要行业的项目评价体系,使绩效考核工作更加科学、合理。

(三)加大对中介机构的考核

根据中介机构工作流程设置、细化考核指标,在征求相关部门意见的基础上,逐步完善评价流程和评价机制,进一步提高中介机构评价工作质量。

(四)加强业务培训

对各级财政部门、预算主管部门、预算单位和中介机构等多层次辅导和培训,包括到先进地区考察、观摩相关工作经验,加大预算绩效管理基础理论和实务操作统一培训力度。进一步加强理论研究,对绩效评价的范围、方法、技术手段进行探索和研究,形成理论和实践互为促进的良好局面。

作者单位/银川市财政局

对县级财政专户规范化管理的建议

赵雪云

财政专户是各级财政部门为核算具有专门用途的资金，在商业银行及其他金融机构开设的资金账户。财政专户与财政部门开设在人民银行的国库单一账户、预算单位开设在商业银行的零余额账户共同构成我国的国库单一账户体系。在财政各时期专项资金管理中，财政专户对保证资金专款专用，安全完整和规范管理发挥了重要作用。但随着开户数量增多、资金分散、监管难度加大等问题的出现，财政专户如何科学规范管理，不仅直接关系到财政资金使用效率，也是当前财政体制改革亟待解决的一个重要问题。现从盐池县财政专户设置现状和存在问题出发，对如何更好地管理财政专户，提出一些看法和建议。

一、地方财政专户管理基本情况

目前，我国设立的财政专户按核算管理的资金类型分为两大类，即常规类专户和专项支出类专户。常规类专户又分为7种，即非税收入专户、社保基金专户、贷赠款专户、代管资金专户、事业收入专户、偿债准备金专户和外币专户。专项支出类专户又细分为12种，即有行政法规和国务院文件依据开设的6种，如粮食风险基金专户、农村中小学教师工资专户、农村计划生育家庭奖励扶助金专户、大中型水利水电工程建设征地补偿和移民安置资金专户、国有土地上房屋征收补偿费用专户、化解基层医疗卫生机构债务支出专户；有中央部委和财政部文件依据开设的6种：如补征地农民社会保障资金专户、土地补偿和安置补助费专户、定向国外援款专户、扶贫资金专户、亚行贷款农业综合开发资金及地方财政配套资金专户、中央专项资金特设专户。就盐池县财政专户开设情况来看，我们依据《政府非税收入管理办法》（财税〔2016〕33号）文件，开设行政事业性收费专户、罚没收入专户、事业收入专户各1个，依据《财政部、劳动和社会保障部关于印发社会保障基金财务制度的通知》（财社字〔1999〕60号）文件，开设社会保险基金财政专户3个，主要用于核算城乡基本养老保险基金、城乡基本医疗保险基金、新农合医疗基金等；依据《国际金融组织和外国政府贷款赠款管理办法》（财政部令第85号）文件，开设贷赠款专户1个；依据《财政部关于全面清理规范地方财政专户有关事宜的通知》（财库〔2017〕79号）保留4个专项支出类专户。

近年来，财政部通过采取地方自查、省级财政部门核查、财政部专项检查的方式，组织开展了清理整顿地方财政专户工作，有效遏制了地方财政专户开设过多的现象，财政专户管理机制不断健全。2014年9月，新修订的《预算法》，从法律层面严格限定财政专户的设立权限，明确违法开设财政专户的法律责任，为进一步规范财政专户管理提供了法制基础。2014年《国务院关于深化预算管理制度改革的决定》(国发〔2014〕45号)文件,提出全面清理整顿财政专户的要求,规定"全面清理整顿财政专户,各地一律不得新设专项支出财政专户,除财政部审核并报国务院批准予以保留的专户外,其余专户在2年内逐步取消"。

按照要求,盐池县积极采取建立健全规章制度、加大清理整顿力度、严格控制新增财政专户等措施,对财政专户逐步进行规范。陆续撤销了国库集中支付清算专户、工资统发专户、涉农资金一卡通发放专户、低保专户、退耕还林资金专户、"一事一议"资金专户等。但目前仍存在11个财政专户,分散开设在工商银行、农业银行、农村商业银行等多家银行。

二、地方财政专户监管存在的问题

尽管财政专户在预算管理中曾发挥重要作用,但从近年的监管情况看,仍然存在虚列支出、开户数量过多、资金分散、监管难度大、"权力寻租"等问题,制约国库集中支付体制改革发展。

(一)一般预算虚列支出现象丛生

财政专户核算的专项资金,一般通过两种渠道拨入,一种是上级财政部门将专项资金直接拨入财政专户;另一种是上级财政部门将专项资金拨入国库单一账户,由国库单一账户将财政资金预算列支后,调拨到相应财政专户。从表面上看,预算资金列支到财政专户是一种正常的资金拨付方式,但透视这部分资金管理和使用情况,往往会出现"以拨代支",以挂"暂存款"的方式虚列一般预算支出,导致财政资金使用体外循环,使大量专项资金滞留财政专户,造成财政资金监管控制的盲区。同时,也为改变资金用途留下了较大的漏洞。

(二)财政专户分散国库资金

改革前,地方财政专户主要包括三大类,一种是国家要求设立的财政专户,如社保基金专户等;第二种是一些地方政府自有收入,如地方扶贫基金收入;第三种是从一般预算中提取的资金列到财政专户,如粮食风险基金等。如此多的财政专户势必会造成财政资金分散,不利于资金的集中管理和有效利用,导致财政资金的闲置、浪费、使用效率低下,资金使用透明度低,甚至滋生腐败。

(三)资金监管存在风险隐患

财政专户滞留的资金,形成国库资金体外循环,游离国库监管范围之外,不利于资金安全管理。如政府急需使用某项资金,但专户资金不足,就会临时借用其他专户资金周转,待资金到位再予以归还,势必形成专项资金挪用问题。

(四)财权与事权不统一

纳入财政专户管理的专项资金,往往并不是由财政部门单独管理,如社保基金专户核算的城乡基本养老保险基金、城乡基本医疗保险基金、新农合医疗基金等,经办机构需要进行资金发放的审核、记账,适时掌握专项资金收支余情况,但经办机构只有等财政部门对各个专户账务处理完成后才能知晓,对资金的实际状态,缺乏必要知情权,同时又受权限、部门关系等因素影响,也不便于过问财政专户管理情况,造成资金管理信息的不对称。

(五)庞大沉淀资金滋生"权力寻租"现象

近些年,财政专户清理工作取得成效,但在基层仍遇有来自地方政府和银行利益关系等阻力。财政资金存量较大又相对稳定,故成为各商业银行存款竞争的优质资源,导致银行间的恶性竞争、利益输送,极易滋生腐败。而财政部门为了平衡各银行之间关系,会将财政资金分散存入各银行,从而降低财政资金的使用效率,形成资金沉淀。

(六)非税收入过渡户延迟非税收入入库进度

历年来,为保证预算收入任务圆满完成,地方财政会将非税收入用来调节地方预算收支进度,造成非税收入专户成为调节预算收入进度的"蓄水池",客观上为地方政府及其财政部门调节收入、规避人大监督提供了条件和便利。

（七）财政专户制约国库集中支付体制改革推进

2001年，我国开始推行国库集中支付制度改革，目标是建立以国库单一账户体系为基础、国库集中支付为支付方式、预算执行动态监控为保障的现代财政国库支付制度。财政专户数量多且资金分散，使国库单一账户体系不能有效发挥作用，影响了财政资金的集中使用，加大了政府预算执行的难度，脱离了有关部门对财政资金的监督，有悖改革的初衷。

三、规范财政专户管理的建议

（一）撤销非税收入专户，实现非税收入"直达入库"征管模式

按照国库集中收付制度改革和政府收支分类改革的要求，政府非税收入最终将全部纳入财政预算统一管理，收入直达国库，实现单一账户管理，但是各地进展情况不一。建立非税收入收缴电子化平台，构建"执收单位开票、缴款人或执收单位缴款、代理银行直接入库的"票款同行"管理模式，将减少资金流转环节，防止延误、占用资金等问题的发生。加快财政部门与代理银行和人民银行联网进程，研究更便捷的联网系统收缴非税收入模式，实现非税收入电子缴库、实时入账和信息共享，提高财政资金运行效率，使地方所有收入全部在监督下阳光征收。

（二）加大财政专户整合力度

在财政部颁布的《财政专户管理办法》（财库〔2013〕46号）文件中规定，县级财政部门社保基金财政专户原则上不超过3个；非税收入财政专户在同一家银行只允许开设1个；其他性质相同或相似的资金原则上应在1个财政专户中分账核算。但在现行国库集中支付制度框架下，应进一步缩小财政专户的范围，实行更加规范的管理。建议进一步撤销社保基金专户，只需保留1个社保基金专户用于核算基本养老保险基金，其他社保资金如城乡医疗保险基金、医疗救助资金、新农合资金等，均可由经办机构统一管理，实现财权与事权的统一。财政部门应充分利用国库电子化支付系统，实现从实有资金管理到财政额度管理，减少资金支付环节，缩短资金支付时间，使社保资金不再在专户沉淀，发挥社保资金的最大效益。

（三）将财政专户纳入国库单一账户体系，真正实现国库集中支付体制改革目标

设立财政专户是为了确保专款专用，而人民银行可以根据专项资金的性质，在国库单一账户下设立分类账，即财政专户设在国库，使用资金时由人民银行根据有关部门的支配指令直接拨付给用款单位，这样也能够保障专项资金的集中管理和专款专用，而且还能在支付环节对有关部门的支配是否妥当进行一定的监督和制约。同时，随着国库电子化水平的不断提高，财政专户功能由国库单一账户实现的技术条件日趋成熟。

（四）国库资金管理应注重依法理财

撤销专户后，原有的专项资金并入国库单一账户，可以实现财政资金"一本账"核算，有利于财政资金的集中管理和有效利用，但国库存款利率低、利息收益少，单纯放在国库按活期利率支付利息，无法实现国有资产的保值增值，造成资金的巨大浪费。可通过定期存款或购买国债等方式充分发挥国库间歇性资金作用，取得较高利息收入，不但能够进一步充实地方政府财力、保障和改善民生，而且有利于支持地方经济发展。

作者单位/盐池县财政局

关于扩展吴忠市财源建设格局的思考和建议

赖学荣

近年来,随着经济快速发展和招商引资力度加大,吴忠市财源建设工作取得较好成效,一批大型项目相继落户投产,财政收入保持年均8%左右增速,地方财力不断增强。但也存在一些深层次问题:一是财政自给率低。全市财政自给率仅为22%左右,属于典型的"吃饭型"财政。二是收入质量不高。经济下行压力下,原油、电力、建材、房地产、装备制造等行业和重点税源降幅大,新兴税源企业支撑力不强,一般公共预算收入仅占GDP的9%、税收收入占一般公共预算收入的74%,以上"两个比重"仍然偏低,财政收入质量不高。三是增收后劲不足。"营改增"和税制改革不断深入,财源缺乏主体税种支撑,税收收入增长乏力,地方财力主要依靠转移支付和税收返还支撑。

为进一步加强吴忠市财源建设,切实做到生财有道、聚财有力、理财有方,促进财政收入持续稳定增长,结合吴忠市情,需要从壮大基础财源、培育替代财源、发展后备财源、优化绿色财源四个方面入手,逐步形成多点支撑、多级增长的财税增收格局。

一、大力发展工业经济,壮大基础财源

工业是地方经济发展的"重头戏",在促进财政收入中发挥着举足轻重的基础作用。

一是升级优势工业。重点支持高端纺织、装备制造、新能源新材料等优势工业发展,全市轻重工业比例由目前的30.3∶69.7调整为35∶65。

二是加快园区建设。构筑以吴忠金积工业园区为核心,以各县(市、区)工业园区为主的"一核五区"园区发展格局,加强企业项目引入力度。支持各工业园区道路、水电气管网等基础设施建设,大力提高园区承载能力。

三是强化科技创新。推进产学研融合,围绕高端智能控制阀、滚动轴承、精密汽车零部件,引进培育生产研发类企业,壮大高新技术产业规模。

四是优化服务保障。全力保障企业用地、水电气、原料等生产要素,落实好"助保贷"、奶产业风险基金、扶贫产业基金等各类引导基金,强化政、银、企协调配合,促进企业发展壮大。

二、融合发展服务业,培育替代财源

服务业是地方经济发展的"晴雨表",必须不断提高服务业在GDP中占比,使其成为应对经济下行压力的替代财源。

一是积极发展支撑性服务业。文化旅游方面,以全域旅游示范创建为契机,大力发展休闲观光游、乡村生态游、民俗风情游等特色旅游产品和低空旅游、房车旅游等新业态,加大"黄河金岸·丝路回乡·水韵吴忠"整体形象

宣传打造。现代物流业方面,重点推进盐池、太阳山火车站、吴忠高铁站、红寺堡通用机场等交通枢纽项目建设,加快吴忠现代商贸、太阳山化工、中国(吴忠)清真产业三大物流园区建设,形成现代物流框架。

二是培育壮大成长性服务业。电子商务方面,落实《关于促进"互联网+商贸"发展的扶持政策》,重点支持红寺堡、青铜峡、盐池、同心电商进农村示范县工程,争取农村电商覆盖率达到90%以上。现代金融方面,打造市本级以裕民东街为轴心的金融集聚中心,辐射带动各县(市、区)补齐金融短板,支持金积工业园区创建自治区级金融示范园区。会展经济方面,加快推动吴忠市黄河文化体育会展中心、科技馆等基础设施建设,统筹办好黄河金岸文化旅游节、穆斯林艺术文化展、人文技术交流、商务洽谈、特色产品展示展销等特色活动,增加新税源。

三是改造提升传统服务业。商贸服务方面,推进集购物、餐饮、休闲、娱乐为一体的大型商业广场、特色商业街区、商贸聚集区。持续推进市区十大市场健康发展,建设以红寺堡国际红酒交易中心、盐池航空产业园等专业市场,力争建成西北地区较有影响力的商贸基地。餐饮业方面,大力实施餐饮提升工程,扶持民族饭庄、盛悦饭店等餐饮骨干企业发展,鼓励餐饮企业争创"中华餐饮名店""宁夏餐饮名店"等,积极推进餐饮企业和个体"走出去"。房地产业方面,通过棚改货币安置,公积金支持住房消费,滨河新区实行购房补贴等方式,加大房地产去库存力度,增强商品房居住人气和商业活力。加大各县(市、区)保障性安居工程建设和棚户区改造,提高城镇常住人口保障性住房覆盖率。

三、加快各类项目建设,发展后备财源

项目建设是地方经济发展最强劲的"后备军",只有大项目作为后备支撑,地方经济发展才有发展后劲。

一是竭尽全力招商引资。重点招引科技含量高、附加值高、创税率高的项目,扩大项目资金效应,实现财源可持续增长。以全国工商联常委会暨民营企业助推宁夏创新发展大会、中阿博览会为契机,举办"民营500强企业吴忠行"活动,精准招商、绿色招商。

二是千方百计向上争取。把握国家宏观政策举措,积极向上申报重点项目,力争有更多项目得到国家和自治区的资金扶持。抢抓中央脱贫攻坚工程、"一带一路"、宁夏建设内陆开放型经济试验区等战略机遇,争取更多项目资金落户吴忠。

三是推进新型城镇建设。加快实施京藏高速公路改扩建、国道344线吴忠至灵武段等项目,打通向南、向北、向东通道。启动银西高铁枢纽站广场、道路、水系、绿化等配套设施建设。重点推进金银滩、峡口等"六个重点镇",增强城镇承载能力。

四、大力发展特色产业,优化绿色财源

特色产业是地方经济发展的"新引擎",将助推发展绿色经济示范市。

一是农业结构再调整。支持一二三产业深度融合。稳定粮食种植面积,突出"一特三高",提高产品附加值。积极推进现代畜牧业全产业链建设,建设"中国西部乳都"。

二是健康产业再推进。按照一二三产的3个圈层,围绕"种、产、医、养、游、体"六大体系,大力实施健康产业行动计划。第一圈层,以各县(市、区)、孙家滩国家农业科技园区为原材料生产基地,深度开发富硒资源。第二圈层,发展以中药饮片、中药提取物精油、枸杞保健品等为主的中药(回药)产业。第三圈层,以利通区健康产业园项目为标杆,推动健康医疗、休闲保健、养老养生、体育健身等产业融合发展。

三是特色产品再推广。深入实施特色产品"挺进大中城市"战略,加快重庆、成都、广州等城市优质特色产品展示展销中心建设步

伐。健全走出去政策服务体系,支持塞外香、涝河桥、宁杨、宝华绿港等公司在马来西亚、哈萨克斯坦等"一带一路"沿线国家建设基地,设立销售窗口。

财源建设格局的扩展是一项长期、综合、系统性工作,需要各级政府、市财政等市直部门、国地税等区属驻吴单位围绕经济发展大局,靠实责任、密切配合、全面推进,才能开创建设绿色经济示范市、全面建成小康社会新局面。

作者单位/吴忠市财政局

西吉县财政收支现状、存在的问题及对策建议

张振刚

西吉县是革命老区、民族地区、六盘山集中连片特殊困难地区，位于宁夏南部、六盘山西麓，现辖四镇十五乡，296个行政村，8个居委会，1870个村民小组，总人口49.5人，其中农业人口42.3万人，回族28.9万人，占58.4%，是宁夏人口第一大县，少数民族聚居县，国家和自治区扶贫开发重点县。近年来，西吉县经济社会保持了良好的发展势头，GDP增长迅速，2016年达到55.5亿元，同比增长8.1%；2016年地方一般公共预算收入1.52亿元，下降8.8%，地方一般公共预算支出44.83亿元，增长13.16%，收不抵支，财政资金供需矛盾突出。

一、财政收入与支出状况

（一）财政收支总规模及变动

1. 财政收入总规模及变动（见表1）。

表1　西吉县"十二五"期间财政收入状况

年份	财政收入（万元）	增速(%)	备注
2011	8460	89.69	2010年4460万元
2012	9505	12.35	
2013	11420	20.15	
2014	13604	19.12	
2015	16675	22.61	

财政既是经济发展状况的综合反映，也是促进经济发展的宏观调控手段。只有不断壮大政府财力，增强宏观调控能力，才能促进县域经济持续、快速、健康发展。近年来，西吉县经济社会发展迅速，地方财政收入也表现出良好的增长势头。"十二五"期间，西吉县财政收入屡创历史新高，财政实力跨上一个新台阶。全县地方一般公共预算收入从2010年的4460万元增加到2015年的16675万元，是"十一五"末的3.74倍，年均增长30.2%；全县五年累计完成地方一般公共预算收入59664万元，是"十一五"14888万元的4.01倍。

2. 财政支出总规模及变动（见表2）。

表2　西吉县"十二五"期间财政支出状况

年份	财政支出（万元）	增速(%)	备注
2011	258553	39.84	
2012	316308	22.34	
2013	339132	7.22	
2014	355083	4.70	
2015	386036	8.72	

随着西吉县经济社会的快速发展，地方财政支出规模不断增长，但增速呈现逐步放缓的趋势。2011年到2015年，全县五年累计完成地方一般预算支出165.52亿元，是"十一五"53.57亿元的3.09倍；全县地方一般公共预算支出从2011年的258553万元增加到2015年的386037万元，年均增长15.9%，是"十一五"末的

2.09倍。财政支出规模的不断增长，一方面体现出政府宏观调控经济和提供公共产品的能力在增强，另一方面体现出国家支持贫困地区发展的力度在加大。

3.财政收支总规模与GDP之间的关系

（1）财政收入占GDP的比重。"十二五"期间，随着西吉县经济社会的快速发展，西吉县的GDP增长迅速。由2011年的29.25亿元增长到2015年的49.21亿元，增长1.7倍，五年年均递增14.86%。地方一般公共预算收入占GDP的比重由2011年的2.89%提高到2015年的3.39%，呈现先降后升的趋势，实现了逐步增长（见表3）。

表3　西吉县"十二五"期间一般公共预算收入占GDP的比重状况

年份	GDP(万元)	财政收入（万元）	财政收入占GDP比重(%)
2011	292505	8460	2.89
2012	360715	9505	2.64
2013	418734	11420	2.73
2014	453249	13604	3.00
2015	492055	16675	3.39

"十二五"期间是西吉县经济增长最快的时期，但地方财政收入占GDP的比重一直在低端徘徊，最高达到3.39%，财政收入占GDP的比重仍然较小。财政收入占GDP的比重状况一方面说明经济发展的活力不够，另一方面说明财政的增长滞后于经济的增长，财政增收还有较大的潜力。

（2）财政支出占GDP的比重。西吉县一般公共预算支出的绝对规模随着西吉县经济的不断发展，其支出总额不断增长，从2011年的258553万元增加到2015年的386037万元，年均增长15.9%，财政支出的增速略高于GDP的增速，平均高出1.04个百分点。尽管财政支出的绝对规模增长显著，但财政支出占GDP的比重却呈现出逐年下降的趋势，由2011年的88.39%下降到2015年的78.45%，这说明财政支出的总体规模有待进一步提高（见表4）。

表4　西吉县"十二五"期间一般公共预算支出占GDP的比重状况

年份	GDP(万元)	财政支出（万元）	财政支出占GDP比重(%)
2011	292505	258553	88.39
2012	360715	316308	87.69
2013	418734	339132	80.99
2014	453249	355083	78.34
2015	492055	386036	78.45

（二）财政收入来源结构

1.税收结构。

流转税类一直以来都是西吉县财政收入的主要来源，占地方财政收入的六成以上，流转税类占财政收入的比重五年平均达到了63.81%。其中增值税增速较快，从2011年的257万元增加到2015年的880万元，增长3.4倍，年均增长36.89%，特别是2015年增值税增速较快，比2014年净增280万元，增长46.67%；而营业税增长相对平稳，从2011年的5281万元增加到2015年的9093万元，年均增长14.81%。所得税类增速较快，特别是企业所得税从2011年的133万元增加到2015年的1447万元，增长10.8倍，所得税类占财政收入的比重从2011年的3.42%增长到2015年的9.64%。契税则呈现出先升后降的抛物线趋势，从2011年的301万元增加到2013年的1232万元，再从2013年的1232万元下降到2015年的625万元，但降势趋于平缓（见表5）。

2.产业结构。

近年来，西吉县不断调整产业结构，使三大产业结构不断优化，比例由"十一五"末的34.2∶21.0∶44.8调整为2015年的25.8∶22.4∶51.8，三大产业增加值分别达到4.2亿元、5.84亿元、14.39亿元；二三产业比重达到74.2%，比"十一五"末提高了8.4个百分点，尤其是第三产业占GDP的比重由44.8%增加到51.8%，净增7%；三大产业中，第二产业对财政的贡献最大，五年共提供税收收入28064.09万

表5 西吉县"十二五"期间按税收结构分析财政收入状况

单位：万元

年份	财政收入	增值税	营业税	企业所得税	个人所得税	资源税	城市维护建设税	房产税	印花税	城镇土地使用	土地增值税	车船税	耕地占用税	契税
2011	8460	257	5281	133	156	10	278	26	79	45	21	3	1	301
2012	9505	287	6298	256	134	8	324	36	92	57	7	45	1	351
2013	11420	423	6518	403	137	2	370	69	130	43	45	202	347	1232
2014	13604	600	8067	941	136	6	473	84	157	95	91	284	1	691
2015	16675	880	9093	1447	161	0	532	104	170	68	184	399	4	625

元，其提供的税收收入规模逐年增加，但占财政收入的比重整体呈下降趋势；第三产业对财政的贡献次之，五年共提供税收收入21041.49万元，其提供的税收占财政收入的比重从2011年的26.72%增加到2015年的33.09%，呈上升趋势；第一产业对财政的贡献份额较小，其提供的税收占财政收入的比重平均为0.98%（见表6）。

表6 西吉县"十二五"期间三大产业提供的税收收入结构状况

年份	第一产业提供的税收		第二产业提供的税收		第三产业提供的税收	
	收入（万元）	占财政收入比重(%)	收入（万元）	占财政收入比重(%)	收入（万元）	占财政收入比重(%)
2011	22.19	0.26	4308.59	50.93	2260.22	26.72
2012	80.5	0.85	5058.74	53.22	2756.76	29.00
2013	268.08	2.35	4900.83	42.91	4752.54	41.62
2014	69.27	0.51	5801.36	42.64	5755.37	42.31
2015	155.38	0.93	7994.57	47.94	5517.05	33.09

3. 税收与非税收入结构。

表7 西吉县"十二五"期间税收收入和非税收入占财政收入比重状况

年份	财政收入（万元）	税收收入（万元）	税收收入占财政收入比重(%)	非税收入（万元）	非税收入占财政收入比重(%)
2011	8460	6591	77.91	1869	22.09
2012	9505	7896	83.07	1609	16.93
2013	11420	9921	86.87	1499	13.13
2014	13604	11626	85.46	1978	14.54
2015	16675	13667	81.96	3008	18.04

从表7中数据可以看出，税收收入的规模虽然逐年上升，从2011年的6591万元增加到2015年的13667万元，增长1.07倍，但其占财政收入的比重却呈现出先升后降的趋势；非税收入的绝对值整体呈上升趋势，由2011年的1869万元增加到2015年的3008万元，年均增长15.2%，其占财政收入的比重却呈现出先降后升的趋势，非税收入对行使政府职能、促进地方经济发展起到了积极的作用，但其具有不稳定性。

（三）财政支出结构

1. 财政支出结构及变动。2011—2015年，西吉县财政支出规模从25.86亿元增长到38.60亿元，年均增长15.9%，是"十一五"末的2.09倍，增速较快。其中社会保障支出规模增长迅速，从2011年的28971万元增长到2015年的61807万元，增长2.13倍；教科文卫支出占财政支出的比重最高，五年平均保持在26%左右，其支出规模达到10.44亿元，占财政支出的三成多；农林水支出占财政支出的比重在逐步提高，从2011年的18.42%增长到2015年的21.23%，呈上升趋势；一般公共服务支出占比最少，五年来均控制在5%以内（见表8）。

表8 西吉县"十二五"期间一般公共预算支出结构状况

年份	财政支出（万元）	一般公共服务支出		教科文卫支出		农林水支出		社会保障支出	
		规模（万元）	比重(%)	规模（万元）	比重(%)	规模（万元）	比重(%)	规模（万元）	比重(%)
2011	258553	11355	4.39	71431	27.63	47637	18.42	28971	11.21
2012	316308	13030	4.12	75922	24.00	62995	19.92	36838	11.65
2013	339132	15787	4.66	84272	24.85	85192	25.12	40762	12.02
2014	355083	15671	4.41	87902	24.76	72465	20.41	44758	12.60
2015	386036	19124	4.95	104416	27.05	81949	21.23	61807	16.01

二、财政收支结构中存在的主要问题及原因分析

(一)财政收入占GDP的比重偏低,收支缺口较大,地方政府债务规模大

1. 财政收入占GDP的比重偏低。"十二五"期间,西吉县GDP由2011年的29.25亿元增长到2015年的49.21亿元,增长68.2%倍,五年年均递增14.86%,地方一般公共预算收入占GDP的比重由2011年的2.89%提高到2015年的3.39%,虽然呈上升趋势,但一直在低端徘徊,与2015年全国财政收入占GDP的比重22.49%相差甚远。财政收入占GDP的比重既能考核财政收入的质量,又能检验经济运行质量。地方财政收入占GDP的比重过低,意味着地方政府掌握的可支配财力过少,导致政府对社会公共产品提供能力和对市场经济宏观调控能力不足,同时也说明县域经济运行质量欠佳,经济运行效率不高或在税收征管中存在漏洞。从长期看,财政收入占GDP的比重一直较低,难以保证财政收入应有的质量,必然导致财政增收困难,对实现县域经济可持续发展是不利的。

2. 财政收支缺口较大,收支矛盾依然突出。近年来,尽管西吉县财政收入有较大幅度的增长,但其占财政支出的比重很低,一直都在5%以下,收支缺口较大,收支矛盾依然突出。为弥补收支缺口,西吉县积极向上级部门申报项目,争取资金,把项目建设作为县域经济发展的重要支撑和经济发展后劲的集聚,把项目建设作为调整优化经济结构、培育新的经济增长点、增强县域经济实力的战略性举措,立足西吉县区位、资源、产业等优势,紧紧围绕产业结构政策,用足用活国家对贫困县重点扶持的一系列优惠政策,多形式多渠道筹措项目建设资金,不断增强县域经济发展后劲。

要实现财政收支平衡或基本平衡,归根到底是要提高经济运行的整体质量和效益,靠县域经济的持续增长和良性循环,才能最终摆脱财政的困境,实现财政的良性循环,为社会提供更多更优质的公共产品和公共服务,这才是公共财政的最终目标,否则,财政收入长期在低端徘徊,必将影响县域经济的健康发展。

3. 地方政府债务规模较大。截至2016年底,西吉县政府性债务余额高达46.18亿元,是地方一般公共预算收入的30.4倍。由于县级财政收入占支出的比重不足5%,财政支出的95%以上来自一般转移支付和专项转移支付收入,地方财力化解地方债务困难。加之债务逾期率较高,政府性债务已进入还本付息高峰期,县财政负担重,还款压力大(见表9)。

表9 西吉县"十二五"期间财政收入、支出及转移支付情况

年份	财政收入(万元)	财政支出(万元)	财政收入占财政支出的比重(%)	转移支付(万元)	转移支付占财政支出的比重(%)
2011	8460	258553	3.27	244629	94.61
2012	9505	316308	3.00	291760	92.24
2013	11420	339132	3.37	307646	90.72
2014	13604	355083	3.83	341347	96.13
2015	16675	386036	4.32	362679	93.95

(二)财政收入结构中存在的问题

1. 财政收入中所得税类比重过小,而非税收入所占比重较大。几年来,流转税类一直都是西吉县财政收入的主要来源,占财政收入的比重五年平均达到了63.81%,增长较快,而所得税类占财政收入的比重五年平均不足6%。在流转税中营业税占财政收入的比重平均为59.92%,是西吉县的主税种,受营改增的影响,2016年财政收入同比下降8.8个百分点。这就要求加大所得税征收力度,努力提高所得税类占财政收入的比重,从而弥补营改增对财政收入的影响。

非税收入在财政收入中占有较大比重,使得地方财政收入和地方可用财力不同步,因为非税收入大都在财政上列收列支,有专项用途,

且具有不稳定性，真正体现在地方政府财政上用于正常支出的部分并不多，由此造成地方财政收入的增长并未带来地方可用财力的同步增长。

2. 第三产业提供的税收收入较低。几年来，西吉县调整优化产业结构，大力发展第三产业，产值从2011年的11.10亿元增加到2015年的25.49亿元，增长1.3倍，其占GDP的比重由44.8%增加到51.8%，净增7个百分点，而第三产业提供的税收占财政收入的比重5年平均为34.5%，相对较低。

(三)财政支出结构中存在的问题

1. 财政支出的规模相对较小。尽管西吉县地方一般公共预算支出的增速略高于GDP的增速，平均高出1.04个百分点，但财政支出占GDP的比重却呈现逐年下降的趋势，由2011年的88.39%下降到2015年的78.45%，这说明财政支出的总体规模有待进一步扩大。

2. 社会保障支出明显不足。社会保障是现代社会实现公平的基本要求，也是社会稳定的重要支柱。虽然西吉县社会保障支出增速较快，且占财政支出的比重较高，从2011年的11.21%增长到2015年的16.01%，但随着机关事业单位养老保险改革的推进和人口老龄化的到来，社会保障支出的需求进一步增多，这就要求社会保障支出的规模继续扩大。

三、对策与建议

(一)壮大县域经济，培植地方财力

1. 充分发挥当地的资源和产业优势，努力培育财源。紧紧围绕县委、政府提出的"4156"战略部署(围绕建设"四个西吉"战略目标，以脱贫攻坚为统领，坚决打赢脱贫攻坚战、基础提升战、产业升级战、环境整治战、项目大会战"五大战役"，深入实施劳动力素质提升、"两个带头"人、民生改善、金融扶贫、社会治理、凝心聚力"六大工程")，立足资源和产业优势，大力支持特色优势产业发展，如特色种植、特色养殖、特色旅游等；大力支持闽宁产业园区建设，提升园区吸纳企业能力；支持中小企业、合作社等发展，扶持培育壮大一批龙头企业，积极培育新的经济增长点，不断增强财政实力。

2. 大力发展和积极引导非公有制经济，稳定增加财政收入。非公有制经济已成为西吉县域经济的主体，农民增收的主要渠道，财政收入的重要来源，政府应将重点放在非公有制经济的管理和服务上，因为非公有制经济是一个投入少而税收多的领域，已成为地方税收的主要税源。发展非公有制经济，政府不需要投入大量资金，只需提供必要的基础设施加以规范管理和服务，保证其健康发展。而政府则可以依法征税，保证地方财政收入的稳步增长，同时有利于增加就业，保持社会稳定。因此，要降低门槛，放宽非公有制经济的准入条件，进一步消除限制非公有制经济发展的各种障碍，为非公有制经济发展创造良好环境，切实保护他们的合法权益。随着非公有制经济的发展和壮大，来自非公有制经济的财政收入必将稳步提高。

3. 营造良好环境，强力推进新兴第三产业发展。营造良好发展环境，加快"互联网+"信息产业发展，不断健全城乡商贸流通网络，示范推广电子商务，实施综合商贸物流园、冷链仓储货运物流园等重点物流项目，打造丝绸之路经济带上重要物流节点。加快以旅游、物流、智慧城市、商贸服务为主的现代服务业发展；支持创业创新，形成"大众创业，万众创新"的社会局面。政府在对新兴产业给予政策优惠和资金扶持的同时，加强宏观调控职能，运用经济法律等手段加强对第三产业的监督和管理，保证其健康发展，从而提高第三产业提供税收的整体规模和所占比重，为财政增收提供强有力的支撑。

(二)健全和完善税收体系

地方税收是地方财政收入的主要来源，是地方财政收入的基本形式，合理健全的地方税收体系，有利于强化税收，降低征管成本，提高税收效率。

1. 根据事权与财权匹配原则，合理划分政府间财力。在财政管理体制中，事权与财权的划分要有利于社会公共产品和公共服务的效率，使各级政府的事权、责任与财力相匹配，尽可能地提高政府的运行效率。县乡政府作为我国最基层的政府机构，接触农村最多，对农村情况了解最详，化解"三农"问题，特别是当前的脱贫攻坚战略任务，最终要落到县乡政府。按照税收的划分中应坚持的事权与财权相对应原则，县乡政府应具有更大的税源，掌握更大的财力，支持县域经济的发展。因此，要么使县乡政府掌握更多的财源，要么加大对县乡政府财政转移支付力度，以充分发挥基层政府职能。

2. 建立流转税类和所得税类双主体模式。流转税类一直是地方财政收入的主要来源，而西吉县已经具备了加大所得税征收的经济水平。因此，要重点培育和支持市场占有率高、科技含量高、经济效益好的项目，培植纳税大户，努力增加流转税收入；同时，为了将营改增对税收收入的影响降到最低，要大力推进城镇化进程，大力发展"互联网+"、旅游、金融保险、技术服务、信息咨询等第三产业，逐步扩大所得税规模，增强其调节功能，逐步实现流转税类和所得税类双主体模式。

3. 强化税收征管，全面依法治税。要加大税法宣传力度，依法治税，强化管理，堵塞漏洞，努力做到应收尽收，公平税收，坚决杜绝税款空转、买税卖税、寅吃卯粮等现象。

（三）加强非税收入管理，规范"收支两条线"

为进一步优化地方财政收入的结构，提高财政收入质量，要加强非税收入管理，特别是要加强国有资产的出租出借收入和变价收入的管理，将非税收入控制在合理范围内，严格执行"收支两条线"。

（四）优化财政支出结构，统筹整合涉农资金

优化财政支出结构，调整财政支出重点，压缩一般公共服务支出，严格控制"三公经费"，稳定增加社会保障支出，逐步完善农村社会保障体系，优先保障民生支出和县委、政府重大决策部署的落实。加大资金整合力度，在不改变资金用途、性质的基础上，最大限度地整合资金目标接近、资金投放方向类同、资金管理方式相近的各类涉农资金，加大扶贫资金投入力度，助推扶贫攻坚战略步伐。积极盘活财政存量资金，加强结转结余资金管理，提高资金使用效率。

作者单位/西吉县财政局

关于石嘴山国家级开发区财政体制若干问题的调研及思考

马淑梅

石嘴山市有 2 个国家级开发区，分别是石嘴山经济技术开发区和石嘴山高新技术开发区。近几年，两开发区建设在改善投资环境、引导产业集聚、发展开放型经济方面发挥着十分重要的作用。根据《国务院办公厅关于促进开发区改革和创新发展的若干意见》及石嘴山市政府 2017 年第 13 次市长办公会议精神，现对两开发区有关财政体制若干问题进行的调研提出几点思考及建议。

一、基本情况

（一）石嘴山经济技术开发区

地处惠农区，原为石嘴山河滨工业园区，始建于 1992 年 9 月，2011 年 4 月经国务院批准，石嘴山河滨工业园区与原惠农红果子工业园区整合升级为国家级经开区，挂石嘴山陆港经济区管委会牌子。开发区党工委、管委会分别为市委和市政府的派出机构，属参照公务员法管理的事业单位，核定全额预算事业编制 25 人，2013 年 12 月经开区经费管理由惠农区移交至市财政。

《石嘴山经开区管委会主要职责内设机构和人员编制方案》（石党办发〔2013〕25 号）明确，经开区的主要职责有：一是研究制订总规划、详细规划、单体规划及重大问题并组织实施，编制发展计划并组织实施；二是根据市政府授权负责开发区部分行政管理和经济管理职能；三是负责开发区的基本建设和基础设施建设；四是协调开发区的税务、金融、工商、海关、检验检疫、公安、规划、国土、环保等有关部门或驻区单位的工作；五是负责开发区招商引资日常工作；六是负责开发区党的建设、纪律检查、群团工作及市委市政府交办的其他事项。

经开区规划面积 85.22 平方公里（含国批区 15 平方公里），现入驻企业 216 家，其中规模以上企业 81 家。已形成冶金、电石化工、新材料三大主导产业和新能源、新型煤化工、口岸物流三大特色产业。2016 年，陆港口岸实现货物吞吐量 474.7 万吨、报关 1183 单、征收关税 6710.5 万元人民币。2016 年，规模以上工业实现产值 236 亿元、工业增加值 68.1 亿元，完成固定资产投资 91 亿元，招商引资 93 亿元。

（二）石嘴山高新技术开发区

地处大武口区，始建于 2002 年，2013 年国务院批准为国家级高新区，开发区党工委、管委会分别为市委和市政府的派出机构，属参照公务员管理的事业单位，核定全额预算事业编制 25 人，2014 年 7 月高新区经费管理由大武口区移交至市财政。

《石嘴山高新区管委会主要职责内设机构和人员编制方案》（石党办发〔2014〕73 号）明确，高新区的主要职责有：一是研究制定高新区发展目标、政策和措施，研究确定建设发展重大问题，编制高新区建设规划和控制性详细规划并组织实施;二是根据授权行使部分市级经济事务管理职能;三是负责高新技术企业、高新技术产品认定的报批、管理及企业的技术创新服务等工作;四是负责高新区招商引资工作,开展对外经济技术合作交流;五是负责高新区的基本建设及基础设施建设;六是负责党的建设、纪律检查、群团工作及市委市政府交办的其他事项。

高新区规划面积为65平方公里,现入驻企业204家,其中规模以上企业46家,科技型中小企业29家。已形成以新材料、机械装备制造、新能源和现代纺织"四大"产业为主的工业体系。建立"创业苗圃+孵化器+加速器+产业园"四位一体创新创业孵化模式。2016年实现工业产值157亿元,高新技术企业产值占67%;完成固定资产投资33亿元,招商引资80亿元。

二、运行现状

(一)体制情况

经开区和高新区党工委、管委会分别为市委和市政府的派出机构,两开发区与辖区是"两个机构,两块牌子,两套人马"。在招商项目手续的办理环节方面,涉及规划、环保、国土、安监等审批工作,均由辖区相关部门或市直部门予以办理,两开发区均没有审批权限。两开发区没有独立的财政体制,没有相应的收入来源。

(二)收支情况

人员经费、公用经费及项目建设经费等支出,均由市级财政统筹安排。2014—2016年各级财政及部门逐年加大对两开发区的投入,三年共拨付5.84亿元,其中经开区3.31亿元、高新区2.53亿元。两开发区三年共支出5.06亿元,其中经开区3.31亿元、高新区2.04亿元。支出主要包括人员支出、公用经费和项目支出,其中项目支出比重最大,经开区三年支出中项目支出总计2.89亿元,占总支出的87%,高新区三年支出中项目支出总计1.95亿元,占总支出的96%。具体收入明细见表1、表2:

表1 2014—2016年度两开发区收入情况表

单位:万元

年份 园区	合计	2014年				2015年				2016年			
		小计	市财政	辖区财政	其他部门	小计	市财政	辖区财政	其他部门	小计	市财政	辖区财政	其他部门
石嘴山经开区	33078	4721	1743	2791	187	9919	2942	6940	37	18438	16123	1347	968
石嘴山高新区	25333	10441		8709	1732	1926	876		1050	12966	1118		11848
总计	58411	15162	1743	11500	1919	11845	3818	6940	1087	31404	17241	1347	12816

表2 2014—2016年度两开发区支出情况表

单位:万元

年份 园区	合计	2014年				2015年				2016年			
		小计	人员支出	公用经费	项目支出	小计	人员支出	公用经费	项目支出	小计	人员支出	公用经费	项目支出
石嘴山经开区	33078	1797	228	129	1440	10474	211	280	9983	17985	352	172	17461
石嘴山高新区	20361	10419	109	18	10292	1576	160	161	1255	8366	243	123	8000
总计	50617	12216	337	147	11732	12050	371	441	11238	26351	595	295	25461

(三)缴税情况

两开发区入驻企业2014—2016年缴税总额为28.55亿元,其中经开区16.59亿元,高新区11.96亿元。企业平均每年缴税9.52亿元,其中经开区5.53亿元,高新区3.99亿元。按照入库级次,近三年缴税额属于石嘴山市级税收8.38亿元,占2014—2016年石嘴山市级税收总额的21.9%(经开区占比11%、高新区占比10.9%),其中属于市本级税收6.84亿元,占2014—2016年石嘴山市本级税收总额的27.2%(经开区占比14.3%、高新区占比12.9%),属于辖区级税收1.55亿元,占2014—2016年石嘴山市本级税收总额的11.8%(经开区占比4.8%、高新区占比7%)。具体缴税情况见表3:

表3 2014—2016年度石嘴山经开区入驻企业缴税情况表

单位:万元

税收项目	合计	2014年					2015年					2016年				
		小计	中央级	自治区级	地市级	辖区级	小计	中央级	自治区级	地市级	辖区级	小计	中央级	自治区级	地市级	辖区级
增值税	112095	34402	25022	5689	3630	61	43775	32160	6920	4657	38	33918	19304	7282	6437	895
改征增值税	461	152			91	61	95			57	38	214	99	3	40	72
营业税	894	28			17	11	31			19	12	836			501	334
企业所得税	24959	12963	7804	2579	2414	165	7892	4718	1587	1404	183	4104	2510	797	609	188
个人所得税	4758	1343	806	269		269	1726	1036	345		345	1689	1013	338		338
资源税	256	90		90			124		124			42		42		
城市维护建设税	8294	2582			2582		3179			3179		2532			2532	
房产税	4933	1595		479	1117		1894		568	1326		1445		433	1011	
印花税	3066	743				743	1157				1157	1166				1166
城填土地使用税	6003	3279		984	2296		2998		899	2098		−274		−82	−192	
土地增值税	0	0					0					0				
车船税	26	11			11		8			8		8				8
耕地占用税	0	0					0					0				
契税	189	22				22	89				89	77				77
总计	165934	57211	33633	10089	12146	1343	62967	37914	10443	12739	1871	45757	22926	8813	10940	3078

表4　2014—2016年度石嘴山高新区入驻企业缴税情况表

单位:万元

税收项目	合计	2014年					2015年					2016年				
		小计	中央级	自治区级	地市级	辖区级	小计	中央级	自治区级	地市级	辖区级	小计	中央级	自治区级	地市级	辖区级
增值税	69883	32343	24128	0	7037	1178	20331	14824	0	4653	855	17209	10233	1198	4794	984
改征增值税	1209	172	0	0	5	168	532	0	0	20	512	504	250	54	58	142
营业税	1106	302			181	121	481			288	192	324			194	129
企业所得税	24396	9781	5869	1956	938	1018	7624	4574	1525	1160	364	6991	4195	1398	1051	347
个人所得税	5717	2753	1652	551		551	1779	1067	356		356	1186	711	237		237
资源税	0	0					0					0				
城市维护建设税	5000	2161			2161		1538			1538		1302			1302	
房产税	2717	815		245	571		923		277	646		979		294	685	
印花税	1322	606				606	379				379	337				337
城填土地使用税	7400	2612		784	1828		2771		831	1940		2017		605	1412	
土地增值税	121	27		8	19		16		5	11		79		24	55	
车船税	40	7				7	20				20	13				13
耕地占用税	0	0					0					0				0
契税	655	459				459	30				30	166				166
总计	119567	52038	31649	3543	12739	4107	36423	20465	2994	10257	2708	31106	15389	3810	9550	2356

以上统计报表所呈现出的开发区收入、企业缴税情况，均是市本级和辖区级收入，并不是开发区真正的实际收入。

三、存在的问题

（一）开发区财政体制方面

开发区不是独立机构，没有独立的财政体制，没有事权财权的划分，没有独立的收入来源。经费支出通过市级财政预算安排，辖区财政不安排开发区财政预算，市级财政预算主要安排开发区的人员、公用及常规项目支出。近年来，全市经济下行压力巨大，市级财力十分有限，仅是"保民生，保运转"，开发区计划实施的基础设施建设、公共服务能力提升及扶持企业发展等支出，只能向市政府、自治区及中央申请专项支持。

（二）投融资平台建设方面

两开发区均有自己的平台公司，即经开区的实业开发总公司、高新区的尉元公司，但这两个投融资平台作用发挥不够，主要原因是公司无盈利能力和稳定的现金流；公司大部分资产是公益性资产，可抵押的资产少；公司无专业投融资机构和人员，投融资能力弱，良性滚动发展的内生动力不足。

（三）公务运行及工资薪酬机制方面

公车改革后，开发区的招商、会务、公务运转等公务支出未列入财政部门预算，且两开发区距离市区较远，开发区工作人员经常下企业工作，公务运行支出压力较大，干部职工的上班成本明显高于市辖区，工资薪酬没有优势，选调干部难度很大，干部职工队伍不稳定，存在想出不想进的现象。

三、对策建议

（一）建立规范财政管理机制

在明确开发区行政管理体制机制的前提下，进一步明确市辖区（开发区）两级政府之间的事权划分，解决辖区（开发区）政府收入来源和支出责任匹配问题。在合理划分市本级与辖区（开发区）政府事权的基础上，合理配置财权，建立科学规范的财力与事权相匹配的财政体制。

（二）提升平台融资能力

一是引进专业人才，充分挖掘潜力激发平台内生动力。二是探索设立专项基金，撬动金融、社会资本，引导社会资本参与开发区建设，探索多元化的开发区运营模式，放大资金杠杆效益。三是采用PPP等模式进行开发区公共服务、基础设施类项目建设，鼓励社会资本在现有的开发区中投资建设、运营特色产业园，积极探索合作办园区的发展模式。

（三）建立薪酬激励机制

探索建立开发区薪酬激励机制，根据每年园区招商、年度考核完成情况，确定开发区薪酬发放标准，探索实行领导干部任期制、绩效工资制、公开招聘制等灵活的用人机制和工资激励分配机制，以稳定干部职工队伍，吸引人才，留住人才。

作者单位/石嘴山市财政局

国有企业及国有控股企业财务管理中存在问题及其解决对策

李崇科

国有企业及国有控股企业（以下简称企业）财务管理是一项十分重要的企业管理环节之一，但在笔者参加的监督检查活动中，发现了一些比较严重的问题，值得上级管理部门和企业管理层深思，认真分析解决。

一、存在问题

（一）个别企业设置账外账、"小金库"

因为利益的驱使和诱惑，有的企业的厂长、经理和总会计师违反法律法规，指使、授意甚至强迫财会人员弄虚作假，片面追逐账面利润，欺上瞒下，"小金库"层出不穷，尤其是为了偷逃税款、隐瞒收入，逃避有关部门收入监管，导致会计信息失真。

某再生资源公司是部属国有控股企业，主要从事废旧家电的拆解、处置、回收利用，再生资源无害化加工处理、销售，环保技术引进开发利用等业务，是以购入旧家电拆解领取政府补贴为主营业务的生产流通企业。将应直接支付给废家电供应商的资金设置账外账，虽然环保部门、上级补贴部门在该企业设置了视频监控，但该企业却在收购工作流程中，不严格按照规定的程序将收购废旧家电资金直接支付给废旧家电供应商，而是将资金集中支付给该企业员工，由该企业员工再付给废旧家电供应商。存在严重的舞弊行为，在该单位我们发现了该公司职工没有通过该公司设置的收购点收购而进行处罚的荒唐现象。旧家电回收过程中存在压低收购价格，垄断废旧家电回收市场恶性竞争的问题。

在对被检查单位的库存现金进行盘点时，保险柜中发现多张以本公司员工的名义设置银行账户，从母公司基本户转入采购废家电资金，私存私放套取国家补贴资金，用于向客户采购废家电的采购款及结算手续费，付款凭证没有转账凭据且无供货方的签字、不附原始入库单，该银行卡在正式账薄中没有记录，仅有个人账户的备查凭证，存在设置账外账的情况，存在严重的舞弊嫌疑，严重违反国家财经政策。在原材料入库环节存在核算不清晰明了的现象，在管理、使用上存在严重的安全隐患。

（二）个别企业资产不入账或者长期账外运行

某国有经营公司对某市政府收缴的位于市中心黄金繁华地带的某大酒店一层7套营业房1108.98平方米国有资产（当时价值8527.23元/米²，总值94.56万元，该资产现时价值2万元/米²，总值达2217.96万元），移交给该市市政产业（集团）公司，至今该企业仅收取了房屋租金，固定资产没有登记入账，形成资产长期账外运行的状况，存在严重的管理风险，容易产生国有资产流失的混乱局面。

（三）只出资，不管理，丧失、放弃经营管理权

国有股份出资没有按照规定行使管理决策

权,在公司管理机构中处于被动地位,国有股份管理存在缺位现象。组织构架不符合《公司法》规定,没有严格按照规定设置公司董事会、监事会等管理机构,上级部门在投融资体制改革过程中加大扶植力度,采取补助资金,注入国有资本等方式加快改革步伐。但在企业实际操作过程中,往往没有按照财务管理规定增加国有注册资本。

例如,某市成立的国有控股的金融担保企业,作为投资主体的某市城乡市政产业集团公司注入资本500万元,而作为参股方的某市有限责任公司(私有企业)承诺注资600万元(实际出资300万元),却一直担任着公司的董事长和总经理职务,行使着公司经营管理控制权。此后,某市城乡市政产业集团公司再次注资1000万元,但未按照公司法的规定掌握董事会控制权,国有资本的管理存在着严重缺失的状况。

更为荒唐的是政府出资总股本45%的某交通股份公司,虽然该股份公司章程中明确了股东的权利,但政府居然直接在常务会议纪要文件中堂而皇之地规定政府及国资部门不参与管理。授权国资管理职权的公司还荒谬的认为应修改公司章程,不参与经营、不承担责任、不管盈亏。把国有资本、人民的血汗钱当儿戏,当作了自己的玩偶,随意践踏人民授予他们的管理职责,严重丧失有股份管理权。

自行任命集团公司高层管理人员,未报市国资委审批备案。擅自成立子公司,未按程序履行报批手续,直接向工商部门进行了登记注册,不符合资产管理程序。

(四)公共设施企业国家财经政策执行不到位,没有严格按照市场化的规则来运行

一是公益事业收费没有严格按照上级规定执行。如某市政产业集团公司,下属第二水厂工业园区固废集中处置费未能应收尽收,工业园区固废集中处置费部分上缴市财政,其余直接坐支;代收水资源费滞留在企业账户未上缴财政。未经有关部门批准,随意减免、擅自降低工业园区水费,对应该按照规定标准收取的水费领导个人说了算,对3家企业2015年水价优惠162.31万元,不仅造成园区企业水价负担不公平、不合理,还严重损害国家利益,损害了企业正当权益。二是工资管理不符合国家职工薪酬管理规定。企业员工工资增长未充分考虑企业经营状况、效益等因素,不符合国家、省、市有关企业工资管理要与经营绩效考核挂钩、实行总额核定等政策规定;不但不执行企业工资政策,并且参照行政事业单位发放民族团结和谐奖、政府效能奖等;不按照超高温实际天数发放高温补贴的规定,而是按月发放高温补贴,加大了企业管理成本。三是企业员工增长过快。2013年该集团公司有职工403人,2016年该集团职工增加到468人,在业务范围、业务量未扩大的情况下,三年来新增人员65人,增长16.12%,增加了人员工资支出,加大了企业管理成本,存在着依靠政府救济、补贴过日子现象。

(五)经营管理松懈

收益分配过程中,个人资本等比其他资本分配红利较多,损失时,国有股份承担大额损失;亏损严重时,个人资本全额出逃,国有资本成为亏损的冤大头。造成国有资本在股份合作制企业中的不对等地位。

企业存在超出经营区域、经营范围的现象。设置企业的目的是为了利用有限的财政资金撬动社会资本参与当地的经济、社会事业发展,但在后续经营过程中,由于没有正常的经营管理机制,企业经营范围、经营方式、经营目标等重要管理措施均有代表个人资本为代表的管理者决策,国有股份不主动参与管理,或者丧失管理权、话语权,企业随意转让、停止经营,尤其是不按照经营协议规定的经营范围开展业务活动,存在对非本行政区域内经营的现象,如某市股份制担保企业按照合资协议应为本区域内的企业担保。而该合伙企业却为不属于该行政区域的另外一个市房地产公司担保2000万元。并向

另外一个市的6名居民提供担保贷款5笔，金额合计520万元。不符合该市中小"担保对象为本市辖区范围内，产品有市场、经营有效益、社会有信誉的成长型中小企业"，"担保机构对单个担保债务人累计提供的担保责任余额，一般不得超过担保机构自身实收资本的10%"的规定。

对下级企业管理松懈，尤其是外地远距离企业，有鞭长莫及、管理不到位的现象。当地监督管理部门因不属于本地监管范围，存在着疏于管理、放任自流的现象。而这些企业又不严于律己，不主动参加上级部门组织的小金库治理、税收政策执行清查等全国性的各项监督检查，一些重要的检查活动不认真领会精神，不彻底开展活动，造成一定的盲区，使国家的财经政策落实大打折扣。

（六）财务核算不规范

企业基础工作是为实现企业经营目标和管理职能，提供资料依据、共同准则、基本手段和前提条件。然而，长期以来形成的重经营轻管理现象使得企业忽视管理的内部控制基础工作，造成各环节管理脱节，各生产经营管理部门所提供的原始数据不准确、不真实，致使会计人员据以进行核算而产生的会计信息严重失真。

将应列入实收资本的资金列入资本公积科目。2016年某市集团公司拨付给该下属子公司市财政注入资本1000万元，该公司计入到资本公积账户中，没有及时办理资本增加事项。

往来款项不按照规定挂账，违规计入收入。随意改变费用、成本的确认标准或者计量方法，虚列、多列、不列或者少列费用、成本。在2015年进行资产重组后，收到吴某委托他人代付的借款利息共136.96万元，企业将应确认冲减当期财务费用款项，却当做营业外收入。

二、改进措施

（一）各级监督部门要强化对企业财务事项的监督，从源头上遏制"小金库"的产生

中央再三强调不能设置"小金库"账外账，而我们有的企业却置中央政令于不顾。因此必须毫不犹豫，严厉打击，既处理事，查处单位，除没收"小金库"违纪资金外又查处人，加大违纪者的成本，给予党政纪处分，严重的移交司法机关，绳之以法，真正落实"八项规定"。

牢固树立为国理财意识。企业法人代表、财务工作者一定要牢固树立人民公仆的理念，谨记为国理财、为企业发展、为职工利益的重大责任，牢牢把握国有资产委托管理责任，珍惜国有资产管理职责，以国家统一的会计制度为依据，依法依规进行财务核算，企业发生的各项经济业务事项应当在依法设置的会计账簿上统一登记、核算，不得违反会计法和国家统一的会计制度的规定私设会计账簿登记、核算，对公司资产，不得以任何个人名义开立账户存储。对货币资金、固定资产等必须严格管理、彻底清查，不能该履行的责任和义务不履行，不能放松对捐赠、调拨资产的管理，避免形成账外资产的行为发生。

作为监督人员，要紧紧围绕企业的整个经营过程进行监督检查，从产品制造销售货币资金回笼产品生产计划入手，先搞清产品生产的品种、规格、型号、类别、档次等。从材料入库环节着手，在不同的企业往往采取的手段不同，因此，检查人员必须抓住企业往年盈亏状况来进行分析测算、对比，不能盲目地信任生产商提供的资料，从与一线生产职工的交流中掌握真实的情况，工人工资水平往往是一个比较能反映企业正真水平的指标，但企业为了少缴税，往往按照工资平均的方法造假册发放工资，工人实际领到的工资可能与工资表上反映的工资不一致。

（二）严格执行党和国家各项财经政策，不折不扣地完成上级部门组织的各项清理活动

十八大以来，中央三令五申要求财经政策的落实，体现在财务会计工作当中就必须按照财政政策、税收政策、经济发展政策的要求，做好企业的财务管理工作。在财经纪律上同中央

保持一致，不能阳奉阴违，另搞一套，说在表面上，落实不到行动上。在执行税收政策上，对国家规定的税种税率要坚决按照规定执行，及时足额上缴各类税款。严格执行税收减免政策，对不符合条件的，坚决纠正地方巧立名目的违规减免税，严肃按照国家规定，及时足额上缴国库。对各项公益性收费项目和标准，必须严格执行当地政府部门规定的，不能随意减免，不得违反规定擅自以物抵账、以账抵账，不能将国家规定代收代缴的基金截留到企业使用。

严格"收支两条线"管理，企业涉及的水资源费、污水处理费、工业园区水费、工业园区污水处理费、工业园区固废处置费、医疗废物集中处置费、城市生活垃圾处理费等必须全部实行"收支两条线"管理，代收未缴水资源费要严格按照规定全部上缴各级财政部门，不得以各种借口截留挪用，违者严肃查处。

(三) 严格执行《公司法》规定，真正履行国有资本出资人的责任

一是对国有出资的情况进行清理，明确注资额度和比例，准确掌握对各类企业的投资情况，建立投资底册。公司股东必须依照设立时承诺的出资金额和时限，如数如期完成出资，对拖延、拒不按照约定完成资本缴纳的，依照公司法的规定，调整或者罢免公司董事会中的相应职权，同时依照公司法的规定，相应调整股份比例。改变目前只出资，不监管，或者监管不到位的不正常现象，在收益分配中处于"小三"地位，不能将国有股份作为冤大头任人宰割。

二是必须真正做到有效监督，严厉行使出资人监督管理职责。对重大财务、业务决策、对外投资、人员定员方案、管理人员的任命、薪酬改革方案等重大事项严格履行报批程序或报备程序，国资部门必须参与监管，防止监督流于形式。

三是严格股东会、董事会管理，调整治理结构，明确控制权和表决权。代表国有股份行使职权的国资委和业务主管部门不仅要行使管理权，尤其是在董事会等管理机构中，必须严格按照出资比例来决定董事长及话语权，要做到不同资本比例占有不同董事份额，必须由国资占主体的国有股代表出任董事长；真正做到同股同价同利同利润分配，彻底改变国有股份弱势地位。

四是对各级管理部门不作为、慢作为，随意放弃管理职责的行为，要严肃追究政府主要领导的管理责任，对董事会中代表国有股份的董事不履职、不尽责的该撤换的撤换，该追责的追责，严重失职的交由司法机关追究法律责任，确保国有资产保值增值。

五是国有资产监督管理机构可以授权公司董事会行使股东会的部分职权，决定公司的重大事项，集团公司代表各级政府行使国有资产监督管理职责，强化对该子分公司业务指导、管理和监督，防范和化解地方金融风险，促进企业上档次、增效益。重要的国有独资公司的合并、分立、解散、增加或者减少注册资本和发行公司债券，必须由国有资产监督管理机构决定，报本级人民政府批准。加强融资性担保公司财务监督，提高财务管理规范性，完善融资性担保行业监管制度体系，确保国有资产高效运作等。

六是若破产清算，应按照公司法的规定，在分别支付清算费用、职工的工资、社会保险费用和法定补偿金，缴纳所欠税款，清偿公司债务后的剩余财产，有限责任公司按照股东的出资比例分配，股份有限公司按照股东持有的股份比例分配，严厉查处个人资本全额出逃，国有股份全部损失的不正当行为。

(四) 严格执行《会计法》及《企业财务通则》

坚决执行国家的财经政策，各项费用的分配计算，必须按照《企业财务通则》《企业会计准则》的规定进行，收入的确认必须严格按照会计准则的规定办理，不能提前确认或者推后确认，不能人为调节，不能把收入当作蓄水池或者调节器，通过库存存货来调节，不能随意超越和不遵守规定计算和分配。严格对担保业务的管理，健全担保项目底册，准确反映担保

业务的发生金额、办结时间、撤回、费用收取等信息。要及时向上级有关部门报送经营情况和财务报告,履行有关财务送审职责,报表必须经过有关审计机构和会计师事务所进行审计,降低管理费用,减少企业亏损。

(五)加强内部管理,加强会计监督管理

建立完善财务管理内控制度,建全系统、完整的财务管理制度和内控管理制度,如采购制度、销售制度等。依照市场规律运行,避免政府部门盲目决策,在投资、新上项目等方面,在市场充分调研的基础上,认真听取专家意见,避免一言堂、个人说了算的现象,对国家政策性公益事业要严格按照国家及政府的有关规定执行收费标准,避免随意减免、截留收入等行为。经营业务,建立内部审核控制机制。完善内控措施也是提升企业管理水平的必要措施,必须抓好内部制度的建立和完善工作,先从企业的资产管理、资金管理、销售管理等环节入手,逐个对照,查漏补缺,完善监督制约措施,尤其是内部监督控制的不相容职务岗位设置必须落到实处,不能钉在墙上,成为一纸空文,必须落实在具体行动上。实行减员增效,科学核定员工人数,降低管理成本,坚决杜绝乱发奖金福利等行为,力争实现收支平衡、自负盈亏。降低管理费用,减少企业亏损。

统一对非本区域内的、远距离管理国有企业的子公司、孙公司等分支机构管理体制,采取授权委托等形式,将监督职责移交给当地有关监督部门,必须接受当地监察、财政、审计、税务等部门的统一监督管理,避免山高皇帝远,谁也管不着的现象出现。对全国统一的财务检查、"小金库"治理、税收秩序整顿等活动,必须无条件参加,避免装样子、走过场、流于形式的现象发生,防止死角现象出现。

另外,财务人员要加强有关财经法规的学习,努力提高业务技能,加大对会计信息披露力度,加大对单位占有资产存量、年度配置的资产增量、人均占有资产数量,以及资产收益等信息披露力度,通过信息披露制度,强化对资产管理的制衡与约束,使其在阳光下运行。

作者单位/中卫市财政局

扶持村集体经济发展存在的问题及建议

张明海　王佳晶

2016年，中宁县10个行政村被列为全区首批扶持村集体经济发展试点村，分别是：舟塔乡的田滩村、舟塔村、潘营村、靳崖村、长桥村、康滩村、上桥村，恩和镇的刘桥村，鸣沙镇的薛营村、黄营村。每个试点村获自治区财政奖补资金200万元。中宁县委、政府高度重视，分管县长负总责，并聘请中国农科院专家为中宁县村集体经济发展"把脉问诊"，通过专家团队实地走访、面对面与村干部座谈交流，因地制宜、因村施策，认真制订符合每个村实际发展的实施方案。根据项目实施方案，各试点村积极开展各项工作。

一、试点村项目实施情况

各试点村成立合作社，制定章程和制度，流转土地5812亩。经营项目主要以种植枸杞、蔬菜、玉米、小麦为主，其中，舟塔乡7个试点村合作社流转土地4002亩种植了枸杞；恩和镇刘桥村合作社流转土地610亩，其中种植枸杞300亩、种植玉米310亩；鸣沙镇黄营村采取村企联营，流转土地1200亩，其中夏季种植金刚娃娃菜300亩，种植小麦900亩，秋季复种娃娃菜1200亩，薛营村合作社正在筹建预冷库。

二、主要做法

（一）设立股份制合作社

中宁县10个试点村根据专家组的指导意见，以村集体成立了"中宁县××乡（镇）××村股份经济合作社"，权属性质属集体所有，由村委会成员负责经营和管理。

（二）制度制定

为进一步加强村级合作社资金、资产管理，规范资金审核、拨付流程，由县财政局、农牧局为试点村制定了17项财务管理制度和合作社章程，并下发到各试点村。

（三）清产核资

各试点村成立5~7人的清产核资小组，县、乡农经人员全程指导。按照清理、处置、登记、核实、公示、确认的程序，对村集体经营性资产、资源性资产、非经营性资产进行了全面清理登记。

（四）股权配置

除鸣沙镇薛营村外，其余9个试点村进行了股权量化，设置了土地股和村集体股，集体股主要是对集体经营性资产和财政项目资金进行量化。9个村共计量化股份41718.56股，股本金额3203.64万元。其中，财政项目资金每村200万元（500元为1股或800元为1股），共计1800万元，折股24000股；农户土地入股土地3930.56亩，股数共计3930.56股，股本金额300.63万元；经营性资产1103.01万元，折股13788股，入社农户共2364户。

（五）经营模式

中宁县10个试点村的经营模式有两种：一是自主经营模式。以村集体资产、资源、资金等要素为纽带，日常经营活动主要有村两委班子成员负责，自负盈亏。主要以舟塔乡的7个村、恩和镇的刘桥村、鸣沙镇的薛营村为主。二是村企合作模式。由村集体购置设备，以作价入股的形式，投入到本村私营合作社，年底进行分红。主要以鸣沙镇的黄营村为主。

（六）资金管理

根据扶持政策奖励办法，自治区财政厅下达中宁县2016年试点村扶持资金2000万元，每村200万元。中宁县对项目资金实行专账、专户管理。10个试点村合作社开设了专户，财务管理实行"村账乡代管"。截至目前，中宁县已拨付试点村项目资金1700万元，每村拨付资金170万元。8月份，县财政、农牧部门成立联合检查组，对全县10个试点村项目实施情况，财务管理情况，进行了检查，对试点村存在问题，提出整改意见建议，并督促整改落实。

三、取得的成效

（一）树立了典型

一是通过此次试点工作，给各村经济发展带来了难得的机遇，促使各村委班子成员，对发展村集体经济有了概念、有了意识、有了想法。二是各试点村结合各自的特点和优势，寻找到了适合自身发展的产业，有了方向感。三是无论试点村成效如何，都为全县130个行政村树立了榜样，起到了标杆的作用，使村委班子由"看家护院"型领导组织，跃升为"经济发展"型领导组织。试点要是成功了，能给其他村带来可借鉴、可复制、可照搬的模式；试点要是失败了，也可为其他村在今后发展过程中吸取教训、少走弯路、少在黑暗中摸索前进。

（二）明晰了产权关系

通过清产核资，摸清了村集体的资产、资源、债权、债务等情况，明晰了产权归属。通过股权配置，建立了集体资产与成员之间按股享有、民主管理、风险共担、利益共享的利益联结机制，维护了农民合法权益。

（三）创新了运行机制

把集体资产量化到人，资产变成了股份，村民变成了股东，集体资产实行民主监督管理，使村民对所属集体经济经营管理有知情权、决策权、参与权、监督权，增强了干群凝聚力，充分调动了群众参与集体生产经营管理的积极性。目前试点村已有2364户群众以土地进行入股，土地入股的成员每亩可分得保底分红500~800元，并可参与村股份经济合作社收益的二次分红。

（四）增加了农民财产性收入

收益分配制度的建立和完善，保障了入股社员的集体收益分配权，按股分红将使每个成员分享到村集体经济发展的成果，集体资产量化到人将增强农民群众的获得感。试点村的60%的群众到村集体合作社务工有了固定的收入。

四、存在的问题

（一）缺少发展资金

农业项目，投入多，见效慢，特别是试点村项目处于起步阶段和培育阶段，花钱的地方多，来钱的渠道少，致使试点村对项目实施虽然有想法，但苦于钱的因素制约，很多想法无法实现。

（二）经营管理落后

各试点村在产品生产、加工、销售等方面处于粗放式管理，主要原因：一是缺乏人才。村级合作社主要缺乏财会人员、管理人员和技术人员，在发展村集体经济过程中，直接参与经济活动的人员主要以村两委班子成员为主，这些人管理村级行政事务是"行家里手"，但在参与经营管理活动过程中，受文化程度、企业管理知识的制约，暴露出管理不到位、资源闲置、用工不合理等现象，和没有向管理要效益的理念。二是经营理念严重不足。种什么都是专家级人物，但怎么去销售的观念滞后。三是缺乏长远规划。在发展村集体经济过程中对品牌打造、产业布局没有长远规划，都是"干一步，看一步"。

（三）监督履职不到位

各试点村虽然制定了监督机制，成立了监督机构，但在履行监督职责过程中，职责不清，监督不到位。

（四）利益分配机制不健全

试点村因"政企"不分，村干部存在双重身份，并且已拿一份工资，现属兼职合作社职务，报酬问题没有明确。同样，合作社其他管理人员、理事会、监事会成员报酬怎样界定，都没有政策性文件，这样势必影响合作社管理人员的工作积极性。

五、意见建议

（一）加大资金投入力度

试点资金仅仅是"引子"，起到了"买锅支灶"的作用，后续发展还得靠村委会整合其他村级涉农资金，用好用活现有财政金融支农政策，采取产权抵押、信贷担保等形式，挖掘自身潜力，撬动社会资本加大投入力度，一定要摒弃等靠要的思想。

（二）加强经营管理

一是加强人才培养。选拔大学生村官充实到合作社经营管理活动中，或对现有管理人员加强培训，针对各村产业性质，缺什么技术，就培训什么技术，避免培训"大锅烩"。二是加大产业规划力度。各乡镇应该根据各村实际、结合县域产业政策，聘请专家团队，为各村产业发展制定长远规划。

（三）加大监督力度

根据合作社章程，充分发挥理事会和监事会的监督职责，乡镇应按月或按季度对合作社理事会、监事会履职情况进行督查。

（四）健全利益分配机制

进一步建立健全利益分配机制，将合作社收益分配情况，作为村两委工作实绩量化评比的一项重要指标内容，直接与村干部报酬挂钩。同时，明确村两委班子、监事会、理事会成员报酬问题，以增强他们的责任意识和工作热情。

作者单位/中宁县财政局

学习贯彻《支出经济分类科目改革试行方案》夯实预算管理制度基础

马学梅

为了更好地贯彻落实新预算法，实施全面规范、公开透明的预算制度，财政部（财预〔2016〕135号）印发《支出经济分类科目改革试行方案》（以下简称《试行方案》），自2018年1月1日起全面实施。目前，正值各级财政部门陆续安排部署2018年部门预算编制，下面就本人学习、解读《试行方案》）的点滴与大家交流。

一、改革支出经济分类科目的背景及意义

我国现行政府支出分类科目框架体系，是2007年参照国际货币基金组织（IMF）对各成员国的要求并结合我国实际情况确定的，分为支出功能分类科目和支出经济分类科目。功能分类反映政府各项职能活动，即政府究竟做了什么，比如是用于社保，还是办了教育；经济分类反映政府的钱是怎么花出去的，比如是支付了人员工资还是购买了办公设备。2015年新预算法实施前，各级政府和各部门（单位）主要按功能分类编制预算，没有全面系统地按支出经济分类编制预算，支出经济分类科目主要用于部门（单位）的决算编制和会计核算。因此，在支出经济分类科目的设置上更多地体现了部门（单位）会计核算特点和决算管理要求。

2015年实施新修订的预算法后，法律要求各级政府和各部门（单位）在按功能分类编制预算基础上，同时还要按支出经济分类编制预算。因此，政府预算和部门（单位）预算共用一套支出经济分类科目的局限性也逐渐显现出来，不能完整体现政府预算管理特点和核算要求，改革政府支出经济分类科目势在必行，具有十分重要的意义：

一是体现了政府预算管理特点和核算要求。实施支出经济分类科目改革，可以从支出经济属性的维度清晰、完整、细化反映政府用于工资、机构运转、对事业单位补助、对企业投入以及对个人和家庭补助支出等方面的情况，从而有利于合理确定各级政府和各部门的支出预算，进一步规范各级政府和各部门（单位）的支出行为。

二是更加有力于提升预算编制的精细化水平。支出经济分类科目是各级政府、各部门（单位）编制预决算的重要工具，按经济分类科目编制预算是细化预算编制、规范预算执行、保障预算监督、提升政府效能的重要举措，也是世界主要发达国家的通行做法。有利于进一步提升预算编制的科学化、精细化水平，提高预算透明度。

三是更加符合预算管理与改革的发展要求。改革后的支出经济分类科目，与当前预算管理改革与发展的实际紧密结合，坚持问题导向，力求做到政府资金管到哪里，科目的设置就延伸到哪里，初步建立起政府预算经济分类和部门预算经济分类相互独立、各有侧重、统分结合的经济分类体系。有利于更好地发挥人大监督、

审计监督和社会监督效能,实现依法理财、民主理财、科学理财。

二、支出经济分类科目改革的内容

一是充分考虑政府预算和部门预算的特点和管理要求,分设政府预算经济分类和部门预算经济分类两套科目。

政府预算经济分类突出政府预算管理重点,主要用于政府预算的编制、执行、决算、公开和总预算会计核算;部门预算经济分类着重体现部门预算管理要求,主要用于部门预算编制、执行、决算、公开和部门(单位)会计核算。

二是根据预算法的有关要求,两套科目均设置类、款两个层级。

政府预算经济分类科目初步设置类级科目12个,款级科目在现有经济分类基础上归并简化为53个,目前正在进一步的修订完善中。增设了反映机关和参照公务员法管理事业单位的工资、商品和服务支出、资本性支出、对个人和家庭的补助、对事业单位补助、对企业补助、债务还本付息支出和转移性支出等科目;改革后政府预算经济分类有关科目所反映的内容与现行经济分类相比略有调整,"机关工资福利支出""商品和服务支出""机关其他资本性支出"等科目只反映行政单位和参公管理的事业单位的支出,参公以外事业单位的上述支出在"对事业单位补助"科目反映。

部门预算经济分类科目在现有经济分类的基础上,取消了转移性支出、预备费等政府预算专用科目,同时增设体现部门预算特点的科目。调整后初步设置类级科目9个,款级科目88个,目前正在进一步的修订完善中。改革后部门预算有关经济分类科目所反映内容与现行部门预算经济分类科目所反映内容基本不变;不在单独设置"事业单位补贴"科目,纳入部门预算管理的事业单位在编制支出预算时,仍按各项支出的最终用途列入"工资福利支出""商品和服务支出"等科目;部门对未纳入部门预算管理事业单位的补贴支出,根据不同性质列入"委托业务费""其他支出"等科目。

三是两套经济分类之间保持一定的对应关系,以利于部门预算与政府预算相衔接。

两类科目之间既有一一对应的关系,也有一对多项的关系。如政府预算科目中的款级科目会议费、公务接待费与部门预算科目中的款级科目会议费、公务接待费就是一一对应的关系,而政府预算科目中的款级科目日常办公费则与部门预算科目中的办公费、印刷费等14个款级科目相对应。

三、改革后的支出经济分类科目具体运用

为了更好地贯彻落实预算法关于按经济分类编制预决算的要求,"试行方案"就政府财政部门和部门(单位)如何运用改革后的支出经济分类科目进行政府预算和部门预算的编制、执行和决算等问题做了规定,具体如下:

预算编制环节。部门(单位)按照部门预算经济分类科目编制部门预算并报财政部门,政府财政部门通过软件系统,按照部门经济分类和政府经济分类的对照关系,可直接生成按政府经济分类编制的部门预算。对预备费、部分预留调资、预留配套和暂不能明确用途等年初无法细化的资金,由归口管理的部门预算科室依据预留的项目方向、历史经验编列政府支出经济分类预算。按照政府预算经济分类科目汇总编制本级政府预算报同级人民代表大会批准后,在原有按部门预算经济分类批复部门预算的基础上,将政府预算经济分类作为部门经费来源和申请款项的控制科目一并批复。

预算执行环节。部门预算经财政部门批复后,执行中部门(单位)如需对政府预算经济分类"类"级科目进行调剂的,报本级财政部门批准,部门(单位)不得自行办理;需要对"款"级科目进行调剂的,由部门(单位)自行处理。财政部门在批复部门(单位)调增、调减部门预算时,一并明确相关预算资金的政府预算经济分类"类"级科目变化情况,并按调剂后的"类"级科目预算控制拨款。预算单位支付指令对照国库支付

系统的政府经济分类，按照部门经济分类科目填写，大类之间不允许调整申请。部门预算会计按照部门经济分类科目记账，核算到部门预算经济分类款级科目；财政总预算会计按支付系统中记录的政府预算经济分类科目记账，总会计账务核算到政府预算经济分类款级科目。

决算编制环节。实施支出经济分类改革后，2018年总会计核算、决算、预算执行在原有核算以及报表体系的基础上进行扩充。部门决算编制使用部门预算经济分类，以部门（单位）会计核算数据为基础生成。财政总决算编制使用政府预算经济分类，以财政总预算会计数据为基础生成。

四、改革中应当把握好的几个环节

一是把握好上下年度之间衔接。现行部门决算报表体系已经编制到部门预算经济分类款级科目，只是未区分当年指标形成的支出和上年结余形成的支出。改革后总决算和部门决算经济分类科目之间保持严格的对应关系，按照支出经济分类科目对照表进行核对。因此，2018年实施过程中，财政总预算总会计和部门（单位）提前进行对账，以确保两套决算报表的对应关系。

二是把握好编制、执行、核算软件的衔接。由于目前预算编制和执行系统尚未完全打通，预算、指标系统与执行系统数据不能自动生成。为保证经济分类科目改革的实施，需要预算管理编制软件、财政管理一体化信息系统的衔接；对国库支付系统进行升级，完善相关功能模块，在系统中实现资金支付、从支付系统中导出部门支付信息所带的部门预算经济分类款级科目，以便部门预算会计核算，并且能够自动对应到政府预算经济分类款级科目，以便于总会计核算。

同时，各级财政部门要认真总结2017年试编和试运行工作，并将预算编制和执行中发现的问题及时向上反馈，以便进一步完善。

作者单位/平罗县财政局

青铜峡市财政库款管理中存在的问题及建议

张青云

财政库款管理是财政资金流量控制和支付管理的前提，库款资金调度必须遵循年度预算均衡性原则实施，将库款规模控制在合理范围内，方便预算指标有效执行。建立科学的财政库款管理制度确保财政资金用款计划与项目实施进度协调一致，提高预算执行的精确度，科学控制财政资金现金流量，杜绝预算管理中的随意性，强化预算执行的严肃性，加快推进预算执行管理的规范化和法制化进程。

一、2016年青铜峡市库款情况

（一）国库期初库款情况

2016年本市期初库款净额为5687万元，比2015年减少1563万元，下降21.53%；暂存款59888万元，比2015年增加31750万元，增长1.13倍；暂付款114644万元，比2015年减少380万元，下降0.3%。

（二）本期库款流入情况

2016年底，本市本期库款流入合计511785万元，比2015年增加191068万元，增长59.57%。其中，公共财政预算收入完成74827万元（税收收入完成56090万元，非税收入完成18737万元），较上年增加4883万元，同比增长7%；政府性基金收入完成15040万元，较上年增加3558万元，同比增长31%；上级转移性收入186422万元，较上年减少12065万元，同比下降6%；地方政府债券收入121706万元，较上年增加57939万元，同比增长91%；暂付款收回60004万元；暂存款流入104586万元，较上年减少52265万元，同比下降100%。

（三）本期库款流出情况

2016年底，本市本期库款流出合计510312万元，比2015年增加188032万元，增长58.34%。其中，公共财政预算支出274592万元，较上年增加35147万元，同比增长14.68%；政府性基金支出26984万元，较上年增加8624万元，同比增长47%；地方政府债券支出100149万元，较上年增加41382万元，同比增长70%；暂付款流出48315万元，拨付暂存款113293万元。

（四）本期库款余额情况

2016年底，本市期末库款余额为7159万元，较上年同期增加1472万元，同比增长25.9%；政府性基金余额为11944万元；暂存款余额为51181万元；同比增长20.86%；暂付款余额为102955万元。

（五）当年库款保证程度

按2016年支出规模测算，要保证正常人员工资、公务运行、社会事业发展、重点项目实施等基本支出需求，每月库款规模必须达到42500万元左右，扣除自身公共预算收入和政府基金收入7000万元，依靠自治区转移性支付和地方债券发行收入每月在35500万元，并且每年按

10%速度递增。

二、导致青铜峡市库款规模占用过大问题及主要原因

(一) 公共预算收入下降幅度大导致库款规模下降

2013—2016年青铜峡市财政收入表

项目名称	2013		2014		2015		2016	
	金额	占比	金额	占比	金额	占比	金额	占比
公共财政预算收入合计	92263	100	104150	100	69944	100	74827	100
税收收入	68949	74.73	66336	63.69	53257	76.14	56090	74.96
非税收入	23314	25.27	37814	36.31	16687	23.86	18737	25.04

从近年来公共预算收入看,青铜峡市属于以铝电等高耗能企业为主的单一化经济税源结构,受淘汰落后产能和以销定产发电能力影响,铝电产量大幅下降,企业低负荷生产,亏损严重,企业效益大幅下滑。导致财政收入减少,进而影响到本市的库款规模。

2016年全市公共预算收入完成74827万元,增长7%;而税收收入完成56090万元,增幅仅为5.3%,比公共财政预算收入增幅低1.7个百分点。支撑非税收入的国有资产处置收入逐年减少,拉动财政收入的动力减弱。税源培植后劲不足,增长乏力,主要依靠非税收入拉动,可持续性不强,收入结构失衡,2012年税收与非税收入比例为85∶15发展到2016年75∶25,非税收入比例每年递增2个百分点,收入质量受到影响。

(二) 政府偿还债务规模大,增加了财政负担

地方政府性债务规模较大,超出区政府批准的债务限额。截至2016年底,青铜峡市政府性债务余额46.8亿元,自治区政府批准的本市2016年债务限额27.5亿元,债务余额超出债务限额近30亿元,接近2倍。政府性债务按照来源分:地方政府债券19.5亿元,银行贷款3.9亿元,合作基金6.6亿元,棚户区改造贷款5.25亿元,各部门单位工程欠款11.2亿元,外债0.35亿元。

(三) 财政暂付款规模加大,影响财政预算执行

未纳入预算项目资金缺口较大,财政"暂付款"问题比较突出,影响财政正常运行。融资贷款本息及部分项目未纳入年度预算,占用财政库款资金,造成挂账资金较大。截至2016年底本市财政暂付款余额102955万元,在全区排第5位。主要是近年来本市体育会展中心、黄河楼、大禹文化园、108塔塔林博物馆、农民安置房、绿化造林等重点工程建设和企业优惠政策补助、国有企业注资、补助等重点工作开展资金需求量大,财政预算无法全额保障,只能挤占自治区、吴忠市拨付的专项资金和部门单位预算资金,形成较大规模的暂付款,致使专项资金不能及时拨付到位,财政预算无法全额保障,严重影响了全市财政预算的正常执行。

(四) 财政结余结转资金大,影响预算执行率

2016年底本市公共财政预算和政府性基金预算结转结余54706万元,占调整预算460837万元的11.87%,比上级要求结余结转压缩在5%以内相差近7个百分点,预算执行率较低,影响八项支出等财政支出占比。截至2016年底,财政集中支付系统各部门单位网结资金36570万元。2017年财政需要筹集资金91276万元,才能保障自治区专项资金和部门单位网结资金的继续执行,但年底国库存款只有7159万元,资金缺口84025万元。

(五) 2017年财政预算硬缺口较大,增加了预算执行难度

刚性支出不断增多,财政收支矛盾突出。随着教育、医疗卫生、保障性住房投入加大,城乡居民医疗、养老等社保补助标准提高,财政供养人员工资增加和养老制度并轨,被征地农民养老保险加大等刚性支出不断增多,以及对重点

项目投入、扶持企业发展力度不断加大，地方可用财力增长有限，难以满足支出增长的需要，财政收支矛盾十分突出。财政控支出、保平衡的难度进一步加大。

2017年需要硬性支出的55915万元资金，财政预算无法安排，形成预算缺口。主要有：

①偿还到期的银行贷款本金15140万元；

②偿还债务利息11000万元（地方债本金19.48亿元，银行贷款本金3.6亿元，基金6.6亿元）；

③2014年10月—2017年在职人员职业年金9500万元；

④2014年10月至2016年底财政应负担的机关事业单位干部职工养老保险14600万元；

⑤职工政府效能奖5400万元，预算安排4700万元，缺口700万元；

⑥职工房补2013—2014年应发3200万元，实发1630万元，缺口1570万元；2015—2017年应发5400万元，预算安排2000万元，缺口3400万元，合计缺口4970万元。

三、加强库款管理应采取的措施

（一）加强组织领导

建立协调、高效的库款管理工作流程。财政库款管理和专户管理是财政国库管理的基础性工作，因此要高度重视，及时抓好库款资金调度和合理使用。准确预测当月收入完成和支出资金需求、根据重点项目进展情况及时向财政厅申请调度资金，保证支出规模在合理区间运行，防止大起大落。特别要用好中央和自治区专项资金，减少人为挤占和挪用。

（二）及时掌握库款结构，合理调度库款

根据国库库款和财政专户管理状况，深入分析库款缺口形成的原因，充分掌握库款流入、流出、余额总体变动情况，及时掌握库款的分布情况，并对库款支付保障能力和地方债发行兑付及余额情况进行有效分析，做到专款专用，维护财经纪律，严格执行预算管理。

（三）严格财政预算支出管理，大力清理财政往来款项

强化预算约束，对超预算或无预算项目原则上不再安排资金，确保收支平衡。加大对暂存款、暂付款和预拨经费的清理处置力度，对往来款项的清理建立长效机制；按照压缩财政暂付款30%的目标，将任务分解到资金股室，将压缩目标落实到基层预算单位，制定进度安排，明确回收责任。

（四）强化监管力度，严格控制对外借款

做好财政资金内控管理，认真防范财政资金风险，严格控制新增对外借款，凡不符合《财政总预算会计制度》《财政部关于进一步规范地方国库资金和财政专户资金管理的通知》等相关规定的对外借款不予办理，对往来借款要加大清欠力度，清理确实困难的要启动法律程序，确保财政资金安全稳健运行。

（五）完善国库单一账户体系

继续推进国库集中支付改革，规范预算单位零余额账户管理，财政专户由财政国库部门统一管理，并按要求清理整顿财政专户，减少财政资金滞留在财政专户，防止资金在财政专户沉淀，提高资金使用效率。

（六）加快财政投融资体制改革进度

积极推进投融资体制改革工作，进一步加大国有资产运营公司、担保公司、产业发展基金公司的工作力度，确保完成各项投融资任务，缓解目前财政资金紧张的局面。

通过以上举措，不仅可以全面掌握本市财政部门国库现金流入、流出和余额情况，而且还可以通过对库款流量的分析，了解库款的结构、流入和流出的规律情况，便于财政加强库款的宏观调控和调度，确保预算的正常执行和库款的及时支付，同时也可以发现库款管理中存在的问题和不足，进一步加强库款管理，提高财政资金管理水平。

作者单位/青铜峡市财政局

践行十九大精神 加快建立现代财政制度

王成明

党的十九大报告提出"加快建立现代财政制度",这为我们做好新时期"财政"工作进一步指明了方向、提供了遵循,也提出了更高、更严的要求。下一步,我们将把十九大精神中的新时代、新使命、新思想、新矛盾、新征程与当前财政工作结合起来,坚持深学笃用,实施财政改革深化工程,坚定不移增强财政工作的活力和动力,加快建立适应新常态下的现代财政制度,全力支持打好"六场硬仗",为建设"四个示范市",与全区全国一道进入全面小康社会提供财力保障。

一要深化预算管理体制改革,规范预算编制,细化预算内容,推行政府收支分类改革,不断提升预算的全面性、规范性和透明度,提升财政资源配置效率。要推进全口径政府预算管理,全面反映政府收支总量、结构和管理活动,注重强化政府性基金预算、国有资本经营预算、社会保险基金预算与一般公共预算的统筹衔接。要实施好中期财政规划编制管理,提高中期财政规划的科学性,增强对年度预算编制的指导作用。要严格落实预决算公开各项规定,不断拓展预算公开的内容和范围,完善预算公开的方式方法,全面提高财政管理透明度,自觉接受社会监督。要严格落实预算法,严格执行人民代表大会批准的预算,严控预算调整和调剂事项。要继续深化国库集中支付管理,不断提高国库管理水平。

二要健全地方税体系。一方面要积极培植财源,通过扶持特色优势产业调优一产,运用财政贴息、技术改造、信用担保等引导方式调强二产,结合"双创"、落实财税优惠政策调活三产,并发挥功能产业园区带动作用,着力打造新的经济增长极;另一方面要认真落实好国家、自治区财税优惠政策,做好减税降费工作,加大招商引资力度,围绕优化投资环境大力发展新兴优势工业,围绕支柱产业做好招商"选"资文章,努力引进一批绿色环保、科技含量高、发展后劲足、税收贡献大的好项目、好企业,并强化征管措施,确保财政收入稳定增长。

三要深化投融资体制改革,推进财政与金融深度融合,用活用好九龙、交通、旅游、扶贫等国有投融资公司,建立多元化财政扶持政策体系和投入机制,并充分利用基金、PPP、担保平台等工具,撬动、放大财政资金的倍数效应,实现财政资金效益最大化,不断加大对经济发展重点领域和关键环节的支持力度,全力支持经济稳定可持续发展。

四要深化政府债务管理改革,切实增强风险防范意识和忧患意识,强化对政府投资项目科学决策和举债的审批管理,完善风险预警和应急处置机制,加强政府债务分析,实行分类核算,控制增量,消化存量,防范和化解债务风险,增强地方政府偿债能力和抵御风险能力。加强金融风险防范,建立风险预警机制,加大各类非法金融活动打击,确保社会稳定金融安全。

五要牢固树立项目绩效管理的思想,紧紧围绕提升财政资金使用效益,将绩效理念和方法深度融入预算编制、执行和监督的全过程,推动绩效评价提质扩围;同时要加强财政项目库管理,严格按照预算编制有目标、预算执行有监控、预算完成有评价、评价结果有反馈、反馈结果有运用的预算绩效管理模式,对政府投资类项目实行全程绩效管理,不断提高财政资金的使用效益。健全完善财政大监督体系,加强财政性资金监管,确保财政资金安全、规范、高效运行。

作者单位/固原市财政局

第七部分

财税机构人员

全国财政系统职工统计综合表

(一)   截至日期:2016年12月31日

项 目	合 计	分 布				
		财政部	省(区、市)厅局	市(地、州)局	县(市、区)局	乡(镇)所
合 计	1821		298	390	1133	
%	100		16.36	21.42	62.22	

(二)

行政职务						专业技术职务			
部级	厅级	处级	科级	一般干部	工勤人员	合计	高级	中级	初级
	10	144	404	1041	222	780	181	307	292
	0.55	7.91	22.19	57.17	12.19	100.00	23.21	39.36	37.44

(三)

性 别		民 族		政治面貌			
男	女	汉	其他	中共党员	共青团员	民主党派	其他
897	924	1366	455	1076	39	31	675
49.26	50.74	75.01	24.99	59.09	2.14	1.70	37.07

(四)

年 龄						学 历			
25岁及以下	26—35岁	36—45岁	46—54岁	55—59岁	60岁及以上	研究生	大学本科	大专	中专及以下
74	303	717	642	85		113	1275	340	93
4.06	16.64	39.37	35.26	4.67		6.21	70.02	18.67	5.11

(五)

参加工作时间					
1970年前	1971—1980年	1981—1990年	1991—2000年	2001—2010年	2011年以后
	69	544	752	217	239
	3.79	29.87	41.30	11.92	13.12

宁夏回族自治区
财政厅机构设置、职工人数表

序号	单位	职工人数	序号	单位	职工人数
1	厅领导	9	18	资产管理处	3
2	办公室	7	19	机关党委	3
3	人事与老干部处	5	20	纪检监察室	5
4	综合处	5	21	非税收入管理局	13
5	税政与条法处	7	22	财政厅国库支付中心	28
6	预算(绩效管理)处	10	23	政府外债管理工作领导小组办公室	5
7	国库处	8	24	农村财政管理局	10
8	行政政法处	8	25	财政厅机关服务中心	15
9	教科文处	8	26	财政政策研究中心	7
10	经济建设处	8	27	财会函授学校	13
11	农业处	9	28	财政信息中心	7
12	社会保障处	7	29	注册会计师和资产评估师管理中心	8
13	企业处	6	30	财政干部教育中心	8
14	金融处	6	31	财政投资评审中心	9
15	会计处	4	32	社保基金中心	6
16	政府采购管理处	5	33	农业综合开发办公室	34
17	监督检查局	6			
		118			174

合计 292人

(注:数据截止日期2016年12月31日 财政厅人事与老干部处供稿)

宁夏回族自治区
财政厅副处级以上干部名单

单 位		正 职	副 职
厅局领导		张苏安 陈春平	吴汉宝 X(兼),李守银,商艳臣※,刘守保,杨冬梅▲(女), 赵惠宁(兼),何天文★,许学禄
处室	办公室	侯江华	马涛,吴永鹏
	人事与老干部处	陈佳元	宋彦登#,王永贵
	综合处	孙海慧(女)	李海宁,杨子楠 F(女)
	税政与条法处	吕 文	薛创华#,陈懿新
	预算(绩效管理处)	党进平	夏艳华(女),赵虎,刘鹏,黄培
	国库处	杨金忠	滕立萍#(女),水莉莉(女),计红 F(女),和薇 F(女)
	行政政法处	葛向东	刘兆伯#,赵睿广,乔晓燕 F(女),李民权 F
	教科文处	陆 芳(女)	马路,赵毅,杨彦聪(女),康娟 F(女)
	经济建设处	李 伟	张波#,白岚(女)
	农业处	李国强	万自龙# ,刘爱荣#(女),张云凤(女),林艳青(女),陈晓曦,兰雪耻 F(女)
	社会保障处	马春梅(女)	王建东,王博
处室	企业处	徐志云	刘银芝#(女),许崴#(女),王春香(女),虎玉宝,马学霞 F(女)
	金融处	尤学梅(女)	孙淑芳#(女),李时珍
	会计处	黄金燕(女)	韦海青,白雪娟(女),梁琪 F(女)
	政府采购处	何 杨	李忠学#,李东锋,庞晶 F(女),李文化 F
	监督检查局	吴金兰(女)	于国忠#,张学智#,白玉栋,聂来健 F
	资产管理处	陈建全	陈君山,孙平 F
	机关党委	冯 玲(女)	张卫琦 F
	纪检组	商艳臣※	李敏(女),张虹 T(女),唐玉萍 J(女)
	非税收入管理局	赵惠宁(兼)	董毅(正处级),马瑾
	国库支付中心	谢 伟	高良#,曹志锋,马茹(女),吴峰,梁慧兰 F(女),李锐 F,李涛 F,齐小霞 F(女)

续表

单 位		正 职	副 职
	政府外债管理领导小组办公室		任庆春#,李红松
	农村财政管理局	刘学军	俞生和,陈琴(女)
	机关服务中心		
	财政政策研究中心	刘建洲	万平(女)
	财政函授学校	杨海林	
	财政厅信息中心	郭向阳	胡涛(女)
	注册会计师和资产评估管理中心	盖 忠	杨文林,王梦慧(女)
处室	财政干部教育中心	唐夕建	魏宝军,伍俊伟F
	财政预算评审中心	缑小平	张颖(女),曹振军
	财政社会保险基金管理中心	彭惠珍	杨军,武涛F
	农业综合开发办公室	许学禄	刘团结

(资料截止日期:2017年12月31日)

注:X巡视员,▲总会计师,※纪检组长,★副巡视员,# 调研员,F副调研员,J正处级纪检员,T正处级特派监督员

各市、县（区）财政局局长名单

单位名称	局　长	副局长
银川市	买锐华	马建国、章志、葛琪、麻惠丽（纪检组组长）
兴庆区	杜毓英	艾敬炜、张军、金永芳（纪检副书记）
金凤区	窦丽英	孙仲英、顾建国
西夏区	吴素娟	徐红、杨燕
银川经济技术开发区	樊斌（兼）	郭登生
银川滨河新区	伍建国	傅文霞
宁东管委会	王学冕	王文忠
永宁县	曹永进	韩玉莲（纪检组组长）、马越、保美宏
贺兰县	刘国荣	王晓东
灵武市	马学龙	黄少军、李小鸿、马耀光
石嘴山市	杨　超	寇学文、牟玉萍、李韬（调研员）
大武口区	王冬梅	陆建宁、赵娟、赵红燕
惠农区	张文惠	杨杰、冯万里、宋正婷
平罗县	谭　润	彭小华、王志娟、沙占友
吴忠市	拜　萍	马莲、吴风芳
利通区	马学海	金萍、鲍晓菲
青铜峡市	罗志成	丁振宇、李春燕
盐池县	张立泽	龙鹏春、刘丽、温锦梅、牛雅民
同心县	马　顺	马永泽、杨宇、马英武
红寺堡区	马亚群	马秀荣
太阳山开发区	陶志刚	
中卫市	杨树春	刘金保、张海涛、李红瑛、詹树楷、王铁、黄宗浩（纪检组组长）
沙坡头区	李金凯	赵爱东、秦玲
中宁县	方强（副）	冯学忠、王佳晶
海原县	田晓育	李学贵、单广义、柳映祖
固原市	王成明	夏俊银、任远景、李秉强
原州区	刘万平	罗小宁、何文章、安云、毛巧玲
隆德县	柳国仁	赵俊良、王君宏、李颖村、张利红
西吉县	张　杰	薛鼎琳、袁存福、赵玉德
彭阳县	王永贤	丁会林、陈效义、韩有恒、罗会云
泾源县	于　雷	马凤鸣、张振东、拜艳华、王海

（注：数据截止日期2017年12月31日）

宁夏国家税务局2017年机构设置、人员构成和副处级以上干部名单

一、机构设置

宁夏国家税务局系统2017年共有各类机构513个。各级行政机关35个,其中,自治区国税局机关1个,地、市局机关7个,县(市、区)局机关27个;各级局机关内设行政机构330个,其中,自治区国税局内设行政处室13个,地、市国税局内设行政科室88个,县(市、区)国税局内设行政科室229个;各级局直属机构32个,其中,自治区国税局直属机构1个,地、市国税局直属机构14个,县(市、区)国税局直属机构17个;各级局事业单位44个,其中,自治区国税局事业单位5个,地、市国税局事业单位12个,县(市、区)国税局事业单位27个;派出机构72个,其中,基层税务分局57个,基层税务所15个。

二、人员构成

宁夏国家税务局系统2017年共有干部职工3018人,其中,公务员2645人,事业干部48人,工勤人员325人;自治区国家税务局240人,地、市国家税务局828人,县(市、区)国家税务局(分局)1950人;研究生学历183人,大学本科学历2269,大专专科学历513人,中专学历35人,高中以下学历18人;30岁以下625人,31岁至40岁505人,41岁至50岁1000人,51岁以上888人;少数民族干部613人;女干部1199人,中共党员1903人。

三、副处级以上领导干部和县(区)局班子成员名单

表1 自治区国税局领导及机关处级领导干部名单

工作部门	职 务	姓 名	备 注
局领导	局 长	张曙东	党组书记
	副局长	马名骐	党组成员
	副局长	陈连书	党组成员
	副局长	王豫青	党组成员
	纪检组组长	车毅明	党组成员
	总经济师	韩振平	党组成员
	总审计师	于琬河	党组成员
	总会计师	韩桂锦	党组成员
	巡视员	林 文	
	副巡视员	许耀武	
办公室	主 任	刘鹏国	
	副主任	石文刚	
办公室	副主任	冯 平	
	副主任	陈 磊	

续表

工作部门	职 务	姓 名	备 注
政策法规处	处　长	李进来	
	副处长	杨道先	
	副处长	罗彦宁	
货物和劳务税处	处　长	王世军	
	副处长	李轶琼	
	副处长	赵　懿	
所得税处	处　长	杨源伟	
	副处长	王书敏	
	副处长	邢　步	
收入规划核算处	处　长	武　林	
	副处长	朱春杰	
	副处长	王　迎	
纳税服务处	处　长	马泰山	
	副处长	陈　波	
	副处长	王紫薇	
征管和科技发展处	处　长	雷兴水	
	副处长	石忠孝	
	副处长	关泰鸿	
财务管理处	处　长	司　平	
	副处长	朱　刚	
	副处长	张忠祥	
督察内审处	处　长	史　峰	
	副处长	曹相丽	
国际税务管理处	处　长	杨广萍	
	副处长	师恒玲	
	副处长	张利峰	
大企业税收管理处	处　长	桂树斌	
	副处长	李　翾	
人事处	处　长	刘中华	
	副处长	周利苹	
	副处长	高　强	
巡视办	主　任	何志远	
	副主任	张　英	
思政办	主　任	曹雪峰	
	副主任	王淑珍	
监察室	主　任	耿宗一	
	副主任	张雪峰	
机关党委办公室	主　任	白晓明	
	副主任	乔法民	
	副主任	石柏林	
离退休干部处	处　长	周　晔	

续表

工作部门	职务	姓名	备注
信息中心	主任	张亚彬	
	副主任	施金业	
	副主任	党一文	
机关服务中心	主任	尹虎	
	副主任	马东波	
	副主任	任玉来	
宁夏税务干部学校	副校长	阮向文	
	副校长	杨健	
	副校长	王晓英	
税务科学研究所	所长	张绚	
	副所长	杨继荣	
	副所长	杨兰	
注册税务师管理中心	主任	杨建忠	
	副主任	王铁军	
	副主任	田成清	

表2　自治区国税局直属单位处级领导干部名单

工作部门	职务	姓名	备注
自治区国家税务局稽查局	局长	姚明军	
	副局长	倪永刚	
	副局长	易红林	

表3　各市、县(区)国家税务局领导干部名单

单位名称	局长	副局长	纪检组组长	总经济师	总会计师
银川市国家税务局	高山	夏晖、赵宗义、孙晓军、姜珊	马林	李力	
银川市稽查局	刘向阳	戚奕、张广华、卢宝铭			
银川市国税局兴庆南局	芮学功	丁福生、吴永强、李渤	兰芳		
银川市国税局兴庆北局	李建华	孙伟军、李蓉、李兴明、张炜	倪方京		
银川市金凤区国税局	崔华巍	于长东、杨卓、张国强、孙建国	舒海琴		
银川市西夏区国税局	刘文荣	张晓东、陈建民、陈永祥	杨俏丽		
永宁县国家税务局	吴永川	李建忠、钱金平、孙建军、吴平	李崇平		
贺兰县国家税务局	王晓军	黄学东、杨凯、王素芬、吉宁卫	赵亚军		
灵武市国家税务局	郭振宇	张爱民、丁建军、曾玉荣、顾志宁	张灵宝		
石嘴山市国家税务局	曹斌	刘志勇、徐忠、何兵	马清洁		马克己
石嘴山市国税局稽查局	李大恺	张月川、徐秉承、王建龙			
大武口区国税局	赵彦山	原江、刘贵武、吴良辉、杨涵琪	苏建才		

续表

单位名称	局　长	副　局　长	纪检组组长	总经济师	总会计师
惠农区国税局	周学文	殷江、吕晓萍、陈阳、洪亮	何光宇		
隆湖开发区国税局	孙云飞	骆军、张莉、姚刚	王　鹤		
平罗县国税局	郭建林	桂和、李鼎陶、镡磊、孙敏	李　波		
吴忠市国家税务局	唐　睿	周建宁、张珍珍、曹秉宁、蔡广岩	符宗怀		马　勇
吴忠市国税局稽查局	曹　席	王晶晶、詹学斌、王海彦			
利通区国税局	马占宏	张龙、李克林、杨兵、丁学忠	来建斌		
红寺堡区国税局	李思杨	石小东、王涛	王　虎		
太阳山开发区国税局	宗　飞	刘仲东、许大勇	费晓骥		
青铜峡市国税局	马金柱	张宏伟、朱勇、陈虎、原建忠	杨　磊		
盐池县国税局	金文涛	汤军、张国、刘永宏、冒万军、张树宏	李万仁		
同心县国税局	苏吉生	金龙、韩鑫、金钟、张瑞华	田希文		
固原市国家税务局	郑　荣	王宏、孟斌、贾勤俭、林东升	顾德仓		秦富贵
固原市国税局稽查局	晁晓东	火启军、李永强、杜鹃			
原州区国税局	温　玻	杨志刚、苗泉、马思懿、万红旗	程海东		
固原市开发区国税局	杨明民	何国强、白雪峰、任志忠	台小平		
西吉县国税局	张万金	白旭军、胡振明、牛世雄、陈贵平	胡庭帅		
隆德县国税局	马红军	古繁荣、刘相军、王小奇、蒙跃龙	何炳义		
泾源县国税局	虎正武	马军成、拜四清、买俊祥	王学明		
彭阳县国税局	段永刚	高永志、虎威耀、张启程、王廷武	高吉银		
中卫市国家税务局	王德全	黄宗平、韦永山、郑国强	马耀武	徐少华	郑建华
中卫市国税局稽查局	李　杰	周文华、麦晓江、吕梅林			
中卫市沙坡头区国税局	裴发智	王忠凌、陈少雄、张绪东、任学东	申学峰		
中宁县国税局	蔡正勇	姚鑫、郑志祥、张艳萍、李波	刘治国		
海原县国税局	邓小东	夏志奎、顾学文、董新民、刘宗河	王志卫		
海兴开发区国税局	万志鹏	杨永明、胡有尚	王天明		
银川经济开发区国税局	纳宏新	陆生彬、鲁斌	吕德基	马　奎	张　辉
银川开发区国税局稽查局	肖　立	任永春、艾小娥			
宁东能源化工基地国税局	高万军	郑国忠、陈月智 马波	吴黎明	项红芳	鞠海燕
宁东能源化工基地国税局稽查局	原晓云				

（宁夏国税局供稿）

宁夏回族自治区地方税务局副处级以上领导干部名单

工作部门	职　务	姓　名	备　注
局领导	局　长	马建民	党组书记
	副局长	李　戈	党组成员
		王金平	党组成员
	总会计师	张　晔	党组成员
	总经济师		
驻地税局纪检组	纪检组长		
	纪检组副组长	武　勇	正处级
厅级非领导干部	巡视员	毛宏业	
	副巡视员	胡宝川	
办公室	主　任	滑治平	
	副主任	李文芳	
		张建勋	
		李　忠	
人事与老干部处	处　长	王铭钊	
	副处长	谭学亮	
政策法规处	处　长	李永刚	行政审批办公室主任
	副处长	石　磊	
	副处长	王高荣	驻自治区政府政务中心首席代表
计划财务处	处　长	韩轶伟	
	副处长	崔　健	
	副处长	平　洁	
税政管理一处	处　长	曾保宁	
	副处长	王建功	
税政管理二处	处　长		
	副处长	陈立军	
税政管理三处	处　长	呼彦忠	
	副处长	史巧云	
纳税服务处	处　长	崔玉兵	
	副处长	孙　琪	
	副处长	徐　晖	
征管与科技发展处	处　长	郝　皓	
	副处长	赵晓南	

续表

工作部门	职　务	姓　名	备　注
税收信息处	处　长	刘　成	
	副处长	侯江卫	
社保费征收管理处	处　长	谢建民	
	副处长	丁　森	
督察内审处	处　长	赵春杰	
	副处长	李远明	
机关党委（基层工作处）	专职副书记（处长）	周　华	
	副处长	张万成	
系统工会	主　席	程佩蓉	副调研员
系统团委	副书记	马　静	主任科员
机关生活服务中心	主　任	杜卫军	
	副主任	苗建宁	
注册税务师协会	秘书长	魏西林	
注册税务师管理中心	副主任	马百川	
稽查局	局　长	刘　晨	
	副局长	张维俊	
		杨　成	
		蔡　菁	
直属征收管理局	局　长	杨海生	
	副局长	王少山	
		王　平	
		张世会	
银川经济技术开发区地税局	局　长	骆　静	
	副局长	王建平	调研员
		张吉庆	
		毕文平	
宁东能源化工基地地税局	局　长	李海富	
	副局长	吴少东	
		王永明	
		张岩松	

各市、县(区)地方税务局班子成员名单

单位名称	局　长	副局长	纪检组组长	总经济师
银川市地税局	胡建勋	王正强（党组副书记）　徐保虎　兰剑波　宋　平　高晓莉	杜建华	哈东胜
银川市地税局稽查局	宋　平	刘银燕（党组副书记）　朱卫航　段小薇	丁彦明	
银川市地税局直属征收管理局	周丽红	范新茹（党组副书记）　马文英　李　珊	张维立	
银川市地税局交通运输征收管理局	周　浩	布　和（党组副书记）　钱明华(主任科员)　刘桂蓉	张笑一	
银川市地税局综合保税区征收管理分局	金怀林	朱　文		
银川市兴庆区南区地税局	马　勇	杨　琴(党组副书记)　高　涛　邹　健	马维宁	
银川市兴庆区北区地税局	强韶东	王银生(党组副书记)　张玉晓　吴晓明	达　军	
银川市金凤区地税局	雍　欣	潘希泉(党组副书记)　刘国乾(主任科员)　尹志伟	张铁涛	
银川市西夏区南区地税局	刘　军	智金梁(党组副书记)　肖占华	高　鸣	
银川市西夏区北区地税局	张永明	纳少林(党组副书记)　贾　滨　李　龙(主任科员)	韩银平	
永宁县地税局	王　和	梁颖涛(党组副书记)　柴学军　姚　轶	蒋志凤	
贺兰县地税局	卢震桓	黄学峰(党组副书记)　杨　馨　姚　辉	马光年(主任科员)	
灵武市地税局	王　刚	吴效民(党组副书记)　黄金荣　何宁武	石春波	
石嘴山市地税局	王嘉栋	彭　燕(党组副书记)　姜　伟　潘晓林　焦宏斌　马少波	郭跃新	呼宁平
石嘴山市地税局稽查局	潘晓林	罗维奇(党组副书记)　李　斌	赵永强	
石嘴山市地税局直属征收管理局	杨　璟	闫学圣(党组副书记)　祁国明　王海霞		
石嘴山市大武口区地税局	李恒东	张玉银(党组副书记)　谢文军　郭文平	侯保宏	
石嘴山市惠农区地税局	张　煊	屠建利(党组副书记)　鞠宏海　杨立宁	于洪勇	
平罗县地税局	孙　岸	马生勋(党组副书记)　俞行利　张庆生	贺云飞	
吴忠市地税局	王立新	杨学忠　梅　青　李自霖	谭仲昆	李竹林
吴忠市地税局稽查局	李自霖	张　军(党组副书记)　哈少斌　文　亮	陆丽玲	
吴忠市利通区地税局	马维国	雷振新(党组副书记)　赖学忠　李　鑫	罗　京	
青铜峡市地税局	张艺杰	李洪义(党组副书记)　丁洪军　柴少华	任赵荣	
中卫市地税局	张　熙	徐发强　宋　钰　刘　冰	孙凤来	袁　涛
中卫市地税局稽查局	宋　钰	蒋尚华(党组副书记)　杨　欣　马鹏宁	余海生	
中宁县地税局	肖明亮	尚志亮(党组副书记)　冯晓春　陈建斌	尹玉安	

（宁夏地税局供稿）

中央驻宁单位财务负责人名单

序号	单位名称	财务部门负责人
1	财政部驻宁夏财政监察专员办事处	刘 晶
2	人民银行银川中心支行	刘韶辉
3	中国银行宁夏分行	王 军
4	中国建设银行宁夏分行	汪剑平
5	中国工商银行宁夏分行	李风莲
6	中国农业银行宁夏分行	李秀红
7	中国农业发展银行宁夏分行	王 锐
8	国家开发银行宁夏分行	李 娜
9	中国交通银行宁夏分行	盛素荣
10	中国银监会宁夏监管局	张元林
11	中国证监会宁夏监管局	常顺龙
12	中国保监会宁夏监管局	邹 斌
13	自治区国税局	司 平
14	银川海关	赵立东
15	宁夏出入境检验检疫局	丁 琳
16	宁夏煤炭安全监察局	于晓冬
17	人民日报社宁夏分社	米 莎
18	新华社宁夏分社	史相洲
19	中央人民广播电台宁夏记者站	李少军
20	宁夏地震局	周 辉
21	宁夏气象局	戴小笠
22	宁夏储备物资局	卢 曼
23	北方民族大学	刘 宏
24	国家林业局西北华北东北防护林业建设局	姚 源
25	宁夏电力公司	王 忻
26	宁夏通信管理局	胡 杨
27	宁夏邮政管理局	沈海涛
28	黄河水利委员会宁夏水文水资源勘测局	朱治雄
29	民航宁夏安全监督管理办公室	刘 力
30	兰州铁路公安局银川公安处	吴 昕
31	中国人寿保险股份有限公司财务处	许学东
32	人保财产股份有限公司财务处	李 坚
33	中国石油天然气股份有限公司宁夏石化分公司	陈建海
34	民航宁夏空管局	李 伟
35	国家统计局宁夏调查总队	刘晓冰
36	中国邮政储蓄银行股份有限公司宁夏回族自治区分行	何亚萍

续 表

序号	单位名称	财务部门负责人
37	信达资产管理股份有限公司宁夏分公司	高宝科
38	长城(宁夏)资产经营有限公司	刘闰胜
39	中国华融资产管理股份公司甘肃分公司银川营业部	刘韶军
40	东方资产管理有限公司兰州办事处银川营业部	洪 霞

（财政部驻宁夏专员办供稿）

第八部分

获奖名录

2016—2017年全区财税系统获得国家级及(省)部级表彰奖励的集体及个人名录

一、集体奖

获奖单位名称	表彰奖励名称	授奖单位名称
自治区财政厅国库处	2016年度地方部门决算工作考核优等省份	财政部
自治区财政厅国库处	2016年度地方财政总决算工作考核二等奖	财政部
自治区财政厅社保基金中心	2016—2017年全国社会保险基金预决算评比三等奖	财政部
自治区财政厅税政条法处	全国财政"六五"法制宣传先进集体	财政部
自治区财政厅税政条法处	2016年度全国重点企业税源调查工作先进单位	财政部
自治区财政厅资产处	2016年全国行政事业单位国有资产清查工作先进单位	财政部
自治区财政厅人事处	2016年度全国财政系统教育培训工作先进单位	财政部
自治区财政厅信息中心	2016年度地方部门决算工作考核优等省份	财政部
自治区财政厅信息中心	2016年度地方财政总决算工作考核二等奖	财政部
自治区财政厅信息中心	2016年度地方财政信息化建设情况统计工作先进单位	财政部信息网络中心
自治区财政厅预算处	2016年度省级财政部门预算绩效管理工作先进单位(良好等次)	财政部办公厅
自治区财政厅农村财政管理局	2017年度农村综合改革信息工作先进单位	国务院农村综合改革工作小组
自治区财政厅函授学校	财政支农政策培训优秀奖	中华会计函授学校
自治区财政厅函授学校	乡镇财政干部培训组织奖	中华会计函授学校
自治区财政厅注管中心	征文活动优秀组织奖	中国资产评估协会
自治区财政厅综合处	2016年度全区铁路护路联防工作先进成员单位	自治区铁路护路联防工作领导小组
银川市财政局	2012—2016年全区机关干部"下基层活动"先进单位	自治区党的建设领导小组
固原市财政局	全国文明单位	中央精神文明建设指导委员会
固原市财政局	全区铁路护路联防工作先进集体	自治区铁路护路联防工作领导小组
原州区财政局	金融环境创建奖	自治区金融改革专项小组
海原县人民政府	金融环境创建奖	自治区金融改革专项小组
盐池县财政局	全国文明单位	中央精神文明建设指导委员会
银川市国税局纳税服务科暨12366纳税服务中心	全国'三八'红旗集体	中华妇女联合会
吴忠市红寺堡区国税局	2017年全国工会职工书屋示范点	中华全国总工会
石嘴山市国税局	全国巾帼建功先进集体	国家税务总局
银川经济技术开发区国税局纳税服务科	全国巾帼文明岗	国家税务总局

续表

获奖单位名称	表彰奖励名称	授奖单位名称
盐池县国税局人事教育科	全国巾帼文明岗	国家税务总局
银川市兴庆北区国税局纳税服务科	2015—2016年度全国青年文明号	国家税务总局
自治区地税局督察内审处	全国内部审计先进集体	中国内部审计协会
银川市金凤区地税局纳税服务科	2015—2016年度全国青年文明号	共青团中央等22家单位

二、个人奖

获奖人姓名	工作单位	表彰奖励名称	授奖单位名称
杨 欢	自治区财政厅税政条法处	全国财政"六五"法制宣传先进个人	财政部
刘建洲 袁海龙	自治区财政厅政策研究中心	财政理论研究成果三等奖	财政部、中国财政学会
吴国军	自治区财政厅农村财政管理局	2018年度农村综合改革信息工作先进个人	国务院农村综合改革工作小组
王梦慧	自治区财政厅注管中心	优秀准则联络员	中国资产评估协会
马 路	自治区财政厅教科文处	全国群众体育先进个人	国家体育总局
马春梅	自治区财政厅社保处	青少年普法教育活动先进个人	中国关心下一代工作委员会、司法部、中央社会治安综合治理委员会办公室
刘学军	自治区财政厅农村财政管理局	2012—2016年全区机关干部"下基层"活动先进个人	自治区党建领导小组
黄 蓉	自治区财政厅综合处	2016年度全区铁路护路联防工作先进个人	自治区铁路护路联防工作领导小组
马忠斌	同心县国税局	第六届全国道德模范提名奖	中央精神文明建设指导委员会
刘光荣	银川市地税局	全国税务系统先进工作者	国家税务总局
王晓军	贺兰县国家税务局局	全国税务系统"优秀县税务局长"	国家税务总局
马 丽	银川市金凤区国家税务局纳税服务科	优秀办税服务厅主任	国家税务总局
马生虎	固原经济技术开发区国税局	全国办税服务厅窗口人员"优胜个人奖"	国家税务总局

第九部分

财经统计资料

表1　2017年度宁夏回族自治区政府性收支总表

单位:万元

项　目	金　额	项　目	金　额
一、一般公共预算收入	4,175,888	一、一般公共预算支出	13,727,841
二、政府性基金收入	1,085,207	二、政府性基金支出	1,265,032
三、国有资本经营收入	50,753	三、国有资本经营支出	49,115
四、社会保险基金收入	3,916,454	四、社会保险基金支出	3,554,394
五、财政专户管理资金收入	102,311	五、财政专户管理资金支出	134,158
六、扣除收入中重复计算部分	890,662	六、扣除支出中重复计算部分	890,662
本年收入小计	8,439,951	本年支出小计	17,839,878
上级补助收入	8,260,651	上解上级支出	37,193
一般公共预算补助收入	8,179,879	一般公共预算上解支出	37,193
政府性基金补助收入	80,592	政府性基金上解支出	0
国有资本经营上级补助收入	180	社会保险基金上解支出	0
财政专户管理资金补助收入	0		
省补助计划单列市收入	0	计划单列市上解省支出	0
接受其他地区援助收入	5,325	援助其他地区支出	0
债务收入	3,182,065	债务还本支出	2,089,401
债券转贷收入	0	债券转贷支出	0
本 年 收 入 合 计	19,887,992	本 年 支 出 合 计	19,966,472
国债转贷收入	0	增设预算周转金	−979
国债转贷资金上年结余	0	拨付国债转贷资金数	0
国债转贷转补助	0	国债转贷资金结余	
调入预算稳定调节基金	496,344	补充预算稳定调节基金	611,745
调入资金	247,810	调出资金	171,890
上年结余	4,808,480	年终结余	4,691,498
一般公共财政预算上年结余	842,968	一般公共财政预算年终结余	589,208
政府性基金上年结余	317,904	政府性基金年终结余	125,556
国有资本经营预算上年结余	5,380	国有资本经营预算年终结余	5,180
社会保险基金上年结余	3,345,731	社会保险基金年终结余	3,707,791
财政专户管理资金上年结余	298,212	财政专户管理资金年终结余	263,763
按规定冲减上年结余	−1,715		
收入总计	25,440,626	支出总计	25,440,626

表2 2017年度宁夏回族自治区一般公共预算收支决算总表

单位:万元

预算科目	预算数	调整预算数	决算数	预算科目	预算数	调整预算数	决算数
一、税收收入	2,632,369	2,552,359	2,703,027	一、一般公共服务支出	723,218	875,636	861,544
增值税	1,339,473	1,255,795	1,254,237	二、外交支出			
企业所得税	264,340	263,727	261,413	三、国防支出	9,436	6,628	6,628
个人所得税	113,545	113,715	150,496	四、公共安全支出	501,132	648,567	645,903
资源税	100,000	100,000	185,671	五、教育支出	1,214,394	1,739,135	1,706,535
城市维护建设税	187,534	187,285	175,219	六、科学技术支出	183,990	257,372	255,529
房产税	114,057	113,700	121,468	七、文化体育与传媒支出	152,767	232,346	228,151
印花税	57,025	57,175	61,456	八、社会保障和就业支出	1,030,159	1,644,237	1,623,230
城镇土地使用税	102,963	102,701	123,421	九、医疗卫生与计划生育支出	605,998	988,878	979,826
土地增值税	84,273	86,773	85,948	十、节能环保支出	120,835	604,670	576,074
车船税	43,502	43,379	42,373	十一、城乡社区支出	715,043	2,009,336	1,869,973
耕地占用税	79,307	85,792	106,288	十二、农林水支出	893,218	2,323,789	2,223,884
契税	145,696	142,233	134,953	十三、交通运输支出	703,307	1,011,839	1,008,152
烟叶税	654	84	84	十四、资源勘探信息等支出	366,386	532,898	451,684
其他税收收入				十五、商业服务业等支出	130,133	202,555	166,249
二、非税收入	1,302,667	1,310,444	1,472,861	十六、金融支出	120,505	37,310	34,839
专项收入	343,445	345,411	316,639	十七、援助其他地区支出			
行政事业性收费收入	183,915	184,280	185,622	十八、国土海洋气象等支出	78,603	114,884	106,599
罚没收入	88,470	89,929	86,317	十九、住房保障支出	289,885	608,732	603,166
国有资本经营收入	6,750	6,750	143,070	二十、粮油物资储备支出	22,253	39,343	35,113
国有资源（资产）有偿使用收入	594,231	598,635	611,362	二十一、预备费	178,000		
其他收入	85,856	85,439	129,851	二十二、其他支出	730,314	124,978	37,469
				二十三、债务付息支出	210,041	304,262	303,842
				二十四、债务发行费用支出	5,000	5,000	3,451
本年收入合计	3,935,036	3,862,803	4,175,888	本年支出合计	8,984,617	14,312,395	13,727,841

表3 2017年度宁夏回族自治区一般公共预算收支决算总表

单位:万元

项　目	决算数	项　目	决算数
本年收入合计	4,175,888	本年支出合计	13,727,841
上级补助收入	8,179,879	上解上级支出	37,193
返还性收入	484,206		
一般性转移支付收入	5,046,141		
专项转移支付收入	2,649,532		
待偿债置换一般债券上年结余	161,591		
上年结余	681,377		
调入资金	247,810	调出资金	
债务(转贷)收入	2,608,253	债务还本支出	1,591,459
		增设预算周转金	-979
国债转贷收入、上年结余及转补助数		国债转贷拨付数及年终结余	
调入预算稳定调节基金	496,344	补充预算稳定调节基金	611,745
接受其他地区援助收入	5,325	援助其他地区支出	
省补助计划单列市收入		计划单列市上解省支出	
		待偿债置换一般债券结余	4,654
		年终结余	584,554
		减:结转下年的支出	584,554
		净结余	
收入总计	16,556,467	支出总计	16,556,467

表4 2017年度宁夏回族自治区政府性基金收支决算总表

单位:万元

预算科目	预算数	调整预算数	决算数	预算科目	预算数	调整预算数	决算数
政府性基金收入	1,360,696	1,329,495	1,085,207	文化体育与传媒支出		830	830
				社会保障和就业支出		16,277	11,675
				节能环保支出			
				城乡社区支出	968,517	776,540	759,286
				农林水支出	16,090	16,117	2,027
				交通运输支出	294,399	301,220	298,232
				资源勘探信息等支出	2,990	5,943	3,275
				商业服务业等支出		10,732	5,478
				其他支出	78,589	147,748	129,811
				债务付息支出	111	54,068	54,068
				债务发行费用支出		350	350
本年收入合计	1,360,696	1,329,495	1,085,207	本年支出合计	1,360,696	1,329,825	1,265,032
上级补助收入			80,592	上解上级支出			
待偿债置换专项债券上年结余			54,372				
上年结余			263,532				
调入资金				调出资金			168,985
债务(转贷)收入			573,812	债务还本支出			497,942
省补助计划单列市收入				计划单列市上解省支出			
				待偿债置换专项债券结余			242
				年终结余			125,314
收入总计			2,057,515	支出总计			2,057,515

表5　2017年度宁夏回族自治区国有资本经营收支决算总表

单位:万元

预算科目	预算数	调整预算数	决算数	预算科目	预算数	调整预算数	决算数
利润收入	12,665	3,173	3,173	解决历史遗留问题及改革成本支出		4,994	4,994
股利、股息收入	3,003	6,806	6,806	国有企业资本金注入	40,500	40,500	40,500
产权转让收入	40,300	40,774	40,774	国有企业政策性补贴			
清算收入				金融国有资本经营预算支出			
其他国有资本经营预算收入				其他国有资本经营预算支出	13,621	3,621	3,621
本年收入合计	55,968	50,753	50,753	本年支出合计	54,121	49,115	49,115
上级补助收入			180				
上年结余			5,380				
省补助计划单列市收入							
				调出资金			2,018
				年终结余			5,180
收入总计			56,313	支出总计			56,313

表6　2017年度宁夏回族自治区社会保险基金收支情况表

单位:万元

项　目	合　计	企业职工基本养老保险基金	城乡居民基本养老保险基金	机关事业单位基本养老保险基金	职工基本医疗保险基金	居民基本医疗保险基金	工伤保险基金	失业保险基金	生育保险基金
一、收入	3,916,454	2,037,922	124,123	636,590	580,877	362,111	65,190	65,849	43,792
其中:保险费收入	2,712,804	1,413,639	27,361	495,585	569,122	81,219	51,640	40,887	33,351
利息收入	65,421	35,286	5,205	1,747	10,884	3,134	1,483	7,365	317
财政补贴收入	832,952	325,338	91,222	139,252	280	265,536	1,202		10,122
委托投资收益									
其他收入	8,547	8,520			3	21		3	
转移收入	21,340	20,427	332		531			50	
二、支出	3,554,394	1,901,979	83,090	546,817	491,827	377,356	54,895	49,957	48,473
其中:社会保险待遇支出	3,253,830	1,661,033	82,751	546,817	491,359	347,070	43,936	32,391	48,473
其他支出	559					559			
转移支出	6,988	6,236	334		412	6			
三、本年收支结余	362,060	135,943	41,033	89,773	89,050	-15,245	10,295	15,892	-4,681
四、年末滚存结余	3,707,791	1,963,446	273,069	213,440	603,599	164,888	106,487	363,488	19,374

表7 2017年宁夏回族自治区财政专户管理资金收支总表

单位:万元

二、财政专户管理资金	
财政专户管理资金平衡情况	
收入总计	398,808
财政专户管理资金收入	102,311
其中:行政事业性收费收入(教育收费)	75,424
上级补助收入	
省补助计划单列市收入	
上年结余	298,212
按规定冲减上年结余	-1,715
缴入一般公共预算	-1,715
缴入政府性基金预算	
支出总计	398,808
财政专户管理资金支出	134,158
其中:教育支出	75,307
上解上级支出	
计划单列市上解省支出	
调出资金	887
年终结余	263,763
财政专户管理资金年终资产负债情况	
资产	393,548
其他财政存款	369,078
有价证券	
其他应收款	24,470
负债	129,785
净资产	263,763

表8—1 2017年度银川市一般公共预算收支决算总表

单位:万元

预算科目	预算数	调整预算数	决算数	预算科目	预算数	调整预算数	决算数
一、税收收入	682,115	682,115	675,492	一、一般公共服务支出	122,983	131,884	131,487
增值税	273,739	273,739	287,878	二、外交支出	0	0	0
企业所得税	68,911	68,911	60,063	三、国防支出	324	0	0
个人所得税	32,315	32,315	45,267	四、公共安全支出	77,525	111,443	110,943
资源税	0	0	0	五、教育支出	145,724	216,708	213,241
城市维护建设税	94,300	94,300	75,701	六、科学技术支出	37,846	64,727	64,684
房产税	38,342	38,342	39,037	七、文化体育与传媒支出	27,626	39,218	38,190
印花税	22,780	22,780	23,251	八、社会保障和就业支出	106,694	162,993	161,390
城镇土地使用税	20,052	20,052	19,273	九、医疗卫生与计划生育支出	63,569	146,108	143,415
土地增值税	35,651	35,651	32,348	十、节能环保支出	30,037	142,122	138,067
车船税	18,689	18,689	17,804	十一、城乡社区支出	378,202	717,190	686,307
耕地占用税	10,000	10,000	12,743	十二、农林水支出	41,941	132,044	124,205
契税	67,336	67,336	62,127	十三、交通运输支出	28,141	62,648	62,646
烟叶税	0	0	0	十四、资源勘探信息等支出	48,001	101,003	94,015
其他税收收入	0	0	0	十五、商业服务业等支出	12,558	39,071	38,688
二、非税收入	510,849	510,849	558,788	十六、金融支出	87,250	15,390	15,270
专项收入	75,016	75,016	53,235	十七、援助其他地区支出	0	0	0
行政事业性收费收入	35,001	35,001	25,128	十八、国土海洋气象等支出	6,251	18,136	18,136
罚没收入	23,384	23,384	17,935	十九、住房保障支出	43,904	78,041	78,041
国有资本经营收入	3,000	3,000	91,062	二十、粮油物资储备支出	2,270	549	549
国有资源(资产)有偿使用收入	349,319	349,319	337,682	二十一、预备费	37,800	0	0
其他收入	25,129	25,129	33,746	二十二、其他支出	170,374	22,052	21,033
				二十三、债务付息支出	16,326	49,686	49,686
				二十四、债务发行费用支出	0	0	0
本年收入合计	1,192,964	1,192,964	1,234,280	本年支出合计	1,485,346	2,251,013	2,189,993
上级补助收入			845,102	上解上级支出			7,646
返还性收入			212,676				
一般性转移支付收入			187,917				
专项转移支付收入			444,509				
待偿债置换一般债券上年结余			611				
上年结余			4,135				
调入资金			63,179	调出资金			0
债务(转贷)收入			378,123	债务还本支出			237,912
				增设预算周转金			0

表 8—1(续)

预算科目	预算数	调整预算数	决算数	预算科目	预算数	调整预算数	决算数
国债转贷收入、上年结余及转补助数			0	国债转贷拨付数及年终结余			0
调入预算稳定调节基金			14,145	补充预算稳定调节基金			43,003
接受其他地区援助收入			0	援助其他地区支出			0
省补助计划单列市收入			0	计划单列市上解省支出			0
				待偿债置换一般债券结余			1
				年终结余			61,020
				减:结转下年的支出			61,020
				净结余			0
收入总计			2,539,575	支出总计			2,539,575

表8—2 2017年度永宁县一般公共预算收支决算总表

单位:万元

预算科目	预算数	调整预算数	决算数	预算科目	预算数	调整预算数	决算数
一、税收收入	120,300	88,000	50,588	一、一般公共服务支出	15,661	15,922	15,892
增值税	75,100	42,800	22,150	二、外交支出	0	0	0
企业所得税	4,500	4,500	3,489	三、国防支出	887	0	0
个人所得税	1,000	1,000	1,445	四、公共安全支出	11,172	10,630	10,620
资源税	0	0	0	五、教育支出	33,400	41,368	41,368
城市维护建设税	7,000	7,000	3,709	六、科学技术支出	1,434	3,348	3,348
房产税	4,000	4,000	4,015	七、文化体育与传媒支出	3,848	2,128	2,114
印花税	3,000	3,000	1,950	八、社会保障和就业支出	50,431	34,073	33,927
城镇土地使用税	5,000	5,000	6,906	九、医疗卫生与计划生育支出	15,127	18,848	18,840
土地增值税	4,000	4,000	1,750	十、节能环保支出	2,395	10,161	10,051
车船税	700	700	612	十一、城乡社区支出	16,563	81,916	81,876
耕地占用税	10,000	10,000	427	十二、农林水支出	14,614	49,563	49,315
契税	6,000	6,000	4,135	十三、交通运输支出	9,668	6,365	6,360
烟叶税	0	0	0	十四、资源勘探信息等支出	2,173	2,623	2,623
其他税收收入	0	0	0	十五、商业服务业等支出	819	793	793
二、非税收入	50,000	43,300	76,045	十六、金融支出	0	80	80
专项收入	5,700	5,700	5,602	十七、援助其他地区支出	0	0	0
行政事业性收费收入	7,000	7,000	4,227	十八、国土海洋气象等支出	963	1,393	1,393
罚没收入	5,000	5,000	2,798	十九、住房保障支出	3,722	4,038	4,038
国有资本经营收入	200	200	48,979	二十、粮油物资储备支出	55	55	55
国有资源（资产）有偿使用收入	31,900	25,200	13,407	二十一、预备费	2,000	0	0
其他收入	200	200	1,032	二十二、其他支出	12,200	0	0
				二十三、债务付息支出	5,012	14,835	14,835
				二十四、债务发行费用支出	0	0	0
本年收入合计	170,300	131,300	126,633	本年支出合计	202,144	298,139	297,528
上级补助收入			173,301	上解上级支出			2,761

表 8—2(续)

预算科目	预算数	调整预算数	决算数	预算科目	预算数	调整预算数	决算数
返还性收入			40,821				
一般性转移支付收入			72,165				
专项转移支付收入			60,315				
待偿债置换一般债券上年结余			58,194				
上年结余			1,292				
调入资金			950	调出资金			0
债务(转贷)收入			96,950	债务还本支出			153,179
				增设预算周转金			0
国债转贷收入、上年结余及转补助数			0	国债转贷拨付数及年终结余			0
调入预算稳定调节基金			0	补充预算稳定调节基金			1,240
接受其他地区援助收入			0	援助其他地区支出			0
省补助计划单列市收入			0	计划单列市上解省支出			0
				待偿债置换一般债券结余			2,001
				年终结余			611
				减:结转下年的支出			611
				净结余			0
收入总计			457,320	支出总计			457,320

表8—3 2017年度贺兰县一般公共预算收支决算总表

单位:万元

预算科目	预算数	调整预算数	决算数	预算科目	预算数	调整预算数	决算数
一、税收收入	97,200	77,200	77,531	一、一般公共服务支出	11,181	17,539	17,539
增值税	42,290	26,290	25,753	二、外交支出	0	0	0
企业所得税	6,200	5,200	5,013	三、国防支出	0	0	0
个人所得税	1,650	1,650	1,735	四、公共安全支出	6,825	10,710	10,660
资源税	0	0	0	五、教育支出	21,600	42,515	42,486
城市维护建设税	5,060	5,060	4,342	六、科学技术支出	2,683	4,752	4,752
房产税	4,000	4,000	3,637	七、文化体育与传媒支出	1,687	3,487	3,487
印花税	2,000	2,000	2,261	八、社会保障和就业支出	34,116	41,868	41,597
城镇土地使用税	6,000	6,000	6,680	九、医疗卫生与计划生育支出	11,966	16,682	16,662
土地增值税	4,000	4,000	5,455	十、节能环保支出	4,826	18,105	18,066
车船税	4,000	4,000	4,419	十一、城乡社区支出	5,914	56,874	56,414
耕地占用税	2,000	2,000	1,940	十二、农林水支出	12,650	74,046	62,816
契税	20,000	17,000	16,296	十三、交通运输支出	800	5,737	5,664
烟叶税	0	0	0	十四、资源勘探信息等支出	3,393	20,836	20,836
其他税收收入	0	0	0	十五、商业服务业等支出	628	3,718	3,718
二、非税收入	32,800	32,800	33,035	十六、金融支出	0	20	20
专项收入	3,920	3,920	4,488	十七、援助其他地区支出	0	0	0
行政事业性收费收入	18,000	18,000	16,865	十八、国土海洋气象等支出	990	6,447	6,447
罚没收入	4,500	4,500	4,036	十九、住房保障支出	3,082	5,961	5,961
国有资本经营收入	0	0	0	二十、粮油物资储备支出	66	493	493
国有资源（资产）有偿使用收入	6,180	6,180	6,623	二十一、预备费	1,300	0	0
其他收入	200	200	1,023	二十二、其他支出	21,987	547	360
				二十三、债务付息支出	10,619	10,455	10,455
				二十四、债务发行费用支出	0	0	0
本年收入合计	130,000	110,000	110,566	本年支出合计	156,313	340,792	328,433
上级补助收入			181,273	上解上级支出			2,944
返还性收入			35,756				
一般性转移支付收入			62,500				
专项转移支付收入			83,017				
待偿债置换一般债券上年结余			0				
上年结余			16,884				
调入资金			3,509	调出资金			0
债务(转贷)收入			50,726	债务还本支出			23,315
				增设预算周转金			0
国债转贷收入、上年结余及转补助数			0	国债转贷拨付数及年终结余			0

表 8—3(续)

预算科目	预算数	调整预算数	决算数	预算科目	预算数	调整预算数	决算数
调入预算稳定调节基金			6,000	补充预算稳定调节基金			0
接受其他地区援助收入			0	援助其他地区支出			0
省补助计划单列市收入			0	计划单列市上解省支出			0
				待偿债置换一般债券结余			1,907
				年终结余			12,359
				减:结转下年的支出			12,359
				净结余			0
收 入 总 计			368,958	支 出 总 计			368,958

表8—4 2017年度灵武市一般公共预算收支决算总表

单位:万元

预算科目	预算数	调整预算数	决算数	预算科目	预算数	调整预算数	决算数
一、税收收入	210,655	204,955	250,744	一、一般公共服务支出	24,891	29,955	29,891
增值税	112,659	106,959	150,877	二、外交支出	0	0	0
企业所得税	13,143	13,143	8,232	三、国防支出	235	0	0
个人所得税	7,081	7,081	8,954	四、公共安全支出	7,642	13,798	13,770
资源税	0	0	0	五、教育支出	37,267	64,843	63,406
城市维护建设税	20,113	20,113	30,704	六、科学技术支出	17,874	9,391	9,377
房产税	11,911	11,911	12,377	七、文化体育与传媒支出	1,925	6,854	6,846
印花税	6,823	6,823	7,324	八、社会保障和就业支出	41,479	70,494	69,290
城镇土地使用税	7,130	7,130	14,763	九、医疗卫生与计划生育支出	14,838	27,324	27,025
土地增值税	2,891	2,891	2,115	十、节能环保支出	11,153	33,378	31,316
车船税	1,875	1,875	1,324	十一、城乡社区支出	48,089	138,443	136,943
耕地占用税	20,981	20,981	6,886	十二、农林水支出	28,955	72,004	71,449
契税	6,048	6,048	7,188	十三、交通运输支出	7,292	14,636	14,636
烟叶税	0	0	0	十四、资源勘探信息等支出	10,277	79,176	46,862
其他税收收入	0	0	0	十五、商业服务业等支出	1,040	5,025	4,125
二、非税收入	44,578	44,578	52,338	十六、金融支出	1,447	15,536	15,536
专项收入	19,491	19,491	17,932	十七、援助其他地区支出	0	0	0
行政事业性收费收入	14,034	14,034	10,670	十八、国土海洋气象等支出	867	4,701	4,701
罚没收入	7,552	7,552	5,602	十九、住房保障支出	8,211	25,203	23,103
国有资本经营收入	0	0	346	二十、粮油物资储备支出	108	122	122
国有资源(资产)有偿使用收入	2,824	2,824	14,957	二十一、预备费	5,600	0	0
其他收入	677	677	2,831	二十二、其他支出	7,852	581	44
				二十三、债务付息支出	48,059	33,887	33,887
				二十四、债务发行费用支出	0	0	0
本年收入合计	255,233	249,533	303,082	本年支出合计	325,101	645,351	602,329
上级补助收入			337,249	上解上级支出			64,181
返还性收入			−44,403				
一般性转移支付收入			245,493				
专项转移支付收入			136,159				
待偿债置换一般债券上年结余			2,014				
上年结余			7,134				
调入资金			1,644	调出资金			0
债务(转贷)收入			300,774	债务还本支出			199,082

表 8—4(续)

预算科目	预算数	调整预算数	决算数	预算科目	预算数	调整预算数	决算数
				增设预算周转金			0
国债转贷收入、上年结余及转补助数			0	国债转贷拨付数及年终结余			0
调入预算稳定调节基金			10,266	补充预算稳定调节基金			53,549
接受其他地区援助收入			0	援助其他地区支出			0
省补助计划单列市收入			0	计划单列市上解省支出			0
				待偿债置换一般债券结余			0
				年终结余			43,022
				减:结转下年的支出			43,022
				净结余			0
收 入 总 计			962,163	支 出 总 计			962,163

表8—5 2017年度石嘴山市一般公共预算收支决算总表

单位:万元

预算科目	预算数	调整预算数	决算数	预算科目	预算数	调整预算数	决算数
一、税收收入	115,162	107,662	102,678	一、一般公共服务支出	43,113	46,872	45,370
增值税	63,496	56,596	45,403	二、外交支出	0	0	0
企业所得税	8,349	8,349	7,394	三、国防支出	270	0	0
个人所得税	3,612	3,612	3,167	四、公共安全支出	27,486	34,747	34,679
资源税	0	0	0	五、教育支出	45,461	84,349	79,939
城市维护建设税	12,078	11,778	14,342	六、科学技术支出	1,556	7,710	7,690
房产税	4,727	4,727	6,804	七、文化体育与传媒支出	4,786	10,713	10,301
印花税	3,218	3,218	3,896	八、社会保障和就业支出	34,489	65,117	62,678
城镇土地使用税	7,975	7,975	9,287	九、医疗卫生与计划生育支出	21,682	52,079	51,257
土地增值税	1,087	1,087	1,168	十、节能环保支出	3,893	75,387	73,170
车船税	3,255	3,255	3,432	十一、城乡社区支出	14,602	82,100	77,079
耕地占用税	2,000	3,700	4,154	十二、农林水支出	9,378	38,585	36,231
契税	5,365	3,365	3,631	十三、交通运输支出	964	6,441	5,735
烟叶税	0	0	0	十四、资源勘探信息等支出	6,412	31,801	28,531
其他税收收入	0	0	0	十五、商业服务业等支出	2,678	11,052	9,401
二、非税收入	35,450	35,450	47,535	十六、金融支出	0	100	100
专项收入	8,858	8,858	7,241	十七、援助其他地区支出	0	0	0
行政事业性收费收入	10,429	10,429	8,366	十八、国土海洋气象等支出	1,438	7,241	7,241
罚没收入	6,167	6,167	7,772	十九、住房保障支出	18,547	30,769	30,200
国有资本经营收入	0	0	287	二十、粮油物资储备支出	634	499	499
国有资源(资产)有偿使用收入	6,232	6,232	10,694	二十一、预备费	3,200	0	0
其他收入	3,764	3,764	13,175	二十二、其他支出	7,704	21,305	249
				二十三、债务付息支出	360	17,141	17,141
				二十四、债务发行费用支出	0	0	0
本年收入合计	150,612	143,112	150,213	本年支出合计	248,653	624,008	577,491
上级补助收入			399,912	上解上级支出			3,688
返还性收入			22,927				
一般性转移支付收入			156,078				
专项转移支付收入			220,907				
待偿债置换一般债券上年结余			10,909				
上年结余			66,162				
调入资金			1,560	调出资金			0
债务(转贷)收入			153,154	债务还本支出			148,315
				增设预算周转金			0

表 8—5(续)

预算科目	预算数	调整预算数	决算数	预算科目	预算数	调整预算数	决算数
国债转贷收入、上年结余及转补助数			0	国债转贷拨付数及年终结余			0
调入预算稳定调节基金			1,947	补充预算稳定调节基金			7,101
接受其他地区援助收入			0	援助其他地区支出			0
省补助计划单列市收入			0	计划单列市上解省支出			0
				待偿债置换一般债券结余			745
				年终结余			46,517
				减:结转下年的支出			46,517
				净结余			0
收 入 总 计			783,857	支 出 总 计			783,857

表8—6 2017年度平罗县一般公共预算收支决算总表

单位:万元

预算科目	预算数	调整预算数	决算数	预算科目	预算数	调整预算数	决算数
一、税收收入	47,500	47,500	54,132	一、一般公共服务支出	24,978	36,411	35,168
增值税	24,000	24,000	27,722	二、外交支出	0	0	0
企业所得税	3,000	3,000	1,716	三、国防支出	0	0	0
个人所得税	1,400	1,400	1,085	四、公共安全支出	11,043	11,055	10,995
资源税	0	0	0	五、教育支出	33,241	42,377	42,377
城市维护建设税	3,600	3,600	5,350	六、科学技术支出	245	1,454	1,454
房产税	1,800	1,800	3,046	七、文化体育与传媒支出	2,215	4,696	4,696
印花税	1,800	1,800	2,424	八、社会保障和就业支出	10,284	38,229	38,121
城镇土地使用税	6,400	6,400	6,341	九、医疗卫生与计划生育支出	11,056	30,516	30,510
土地增值税	1,000	1,000	1,053	十、节能环保支出	1,330	15,219	15,165
车船税	1,100	1,100	1,155	十一、城乡社区支出	5,346	49,625	49,625
耕地占用税	400	400	1,982	十二、农林水支出	9,195	56,615	52,625
契税	3,000	3,000	2,258	十三、交通运输支出	1,150	1,973	1,973
烟叶税	0	0	0	十四、资源勘探信息等支出	285	5,051	4,628
其他税收收入	0	0	0	十五、商业服务业等支出	0	1,715	1,535
二、非税收入	15,000	15,000	26,282	十六、金融支出	0	10	10
专项收入	4,320	4,320	3,733	十七、援助其他地区支出	0	0	0
行政事业性收费收入	2,170	2,170	13,632	十八、国土海洋气象等支出	1,297	4,201	4,201
罚没收入	2,500	2,500	3,415	十九、住房保障支出	15,394	25,997	25,997
国有资本经营收入	50	50	58	二十、粮油物资储备支出	0	112	70
国有资源(资产)有偿使用收入	4,500	4,500	772	二十一、预备费	2,000	0	0
其他收入	1,460	1,460	4,672	二十二、其他支出	0	599	599
				二十三、债务付息支出	3,419	3,823	3,823
				二十四、债务发行费用支出	0	0	0
本年收入合计	62,500	62,500	80,414	本年支出合计	132,478	329,678	323,572
上级补助收入			233,936	上解上级支出			2,529
返还性收入			20,091				
一般性转移支付收入			109,950				
专项转移支付收入			103,895				
待偿债置换一般债券上年结余			0				
上年结余			8,797				
调入资金			0	调出资金			0
债务(转贷)收入			65,657	债务还本支出			38,683
				增设预算周转金			0
国债转贷收入、上年结余及转补助数			0	国债转贷拨付数及年终结余			0

表 8—6(续)

预算科目	预算数	调整预算数	决算数	预算科目	预算数	调整预算数	决算数
调入预算稳定调节基金			0	补充预算稳定调节基金			17,914
接受其他地区援助收入			0	援助其他地区支出			0
省补助计划单列市收入			0	计划单列市上解省支出			0
				待偿债置换一般债券结余			0
				年终结余			6,106
				减:结转下年的支出			6,106
				净结余			0
收 入 总 计			388,804	支 出 总 计			388,804

表8—7 2017年度吴忠市一般公共预算收支决算总表

单位:万元

预算科目	预算数	调整预算数	决算数	预算科目	预算数	调整预算数	决算数
一、税收收入	87,928	87,928	94,684	一、一般公共服务支出	52,975	72,382	69,230
增值税	38,876	38,876	40,175	二、外交支出	0	0	0
企业所得税	7,572	7,572	8,050	三、国防支出	854	0	0
个人所得税	2,681	2,681	2,685	四、公共安全支出	27,872	44,639	44,336
资源税	0	0	0	五、教育支出	86,834	143,276	135,349
城市维护建设税	12,815	12,815	13,718	六、科学技术支出	4,789	8,985	8,301
房产税	2,846	2,846	3,533	七、文化体育与传媒支出	6,768	12,163	11,121
印花税	2,872	2,872	3,899	八、社会保障和就业支出	44,647	74,499	71,017
城镇土地使用税	2,959	2,959	3,661	九、医疗卫生与计划生育支出	33,492	64,943	63,811
土地增值税	2,465	2,465	3,226	十、节能环保支出	2,480	29,450	26,761
车船税	2,756	2,756	3,660	十一、城乡社区支出	22,051	96,331	94,304
耕地占用税	4,386	4,386	4,728	十二、农林水支出	47,122	168,795	157,855
契税	7,700	7,700	7,349	十三、交通运输支出	3,333	10,386	10,155
烟叶税	0	0	0	十四、资源勘探信息等支出	11,680	23,889	22,137
其他税收收入	0	0	0	十五、商业服务业等支出	2,322	11,538	9,742
二、非税收入	47,810	47,810	57,400	十六、金融支出	0	30	0
专项收入	9,183	9,183	8,666	十七、援助其他地区支出	0	0	0
行政事业性收费收入	12,168	12,168	15,460	十八、国土海洋气象等支出	3,494	9,559	4,781
罚没收入	5,007	5,007	5,907	十九、住房保障支出	22,141	58,905	58,828
国有资本经营收入	1,900	1,900	2,174	二十、粮油物资储备支出	289	1,386	1,137
国有资源(资产)有偿使用收入	7,986	7,986	10,725	二十一、预备费	4,500	0	0
其他收入	11,566	11,566	14,468	二十二、其他支出	14,218	1,198	537
				二十三、债务付息支出	1,200	27,318	27,318
				二十四、债务发行费用支出	0	0	0
本年收入合计	135,738	135,738	152,084	本年支出合计	393,061	859,672	816,720
上级补助收入			606,415	上解上级支出			1,460
返还性收入			35,730				
一般性转移支付收入			264,785				
专项转移支付收入			305,900				
待偿债置换一般债券上年结余			640				
上年结余			74,129				
调入资金			5,325	调出资金			0

表 8—7(续)

预算科目	预算数	调整预算数	决算数	预算科目	预算数	调整预算数	决算数
债务(转贷)收入			302,090	债务还本支出			271,419
				增设预算周转金			−1,000
国债转贷收入、上年结余及转补助数			0	国债转贷拨付数及年终结余			0
调入预算稳定调节基金			8,214	补充预算稳定调节基金			17,346
接受其他地区援助收入			0	援助其他地区支出			0
省补助计划单列市收入			0	计划单列市上解省支出			0
				待偿债置换一般债券结余			0
				年终结余			42,952
				减:结转下年的支出			42,952
				净结余			0
收 入 总 计			1,148,897	支 出 总 计			1,148,897

表8—8 2017年度青铜峡市一般公共预算收支决算总表

单位:万元

预算科目	预算数	调整预算数	决算数	预算科目	预算数	调整预算数	决算数
一、税收收入	61,000	61,000	50,215	一、一般公共服务支出	17,293	22,864	22,588
增值税	32,000	32,000	26,508	二、外交支出	0	0	0
企业所得税	3,500	3,500	2,946	三、国防支出	0	0	0
个人所得税	1,500	1,500	1,492	四、公共安全支出	6,160	8,733	8,639
资源税	0	0	0	五、教育支出	26,765	39,964	38,276
城市维护建设税	5,200	5,200	4,753	六、科学技术支出	1,131	1,752	1,515
房产税	2,800	2,800	3,034	七、文化体育与传媒支出	2,681	3,569	3,089
印花税	1,800	1,800	2,303	八、社会保障和就业支出	15,765	41,770	41,055
城镇土地使用税	5,500	5,500	4,794	九、医疗卫生与计划生育支出	13,534	29,329	29,026
土地增值税	1,300	1,300	867	十、节能环保支出	1,166	10,198	7,042
车船税	1,200	1,200	1,091	十一、城乡社区支出	3,859	42,192	39,975
耕地占用税	2,600	2,600	254	十二、农林水支出	12,626	70,876	52,011
契税	3,600	3,600	2,173	十三、交通运输支出	1,047	2,646	2,557
烟叶税	0	0	0	十四、资源勘探信息等支出	5,656	11,874	10,005
其他税收收入	0	0	0	十五、商业服务业等支出	1,338	4,430	3,248
二、非税收入	20,000	20,000	29,236	十六、金融支出	0	10	0
专项收入	4,800	4,800	4,553	十七、援助其他地区支出	0	0	0
行政事业性收费收入	5,000	5,000	3,065	十八、国土海洋气象等支出	1,044	4,862	3,184
罚没收入	2,800	2,800	1,727	十九、住房保障支出	7,232	21,896	20,313
国有资本经营收入	800	800	0	二十、粮油物资储备支出	79	76	76
国有资源(资产)有偿使用收入	4,600	4,600	16,339	二十一、预备费	1,500	0	0
其他收入	2,000	2,000	3,552	二十二、其他支出	16,500	6,073	1,735
				二十三、债务付息支出	0	6,422	6,422
				二十四、债务发行费用支出	0	0	0
本年收入合计	81,000	81,000	79,451	本年支出合计	135,376	329,536	290,756
上级补助收入			189,753	上解上级支出			1,898
返还性收入			−721				
一般性转移支付收入			103,834				
专项转移支付收入			86,640				
待偿债置换一般债券上年结余			7,737				
上年结余			41,076				
调入资金			5,791	调出资金			0
债务(转贷)收入			53,371	债务还本支出			46,202
				增设预算周转金			64

表 8—8(续)

预算科目	预算数	调整预算数	决算数	预算科目	预算数	调整预算数	决算数
国债转贷收入、上年结余及转补助数			0	国债转贷拨付数及年终结余			0
调入预算稳定调节基金			521	补充预算稳定调节基金			0
接受其他地区援助收入			0	援助其他地区支出			0
省补助计划单列市收入			0	计划单列市上解省支出			0
				待偿债置换一般债券结余			0
				年终结余			38,780
				减:结转下年的支出			38,780
				净结余			0
收 入 总 计			377,700	支 出 总 计			377,700

表8—9 2017年度盐池县一般公共预算收支决算总表

单位:万元

预算科目	预算数	调整预算数	决算数	预算科目	预算数	调整预算数	决算数
一、税收收入	49,000	49,000	49,097	一、一般公共服务支出	13,569	33,296	33,296
增值税	23,550	23,550	23,603	二、外交支出	0	0	0
企业所得税	1,580	1,580	1,585	三、国防支出	111	0	0
个人所得税	1,530	1,530	1,536	四、公共安全支出	5,341	10,141	10,081
资源税	0	0	0	五、教育支出	20,644	40,624	40,218
城市维护建设税	3,480	3,480	3,488	六、科学技术支出	382	3,578	3,578
房产税	440	440	443	七、文化体育与传媒支出	2,921	6,969	6,969
印花税	880	880	881	八、社会保障和就业支出	19,679	34,328	33,087
城镇土地使用税	1,000	1,000	1,003	九、医疗卫生与计划生育支出	9,008	26,965	26,911
土地增值税	760	760	763	十、节能环保支出	566	16,386	15,947
车船税	1,080	1,080	1,087	十一、城乡社区支出	11,747	47,245	47,202
耕地占用税	12,970	12,970	12,973	十二、农林水支出	13,378	101,918	99,707
契税	1,730	1,730	1,735	十三、交通运输支出	1,712	4,451	4,451
烟叶税	0	0	0	十四、资源勘探信息等支出	1,249	4,393	4,393
其他税收收入	0	0	0	十五、商业服务业等支出	120	5,756	5,656
二、非税收入	21,000	21,000	22,763	十六、金融支出	10	20	20
专项收入	5,000	5,000	5,197	十七、援助其他地区支出	0	0	0
行政事业性收费收入	4,000	4,000	4,318	十八、国土海洋气象等支出	921	2,017	1,824
罚没收入	2,000	2,000	2,341	十九、住房保障支出	5,854	23,750	23,750
国有资本经营收入	0	0	0	二十、粮油物资储备支出	100	351	351
国有资源（资产）有偿使用收入	1,000	1,000	1,223	二十一、预备费	1,200	0	0
其他收入	9,000	9,000	9,684	二十二、其他支出	21,133	142	142
				二十三、债务付息支出	0	8,632	8,632
				二十四、债务发行费用支出	0	0	0
本年收入合计	70,000	70,000	71,860	本年支出合计	129,645	370,962	366,215
上级补助收入			273,014	上解上级支出			400
返还性收入			10,024				
一般性转移支付收入			127,517				
专项转移支付收入			135,473				
待偿债置换一般债券上年结余			0				
上年结余			7,716				
调入资金			2,311	调出资金			0
债务(转贷)收入			36,416	债务还本支出			20,885
				增设预算周转金			−43

表 8—9(续)

预算科目	预算数	调整预算数	决算数	预算科目	预算数	调整预算数	决算数
国债转贷收入、上年结余及转补助数			0	国债转贷拨付数及年终结余			0
调入预算稳定调节基金			2,790	补充预算稳定调节基金			1,903
接受其他地区援助收入			0	援助其他地区支出			0
省补助计划单列市收入			0	计划单列市上解省支出			0
				待偿债置换一般债券结余			0
				年终结余			4,747
				减:结转下年的支出			4,747
				净结余			0
收 入 总 计			394,107	支 出 总 计			394,107

表8—10 2017年度同心县一般公共预算收支决算总表

单位:万元

预算科目	预算数	调整预算数	决算数	预算科目	预算数	调整预算数	决算数
一、税收收入	14,300	14,300	16,730	一、一般公共服务支出	15,318	22,873	22,098
增值税	5,600	5,600	7,489	二、外交支出	0	0	0
企业所得税	1,200	1,200	1,849	三、国防支出	146	0	0
个人所得税	800	800	425	四、公共安全支出	8,657	13,559	13,359
资源税	0	0	0	五、教育支出	32,362	96,308	95,778
城市维护建设税	800	800	1,148	六、科学技术支出	420	630	600
房产税	800	800	241	七、文化体育与传媒支出	1,742	3,869	3,688
印花税	600	600	543	八、社会保障和就业支出	13,858	64,210	64,210
城镇土地使用税	800	800	249	九、医疗卫生与计划生育支出	12,383	56,046	55,746
土地增值税	500	500	528	十、节能环保支出	350	21,577	20,562
车船税	1,400	1,400	948	十一、城乡社区支出	18,654	67,423	60,576
耕地占用税	500	500	818	十二、农林水支出	15,788	139,652	137,089
契税	1,300	1,300	2,492	十三、交通运输支出	1,378	5,449	5,422
烟叶税	0	0	0	十四、资源勘探信息等支出	697	5,650	5,559
其他税收收入	0	0	0	十五、商业服务业等支出	51	6,169	6,071
二、非税收入	8,000	8,000	6,760	十六、金融支出	0	50	50
专项收入	900	900	2,491	十七、援助其他地区支出	0	0	0
行政事业性收费收入	700	700	667	十八、国土海洋气象等支出	1,673	5,123	5,094
罚没收入	2,600	2,600	1,543	十九、住房保障支出	6,351	29,204	28,204
国有资本经营收入	0	0	0	二十、粮油物资储备支出	127	328	328
国有资源（资产）有偿使用收入	3,600	3,600	672	二十一、预备费	2,000	0	0
其他收入	200	200	1,387	二十二、其他支出	2,100	3,338	2,137
				二十三、债务付息支出	0	1,900	1,900
				二十四、债务发行费用支出	0	0	0
本年收入合计	22,300	22,300	23,490	本年支出合计	134,055	543,358	528,471
上级补助收入			476,623	上解上级支出			99
返还性收入			4,740				
一般性转移支付收入			227,018				
专项转移支付收入			244,865				
待偿债置换一般债券上年结余			0				
上年结余			16,454				
调入资金			22	调出资金			0
债务(转贷)收入			49,778	债务还本支出			21,720
				增设预算周转金			0
国债转贷收入、上年结余及转补助数			0	国债转贷拨付数及年终结余			0

表 8—10(续)

预算科目	预算数	调整预算数	决算数	预算科目	预算数	调整预算数	决算数
调入预算稳定调节基金			0	补充预算稳定调节基金			1,190
接受其他地区援助收入			0	援助其他地区支出			0
省补助计划单列市收入			0	计划单列市上解省支出			0
				待偿债置换一般债券结余			0
				年终结余			14,887
				减:结转下年的支出			14,887
				净结余			0
收 入 总 计			566,367	支 出 总 计			566,367

表8—11 2017年度中卫市一般公共预算收支决算总表

单位:万元

预算科目	预算数	调整预算数	决算数	预算科目	预算数	调整预算数	决算数
一、税收收入	77,559	77,559	84,045	一、一般公共服务支出	22,989	29,885	29,010
增值税	35,318	35,318	27,068	二、外交支出	0	0	0
企业所得税	7,357	7,357	7,271	三、国防支出	0	0	0
个人所得税	2,010	2,010	2,590	四、公共安全支出	18,602	22,569	22,105
资源税	0	0	0	五、教育支出	46,162	67,142	62,274
城市维护建设税	6,367	6,367	5,197	六、科学技术支出	2,396	10,025	9,354
房产税	3,333	3,333	3,151	七、文化体育与传媒支出	3,787	9,750	9,063
印花税	2,653	2,653	2,473	八、社会保障和就业支出	50,014	65,972	64,148
城镇土地使用税	3,711	3,711	6,893	九、医疗卫生与计划生育支出	34,647	64,280	62,887
土地增值税	2,338	2,338	2,292	十、节能环保支出	2,573	23,015	20,630
车船税	1,461	1,461	1,529	十一、城乡社区支出	93,083	134,185	126,780
耕地占用税	6,400	6,400	20,224	十二、农林水支出	32,359	91,385	85,822
契税	6,611	6,611	5,357	十三、交通运输支出	5,639	7,303	6,609
烟叶税	0	0	0	十四、资源勘探信息等支出	1,060	13,555	12,455
其他税收收入	0	0	0	十五、商业服务业等支出	191	15,756	14,690
二、非税收入	25,950	25,950	22,449	十六、金融支出	0	230	230
专项收入	4,170	4,170	5,554	十七、援助其他地区支出	0	0	0
行政事业性收费收入	10,450	10,450	3,000	十八、国土海洋气象等支出	1,277	5,730	5,023
罚没收入	3,500	3,500	1,959	十九、住房保障支出	14,164	46,224	46,224
国有资本经营收入	800	800	164	二十、粮油物资储备支出	151	1,015	964
国有资源（资产）有偿使用收入	3,230	3,230	10,860	二十一、预备费	1,300	0	0
其他收入	3,800	3,800	912	二十二、其他支出	2,996	1,158	1,158
				二十三、债务付息支出	0	18,511	18,511
				二十四、债务发行费用支出	0	0	0
本年收入合计	103,509	103,509	106,494	本年支出合计	333,390	627,690	597,937
上级补助收入			438,194	上解上级支出			2,755
返还性收入			28,584				
一般性转移支付收入			209,440				
专项转移支付收入			200,170				
待偿债置换一般债券上年结余			22,747				
上年结余			47,385				
调入资金			33,039	调出资金			0
债务(转贷)收入			119,309	债务还本支出			132,517
				增设预算周转金			0

表 8—11(续)

预算科目	预算数	调整预算数	决算数	预算科目	预算数	调整预算数	决算数
国债转贷收入、上年结余及转补助数			0	国债转贷拨付数及年终结余			0
调入预算稳定调节基金			0	补充预算稳定调节基金			4,206
接受其他地区援助收入			0	援助其他地区支出			0
省补助计划单列市收入			0	计划单列市上解省支出			0
				待偿债置换一般债券结余			0
				年终结余			29,753
				减:结转下年的支出			29,753
				净结余			0
收 入 总 计			767,168	支 出 总 计			767,168

表8—12　2017年度中宁县一般公共预算收支决算总表

单位:万元

预算科目	预算数	调整预算数	决算数	预算科目	预算数	调整预算数	决算数
一、税收收入	90,000	90,000	75,180	一、一般公共服务支出	15,902	17,808	17,508
增值税	50,200	50,200	21,066	二、外交支出	0	0	0
企业所得税	5,100	5,100	5,161	三、国防支出	0	0	0
个人所得税	1,700	1,700	1,230	四、公共安全支出	8,788	11,998	11,652
资源税	0	0	0	五、教育支出	39,760	61,296	61,206
城市维护建设税	5,800	5,800	2,757	六、科学技术支出	344	4,469	4,464
房产税	3,500	3,500	3,252	七、文化体育与传媒支出	1,742	6,077	5,862
印花税	6,500	6,500	7,486	八、社会保障和就业支出	19,697	39,287	38,710
城镇土地使用税	5,500	5,500	3,973	九、医疗卫生与计划生育支出	25,580	50,708	50,313
土地增值税	1,500	1,500	1,663	十、节能环保支出	1,146	30,575	29,085
车船税	1,200	1,200	1,122	十一、城乡社区支出	5,994	55,517	55,517
耕地占用税	3,000	3,000	23,080	十二、农林水支出	16,048	100,392	92,890
契税	6,000	6,000	4,390	十三、交通运输支出	909	4,588	4,526
烟叶税	0	0	0	十四、资源勘探信息等支出	1,254	19,319	19,134
其他税收收入	0	0	0	十五、商业服务业等支出	313	756	604
二、非税收入	20,000	20,000	36,308	十六、金融支出	0	48	48
专项收入	5,000	5,000	9,027	十七、援助其他地区支出	0	0	0
行政事业性收费收入	800	800	3,319	十八、国土海洋气象等支出	1,267	1,312	1,312
罚没收入	5,500	5,500	1,972	十九、住房保障支出	5,213	31,116	31,116
国有资本经营收入	0	0	0	二十、粮油物资储备支出	88	2,720	2,701
国有资源（资产）有偿使用收入	2,000	2,000	5,164	二十一、预备费	1,900	0	0
其他收入	6,700	6,700	16,826	二十二、其他支出	2,300	663	520
				二十三、债务付息支出	41,756	22,603	22,603
				二十四、债务发行费用支出	0	0	0
本年收入合计	110,000	110,000	111,488	本年支出合计	190,001	461,252	449,771
上级补助收入			319,276	上解上级支出			1,588
返还性收入			17,093				
一般性转移支付收入			167,434				
专项转移支付收入			134,749				
待偿债置换一般债券上年结余			54,042				
上年结余			14,514				
调入资金			0	调出资金			0
债务(转贷)收入			-4,743	债务还本支出			30,249
				增设预算周转金			0

表 8—12(续)

预算科目	预算数	调整预算数	决算数	预算科目	预算数	调整预算数	决算数
国债转贷收入、上年结余及转补助数			0	国债转贷拨付数及年终结余			0
调入预算稳定调节基金			0	补充预算稳定调节基金			1,488
接受其他地区援助收入			0	援助其他地区支出			0
省补助计划单列市收入			0	计划单列市上解省支出			0
				待偿债置换一般债券结余			0
				年终结余			11,481
				减:结转下年的支出			11,481
				净结余			0
收 入 总 计			494,577	支 出 总 计			494,577

表8—13　2017年度海原县一般公共预算收支决算总表

单位:万元

预算科目	预算数	调整预算数	决算数	预算科目	预算数	调整预算数	决算数
一、税收收入	19,200	19,200	16,108	一、一般公共服务支出	16,173	21,064	20,671
增值税	10,200	10,200	5,106	二、外交支出	0	0	0
企业所得税	2,800	2,800	1,107	三、国防支出	0	0	0
个人所得税	750	750	340	四、公共安全支出	8,333	11,985	11,935
资源税	0	0	0	五、教育支出	43,941	85,772	84,564
城市维护建设税	1,800	1,800	858	六、科学技术支出	388	878	791
房产税	800	800	112	七、文化体育与传媒支出	2,118	10,815	10,695
印花税	350	350	787	八、社会保障和就业支出	22,062	85,376	84,096
城镇土地使用税	100	100	65	九、医疗卫生与计划生育支出	18,896	54,265	53,425
土地增值税	200	200	945	十、节能环保支出	121	13,905	13,316
车船税	1,100	1,100	719	十一、城乡社区支出	4,168	48,889	47,989
耕地占用税	300	300	4,752	十二、农林水支出	10,263	132,578	131,531
契税	800	800	1,317	十三、交通运输支出	2,242	6,124	6,122
烟叶税	0	0	0	十四、资源勘探信息等支出	164	1,237	1,237
其他税收收入	0	0	0	十五、商业服务业等支出	43	1,590	1,574
二、非税收入	2,860	2,860	5,958	十六、金融支出	0	10	10
专项收入	900	900	1,350	十七、援助其他地区支出	0	0	0
行政事业性收费收入	530	530	843	十八、国土海洋气象等支出	810	4,454	4,454
罚没收入	420	420	1,359	十九、住房保障支出	8,429	40,406	40,169
国有资本经营收入	0	0	0	二十、粮油物资储备支出	137	244	142
国有资源（资产）有偿使用收入	250	250	1,412	二十一、预备费	3,000	0	0
其他收入	760	760	994	二十二、其他支出	0	5,267	4,593
				二十三、债务付息支出	6,870	1,910	1,910
				二十四、债务发行费用支出	0	0	0
本年收入合计	22,060	22,060	22,066	本年支出合计	148,158	526,769	519,224
上级补助收入			478,383	上解上级支出			26
返还性收入			5,803				
一般性转移支付收入			278,741				
专项转移支付收入			193,839				
待偿债置换一般债券上年结余			0				
上年结余			16,130				
调入资金			0	调出资金			0
债务(转贷)收入			45,855	债务还本支出			30,256

表 8—13(续)

预算科目	预算数	调整预算数	决算数	预算科目	预算数	调整预算数	决算数
				增设预算周转金			0
国债转贷收入、上年结余及转补助数			0	国债转贷拨付数及年终结余			0
调入预算稳定调节基金			0	补充预算稳定调节基金			5,383
接受其他地区援助收入			0	援助其他地区支出			0
省补助计划单列市收入			0	计划单列市上解省支出			0
				待偿债置换一般债券结余			0
				年终结余			7,545
				减:结转下年的支出			7,545
				净结余			0
收入总计			562,434	支出总计			562,434

表8—14 2017年度固原市一般公共预算收支决算总表

单位:万元

预算科目	预算数	调整预算数	决算数	预算科目	预算数	调整预算数	决算数
一、税收收入	68,200	55,182	55,182	一、一般公共服务支出	36,252	46,138	46,109
增值税	40,680	20,491	20,492	二、外交支出	0	0	0
企业所得税	2,550	2,429	2,428	三、国防支出	1,505	0	0
个人所得税	1,570	1,886	1,886	四、公共安全支出	20,565	41,949	41,949
资源税	0	0	0	五、教育支出	61,900	138,514	136,358
城市维护建设税	6,100	5,537	5,538	六、科学技术支出	1,537	3,149	3,119
房产税	1,785	1,749	1,749	七、文化体育与传媒支出	5,872	13,366	13,366
印花税	955	1,159	1,159	八、社会保障和就业支出	50,535	91,565	89,751
城镇土地使用税	2,020	2,108	2,107	九、医疗卫生与计划生育支出	31,081	117,693	117,586
土地增值税	2,300	4,633	4,633	十、节能环保支出	921	73,751	73,743
车船税	2,030	2,126	2,126	十一、城乡社区支出	50,643	107,719	107,719
耕地占用税	1,460	6,696	6,696	十二、农林水支出	36,568	128,844	128,389
契税	6,750	6,368	6,368	十三、交通运输支出	7,108	5,524	5,524
烟叶税	0	0	0	十四、资源勘探信息等支出	565	6,259	6,259
其他税收收入	0	0	0	十五、商业服务业等支出	678	15,298	15,298
二、非税收入	28,800	45,405	45,405	十六、金融支出	92	184	184
专项收入	5,850	7,741	7,741	十七、援助其他地区支出	0	0	0
行政事业性收费收入	4,400	5,305	5,305	十八、国土海洋气象等支出	2,161	2,408	2,408
罚没收入	2,850	4,359	4,359	十九、住房保障支出	21,280	91,220	91,220
国有资本经营收入	0	0	0	二十、粮油物资储备支出	130	119	119
国有资源（资产）有偿使用收入	12,800	25,075	25,075	二十一、预备费	3,400	0	0
其他收入	2,900	2,925	2,925	二十二、其他支出	0	1,547	1,547
				二十三、债务付息支出	6,135	13,424	13,424
				二十四、债务发行费用支出	0	0	0
本年收入合计	97,000	100,587	100,587	本年支出合计	338,928	898,671	894,072
上级补助收入			738,156	上解上级支出			842
返还性收入			25,006				
一般性转移支付收入			374,997				
专项转移支付收入			338,153				
待偿债置换一般债券上年结余			0				
上年结余			2,704				
调入资金			263	调出资金			0
债务(转贷)收入			111,258	债务还本支出			49,868

表8—14(续)

预算科目	预算数	调整预算数	决算数	预算科目	预算数	调整预算数	决算数
				增设预算周转金			0
国债转贷收入、上年结余及转补助数			0	国债转贷拨付数及年终结余			0
调入预算稳定调节基金			0	补充预算稳定调节基金			3,587
接受其他地区援助收入			0	援助其他地区支出			0
省补助计划单列市收入			0	计划单列市上解省支出			0
				待偿债置换一般债券结余			0
				年终结余			4,599
				减:结转下年的支出			4,599
				净结余			0
收入总计			952,968	支出总计			952,968

表8—15 2017年度西吉县一般公共预算收支决算总表

单位:万元

预算科目	预算数	调整预算数	决算数	预算科目	预算数	调整预算数	决算数
一、税收收入	10,530	11,280	11,600	一、一般公共服务支出	21,633	26,773	26,773
增值税	5,180	5,930	4,507	二、外交支出	0	0	0
企业所得税	1,600	1,600	774	三、国防支出	0	0	0
个人所得税	350	350	438	四、公共安全支出	9,119	11,893	11,873
资源税	0	0	0	五、教育支出	76,140	125,579	124,986
城市维护建设税	750	750	741	六、科学技术支出	140	353	353
房产税	150	150	126	七、文化体育与传媒支出	3,599	12,831	12,831
印花税	250	250	287	八、社会保障和就业支出	4,729	70,427	68,890
城镇土地使用税	60	60	43	九、医疗卫生与计划生育支出	13,603	24,790	24,769
土地增值税	550	550	443	十、节能环保支出	35	19,065	18,970
车船税	650	650	531	十一、城乡社区支出	4,646	55,090	54,186
耕地占用税	40	40	2,561	十二、农林水支出	19,443	133,714	133,502
契税	950	950	1,149	十三、交通运输支出	3,105	5,767	5,713
烟叶税	0	0	0	十四、资源勘探信息等支出	172	1,180	1,180
其他税收收入	0	0	0	十五、商业服务业等支出	1,694	1,945	1,945
二、非税收入	3,500	3,500	5,217	十六、金融支出	0	60	60
专项收入	600	600	860	十七、援助其他地区支出	0	0	0
行政事业性收费收入	500	500	249	十八、国土海洋气象等支出	2,061	5,840	5,840
罚没收入	1,200	1,200	788	十九、住房保障支出	7,853	14,147	14,147
国有资本经营收入	0	0	0	二十、粮油物资储备支出	0	131	131
国有资源（资产）有偿使用收入	400	400	2,817	二十一、预备费	5,000	0	0
其他收入	800	800	503	二十二、其他支出	414	1,008	−1,079
				二十三、债务付息支出	4,500	7,118	7,118
				二十四、债务发行费用支出	0	0	0
本年收入合计	14,030	14,780	16,817	本年支出合计	177,886	517,711	512,188
上级补助收入			471,537	上解上级支出			17
返还性收入			5,778				
一般性转移支付收入			258,708				
专项转移支付收入			207,051				
待偿债置换一般债券上年结余			1,000				
上年结余			6,525				
调入资金			13,994	调出资金			0
债务(转贷)收入			28,358	债务还本支出			17,716

表 8—15(续)

预算科目	预算数	调整预算数	决算数	预算科目	预算数	调整预算数	决算数
				增设预算周转金			0
国债转贷收入、上年结余及转补助数			0	国债转贷拨付数及年终结余			0
调入预算稳定调节基金			0	补充预算稳定调节基金			2,787
接受其他地区援助收入			0	援助其他地区支出			0
省补助计划单列市收入			0	计划单列市上解省支出			0
				待偿债置换一般债券结余			0
				年终结余			5,523
				减:结转下年的支出			5,523
				净结余			0
收 入 总 计			538,231	支 出 总 计			538,231

表8—16 2017年度隆德县一般公共预算收支决算总表

单位:万元

预算科目	预算数	调整预算数	决算数	预算科目	预算数	调整预算数	决算数
一、税收收入	9,500	5,800	5,813	一、一般公共服务支出	11,509	14,593	14,592
增值税	3,500	2,482	2,620	二、外交支出	0	0	0
企业所得税	800	512	328	三、国防支出	48	0	0
个人所得税	400	251	288	四、公共安全支出	5,886	5,807	5,807
资源税	0	0	0	五、教育支出	27,498	40,971	40,968
城市维护建设税	800	421	421	六、科学技术支出	214	2,243	2,238
房产税	400	98	91	七、文化体育与传媒支出	2,255	4,597	4,597
印花税	200	69	72	八、社会保障和就业支出	20,353	39,583	39,583
城镇土地使用税	400	69	58	九、医疗卫生与计划生育支出	11,905	15,755	15,755
土地增值税	300	264	263	十、节能环保支出	486	11,878	11,878
车船税	500	280	282	十一、城乡社区支出	2,004	44,488	44,488
耕地占用税	1,000	541	516	十二、农林水支出	18,763	89,086	88,985
契税	1,200	813	874	十三、交通运输支出	889	4,033	4,033
烟叶税	0	0	0	十四、资源勘探信息等支出	2,408	836	836
其他税收收入	0	0	0	十五、商业服务业等支出	304	528	528
二、非税收入	4,500	4,500	4,493	十六、金融支出	50	70	70
专项收入	1,062	1,062	693	十七、援助其他地区支出	0	0	0
行政事业性收费收入	858	858	324	十八、国土海洋气象等支出	1,023	1,116	1,116
罚没收入	590	590	328	十九、住房保障支出	5,142	10,458	10,458
国有资本经营收入	0	0	0	二十、粮油物资储备支出	61	52	52
国有资源(资产)有偿使用收入	1,790	1,790	2,843	二十一、预备费	1,000	0	0
其他收入	200	200	305	二十二、其他支出	15	87	87
				二十三、债务付息支出	6,411	2,820	2,820
				二十四、债务发行费用支出	0	0	0
本年收入合计	14,000	10,300	10,306	本年支出合计	118,224	289,001	288,891
上级补助收入			261,391	上解上级支出			23
返还性收入			4,713				
一般性转移支付收入			133,880				
专项转移支付收入			122,798				
待偿债置换一般债券上年结余			3,394				
上年结余			2,287				
调入资金			1,200	调出资金			0
债务(转贷)收入			60,213	债务还本支出			49,795

表 8—16(续)

预算科目	预算数	调整预算数	决算数	预算科目	预算数	调整预算数	决算数
				增设预算周转金			0
国债转贷收入、上年结余及转补助数			0	国债转贷拨付数及年终结余			0
调入预算稳定调节基金			34	补充预算稳定调节基金			6
接受其他地区援助收入			0	援助其他地区支出			0
省补助计划单列市收入			0	计划单列市上解省支出			0
				待偿债置换一般债券结余			0
				年终结余			110
				减:结转下年的支出			110
				净结余			0
收 入 总 计			338,825	支 出 总 计			338,825

表8—17 2017年度泾源县一般公共预算收支决算总表

单位:万元

预算科目	预算数	调整预算数	决算数	预算科目	预算数	调整预算数	决算数
一、税收收入	11,100	9,833	10,131	一、一般公共服务支出	9,561	19,134	19,134
增值税	8,452	3,940	2,240	二、外交支出	0	0	0
企业所得税	498	498	307	三、国防支出	0	0	0
个人所得税	188	188	180	四、公共安全支出	3,904	4,314	4,314
资源税	0	0	0	五、教育支出	13,825	32,285	32,285
城市维护建设税	513	513	352	六、科学技术支出	220	458	458
房产税	137	137	107	七、文化体育与传媒支出	1,005	2,648	2,648
印花税	181	181	204	八、社会保障和就业支出	15,289	21,544	21,544
城镇土地使用税	59	59	22	九、医疗卫生与计划生育支出	8,164	11,817	11,812
土地增值税	254	254	221	十、节能环保支出	469	12,633	12,609
车船税	143	143	131	十一、城乡社区支出	5,464	21,441	20,639
耕地占用税	22	715	715	十二、农林水支出	6,369	51,046	51,001
契税	653	3,205	5,652	十三、交通运输支出	580	3,532	3,448
烟叶税	0	0	0	十四、资源勘探信息等支出	110	267	267
其他税收收入	0	0	0	十五、商业服务业等支出	799	7,754	7,742
二、非税收入	4,700	4,287	4,946	十六、金融支出	0	325	325
专项收入	500	500	707	十七、援助其他地区支出	0	0	0
行政事业性收费收入	2,350	2,120	2,151	十八、国土海洋气象等支出	579	966	966
罚没收入	400	400	911	十九、住房保障支出	2,877	7,418	7,418
国有资本经营收入	0	0	0	二十、粮油物资储备支出	53	133	133
国有资源（资产）有偿使用收入	550	149	426	二十一、预备费	800	0	0
其他收入	900	1,118	751	二十二、其他支出	0	176	176
				二十三、债务付息支出	905	5,178	5,178
				二十四、债务发行费用支出	0	0	0
本 年 收 入 合 计	15,800	14,120	15,077	本 年 支 出 合 计	70,973	203,069	202,097
上级补助收入			179,610	上解上级支出			8
返还性收入			3,438				
一般性转移支付收入			91,489				
专项转移支付收入			84,683				
待偿债置换一般债券上年结余			0				
上年结余			1,352				
调入资金			0	调出资金			0
债务(转贷)收入			17,503	债务还本支出			9,508
				增设预算周转金			0
国债转贷收入、上年结余及转补助数			0	国债转贷拨付数及年终结余			0

表 8—17(续)

预算科目	预算数	调整预算数	决算数	预算科目	预算数	调整预算数	决算数
调入预算稳定调节基金			0	补充预算稳定调节基金			957
接受其他地区援助收入			0	援助其他地区支出			0
省补助计划单列市收入			0	计划单列市上解省支出			0
				待偿债置换一般债券结余			0
				年终结余			972
				减:结转下年的支出			972
				净结余			0
收入总计			213,542	支出总计			213,542

表8—18　2017年度彭阳县一般公共预算收支决算总表

单位:万元

预算科目	预算数	调整预算数	决算数	预算科目	预算数	调整预算数	决算数
一、税收收入	15,120	17,845	17,940	一、一般公共服务支出	11,288	17,972	17,932
增值税	9,233	11,424	11,045	二、外交支出	0	0	0
企业所得税	680	1,476	1,465	三、国防支出	135	0	0
个人所得税	408	411	504	四、公共安全支出	4,977	7,575	7,575
资源税	0	0	0	五、教育支出	37,270	57,293	57,013
城市维护建设税	958	1,951	1,903	六、科学技术支出	155	654	654
房产税	286	267	273	七、文化体育与传媒支出	1,292	10,360	10,360
印花税	163	240	256	八、社会保障和就业支出	26,463	46,207	46,207
城镇土地使用税	297	278	277	九、医疗卫生与计划生育支出	13,529	33,663	33,663
土地增值税	177	380	431	十、节能环保支出	296	18,173	18,173
车船税	363	364	401	十一、城乡社区支出	3,984	48,136	46,139
耕地占用税	1,248	563	839	十二、农林水支出	8,678	96,209	96,209
契税	653	407	462	十三、交通运输支出	1,100	5,899	5,777
烟叶税	654	84	84	十四、资源勘探信息等支出	575	1,326	1,326
其他税收收入	0	0	0	十五、商业服务业等支出	10	814	814
二、非税收入	6,870	5,155	6,078	十六、金融支出	20	196	196
专项收入	1,175	1,250	1,397	十七、援助其他地区支出	0	0	0
行政事业性收费收入	525	215	215	十八、国土海洋气象等支出	694	5,163	5,163
罚没收入	500	450	746	十九、住房保障支出	7,597	9,801	9,801
国有资本经营收入	0	0	0	二十、粮油物资储备支出	56	297	297
国有资源(资产)有偿使用收入	3,070	2,300	2,624	二十一、预备费	500	0	0
其他收入	1,600	940	1,096	二十二、其他支出	363	3,229	3,229
				二十三、债务付息支出	2,069	2,199	2,199
				二十四、债务发行费用支出	0	0	0
本年收入合计	21,990	23,000	24,018	本年支出合计	121,051	365,166	362,727
上级补助收入			305,510	上解上级支出			110
返还性收入			5,228				
一般性转移支付收入			157,573				
专项转移支付收入			142,709				
待偿债置换一般债券上年结余			303				
上年结余			2,398				
调入资金			10,582	调出资金			0
债务(转贷)收入			35,036	债务还本支出			12,413
				增设预算周转金			0
国债转贷收入、上年结余及转补助数			0	国债转贷拨付数及年终结余			0

表 8—18(续)

预算科目	预算数	调整预算数	决算数	预算科目	预算数	调整预算数	决算数
调入预算稳定调节基金			1,870	补充预算稳定调节基金			2,028
接受其他地区援助收入			0	援助其他地区支出			0
省补助计划单列市收入			0	计划单列市上解省支出			0
				待偿债置换一般债券结余			0
				年终结余			2,439
				减:结转下年的支出			2,439
				净结余			0
收入总计			379,717	支出总计			379,717

（宁夏财政厅国库处供稿）

表9—1　2016年宁夏国有及国有控股

项目	行次	全区企业合计 2016年	全区企业合计 2017年	区属企业合计 2016年	区属企业合计 2017年	宁夏交通投资集团公司 2016年	宁夏交通投资集团公司 2017年
		1	2	3	4	5	6
一、汇编企业户数	1	506	701	336	404	20	20
补贴前盈利企业户数	2	212	346	142	225	14	12
补贴前亏损企业户数	3	274	355	174	179	6	8
补贴后亏损企业户数	4	223	324	142	163	6	8
二、营业总收入	5	2,214,479.98	2,787,452.68	1,798,909.69	1,876,396.77	21,831.68	28,903.35
营业总成本	6	2,324,811.53	2,916,202.12	1,835,278.19	1,930,446.33	20,590.74	27,189.60
营业税金及附加	7	31,721.70	26,912.63	24,375.21	15,017.42	447.32	1,124.24
销售费用	8	53,098.80	77,965.78	32,964.64	39,081.60	82.60	62.69
管理费用	9	209,830.96	287,753.46	148,244.87	168,100.74	7,449.13	6,981.57
财务费用	10	91,497.32	133,860.31	59,335.25	52,250.57	141.76	551.78
利息支出	11	106,216.83	154,152.14	71,862.77	63,671.32	1,615.88	1,472.94
利息收入	12	15,776.81	35,291.02	12,711.55	25,458.12	1,502.00	1,037.53
利息支出净额	13	90,440.02	118,861.12	59,151.22	38,213.20	113.87	435.41
投资收益	14	31,651.39	299,963.48	23,152.46	137,587.25	905.64	1,411.76
营业利润	15	-79,172.96	260,773.73	-13,708.83	124,499.45	2,146.59	3,182.09
政府补助（补贴收入）	16	161,102.03	38,924.77	99,170.64	10,201.66	172.82	0.00
利润总额	17	80,956.07	310,358.34	84,816.39	132,953.10	2,038.62	3,231.93
所得税费用	18	21,227.18	64,590.48	16,387.18	18,686.90	634.58	1,162.67
净利润	19	59,728.89	245,767.86	68,429.22	114,266.20	1,404.05	2,069.26
三、应上交及应弥补款项	20						
增值税	21						
本年应交数　*	22	57,905.52	91,708.47	44,749.53	63,145.32	785.22	1,205.06
本年已交数　*	23	53,419.09	95,190.57	41,515.78	59,678.31	896.94	1,328.69
消费税	24		0.00		0.00		0.00
本年应交数　*	25	616.58	841.39	616.58	841.39	0.00	0.00
本年已交数　*	26	497.34	613.83	497.34	613.83	0.00	0.00
营业税	27						
本年应交数　*	28	17,288.99	–	12,750.82	–	121.51	–
本年已交数　*	29	29,584.72	–	17,197.02	–	163.21	–
资源税	30						
本年应交数　*	31	171.21	410.98	3.49	43.50	0.00	0.00
本年已交数　*	32	139.57	165.78	0.62	24.36	0.00	0.00
所得税	33						
本年应交数　*	34	24,444.76	71,823.36	19,636.89	24,048.84	748.57	1,278.41
本年已交数　*	35	22,542.73	35,616.46	17,759.29	21,292.59	194.11	475.86
其他各税	36						
本年应交数　*	37	16,061.29	28,054.17	10,320.96	16,923.85	725.11	925.63
本年已交数　*	38	16,862.15	25,448.04	11,172.51	14,127.83	604.26	693.48

企业主要财务指标表

单位：万元

宁夏农垦集团		宁夏旅游投资集团公司		农业投资集团公司		宁夏国有资产投资控股集团公司	
2016 年	2017 年	2016 年	2017 年	2016 年	2017 年	2016 年	2017 年
7	8	9	10	11	12	13	14
54	48	23	20	18	19	6	9
24	26	7	13	1	4	3	5
23	22	16	7	18	15	3	4
21	20	13	10	16	15	3	3
315,063.49	329,190.46	15,746.60	15,711.78	9,213.41	7,535.12	7,029.24	5,707.48
309,317.17	322,533.31	20,847.85	19,402.30	24,629.07	21,348.85	7,460.91	10,749.81
2,287.97	2,415.56	332.08	378.88	368.69	192.57	189.29	196.31
8,531.82	11,264.28	1,729.40	2,054.10	641.87	415.77	0.00	0.00
29,529.90	31,041.26	3,909.15	4,249.04	6,309.37	6,964.49	5,165.89	6,112.11
17,674.78	17,068.14	143.94	-547.77	476.71	414.42	32.94	1,850.53
18,403.11	17,417.77	526.81	327.84	652.04	563.24	3,293.55	3,909.50
787.80	411.71	406.60	884.94	179.44	153.31	3,263.21	2,067.86
17,615.31	17,006.07	120.20	-557.10	472.60	409.93	30.34	1,841.63
4,892.68	4,295.33	251.48	1,211.64	354.86	1,644.44	843.33	6,029.99
10,657.90	12,232.42	-4,849.78	-2,361.85	-15,060.80	-7,843.59	389.06	1,041.37
2,881.65	3,744.31	1,745.58	1,445.75	3,597.10	0.00	826.00	600.00
10,352.41	12,355.67	-2,772.95	-1,137.30	-10,940.46	-7,800.61	1,271.99	2,814.77
1,153.27	1,586.39	28.01	141.96	450.14	139.21	1,109.66	2,245.05
9,199.14	10,769.28	-2,800.95	-1,279.27	-11,390.60	-7,939.82	162.32	569.72
3,298.11	5,196.89	1,029.83	1,032.87	252.07	176.37	217.32	313.74
2,876.88	2,596.18	1,069.03	922.22	259.16	177.67	145.76	302.42
	0.00		0.00		0.00		0.00
524.86	730.46	0.00	0.00	0.43	13.37	0.00	0.00
402.94	529.15	0.00	0.00	0.33	10.52	0.00	0.00
457.24	–	23.74	–	55.71	–	114.63	–
1,603.04	–	30.74	–	116.99	–	157.63	–
0.56	0.00	0.00	2.20	0.00	0.00	0.00	0.00
0.00	0.56	0.00	0.00	0.00	0.00	0.00	0.00
1,342.95	1,853.62	26.46	236.88	490.58	576.60	2,844.42	3,189.70
1,539.81	3,218.42	295.25	115.95	179.15	269.86	2,622.79	1,230.37
1,131.89	1,618.85	304.68	414.37	345.60	159.56	139.65	324.66
1,209.40	1,814.10	283.51	332.78	240.28	155.82	131.90	303.84

表 9—1(续)

项目	单位 年度	行次	全区企业合计 2016年 1	全区企业合计 2017年 2	区属企业合计 2016年 3	区属企业合计 2017年 4	宁夏交通投资集团公司 2016年 5	宁夏交通投资集团公司 2017年 6
四、资产总额		39	19,135,847.92	40,773,154.71	12,977,235.23	20,789,819.16	367,861.69	7,021,308.53
流动资产		40	8,523,232.45	15,958,496.64	5,832,427.56	6,090,278.86	132,544.46	835,460.06
应收账款		41	693,227.51	869,973.41	541,604.08	602,909.54	2,382.04	2,109.77
存货		43	1,536,095.70	3,318,204.40	747,296.56	880,299.18	18.51	12.37
原材料		44	73,446.36	93,492.80	66,503.43	71,692.55	6.15	0.00
库存商品(产成品)		45	762,102.04	917,696.38	367,056.09	402,712.76	12.37	12.37
非流动资产		46	10,612,615.47	24,814,658.07	7,144,807.66	14,699,540.30	235,317.23	6,185,848.47
长期股权投资		47	2,835,917.81	5,127,367.66	2,560,650.47	2,431,211.08	1,120.00	11,296.00
固定资产原价		48	3,496,480.29	6,324,928.14	2,412,413.11	4,320,816.39	227,774.10	1,740,494.73
累计折旧		49	1,034,352.41	1,366,889.06	769,301.25	882,566.56	123,843.92	127,482.18
固定资产净值		50	2,462,127.87	4,958,039.09	1,643,111.86	3,438,249.84	103,930.18	1,613,012.55
固定资产减值准备		51	3,355.61	4,217.38	3,355.61	3,609.61	249.80	198.60
固定资产净额		52	2,458,772.26	4,953,821.71	1,639,756.25	3,434,640.23	103,680.38	1,612,813.95
无形资产		53	1,279,728.34	1,714,181.77	783,799.85	984,484.36	23,997.89	74,374.38
长期待摊费用		54	15,572.25	20,863.34	12,459.86	11,491.54	176.44	431.62
五、负债总额		55	10,448,030.08	21,499,701.33	6,870,790.72	11,055,095.15	136,311.97	3,817,635.74
流动负债		56	3,454,817.11	6,199,480.96	2,310,161.35	2,797,899.53	16,310.58	26,013.29
短期借款		57	312,162.93	926,032.37	251,138.99	527,935.25	0.00	0.00
非流动负债		58	6,993,212.97	15,300,220.37	4,560,629.37	8,257,195.63	120,001.39	3,791,622.44
长期借款		59	4,397,162.76	10,689,782.07	3,565,058.95	6,867,278.61	91,050.00	3,572,503.72
六、所有者权益(或股东权益)		60	7,754,154.35	19,273,453.38	5,200,253.07	9,734,724.01	229,080.71	3,203,672.79
实收资本(股本)		61	5,716,150.26	13,716,043.97	4,214,030.47	7,137,781.93	184,620.10	3,142,778.02
资本公积		62	2,017,018.11	3,699,389.17	836,363.35	1,064,848.33	5,688.55	12,187.50
盈余公积		63	97,545.50	121,530.29	88,461.92	92,657.49	38,446.73	38,446.73
七、工资及福利		64						
全年应发工资总额 *		65	313,814.14	444,169.71	223,438.89	274,049.32	8,577.55	20,494.33
企业提取的工资总额 *		66	200,946.91	284,062.03	143,921.06	171,364.45	6,337.32	7,959.28
非工挂企业工资总额 *		67	198,575.03	275,370.63	142,587.11	166,774.78	6,134.83	4,715.64
本年支付的医药费 *		68	373.40	814.53	230.35	620.97	0.00	26.09
离退休人员医药费 *		69	13.74	31.65	13.74	31.33	0.00	0.00
八、产 值		70						
工业总产值 *		71	262,356.55	703,580.89	107,071.32	281,640.22	0.00	0.00
劳动生产总值 *		72	596,116.81	796,877.05	439,249.30	476,076.14	17,505.46	29,957.35
九、职工人数(人)		73						
全年平均从业人员人数 *		74	47126	56309	31,387.00	33597	934	947
年末离退休人数 *		75	18399	20969	17,690.00	20298	13	23
年末退休人数 *		76	18231	20796	17,552.00	20149	12	22
年末离休人数 *		77	168	173	138.00	149	1	1
十、人均工资(元/年、人)*		78	66,590.45	78,880.77	71,188.35	81,569.58	91,836.70	216,413.24

宁夏农垦集团		宁夏旅游投资集团公司		农业投资集团公司		宁夏国有资产投资控股集团公司	
2016年	2017年	2016年	2017年	2016年	2017年	2016年	2017年
7	8	9	10	11	12	13	14
1,452,173.71	1,608,685.58	118,450.19	127,343.42	227,547.22	230,269.32	313,668.59	624,888.85
438,104.65	437,587.47	72,038.66	72,488.61	75,971.94	83,931.46	287,773.84	291,154.33
25,170.08	33,468.22	3,961.60	3,480.98	18,411.18	26,203.37	104,060.95	145,180.45
229,680.82	238,165.54	2,897.13	2,860.98	2,993.55	2,693.10	0.00	34.26
54,317.41	53,269.04	407.28	447.12	220.27	157.18	0.00	0.00
136,049.65	134,744.34	2,089.34	1,699.92	1,677.19	2,397.75	0.00	34.26
1,014,069.06	1,171,098.12	46,411.53	54,854.81	151,575.28	146,337.86	25,894.75	333,734.53
15,990.96	16,469.39	4,692.92	19,462.35	12,889.69	11,571.68	238.94	16,288.94
325,710.98	331,672.08	33,250.86	33,230.10	97,254.61	97,697.98	3,860.97	4,190.36
99,253.97	111,227.94	7,868.34	8,777.12	28,632.87	33,582.76	1,292.90	1,591.67
226,457.00	220,444.14	25,382.52	24,452.98	68,621.75	64,115.23	2,568.07	2,598.68
787.44	842.22	0.00	145.28	0.00	0.00	0.00	0.00
225,669.56	219,601.92	25,382.52	24,307.70	68,621.75	64,115.23	2,568.07	2,598.68
607,166.52	756,731.88	365.50	762.80	4,540.16	4,388.67	15.55	14.87
357.53	218.01	1,036.96	1,309.97	354.64	333.67	0.00	0.00
666,060.79	665,706.75	52,365.34	30,471.73	58,813.24	61,216.99	123,810.14	368,479.46
228,167.45	209,936.23	38,757.79	14,342.74	34,216.36	34,571.18	77,616.33	202,039.55
28,728.00	41,920.00	7,640.00	5,350.00	1,499.99	5,890.00	0.00	20,000.00
437,893.33	455,770.52	13,607.55	16,128.99	24,596.88	26,645.81	46,193.81	166,439.91
106,344.40	117,098.28	300.00	0.00	0.00	3,100.00	0.00	80,000.00
763,806.43	942,978.83	62,616.82	96,871.69	168,789.19	169,052.32	188,115.16	256,409.39
515,600.00	515,600.00	65,093.43	97,118.09	183,777.33	193,847.29	179,432.48	189,502.44
149,690.07	301,178.94	0.00	0.00	3,594.54	3,594.54	0.00	0.00
6,620.38	6,989.66	0.00	0.00	0.00	0.00	0.00	1.41
59,513.24	67,440.27	5,636.87	6,989.33	4,139.53	4,285.97	1,743.77	3,256.38
35,582.24	50,431.58	4,478.71	5,342.93	3,031.59	2,870.28	1,290.96	2,541.58
35,582.24	50,431.58	4,478.71	5,342.93	3,031.59	2,870.28	1,290.96	2,541.58
6.60	454.44	0.39	0.00	1.32	0.00	0.00	0.00
6.60	8.80	0.00	0.00	0.00	0.00	0.00	0.00
20,418.30	17,238.11	0.00	11,267.00	838.37	16.21	0.00	0.00
89,135.54	101,082.09	4,138.25	7,532.04	-1,653.30	305.19	2,419.22	-266.18
12250	13013	1145	1197	562	452	124	186
15462	17814	9	12	68	6	0	0
15403	17730	9	12	66	6	0	0
59	84	0	0	2	0	0	0
48,582.24	51,825.30	49,230.31	58,390.36	73,657.20	94,822.27	140,626.47	175,074.01

表9—2　2016年宁夏国有及国有控股

单位 项目	行次	宁夏建设投资集团公司 2016年 15	宁夏建设投资集团公司 2017年 16	宁夏宁朔实业集团有限责任公司 2016年 17	宁夏宁朔实业集团有限责任公司 2017年 18	宁夏电力投资集团公司 2016年 19	宁夏电力投资集团公司 2017年 20
一、汇编企业户数	1	22	46	8	8	15	15
补贴前盈利企业户数	2	8	29	6	5	7	6
补贴前亏损企业户数	3	13	17	2	3	8	9
补贴后亏损企业户数	4	13	14	1	2	8	9
二、营业总收入	5	789,040.48	665,835.02	11,981.87	665,835.02	112,354.99	128,952.39
营业总成本	6	782,675.59	663,328.39	11,671.30	663,328.39	113,769.66	166,895.13
营业税金及附加	7	14,275.83	4,673.67	152.13	4,673.67	1,965.95	1,298.45
销售费用	8	273.69	641.13	161.32	641.13	576.09	480.17
管理费用	9	14,014.83	19,456.48	4,302.08	19,456.48	8,995.48	9,484.42
财务费用	10	568.58	-349.71	-19.52	-349.71	16,263.36	17,255.37
利息支出	11	676.67	130.74	0.00	130.74	16,894.84	16,927.51
利息收入	12	243.48	697.41	21.96	697.41	278.78	328.56
利息支出净额	13	433.20	-566.68	-21.96	-566.68	16,616.07	16,598.95
投资收益	14	-74.01	213.23	0.00	213.23	1,620.09	-16,887.02
营业利润	15	6,290.88	3,492.86	310.57	3,492.86	-236.03	-53,709.73
政府补助（补贴收入）	16	782.44	1,586.15	497.38	1,586.15	1,095.08	0.00
利润总额	17	6,852.26	4,502.05	820.15	4,502.05	823.17	-54,306.92
所得税费用	18	5,648.02	2,555.40	0.00	2,555.40	1,069.40	440.71
净利润	19	1,204.25	1,946.65	820.15	1,946.65	-246.23	-54,747.62
三、应上交及应弥补款项	20						
增值税	21						
本年应交数　*	22	21,740.65	31,984.55	1,325.18	31,984.55	3,884.25	1,080.59
本年已交数　*	23	19,992.27	31,037.78	1,350.05	31,037.78	4,115.33	1,210.47
消费税	24		0.00		0.00		0.00
本年应交数　*	25	0.00	0.00	0.00	0.00	0.00	0.00
本年已交数　*	26	0.00	0.00	0.00	0.00	0.00	0.00
营业税	27						
本年应交数　*	28	10,293.26	-	31.77	-	114.43	-
本年已交数　*	29	12,487.02	-	42.81	-	148.31	-
资源税	30						
本年应交数　*	31	0.00	0.00	0.00	0.00	0.00	0.00
本年已交数　*	32	0.00	0.00	0.00	0.00	0.00	0.00
所得税	33						
本年应交数　*	34	5,912.72	4,966.50	-51.67	4,966.50	1,121.15	647.74
本年已交数　*	35	5,316.83	4,597.57	-8.14	4,597.57	1,553.77	949.18
其他各税	36						
本年应交数　*	37	2,386.41	6,603.77	82.84	6,603.77	1,355.92	1,548.60
本年已交数　*	38	2,471.31	4,481.17	79.00	4,481.17	1,254.88	1,359.00
四、资产总额	39	886,961.25	1,026,108.67	21,465.95	1,026,108.67	1,088,805.96	926,669.09

467

企业主要财务指标表

单位：万元

宁夏中煤实业公司		宁夏煤炭勘察工程公司		宁夏水务投资集团公司		宁夏西部创业股份公司	
2016年	2017年	2016年	2017年	2016年	2017年	2016年	2017年
21	22	23	24	25	26	27	28
5	5	4	4	17	24	7	7
0	0	0	2	10	11	1	3
5	5	4	2	8	13	6	4
5	5	4	2	7	13	5	4
3,707.11	4,292.74	8,823.88	4,418.50	149,780.96	221,350.06	46,312.59	65,964.41
6,409.97	5,931.97	12,573.94	9,502.31	146,082.13	216,023.46	50,125.82	55,889.96
80.44	111.13	155.02	174.64	1,659.43	1,818.85	776.16	881.14
1,366.89	1,040.70	0.54	0.00	568.75	1,233.45	185.85	212.95
948.43	822.17	2,856.19	2,641.38	9,291.72	11,684.48	11,953.09	13,228.87
613.37	423.10	65.72	98.98	14,298.15	15,146.90	1,271.26	536.85
509.99	346.90	85.81	109.30	14,897.77	9,366.57	1,524.46	1,090.30
1.59	2.50	8.94	1.21	653.04	6,717.44	265.84	561.81
508.40	344.40	76.87	108.09	14,244.72	2,649.13	1,258.62	528.49
0.00	5.38	−245.88	24.74	1,067.93	1,318.64	196.67	4.00
−2,702.86	−1,633.84	−3,995.93	−5,059.08	4,766.76	9,749.07	−3,616.56	10,933.26
5.65	0.00	0.00	0.00	2,823.74	0.00	5,030.00	14.43
−2,703.43	−1,635.44	−4,380.32	−5,052.08	8,120.79	9,426.59	1,611.22	11,225.05
−69.52	−60.15	−14.52	−27.48	3,188.02	3,427.98	784.89	2,525.90
−2,633.92	−1,575.29	−4,365.79	−5,024.60	4,932.78	5,998.61	826.33	8,699.15
194.92	517.91	511.71	200.59	3,902.25	5,190.58	3,534.75	3,869.58
243.20	376.94	427.38	292.43	3,481.75	5,160.04	2,729.72	4,020.58
		0.00		0.00		0.00	0.00
0.00	0.00	0.00	0.00	0.00	0.00	89.86	97.55
0.00	0.00	0.00	0.00	0.00	0.00	90.64	74.16
1.40	−	−3.92	−	703.52	−	−59.50	−
1.76	−	30.14	−	738.83	−	102.55	−
0.00	0.00	0.00	0.00	2.93	15.37	0.00	0.00
0.00	0.00	0.00	0.00	0.59	3.66	0.00	0.00
−16.37	16.37	0.00	0.00	3,264.59	3,728.58	1,453.27	2,963.94
0.00	0.00	1.09	0.00	2,924.60	3,917.22	709.97	2,881.41
65.59	62.68	144.23	154.05	743.87	1,190.51	838.96	912.54
40.62	73.50	166.80	155.89	660.16	979.41	2,543.15	861.38
14,320.59	13,103.42	46,720.43	33,248.24	967,751.14	1,007,230.69	504,939.50	504,396.48

表 9—2(续)

项目	行次	宁夏建设投资集团公司 2016年	宁夏建设投资集团公司 2017年	宁夏宁朔实业集团有限责任公司 2016年	宁夏宁朔实业集团有限责任公司 2017年	宁夏电力投资集团公司 2016年	宁夏电力投资集团公司 2017年
		15	16	17	18	19	20
流动资产	40	827,281.46	958,689.14	15,173.76	958,689.14	124,635.47	156,820.39
应收账款	41	263,902.78	247,754.35	1,221.62	247,754.35	30,024.15	34,700.15
存货	43	279,273.97	328,824.44	1,189.95	328,824.44	3,633.15	4,404.85
原材料	44	2,759.22	7,515.09	171.09	7,515.09	2,267.80	4,321.95
库存商品(产成品)	45	53,945.36	38,122.43	554.18	38,122.43	673.91	79.84
非流动资产	46	59,679.79	67,419.53	6,292.19	67,419.53	964,170.49	769,848.70
长期股权投资	47	4,275.42	11,457.87	0.00	11,457.87	45,130.79	1,006.14
固定资产原价	48	64,159.64	67,019.40	9,714.37	67,019.40	575,600.03	597,292.13
累计折旧	49	19,726.57	22,163.53	4,190.83	22,163.53	188,075.20	212,848.05
固定资产净值	50	44,433.07	44,855.87	5,523.54	44,855.87	387,524.83	384,444.08
固定资产减值准备	51	0.60	0.60	0.00	0.60	1,617.15	1,827.15
固定资产净额	52	44,432.47	44,855.27	5,523.54	44,855.27	385,907.68	382,616.92
无形资产	53	7,834.06	7,208.39	20.69	7,208.39	8,421.49	8,228.40
长期待摊费用	54	553.30	589.74	92.15	589.74	507.58	485.51
五、负债总额	55	794,905.11	915,553.74	9,118.31	915,553.74	878,233.98	765,861.91
流动负债	56	789,273.93	865,029.90	6,983.28	865,029.90	150,477.75	167,013.42
短期借款	57	24,200.00	13,200.00	0.00	13,200.00	20,500.00	10,000.00
非流动负债	58	5,631.18	50,523.84	2,135.03	50,523.84	727,756.23	598,848.48
长期借款	59	4,300.77	17,170.00	0.00	17,170.00	664,209.40	520,606.45
六、所有者权益(或股东权益)	60	91,491.34	110,554.93	12,347.64	110,554.93	218,833.92	160,807.18
实收资本(股本)	61	90,147.07	100,217.03	3,041.99	100,217.03	131,862.47	136,862.46
资本公积	62	68.43	483.19	4,260.29	483.19	116,010.72	111,981.23
盈余公积	63	0.00	0.00	338.16	0.00	13,407.14	13,299.44
七、工资及福利	64						
全年应发工资总额 *	65	31,998.50	36,119.37	6,838.81	36,119.37	18,195.40	19,761.27
企业提取的工资总额 *	66	21,842.40	25,016.66	4,538.66	25,016.66	9,944.69	12,018.57
非工挂企业工资总额 *	67	21,058.26	25,016.66	4,538.66	25,016.66	9,944.69	12,018.57
本年支付的医药费 *	68	0.00	0.00	7.65	0.00	0.00	0.00
离退休人员医药费 *	69	0.00	0.00	0.00	0.00	0.00	0.00
八、产 值	70						
工业总产值 *	71	0.00	0.00	9,562.64	0.00	0.00	149,328.60
劳动生产总值 *	72	78,950.28	85,554.02	9,889.04	85,554.02	50,619.65	11,528.83
九、职工人数(人)	73						
全年平均从业人员人数 *	74	5012	5130	829	5130	1209	1297
年末离退休人数 *	75	272	369	923	369	28	38
年末退休人数 *	76	261	366	923	366	28	38
年末离休人数 *	77	11	3	0	3	0	0
十、人均工资(元/年、人)*	78	63,843.77	70,408.12	82,494.69	70,408.12	150,499.55	152,361.41

宁夏中煤实业公司		宁夏煤炭勘察工程公司		宁夏水务投资集团公司		宁夏西部创业股份公司	
2016年	2017年	2016年	2017年	2016年	2017年	2016年	2017年
21	22	23	24	25	26	27	28
7,174.01	6,303.00	25,126.29	12,865.97	304,846.76	282,245.47	74,787.81	84,015.69
3,052.91	2,530.37	10,070.36	7,775.43	20,258.70	21,178.20	9,128.28	8,197.60
679.96	687.91	6,470.79	3,207.22	14,551.31	11,553.77	6,789.94	6,344.41
114.90	137.99	140.61	17.14	1,206.40	1,541.74	1,736.92	2,084.75
482.01	518.26	484.01	0.00	7,898.67	3,870.49	393.68	438.26
7,146.58	6,800.42	21,594.15	20,382.26	662,904.38	724,985.21	430,151.69	420,380.79
0.00	0.00	0.00	0.00	31,113.82	40,001.65	0.00	0.00
8,869.54	9,024.56	24,311.46	24,187.72	361,514.73	676,006.06	447,833.68	453,774.25
2,785.97	3,151.96	7,898.92	9,095.40	91,682.54	115,561.17	94,618.24	106,232.47
6,083.57	5,872.60	16,412.54	15,092.32	269,832.20	560,444.89	353,215.44	347,541.78
67.00	67.00	59.84	59.20	152.90	152.90	48.39	24.50
6,016.57	5,805.60	16,352.70	15,033.12	269,679.30	560,291.98	353,167.05	347,517.28
478.66	463.26	1,359.30	1,308.18	66,637.08	65,492.31	51,141.26	49,799.42
0.00	0.00	41.27	20.99	177.91	241.27	47.59	42.91
11,030.81	12,215.13	21,493.81	13,028.60	808,841.53	831,197.29	111,268.06	102,021.90
10,848.05	11,737.62	21,491.37	13,028.60	122,227.10	152,824.26	90,490.21	87,800.28
5,460.00	5,190.00	2,000.00	1,700.00	25,000.00	24,482.00	0.00	0.00
182.76	477.51	2.44	0.00	686,614.43	678,373.03	20,777.84	14,221.63
0.00	0.00	0.00	0.00	263,679.00	248,424.00	16,497.00	10,065.00
3,289.77	888.29	25,226.63	20,219.63	126,430.47	176,033.39	393,595.97	402,374.58
10,000.00	10,000.00	5,000.00	5,000.00	114,126.47	114,126.47	145,837.47	145,837.47
2,606.79	1,780.60	0.00	0.00	30,267.60	41,677.99	356,460.52	356,535.66
0.00	0.00	1,734.30	1,734.30	0.00	0.00	13,524.95	13,524.95
745.42	644.59	3,931.85	2,762.59	17,108.42	21,273.35	17,147.44	21,290.65
512.77	453.41	2,756.08	2,023.10	12,195.08	7,630.12	9,381.89	12,684.96
512.77	453.41	2,756.08	2,023.10	12,195.08	7,630.12	9,381.89	12,684.96
0.00	0.00	190.51	114.16	0.00	0.00	0.00	0.00
0.00	0.00	0.00	0.00	0.00	0.00	0.00	0.00
3,115.83	3,982.62	0.00	0.00	59,581.31	75,311.11	0.00	0.00
−1,281.52	5.38	2,058.43	−555.57	42,123.11	68,017.90	34,936.24	49,342.52
98	93	545	362	1654	1834	1342	1422
2	0	2	1	8	18	3	11
2	0	2	1	8	17	3	11
0	0	0	0	0	1	0	0
76,062.81	69,310.66	72,144.03	76,314.64	103,436.65	115,994.25	127,775.27	149,723.31

表9—3 2016年宁夏国有及国有控股

项目	单位 年度	行次	宁夏共赢投资公司 2016年	宁夏共赢投资公司 2017年	宁夏兴通源实业集团公司 2016年	宁夏兴通源实业集团公司 2017年	宁夏文化产业投融资有限公司 2016年	宁夏文化产业投融资有限公司 2017年
			29	30	31	32	33	34
一、汇编企业户数		1	2	2	4	5	2	2
补贴前盈利企业户数		2	1	2	3	1	2	2
补贴前亏损企业户数		3	1	0	1	4	0	0
补贴后亏损企业户数		4	1	0	0	3	0	0
二、营业总收入		5	420.04	224.36	1,748.07	1,217.84	13,467.74	14,680.50
营业总成本		6	309.73	333.99	1,526.52	1,380.75	12,956.02	14,513.36
营业税金及附加		7	8.56	1.18	32.69	24.84	45.64	24.07
销售费用		8	0.00	0.00	0.00	0.00	60.81	−138.56
管理费用		9	394.28	318.54	785.13	595.49	1,022.67	1,370.64
财务费用		10	−8.00	−2.88	−16.27	−16.01	134.70	229.64
利息支出		11	0.00	0.00	0.00	0.00	132.43	130.47
利息收入		12	8.21	3.13	16.61	16.45	15.50	17.60
利息支出净额		13	−8.21	−3.13	−16.61	−16.45	116.93	112.87
投资收益		14	253.95	507.53	0.00	0.00	582.52	519.65
营业利润		15	364.26	1,097.25	221.55	−162.90	1,094.24	724.79
政府补助（补贴收入）		16	0.00	0.00	133.03	165.84	82.89	−39.41
利润总额		17	364.26	1,097.34	338.83	−26.86	1,195.56	1,286.04
所得税费用		18	103.39	263.02	0.00	0.00	89.02	216.12
净利润		19	260.87	834.32	338.83	−26.86	1,106.54	1,069.92
三、应上交及应弥补款项		20						
增值税		21						
本年应交数 *		22	7.60	6.68	297.17	201.30	154.94	189.78
本年已交数 *		23	4.83	7.92	312.35	206.62	91.83	155.17
消费税		24		0.00		0.00		0.00
本年应交数 *		25	0.00	0.00	0.00	0.00	0.00	0.00
本年已交数 *		26	0.00	0.00	0.00	0.00	0.00	0.00
营业税		27						
本年应交数 *		28	6.25	—	0.00	—	17.07	—
本年已交数 *		29	9.18	—	0.00	—	53.42	—
资源税		30						
本年应交数 *		31	0.00	0.00	0.00	0.00	0.00	0.00
本年已交数 *		32	0.00	0.00	0.00	0.00	0.00	0.00
所得税		33						
本年应交数 *		34	77.45	92.47	0.00	0.00	89.93	216.12
本年已交数 *		35	107.30	82.41	0.00	0.00	128.91	128.47
其他各税		36						
本年应交数 *		37	8.03	0.40	0.00	1.85	35.37	214.42
本年已交数 *		38	8.57	0.46	28.12	1.76	34.84	179.52
四、资产总额		39	41,354.24	47,996.79	2,499.72	2,654.80	124,543.44	126,844.98

企业主要财务指标表

单位:万元

黄河出版传媒集团有限公司		宁夏演艺集团有限公司		宁夏电影集团有限公司		宁夏日报报业集团	
2016年	2017年	2016年	2017年	2016年	2017年	2016年	2017年
35	36	37	38	39	40	41	42
33	34	5	5	3	3	17	19
26	27	0	0	0	0	7	9
7	7	5	5	3	3	10	10
5	7	4	5	3	3	10	10
51,717.34	51,478.51	1,359.54	1,747.02	0.00	7.77	30,152.43	25,147.69
49,386.91	49,134.44	10,518.21	10,562.40	748.83	969.05	28,085.57	23,625.69
148.10	390.01	18.68	19.18	0.00	0.00	526.79	147.68
5,432.67	5,309.23	0.00	0.00	0.00	0.00	3,089.07	3,385.53
9,202.91	9,713.93	4,019.94	4,274.52	496.49	498.26	3,395.04	3,975.13
−29.67	−15.30	−17.39	−21.06	252.34	470.79	382.69	634.55
12.10	38.64	0.00	0.00	254.70	470.95	402.09	825.23
72.32	88.13	18.63	22.69	2.75	0.45	25.61	196.20
−60.22	−49.49	−18.63	−22.69	251.95	470.50	376.48	629.02
353.11	285.92	0.00	0.00	0.00	0.00	0.00	1,301.64
2,683.54	3,484.93	−9,158.67	63.59	−748.83	−961.29	2,066.86	4,090.75
1,217.83	1.48	9,502.41	0.02	76.89	25.66	760.26	0.00
4,396.42	3,785.77	−6.45	−328.71	−671.69	−935.16	3,420.74	4,492.03
50.26	31.96	0.00	0.76	0.02	0.00	75.09	127.32
4,346.16	3,753.81	−6.45	−329.47	−671.72	−935.16	3,345.64	4,364.71
750.77	807.25	52.11	44.98	0.00	0.00	1,283.90	3,268.83
678.12	507.74	32.93	61.87	0.00	0.00	1,053.21	3,334.99
	0.00		0.00		0.00		0.00
0.00	0.00	0.00	0.00	0.00	0.00	0.00	0.00
0.00	0.00	0.00	0.00	0.00	0.00	0.00	0.00
24.08	–	12.00	–	0.00	–	−54.95	–
35.32	–	17.57	–	0.20	–	150.04	–
0.00	0.00	0.00	0.00	0.00	0.00	0.00	0.00
0.00	0.00	0.00	0.00	0.00	0.00	0.00	0.00
69.87	62.25	0.00	0.76	0.02	0.00	70.91	116.29
50.07	61.49	0.00	0.76	0.12	0.00	152.63	72.49
350.16	338.84	21.59	21.43	6.42	6.42	794.77	869.08
312.30	322.81	18.82	25.06	6.91	6.42	599.87	698.70
121,286.65	129,989.76	15,009.55	15,505.67	18,772.13	18,304.09	83,692.27	95,665.28

表 9—3(续)

单位\年度\项目	行次	宁夏共赢投资公司 2016年	宁夏共赢投资公司 2017年	宁夏兴通源实业集团公司 2016年	宁夏兴通源实业集团公司 2017年	宁夏文化产业投融资有限公司 2016年	宁夏文化产业投融资有限公司 2017年
		29	30	31	32	33	34
流动资产	40	38,838.01	37,687.10	2,386.08	2,558.29	51,003.57	49,827.77
应收账款	41	0.00	0.00	416.72	82.25	11,571.94	13,972.29
存货	43	0.00	0.00	0.00	0.00	23,304.45	22,077.87
原材料	44	0.00	0.00	0.00	0.00	0.00	0.00
库存商品(产成品)	45	0.00	0.00	0.00	0.00	161.64	69.97
非流动资产	46	2,516.23	10,309.70	113.63	96.51	73,539.87	77,017.21
长期股权投资	47	0.00	4,069.68	0.00	0.00	6,500.00	9,000.00
固定资产原价	48	105.02	109.20	184.27	151.41	564.08	575.03
累计折旧	49	82.42	92.31	70.63	77.37	167.26	222.67
固定资产净值	50	22.60	16.89	113.63	74.04	396.82	352.36
固定资产减值准备	51	0.00	0.00	0.00	0.00	0.00	0.00
固定资产净额	52	22.60	16.89	113.63	74.04	396.82	352.36
无形资产	53	16.80	5.80	0.00	0.00	750.49	729.16
长期待摊费用	54	0.00	0.00	0.00	0.00	303.75	247.54
五、负债总额	55	495.84	1,881.49	394.82	475.69	10,028.79	11,334.89
流动负债	56	495.84	507.86	334.84	420.96	7,410.62	9,171.07
短期借款	57	0.00	0.00	0.00	0.00	2,500.00	2,684.00
非流动负债	58	0.00	1,373.63	59.98	54.73	2,618.17	2,163.82
长期借款	59	0.00	0.00	0.00	0.00	0.00	0.00
六、所有者权益(或股东权益)	60	40,858.41	46,115.30	2,104.90	2,179.11	114,487.78	115,510.09
实收资本(股本)	61	16,830.72	16,830.72	862.89	1,580.13	100,000.00	100,000.00
资本公积	62	22,912.34	23,738.53	335.75	241.73	11,860.24	11,860.24
盈余公积	63	2,764.94	2,764.94	114.05	71.19	276.32	361.45
七、工资及福利	64						
全年应发工资总额 *	65	176.18	162.97	1,260.23	1,086.91	726.56	1,006.39
企业提取的工资总额 *	66	112.20	31.51	927.10	839.03	501.84	730.91
非工挂企业工资总额 *	67	112.20	31.51	927.10	839.03	501.84	0.00
本年支付的医药费 *	68	0.00	0.00	0.00	0.00	0.00	0.00
离退休人员医药费 *	69	0.00	0.00	0.00	0.00	0.00	0.00
八、产 值	70						
工业总产值 *	71	0.00	0.00	1,497.88	1,363.43	0.00	0.00
劳动生产总值 *	72	320.16	71.09	1,968.12	1,347.31	1,752.00	1,706.56
九、职工人数(人)	73						
全年平均从业人员人数 *	74	23	13	123	158	42	51
年末离退休人数 *	75	0	0	0	0	0	0
年末退休人数 *	76	0	0	0	0	0	0
年末离休人数 *	77	0	0	0	0	0	0
十、人均工资(元/年·人)*	78	76,600.40	125,358.12	102,457.37	68,791.91	172,989.35	197,331.92

黄河出版传媒集团有限公司		宁夏演艺集团有限公司		宁夏电影集团有限公司		宁夏日报报业集团	
2016年	2017年	2016年	2017年	2016年	2017年	2016年	2017年
35	36	37	38	39	40	41	42
57,285.11	64,523.62	6,042.70	6,546.85	16,053.46	15,741.98	52,377.77	56,570.49
6,605.61	11,156.90	20.68	28.50	0.00	0.00	11,947.52	12,059.59
12,654.62	10,229.93	10.63	11.90	0.00	0.00	26,467.37	22,305.59
0.00	0.00	0.00	0.00	0.00	0.00	468.06	194.60
8,788.02	7,302.94	10.18	10.18	0.00	0.00	25,998.37	22,103.79
64,001.54	65,466.14	8,966.85	8,958.83	2,718.68	2,562.11	31,314.50	39,094.80
36,000.00	36,040.00	26.12	26.12	455.60	455.60	87.25	87.25
29,098.10	30,624.74	7,034.26	8,011.71	1,479.36	1,479.36	13,960.43	15,866.33
12,240.91	13,265.38	2,664.30	3,539.90	728.42	842.95	8,162.30	9,153.61
16,857.18	17,359.36	4,369.97	4,471.81	750.94	636.41	5,798.13	6,712.72
56.08	56.08	0.00	0.00	0.00	0.00	0.00	0.00
16,801.10	17,303.28	4,369.97	4,471.81	750.94	636.41	5,798.13	6,712.72
2,226.93	3,297.46	3,869.62	3,756.16	1,512.14	1,470.10	1,513.29	1,564.15
523.40	652.77	4.21	0.00	0.00	0.00	10.29	4.72
42,915.57	48,093.10	4,901.00	5,673.42	14,113.96	14,581.07	57,543.89	60,021.21
33,155.79	37,264.39	2,950.71	2,694.27	13,863.96	9,831.07	41,336.18	35,423.72
630.00	500.00	0.00	0.00	0.00	0.00	11,000.00	11,125.00
9,759.79	10,828.71	1,950.29	2,979.15	250.00	4,750.00	16,207.71	24,597.49
2,700.00	2,700.00	0.00	0.00	0.00	4,500.00	10,213.84	17,958.38
76,860.13	81,896.65	10,108.55	9,832.25	4,658.18	3,723.02	24,172.06	35,644.07
642.35	642.35	7,254.15	7,254.15	4,287.89	4,287.89	10,496.51	10,496.51
51,950.70	51,950.70	2,249.87	2,303.04	0.00	0.00	488.48	6,042.05
2,836.56	2,953.52	166.54	166.54	217.73	217.73	1,353.02	2,068.06
							0.00
11,565.30	13,163.00	3,302.05	3,717.73	247.26	270.18	6,240.95	7,331.98
8,023.59	9,256.10	2,505.97	2,669.20	159.91	172.03	4,671.61	5,683.37
8,023.59	9,256.10	2,505.97	2,669.20	159.91	0.00	4,671.61	5,683.37
8.35	0.00	6.34	24.62	0.00	0.00	0.00	0.00
0.80	0.00	6.34	21.70	0.00	0.00	0.00	0.00
							0.00
0.00	0.00	0.00	0.00	0.00	0.00	0.00	0.00
17,441.99	18,672.85	4,513.49	4,792.76	−293.26	−544.50	12,423.84	15,361.16
							0.00
1045	1218	544	569	30	33	989	1003.00
173	333	633	574	0	0	0	43.00
163	324	587	531	0	0	0	43.00
10	9	46	43	0	0	0	0.00
110,672.70	108,070.62	60,699.37	65,338.02	82,421.11	81,872.01	63,103.67	88,606.44

表9—4　2016年宁夏国有及国有控股

项目	单位 年度 行次	宁夏广电传媒集团有限公司 2016年 43	宁夏广电传媒集团有限公司 2017年 44	宁夏惠民投融资有限公司 2016年 45	宁夏惠民投融资有限公司 2017年 46	宁夏农林科学院 2016年 47	宁夏农林科学院 2017年 48
一、汇编企业户数	1	11	11	2	3	5	11
补贴前盈利企业户数	2	7	8	0	0	1	6
补贴前亏损企业户数	3	4	3	2	2	4	5
补贴后亏损企业户数	4	3	3	1	1	2	5
二、营业总收入	5	32,730.81	40,660.25	0.00	0.00	3,665.22	6,095.52
营业总成本	6	33,510.24	40,173.72	196.79	-138.32	4,206.20	7,986.47
营业税金及附加	7	232.62	102.62	0.00	0.00	5.03	20.01
销售费用	8	4,749.17	5,567.87	0.00	0.00	201.09	377.05
管理费用	9	5,340.54	5,851.92	238.63	348.01	1,150.88	3,040.47
财务费用	10	308.57	255.39	-41.84	-486.33	50.86	39.72
利息支出	11	324.10	159.92	0.00	0.00	51.09	48.98
利息收入	12	55.99	99.41	43.60	487.77	1.14	10.82
利息支出净额	13	268.11	60.51	-43.60	-487.77	49.95	38.17
投资收益	14	89.01	89.24	0.00	28.82	0.00	0.00
营业利润	15	-690.42	3,847.75	-196.79	167.14	-540.98	-113.50
政府补助（补贴收入）	16	4,527.87	0.00	376.50	0.00	591.44	0.00
利润总额	17	3,757.28	3,773.82	176.18	167.14	33.12	54.08
所得税费用	18	0.28	0.00	24.36	31.43	0.60	2.82
净利润	19	3,757.00	3,773.82	151.83	135.71	32.52	51.26
三、应上交及应弥补款项	20						
增值税	21						
本年应交数 *	22	119.91	323.84	0.00	0.00	17.11	123.94
本年已交数 *	23	285.63	354.40	0.00	0.00	15.34	115.52
消费税	24		0.00		0.00		0.00
本年应交数 *	25	0.00	0.00	0.00	0.00	0.00	0.00
本年已交数 *	26	0.00	0.00	0.00	0.00	0.00	0.00
营业税	27						
本年应交数 *	28	97.61	-	0.00	-	3.10	-
本年已交数 *	29	242.08	-	0.00	-	3.23	-
资源税	30						
本年应交数 *	31	0.00	0.00	0.00	0.00	0.00	0.00
本年已交数 *	32	0.00	0.00	0.00	0.00	0.00	0.00
所得税	33						
本年应交数 *	34	0.27	0.00	47.84	34.24	0.60	2.82
本年已交数 *	35	0.28	0.00	23.48	29.97	0.60	2.82
其他各税	36						
本年应交数 *	37	129.97	136.85	0.00	0.00	15.49	45.68
本年已交数 *	38	70.95	200.28	0.00	0.00	17.19	44.60
四、资产总额	39	159,238.76	174,513.22	3,244,053.76	2,901,056.44	6,082.29	17,467.80

企业主要财务指标表

单位:万元

宁夏地矿局		宁夏粮食局		宁夏科技厅		宁夏水利厅	
2016 年	2017 年	2016 年	2017 年	2016 年	2017 年	2016 年	2017 年
49	50	51	52	53	54	55	56
4	15	22	22	4	4	4	27
4	10	1	14	0	1	4	21
0	5	21	8	4	3	0	6
0	5	7	4	4	3	0	6
15,947.13	22,513.61	129,014.44	150,152.28	4.60	0.00	18,291.98	61,499.38
14,557.73	22,917.99	141,615.68	163,504.40	16.26	37.17	17,603.79	58,906.74
259.83	132.13	21.34	60.97	0.06	0.05	185.39	575.08
0.00	88.40	4,853.73	6,258.99	0.03	0.00	0.06	243.61
2,437.62	2,823.10	7,335.05	7,780.65	16.50	37.31	553.82	3,833.42
38.47	−2.59	3,539.05	3,811.28	−0.32	−0.19	0.79	117.92
43.61	37.61	3,581.13	3,860.87	0.00	0.00	0.02	147.46
7.83	46.35	54.79	61.96	0.32	0.20	3.19	30.16
35.77	−8.74	3,526.34	3,798.90	−0.32	−0.20	−3.17	117.30
0.00	179.32	0.00	0.00	0.00	0.00	0.00	0.00
1,389.40	−225.06	−12,601.23	−889.62	−11.66	−37.17	688.19	2,599.46
0.00	950.00	12,322.87	717.06	6.82	0.00	0.00	1.30
1,286.13	893.71	944.70	1,093.90	−4.85	−1.81	754.27	2,220.84
305.87	504.00	7.25	0.07	0.46	0.00	440.20	648.01
980.25	389.71	937.45	1,093.82	−5.30	−1.81	314.07	1,572.83
260.29	1,036.37	558.61	1,537.51	0.00	0.00	342.82	2,478.03
307.67	686.35	584.37	1,812.49	0.00	0.00	342.82	2,595.92
	0.00		0.00		0.00		0.00
0.00	0.00	1.43	0.00	0.00	0.00	0.00	0.00
0.00	0.00	3.43	0.00	0.00	0.00	0.00	0.00
197.69	−	5.50	−	0.00	−	106.01	−
470.85	−	15.16	−	0.00	−	101.37	−
0.00	25.80	0.00	0.12	0.00	0.00	0.00	0.00
0.00	20.05	0.02	0.09	0.00	0.00	0.00	0.00
315.45	545.77	4.01	1.28	0.00	0.00	446.08	642.29
606.50	256.31	−46.90	7.37	0.46	0.00	390.09	716.52
179.58	103.80	140.95	207.37	0.06	0.08	47.81	425.92
75.02	134.14	121.50	218.73	0.07	0.07	43.94	303.37
24,314.34	43,474.65	212,989.50	277,963.65	398.33	359.18	6,548.36	69,624.19

表 9—4(续)

项目	单位 年度 行次	宁夏广电传媒集团有限公司 2016年	宁夏广电传媒集团有限公司 2017年	宁夏惠民投融资有限公司 2016年	宁夏惠民投融资有限公司 2017年	宁夏农林科学院 2016年	宁夏农林科学院 2017年
		43	44	45	46	47	48
流动资产	40	81,606.11	66,034.05	2,424,344.94	1,927,436.30	3,584.74	9,889.74
应收账款	41	7,003.86	6,653.80	0.00	0.00	501.81	1,404.55
存货	43	1,485.17	1,264.69	0.00	0.00	1,760.94	2,440.41
原材料	44	1,300.13	1,099.44	0.00	0.00	1.47	157.46
库存商品(产成品)	45	0.00	47.71	0.00	0.00	1,759.37	2,275.62
非流动资产	46	77,632.65	108,479.17	819,708.82	973,620.14	2,497.55	7,578.07
长期股权投资	47	10,362.11	10,394.29	576,413.62	0.00	0.00	180.00
固定资产原价	48	65,767.78	78,735.23	55.97	95.68	2,361.98	5,704.37
累计折旧	49	37,016.65	47,308.66	11.07	26.39	1,048.74	2,850.22
固定资产净值	50	28,751.13	31,426.57	44.90	69.29	1,313.24	2,854.15
固定资产减值准备	51	0.00	0.00	0.00	0.00	0.00	0.00
固定资产净额	52	28,751.13	31,426.57	44.90	69.29	1,313.24	2,854.15
无形资产	53	1,580.84	1,349.21	1.78	2.39	0.09	3,135.35
长期待摊费用	54	8,173.33	6,704.47	8.55	6.81	0.00	2.64
五、负债总额	55	51,176.42	59,028.70	2,420,313.13	2,056,101.96	4,203.04	6,839.70
流动负债	56	38,621.42	38,603.70	46,135.13	19,050.96	3,670.64	5,608.30
短期借款	57	3,000.00	0.00	0.00	0.00	0.00	0.00
非流动负债	58	12,555.00	20,425.00	2,374,178.00	2,037,051.00	532.39	1,231.40
长期借款	59	12,405.00	20,275.00	2,374,178.00	2,037,051.00	8.30	0.00
六、所有者权益(或股东权益)	60	107,819.07	115,484.52	823,740.63	844,954.48	1,879.25	10,628.10
实收资本(股本)	61	44,500.00	8,000.00	228,928.20	228,928.20	1,009.47	9,132.18
资本公积	62	26,545.12	31,556.90	594,454.03	615,280.43	711.13	1,156.83
盈余公积	63	3,147.40	3,529.12	38.22	55.10	137.72	357.82
七、工资及福利	64						
全年应发工资总额 *	65	11,227.33	14,538.20	181.23	266.00	733.55	1,806.62
企业提取的工资总额 *	66	8,007.61	10,408.76	130.21	207.59	430.60	1,077.07
非工挂企业工资总额 *	67	8,007.61	10,408.76	130.21	207.59	305.55	1,077.07
本年支付的医药费 *	68	0.00	0.00	0.00	0.00	0.00	0.00
离退休人员医药费 *	69	0.00	0.00	0.00	0.00	0.00	0.00
八、产 值	70						
工业总产值 *	71	0.00	0.00	0.00	0.00	0.00	0.00
劳动生产总值 *	72	5,305.10	23,801.46	368.17	419.64	993.59	2,113.75
九、职工人数(人)	73						
全年平均从业人员人数 *	74	1073	1417	14	27	114	364
年末离退休人数 *	75	17	23	0	0	33	26
年末退休人数 *	76	15	23	0	0	33	23
年末离休人数 *	77	2	0	0	0	0	3
十、人均工资(元/年、人)*	78	104,634.98	102,598.47	129,450.50	98,516.76	64,346.74	49,632.28

宁夏地矿局		宁夏粮食局		宁夏科技厅		宁夏水利厅	
2016年	2017年	2016年	2017年	2016年	2017年	2016年	2017年
49	50	51	52	53	54	55	56
18,629.30	35,964.20	153,475.12	216,224.60	253.64	213.64	6,220.08	63,749.28
8,085.13	10,997.65	1,026.58	783.02	0.00	0.00	1,932.89	11,013.46
3,814.68	6,249.83	125,263.48	186,208.37	40.52	40.52	1,862.96	26,527.31
4.60	262.96	74.86	95.60	0.28	0.28	1,208.12	101.24
395.99	1,342.33	124,802.42	185,708.65	40.01	0.00	0.00	288.64
5,685.04	7,510.45	59,514.38	61,739.05	144.69	145.54	328.29	5,874.91
1,006.31	1,605.00	0.00	0.00	120.00	120.00	40.00	255.00
9,675.90	13,822.75	76,537.65	79,413.22	80.39	86.15	974.18	11,902.75
5,001.40	8,341.26	25,677.06	26,628.92	55.70	60.61	686.40	6,390.43
4,674.49	5,481.48	50,860.59	52,784.29	24.69	25.54	287.78	5,512.32
0.00	0.00	211.87	70.34	0.00	0.00	0.00	0.00
4,674.49	5,481.48	50,648.72	52,713.95	24.69	25.54	287.78	5,512.32
4.23	45.40	1,826.19	1,808.46	0.00	0.00	0.51	5.10
0.00	2.10	19.72	23.33	0.00	0.00	0.00	96.00
13,665.63	23,313.39	169,100.39	233,024.57	197.70	162.35	5,452.02	51,263.13
13,665.63	21,953.39	134,265.94	196,586.51	7.33	7.34	5,452.02	48,184.52
500.00	0.00	118,181.00	180,403.04	0.00	0.00	0.00	0.00
0.00	1,360.00	34,834.45	36,438.06	190.37	155.01	0.00	3,078.62
0.00	0.00	1,609.95	2,604.95	0.00	0.00	0.00	2,950.00
10,648.71	20,161.26	43,889.11	44,939.08	200.63	196.83	1,096.35	18,361.06
10,386.57	13,794.75	34,793.30	34,793.30	246.00	246.00	1,304.82	12,292.20
212.63	430.99	9,482.45	9,516.45	41.91	41.91	31.60	557.47
1,655.51	2,426.44	400.43	498.10	0.64	0.64	279.50	1,603.98
1,573.16	2,696.24	5,028.60	5,249.66	0.00	0.00	213.87	2,223.34
1,460.99	1,303.16	3,315.46	3,764.81	0.00	0.00	199.75	675.97
1,460.99	1,303.16	3,315.46	3,764.79	0.00	0.00	182.66	232.89
0.00	0.37	0.00	0.04	0.00	0.00	0.00	0.06
0.00	0.00	0.00	0.00	0.00	0.00	0.00	0.00
0.00	4,666.74	100.01	0.00	0.00	0.00	11,957.00	7,699.42
3,966.08	5,829.99	7,457.02	12,117.72	2.13	−31.95	1,454.54	9,048.54
126	270	753	709	0	0	51	320
0	1	40	40	0	0	0	2
0	1	37	39	0	0	0	2
0	0	3	1	0	0	0	0
124,853.85	99,860.71	66,780.82	74,043.21	0.00	0.00	41,936.03	69,479.40

表9—5　2016年宁夏国有及国有控股

单位 年度 项目	行次	宁夏林业厅 2016年 57	宁夏林业厅 2017年 58	市县合计 2016年 59	市县合计 2017年 60	银川市财政局 2016年 61	银川市财政局 2017年 62
一、汇编企业户数	1	4	4	170	297	5	87
补贴前盈利企业户数	2	4	3	70	121	3	44
补贴前亏损企业户数	3	0	1	100	176	2	43
补贴后亏损企业户数	4	0	1	81	161	1	42
二、营业总收入	5	994.31	1,741.06	415,570.29	911,055.90	26,568.35	460,127.01
营业总成本	6	847.20	1,235.30	489,533.35	985,755.79	55,430.41	490,626.63
营业税金及附加	7	32.31	11.41	7,346.50	11,895.21	226.23	6,469.90
销售费用	8	457.17	472.27	20,134.16	38,884.19	788.16	15,639.71
管理费用	9	340.01	423.25	61,586.08	119,652.72	3,341.36	46,190.47
财务费用	10	13.59	22.52	32,162.07	81,609.74	6,342.64	65,224.51
利息支出	11	13.96	20.72	34,354.06	90,480.82	6,205.72	70,285.76
利息收入	12	0.36	0.41	3,065.26	9,832.90	390.54	3,487.04
利息支出净额	13	13.59	20.31	31,288.80	80,647.93	5,815.18	66,798.73
投资收益	14	0.00	0.00	8,498.93	162,376.24	689.75	158,118.52
营业利润	15	147.11	505.76	−65,464.13	136,274.28	−28,172.31	153,471.19
政府补助（补贴收入）	16	0.14	0.65	61,931.40	28,723.11	19,315.44	5,450.03
利润总额	17	147.44	489.40	−3,860.32	177,405.24	−8,802.66	166,176.79
所得税费用	18	8.13	87.21	4,840.00	45,903.59	77.68	36,847.61
净利润	19	139.31	402.19	−8,700.32	131,501.66	−8,880.34	129,329.17
三、应上交及应弥补款项	20						
增值税	21						
本年应交数　*	22	27.57	98.43	13,155.99	28,563.14	989.06	16,193.85
本年已交数　*	23	27.57	98.43	11,903.31	35,512.26	861.25	14,022.15
消费税	24			0.00		0.00	0.00
本年应交数　*	25	0.00	0.00	0.00	0.00	0.00	0.00
本年已交数　*	26	0.00	0.00	0.00	0.00	0.00	0.00
营业税	27						
本年应交数　*	28	8.55	—	4,538.17	—	78.06	—
本年已交数　*	29	8.55	—	12,387.70	—	65.10	—
资源税	30						
本年应交数　*	31	0.00	0.00	167.72	367.48	0.00	262.08
本年已交数　*	32	0.00	0.00	138.96	141.42	0.00	18.83
所得税	33						
本年应交数　*	34	8.13	87.21	4,807.87	47,774.53	91.77	38,521.77
本年已交数　*	35	8.13	87.21	4,783.43	14,323.87	109.46	8,364.25
其他各税	36						
本年应交数　*	37	2.47	2.48	5,740.33	11,130.32	251.86	6,018.10
本年已交数　*	38	2.47	2.48	5,689.65	11,320.21	259.52	5,693.02
四、资产总额	39	9,404.49	8,958.15	6,158,612.69	19,983,335.55	311,445.55	12,008,991.16

企业主要财务指标表

单位：万元

永宁县财政局		灵武市财政局		石嘴山市财政局		平罗县财政局	
2016 年	2017 年	2016 年	2017 年	2016 年	2017 年	2016 年	2017 年
63	64	65	66	67	68	69	70
2	2	5	8	57	60	17	15
0	0	3	3	30	25	7	3
2	2	2	5	29	35	10	12
2	1	0	4	24	34	9	12
4,111.59	4,925.76	5,543.82	3,330.33	169,261.11	156,062.45	31,879.93	25,233.91
5,874.80	7,530.70	9,561.17	7,807.58	174,548.11	155,321.54	34,124.96	27,278.86
0.63	0.07	8.24	1.33	4,476.64	2,547.28	461.58	69.29
114.59	117.38	0.00	9.86	4,584.76	3,921.35	401.21	420.16
327.31	490.57	623.32	1,201.01	24,238.86	19,875.51	3,345.12	3,082.97
−3.88	1.69	3,970.79	2,201.04	4,793.73	4,667.15	−1.35	20.39
0.00	0.00	4,005.68	2,251.19	5,188.25	4,781.57	24.74	0.41
3.88	2.04	34.89	50.54	517.58	393.22	27.79	2.91
−3.88	−2.04	3,970.79	2,200.66	4,670.66	4,388.35	−3.04	−2.50
0.00	0.00	0.00	0.00	5,584.67	134.35	0.00	0.00
−1,763.21	−2,604.93	−4,017.35	−4,477.25	297.67	8,611.03	−2,245.03	−1,674.25
1,135.25	2,517.64	4,631.46	54.60	7,928.93	75.88	1,028.06	1,191.85
−640.12	46.15	716.61	−1,071.32	7,417.59	7,876.15	−225.92	−677.62
0.00	0.00	0.00	0.01	2,266.59	3,116.51	131.08	49.12
−640.12	46.15	716.61	−1,071.33	5,151.00	4,759.64	−356.99	−726.74
0.57	0.73	0.00	287.01	6,569.65	5,822.00	25.82	564.47
0.57	0.73	0.00	281.92	5,613.54	5,143.37	342.30	524.59
		0.00		0.00		0.00	0.00
0.00	0.00	0.00	0.00	0.00	0.00	0.00	0.00
0.00	0.00	0.00	0.00	0.00	0.00	0.00	0.00
0.00	−	0.00	−	3,108.09	−	252.04	−
0.00	−	0.00	−	2,891.91	−	321.53	−
0.00	0.00	0.00	0.00	156.68	92.50	0.29	0.00
0.00	0.00	0.00	0.00	127.92	120.01	0.29	0.00
9.66	0.00	0.00	0.04	2,077.40	3,132.54	143.15	61.38
9.66	0.00	0.00	0.04	2,505.49	2,314.04	59.53	65.02
11.97	14.23	0.00	2.07	2,578.58	2,192.60	154.42	109.37
11.97	14.23	0.00	1.33	2,553.72	2,090.29	168.66	121.58
16,357.17	15,939.52	607,311.09	599,668.91	1,421,316.64	1,234,752.50	82,988.20	103,537.36

表 9—5(续)

单位\年度\项目	行次	宁夏林业厅 2016年	宁夏林业厅 2017年	市县合计 2016年	市县合计 2017年	银川市财政局 2016年	银川市财政局 2017年
		57	58	59	60	61	62
流动资产	40	963.56	822.71	2,690,804.88	9,868,217.79	120,990.69	5,831,174.08
应收账款	41	277.07	314.67	151,623.44	267,063.87	1,690.38	72,623.13
存货	43	379.64	284.85	788,799.15	2,437,905.22	1,124.10	1,207,622.84
原材料	44	0.86	0.86	6,942.94	21,800.25	231.01	8,788.97
库存商品(产成品)	45	378.78	283.98	395,045.96	514,983.62	22.41	170,917.74
非流动资产	46	8,440.93	8,135.44	3,467,807.81	10,115,117.77	190,454.86	6,177,817.08
长期股权投资	47	0.00	0.00	275,267.34	2,696,156.58	91,879.99	2,494,932.35
固定资产原价	48	9,411.30	9,426.84	1,084,067.18	2,004,111.75	80,400.84	530,781.20
累计折旧	49	2,339.26	2,671.78	265,051.16	484,322.50	32,238.31	182,259.75
固定资产净值	50	7,072.04	6,755.06	819,016.02	1,519,789.25	48,162.53	348,521.46
固定资产减值准备	51	0.00	0.00	0.00	607.78	0.00	108.52
固定资产净额	52	7,072.04	6,755.06	819,016.02	1,519,181.47	48,162.53	348,412.94
无形资产	53	556.41	556.41	495,928.48	729,697.40	3,089.71	225,764.49
长期待摊费用	54	71.27	56.60	3,112.38	9,371.81	131.00	2,544.12
五、负债总额	55	5,204.92	4,544.43	3,577,239.36	10,444,606.18	170,433.16	5,689,958.43
流动负债	56	3,852.41	3,614.87	1,144,655.76	3,401,581.43	98,533.53	2,264,504.91
短期借款	57	0.00	0.00	61,023.94	398,097.13	0.00	356,097.22
非流动负债	58	1,352.51	929.56	2,432,583.60	7,043,024.74	71,899.63	3,425,453.52
长期借款	59	563.29	271.83	832,103.81	3,822,503.46	71,790.00	2,362,800.31
六、所有者权益(或股东权益)	60	4,199.57	4,413.72	2,553,901.28	9,538,729.37	141,012.39	6,319,032.73
实收资本(股本)	61	3,891.00	3,891.00	1,502,119.79	6,578,262.04	105,723.61	4,810,260.07
资本公积	62	735.07	735.07	1,180,654.75	2,634,540.84	65,548.34	1,158,519.09
盈余公积	63	0.00	0.00	9,083.59	28,872.80	108.34	15,936.29
七、工资及福利	64						
全年应发工资总额 *	65	155.99	202.81	90,375.25	170,120.39	26,152.17	89,723.76
企业提取的工资总额 *	66	155.99	0.00	57,025.85	112,697.59	18,203.03	61,873.15
非工挂企业工资总额 *	67	155.99	0.00	55,987.92	108,595.85	18,203.03	59,547.63
本年支付的医药费 *	68	9.08	0.00	143.05	193.57	0.00	175.90
离退休人员医药费 *	69	0.00	0.00	0.00	0.31	0.00	0.31
八、产值	70						
工业总产值 *	71	0.00	0.00	155,285.22	421,940.67	4,227.46	240,780.03
劳动生产总值 *	72	666.93	2,938.26	156,867.51	320,800.91	26,104.52	151,867.94
九、职工人数(人)	73						
全年平均从业人员人数 *	74	54	55	15739	22712	3757	10135
年末离退休人数 *	75	0	0	709	671	80	449
年末退休人数 *	76	0	0	679	647	80	429
年末离休人数 *	77	0	0	30	24	0	20
十、人均工资(元/年、人)*	78	28,887.39	36,874.02	57,421.22	74,903.30	69,609.17	88,528.62

永宁县财政局		灵武市财政局		石嘴山市财政局		平罗县财政局	
2016年	2017年	2016年	2017年	2016年	2017年	2016年	2017年
63	64	65	66	67	68	69	70
4,656.27	4,732.92	111,681.14	106,049.82	859,688.23	696,463.61	34,928.25	53,425.44
1,072.21	638.93	19,994.03	17,875.09	83,612.71	43,782.54	12,142.13	31,325.61
367.93	486.62	107.47	107.47	432,366.58	365,250.78	1,544.70	1,733.14
22.85	143.03	0.00	0.00	2,587.17	4,503.52	349.33	789.22
345.09	343.59	107.47	107.47	387,410.24	337,290.26	85.79	0.00
11,700.90	11,206.60	495,629.94	493,619.09	561,628.41	538,288.88	48,059.95	50,111.91
0.00	0.00	10,000.00	11,110.00	26,443.88	34,691.11	0.00	0.00
12,368.41	12,335.53	74,096.77	95,510.46	329,677.98	311,061.02	30,949.36	26,764.37
2,907.58	3,411.23	1,130.30	4,495.91	108,295.13	115,355.16	12,099.41	11,793.47
9,460.84	8,924.30	72,966.47	91,014.55	221,382.85	195,705.86	18,849.95	14,970.90
0.00	0.00	0.00	0.00	0.00	0.00	0.00	0.00
9,460.84	8,924.30	72,966.47	91,014.55	221,382.85	195,705.86	18,849.95	14,970.90
0.00	0.00	71,420.45	74,570.63	47,786.05	16,617.55	315.37	325.98
0.00	0.00	0.00	0.00	1,362.89	1,224.33	411.40	423.17
13,946.83	12,182.62	164,578.57	109,356.29	950,419.26	810,927.51	39,803.59	63,352.87
6,352.72	5,005.66	32,400.55	19,894.31	357,189.27	322,731.98	17,451.20	18,626.30
0.00	0.00	1,164.13	1,164.13	10,838.59	5,583.30	0.00	0.00
7,594.11	7,176.96	132,178.01	89,461.98	593,229.99	488,195.53	22,352.40	44,726.58
1,237.10	227.10	64,397.29	13,883.84	174,269.10	133,743.75	9,616.77	28,284.07
2,410.33	3,756.91	442,732.52	490,312.62	444,520.57	423,824.98	43,184.61	40,184.48
5,522.62	5,522.62	192,471.56	228,865.70	195,813.94	160,732.41	16,166.27	16,042.59
117.17	117.17	252,419.57	265,459.53	233,171.16	209,509.55	33,514.48	33,389.35
72.16	72.16	45.35	45.35	4,964.72	4,870.74	272.21	70.84
326.93	384.31	307.55	509.32	25,734.55	26,094.71	3,219.91	3,079.83
326.93	384.31	6.55	0.00	19,025.15	19,055.15	2,284.39	1,864.22
326.93	384.31	6.55	0.00	18,946.44	19,055.15	2,284.39	1,817.30
0.00	0.00	0.79	0.00	0.00	0.00	0.63	0.16
0.00	0.00	0.00	0.00	0.00	0.00	0.00	0.00
3,359.96	4,401.21	0.00	0.00	71,059.79	71,503.71	6,788.03	6,347.32
2,447.03	3,574.76	1,029.86	-2,295.51	56,745.56	57,725.95	4,245.37	4,586.72
83	105	75	91	3618	2846	947	594
8	9	0	0	66	27	342	29
8	9	0	0	66	27	342	29
0	0	0	0	0	0	0	0
39,388.88	36,600.73	41,006.21	55,968.73	71,129.22	91,689.09	34,001.14	51,849.00

表9—6 2016年宁夏国有及国有控股

单位 年度 项目	行次	吴忠市财政局 2016年	吴忠市财政局 2017年	盐池县财政局 2016年	盐池县财政局 2017年	同心县财政局 2016年	同心县财政局 2017年
		71	72	73	74	75	76
一、汇编企业户数	1	11	22	8	8	1	—
补贴前盈利企业户数	2	5	10	0	1	0	—
补贴前亏损企业户数	3	6	12	8	7	1	—
补贴后亏损企业户数	4	2	8	7	7	1	—
二、营业总收入	5	28,294.16	55,048.40	13,444.95	12,283.24	997.00	—
营业总成本	6	42,605.87	66,321.35	15,188.36	14,278.03	1,199.92	—
营业税金及附加	7	143.01	232.60	316.96	73.98	3.20	—
销售费用	8	5,467.14	9,579.35	1,472.70	1,116.84	62.69	—
管理费用	9	3,246.39	6,113.68	2,731.93	2,324.85	391.82	—
财务费用	10	10,189.83	6,608.70	55.43	28.19	-0.06	—
利息支出	11	11,270.39	7,619.90	54.05	22.88	0.00	—
利息收入	12	1,121.42	1,059.69	3.92	0.25	0.06	—
利息支出净额	13	10,148.97	6,560.21	50.13	22.63	-0.06	—
投资收益	14	276.84	-167.51	0.00	0.00	0.00	—
营业利润	15	-14,034.86	-8,876.01	-1,743.40	-1,994.80	-202.92	—
政府补助（补贴收入）	16	15,186.51	14,320.50	978.44	1,085.63	0.00	—
利润总额	17	1,175.00	5,678.60	-636.90	-926.09	-198.73	—
所得税费用	18	213.59	1,411.67	74.33	0.00	0.00	—
净利润	19	961.40	4,266.93	-711.23	-926.09	-198.73	—
三、应上交及应弥补款项	20						
增值税	21						
本年应交数 *	22	930.54	1,940.35	267.38	384.94	29.91	—
本年已交数 *	23	544.65	1,666.26	216.85	422.46	28.49	—
消费税	24		0.00		0.00		
本年应交数 *	25	0.00	0.00	0.00	0.00	0.00	
本年已交数 *	26	0.00	0.00	0.00	0.00	0.00	
营业税	27						
本年应交数 *	28	82.18	—	67.05	—	0.00	
本年已交数 *	29	242.53	—	72.04	—	0.00	
资源税	30						
本年应交数 *	31	0.00	0.00	0.00	0.00	0.00	
本年已交数 *	32	0.00	0.00	0.00	0.00	0.00	
所得税	33						
本年应交数 *	34	85.36	1,368.79	77.96	76.58	0.00	
本年已交数 *	35	101.35	559.14	68.67	76.58	0.00	
其他各税	36						
本年应交数 *	37	329.26	493.76	145.34	190.38	0.00	
本年已交数 *	38	374.66	530.11	146.19	138.93	0.00	
四、资产总额	39	1,165,627.60	1,592,114.93	48,491.01	55,211.65	3,637.05	—

企业主要财务指标表

单位：万元

青铜峡市财政局		中卫市财政局		沙坡头区财政局		中宁县财政局		海原县财政局	
2016年	2017年	2016年	2017年	2016年	2017年	2016年	2017年	2016年	2017年
77	78	79	80	81	82	83	84	85	86
3	2	5	23	–	2	5	11	2	2
1	1	1	8	–	1	0	3	0	1
2	1	4	15	–	1	5	8	2	1
2	1	4	15	–	1	4	6	2	1
22,901.67	18,628.26	31,431.04	43,355.75	–	0.00	9,529.11	14,997.92	1,992.54	1,924.83
23,858.16	19,345.74	34,752.73	52,756.24	–	7.92	10,033.31	15,604.52	3,125.45	5,327.89
243.46	60.91	343.70	234.39	–	0.00	111.11	160.51	0.09	0.05
229.25	8.69	2,525.05	3,691.45	–	0.00	520.65	526.63	0.00	0.00
1,197.52	1,510.91	3,932.03	6,600.34	–	20.83	939.08	1,369.36	82.26	13.50
330.91	103.94	173.17	448.52	–	−12.91	−17.23	−21.33	−0.37	3.73
332.83	105.45	65.80	73.53	–	0.00	0.00	0.32	0.00	0.00
1.92	1.52	6.83	153.77	–	13.19	20.86	30.66	0.37	0.00
330.91	103.94	58.98	−80.24	–	−13.19	−20.86	−30.34	−0.37	0.00
0.00	0.00	1,061.62	−812.95	–	0.00	0.00	0.00	0.00	0.00
−956.49	−717.48	−2,260.08	224.82	–	4.08	−504.20	−606.60	−1,132.91	−3,403.07
337.80	89.57	696.30	445.79	–	0.00	226.24	197.46	0.00	0.00
−945.31	−640.85	−2,116.50	683.88	–	4.08	−216.56	−348.81	−1,022.93	−3,246.25
247.45	263.34	431.43	181.60	–	0.00	0.00	4.14	0.00	0.00
−1,192.77	−904.19	−2,547.93	502.28	–	4.08	−216.56	−352.95	−1,022.93	−3,246.25
491.34	439.61	279.68	827.17	–	0.00	950.32	1,332.54	2.67	1.53
342.25	439.61	274.40	830.81	–	0.00	874.17	1,393.67	2.67	1.53
		0.00		–	0.00		0.00		0.00
0.00	0.00	0.00	0.00	–	0.00	0.00	0.00	0.00	0.00
0.00	0.00	0.00	0.00	–	0.00	0.00	0.00	0.00	0.00
334.59	–	233.18	–	–	–	0.65	–	0.00	–
304.44	–	234.73	–	–	–	0.63	–	0.00	–
10.75	1.33	0.00	10.32	–	0.00	0.00	1.25	0.00	0.00
10.75	1.33	0.00	0.00	–	0.00	0.00	1.25	0.00	0.00
247.45	263.43	341.97	179.21	–	0.00	0.08	52.75	0.00	0.00
247.45	263.43	341.97	218.02	–	0.00	0.08	52.75	0.00	0.00
152.97	112.57	426.04	524.81	–	8.67	32.86	83.62	0.00	0.02
114.84	111.27	425.99	524.05	–	0.00	53.22	47.26	0.00	0.02
97,660.71	103,161.63	160,794.91	920,771.19	–	16,485.01	58,336.65	65,691.07	15,884.82	16,598.62

表 9—6(续)

单位 年度 项目	行次	吴忠市财政局 2016年	吴忠市财政局 2017年	盐池县财政局 2016年	盐池县财政局 2017年	同心县财政局 2016年	同心县财政局 2017年
		71	72	73	74	75	76
流动资产	40	561,161.22	910,116.86	6,619.74	10,535.55	300.53	—
应收账款	41	5,141.64	16,445.21	802.62	514.99	79.85	—
存货	43	664.89	30,938.97	257.01	249.88	81.07	—
原材料	44	592.88	1,115.02	162.61	158.27	81.07	—
库存商品(产成品)	45	72.01	268.00	90.00	90.00	0.00	—
非流动资产	46	604,466.39	681,998.07	41,871.27	44,676.10	3,336.52	—
长期股权投资	47	84,758.77	43,012.38	0.00	0.00	0.00	—
固定资产原价	48	135,481.08	227,642.28	38,740.09	43,677.53	5,213.08	—
累计折旧	49	25,854.73	33,194.03	9,817.99	11,174.03	1,887.92	—
固定资产净值	50	109,626.35	194,448.26	28,922.10	32,503.51	3,325.16	—
固定资产减值准备	51	0.00	0.00	0.00	0.00	0.00	—
固定资产净额	52	109,626.35	194,448.26	28,922.10	32,503.51	3,325.16	—
无形资产	53	267,648.31	270,615.96	47.05	70.29	0.00	—
长期待摊费用	54	650.84	784.62	46.59	39.18	11.36	—
五、负债总额	55	564,871.70	918,406.82	21,676.22	25,277.91	161.60	—
流动负债	56	76,667.12	100,499.58	5,024.09	3,245.40	161.60	—
短期借款	57	0.00	0.00	78.69	0.00	0.00	—
非流动负债	58	488,204.57	817,907.23	16,652.13	22,032.51	0.00	—
长期借款	59	75,891.00	254,582.00	974.00	750.00	0.00	—
六、所有者权益(或股东权益)	60	600,755.91	673,708.11	26,814.80	29,933.73	3,475.45	—
实收资本(股本)	61	264,336.50	386,453.37	28,593.69	27,697.70	1,323.47	—
资本公积	62	360,478.46	289,799.21	1,486.73	4,640.52	3,721.32	—
盈余公积	63	263.09	194.00	38.94	21.10	0.00	—
七、工资及福利	64						—
全年应发工资总额 *	65	10,411.65	14,393.46	3,367.57	3,690.50	418.17	—
企业提取的工资总额 *	66	1,867.56	10,919.70	3,158.07	1,650.22	0.00	—
非工挂企业工资总额 *	67	1,867.56	10,619.33	3,158.07	1,650.22	0.00	—
本年支付的医药费 *	68	7.26	0.00	0.00	0.00	0.00	—
离退休人员医药费 *	69	0.00	0.00	0.00	0.00	0.00	—
八、产 值	70						—
工业总产值 *	71	19,068.06	25,535.50	10,802.19	10,121.73	997.00	—
劳动生产总值 *	72	17,285.87	30,064.02	4,833.18	5,603.00	428.51	—
九、职工人数(人)	73						—
全年平均从业人员人数 *	74	2042	2213	472	438	115	—
年末离退休人数 *	75	9	13	6	8	0	—
年末退休人数 *	76	9	13	6	6	0	—
年末离休人数 *	77	0	0	0	2	0	—
十、人均工资(元/年、人)*	78	50,987.53	65,040.50	71,346.92	84,257.94	36,362.53	—

青铜峡市财政局		中卫市财政局		沙坡头区财政局		中宁县财政局		海原县财政局	
2016年	2017年	2016年	2017年	2016年	2017年	2016年	2017年	2016年	2017年
77	78	79	80	81	82	83	84	85	86
17,203.66	12,497.10	31,712.12	643,630.50	—	8,137.91	5,784.94	14,262.48	1,333.15	2,048.65
1,937.72	2,099.62	6,066.91	6,430.51	—	0.00	2,221.96	5,106.73	478.50	516.09
127.11	864.67	2,659.32	405,175.17	—	0.00	2,432.87	3,903.30	184.37	811.64
127.11	864.67	65.86	254.32	—	0.00	2,285.44	3,392.45	184.37	811.64
0.00	0.00	933.00	1,515.13	—	0.00	145.96	254.57	0.00	0.00
80,457.05	90,664.53	129,082.79	277,140.70	—	8,347.10	52,551.71	51,428.60	14,551.67	14,549.98
0.23	0.23	14,185.35	13,553.34	—	0.00	0.00	0.00	0.00	0.00
38,572.42	37,905.89	104,040.15	235,544.21	—	8,347.10	40,675.94	46,965.48	15,649.42	15,653.15
8,225.82	9,164.75	23,634.23	45,270.37	—	0.00	9,146.39	14,674.24	1,097.94	1,103.36
30,346.60	28,741.14	80,405.92	190,273.84	—	8,347.10	31,529.55	32,291.24	14,551.48	14,549.78
0.00	0.00	0.00	499.26	—	0.00	0.00	0.00	0.00	0.00
30,346.60	28,741.14	80,405.92	189,774.58	—	8,347.10	31,529.55	32,291.24	14,551.48	14,549.78
181.83	225.38	744.31	1,329.59	—	0.00	630.30	1,169.05	0.00	0.00
0.00	0.00	337.77	442.03	—	0.00	0.00	0.40	0.19	0.19
28,495.19	26,928.29	66,562.86	539,066.68	—	133.83	23,044.03	22,407.91	4,587.36	8,547.42
10,849.86	9,712.73	57,613.13	135,534.03	—	133.83	4,198.94	5,665.02	4,152.71	8,112.77
271.00	271.00	1,277.77	703.00	—	0.00	513.50	121.86	136.62	136.62
17,645.32	17,215.56	8,949.73	403,532.65	—	0.00	18,845.09	16,742.89	434.65	434.65
15,700.00	14,800.00	3,470.80	217,701.58	—	0.00	0.00	3.87	0.00	0.00
69,165.52	76,233.34	94,232.05	381,704.52	—	16,351.18	35,292.62	43,283.17	11,297.45	8,051.20
85,324.45	89,436.06	23,671.05	75,590.45	—	14,355.44	2,259.52	3,827.33	6,000.00	6,000.00
580.47	74.55	56,918.24	269,532.50	—	1,991.66	38,866.72	44,219.48	9,493.21	9,493.21
106.98	102.06	1,915.42	5,240.33	—	0.00	35.09	35.09	0.00	0.00
2,737.45	3,275.26	4,267.39	9,017.46	—	12.11	1,308.59	1,707.01	238.67	220.85
2,036.16	2,284.38	657.84	753.51	—	12.11	1,129.65	1,169.43	180.35	220.85
2,036.16	2,284.38	657.84	473.00	—	12.11	425.45	226.78	180.35	220.85
125.29	0.00	0.00	0.00	—	0.00	0.00	0.00	0.00	0.00
0.00	0.00	0.00	0.00	—	0.00	0.00	0.00	0.00	0.00
0.00	10,115.03	11,106.66	11,839.00	—	0.00	7,061.84	10,792.94	1,992.54	1,924.83
4,600.80	4,772.34	13,379.60	22,761.04	—	24.86	4,858.28	8,565.91	−880.78	−3,169.92
399	376	686	1610	—	5	246	325	71	62
0	0	6	1	—	0	0	86	0	0
0	0	5	1	—	0	0	86	0	0
0	0	1	0	—	0	0	0	0	0
68,607.88	87,107.95	62,206.89	56,009.08	—	24,212.16	53,194.64	52,523.27	33,615.42	35,621.16

表9—7 2016年宁夏国有及国有控股

单位 年度 项目	行次	固原市财政局 2016年	固原市财政局 2017年	隆德县财政局 2016年	隆德县财政局 2017年	彭阳县财政局 2016年	彭阳县财政局 2017年
		87	88	89	90	91	92
一、汇编企业户数	1	23	34	3	3	6	6
补贴前盈利企业户数	2	11	11	1	1	2	3
补贴前亏损企业户数	3	12	23	2	2	4	3
补贴后亏损企业户数	4	10	20	2	2	4	2
二、营业总收入	5	33,161.02	47,055.68	4,806.27	6,746.73	9,023.78	7,904.36
营业总成本	6	40,211.48	62,758.25	4,825.57	6,756.15	7,724.24	7,788.88
营业税金及附加	7	386.62	961.61	160.31	400.71	55.85	21.26
销售费用	8	3,432.18	3,140.35	73.98	81.73	394.60	284.96
管理费用	9	9,870.98	20,392.36	321.45	260.00	1,547.67	1,769.95
财务费用	10	−18.14	2,543.58	−0.04	−0.22	23.79	7.72
利息支出	11	484.36	1,859.99	0.00	0.00	26.75	11.34
利息收入	12	545.38	850.42	0.13	0.23	3.24	3.93
利息支出净额	13	−61.02	1,009.57	−0.13	−0.23	23.52	7.41
投资收益	14	0.00	207.56	0.00	0.00	0.00	0.00
营业利润	15	−7,050.46	−15,495.01	−19.30	−9.42	1,299.54	115.48
政府补助（补贴收入）	16	4,463.89	732.90	0.00	0.00	2.14	109.57
利润总额	17	−2,766.79	−12,430.54	−19.35	−9.42	1,279.04	280.93
所得税费用	18	642.55	1,194.95	1.42	0.00	354.65	90.33
净利润	19	−3,409.34	−13,625.50	−20.77	−9.42	924.39	190.59
三、应上交及应弥补款项	20						
增值税	21						
本年应交数 *	22	1,024.65	−1,324.33	81.25	386.49	423.91	74.41
本年已交数 *	23	1,476.99	7,087.08	80.68	385.37	423.61	65.37
消费税	24		0.00		0.00		0.00
本年应交数 *	25	0.00	0.00	0.00	0.00	0.00	0.00
本年已交数 *	26	0.00	0.00	0.00	0.00	0.00	0.00
营业税	27						
本年应交数 *	28	175.91	−	74.49	−	4.22	−
本年已交数 *	29	8,046.15	−	74.49	−	6.56	−
资源税	30						
本年应交数 *	31	0.00	0.00	0.00	0.00	0.00	0.00
本年已交数 *	32	0.00	0.00	0.00	0.00	0.00	0.00
所得税	33						
本年应交数 *	34	846.50	1,158.12	2.75	0.25	350.31	90.33
本年已交数 *	35	900.28	1,120.73	2.75	0.25	211.16	237.52
其他各税	36						
本年应交数 *	37	1,360.49	773.76	3.06	10.10	32.96	33.53
本年已交数 *	38	1,357.04	1,297.79	3.06	10.10	32.57	30.66
四、资产总额	39	977,367.25	1,682,137.29	2,660.59	3,588.59	12,056.29	14,735.71

企业主要财务指标表

单位:万元

泾源县财政局		原州区财政局		西吉县财政局		宁夏宁东开发投资有限公司	
2016 年	2017 年	2016 年	2017 年	2016 年	2017 年	2016 年	2017 年
93	94	95	96	97	98	99	100
4	3	5	2	2	2	4	5
2	1	1	0	1	1	2	4
2	2	4	2	1	1	2	1
2	2	4	2	1	1	0	1
2,963.83	2,360.37	544.49	395.52	3,179.86	2,197.90	15,229.28	25,655.80
2,994.00	2,674.13	661.75	465.72	2,646.20	1,908.99	19,420.05	18,351.74
92.94	33.45	19.45	13.63	57.36	3.97	237.84	569.91
3.27	1.25	34.94	24.89	12.37	45.94	16.61	0.00
484.15	319.81	272.73	103.53	171.05	187.90	4,121.99	5,553.72
−0.36	−0.38	27.07	15.37	−5.33	−4.66	6,306.46	−482.87
0.00	0.00	27.09	15.40	0.24	0.03	6,668.14	3,169.14
0.39	0.38	0.02	0.03	5.57	4.88	375.29	3,749.42
−0.39	−0.38	27.07	15.37	−5.33	−4.85	6,292.85	−580.28
0.00	0.00	0.00	0.00	0.00	0.00	886.05	4,896.27
−30.17	−313.76	−117.26	−70.19	533.66	288.91	−3,304.72	12,259.33
0.00	0.00	40.94	30.90	1.54	31.50	5,887.77	2,309.59
−40.16	−311.70	−69.47	−36.91	534.52	331.42	2,697.19	15,145.37
2.87	0.00	0.00	0.00	0.00	0.00	394.49	2,740.22
−43.03	−311.70	−69.47	−36.91	534.52	331.42	2,302.70	12,405.15
80.42	111.04	0.77	11.10	36.25	43.51	952.58	1,338.74
77.62	111.04	0.77	11.10	35.91	32.85	688.60	2,675.83
	0.00		0.00		0.00		0.00
0.00	0.00	0.00	0.00	0.00	0.00	0.00	0.00
0.00	0.00	0.00	0.00	0.00	0.00	0.00	0.00
5.55	−	15.42	−	52.05	−	46.76	−
5.74	−	15.42	−	52.05	−	46.76	−
0.00	0.00	0.00	0.00	0.00	0.00	0.00	0.00
0.00	0.00	0.00	0.00	0.00	0.00	0.00	0.00
2.87	0.00	0.00	0.00	134.29	86.55	394.48	2,778.70
0.47	0.00	0.00	0.00	0.00	134.29	223.25	912.75
33.60	1.34	1.55	1.42	2.91	2.49	135.65	304.51
47.56	1.34	0.94	1.11	2.91	2.49	52.43	323.73
5,222.70	5,064.83	2,748.24	1,678.90	5,452.05	4,988.21	1,146,270.47	1,351,074.69

表 9—7(续)

单位 年度 项目	行次	固原市财政局		隆德县财政局		彭阳县财政局	
		2016 年	2017 年	2016 年	2017 年	2016 年	2017 年
		87	88	89	90	91	92
流动资产	40	689,126.77	1,191,632.38	1,881.28	2,869.17	9,010.77	9,650.06
应收账款	41	7,081.94	10,478.46	942.40	1,219.20	3,790.29	4,070.26
存货	43	345,059.87	380,393.90	11.07	11.07	1,451.50	1,344.40
原材料	44	150.44	293.87	0.00	0.00	12.15	9.13
库存商品（产成品）	45	4,122.33	1,850.70	11.07	11.07	1,433.31	1,329.18
非流动资产	46	288,240.48	490,504.91	779.31	719.42	3,045.52	5,085.65
长期股权投资	47	29,887.71	49,834.02	0.00	0.00	0.00	25.00
固定资产原价	48	123,498.52	283,237.47	1,693.24	1,711.30	4,431.28	5,939.14
累计折旧	49	19,837.28	33,937.57	1,025.46	1,103.40	1,748.51	2,093.05
固定资产净值	50	103,661.23	249,299.90	667.79	607.90	2,682.77	3,846.09
固定资产减值准备	51	0.00	0.00	0.00	0.00	0.00	0.00
固定资产净额	52	103,661.23	249,299.90	667.79	607.90	2,682.77	3,846.09
无形资产	53	75,238.62	81,695.28	0.00	0.00	85.90	495.90
长期待摊费用	54	152.51	3,851.82	0.00	0.00	0.00	0.00
五、负债总额	55	684,010.98	1,218,175.33	1,879.63	2,826.50	5,811.74	8,368.49
流动负债	56	326,039.48	371,300.95	1,879.63	2,826.50	3,654.58	5,337.57
短期借款	57	1,332.64	22,000.00	0.00	0.00	340.00	40.00
非流动负债	58	357,971.50	846,874.38	0.00	0.00	2,157.15	3,030.92
长期借款	59	227,026.79	614,783.79	0.00	0.00	265.49	195.82
六、所有者权益(或股东权益)	60	293,356.28	463,961.96	780.97	762.10	6,244.56	6,367.22
实收资本（股本）	61	295,590.37	310,519.47	1,194.13	1,194.13	2,462.36	2,462.36
资本公积	62	58,820.85	231,238.81	219.48	219.48	677.46	677.46
盈余公积	63	717.84	930.38	95.59	95.59	81.12	81.12
七、工资及福利	64						
全年应发工资总额 *	65	8,342.70	12,769.99	397.54	469.93	1,187.44	1,180.31
企业提取的工资总额 *	66	5,744.15	9,474.68	336.75	349.64	928.45	946.76
非工挂企业工资总额 *	67	5,744.15	9,474.68	336.75	349.64	846.86	851.90
本年支付的医药费 *	68	0.00	8.50	0.00	0.00	0.00	0.00
离退休人员医药费 *	69	0.00	0.00	0.00	0.00	0.00	0.00
八、产 值	70						
工业总产值 *	71	11,939.78	22,048.56	0.00	321.00	4,352.89	0.00
劳动生产总值 *	72	13,999.59	13,528.70	626.71	951.21	3,506.01	2,045.36
九、职工人数(人)	73						
全年平均从业人员人数 *	74	2401	2935	136	141	232	214
年末离退休人数 *	75	4	1	3	0	2	4
年末退休人数 *	76	4	0	3	0	2	4
年末离休人数 *	77	0	1	0	0	0	0
十、人均工资(元/年、人)*	78	34,746.76	43,509.33	29,230.74	33,328.65	51,182.90	55,154.74

泾源县财政局		原州区财政局		西吉县财政局		宁夏宁东开发投资有限公司	
2016年	2017年	2016年	2017年	2016年	2017年	2016年	2017年
93	94	95	96	97	98	99	100
719.88	694.62	345.95	215.25	3,564.98	2,767.19	225,419.53	256,214.96
209.76	261.38	8.67	0.85	492.32	759.40	3,407.37	4,785.10
8.77	8.26	194.77	143.24	155.74	160.37	0.00	0.00
8.77	8.26	0.00	0.00	81.88	82.51	0.00	0.00
0.00	0.00	193.42	143.24	73.86	77.86	0.00	0.00
4,502.82	4,370.21	2,402.29	1,463.65	1,887.07	2,221.02	920,850.94	1,094,859.73
0.00	0.00	0.00	0.00	838.77	838.77	17,212.65	44,609.39
1,076.36	4,152.13	4,074.67	2,915.00	2,058.14	2,081.81	39,391.82	86,228.62
321.12	153.34	1,618.55	1,330.40	1,247.35	1,297.01	2,606.75	5,751.55
755.23	3,998.79	2,456.12	1,584.60	810.79	784.80	36,785.07	80,477.07
0.00	0.00	0.00	0.00	0.00	0.00	0.00	0.00
755.23	3,998.79	2,456.12	1,584.60	810.79	784.80	36,785.07	80,477.07
0.00	0.00	58.66	0.00	30.73	30.73	27,666.23	26,703.62
0.00	0.00	7.84	0.00	0.00	0.00	0.00	0.00
2,601.02	2,889.25	2,420.76	1,205.49	3,623.84	2,856.48	813,910.29	868,010.95
2,565.60	2,857.83	1,373.70	476.06	3,146.48	2,166.95	121,300.81	91,905.63
0.00	0.00	371.00	0.00	0.00	0.00	43,500.00	10,000.00
35.42	31.42	1,047.06	729.43	477.36	689.53	692,609.47	776,105.32
35.42	31.42	1,047.06	729.43	0.00	0.00	186,083.00	160,971.15
2,621.67	2,175.58	327.48	473.41	1,828.21	2,131.73	331,264.95	483,063.74
4,434.45	4,401.63	1,465.21	1,212.19	3,677.59	3,677.59	263,589.00	364,989.00
29.78	0.00	294.45	113.16	501.50	501.50	63,643.17	96,662.57
39.17	5.97	18.61	0.00	28.29	28.29	280.67	1,143.49
266.75	194.32	260.62	225.49	94.57	104.91	1,127.31	1,988.47
251.64	0.00	230.25	103.55	7.40	5.57	489.81	899.66
186.75	0.00	230.25	103.55	7.40	5.57	381.28	885.94
9.08	9.01	0.00	0.00	0.00	0.00	0.00	0.00
0.00	0.00	0.00	0.00	0.00	0.00	0.00	0.00
2,529.03	0.00	0.00	0.00	0.00	0.00	0.00	0.00
387.70	22.53	257.86	244.52	782.61	526.86	1,825.35	18,248.50
93	76	138	66	106	81	84	142
0	0	126	8	0	0	56	0
0	0	125	8	0	0	28	0
0	0	1	0	0	0	28	0
28,683.01	25,568.77	18,885.14	34,165.36	8,921.47	12,951.37	134,203.91	140,033.22

（宁夏财政厅企业处供稿）

第十部分

财政大事记

2017年大事记

1月

1日,经自治区人民政府批准,从1月1日起,提高大学生志愿服务西部计划志愿者生活补贴,西部计划志愿者生活补贴标准按照各市、县(区)事业单位新录用大学本科生转正定级工资标准确定。自治区将有994名大学生服务西部计划志愿者受益,每人每月的实际收入将超过3000元。

5日,自治区财政厅举办自治区级以下法院、检察院非税收入管理培训班。财政厅党组成员、副厅长兼非税收入管理局局长赵惠宁出席会议并讲话,要求统一思想认识、统一征收工作规程、统一布置工作,确保非税收入及时足额上缴自治区本级财政和非税收入依法征管各项规定落到实处。

10日,2016年全区地方一般公共预算收入完成387.6亿元,同口径增长8%,超收4亿元,比2015年增收14.2亿元,增幅居西北第一位;全区一般公共预算支出完成1257.7亿元,同口径增长10.2%,比2015年增加119.2亿元,增幅居西北第一位。

12日,自治区财政厅组织召开全区行政事业资产清查先进单位表彰会暨资产管理工作培训班,部署2016年度行政事业单位国有资产统计报表及资产清查核实工作。

同日,自治区财政厅提请自治区人民政府印发《宁夏地方金融企业负责人薪酬管理试行办法》,加强对金融企业的财务监管,建立有效的金融企业负责人激励与约束机制。

18日,自治区财政厅在自治区政府二楼礼堂召开全区财政工作会议。自治区党委常委、常务副主席张超超强调指出,各级财政部门要清醒认识经济和财政发展形势,准确把握好经济发展大局,做好"稳、改、增、防"四篇文章,全面提升财政工作水平,更好地服务全区经济社会发展。

19日,自治区财政厅转发《财政部、科技部、工业和信息化部、发展改革委关于调整新能源汽车推广应用财政补贴政策的通知》,明确提高推荐车型目录门槛并动态调整,在保持2016—2020年补贴政策总体稳定的前提下,调整新能源汽车补贴标准,改进补贴资金拨付方式。

20日,自治区财政厅印发《自治区本级部门预决算公开操作规程》。依据各项检查情况进行量化考核、排名,对部门整改不力的将采取通报和现场督导等方式,督促整改到位。

21日,自治区财政厅通报2016年度效能目标管理考核结果,评定一等奖为4个部门预算处室:预算处(绩效管理处)、税政条法处、社会保障处、综合处;5个非部门预算处室:国库处、办公室、信息中心、非税收入管理局、政府采购处。其他处室均为二等奖。

22日,自治区财政厅会同中国人民银行银川中心支行联合印发《关于对全区置换债券资金实行分账管理的通知》,对全区政府置换债券资金实行集中管理和分账核算,进一步规范置换债券资金的使用。

23日,根据自治区党委常委、常务副主席张超超主持召开的专题会议和自治区财政厅第二次厅务会议精神，同意注册宁夏惠民基金管理有限公司。由宁夏惠民基金管理有限公司发起，引入社会其他国有或民营企业出资设立控股子公司，担任中国PPP基金与自治区合作设立基金的普通合伙人、基金管理人。

24日，自治区财政厅召开2016年度表彰会暨2017年迎新春联欢会，对马涛等36名优秀公务员和马东宏等20名优秀工作者予以表彰奖励。

同日，自治区各级财政部门在同级人民银行国库部门设立政府转换债券资金账户，作为置换债券资金的集中支付清算账户，将全区结余置换债券资金和2017年新发行的债券资金全部归集管理。

25日，自治区财政厅转发财政部、科技部、工业和信息化部、发展改革委《关于调整新能源汽车推广应用财政补贴政策的通知》，明确各地财政部门应加强财政资金管理，根据企业实际推广情况拨付补贴资金，确保补贴资金安全有效。

同日，自治区财政厅转发财政部《粮油市场调控专项资金管理暂行办法》，要求地方财政部门应加强财政资金的管理，确保专款专用，并明确审批责任追究办法。

2月

3日，自治区财政厅转发《财政部关于明确粮食风险基金管理审批责任追究制度》，明确"谁审批，谁负责"，资金分配到省后，需要省内细化落实分配到具体项目或个人的，地方财政和有关部门按照部门职责分工对资金省内分配结果的准确性负责。

6日，自治区财政厅转发《财政部国家卫生计生委关于印发〈基层医疗卫生机构实施国家基本药物制度补助资金管理办法〉的通知》，明确"专项补助资金采用'当年预拨、次年考核结算'的方式下达"。

同日，自治区财政厅、社保部门会同银川市、中卫市、吴忠市、石嘴山市、固原市五市社保经办机构就自治区跨省异地就医结算工作召开2017年第一次推进会。明确截止到2017年2月底实现与部平台联通省份跨省异地安置退休人员住院医疗费用直接结算；2017年底扩大到符合转诊规定人员的异地就医住院医疗费用直接结算，并逐步将异地长期居住人员和常驻异地工作人员纳入就医住院医疗费用直接结算覆盖范围。

7日，自治区财政厅、住房和城乡建设厅联合印发《宁夏回族自治区财政城镇保障性安居工程专项资金管理办法》，明确资金分配、资金申报和审核、资金下达、使用管理、绩效评价、法律责任，进一步支持各地租赁补贴、城市棚户区改造及公共租赁住房建。

8日，自治区财政厅会同民政厅联合印发《宁夏回族自治区困难群众基本生活求助补助资金管理办法》。

9日，自治区财政厅会同交通运输厅联合转发《财政部 交通运输部关于进一步明确车辆购置税收入补助地方资金标准及责任追究有关事项的通知》，车购税资金支出范围调整为交通运输重点项目、一般公路建设项目、公路灾损抢修保通项目及国务院批准用于交通运输的其他支出。

同日，自治区财政厅转发《财政部、国土资源部关于重点项目专项资金使用管理的通知》，规范和加强新增建设用地土地有偿使用费、特大型地质灾害防治等重大项目资金管理，明确专项资金申报、分配、使用各环节责任，确保资金使用安全。

9—10日，财政部国合司陈诗新司长一行7人来宁开展向驻宁全国人大代表、政协委员交流、服务工作。其间，召开宁夏对外财金合作工作座谈会，实地考察亚行贷款宁夏生态与农业综合开发和世行贷款宁夏防沙治沙项目区。

11日，自治区财政厅转发财政部《产粮（油）大县奖励资金管理暂行办法》，明确省级财政部门要结合本省（区、市）实现，制定奖励资金监管办法，对违反规定，违规使用奖励资金的行为给予严肃处理。情节严重的,报财政部批准后取消其获奖资格。

13—17日,自治区财政厅举办全区扶持村级集体经济发展试点工作培训班,财政部农业司领导前来授课,会上来自北京市、内蒙古自治区、山东省等区内外试点实际工作者介绍当地试点工作的好做法、好经验、好典型。

16日,财政部和发展改革委联合印发《关于做好高效电机推广补贴清算工作的通知》,明确从2017年3月1日起,购买"节能产品惠民工程"目录内的高效电机产品不再享受中央财政补贴政策。

17日,自治区财政厅、科技厅、国税局、地税局根据修订印发的《高新技术企业认定管理办法》,分别对自治区2016年符合条件的31户高新企业进行评审,经最终审定,31户企业被认定为国家级高新技术企业,享受2016—2018年企业所得税减按15%优惠税率征收的税收优惠政策。

同日,自治区财政厅党组研究决定,免去史学礼自治区财政厅办公室调研员职务,退休。

20—21日,自治区财政厅举办处级干部理论学习培训暨党组中心组学习会,财政厅党组成员、副厅长赵惠宁主持会议,自治区党校和财政部科研院专家教授分别讲授焦裕禄精神和宏观经济政策。

23日,自治区财政厅举办全区扶持村级集体经济发展试点工作培训班。国务院农业综合改革领导小组办公室梁昊处长和中国农科院专家对国家和自治区开展扶持村级集体经济发展试点各项政策、措施和要求进行解读。

27日,自治区财政厅转发《财政部关于印发〈行政事业单位内部控制报告管理制度(试行)的〉通知》,要求内控控制报告编报工作按照"统一部署,分级负责,逐级汇总,单向报送"的方式,由财政部统一部署,各地区、各垂直管理部门分级组织实施并以自下而上的方式逐级汇总。

同日,自治区财政厅会同扶贫办联合转发《财政部国务院扶贫办关于做好2017年贫困县涉农资金整合试点工作的通知》,自治区将加大对贫困县(区)的倾斜支持力度,为整合试点提供资金保障。

28日,经财政部研究并报请国务院批准,对中阿博览会展期内销售的"合理数量"的15类40种进口展品免征进口关税。

同日,自治区财政厅党组研究决定,免去翟敬军自治区财政厅农业处调研员职务。

3月

1日,财政部对2015年度各省(市)地方政府外债情况进行监测分析,自治区地方政府外债负债率、偿债率、还贷准备金率等指标均在绿色安全区域,安全状况良好,获财政部通报表扬。

2日,结合2016年度农村财会人员财政支农培训工作情况,自治区财政厅研究决定,对全区积极开展支农培训工作的银川市财政局等12个先进单位和张瑞芳等20名先进个人进行表彰。

3日,自治区党委书记李建华、主席咸辉、常务副主席张超超分别拜会财政部部长肖捷、副部长史耀斌及财政部办公厅、预算司、税政条法司、农业司、经建司,就宁夏"60大庆工程"项目建设、增加地方政府债券发行额度、尽快落实煤制油项目消费税优惠政策、支持宁夏打赢脱贫攻坚战、加大对宁夏转移支付力度等有关事宜进行沟通协商、深入交流。自治区财政厅对自治区与财政部领导商议事项进行任务分工,确保落实到位。

同日,自治区财政厅印发《宁夏回族自治区行政事业单位国有资产年度报告管理办法》,规定资产报告的职责及内容,明确报告编报的流程及审核标准,强调基础数据的使用与管理,并对监督检查事项作出说明。

4日,按照党中央、国务院决策部署,财政部、环境保护部、发展改革委、水利部等四部委联合印发通知，明确流域横向生态保护补偿主要由流域上下游地方政府自主协商确定，中央财政对达成补偿协议的重点流域给予财政奖励，奖励额度根据流域上下游地方政府协商的补偿标准、中央政府在不同流域保护和治理中承担的事权等因素确定。对率先达成补偿协议流域优先给予支持。

5日，自治区财政厅会同自治区科技厅、国税局、地税局根据高新技术企业认定管理办法有关规定，对全区2016年符合条件的31户高新技术企业进行评审，宁夏新瑞长城机床有限公司、银川东方气力运输设备有限公司、吴忠仪表有限责任公司等31户企业被认定为国家级高新技术企业，享受2016—2018年企业所得税减按15%征收的税收优惠政策。

6日，自治区扶贫开发领导小组办公室印发2017年工作要点任务分工，其中涉及自治区财政厅一项牵头任务：加大贫困县涉农资金统筹整合力度。

7日，自治区党委书记李建华、主席咸辉与财政部部长肖捷就宁夏经济社会发展有关事项进行会谈，肖捷部长对宁夏财政工作提出新的更高要求。

8日，自治区财政厅对2016年度财政监督工作突出的中卫市财政局等14个先进单位和"平罗县教育系统2014—2015年会计信息质量和义务教育经费专项检查"等5个优秀财政监督检查项目给予表彰奖励。

9日，自治区财政厅召开全区财政反腐倡廉建设工作会议，总结2016年反腐倡廉工作，安排部署2017年工作任务。

同日，全区财政视频会议系统建设完成，正式启用。

9—10日，自治区财政厅举办2017年全区财政基层培训管理者和师资培训班，总结2016年全区基层培训工作，安排部署2017年度财政支农培训工作。

10日，自治区财政厅印发《宁夏回族自治区市县财政库款考核办法（试行）》，进一步加强和规范库款管理，发挥财政资金效益。

12日，根据《自治区人民政府关于进一步完善城乡义务教育经费保障机制的通知》，从2017年春季学期开始，自治区将城市学生纳入免费教科书发放范围，对城市学习免费提供国家规定的教科书和自治区统一规定的教辅资料。自治区财政及时下达资金，配合教育主管部门做好教辅资料采购工作。全区近86万名城乡义务教育学生受益，"三免一补"政策实现城乡全覆盖。

14日，自治区财政厅党组研究决定，杨军任宁夏财政社会保险基金管理中心副主任，免去自治区财会函授学校副校长职务。

同日，自治区财政厅会同公安厅、交通警察总队联合印发《宁夏回族自治区公安交通安全管理专项资金管理办法（试行）》的通知，强调各级财政、公安交管部门要加强对专项资金使用事前、事中、事后全过程的监督检查。

15日，宁夏注册会计师协会和资产评估协会会长杨冬梅主持召开宁夏注册会计师协会第六届和资产评估协会第二届理事会第七次会议。要求2017年协会通过各种活动和激励机制，增强行业职业道德观念，树立质量第一、诚信至上的执业理念。

16日，自治区财政厅印发《财政厅机关财务审批管理办法》，进一步规范财务审批管理，严格审批流程，确保机关正常运转。经费报销从2017年1月1日开始，全部实行网上审批。

同日，财政部召开财政扶贫资金专项检查布置暨业务培训会，会议采取视频方式召开，分会场设在自治区财政厅二楼多功能厅及相关县（区）视频会议室。会上，财政部和国务院扶贫办领导对检查工作进行部署动员，国务院扶贫办和财政部农业司相关人员进行政策讲解。

21日，自治区财政厅召开党组中心组（扩大）会议，传达学习全国"两会"、自治区领导干部大会精神。要求全厅干部把落实全国"两会"精神贯穿到财政具体工作当中，思想上敢于担当、行动上注重实干、方法上善于攻坚,确保完成年度目标任务。

22日,自治区财政厅印发《宁夏回族自治区知识产权补助资金管理暂行办法》,进一步明确和规范自治区知识产权补助资金管理和使用,鼓励企业自主知识产权发明、创造,深入实施知识产权战略。

23日,自治区人力资源和社会保障厅会同财政厅印发《关于提高自治区城乡居民基本养老保险基础养老金最低标准的通知》,从2017年1月1日起,自治区统一提高全区城乡居民基础养老金最低标准,由原来的每人每月115元提高到120元,提高幅度4.35%。目前,自治区基础养老金发放标准在全国排名第十位,在西部五省区排名第三位。

27日,自治区财政厅转发《财政部关于取消调整部分政府性基金有关政策的通知》,在取消自治区城市公用事业附加收入的同时,取消征收自治区电力需求侧专项资金。

28日,自治区财政厅会同物价局联合印发《关于转发〈财政部 国家发展改革委关于清理规范一批行政事业性收费有关政策的通知〉的通知》,就自治区落实清理规划行政事业性收费的有关事项进行规范。

28日,《中国财经报》头版头条发表《宁夏规范预算管理兴"源头活水"》。

30日,宁夏回族自治区第十一届人民代表大会常务委员会第三十次会议通过,决定任命陈春平为自治区财政厅厅长;免去张苏安的自治区财政厅厅长职务。

同日,自治区纪委研究决定,李敏任驻财政厅纪检组副组长(正处级)。

同日,自治区财政厅转发《财政部 中国人民银行关于修订2017年政府收支分类科目的通知》和《财政部关于印发〈支出经济分类科目改革试行方案〉的通知》。

31日,自治区财政厅党组研究决定,徐志云任自治区财政厅企业处处长,黄金燕任自治区财政厅会计处处长,唐夕建任宁夏财政干部教育中心主任。免去何克朴自治区财政厅农业处调研员职务,退休;免去武红自治区财政厅国库支付中心调研员职务,退休。

4月

1日,根据自治区党委组织部、自治区人力资源和社会保障厅、自治区财政厅《关于对年度考核中连续三年获得优秀等次公务员给予奖励有关问题的通知》,自治区财政厅办公室主任科员陈彬、预算(绩效管理)处主任科员刘洋、自治区政府采购管理处主任科员宋晓雨、自治区财政厅国库支付中心主任科员高参参等四名同志在2014至2016年年度考核中连续三年被评为优秀等次,给予三等功奖励。

同日,自治区财政厅会同民政厅联合印发《关于通过政府购买服务支持社会组织培育发展的指导意见》,强调财政部门要加强政府购买服务预算管理,结合经济社会发展和政府财力状况,科学、合理安排相关支出预算。

2日,经自治区政府批准,宁夏首次以政企合作的方式建立宁夏环保产业基金,总规划为10亿元。这是自治区在环境治理领域创新资金管理方式、加大财政与金融整合力度、推动全区环保产业健康发展和经济社会绿色发展的新举措。

4日,根据《财政部 国务院扶贫办关于开展财政扶贫资金专项检查的通知》,自治区财政厅、扶贫办开始对同心县、海原县、红寺堡区、原州区、隆德县财政局和扶贫办2015年、2016年财政扶贫资金使用情况进行专项检查。

6日,自治区政府印发《关于实施支持农业转移人口市民化若干财政政策的通知》,重点是深化户籍制度改革,完善地方配套制度,完善财政转移支付制度,创新财政支持方式,建立激励机制,完善农村产权制度。

10日,截至3月底,全区财政地方一般公共预算收入完成108亿元,为年度预算的26.5%,

同比增长20.4%，全区一般公共预算支出完成276.4亿元，为年度变动预算的27.1%，增长18.1%，收支增幅均达到了两位数，实现首季"开门红"，为全区经济稳中向好发展奠定了坚实基础。

17日，宁夏第三期高端会计人才毕业典礼在上海国家会计学院举行。财政厅党组成员、总会计师杨冬梅出席并讲话，上海国家会计学院卢文彬副院长提出要求。

20—21日，自治区财政厅举办全区行政事业单位内部控制培训班，财政厅党组成员、总会计师杨冬梅出席并讲话，要求各级财政部门、自治区本级单位从完善国家治理体系现代化基础的高度认识内控制度建设的重要性，将建立和完善行政事业单位内控制度作为一项经常性工作，常抓不懈，做到有制度可依，有制度必依，执行制度必严，从而提高行政事业单位的履职能力。

21日，自治区财政厅会同科技厅联合印发《宁夏回族自治区知识产权补助资金管理办法》，对宁夏辖区企业的知识产权试点示范创建、专利申请授权等给予经费补助。

22—24日，财政部和国务院扶贫办督导组对宁夏财政扶贫工作及扶贫资金专项检查工作进行督导、调研。中纪委驻财政部纪检组副组长李晓勇一行4人，在财政部驻宁夏专员办副巡视常保升、财政厅党组成员、副厅长李守银的陪同下，赴同心县、西吉县进行调研。

25—26日，《宁夏日报》和《新消息报》分别刊登发表《宁夏注册会计师和资产评估行业28年砥砺前行》，将2016年度会计师事务所、资产评估机构履行社会责任评价结果向社会公布，同时对宁夏注册会计师和资产评估行业发展和排名前五的会计师事务所、排名前四的资产评估机构进行重点宣传。

26—27日，自治区财政厅举办全区财政业务应用系统及信息安全培训班。

28日，自治区党委研究决定，免去董峰自治区财政厅党组成员职务。

5月

2日，自治区财政厅研究成果《政府间事权与支出责任划分研究》获第六次全国优秀财政理论研究成果三等奖。

3日，自治区财政厅会同非公有制经济服务局联合印发《宁夏中小微企业转贷资金管理暂行办法》，出资1亿元设立"宁夏中小微企业转贷资金"作为政府专项"过桥贷"资金。

同日，自治区政府印发《自治区与市县财政事权和支出责任划分改革实施方案》，对推进自治区与市县财政事权和支出责任划分改革做出全面部署。明确提出自治区和市县财政事权和支出责任划分改革的基本原则、总体要求、改革内容、实施步骤等。

4日，自治区财政厅会同自治区国税局联合公布自治区首批免税资格非营利组织名单，宁夏社会学会、宁夏科技创业基金会等10家非营利组织获得免税资格。

同日，自治区财政厅宁夏注册会计师行业和资产评估行业团委下属团支部信永中和会计师事务所银川分所团支部被共青团中央授予2016年度"全国五四红旗团支部"荣誉称号。

5日，自治区财政厅举办2016年度政府资产报告试点工作部署培训班，对政府资产报告编制的政府储备物资、公共基础设施、自然资源资产以及保障性住房等资产的实物量、价值量等指标和填报软件进行培训操作。

6日，自治区财政厅、国税局、地税局、残疾人联合会联合印发《宁夏回族自治区残疾人就业保障金减免(缓缴)办法》，进一步加强和规范自治区残疾人就业保障金的减免工作。

9日，自治区财政厅会同自治区民政厅联合印发《关于通过政府购买服务支持社会组织培育发展的指导意见》，结合"放管服"改革、事业单位改革和行业协会商会脱钩改革，在政策支持层面搭建平台，从改善准入环境、加强分类指导和重点支持、完善采购环节管理、加强绩效管理、推进社会组织能力建设、加强社会组织承接政府购买服务信用信息记录使用和管理六个方面做出明确规定。

14日,自治区财政厅下发通知,推进政府采购信息全面公开,切实提高政府采购透明度。

13—15日,自治区财政厅完成会计初级资格无纸化考试宁夏考区考务工作。全区共报名13512人,实考8900人,合格1826人,合格率20.52%。

15日,自治区政府第九十次常务会议通过自治区财政厅提请自治区政府印发的《关于进一步推进政府和社会资本合作模式（PPP）的实施意见》。要求准确把握PPP模式实施的基本原则,在推广运用PPP模式的过程中加大政策保障。

15—18日,自治区财政厅举办2017年全国财政预算评审业务培训班。

16日,自治区财政厅印发《自治区国有企业职工家属区"三供一业"分离移交财政补助资金管理办法》,通过规范和加强专项资金管理,推动自治区国有企业职工家属区"三供一业"分离移交工作。

16—18日,自治区财政厅举办《"一带一路"战略实施中的区域发展机遇研究》课题研究会,中国财政科学研究院、内蒙古自治区、青海省、新疆生产建设兵团、宁夏财政学会参加研讨。

17日,自治区财政厅印发《自治区本级基本支出预算管理暂行办法》《宁夏回族自治区本级项目支出预算管理暂行办法》,以进一步规范预算编制行为,提高财政资金使用效益。

20日,根据《自治区高等学校毕业生国家助学贷款代偿暂行办法》规定,自治区对到基层单位就业、服务期限连续在3年以上（含3年）的自治区属高校毕业生在校期间的国家助学贷款或学费由财政代为偿还。每个高校毕业生每学年代偿国家助学贷款本金的金额为本科生最高不超过8000元,研究生不超过1.2万元,自治区共有61名学生受益。

22—24日,自治区财政厅召开中期财政规划暨2018年自治区本级部门预算编制布置（培训）会,财政厅党组副书记、厅长陈春平讲话,对2016年以来预算管理工作情况进行回顾,对中期财政规划暨2018年部门预算编制工作提出要求。

23—24日,在财政部与亚洲开发银行联合召开的第五届"2017中国—亚行技术援助合作战略规划研讨会"上,宁夏作为全国三个受邀省份之一,代表"一带一路"重要节点和示范项目省区在大会上做主旨发言,宣传宁夏成功项目管理经验,介绍未来与亚行进一步合作的项目需求,取得良好反响。

25日,宁夏回族自治区十一届人大常委会第三十一次会议审议《自治区人民政府关于提请审议2017年地方政府债务限额的议案》,同意自治区人大财经委的审查报告,决定批准2017年全区地方政府债务限额1375.9亿元。

27日,自治区人力资源和社会保障厅、财政厅联合印发《关于做好2017年城乡居民大病保险工作有关问题的通知》,经过调整后,自治区2017年城乡居民大病保险起付标准为:银川市9500元,石嘴山市9400元,吴忠市9300元,中卫市9300元,固原市8100元。

6月

8—9日,自治区财政厅举办2017年全区残疾人就业保障金征收工作培训班,通报2016年度全区残疾人就业保障金征收情况,解读自治区残疾人就业保障金征收相关办法和制度,对残疾人就业服务管理信息系统和就业网上申报系统实操培训。

9日,自治区财政厅代表自治区政府在北京通过财政部政府债券发行系统,面向16家政府债券承销团成员,采用公开招标的方式,成功发行165亿元宁夏政府债券。

12日,自治区财政厅在宁夏广播电视台演播厅举办2017年"财政法规政策宣传周"启动仪式。自治区财政厅副厅长、党组成员李守银代表财政厅党组致辞，财政厅相关处室处长、副处长就财政惠民政策与现场观众进行互动并回答提问。

12日，财政部印发《关于发布全国财政系统法治财政建设示范点建设单位名单的通知》，将"全国依法行政依法理财示范点"建设工作升级为"全国法治财政示范点"建设工作，宁夏财政系统整体被确定为全国法治财政示范点建设单位。

13—15日，自治区财政厅举办区本级预算单位地方预算综合管理系统培训班，分6期对财政厅机关各业务处室、区本级各部门（单位）负责预算编制的工作人员各市、县（区）财政局预算科（股）工作人员进行软件培训。

18日，自治区财政厅对《宁夏回族自治区本级党政机关培训费管理办法（暂行）》进行修订。其中，区外一类培训标准为每人每天700元，二类培训600元；区内一类培训标准为每人每天500元，二类培训450元。一类培训是指参训人员主要为厅局级及以上人员的培训项目，二类培训是指参训人员主要为处级以下人员的培训项目。

19日，自治区财政厅组织召开2017年执业质量监管工作座谈会，各会计师事务所、评估机构法定代表（负责人）40余人出席座谈会。会议通报2016年会计师事务所、资产评估机构执业质量检查情况及2017年执业质量检查相关要求及工作方案。

20日，全区财政收支暨政府债务管理工作会议在银川召开，会议通报全区财政收支和政府债务管理工作。自治区党委常委、自治区常务副主席张超超出席会议并讲话。

21日，自治区财政厅印发《关于做好政府采购信息公开工作的通知》，对信息公开的范围及主体、公开渠道做出明确规定，对采购项目预算金额、招标成交结果、采购文件、采购合同等公告做出具体要求。

同日，自治区财政厅代拟的《自治区党委办公厅人民政府办公厅关于进一步明确自治区落实中央"八项规定"精神相关要求的通知》印发。《通知》对自治区出台的一些不配套、不适应、不落地的制度进行再明确、再完善，为全区健全作风建设长效机制，提供重要遵循。

22日，自治区人力资源和社会保障厅、财政厅等九部门联合印发《关于做好2017年高校毕业生"三支一扶"计划实施工作的通知》，2017年共招募3000名"三支一扶"高校毕业生到基层服务，服务期限为2年，财政部门发放生活补贴，参加五项社会保险，同时，给予新执勤且在岗服务满6个月以上的"三支一扶"高校毕业生一次性安家费补贴2000元。

23日，自治区财政厅的工作经验《绩效导向 依法评价 科学规范 宁夏回族自治区财政厅深入推进城镇保障性安居工程建设》被财政部专题推广，并在财政部官网和公众号平台、搜狐、新浪等全国20余家媒体财经频道转发。

29日，自治区财政厅印发《宁夏回族自治区财政收支考核暂行办法》，发挥财政职能作用，督促各有关责任主体加快财政预算执行进度，提高财政收入质量以及盘活财政存量资金。

30日，截至6月末，全区地方一般公共预算收入217.7亿元，完成年度预算的53.4%，同口径增长17.2%，全区一般公共预算支出630.7亿元，完成年度变动预算的53.0%，同口径增长11.1%，财政收支实现"双过半"。

同日，自治区财政厅印发《关于发布2017年宁夏回族自治区行政事业性收费和政府性基金目录清单的通知》，凡未纳入本目录清单的行政事业性收费项目，公民、法人和其他组织可拒绝支付，并可向自治区财政厅投诉。

7月

1日，自治区财政厅隆重举行喜迎"十九大"庆祝建党95周年"实干兴宁 依法理财 做合格党员"党日活动。财政厅党组书记、机关党委书记张苏安讲话。活动表彰32名优秀党务工作者,55名优秀共产党员,命名5个三星级党支部,5名党员同志分别代表50—90年代党员进行发言,抒发对党的感恩之情,全体党员重温入党誓词和歌唱《没有共产党就没有新中国》。

同日,财政部、住房城乡建设部、农业部和环境保护部联合印发《关于政府参与的污水垃圾处理项目全面实施PPP模式的通知》,强调加大对各类财政资金的整合力度,涉农资金整合中充分统筹农村污水、垃圾处理相关支持资金,扩大规模经济和范围经济效应,形成资金政策合力,优先支持民营资本参与的项目。

2日,自治区财政厅会同物价局联合印发《关于清理地方审批设立的行政事业性收费项目的通知》,将自治区地方审批设立的劳动能力鉴定费、艾依河河道使用管理费、产品质量仲裁鉴定费和城市易地城市绿化补偿费等4项收费取消,将公路路产损坏赔偿、补偿和占用费转为国有资产有偿使用收入。这5项涉企行政事业性收费清理后,自治区再无地方审批设立的涉企行政事业性收费项目。

4—5日,自治区财政厅举办全区财政业务应用系统及信息安全培训班,对信息安全、网络安全法、防病毒知识、宁夏财政行政管理系统、门户、CV应用、宁夏财政审计数据系统导出、财政业务基础数据规范、总账系统操作培训等内容进行培训及研讨。

5—6日,自治区财政厅举办全区财政预算执行综合业务培训。邀请财政部国库司总会计二处金介辉处长和黄春颖调研员就新总预算会计制度的落实和实施进行授课。各市县相互交流财政国库管理工作经验。财政厅党组成员、总会计师杨冬梅出席培训并提出要求。

8日,自治区财政厅印发《关于进一步规范在政府采购活动中查询及使用信用记录有关问题的通知》,就政府采购活动中查询及使用信用记录有关事项做进一步细化。

10日,自治区作为4个非粮食生产省(区)入选财政部"优质粮食工程"重点支持省份,获得中央财政补助资金1亿元。自治区主席咸辉在财政厅专报上批示:"请超超、顺清同志阅示。财政厅、粮食局工作富有成效,望抓住契机,抓好落实。"

13—14日,自治区财政厅举办学习贯彻自治区第十二次党代会精神学习班。财政厅厅长陈春平就财政厅贯彻落实自治区第十二次党代会精神向全体干部职工进行辅导讲座和"讲党课"专题教育。

15日,自治区财政厅会同自治区新闻出版广电局联合印发《宁夏回族自治区国家电影事业发展专项资金征收使用管理实施办法》,规范自治区国家电影事业发展专项资金管理。

17日,财政部下发《财政部关于扩大县域金融机构涉农贷款增量奖励范围的通知》,同意自2017年起将自治区纳入县域金融机构涉农贷款增量奖励政策实施范围。

20日,国务院第21扶贫督察组组长李成钢一行12人抽查自治区财政厅帮扶的张易镇大店村脱贫攻坚工作情况,督察组成员和自治区领导对财政厅的帮扶工作和取得的成绩,尤其对驻村工作队运用多种扶贫形式,发动群众产业扶贫、教育扶贫、发展基础设施建设等帮扶措施,产生的社会效应和经济效益予以肯定,对驻村工作队的群众工作给予认可。

20—21日,自治区财政厅举办全区2017年医药卫生体制改革政策及业务培训班。财政厅党组成员、副厅长李守银出席培训并讲话。

24日,自治区第十一届人民代表大会常务委员会员第三十二次会议审议通过2016年全区及区本级财政决算草案。

25日,自治区财政厅举办全区综合治税业务培训班,重点培训综合治税平台实操业务。进一步强化全区综合治税平台建设,提高涉税数据报送的时效性和有效性,推进全区综合治税平台顺利上线运行。

26日,通过政府采购公开招标方式,自治区财政厅首次向区内外招聘预算绩效管理服务第三方机构,信永中和会计师事务银川分所、上海元方科技股份有限公司、宁夏瑞衡联合会计师事务所等26家单位入围。

29—30日,自治区财政厅组织全区2017年度高级会计师论文答辩及评审工作,51人通过论文答辩评审,到得高级会计师任职资格。

30日,中组部扶贫督查组一行5人到自治区财政厅帮扶大店村督查基层党建扶贫攻坚推进落实情况,对财政厅帮扶工作予以肯定,并指出扶贫工作要与基层党建紧密联系,要充分发挥基层党组织的战斗力和创造力,不断增强基层党组织的战斗堡垒作用,把扶贫攻坚工作做实做细。

31日,获财政部通报表彰,自治区2016年度省级财政预算绩效管理工作考核结果位列全国良好。

同日,自治区财政厅提请自治区人民政府印发《宁夏回族自治区创业担保贷款管理办法》,进一步做好创业担保贷款工作,推动大众创业、助力脱贫富民。

8月

1—2日,自治区财政厅召开2017年财政支持城市公交和城乡客运一体化项目竞争性评审,首次采用竞争机制推进项目筛选和资金分配,集中财力办大事,力促公交优先战略的全面落实。全区五市本级和4个县积极参与,经过市级推荐、资格审核、竞争性专家评审,确定排名顺序。

同日,自治区财政厅举办全区财政综合业务培训班。财政厅党组成员、总会计师杨冬梅对2016年和2017年上半年财政综合工作进行全面总结,对2017年下半年重点工作进行安排和部署,并结合当前财政改革重点工作提出具体要求。

4日,江苏省财政厅党组书记、厅长刘捍东、办公室主任倪国强、预算处处长王保嘉、金融处处长叶松、基金管理处处长项林一行到自治区财政厅考察交流工作。双方就财政预算管理、政府基金设立和管理、政府和社会资本合作等事项进行深入交流。

8日,根据《国务院关于机关事业单位工作人员养老保险制度改革的决定》和财政部、人力资源社会保障部出台的《关于机关事业单位养老保险制度改革实施准备期预算管理和基本养老保险基金财务处理有关问题的通知》,自治区财政厅即日起全面开展机关事业单位养老保险基金清算工作。

9—11日,自治区财政厅连续举办2期财政国库支付业务培训班。财政党组成员、总会计师杨冬梅出席并作重要讲话,结合十二次党代会精神对今后自治区国库支付工作提出要求。

10日,宁夏被财政部定为全国社会保障资金信息化建设6个试点省之一,自治区财政厅筹建自治区社会保障资金信息化系统。

15日,自治区财政厅举办全区政府财务报告培训班。邀请财政部国库司制度处处长陈璐璐和海南省财政国库支付局副处长谢世景进行授课。财政厅党组成员、总会计师杨冬梅出席培训班并提出要求。

17日,自治区主席咸辉在《自治区财政关于创新专项资金分配方式率先开展竞争性评审项目的专报》上批示:"财政厅带头创新,望能趟出一条成功之路。请超超、爱兴同志阅示。"

18日,自治区财政厅转发《财政部关于印发〈支出经济分类科目改革方案〉的通知》,对全区支出经济分类改革工作进行部署。2018年起,全区各级财政、各部门(单位)全部按政府收支功能科目、政府支出经济分类科目、部门支出经济分类科目"三套"科目编制预算,为深化预算管理制度改革、提高预算透明度、加强人大审计监督创造条件。

22日,自治区人民政府督察组一行5人到自治区财政厅,就推进落实全区全域旅游工作情况进行专项督查。财政厅党组成员、副厅长李守银就"强化直补投入,旅游交通运力;强化以奖代补,调动旅游企业积极性;加大项目投入,提升全域旅游创建质量"三个方面汇报财政厅各项任务分工落实情况。督查组对财政厅推动落实全域旅游所做的工作给予肯定。

22—23日,自治区财政厅举办财政厅党务干部培训班暨党组中心组学习(扩大)会。邀请自治区讲师团朱天奎团长作专题辅导。财政厅党组书记张苏安、厅长陈春平、党组副书记副厅长吴汉宝分别讲话,驻厅纪检组组长商艳臣做专题辅导。

9月

4—6日,中评协副秘书长张建刚一行到宁夏就自治区资产评估行业自律监管机制有关问题进行调研。宁夏评协会长、副会长、秘书长、副秘书长、检查人员及资产评估机构代表参加活动。张建刚副秘书长对宁夏资产评估行业和协会取得的成绩给予肯定,对宁夏评协在行业履行社会责任评价以及评估业务报务监管方面的创新做法提出建议,并就促进资产评估行业发展和加强行业自律监管提出要求。

5日,全国人大财经委副主任委员、常委会预算工委主任刘昆,财经委委员姚胜,财政部预算司副司长陈新华等一行到自治区财政厅调研预算法贯彻落实情况。刘昆主任一行与自治区财政厅进行座谈,对如何进一步做好财政工作,提出具体要求:一是要牢固树立"四个意识",二是要依法办事,三是要集中财力办大事,四是要公开透明。

7日,根据《财政部关于拨付2017年度普惠金融发展专项资金的通知》,自治区共有宁东基地水资源综合利用、银川市滨河新区长河大街地下管廊工程等8个项目纳入财政部第二批和第三批PPP示范项目,获得示范项目奖补资金共计4400万元,其中宁东管委会和自治区交通运输厅分别奖励800万元;银川市、永宁县、固原市各奖励500万元;吴忠市3个项目共奖励1300万元。

9—10日,全国会计中级资格无纸化考试、高级会计实务和领军人才纸笔考试在银川举行。全区共设5个考区,9个考点,67个考场。全区会计专业技术中级资格报名6849人,其中,中级会计实务实考2625人,出考率43.17%;财务管理实考2032人,出考率39.21%;经济法实考2532人,出考率42.38%。高级会计实务实考206人,出考率53.51%;领军人才实考5人,出考率83.33%。

12日,自治区民政厅、财政厅、人力资源和社会保障厅、卫生和计划生育委员会、保监局、扶贫办联合印发《关于切实推进我区医疗救助与城乡居民大病保险有效衔接额实施方案》,拓展医疗救助对象认定范围,制定大病保险倾斜性支付办法,实行县域内农村贫困患者住院先诊疗后付费。

14日,按照自治区政府决定,由自治区财政厅主办,宁夏机场公司承办的陕宁机场联合重组补充协议签约仪式在银川市悦海宾馆举行。自治区党委常委、常务副主席张超超出席活动,并签署补充协议,刘守保副厅长代表财政厅参加并做证签。此次签署的补充协议,是宁夏回族自治区人民政府与陕西省人民政府继2004年签署《宁夏机场集团有限公司与陕西省机场管理集团公司联合重组协议》以来又一次重大合作事项。按照协议内容,宁夏机场公司注册资本将从现有的人民币2.2亿元增加至39亿元,增加规模为17.72倍,其中自治区政府占总股本的20%,后期还将继续注资6亿元,将比例提高到30%,即13亿元由宁夏交流投资集团有限公司代持。

15日,自治区财政厅印发《宁夏回族自治区财政厅防范遏制重特大事故全面加强安全生产源头管控和安全准入工作实施方案》的通知,到2018年,全面建立完善安全风险分级管控和隐患排查治理双重预防性工作体系、惩治违法违规行为制度机制体系、安全准入制度体系、应急救援体系，全面提升安全保障和处置能力。

16日，由自治区财政厅主办的"天元锰业集团与亨通集团战略合作框架协议暨宁夏战略新兴产业投资发展基金合作框架协议签署仪式"在银川市悦海宾馆顺利举行。自治区党委书记石泰峰，自治区党委常委、常务副主席张超超，自治区党委常委、秘书长纪峥等领导同志出席活动，自治区财政厅厅长陈春平代表财政厅见证协议的签署。此次战略合作由中国港桥、天元锰业及其他战略合作伙伴共同发起，通过引进资金和管理人才，发起设立"三支基金"落户宁夏，基金近期总规模460亿元人民币，远期目标1000亿人民币左右。

18日，自治区财政厅组织召开"2017年海峡两岸及港澳台地区会计师行业交流研究会"。财政部部长助理赵鸣骥、自治区财政厅厅长陈春平、中国注册会计师协会会长冯淑萍等领导参与研讨会并分别致辞。围绕"信息技术进步及注册会计师行业创新"主题开展广泛交流与讨论，两岸四地会计师行业代表及相关部门和单位特邀代表200余人参与本次交流研讨会。

同日，财政部部长助理、中国注册会计师行业党委书记赵鸣骥一行在自治区财政厅厅长陈春平的陪同下对宁夏注册会计师行业发展情况开展调研，对宁夏会计管理和注册会计师行业发展提出具体要求。

19日，结合部门预算编审，自治区财政厅对2018年度部门申报的221个项目进行预算绩效目标审核。评审结果显示，等级为优、良、中、差的项目分别占参评项目总数的36.2%、21.7%、33.5%和8.6%。为2018年部门预算编制提供重要的参考依据。

20日，区直机关职工球类运动会在银川亲水体育中心举办，自治区财政厅组织41名干部职工代表参加有关项目比赛，荣获"优秀组织奖"。

21日，自治区财政厅、环保厅、发改委、水利厅、林业厅和农牧厅联合印发《关于建立流域上下游横向生态保护补偿机制的实施方案》，自治区财政将对达成补偿协议的重点流域，根据考核结果给予奖励，奖励额度将结合流域上下游政府协商的补偿标准、自治区政府在不同流域保护和治理中承担的事权等因素确定，对率先达成补偿协议流域优先给予支持，鼓励早建机制。

25日，自治区财政厅组织召开全区贫困县涉农资金统筹整合工作推进会暨通报会。截至9月10日，自治区财政拨付9个贫困县2017年整合范围涉农资金66.1亿元，贫困县已整合资金66.48亿元，整合率100%，整合资金已支出39.89亿元，支出率60%。9个贫困县财政局局长汇报2017年贫困县涉农资金统筹整合工作情况，存在问题及下一步工作措施。党组成员、副厅长李守银对做好统筹整合工作提出要求。

28日，宁夏回族自治区第103次政府常务会议对自治区最低工资标准进行调整，在原有基础上，一、二、三类区每人每月分别增加180元、170元、160元。调整后，自治区最低工资标准位居西部第三位，全国第十五位。同时提高的还有非全日制劳动者最低小时工资标准：一类区由14元提高为15.5元，二类区由13元提高为14.5元，三类区由12元提高为13.5元。

30日，自治区财政厅在财政部2016年度全国地方财政总决算工作考评中荣获二等奖。

同日，自治区财政厅党组会议研究决定，给予自治区农业综合开发办公室副主任刘伟开除公职处分。

10月

1日，自治区本级非税收入管理系统正式上线，通过财政一体化信息管理系统与非税收入执收单位、金融机构信息系统对接，实现收入项目管理、票据管理、缴库退付管理的闭环管理。

10日，自治区财政厅完成2016年度自治区本级部门整体支出实施绩效综合评价，共审核汇总122个本级部门，评出优、良、中三个等级，分别占参评部门的55.7%、34.5%、9.8%，总结部门在预算管理中好的做法和经验，指出存在的不足及改进意见和建议。

同日，驻财政厅纪检组邀请自治区检察机关职务犯罪预防宣讲团，结合财政厅发生的几起腐败案件，对厅机关全体干部进行专题教育。

11日，自治区财政厅印发《自治区本级部门2016年度预算整体支出综合绩效评价工作的通报》，对自治区本级部门及所属单位2016年度整体支出进行绩效综合评价。

13日，自治区财政厅会同物价局联合印发《宁夏回族自治区蔬菜生产基地冷链设施建设资金管理办法》，明确自治区蔬菜生产基地冷链设施建设资金分配、下达、申报和评审等有关规定。

14—15日，2017年注册会计师全国统一考试专业阶段考试于在全国各省(区、市)以及香港、澳门特别行政区同时举行，宁夏考区共设5个考点，232个考场，专业阶段考试累计出考4193人次，出考率32.06%。

16日，自治区争取的亚洲开发银行贷款1亿美元用于六盘山扶贫公路项目启动仪式正式举行。该项目总投资16.5亿元人民币，其中利用亚行贷款1亿美元，贷款期限26年，宽限期5年，建设期4年。共建设7条干线道路(总长267公里二、三级公路)和21条支线公路项目(168公里三、四级公路)，涉及宁夏中南部六盘山集中连片特困地区的原州区、西吉县、彭阳县、泾源县、隆德县、海原县、同心县7个县(区)。

18日，国务院医改办、国家卫生计生委、财政部通报2016年度公立医院综合改革效果评价绩效考核结果，对宁夏等省份设立公立医院综合改革专项资金，对于考核先进地区进行奖励，调动地方推动改革积极性的做法给予肯定。

19日，自治区财政厅召开全区第四季度财税形势分析座谈会，邀请财政部驻宁夏专员办专员刘志、自治区国税局局长张曙光、自治区地税局局长马建民就做好财税工作提出相关建议，财政厅厅长陈春平做题为《认清形势 坚定信心 圆满完成全年收支目标任务》重要讲话。

20日，自治区财政厅举办非税收入业务暨新版非税收入软件操作培训班，自治区财政厅党组成员、副厅长兼非税收入管理局局长赵惠宁做重要讲话。

24日，自治区政协提案委主任蒋永生一行9人，对自治区财政厅推进落实自治区政协第十届第五次会议提案办理工作进行督办和评议。

28日，自治区财政厅印发《财政管理制度清单》和《财政厅机关内部管理制度清单》，对现行有效的财政管理制度和财政厅机关内部管理制度进行汇总。

29日，自治区财政厅会同人民银行银川中心支行印发《宁夏回族自治区本级政府采购合同线上信用融资试点工作方案》，以政府采购合同信用为依托，以财政资金国库集中支付为保障，有效提高融资的安全性和还款的及时性。

30日，自治区财政厅印发《自治区对市县资源枯竭城市转移支付办法》，下达补助资金2.9亿元，进一步明确资源枯竭城市补助、独立工矿区及采煤沉陷区补助等政策规定。

同日，自治区财政厅会同人力资源和社会保障厅联合印发通知，自治区首次正式启动正高级会计师评审工作。

31日，经自治区财政厅党组会议研究和自治区党委组织部、区直机关工委决定，冯玲任自治区财政厅直属机关党委委员、专职副书记，直属机关纪委委员、书记，免去其自治区政府外债管理工作领导小组办公室主任职务。

31日，自治区财政厅举办自治区本级一级预算单位和各市县(区)政府采购监管部门政府采购业务知识培训班，提高政府采购管理和操作水平。

11月

1日，自治区本级罚没收入正式并入新版非税收入管理系统，实现自治区本级各类非税收入纳入统一平台管理的目标。

3日，自治区财政厅印发《宁夏回族自治区

本级行政事业单位国有资产进场交易实施细则》(试行)，要求自治区本级行政事业单位国有资产处置统一进入自治区公共资源交易平台公开交易。标志着区本级行政事业单位国有资产从"入口"到"出口"的全流程监管体系全部建成。

4—5日，自治区财政厅组织宁夏考区2017年资产评估师资格全国统一考试，报名总人数334人，报考797课次，累计出考447人次，出考率56%。

6日，自治区财政厅优化财政涉农资金供给机制，取消各部门"带帽下达资金"，将9个贫困县(含1个省级贫困县)全部纳入统筹整合试点范围，全区形成"多个渠道引水，一个龙头放水"的涉农资金整合机制，提高财政资金使用效率。

7日，自治区财政厅印发《自治区对市县资源枯竭城市转移支付办法》，进一步明确资源枯竭城市补助、独立工矿区及采煤沉陷区补助等政策规定。

8日，自治区财政厅对2018年拟实施的科技创新、脱贫富民、生态环境等类型的39个重大项目的绩效目标组织专家进行重点评审。39个项目评价等级为优、良、中的项目依次有6个、26个和7个，分别占项目总数的15.4%、66.7%和17.9%。

9日，自治区财政厅对2018年拟实施的科技创新、脱贫富民、生态环境等类型的39个重大项目的绩效目标组织专家进行重点评审。39个项目评价等级为优、良、中的项目依次有6个、26个和7个，分别占项目总数的15.4%、66.7%和17.9%。

10日，在财政部组织的对2016年度全国地方部门决算工作考核中，自治区财政厅被评为优秀等级，受到财政部的通报表扬。

10—14日，宁夏、河南、上海三省区市评估行业高端人才培养项目第一次集训在上海国家会计学院成功举办，共52名资产评估行业高端人才参加了本次集训，宁夏选拔出10名资产评估师参加此次培训。

13日，自治区主席咸辉在自治区财政厅《关于宁夏财政两项工作受到财政部表扬的专报》上批示："请超超同志阅，在全区财政会议上进行表扬，望财政部门以此为动力，更好地做好财政系统各方面工作。"

14日，财政部印发《重大技术装备进口税收政策2017年度执行方案》。执行方案实施后，预计免征进口税收23亿元人民币。

15日，自治区党委常委、常务副主席张超超一行到自治区财政厅调研督查党的十九大、自治区十二次党代会精神落实以及财政工作完成情况。张超超要求各级财政部门：一是切实提高政治站位，做好财政风险防范准备与应对工作。二是细化预算编制，强化预算约束，提高预算的权威性、严肃性和约束力。三是提高收入质量，重点提高收入的均衡度和税收占比。四是财政支出要坚持有保有压，大力培植财源，促进宁夏经济内生动力增长。五是财政要讲效益，引入第三方评估机制，全面实施绩效管理。六是充分发挥财政资金"四两拨千斤"的作用，引导社会资本投入自治区经济社会建设。七是适当控制债务规模，做好防控风险工作。八是带好财政队伍。

同日，自治区财政厅在2016年初步建立的绩效专家库基础上，通过考核、推荐、遴选，清退不称职绩效管理专家，重新录用一批绩效管理专家，建立并完善专家评审制度和资源，入库专家数量达到417名。

20日，自治区财政厅和中国人民银行银川中心支行按照新的制度规定，委托宁夏国际招标咨询集团有限公司对宁夏回族自治区本级国库现金管理商业银行定期存款(第一期)进行公开招标。第一期国库现金管理操作规模为30亿元，操作期限为3个月，全区共16家商业银行参与投标。

21日，自治区财政厅党组会议研究决定，给予自治区农业综合开发办公室计划财务科科长张伟开除党籍处分，土地治理科工作人员杨斌开除公职处分。

24日，财政部对包括宁夏在内的16个地方财政部门2016年资产清查工作给予通报表扬，特别评价宁夏"高度重视，提前完成资产清查工作"。

27日，财政部、国家税务总局、水利部印发《扩大水资源税改革试点实施办法》的通知，按照党中央、国务院决策部署，宁夏是9个省（自治区、直辖市）扩大水资源税改革试点之一。

同日，自治区财政厅会同自治区民委印发《宁夏回族自治区民族贸易和民族特需商品生产贷款贴息专项资金管理办法》，进一步加强和规范民族贸易和民族特需商品生产贷款贴息资金管理。

29日，自治区财政厅提请自治区人民政府同意后，印发《〈自治区对市县（区）专项转移支付管理办法（暂行）〉的通知》（宁财（预）发〔2017〕801号），切实加强专项转移支付管理。

30日，自治区第十一届人大常委会第三十四次会议通过《关于宁夏回族自治区环境保护税适用税额和应税污染物项目数的决定》，具体适用税额：大气污染物每污染当量1.2元，水污染物每污染当量1.4元。这是立法明确税收法定原则后，经自治区人民政府研究，报请自治区人大常委会审议通过的第一件涉及地方税额的重大事项决定。自2018年1月1日起，自治区正式开征环境保护税。

同日，按照《人社部 财政部关于做好基本医疗保险跨省异地就医住院医疗费用直接结算工作的通知》，自治区财政厅开展基本医疗保险跨省异地就医住院医疗费用直接结算工作，截止到2017年11月30日，作为参保地，自治区清算资金共计561.02万元已全部拨付，清算率达到了100%。

12月

4日，自治区政府办公厅印发由自治区财政厅代拟的《宁夏回族自治区政府投资基金管理暂行办法》，进一步提高基金配置效率，规范自治区政府投资基金管理。

6—7日，自治区财政厅举办2017年度全区财政决算布置暨软件培训班。财政厅党组成员、总会计师杨冬梅出席培训并讲话。

12—13日，自治区财政厅举办政府和社会资本合作（PPP）项目操作与管理培训班。邀请财政部PPP中心副主任夏颖、中政企PPP基金管理公司总经理周宁东等5位领导专家授课。财政厅党组成员、副厅长刘守保讲话。

同日，自治区财政厅举办全区政府外债项目管理培训班，邀请财政部国际财金合作司国金五处处长吴国起和国金三处调研员卢力，就新开发银行（原金砖银行）和亚投行贷款政策及申报要求和外国政府贷款项目申请程序及项目管理进行讲解。财政厅党组成员、副厅长刘守保讲话并提出要求。

13日，自治区财政厅会同民政厅、体育局、教育厅、文化厅、残联等部门联合印发《2017—2020年中央专项彩票公益金支持宁夏社会公益金事业项目资金管理办法》。自治区2017—2020年中央专项彩票公益金支持方向，重点向国家、自治区明确提出的重大民生项目倾斜，向宁夏南部山区和弱势群体、向"补短板"的社会公益事业倾斜。

14—15日，自治区财政厅举办全区财政教科文业务专题培训班，邀请财政部科教司、上海闻政咨询管理有限公司以及自治区教育厅、财政厅业务专家授课。财政厅党组成员、总会计师杨冬梅讲话。

17日，自治区财政厅印发《自治区对市县重点生态功能区转移支付办法》，进一步明确转移支付补助范围及使用管理，提出按照标准财政收支缺口、重点补助、禁止开发补助、引导性补助、生态护林人员补助、奖惩资金等因素分配资金，提高资金分配的科学化和透明化水平，引导市县切实加强资金管理，稳步保障和改善民生、生态治理及环境保护投入水平。

18—20日，自治区财政厅举办2017年全区财政经建业务培训班，财政厅党组成员、副厅长刘守保结合学习党的十九大和自治区第十二次党代会精神，就扎实推进"三大战略"做好2018年财政经济建设工作做重要讲话。

22日，自治区财政厅举办"不忘初心开启新征程，牢记使命续写新篇章"为主题的演讲比赛。

23—24日，自治区财政厅分两期举办财政厅机关及事业单位干部、职工学习宣传贯彻党的十九大精神为主题的培训班。深入学习贯彻党的十九大精神、深刻领会习近平新时代中国特色社会主义思想及学习党章、尊崇党章、维护党章。财政厅党组书记张苏安进行开班动员并进行十九大精神宣讲。

25日，在财政部、教育部开展的2016年度农村义务教育营养改善计划国家试点补助资金绩效评价工作中，自治区财政厅获得94.07分，综合评价等级为"优"。"宁夏模式"在全国范围内得到认可。

26日，自治区政府第108次常务会议研究决定，自治区财政预拨各市、县（区）健康扶贫政府兜底保障资金3000万元，待2018年根据各市、县（区）健康扶贫兜底保障实际发生费用情况，按照自治区与市、县6∶4的分担比例进行结算。此项资金主要用于支持各市、县（区）建立健康扶贫政府兜底保障机制。

28—30日，自治区财政厅联合北京国家会计学院举办管理会计高级研修班，自治区人力资源和社会保障厅副调研员杜晓鸣、北京国家会计学院远程教育中心副主任焦明鹏出席开班仪式并致辞，培训班邀请管理会计领域知名专家学者教授授课，财政厅党组成员、总会计师杨冬梅讲话。

29日，自治区财政厅组织并联合自治区国税局、地税局、水利厅在自治区人民政府蓝天厅举行新闻发布会，通报自治区水资源税改革试点有关情况，并回答记者提问。宁夏作为全国第二批水资源税改革试点9个试点省份之一，于2017年12月1日起实施水资源税改革试点。

30日，自治区财政厅印发《关于进一步加强政府非税收入管理的指导意见》，进一步明确今后自治区非税收入管理的基本原则、总体要求及目标，提出加强非税收入管理的具体措施。

31日，自治区财政厅印发《自治区与市县环境保护税收入划分方案》，明确从2018年1月1日起，将目前征收的排污费调整为环境保护税，自治区和市县按照25%∶75%的比例分成，为充分调动市县的积极性，强化收入划分体制的引导作用，对自治区分成的25%部分，通过以奖代补的形式分配到市县，激励市县加大环境保护投入。

（黄　娟）